小蘭齋雜記

梨園好戲

南海十三郎 著
朱少璋 編訂

商務印書館

小蘭齋雜記

作　　者　南海十三郎
編　　訂　朱少璋
責任編輯　張宇程
封面設計　Kacey Wong
出　　版　商務印書館（香港）有限公司
　　　　　香港筲箕灣耀興道三號東滙廣場八樓
　　　　　http://www.commercialpress.com.hk
發　　行　香港聯合書刊物流有限公司
　　　　　香港新界荃灣德士古道二二〇—二四八號荃灣工業中心十六樓
印　　刷　中華商務彩色印刷有限公司
　　　　　香港新界大埔汀麗路三十六號中華商務印刷大廈十四字樓
版　　次　二〇二〇年十一月第一版第三次印刷

ISBN 978 962 07 5689 4

南海十三郎與任、白留影。（載《中聯畫報》，一九六〇年五月號）（圖片由吳貴龍先生提供）

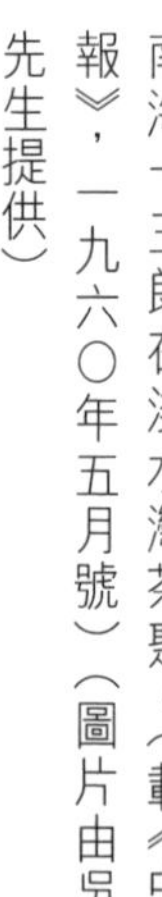

南海十三郎在淺水灣茶聚。（載《中聯畫報》，一九六〇年五月號）（圖片由吳貴龍先生提供）

（左起）《華僑日報》總編輯何建章、李鐵導演、南海十三郎及白雪仙一同欣賞名畫。（載《中聯畫報》，一九六〇年五月號）（圖片由吳貴龍先生提供）

南海十三郎與靚次伯。（載《中聯畫報》，一九六〇年五月號）（圖片由吳貴龍先生提供）

人送金玉。賀客過萬人。裝整最嚴肅。禮物當然貴與重。同禮自然無數目。環球聲譽大。荷包又充足。煤油王都要叫我做亞哥。鐵路大王都要拜服。姑娘你可放心。唔使你入監獄。一定唔使你入監獄。(二王)我行年。二十八。未有家室慌住紅絲繫錯。我相睇過。都有幾千人。惟是個個都唔唔難以共我諧和。(追信)任揀多多。算佢靚過鬼火。可惜吾揀得中。試問又奈誰何。(三段)(二王慢板)因爲我姑娘婀娜。(過板)好一比。好一似。好似名花傾國態度溫和。落雁沉魚叫我豈能錯過。有花容和月貌。花容月貌勝過月裏嫦娥。(四段)(南音)廣寒宮殿。無關鎖。可以任由。個隻玉兎。佢走奔波。但願藍橋高架。可以成好事。個陣武陵。我就得入。同佢結絲羅。好似鼓瑟吹笙。結合鴛鴦偶。我地和諧魚水。兩情多。呢段大好良緣。(五段)你又休錯過。(長句慢板)你都休錯過。等我救你離災禍。免至風塵淪落墮。我理應來護助。咁就可賀異可賀。睇我苦心如此。不知你心內如何。(梆子慢中板)講到扮下人。來覩芳澤。都算我用情。用得太過。無非求配偶。成晚輾轉反側。都係愛慕你嬌娥。一更夜思量。二更羅帷靜。三更夢難成。四更動相思。五更後門寐。呢種淒涼。確係無乜。幾何。▲六段▼你個叫人鐘。攞到頭壓聲。我惟有裝懵扮傻。(滾花)喂喂喂咁大個闊佬嚟服侍你。因何謝字都無一個。噫吔你重喊呀。睇你喊成個樣確係惡以收科。嘎嘎我知喇。你而家個心。一定唔多妥。因係的差員察察。佢將你囉弟。惟有息間嘅情形。你確係難怪得我。你以爲叫佢來拉賊佬。點知佢要拉賊婆。(中板)總之你要保存個名譽。就唔好發火。但祇係要你應承我婚事。與我共諧和。況且話。講到家財。我就大把貨。生來相貌。都勝過麼羅。你而家又不妨。從頭想過。想完答覆。睇過你主意如何。

632

心聲淚影之寒江釣雪

薛覺先

▲頭段▼(揚州二流)傷心淚。洒不盡前塵影事。心頭個種滋味惟有自己知。一灣新月未許人有團圓意。音沉信渺迷亂情絲。踏遍天涯不移此志。▲二段▼癡心一片付與伊。今夜飛雪盈尺。好景等閒視。都爲相思積了不知期。憶往事細思尋。絮果蘭恩蒙佢秋痕不棄(三王慢板)所謂兩情相思遍。憔悴容光。銷磨壯志。只爲久不遭時。離愁緒愁萬縷。▲三段▼折柳長亭。祇望春風得意。不棄情。能幾個。一個沉腰瘦損。一個淚漬胭脂。嗟身世。與共嘆飄零。祗病窮愁。相思垂淚。美人恩。不消受。情絲折斷。因爲有約不移。怨只怨。今殿前。聖春方濃換得娥媚一死。▲四段▲(梅花腔)孽比天高。恩同再造。胭脂血染魂斷情癡。更可恨天呀佢不憐人。流水有情。是否落花無意。意難傳。恨怎奇。所謂伊人不見使我暮想朝思。汀邊柳。倘依稀。飛絮稍頭。好似掛住離人珠淚。只奈伊。人去後。封侯夫婿有恨不知。孤舟裏。自傷離。雲影迷迷照住愁人失意。題不

《心聲淚影之寒江釣雪》（唱詞），載《粵曲》第三集（一九三六年）（圖片由朱少璋先生提供）

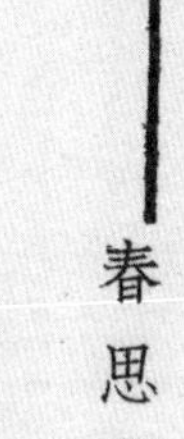

春思落誰多

薛覺先
關影憐 合唱

(頭　段)

(打引)離恨千般，愁懷百結，辜負我如花美眷，似水流年，(旦接石榴花)手捧玄霜。將郎送，感他恩重報情隆，祇見個郎温迷夢，好比鸚鵡在樊籠，蓋世英風中何用，不由我心痛，不由我心痛，忙將他驚動，(生接走馬小曲)唉吔痛一痛苦煞英雄，眼惺忪，舉目又見美嬌容。

(二　段)

(生接)唉吔好苦痛，唉吔好苦痛，怕那殘生斷送，(旦接唱花鼓芙蓉)擣得玄霜，減郎苦痛，請君你施用，盡飲此盅，(生接唱)我嘅力盡筋疲不能舉動，煩嬌你玉手，灌入我嘅喉嚨，(旦接唱)答答嬌羞，點能將他擁，難爲進退，我面泛桃紅，將軍呀將軍，你而家，見痛唔見痛，(生接唱)唉吔我的藥都未曾飲下，個心點得鬆，(旦白)叫你就飲啦，(生白)嗄飲咗好似楊枝甘露咯，(生起二王板面)謝嬌容，減我嘅苦痛，飲完藥一盅，我面青歸面紅，確唔同，紅顏情重，靈犀一點通，令我心動。

(三　段)

(旦唱二王)都係我情所重，(序)惺惺相惜不言中(曲)我小心侍奉(序)待奴睇吓你顏容，呀好似已經無苦痛(曲)郎把金軀保重，(生接唱上雲梯)含情相向繡幃中，滿面春風，樂也融融，鼓聲咚咚，鼓聲咚咚夜正濃，秋波微送，美人恩重幸無窮，幾疑身在廣寒宮，含情相向綉幃中，(旦接唱醉酒第二段)鼓叮咚，夜未央，月色迷濛，玉漏凍，更深露重，私語喁喁。

(四　段)

(生接唱中板)春宵夜，名將美人，本該盡情嚟放縱，况且花有情，蝶有意，花情蝶意，眞正巖會，難逢，看名花，縱使終夜流連，也可以消除我嘅苦痛，若果係尋好夢，除非名花在枕畔，個陣夢入巫峯，(旦轉滚花)君呀，雖則有妙藥靈丹，你還須保重，你聽吓更闌夜靜，漏盡銅龍，你我既係有情，何必顛鸞倒鳳，(生接唱)但得假紅倚翠，亦都別饒滋味在其中。

《春思落誰多》(唱詞)，載《光明之歌》(一九四〇年)(圖片由朱少璋先生提供)

光明之歌

幽香冷處濃

薛覺先唱

（頭段）

（生詩白）此日誰憐破心，低徊舊步苦追尋，當年一點相思淚，死染欄杆直到今，（起小曲泣殘紅）幾回傷心緬故園，秋深恨悟添，更想阿嬌，應有夢難圓，往日烏舊雙雙，今是隻影誰憐，心牽，意牽，心牽，意牽，日夕思念，悲思無由能自遣，悶懨懨心如絮亂，回睇滄海變農田，獨愁流連，（轉回的二王慢板）奈何大，思歸燕，思歸無計悄無言，無限低徊，難理斷腸寸寸，想故宮庭苑，惟有淚落花前。

（二段）

拉腔轉士工慢板過序　當年事，雲散風流，檢點羅裳，數不清淚痕，深淺，對桃花，伊人何處，更覺恨上，眉尖，（轉中板）蕉葉有心，閒把雨捲，最怕楊枝無力。飄泊風前，盤碎唾壺，誰拔劍，何時方始靖烽烟，虧我憂國懷人，（轉滾花）兩難自遣，消磨歲月，空與木石為緣。

—五一—

《幽香冷處濃》（唱詞），載《光明之歌》（一九四〇年）（圖片由朱少璋先生提供）

▲新興粵曲集▼ 第三期特大號 一〇四

綺懷。前度客驚霜雪後。疎林夕照送孤舟。我明知此恨人人有。好一似萬杕梨雲夢忽流。潭水桃花紋初皺。(四段)虧我惜花無奈轉成愁。新亭淚。(南音)幾家樓閣望中收。北雁南烏兩地愁。可惜白雲遮斷不見隋堤柳。關山斜月冷簾鈎。細看衿上脂痕濃似酒。(乙凡)惹得我天涯涕淚自集流。唉想起九踏槐黃徒袖手。今晚嘆紅曲唱怯登樓。(滾花)此際長史飄零。愁見你的胭脂損瘦。柰缺幾會終絮語。掩關從此入離憂。

151. 花落春歸去(相思詞)

南海十三郎撰曲 崔慕白唱

(頭段)(慢板)花不羞。我也羞。羞我未成名。日夕將花守。千般愁。萬般愁。非關病酒。不是悲秋。思悠悠。恨悠悠。恨到歸時也未休。歸時低聲問紅袖。妹阿你可安否。(重句)但得妹阿你安。毋計我傷心透。(二段)最怕妹你靑春變白頭。(中板)未配相逢猶有恨。我願相逢妹你嫁後。個陣羅敷旣有夫。呢個使君無可恨。何使我恨海沉浮。天與我多情。相逢猶似夢。不與長長相守。獨守月圓昨夜對月談歡。今夜對月生愁。你昨夜咁光明。今夜何黯淡。縱使月你常圓。惟是好花不長久。(介)從此怕提鴛鴦兩個字。我又怕說風流。

152. 巾幗鬚眉

崔慕白 瓊仙 合唱

(頭段)(旦唱雨打芭蕉)苧蘿村裏。有女一人。浣沙溪畔。洗俗塵。(生唱中板)聽歌聲。好比出谷黃鶯。一曲陽春。唱詠。餘音繚繞。有若鳳哀鳴。我爲國馳驅。旦夕務徨。所以萍蹤。靡定。却恨她。國亡也不管。猶復黃唱。後庭。(滾花)縱步尋音。穿花徑。原來溪之畔。有女玉立婷婷。(二王)等我躡足跟蹤。步難。自己。(序)行爲有點放态。(唱)姑娘你能否。能否假我。臉兒。(旦唱序)乜你說話得咁離奇。(唱)此是良秀村鄉。不是平康。之地。(生唱序)我又何敢涉邪思。(二段)(旦唱)更非閒花野草。與共俗卉。殘枝。(生唱序)豈有我唔知。(唱)冒凟芳容。我亦自知。罪戾。(旦唱序)何以忽然又咁客氣。(唱)你有何指教。不怕直講。出嚟。(生唱序)請你細聽我嘅言詞。(唱)現在國難當頭。我地人人。稽志。(旦唱序)此乃國民嘅應份事。(唱)須國亡家破。試問何以。生爲。(生唱序)可謂巾幗勝過鬚眉。(唱)你旣國勢深知。請勿自甘。暴棄。沼吳大事。正要借重。嬌姿。(旦唱滾花)我聽佢言詞。究竟緣何底事。不若我上前問過。解我懷疑。(三段)(三脚櫈)走上前。施一禮。請問吓先生。你姓甚名誰。(生唱)我係越國大夫。名叫范蠡。你係誰家閨閣。現在何處棲遲。(旦唱半截梆子慢板)我生在苧蘿。村裏。名喚。西施。(生唱)不愧一個。多才。佳麗。而且是個救國。英雌。(轉反線中板)因爲個吳王。以爲越人不貳。不知宴安鴆毒。以酒色自娛。因此遍訪名姝。惑其心志。踏遍天涯海角。不避。崎嶇。不幸天假之緣。今日得逢。卿你。你旣關懷國事。當亦義不。容辭。(四段)(旦唱反線二王慢板)爲國家。作犧牲。豈讓男兒。專美。只可惜。我纖纖弱質。恐怕任重。難支。還須要。把的救國嘅良謀。

《花落春歸去》(唱詞),載《新興粵曲集》第三集(上海:新興廣播社,一九四〇年)(圖片由朱少璋先生提供)

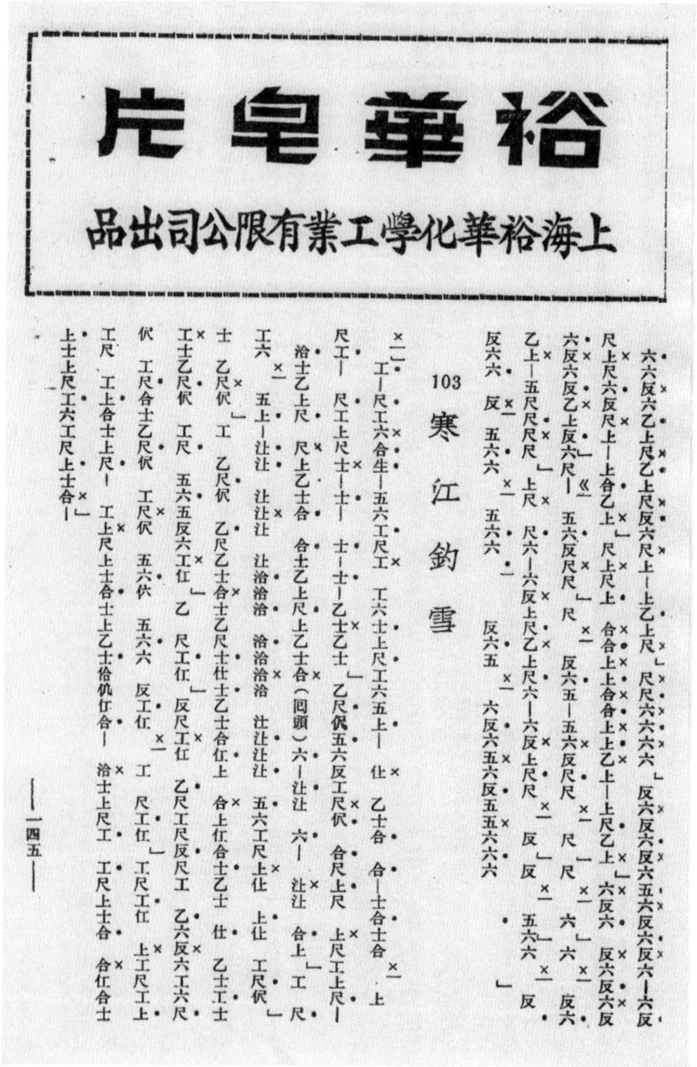

裕華皂片

上海裕華化學工業有限公司出品

103 寒江釣雪

—一四五—

《寒江釣雪》（曲譜），載《新興粵曲集》（上海：新興廣播社，一九四一年）（圖片由朱少璋先生提供）

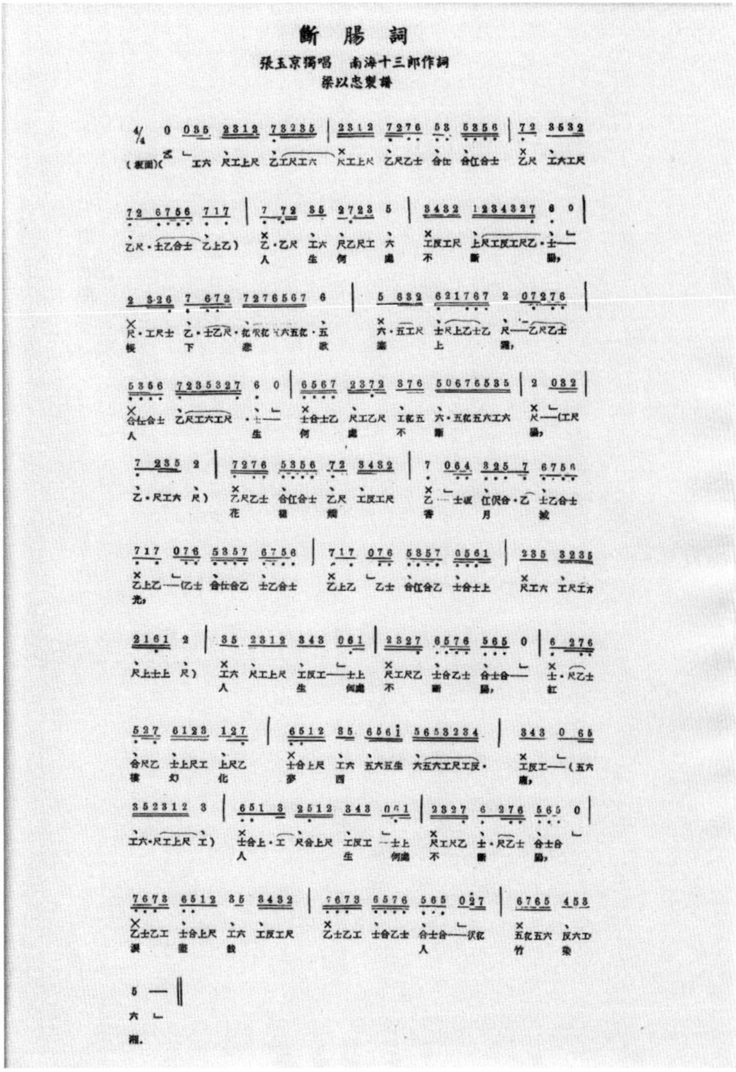

斷腸詞

張玉京獨唱　南海十三郎作詞

梁以忠製譜

《斷腸詞》，載《今樂府詞譜》（香港：香港錦華出版社，一九七？）。（圖片由朱少璋先生提供）

目錄

後台好戲

《後台好戲》

說明

《後台好戲》，署名「南海十三郎」，《工商晚報》自一九六四年七月一日至八月二十二日連載，凡五十三篇文章。原稿上每篇均有題目，為方便引用，編者為加序號。

靚少華做文武生始祖

粵劇班祇有小武或小生，小武演武戲，小生演文戲，素來不會混亂，周豐年劇團因為小武靚少華生得面目英秀，允文允武，便翻演「風流天子」一劇，由靚少華飾演小生戲唐明皇，千里駒飾演楊貴妃，白駒榮飾演安祿山，李少帆飾演高力士，靚新華飾演郭子儀，人材這樣調勁，觀眾認為十分奇異，因為靚少華演文戲，也甚出色，尤以演至貴妃現形一幕，他表演一個多情天子，恰到好處，雖然這劇演出成功的因素甚多，如白駒榮以小生演小武戲，龕祭貴妃，也是另有所長，不過最給人注目的是靚少華，而且恰為「風流天子」，戲藝關係，人人也說他是主角，那時說華年小武靚元亨雖然工夫老到，但聲色也不及靚少華，於是周豐年就比較華年更為賣座。惟是造就起靚少華，他知不為班主所用，自己做大中華班班主去了，大中華班的人選，也十分整齊，武生靚顯，小武靚仙，花旦新蘇仔，小生新沾，丑生新鬼馬元，而靚少華自稱為文武生，卽聲明小武而兼演小生戲，當時沒有文武生這個名號，有便是自靚少華開始了，靚少華自己組班，除仍演他的首本戲「風流天子」外，還演上海時事驚世劇「閻瑞生」，他反串歹角，也恰到好處，他演時裝戲成功，又演西裝古裝戲，如「俠盜鴛血」一劇，他活像一個外國武俠的典型，觀眾十分賞識，粵劇演時裝劇、西裝劇也是靚少華開始，惟是演「二孤女」一劇，他祇將電影劇本的內容，改為中國古裝演出，也十分成功。大中華班於是比較華年、周豐年更旺台，周豐年走了一個靚少華，找不到一個出色的小武，所以靚少華的戲，改由武生靚新華不掛鬚演出，究竟靚新華是武生，不善演小武劇，當然比靚少華遜色，於是靚少華更為觀眾推重了，大中華既然旺台，其他的班也要和他爭鬥，祝華年是宏順公司的班，基礎穩固，惟是公司尙有一班周康年，也要在省港爭一席位，主事人便聘新珠為武生，周瑜榮靚就為不分正副小武，花旦五星燈，小生靚全，丑生為騷韓蘇、生鬼容、劉海仙，三人不分正副，人材自是不弱，除了五星燈主演「仕林祭塔」得觀眾歡迎外，班中人也注意到編演傳戲，如海瑞十奏嚴嵩之「名宦閣祖婦」，并由新珠開面演關公戲「水淹七軍」、「華容道」、「月下釋貂蟬」，果然大得觀眾捧台，周康年班又利用男丑生鬼容能唱，由他主演「陳宮罵曹」、「七擒孟獲」、「六出祁山」等劇，足與文武生靚少華對抗，更且因為當時觀眾好關關戲，小武靚成又得自上海三麻子傳授，也點演「千里送嫂」、「水淹七軍」、「華容道」等齣頭，以小生聽開面飾曹操，也極旺台，惟是文武生靚少華仍不受他們演關戲而影響他的地位，當靚少華全盛時代，當時名重一時的小武靚元亨也避其鋒，到南洋去發展了。

《後台好戲》報影

一 蛇仔利大肥佬被風吹起

丑角在粵劇班的地位，本來是配角，因為丑角要突梯滑稽，觀眾卻十分喜看，然而丑角充當主角就是主演諧劇，也能吸引觀眾。首先演諧劇的就是男丑蛇仔利，他在「祝華年」班在《海盜名流》、《可憐閨裏月》兩劇飾演天真的孩子，在《蝴蝶杯》一劇裏飾演賣怪魚的漁翁，都有一種風格令人滿意。他最得人好感就是在《蒙古王子》飾演忠僕，隨護女主人，萬里尋夫，演風雪一場，他擔着藍布雨遮，給風吹起，斜着身走圓台，①一●顛仆狀態，描寫不畏風雪長途的艱辛，十分像真，因而叫座。至他在《梁天來》一劇，飾演義丐張亞鳳，窺破凌貴卿火燒石室的陰謀，去到梁家報訊，梁氏家人只當他乞食，給他酒肉。他連稱「好走、好酒」，叫梁氏家人走避火災，還說「三十六着走為上着」。梁氏家人以為他醉後亂說，還說石室沒有三十六桌上桌之多，好酒便多飲幾杯，酩酊為止，不思走避，卻弄出七屍八命慘案。後來張亞鳳給凌貴卿害死，蛇仔利又飾演鬼魂，梁天來告御狀，過南雄嶺，得他陰靈庇護風雷交作，梁天來才過得關。在這一本戲他雖然演爛衫戲，卻佔十分重要戲。後來馬師曾演爛衫乞兒戲《苦鳳鶯憐》，他從蛇仔利的演技學習蛇仔利主演的首本，最初為《賣花得美》，飾演一個呆頭呆腦的賣花仔，生平

附注

① 「走圓台」，指演員在台上繞圈走，代表走一段長途路程，是舞台上常見的表演程式。

忠實，不貪不謀，安份守己，呆人自有呆福，他卻得富家慧婢的垂青，富家主人也喜歡他的為人憨直，造成他一段姻緣，與慧婢結為夫婦，成為大團圓結局。他另一部首本是《怕老婆》，蛇仔利飾演一個懼內的富人，出街也扡着大鐘，夠鐘便要回家，過鐘便要難為膝頭哥，飾演惡妻的便是女丑鄭拂臣。劇中主人翁雖然懼內，也貪女色，為了娶妾侍，雄威欲發，鬧成笑話，這劇也相當賣座。而最旺台的一劇便是《臨老入花叢》，蛇仔利本來是一個胖子，他卻演他花叢厮混，旦旦而伐之，變成一個瘦弱老翁，青樓妓女，說他是大腹賈，他說他很瘦弱，不過扡着一個大荷包，裝做肥肚，故此人人稱他大腹賈，且講且揭開長衫，露出大荷包，貪金的妓女，目不轉瞬的看着他，奉迎他，後來他虛病了，年老體弱病倒家中，一個肥人如何演出他是瘦弱者呢？蛇仔利卻有他的天聰，當他病中發熱，婢女撥扇，他卻成身飛起坐在椅橫上面說：「梅香不要大力撥扇，我身子弱到給風吹起了。」且說且氣喘，維妙維肖。丑角作主角首本以蛇仔利為最多，後來新水蛇容也演首本戲《打雀遇鬼》，他演至中了鬼魔生蠱病，他的舅父到來探候，他忙走兩步，卻是不起，問他的舅父道：「火車行得快還是我行得快？」他舅父說：「火車唔行就你快。」這樣正本戲只在日間演出，卻十分旺台，可見當時觀眾喜看諧劇。蛇仔利的首本卻在夜裏演出，聲價比新水蛇容較高，不過蛇仔利越老越肥，在民國十五六年便離開梨園，在他的家鄉台山做生意了。

《工商晚報》，一九六四年七月一日

二／靚少華做文武生始祖

粵劇班只有小武或小生，小武演武戲，小生演文戲，素來不會混亂。「周豐年劇團」因為小武靚少華生得面目英秀，允文允武，便編演《風流天子》一劇，由靚少華飾演小生戲唐明皇、千里駒飾演楊貴妃、白駒榮飾演安祿山、李少帆飾演高力士、靚新華飾演郭子儀，人才這樣調動，觀眾認為十分奇異。因為靚少華演文戲，也甚出色，尤以演至貴妃現形一幕，他表演一個多情天子，恰到好處。雖然這劇演出成功的因素甚多，如白駒榮以小生演小武戲，偷祭貴妃，也是另有所長。不過最給人注目的是靚少華，而且恰為《風流天子》，戲匭關係，①人人也說他是主角。那時「祝華年」小武靚元亨雖然功夫老到，但聲色也不及靚少華，於是「周豐年」就比「祝華年」更為賣座。惟是造就起靚少華，他卻不為班主所用，自己做「大中華」班班主去了。「大中華」班的人選，也十分整齊，武生靚顯、小武靚仙、花旦新蘇仔、小生新沾、丑生新鬼馬元，而靚少華自稱為文武生，即聲明小武而兼演小生戲，當時沒有文武生這個名號，有便是自靚少華開始了。靚少華自己組班，除仍演他的首本戲《風流天子》外，還演上海時事驚世劇《閻瑞生》，他反串歹角，也恰到好處。他演時裝戲成功，又演西裝古裝戲，如《俠盜魯濱血》

附注

① 「戲匭」，即劇名，行內人有謂「戲匭響，戲票搲住搶」。

② 《名宦閨裏劫》，一作《名宦閨女劫》。

③ 粵劇日戲稱為「正本」，夜戲稱為「齣頭」，夜戲之後凌晨演戲稱為「天光戲」。

一劇，他活像一個外國武俠的典型，觀眾十分賞識。粵劇演時裝劇、西裝劇也是靚少華開始，惟是演《二孤女》一劇，他只將電影劇本的內容，改為中國古裝演出，也十分成功，「大中華」班於是比「祝華年」、「周豐年」更旺。「周豐年」走了一個靚少華，找不到一個出色的小武，所以靚少華的戲，改由武生靚新華不掛鬚演出，究竟靚新華是武生，不善演小武劇，當然比靚少華更遜色，於是靚少華更為觀眾推重了。「大中華」既然旺台，其他的班也要和他爭霸，「祝華年」是宏順公司的班，基礎穩固，惟是公司尚有一班「周康年」，也要在省港爭一席位，主事人便聘新珠為武生、周瑜榮靚就為不分正副小武、花旦五星燈、小生靚全，丑生為貔貅蘇、生鬼容、劉海仙三人不分正副，人才自是不弱。除了五星燈主演《仕林祭塔》得觀眾歡迎外，班中人也注意到編演傳戲，如海瑞十奏嚴嵩之《名宦閨裏劫》，②並由新珠開面演關公戲《水淹七軍》、《華容道》、《月下釋貂蟬》，果然大得觀眾捧台。「周康年」班又利用男丑生鬼容能唱，由他主演《陳宮罵曹》、《七擒孟獲》、《六出祁山》等劇，足與文武生靚少華對抗，更且因為當時觀眾好睇關戲，小武福成又得自上海三麻子傳授，也點演《千里送嫂》、《水淹七軍》、《華容道》等齣頭，③以小生聰開面飾曹操，也極旺台。惟是文武生靚少華仍不受他們演關戲而影響他的地位，當時名重一時的小武靚元亨也避其鋒，到南洋去發展了。

《工商晚報》，一九六四年七月二日

三　三十六班爭霸戰

五十年前，廣東城市鄉村，唯一的娛樂就是粵劇，那時電影還是幼稚和默片，因為粵劇有演有唱，而且劇情適合觀者的需求，所以舞台劇比電影觀眾龐大得多，更因農村誕節，台腳甚多，每年粵劇有卅六班以上，還有女班、過山班不計在內。①當時省港班只有幾班，餘都注重落鄉，各班演出的劇本都是「江湖十八本」、民間故事、傳奇野史，固定的排場，古舊的曲本，並不編演新戲，已經能夠滿足觀眾要求。後來省港班才注意編演新劇，如「祝華年」編演《海盜名流》、《蝴蝶杯》、《可憐閨裏月》、《蒙古王子》、《梁天來告御狀》等劇，因為該班新戲較多，演員擁有武生靚芬、小武靚元亨靚就、花旦揚州安一點紅肖笑容、小生金山炳、男女丑蛇仔利何少榮鄭拂臣等，人才最盛，故在省港最受歡迎。那時「周豐年」雖有名武生新白菜、小武靚新耀、花旦新蘇仔小晴雯、小生小蓮生，男女丑李少帆女丑森等，人才亦盛，然以所演劇本，只為舊劇《百里奚會妻》、《荷池蕩舟》、②《陰陽扇》之類，不及「祝華年」叫座，所以班主就改變方針，聘請年輕的演員作台柱，注重新戲。那時武生改用靚新華、小武靚少華、花旦千里駒一定金、小生白駒榮、男丑李少帆，個個都演得唱得，舊劇則演《金玉挑盒》、《夜送寒衣》

附注

① 「女班」即全女戲班。「過山班」又稱半班，人數僅大班的一半，演員多不著名，且無戲船，各演員自行搭渡到演出地點，戲服亦用包袱裝載，不設戲箱。

② 「蕩」字原稿作「薄」，諒誤，正文改訂。

等。白駒榮、千里駒首本新戲則編演《赤幘客》、《燕子樓》、《可憐女》等劇，當時小武靚少華，以演《赤幘客》一劇成名，卻在《燕子樓》演胡忠斷臂充當配角，而《琵琶行》一幕則由白駒榮、一定金擔綱，《燕子樓》一幕則由千里駒、靚新華主演，演員各有演技，平均的發展，故此也能賣座。而《可憐女》一劇則由千里駒、白駒榮作主角，靚少華、李少帆、靚新華、一定金作配角，也得觀眾好感。那時「周豐年」和「祝華年」力爭省港第一班的號召，靚元亨除卻夜間首本外，日間正本也特別賣力，當時「祝華年」的正本戲就是《呂布窺妝》、《六郎罪子》、《高平關取級》、《唐皇長恨》，都是小武靚元亨和小生金山炳擔綱的戲。「周豐年」呢？當然也不肯示弱，點演《再生緣》一二三四本傳戲，以千里駒飾孟麗君、白駒榮飾成宗皇、靚少華飾皇甫少華、李少帆飾太監、靚新華飾皇甫敬，老倌個個賣力，也爭得不少觀眾，尤其是《再生緣》四本，有「延師診脈」、「天香館留宿」、「偷盜宮鞋」、「金鑾殿輕生」幾場大戲，觀眾百看不厭，故此「祝華年」和「周豐年」兩班，在省港有同等地位。當時還有「人壽年」，人才鼎盛，武生為公爺創、小武為東生、花旦為肖麗湘、小生為風情杞、男丑為靚仔禮，論起老倌的聲價，「祝華年」、「周豐年」都有遜色。「人壽年」點演的舊戲，也十分叫座，齣頭首本有《六月飛霜》、《夜偷詩稿》、《夜出昭關》、《清宮憐節婦》幾套戲，日頭正本則演《金葉菊》三本、《慾河沉女》、《羅成寫書》等劇，究竟以老倌資格最老，「人壽年」才企穩第一班。除了這三班外還有「周康年」、「祝康年」、「頌太平」、「詠太平」、「樂同春」等班，但都遜一籌了。

《工商晚報》，一九六四年七月三日

四／小生演武戲的開始

自從李少帆給人刺死後，班中人許多迷信丑角演生角戲是越位的措置，招成大禍，於是丑角當小生的作風又趨沉寂了。惟是班中人以標奇立異來招引觀眾，又側重於小生方面着想。那時的小生，本來不擅演把子戲的，①若是小生演武戲，自然可以吸引觀眾。恰巧當時的小生福，本來是小武底子，武工當然也有些造詣，他的拍檔，是新丁香耀，新丁香耀當時原本和新麗湘是一對不分正副的青年艷雙旦，演《雙孝女萬里尋親記》成名，他們穿時裝執洋槍在舞台演出，在演技形式中本來不統一，惟是潮流傾向，觀眾耳目一新，故此雙孝女一劇十分賣座。

附注

① 「把子戲」，以表演武打場面為主的戲。

② 「當紮」即在戲班中走紅、成名。

班主何浩泉，原本是新丁香耀的岳父，趁着新丁香耀當紮的時候，②聘請小生福和他拍檔，所演出的歷史古裝劇《嫦娥奔月》，果然大受歡迎，原因是新丁香耀扮相甚美，有古裝艷旦的徽號，加以小生福以小生披大甲，演后羿射日，又尾場披甲入月宮，與嫦娥再聚，唱做俱佳，而且該劇又注重佈景，射日一場，有生動的落日景，皇宮鍊仙丹一幕，又裝置一個真鍊丹爐，雕樑畫棟，瑰麗奪目，尾場又有月宮幻景，嫦娥守月宮，有月中丹桂，雙兔團圓的佈置，於是《嫦娥奔月》一劇，奠定了新丁香耀當正印的基礎。那時「周豐年」班因李少帆被刺，小生白駒榮不敢登台，班主為了保存班譽起見，也聘請小生白玉堂來補白駒榮的缺。白玉堂本來是小生聰的徒弟，因為演關平，也着甲演小武戲，有生關平之譽，又和新蘇仔拍演《空中樓閣》一劇，寫寶玉和妙玉一段仙緣，白玉堂飾寶玉，也中規中矩，小生戲自是不錯，就給「周豐年」班主看中了，聘他當正印小生三個月，所演都是白駒榮的舊戲，雖然當時比不上白駒榮的叫座，卻也支持着「周豐年」的班牌，尤以和千里駒合演《可憐女》一劇，觀眾説他有白駒榮八九成功夫，於是白玉堂便初露頭角，不久成為大老倌。當時乘時崛起的有一雙小武，一個是新周瑜林，他的武工不錯，而且因為曾經跟靚元亨學習工架，故此在他主演的連集傳劇《盜御馬》，演出十分成功。還有一個小武是朱次伯，他的唱工做工，本來不劣，卻時運不濟，在「祝康年」與周少保當不分正副，周少保演《打死下山虎》，他只屈居配角，後來演《石鬼仔出世》，周少保演王彥章撐渡，尾場五馬分屍。朱次伯能唱，給何浩泉看起了，便定他和新周瑜林作一對小武，新周瑜林當正印，朱次伯當二幫，同拍新丁香耀，班牌是「寰球樂」，仍點演《嫦娥奔月》，新周瑜林和朱次伯分頭尾截，結果朱次伯的演技，駕乎新周瑜林之上，大受歡迎了。

《工商晚報》，一九六四年七月四日

五 單眼賈寶玉妙趣橫生

自從蛇仔利成為最受歡迎之丑角外，其時各班的丑角，亦佔戲場重要場口，且兼演小生戲，如「人壽年」之蛇仔禮，演《清官憐節婦》的清官，他審訊肖麗湘飾演的節婦，妙語橫生，道出一個卑職的清官心情，卻博得觀眾好感。後來「永壽年」班千里駒和白玉堂唱演《千里攜嬋》名劇，也是《清官憐節婦》的舊套曲詞，白玉堂唱滾花兩句是「不忍烈女含冤怕聽到蛾眉舌劍。逼我連官都唔做，千里攜嬋」，可見蛇仔禮當時是丑角，也演小生戲了。實則當年戲班，對丑角已十分睇重，多給與小生戲演出，如「周康年」演《西太后》，以貔貅蘇飾攝政王、劉海仙飾恭親王，均演小生戲。小生靚全飾光緒皇，反不如丑角佔戲場之重，而班方亦收旺台之效。貔貅蘇在《正德王下江南》亦飾正德王，且演「遊龍戲鳳」重要場口，此為小生首本，而且丑角演出，亦獲時譽，故當時丑角，雖無丑生之名，已演丑生之戲。又如生鬼容演《七擒孟獲》飾諸葛亮，綸巾羽扇，儼然小生扮相，而渡瀘水漢將班師一幕，且以生喉唱《祭瀘水》，大受歡迎。生鬼容本來眇一目，以之演小生戲，本不適合，然觀眾欣賞其歌喉，竟不以眇目為醜，且有生寶玉之稱，蓋生鬼容演《怨婚》、《哭靈》唱兩支古老名曲，確是十分動聽，大概聲線關係，又咬字清楚，求諸有名小生，也覺難得，而以丑角大膽飾寶玉，亦是戲班主事人的獨到眼光。而生鬼容卻不以佔生角戲自滿，自稱眇目小生，其演寶玉出家所唱中板兩句為「一目了然盡覺紅樓虛幻。我本是神瑛使者下降塵凡」，寶玉雖然書載是漂亮面孔的公子哥兒，但他前身是神瑛使者，神瑛使者是否眇目，不可稽考，生鬼容亦算善於取巧了。還有他另一部首本是《白門樓斬呂布》、《陳宮罵曹》，那時靚就飾呂布、新珠飾關公、五星燈飾貂蟬，但生鬼容飾陳宮，卻佔一重要場口。他唱演「罵曹」，是在晚上十時許才演，許多觀眾，也等到十時許才到戲院，欣賞他罵曹一幕。他唱工既好，做手也不錯，故大享盛名，原曲是「自怨公台生錯了一對無珠眼」，這一句首板生鬼容因為自己是單眼丑生，便唱出「自怨公台生錯了一隻無珠眼」，如是唱法，觀眾大笑，亦算妙極解頤。還有一位丑角是李少帆，他在《可憐女》、《赤幘客》、《韓世忠殺嫂從軍》，都充配角，後來在《寶蝴蝶》飾一道行名僧，被迫洞房，他卻以丑生姿態演出。後來李少帆因得罪了某方，將他打死，李少帆死後，丑生戲又視為掉忌，①於是丑角為主角的戲，又不受歡迎了。

《工商晚報》，一九六四年七月五日

附注

① 「掉忌」，疑為「棹忌」，即害怕、視某事為畏途或不吉利的意思。

六 真鬚假牙演猩猩追舟

當觀眾對新劇沒有機會給演員表演武功和真正藝術，便感覺到不滿足。班中人便提倡舊的藝術，甚至八十餘歲的武生新華和差不多六十歲的花旦蘭花米，也重登舞台，表演《蘇武牧羊》一劇。新華已經是真鬚假牙，仍然落力表演「猩猩女追舟」一幕，他除了唱工有獨到處，演技也十分認真，單腳車身，花旦上腰，演來十分老到，即使年富力強的武生，也比不上他的演技，果然受觀眾的歡迎，可惜他年事已老，在省港演過數台便休息了。其次便是余秋耀表演《伏楚霸》一劇，他演紮腳戲有老花旦紮腳勝的作風，何況有一幕是紮腳坐車。單腳在車上擺工架，腿工甚健，也得觀眾稱讚，余秋耀得譽，也全靠《伏楚霸》一劇，他唱工不劣，所以當時在省港落鄉，都有相當地位，確是不可多得的武旦良材。再其次就是小武靚南，他演《雙人頭賣武》，以手作足，倒立於高檯上面，以腳作首，雙腳之中，裝一假人頭，可以喝酒拜神，雙腳又作雙手用，燒香燒元寶，拜當天燒爆仗，也全用雙腳，演技巧絕，當時他只靠《雙人頭賣武》一劇，便到處賣座，可見當時觀眾，是欣賞藝術的。當時「寰球樂」班主，將新周瑜林解僱，拔朱次伯當正印小武，也盡量發揮他的藝術，即如日戲演《三氣周瑜》、《薛蛟斬狐》等劇，朱次伯都有武功表演，還因為他懂得潮流，提倡唱平喉，①其時文武生靚少華雖然演小生戲，卻唱撇喉，②小生福演小武戲，也唱古老小生喉，③所以不如朱次伯唱平喉的吸引觀眾。而且當時「寰球樂」班，人才甚盛，武生靚東全、小武朱次伯玉麒麟新少華、花旦新丁香耀小紅小丁香、小生新細倫、丑角文明瑞靚蛇仔、頑笑旦子喉七，角式可算勻稱。而劇本方面，主事人投觀眾所好，編演提倡自由戀愛的名劇《芙蓉恨》，當時編劇只根據排場，寫一張提綱，還撰一兩支新曲，便算新戲，《芙蓉恨》出色處，就是有一場「夜救美人」一幕，朱次伯演小武戲，車身上

附注

① 「平喉」，即男演員以真聲演唱，其特點是自然流暢。

② 「撇喉」，即男演員以假嗓演唱，其特點為窄喉尖腔。

③ 「古老小生喉」，即男演員演小生時以假嗓演唱，其特點為嘹亮清越。

腰，表演把子武功，觀眾大多喝采，而「藏經閣憶美」一場，單獨表演平喉唱工，非常悅耳，又有一場「夜弔白芙蓉」，朱次伯唱二流二黃慢板新曲，腔調新穎，因得觀眾稱讚，譽為平喉王。而且「弔白芙蓉」一場，又佈活蓮花景，白芙蓉在蓮花中出現，觀眾為之奪目。朱次伯自演《芙蓉恨》一劇，聲名鵲噪，而「寰球樂」班，也獨霸省港，班中人又注重編演新劇，如演《嫦娥奔月》、《五寶珠》等劇，又演《唐皇長恨》，以頑笑旦子喉七演楊貴妃，唱子喉演花旦戲，別開生面。至《玉梅花》一劇，則脫胎於《再生緣》四本孟麗君事蹟改編，卻以進玉梅花為開始，新丁香耀演女扮男裝戲，朱次伯飾演多情帝主，新細倫飾演癡心忠臣，其餘各人均有表演機會，尤以朱次伯善唱，唱拜玉梅花及金鑾殿判美兩幕，已足令觀眾滿足了。

《工商晚報》，一九六四年七月六日

七 宮闈歷史與言情俠義

當「寰球樂」全盛的時候，別的戲班也摹仿他演的劇本，編撰新戲，如當時「周豐年」自從白駒榮復出後，加聘小武靚昭仔，一方面演已經受落之齣頭，一方面編演新劇，以「寰球樂」最旺台為《芙蓉恨》，劇中談自由戀愛，勇救佳人的事蹟，「周豐年」也編演《梅之淚》一劇，劇情與《芙蓉恨》差不多，不過以白駒榮演武戲，當然比不上朱次伯，故此「周豐年」仍不能與「寰球樂」爭●。同時「新中華」班青年有作為的演員合組而成，武生新外江來、小武鐵牛、花旦肖麗章小娥、小生白玉堂、丑角黃種美，當時白玉堂初露頭角，也是文武兼長的小生，班主便着人編一齣類似《芙蓉恨》的戲本給他主演，這就是愛情劇《重台別》，因為肖麗章有金喉花旦之譽，白玉堂又朝氣勃勃，所以「新中華」在省港也打得地位，後來又編演《夜渡蘆花》，因為「新中華」皮費低廉，票價較「寰球樂」、「周豐年」較平，故也收旺台之效，同時白玉堂、肖麗章都是年青肯做，又無苟且欺台的作風，所以「新中華」也在省港企得住腳。而「祝華年」、「周康年」也仍想在省港爭霸，「祝華年」的組織是由一群青年有朝氣的演員組成，武生是新珠、小武靚就靚元坤、花旦便由「寰球樂」聘來的小紅、①小生靚全、丑角蛇仔利鄭拂臣，編演連集戲《燕

附注

①「由」字疑為「是」字。

山外史》，因為「祝華年」一向在省港都很賣座，這個班牌，仍然足以號召觀眾。「周康年」班本來和「祝華年」都是宏順公司屬下，這時也照常組織，武生賽子龍、小武趙雲蘇靚雪秋、花旦五星燈、小生新北、丑角生鬼容，陣容也是不弱。還且因為趙雲蘇由南洋回，表演他的武功戲，也能號召觀眾，編演《歸圓鏡》一劇，即《漢武帝重見李夫人》，頭場由趙雲蘇飾漢武帝，靚雪秋飾李廣，由李妃被困深宮，李廣降職，漢武帝御駕親征，陷入重圍，幾至不免，得李廣救駕，轉危為安。尾場漢武帝信佛，得名僧贈以歸圓鏡，俾與李妃重逢，這一幕注重唱工和佈景，趙雲蘇只可演武戲，文場便由小生新北分飾，新北唱弔李夫人一曲，也能動聽，而卒由歸圓鏡李妃現形，重與漢帝會面。這是野史傳奇劇，因為文武戲都有表演，也頗合觀眾脾胃，「周康年」也視為戲寶。那時觀眾的趨向，也只有兩種劇本，一是宮幃歷史劇，一為言情俠義劇，《玉梅花》、《歸圓鏡》就屬於宮幃歷史劇，《芙蓉恨》、《梅之淚》、《重台別》、《夜渡蘆花》、《燕山外史》就屬於言情俠義劇，而最旺台的齣頭，仍是《芙蓉恨》與《玉梅花》。「寰球樂」的朱次伯已成為最多觀眾的老倌，而「寰球樂」也成為最旺台的省港班，後來更多編新戲，如《夜明星》則描寫一個忍辱存孤的婦人，教導兒子成為俠盜，與父親重聚，這又是俠義倫理戲。《三巧蛾眉》則寫貴族壓迫平民婚姻的悲劇。卒之因正義的驅使，貴族讓回婚姻，才子佳人成為眷屬，這兩齣「寰球樂」的新戲也能給觀眾一點新刺激，也是該班鼎盛的原因。

《工商晚報》，一九六四年七月七日

八　白駒榮何事不敢登台

在「寰球樂」劇團，有一個拉扯，①每晚也飾演書僮哥，跟着朱次伯出入場的，也給觀眾注意，覺得十分聰明，有演劇天才。可是那個拉扯，那時在街招戲橋也沒名字刊出，只因為他在《三巧蛾眉》一劇，飾演書僮「甴甲」，演得十分出色，觀眾就叫他做「甴甲」，這就是後來的薛覺先了。薛覺先飾演「甴甲」，口角風生，朱次伯有一次飲醉了，勉強出場，唱不出曲，由他代唱了，薛覺先模仿朱次伯的唱腔，也有七八成功夫，觀眾早已料到他將來會紮起的。他演《三巧蛾眉》，主人朱次伯因不肯娶醜郡主子喉七，給皇爺鎖禁，逼他成婚，其母憶子成病，皇爺准他回去見母親一次，那場戲朱次伯披枷戴鎖，回家慰母，十分凄楚動人。薛

附注

① 「拉扯」，戲班中最次要而演閒角的演員。

覺先飾書僮「由甲」，在旁也流出真眼淚，安慰老夫人，演唱也出色，增加該場氣氛不少。還有是在《芙蓉恨》飾書僮、《玉梅花》飾太監、《夜明星》飾小俠、《五寶珠》飾月神、《畫中緣》飾畫舫艇伕，每一套戲都有表演機會，薛覺先便開始為觀眾注意了。後來朱次伯演愛國歷史宮幃劇《西施沼吳》，有一晚演完下場，給人在路上刺死，「寰球樂」少了擎天一柱的佬倌，沒有人可以替代朱次伯的戲場，花旦新丁香耀和編劇人鄧英，便提議由薛覺先替代朱次伯的缺位，當時班主何浩泉，以薛覺先資望既輕，又無藉藉名，不敢輕於嘗試，以小生新細倫演朱次伯的首本戲，可是並不受歡迎，演至散班，「寰球樂」便停組了。那時「周豐年」的小生白駒榮，生平最為慎重，因朱次伯被刺的影響，存有戒心，又因為他演的《梅之淚》和朱次所演的《芙蓉恨》，同是提倡男女戀愛自由的劇本，受一般頑固有勢的人物指摘，因此不敢登台。而是適逢其巧，「祝華年」的小武靚就，正因朱次伯死了而奪得小武魁首的地位，編演言情劇本《聚珠崖》一二三本，大收旺台之效，原因不只劇本問題，亦由於靚就能唱能做，個頭又不錯，②聲色藝都合乎觀眾要求，加以對手花旦小紅，亦善於表情做手，又有丑角蛇仔利陪襯，「祝華年」盛況空前，可惜靚就因失槍死了，承繼他的二幫靚元坤，又被人刺死了，「祝華年」的好景，亦不過數月。「周豐年」的白駒榮既不登台，「寰球樂」、「祝華年」又死了正印小武，缺乏主角，當時觀眾，只有看人腳勻稱的「新中華」，白玉堂、肖麗章也乘時

②「個頭」，指演員的身型、外觀。

而穩固他們的地位，可是下一屆的「祝華年」，便由新珠、靚雪秋、小紅、蘇洲耀、少華、蛇仔利繼續維持。「寰球樂」停組一年，「周豐年」便借二幫花旦小丁香和拉扯薛覺先來用，又加聘武生靚榮，小武由靚新華轉充，可是仍然缺乏主角小生，於是便從南洋聘靚少鳳回來。靚少鳳原為花旦小湘鳳，後改充小武，至接「周豐年」之聘，補白駒榮之缺，他就應當正印小生了。③

《工商晚報》，一九六四年七月八日

③「小湘鳳」一作「瀟湘鳳」。十三郎說他由花旦先改充小武，再改任小生，阮兆輝憶述靚少鳳曾說由花旦改充小生，能演武戲卻非小武。靚少鳳為阮兆輝的三表舅父。

九 《棒打鴛鴦》演出雙包案

「周豐年」重金從南洋定靚少鳳回來當正印小生，當然就看重他，而且他也有首本戲帶回來，如演《孝之報》，是描寫二十四孝之一的朱壽昌棄官尋母，觀眾覺得靚少鳳的演技不錯，他和千里駒演「別妻」一幕劇，完全是小生戲。他拍小丁香演「救母」一場戲，又是《西河會》排場，演小武戲，究竟靚少鳳當過小武，把子戲也相當穩陣。觀眾當時喜歡看文武兼的主角，靚少鳳就受落了。那時的薛覺先與少鳳同班，日子還輕，當丑角新少帆的副車，可是他因為有朝氣，肯用功學習，佔戲場比新少帆還多。記得「周豐年」和「祝華年」兩班，同時將一本小說《棒打鴛鴦》編為新戲，演出雙包案。「周豐年」因靚少鳳飾大雲，薛覺先飾二雲，劇中人恰如《紅樓夢》中一雙寶玉，靚少鳳、薛覺先都戴玉盔，有一場是雙打戲，靚榮、靚新華又演雙武生戲，靚少鳳此時演技當然好過薛覺先，但薛覺先演出也很落力，那本《棒打鴛鴦》，分頭二本演出，成為「周豐年」那一年最賣座的戲。「祝華年」靚雪秋、少華演靚少鳳、薛覺先的腳式，卻不如鳳薛的賣座，「祝華年」的《棒打鴛鴦》只是一晚演完，也算演得不錯。那年靚少鳳的主角地位已經穩固了，唯是班主有意造就薛覺先，便編一本《三伯爵》給他們主演，薛覺先演伯爵富有餘，「祭美」一場，仿朱次伯《畫中緣》之「張靈祭美」，果然唱做都不錯，觀眾對薛覺先都認為可造之才。第二年「寰球樂」再起，向「周豐年」索回小丁香，又定了靚少鳳，那年「寰球樂」人腳是武生曾三多、小武周瑜良、花旦新丁香耀小丁香、小生靚少鳳、丑角朱頂鶴，也稱勻稱，所演的劇本，除朱次伯的《玉梅花》和《芙蓉恨》外，更編《芙蓉恨》下卷、《苦姻緣》、《珠崖劍影》上下卷、《假神仙》、《客途秋恨》等劇，靚少鳳演來，因為做工老到，唱亦不俗，而扮相俊俏，故當時小生以他為最紅的一角。「周豐年」呢？仍請白駒榮回來當小生正印，薛覺先也擢正印，與新少帆不分正副。那年「周豐年」編演的新劇，側重薛覺先，如《狸貓換太子》三本，都是由薛覺先飾演「仁宗認母」，「金殿打奸妃」等場口，薛覺先演來十分逼真，加以白駒榮飾陳琳和賣菜仔、千里駒飾寇珠、①嫦娥英飾李妃、靚榮飾包公，等如牡丹綠葉，相得益彰。那年薛覺先的紮起，還賴演出《宣統大婚》，薛覺先飾演宣統溥儀，一個亡國君王，不知大勢，窮奢極侈的婚典，及清宮一群皇室，倒行逆施，弄至宣統被迫出宮為止。《宣統大婚》是清裝時裝兼重的新戲，觀眾也一新耳目。那年「寰球樂」和「周豐年」兩班在省港都十分旺盛，於是搞戲班的人都注意靚少鳳和薛覺先，結果「寰球樂」以八千金加至萬五元留用靚少鳳，薛覺先卻給「梨園樂」以八千金定去了。

《工商晚報》，一九六四年七月九日

附注

① 「寇珠」原文作「寇準」，諒誤，正文改訂。

一〇《苦鳳鶯憐》與馬師曾崛起

「梨園樂」的前身是「大中華」班，文武生靚少華就是班主，他賺了錢，不想自己做主角那樣吃力，便想扶起後進，他自己佔回一部分戲場，讓別個當主角了。恰巧那年薛覺先當紮，靚少華便聘他當文武丑生正印，武生靚東全、小武靚少華新少華，花旦陳非儂是從南洋聘回來的，小生賽孟嘗、丑角巢非非、頑笑旦子喉七，開台第一部新戲便是《雝緣》，陳非儂演耍帶的絕技，①果受歡迎。其後編演《花田錯》，薛覺先的唱工也大受歡迎，於是「梨園樂」便和「寰球樂」、「周豐年」鼎足而成為省港三大班了，其餘「新中華」、「祝華年」兩班也平平穩穩企得住。「梨園樂」那年最多新戲，如《梅知府》則由薛覺先飾蕭永倫、陳非儂飾倫碧容，而「大鬧梅知府」一場，則由子喉七、靚少華擔綱，薛覺先和陳非儂則主演「碧容探監」及「祭美團圓」，薛覺先所唱一段庵堂祭美一曲，「花好月圓人非壽……」為觀眾傳誦一時，故該劇百看不厭。其餘的齣頭如《水冰心》、《棠棣飄零記》、《玉梨魂》、《戰地鴛鴦》、《羅剎海市》都適合薛覺先的身分。《玉梨魂》為徐枕亞名小說改編，看過這本小說的人很多，故此該劇十分旺台。而《戰地鴛鴦》即京劇《虹霓關》改編，薛覺先、陳非儂雙打北派，觀眾亦覺得新穎，這就是撩起薛覺先學

附注

① 「耍帶」，演員以身段配合揮動綢帶的演出程式。

② 「花門」，即中途離開劇團，不履行合約。

習北派武工的興趣，而後來以北派小武號召的開始。「梨園樂」在香港又有九如坊新戲院作演出地盤，收入大有可觀，而且皮費亦輕，靚少華因而大賺錢。其餘「寰球樂」則由曾三多、靚少秋、陳鐵英、新丁香耀、小丁香、蘇州耀、靚少鳳、白玉堂、生鬼容擔綱，新劇也很好，如《憐香客》上下卷、《苦姻緣》下卷、《顛倒君王》、《梅痕菊影》、《菱塘倩影》、《錯繫紅絲》等劇，論人腳本來人才不錯，惟因花旦新丁香耀失聲，反串男角，另聘肖麗湘、風情杞客串，演《六月飛霜》、《夜偷詩稿》等劇，皮費既重，舊劇又不為時尚，恰遇能唱的花旦小丁香又花門過了金山，②「寰球樂」便一蹶不振而虧折了。還有「周豐年」得白駒榮復出，又由南洋聘馬師曾回來，也多編新劇，以廣招徠。馬師曾初回的時候，因演薛覺先演的舊戲，如《貍貓換太子》及《宣統大婚》，演來不及薛覺先，賣座大受影響，班中主事人乃另編新劇給他演，如《泣荊花》、《玉樓春怨》、《巾幗程嬰》、《伏虎嬋娟》等齣，馬師曾都演來平平無奇，他個人鬱鬱不得意，幸得班主慧眼，讓他演出在南洋成名的名劇《佳偶兵戎》，果然一鳴驚人，以丑角演大袍大甲戲，又莊諧兼備，尾場化裝女丑一幕，確有特別典型，而該劇遂成為一年最盛的劇霸。後來班主更編一本義丐爛衫戲《苦鳳鶯憐》給馬師曾唱演，他就恰用其長，盡量發展他的丑角天才，因而聲名大噪。那年又遇薛覺先不肯落鄉，被刺不中，逃往上海，馬師曾便得獨享一時之盛了。

《工商晚報》，一九六四年七月十日

二一／馬師曾演「封相」跌落地下

「寰球樂」因花旦去了小丁香，新丁香耀又志在轉男角，於是正印花旦成了問題，班主就擱置不起了。惟是當時最吃香的小生靚少鳳，還未有着落，「周豐年」未聘得新細倫時，本來想聘靚少鳳當正印小生的，惟是馬師曾當時佔了主角地位，靚少鳳若是回「周豐年」，也不過充當馬師曾的配角。靚少鳳心有不甘，還有的原因，當靚少鳳在南洋當正印花旦名叫小湘鳳的時候，馬師曾才初學戲，名叫馬旦昌，他有怯場的毛病，演《六國大封相》一出台便跌落地下，給觀眾擠台。①後來轉隨靚元亨學丑角，演《斬二王》正本，他飾演韓龍，給高懷德殺的一場，他竟忘記裝假首級，斬來斬去也不死去，觀眾大譁。他又在一本戲飾書僮，老爺病了，由他唱慢板安慰主人，曲詞為「老爺你，唔駛震，吉人天相」，但是他又怯場，唱到唔駛震一句，自己震起來，唱不下去，那個飾老爺的新蛇仔秋說：「老爺唔震，你至震」，觀眾大笑。這都是馬師曾未成名的笑話。靚少鳳資格比他老，而且看着他出身，所以有點看他不起，不願回到「周豐年」和他同班，而且馬師曾不過年薪三千元，靚少鳳年薪要二萬元，當然不會讓馬師曾作主角，定一個薪水太昂的小生作配角，於是靚少鳳就不受「周豐年」的聘請了。恰巧「梨園樂」

附注

① 「擠台」，指觀眾向演員喝倒彩，「擠」，粵音讀如「柴」。

因為薛覺先去了上海，主角虛懸，班主靚少華以靚少鳳和薛覺先同一戲路，他以二萬元定靚少鳳當文武小生，從南洋聘請廖俠懷回來當丑角，武生唐朗秋、文武生靚少華、小武靚少佳、花旦陳非儂胡小寶鍾卓芳、小生靚寶林靚寶玉，陣容可算雄厚。不幸那年遇着省港大罷工，各班困處廣州及江佛陳龍四大鎮，沒有香港的地盤，「梨園樂」也靠香港大部分觀眾，於是損失不少。是年「周豐年」全年都演舊戲，馬師曾的《佳偶兵戎》和《苦鳳鶯憐》，仍然叫座。「新中華」卻請靚元亨回來客串，演《呂布窺妝》、《蒙古王子》，後來白玉堂也學習靚元亨的演技，演《白王妃》一劇，其賣座不弱於《呂布窺妝》。然而新劇最多還算「梨園樂」，有《紅顏知己》、《牧羊郡主》、《三叩寒江關》等齣。那時電影《斬龍遇仙記》恰巧在廣州十分賣座，粵班就打算編演為粵劇，「梨園樂」的靚少鳳，以不擅演西裝戲，靚少華仍演主角，「祝華年」由靚雪秋當主角，兩班都能賣座，惟是「梨園樂」那年的地盤是西關寶華戲院，地方狹窄，收入不如理想，雖然多編新劇如《三家緣》、《天女散花》、《卅年苦命女郎》等齣，縱使滿座，仍然虧折，而落鄉的台腳，又不夠「周豐年」賣得價高。「周豐年」究竟有花旦王千里駒為號召，又有武生王靚榮，都是得落鄉歡迎的，而馬師曾又當紮，故該班不受罷工影響仍然獲利。

《工商晚報》，一九六四年七月十一日

一二 「梨園樂」遠征上海失利

省港罷工期內，香港沒有名班演出，後來新戲院的院主，以為觀眾仍以看粵劇最多，想法組織一班臨時戲在香港開演，恰巧薛覺先在上海拍完了一本電影片《浪蝶》，攜片來港公映，新戲院便留住他在港演劇四天，由濃艷香、飛天英拍他，日戲演《紅樓夢》、《西廂記》，夜戲演《梅知府》、《水冰心》、《花田錯》、《芙蓉恨》，果然十分旺台，薛覺先個人也囊括二千餘元返上海。因為香港粵劇旺，「梨園樂」的班主靚少華見獵心喜，打算把「梨園樂」拉箱來港演兩星期，惟是當時罷工委員會不准各班趁輪來港唱演，這有甚麼辦法呢？靚少華便想出一條妙計，向罷工委員會申請赴澳門演出，澳門不在罷工範圍，當然不成問題，「梨園樂」便開到澳門演出一場，便拉箱來香港新戲院開演，一連十四天，天天滿座，賺了四五千元，再折返澳門演幾天，便從澳門拉箱返廣州。不料罷工委員會以「梨園樂」申請往澳門演劇，並未聲明赴港演，顯然取巧，有犯禁令，於是下令將戲船戲箱扣留，停止該班在廣州演出，還要追究懲罰，因此「梨園樂」迫得停演一星期，還託人事疏通，寧願罰款請放還戲船戲箱，卒之罰款三千元了案。而該班因停演又損失三四千元，在香港所賺的得不償失，而在廣州的寶華戲院，又因座位太少，僅可收得皮費，實難賺回損失那數千元，於是靚少華便打算「梨園樂」旅行至上海演出，上海廣東人不少，沒有粵班到過開演，「梨園樂」在省港的班譽，一定十分旺台，於是與上海廣東舞台磋商，拉箱到上海演出。那時招商局輪船，直接來往廣州上海，不經香港，那就和罷工委員會的禁令沒有抵觸，於是「梨園樂」便開到上海演了。到上海演出期為一月，要天天換劇本演新劇，靚少鳳和陳非儂合作的劇本，不過十多套，翻點便不能賣座，而且《天女散花》上海人看梅芳唱演看得膩，而《漢光武走南陽》一劇，為滬班演到膩的劇本，在佈景編排上，「梨園樂」都是摹仿滬班的，所以在上海演出，又不能賣座。在上海演出差不多二十天，收入每況愈下，靚少華便着急起來了。後來有些廣東同鄉對靚少華說，廣東人在上海好聽廣東唱片，薛覺光曾將《梅知府》、《花田錯》、《玉梨魂》、《棠棣飄零記》、《戰地鴛鴦》等劇灌了片，家傳戶誦，可是未曾看過薛覺先演劇，若得他客串，一定旺台。靚少華因薛覺先花門逃到上海，本來心有芥蒂，不願求他幫助，後來經陳非儂疏解，彼此不咎既往，以援助廣東藝人為本旨，否則該班回粵旅費亦成問題。薛覺先與靚少華遂釋怨嫌，由薛覺先登台十天，果然稍補損失，而「梨園樂」班不致流落上海。

《工商晚報》，一九六四年七月十二日

一三 《裙邊蝶》挽救了「周豐年」

同「梨園樂」一年赴滬演劇的是「新中華」班，「新中華」因為肖麗章能唱有「金喉歌王」之稱，又因為「新中華」新戲多，有幾年的班底在上海晚晚換齣頭，故此十分旺，隨賺了錢回來，還編了一套連集歷史劇《興漢雌雄》，以白玉堂飾韓信、新金山貞飾霸王、肖麗章飾殷桃娘、靚顯飾蕭何、馮顯榮飾張良、小娥飾虞姬、趙雲蘇飾英布、少新權飾龍沮、李瑞清飾漢高祖、黃種美飾陳平，人才之眾，各班不及，加以自滬回來聲勢，在各大戲院都賣座甚盛，班業如此，遂惹起商人的興趣，補抽釐廠副廠長劉蔭蓀，乘着罷工解決之際，斥資組「大羅天」班。他首先在「周豐年」拉了馬師曾過來，給以年薪三萬元，然後將「梨園樂」全班班底頂了，除了靚少鳳外，陳非儂、靚少華，廖俠懷也受「大羅天」的重金聘請。劉蔭蓀是台下觀眾，故知觀眾心理，他從「祝華年」搶聘了新靚就來當正印小武，從「新中華」搶聘李瑞青作正印小生，武生曾三多，還聘請香港「鐘聲劇社」一群演員稱為新劇鉅子，於是林坤山、陳兆文、羅文煥、伊秋水、葉弗弱均被他羅致了。開台的新戲便是《轟天雷》、《賊王子》、《義乞存孤兒》、《女狀師》等劇，劇務擁有盧有容、陳天縱、馮顯洲、馬師贊（馬師曾弟）、繆劍神（劉蔭蓀婿）等，而實權操請馬師曾。因為演員陣容強盛，新劇又多，「大羅天」班便雄霸省港，而馬師曾當時算做全盛時代了。當年仍不屈服於「大羅天」，只有「周豐年」班，武生靚榮、小武靚新華、花旦千里駒嫦娥英騷韻蘭、小生靚少鳳龐順堯、丑角梁仲昇衛仲覺，除了丑角太弱外，花旦人才最好，而小生靚少鳳仍算當時最有台緣的小生，武生靚榮又能演丑角戲，故此可與「大羅天」頡頏。「周豐年」那年的戲寶是《裙邊蝶》上下卷，《裙邊蝶》就民間故事梁山伯祝英台一段哀艷情史改編，當年上海天一公司拍為默片，由胡蝶主演，電影默片既然收得，粵劇自不然更旺台，況且靚少鳳善演癡呆戲，飾演一片情真的梁山伯，身分十分吻合，靚榮演丑角戲飾演馬家郎，與靚少鳳爭千里駒飾演之祝英台演得有獨到處。當年龐順堯之仕九問路，騷韻蘭之慧●人心，均演得天衣無縫。「大羅天」馬師曾之旺台，純粹迎合低級興趣的觀眾，「周豐年」則演唱均重文藝，上流觀眾擁護仍多，故不受影響。其餘「祝華年」因蛇仔利退隱而解體，「周康年」因五星燈重返南洋，亦告停組，只剩「新中華」一班，仍在省港掙扎，「新中華」自從自滬歸來，一切採海派作風，當年上海編演武俠劇，利用佈景，演出飛天遁地，觀眾為之目眩，「新中華」在上海也學得那種作風，編演武俠劇《蟾光惹恨》，劇中有白玉堂、黃種美飛上天空，在雲際與邪奸鬥劍，拯救義妹肖麗章的，果然以武俠劇賣座，與「周豐年」、「大羅天」班鼎峙了。

《工商晚報》，一九六四年七月十三日

一四／靚少華函薛覺先南返登台

「大羅天」班主劉蔭蓀，以「大羅天」班能夠賣座，因此組織一班「小羅天」，演員都是年青的老倌，但不大好景，他便想起薛覺先在上海投閒，最好聘他回來另組一班，因為薛覺先在「梨園樂」時的聲威，馬師曾還不及他，而且薛覺先善演斯文戲，擁有一部分上流觀眾，他和馬師曾作風不同不會互相影響，遂託靚少華寫信到上海給薛覺先，也以馬師曾同樣薪價，年薪三萬元定他回來，至到他從前在「梨園樂」花門去上海那一筆賠償，由劉蔭蓀與靚少華解決，條件這樣優厚，薛覺先已有回粵登台的念頭，惟是薛覺先考慮到組班人腳問題，因為「大羅天」人才濟濟，而且花旦陳非儂的聲價，當時追得上千里駒，馬師曾有好拍手，自己沒有好拍手，恐怕賣座會在馬師曾之下，初時未敢應允劉蔭蓀的聘請，後來劉蔭蓀商得美艷花旦肖麗康復出，又聘得名小武靚元亨為武生，這個陣容，加上薛覺先，自然不弱。薛覺先在滬年餘，跟隨北劇演員學北派，有意轉充小武，今聞靚元亨回來，和自己同班，正好借此機會，學小武工架。蓋當得薛覺先不過以年青貌美，頗善唱工得觀眾好感，論到武工做手演技，還未到十分成熟時期，也樂於回粵，一方面登台，一方面學習。於是「小羅天」下半年班，加入了薛覺先、靚元亨、肖麗康，便改班為「天外天」，薛覺先的名字，仍列在丑生名下。惟是當時組班倉猝，對新劇未能充份準備，加以薛覺先本原不是諧角人才，列入丑生，似不適當。當時編劇人黎奉元主持劇務，只編得幾本尋常的劇本，如《珍珠釵》、《鴛鴦塚》、《玉如意》、《斷腸王子》等齣，薛覺先都是演小生戲，惟有《斷腸王子》頭場靚元亨演小武戲，尾場演武生戲，寫一個忠臣撫一個年幼王子，至於長大，還保回他的王位，金殿罵奸，斬去十隻手指，勾了脷根，也不屈服於奸臣，其女肖麗康，助王子薛覺先回復江山，王子因其忠臣而又為其岳父忠烈殉國，登位亦斷腸。此劇薛覺先佔戲場反不及靚元亨重要，不過對唱工方面，薛覺先勝靚元亨很多，靚元亨又因為年事已老，不宜擔當主角，故讓薛覺先當正主。薛覺先初拍靚元亨，才知道他的演技，確有獨到之處，加以薛的聰明，又能向上，拍了靚元亨半年，已經進步得多。薛覺先後來有工架小武之譽，亦從靚元亨學習得來，可惜花旦肖麗康面目呆板，後來又肥胖了，觀眾不歡喜，薛覺先以不得理想對手，在「天外天」班半年，鬱鬱不得志，然而演技卻進步了。

《工商晚報》，一九六四年七月十四日

一五／靚榮不掛鬚演丑生戲

當「大羅天」、「天外天」並峙的時候，「大羅天」當然以馬師曾演丑生戲賣座，「天外天」也以薛覺先為文武生號召，「新中華」除了白玉堂、肖麗章擔綱戲場外，黃種美演丑戲，也得觀眾歡迎。只有「周豐年」一班，缺乏該諧戲演出，然而班主見得到靚榮演黑鬚戲有獨到處，而且天生一副歌喉，故有武生王之稱，班主以靚榮演《裙邊蝶》，不掛鬚演丑角馬家郎，十分賣座，索性調他以武生充丑角戲，編演《梨花壓海棠》一劇，靚榮不掛長鬚，只插二撇鬚，飾演老人娶少妻，又懼內，又妒忌，妻子替表弟為媒，他也誤會妻子另向，怪責表舅，恐懼戴綠頭巾，笑話百出。《梨花壓海棠》一經演出，武生王演丑角戲大為觀眾嘉譽，因此為「大羅天」班主賞識，在下一屆「大羅天」聘他當武生，和馬師曾拍檔。當時「大羅天」有人才過盛之概，第二屆起班，武生曾三多、小武靚少華新靚就、丑角廖俠懷都開班，只用靚榮為武生、小武羅文煥、小生陳兆文、文武丑生馬師曾、丑角林坤山葉弗弱，陣容雖不及第一屆，但有馬師曾、陳非儂、靚榮為號召，依然為省港最賣座的一班。該班劇務，也能投機取巧，以第一屆編電影劇《月宮寶盒》、《賊王子》，因而叫座，遂多編電影菲濱氏名片為粵劇。那時還是默片時代，電影片沒有歌唱，粵劇有唱有做，當然會賣座。第二屆「大羅天」改編《蕩寇大俠》、《寶劍留痕》、《傻大俠》、《神經公爵》，果然旺台，武生在該兩劇，也充丑角，還在《呆佬拜壽》一劇，扮喃嘸佬，完全是丑角作風，也博得觀眾歡悦。不過靚榮仍有武生戲演出，像馬師曾點演《佳偶兵戎》、《苦鳳鶯憐》舊劇，靚榮還是演武生小武戲，至馬師曾編導《趙子龍》一劇，靚榮飾演劉備過江招親，甘露寺訴情一幕，唱古老名曲，娓娓動聽，演《贏得青樓薄倖名》一劇，靚榮飾演老撫台，仍是武生本身戲，故此第二屆「大羅天」，靚榮成為最吃香的武生。不過「周豐年」缺了武生王，便不得不以靚新華充回武生，靚少鳳充小武，千里駒、騷韻蘭為花旦，小生復用白駒榮、龐順堯，丑角起用新紮的羅家權，班牌改為「人壽年」，開身的新戲是《深鎖情天》，觀眾除了欣賞白駒榮的歌喉外，還看千里駒的女扮男裝，靚少鳳的男扮女裝，丑角羅家權，也十分能唱，而劇本比較文靜，和「大羅天」不同作風，而且白駒榮、靚少鳳是雙小生主角，亦足以號召觀眾，畢竟那年靚少鳳比較白駒榮較為出色，像演《柳為荊愁》賣報紙，他又演丑生小童戲，演《甘違軍令慰阿嬌》，靚少鳳又演小武正主戲，他們千里駒、白駒榮、靚少鳳、騷韻蘭四人又結為把拜兄弟，故此在戲場上並無爭執，武生王靚榮離開了他們，他們仍然鼎力合作，賣座不衰。

《工商晚報》，一九六四年七月十五日

一六／《姑緣嫂劫》由莎士比亞名劇改編

「天外天」的班主劉蔭蓀，也即是「大羅天」的班主，當年以「天外天」得薛覺先、靚元亨參加，仍然不大好景，心有不甘，於是再開一班，班牌為「大堯天」，武生新珠、小武靚元亨、花旦嫦娥英新丁香耀謝醒儂、小生李瑞清、文武丑生薛覺先、丑角廖俠懷王醒伯，角式勻稱，堪稱巨型班。班主的希望，「大堯天」和「大羅天」一樣賣座，多賺個錢，惟是當時花旦嫦娥英由二幫初升正印，號召力和演技都不及千里駒、陳非儂，故此「大堯天」賣座力還在「大羅天」、「人壽年」之下，二來所演劇本，也沒一套出色。薛覺先以「大堯天」人才不在大羅大之下，如今賣座不及馬師曾，心有不甘，幸當時有一位編劇者歐漢扶，又名「最懶人」，將一套莎士比亞名劇，改編為粵劇，取名《姑緣嫂劫》，論該劇則編排平常，不過有一支曲《夜祭飛鸞后》，是新腔長句二流，由薛覺先唱出，薛覺先的唱工，確有獨到之處，果然劇以曲名，挽回薛覺先的聲譽，賣座不在「大羅天」之下。又編演《沙三少》，以薛覺先飾沙三少、嫦娥英飾亞銀、廖俠懷飾譚亞仁、靚元亨飾沙鳳翔，演武生戲。該劇本來在「琳瑯幻境話劇團」演出，已十分旺台，「大堯天」演出，人腳恰覺吻合，尤以薛覺先演輕薄少年戲，十分逼真，靚元亨演嘔血打仔，做工老到，這劇在「大堯天」十分賣座。後來薛覺先自組「覺先聲劇團」，點演該劇頭場演沙三少，尾場演沙鳳翔，也演得十分出色，成為他時裝戲首本之一。那一年「大堯天」雖不致虧折，因為皮費太重，也沒有錢賺。除了「人壽年」、「大羅天」、「大堯天」外，還有「新中華」班也是旺台班，當時最賣得的齣頭是《蟾光惹恨》上下卷、《綠野柔魂》上下卷，有白玉堂的演技、肖麗章的唱工、黃種美的詼諧，加以小生馮顯榮、小武少新權、丑角李海泉都是台下歡迎的新紮老倌，而且票價又比「人壽年」、「大羅天」、「大堯天」低廉，故此也得旺台，不在話下。惟是最不幸的是丑生黃種美，因該班在廣州樂善戲院開演，乘暇到鄰近何榮記飲茶，碰着該處撈家開片，他便無辜地給人誤殺，那一晚恰巧演《蟾光惹恨》，黃種美佔重要的戲場，中途給人誤殺了，勢將停演，幸得該提場黃不廢，把提綱改了，把黃種美的戲，改為暗場，該晚照常演至結局散場，觀眾也不覺，純靠提場黃不廢的聰明，後來「新中華」班立即聘請劉少希補黃種美的缺，那年「新中華」還算好班運，收入不受影響，然而戲場少了黃種美，實在是大大失色，因此班主在下一屆便準備定一個較重的丑角，惟是環顧各班，丑角人才十分缺乏，如新靚就之「新少年」班，也沒有好丑角用，「人壽年」的羅家權，又不過初露頭角，未有甚麼出色，轉而想到「大堯天」班的廖俠懷身上，因為廖俠懷自南洋回，隸「梨園樂」、「大羅天」、「大堯天」三班，也未曾發展他的詼諧天才，所以也樂於過「新中華」找一個機會。

《工商晚報》，一九六四年七月十六日

一七 陳非儂馬師曾分道揚鑣

「大羅天」班一連旺台兩年，論者說觀眾喜歡看馬師曾的滑稽戲，卻忘記了花旦陳非儂的功勞。陳非儂自從在「梨園樂」兩年，觀眾對他印象頗深，他比較千里駒年青，扮相較為美艷，而陳非儂最擅長演大家閨秀戲、華貴婦人戲，他又能夠揸把子，千里駒的手跛了，不能演武戲，那就演戲的範圍不及陳非儂的廣闊了。可是當時班主只看起馬師曾，把陳非儂當作配角看待，他有點不甘，做了「大羅天」兩年，便和馬師曾分道揚鑣了。陳非儂離開「大羅天」，首先組織「鈞天樂」劇團，恰巧「人壽年」解體，靚少鳳未有班落，他就首先抓着靚少鳳合作，同做班主，「鈞天樂」的武生曾三多、小武靚雪秋、花旦陳非儂、小生靚少鳳、丑角梁少初，論人才不錯。陳非儂主理劇務，首先演的是西裝古劇《毒牡丹》，全穿泰西古裝，究竟靚少鳳不是演西裝戲的能手，《毒牡丹》一劇，雖然不至失敗，也不能說是成功。陳非儂並不灰心，仍從戲場做功夫，挑選清宮秘史《文太后》編作三卷，頭卷並演董小苑、冒辟疆一段哀艷史，二卷、三卷才演文太后及順治出家的史蹟。因為角式調度得宜，劇情亦合眾目，加以清初宮幃秘史，許多人也熟悉，故十分旺台，梁少初就因為演多爾袞成名了。那年陳非儂的旺台，不弱於馬師曾，可見花旦當主角，未嘗不可號召觀眾，而演劇也不限於迎合下流社會。論當時花旦，陳非儂可算成功的老倌，他組了「鈞天樂」一年，第二年便組織「新春秋劇團」，除留回靚少鳳、曾三多外，從南洋聘請少崑崙、伊秋水回來充任小武和丑角，當時有意造就少崑崙，雖然正主戲仍是靚少鳳，卻多派場口給少崑崙演，編演《九環刀》一劇，少崑崙竟然以正主姿態出現，可惜他在南洋，只學得靚元亨多少工架，唱做仍然不濟事，《九環刀》一劇就失敗，陳非儂造就後輩，也枉費心力，而且一年之間，班中不能無一套戲寶，他就和曾三多精心度戲，決意編演一本古裝宮幃戲《危城鶼鰈》，這是從電影默片《情競》改編，劇情敘述一個強國國王和一個弱國王子同向另一國的宮主求婚，舉鼎爭婚，後來宮主嫁給了王子，那個強國的大王，心有不甘，便興動大兵，要從王子手裏奪回愛人，王子不敵，兵臨城下，把京畿圍得水洩不通，王子要求保全百姓生命，求國王退兵，國王便提出條件，要王子所娶的宮主過營一夜，宮主應允了，以大義說服國王，過營一夜，保存貞操，又不使百姓生靈塗炭，退了雄師，萬民灑花歡迎宮主歸國，王子誤會宮主失節，演殺妻一幕，後得誤會冰釋，相好如初。劇中精彩甚多，尤以曾三多初演開面戲，有京班花面作風，在劇中生色不少，而該劇亦為全年最旺的齣頭。

《工商晚報》，一九六四年七月十七日

一八 四個結拜兄弟分道揚鑣

「人壽年」四拜把兄弟千里駒、白駒榮、靚少鳳、騷韻蘭只合作了一年，「人壽年」便解組了，除了靚少鳳和陳非儂合作組班外，其他三兄弟也為各班爭聘。那時馬斗楠捧薛覺先，替他組「新景象劇團」，物色一個重的花旦拍他，便想到千里駒身上，因為薛覺先自「周豐年」以後，未曾拍過千里駒，馬斗楠便以千里駒執花旦牛耳，薛覺先執丑生牛耳為號召，加聘武生靚新華、小武新周瑜林、幫花黃小紅、丑角林坤山合組成班，以利舞台為基本戲院，果然點演新戲《一番新景象》，觀眾慕名而來，捧台甚眾。薛覺先年來沒有好的花旦拍檔，至是也吐氣揚眉了。「人壽年」班的白駒榮，又為何浩泉的「高陞樂」聘去，「高陞樂」的前身是「寰球樂」，數年前小丁香花門去了金山，拍白駒榮，大家都能唱，在金山大旺，後來二人都從金山回來，何浩泉便要小丁香，替他捱花門的債，可是加他的年薪，着他拍白駒榮，改班牌做「高陞樂」，①武生用靚榮、小武少新權、花旦小丁香、小生白駒榮、丑生陳少麟（即新丁香耀）、丑角飛天英，人腳不錯，最初演的劇本是《神眼蛾眉》，頗為賣座，還有《佛還未了鴛鴦債》，這套戲套取白駒榮首本《泣荊花》的排場，觀眾也頗歡迎。還有一套是該班出全力編排的新劇，便是十三個

附注

① 「高陞樂」原稿作「高樂陞」，諒誤，正文改訂。

字戲匭的《撫少主釋冤仇十載辛勞藏艷蹟》，劇中除了白駒榮、小丁香當正主外，武生王靚榮卻演丑角戲阿成賣菜，妙趣橫生。本來該劇可以賣座的，惟因戲匭太長，觀眾不易記，改壞了戲名，因此賣座平平，同時那年班多，「高陞樂」生意被佔薄，年終結算，虧損萬餘元，白駒榮也乘機歸隱，不問班事者數年。還有「人壽年」的二幫花旦騷韻蘭，年青貌美，嗓喉清脆，給馬師曾看中，拉他和他拍檔，於是騷韻蘭便擢升正印了。馬師曾和騷韻蘭合演最賣座的新戲就是《情覺情孀》，該劇是香港大學文學士潘賢達所編撰，劇情頗類司馬相如與卓文君，故觀眾也愛看這一套戲，惟是該劇又給陳非儂、靚少鳳編為《風流寡婦》，觀眾不喜歡看馬師曾的可以看靚少鳳、陳非儂，故亦同樣賣座。還有是年「高陞樂」因梅蘭芳、金少山在省港演《霸王別姬》一劇賣座，也照編為粵劇，由武生王靚榮開面飾霸王，可惜與北劇比對，有小巫見大巫之別，粵劇未免失色了。是年「新景象」千里駒與薛覺先又主演一部清裝戲《不染鳳仙花》，劇中寫太平天國時一個文人投舉起義，得知府女兒相救，定下婚姻，以鳳仙花汁染一條紅頭巾，作為訂婚禮物，後來太平天國平定廣東，薛覺先營救未婚妻，演得纏綿盡致，尤演二人釣魚談情一幕，十分生色，可惜是清裝戲沒有衣服看，故不十分旺，那就可惜了。

《工商晚報》，一九六四年七月十八日

一九　廖俠懷以性格演員成名

當年各班側重詼諧演出，本來是丑角發展的機會，惟是廖俠懷卻浮沉多年，未露頭角，他初由南洋回那一年，隸「梨園樂」，本來台緣不錯，像他演《紅顏知己》的大腹表少，已令觀眾發噱。他演《三叩寒江關》飾演薛應龍，與陳非儂合演樊梨花收義子一幕，又得觀眾好評。演《漢光武走南陽》一劇，飾一老農夫，義救靚少鳳飾演的劉秀，廖俠懷演得突梯滑稽，他在「梨園樂」那年，已經給觀眾認為有前途的丑角。無奈第二年，他轉隸「大羅天」，「大羅天」的丑角戲，俱是馬師曾擔綱，除了馬師曾外，還有話劇出身的林坤山佔了滑稽戲場，廖俠懷卻無表演機會，在《轟天雷》一劇，只當一名小縣官，全晚表演替馬師曾穿袍着靴一幕失魂狀況，觀眾也認為廖俠懷表演盡職。至《賊王子》演王子失了仙巾一幕，唱《尋針》「唔見我條巾」一幕，也算有機會唱演。不過除了兩套戲以外，他便寂寂無聞了，浮沉了一年，他轉隸「大堯天」班，又因該班不注重滑稽戲，在《姑緣嫂劫》只擔綱演獄官一兩場戲，在《沙三少》飾演譚亞仁，較為出色，其餘演各劇，也都平平無奇。他從南洋回來三年，認為失意。可是機會來了，「新中華」的丑角黃種美被人誤殺，該班初聘劉少希補黃種美的缺位，論資與演技，也比不上黃種美，演出未免失色。「新中華」白玉堂、肖麗章，合作有五六年的歷史，本來算是穩陣的省港班，班主大姑，①頗有眼光，認為保持班譽，非聘請一個好丑角不可，於是便聘用廖俠懷了。恰巧「新景象」虧折，中途改由利舞台作班主，千里駒退出，改聘嫦娥英，班牌改名「大江東」，以「最懶人」歐漢扶所編之西裝戲《毒玫瑰》為號召，又另編一本奇情劇《今宵重見月團圓》，那套戲卻和「新中華」班鬧雙包案，蓋「新中華」也演編《今宵重見月團圓》一劇，當時白玉堂聲譽頗●，以演出《天堂地獄水晶宮》和《錦毛鼠》受觀眾歡迎，故擁有相當觀眾，加以肖麗章有金喉花旦之稱，故賣座力不弱於「大江東劇團」，如今兩班同時演出《今宵重見月團圓》，觀眾便有得比較了。演生角戲的薛覺先與白玉堂，各有所長，薛覺先不過佔勝多少，惟是花旦則肖麗章能唱，一聲奪三醜，好聽曲的便去看「新中華」了，加以丑角廖俠懷演宮幃窺秘一幕，唱「月光光照地堂」一曲，十分精彩，而且有性格表演，勝過「大江東」的林坤山，「新中華」的賣座，便比「大江東」更盛了。班主乘勝追擊，編一本電影片《劍底鴛鴦》改做《紅白杜鵑》，劇中由廖俠懷飾演哥哥駝背跛足英雄，白玉堂飾弟弟俊秀溫文，同戀一女子肖麗章，兄弟的愛，男女的愛，描寫盡致，為該年「新中華」最賣座的一劇，也是廖俠懷成功的演出，因為莊諧兼備，廖俠懷便給人稱做性格演員，奠定他在粵劇界的基礎了。

《工商晚報》，一九六四年七月十九日

附注

① 「大姑」，即班主何大姑。

二〇／馬師曾去金山「覺先聲」崛起

馬師曾自一連三屆「大羅天」賣座後，他就驕了，他認為他個人的號召力便足以雄霸省港，於是就脱離「大羅天」，和香港高陞戲院主事人呂維周組織「國風劇團」，武生馮鏡華、小武用馬的徒弟桂名揚、花旦騷韻蘭、小生羅文煥、丑角馬之半邊徒弟半日安（他原是靚中玉的徒弟）、馬師曾自任通天丑生，論班皮甚廉，惟有馬師曾個人則佔七萬元年薪，為全粵劇界工薪最高的一人。不料當他點演名劇《天網》的一晚，他下台時，在長堤海珠戲院給人炸傷了右足，險些殞命，於是逃匿香港，不敢登台，「國風劇團」因而解散。不久馬師曾也接了金山的定金，到彼邦奏技了。那年「大羅天」也因為走了馬師曾，沒法組織，剩下班底陳錦棠、葉弗弱等，而薛覺先也因為「大江東」解組，無班可落，派黃不廢與「大羅天」班主商，承頂班底，並向各戲院貸款翻身，組織「覺先聲劇團」，薛改充小武，自任班主，武生少達子、小武薛覺先陳錦棠、花旦嫦娥英李翠芳小珊珊、小生李明星（即花旦鳳凰珠）、丑角葉弗弱，人腳本來甚輕，全由薛覺先個人擔大旗，初開班連新劇也編不及，演舊劇《紫薇花對紫薇郎》、《風流大俠》等劇。後來編演《美人王》、《戎服傳詩》、《月怕蛾眉》，第一屆的「覺先聲」賣座始較為穩定。馬師曾的「國風劇團」

既然解體，粵班便有幾班爭雄霸了。白玉堂、肖麗章的「新中華」劇團照常組織，可是去了廖俠懷換了一個林坤山，未免失色了。廖俠懷呢？給陳非儂拉了過去「新春秋」重用，那年「新春秋」人才最盛，有文武生曾三多、花旦陳非儂、小生靚少鳳、丑角廖俠懷，四大台柱，還有配角金枝葉、鍾卓芳，人才濟濟。陳非儂又十分注重戲場，出盡心力，編排《玉蟾蜍》新劇，該劇描寫一雙王子，以玉蟾蜍一對分配身上，後來一個王子留落異邦，也收為王子，同戀一宮主，弄出諸多誤會，兄弟幾至相殘，後來看見玉蟾蜍，始知道是親生手足，而誤會冰釋，又聞宮主命殞，親往祭奠，始知誤傳，弟弟讓回哥哥婚姻，團圓結局。劇中廖俠懷有扮美一場，口角風生，而挽弓射兄一場，亦見精彩。靚少鳳則有被擒表演水髮及祭奠重會宮主，亦有表演機會，惟不及廖俠懷出色了。「新春秋」當年為最賣座的一班，「覺先聲」亦屈居其次，後來「新春秋」又編演《黑白美人蛇》，以陳非儂飾演白蛇、金枝葉飾演黑蛇、以靚少鳳飾演一片癡情的許生、廖俠懷飾演老員外、曾三多飾演法海和尚，該劇因為民間流傳的水浸金山、仕林祭塔故事，故此賣座甚盛。不過「新春秋」因為皮費過重，雖然旺台，也賺不到錢，「覺先聲」皮費輕，反而有錢賺，這就造成陳非儂和靚少鳳分班的原因，因為兩人的人口過昂，①不容許同在一班，故下一屆「新春秋」便由新細倫替代靚少鳳，實力便比不上原班強盛了。

《工商晚報》，一九六四年七月二十日

附注

① 「人口」，是指在戲班的待遇、薪金。

二一 陳錦棠初年的努力成就

「覺先聲劇團」因為薛覺先心慕北劇武工，每年散班必到上海習藝，畢竟薛覺先是聰明的人，他認為他雖然是丑生出身，究竟不是詼諧天才，捨丑生不幹，轉充小武，以打北派爭取觀眾。因為歷年他演劇，上位時常座滿，下位卻不見旺盛，他自作班主，不能不兼顧收入，他便銳意注重打武，而且他的成名，由於向朱次伯、靚少華、靚元亨學習，三位都是小武，當然薛所學是小武功夫，像打馬過站的紮架是學朱次伯的，穿大甲扮元帥的風度大方，是學靚少華的，耍袖開山，表演技術是學靚元亨。他從小聰明偷師學習，這時已有小武的典型，班中人並不以九和堂出身看輕他了。「覺先聲」既重小武戲，又注重北派，不能不覓好的對手，他便看起陳錦棠了。陳錦棠的武工，最初是從大新天台一個北劇坤角學來，他苦心練習，曾當陳鐵英副車，卻以聲線和武工勝過陳鐵英，他便初露頭角了。後來在「覺先聲」也作薛覺先的副車，可是班裏有北派小武王鳳山等作對手，陳錦棠便常常有表演北派武技的機會。薛覺先演《戎服傳詩》劇中一雙先鋒，也由薛覺先和陳錦棠分飾，戲場重要，陳錦棠那時已為觀眾注目了，加以他能表演搶背、走針的武工，①在舞台上甚為活潑，而他又能賣力，雖然當小武二幫，實

附注

① 「走針」，指演員面對槍刺的表演程式。

際薛覺先是文武生，他是正印小武了。薛覺先演北劇《鐵公雞》三本，耍大旗一幕，給觀眾喝采，陳錦棠以年少氣力充足，也學習耍大旗，結果由他的努力，也學習成功。「覺先聲」的新戲如《粉面十三郎》、《陣陣美人威》、《月向那方圓》等戲，所有表演武場，都是由薛覺先和陳錦棠對手的。有一次演《陣陣美人威》走針一場，是由陳錦棠執槍，薛覺先赤手走針，演至驚心動魄，薛覺先立足不穩，向前要仆倒，若是陳錦棠不機警，他便會被槍傷了，幸而陳錦棠非常敏捷，把槍一收，向後一退，槍傷了己手，卻不傷薛覺先，救回薛覺先一次，從此以後，薛覺先對陳錦棠便另眼相看了，尤其是第二屆「覺先聲劇團」，葉弗弱、黎笑珊、謝醒儂花門到安南走埠，「覺先聲」沒有正印花旦，薛覺先不得不反串，那時便扶起陳錦棠作小武正主，演出《紅粉金戈》、《翡翠鴛鴦》等劇。他學習薛覺先的做工，卻支持着「覺先聲」的賣座，他又並無二心，一意在「覺先聲」演唱，因為表演北派，非「覺先聲劇團」便沒有機會，他為着前途着想，並不急於到別班當正印，幾年來也作薛覺先的副車，薛覺先對他更加好感，便把他當作「覺先聲」最忠實的伙記。而事實上當年「覺先聲」，少了葉弗弱也不打緊，可以定林坤山來補他的缺，若是少了陳錦棠，薛覺先演北派便沒有對手，環顧當時，亦沒有比陳錦棠更擅北派的小武，所以他便漸露頭角了。

《工商晚報》，一九六四年七月二十一日

二二《心聲淚影》改變粵劇作風

「覺先聲劇團」赴越演出，薛覺先得陳協之和鄧芬的介紹，求先父題詩於劇刊，宣傳成功，事後又勉余編贈一齣劇本，適值九一八東北事件發生，余感粵劇可作宣傳，乃允其請，為編《心聲淚影》一劇，①劇情喚起民族抵抗精神，一改粵劇頹靡作風。劇中內容是描述宋朝有一個有志青年秦慕玉，戀其師妹呂秋痕，可是秦未成名，為秋痕舅父輕視，迫配表兄，秋痕不屈，勉慕玉從戎，慕玉初失意，後園約會秋痕，秋痕以當時韃靼犯秦城池，匈奴未滅，何以家為，再與慕玉別，慕玉後得志青雲，金殿怒斥韃靼使者侵略，並提師收復失地，封侯歸里，則秋痕已為舅父不容，偕弟淪為漁村女兒，慕玉淡泊明志，寒江釣雪，得與秋痕重聚。是劇演出成功因素，純因有兩段詞曲，唱新腔調，茲將曲詞錄下，以供閱者參考，後園相會之《瓊蕭怨》，曲為戀彈二流，詞為：「黃昏後，獨無聊忽聽蕭聲吹透，攪春思撩晚景觸起我閒愁，步中庭過別院晚風飄飄眉月娟娟遙望一帶粉牆翠柳，是誰家拈玉管原來紅袖倚瓊樓，香霧鎖碧煙濃認芳容黃花比瘦，有珠簾惟半捲掛住小小銀鈎，正低徊一陣風驚竹疑是故人相候，你怎知我倚欄杆長為你望眼悠悠」，此段曲甚為動聽，而《寒江釣雪》一幕唱解心二流，為薛覺先獨唱，詞為：「傷心淚，灑不了前塵影事，心頭滋味惟有自己知，一彎新月未許人有團圓

附注

① 證諸史實，「九一八東北事件」發生在一九三一年，而「覺先聲」第一屆班在一九三〇年已上演他的處女劇作《心聲淚影》。

② 「用象徵化裝置，與圖案化之動作統一」疑應作「用圖案化裝置，與象徵化之動作統一」。

③ 「慕」字原稿作「幕」，諒誤，正文改訂。

意，音沉信渺迷亂情思，踏遍天涯不移此志，癡心一片付與伊，今夜飛雪盈天好景等閒棄，都只為相思債了不知期（下略）」，兩段詞曲幽雅，腔調新穎，故甚為觀眾所悅，友人音樂家陳●●，且譽為不朽之作。至收復失地一幕，大快人心，故上下位皆滿座，戲劇演出，編者為整潔舞台，不許衣雜箱出場穿插，也為改善粵劇之點，後來粵劇界亦步《心聲淚影》後塵，取消衣雜箱在舞台出入，可見《心聲淚影》，影響粵劇甚大。至佈景則金殿一幕，用象徵化裝置，與圖案化之動作統一，②《寒江釣雪》一幕，亦用白洋布絮作雪，藍天幕作碧海，簡單雅潔，惜後來觀眾又復趨慕透視景，③有負筆者之提倡而已。余編《心聲淚影》後即赴滬，薛覺先以劇照勉余帶給《良友畫報》刊出廣為宣傳，並謂擬赴滬拍電影及攻習北劇藝術，下屆「覺先聲劇團」，決作小休。是年「覺先聲」所演之劇本有西裝劇《大快活》、北劇《烏龍院宋江殺媳》、《梅龍鎮》、《活命花》、《海角尋香》、《玉人無恙》等齣，均不及《心聲淚影》賣座。時余在上海教育界服務，恰遇一二八事件，余在虹口，倉皇逃出，寄居法租界桃源村友人家中，薛覺先函致於余，謂粵中民眾，抗日情緒甚高，勉余再編一劇寄返，而余以不暇，且在滬又不接近粵劇界中人，當時余對粵劇排場，尚未嫻熟，因而未果，惟答允薛覺先，倘余返粵，當另編一劇，與《心聲淚影》異曲同工，以謝觀者愛好，並報薛之盛意相邀也。

《工商晚報》，一九六四年七月二十二日

二三　薛覺先演時裝劇《白金龍》

提起時裝劇在粵劇舞台的地位，許多人以為舊瓶新酒，不易成功，把新酒裝在舊瓶裏，酒也會變壞，這也許是理論上的判斷。演出效果我們不提，看得古裝粵劇多的人，一換口味，看一看時裝劇，也覺得有點新刺激的，證以早年靚少華演唱《閻瑞生》，描寫上海拆白的罪惡，①全劇都是時裝演出，臨刑一幕，本來由靚仙騎生馬出場，後來因為恐怕馬兒聽見鑼鼓在舞台亂跳控制不住，故此把真馬拉到戲院門口作宣傳，卻騎假馬演劇，也收宣傳之效，可見觀眾有好奇心，要是演時裝劇而有新鮮排場，一定會旺台的。後來靚少華、靚雪秋演《斬龍遇仙記》，馬師曾演《賊王子》、《神經公爵》，都是泰西古裝戲，卻不是時裝的演出，演時裝戲成功的還算是薛覺先，他主演《十三么多情偵探》，是丑生戲的成功，演小生戲的時裝戲，當時喧噪一時的便是《毒玫瑰》一劇，是「最懶人」歐漢扶和黃不廢合編的，編至三本，那年挽回「大江東」班的頹運，所以後來薛覺先自己做「覺先聲」班主，雖然以小武姿態出現，卻不忘演出時裝戲的賣座。那時「覺先聲」班每個月便有一兩套新劇，編劇最多的是鐘聲藝員梁金堂，大多數取材電影默片改編古裝粵劇，究竟愛聽歌曲的粵劇觀眾甚多，看過電影默片的也好一看舞台歌唱劇，所以如《月怕蛾眉》、《戎服傳詩》都是電影改編，也收旺台之效。編劇者更進一步編

附注

① 「拆白」，上海俚語，泛指上海地區一群糾黨並以色相行騙，白飲白食騙財騙色的青少年。

② 「徵求薛覺先替他演一套《白金龍》，對所有編劇宣傳購置服裝均歸該公司出資，還送一張大幕」原稿作「徵求薛覺先替他演一套對《白金龍》，所有編劇宣傳購置服裝，還送一張大幕均歸該公司出資」，正文按句意調節字詞排位。

演時裝戲，計有兩本，一本是《唉，儂錯了》，有一本是《還花債》。《還花債》一劇，也是梁金堂編的，全劇不用鑼鼓，全用雙思小鑼及小曲，有新派戲作風，一新觀眾耳目，雖不算大成功，也頗能賣座。薛覺先見到時裝戲收入好，也翻點《毒玫瑰》、《十三么多情偵探》、《沙三少》演出，當時的觀眾，也十分喜悅。《沙三少》一劇，葉弗弱飾譚亞仁，有深刻的表演，也做紮了。薛覺先的「覺先聲劇團」，收拍過花旦嫦娥英、騷韻蘭、謝醒儂，又到過安南演出，獲利而歸，聲勢大壯，收入為各班之冠，恰值當時某公司製新煙「白金龍」出世，公司為奏宣傳收效，徵求薛覺先替他演一套《白金龍》，對所有編劇宣傳購置服裝均歸該公司出資，還送一張大幕。②薛覺先便和編劇者梁金堂商量，編一齣巨型的時裝戲，適值當時電影片亞多富文殊主演的《郡主與侍者》甚為賣座，薛覺先以時裝上流社會戲吻合身分，便商請梁金堂將該劇編作舞台劇，取名《白金龍》，劇中敍述一華人爵士白金龍，年少多情，又有社會地位，追逐一名姝，化裝為侍者，得與名姝親近，滑稽調情，戲弄警察，盜窟破案救美團圓，劇情有趣，當時的劇迷，咸喜聽他的花園相罵一曲，「你係高竇貓兒我偏要監人賴厚……和我有意栽花任你無心插柳」之歌詞，滿街滿港，婦孺皆懂得唱，詞曲雅俗共賞，加以薛覺先穿大禮服，扮演伯爵，身分高貴，頗合觀眾理想，所以《白金龍》一套時裝戲，便算成功了。

《工商晚報》，一九六四年七月二十三日

二四／千里駒白玉堂上海獲盛譽

「永壽年」班的組織，是白玉堂重拍千里駒的機會，因為白玉堂最初當正印，是在「周豐年」補白駒榮缺，由千里駒帶起的，後來白玉堂一連在「新中華」拍肖麗章六七年，觀眾看得有點厭倦了，搞班的人，便想到白玉堂再拍千里駒，一定有相當觀眾，還想起白玉堂演《可憐女》大審千里駒一幕，演紗帽戲，比較白駒榮還莊嚴，觀眾喝采，若是白玉堂重拍千里駒，演這一類戲，一定受歡迎。千里駒自和薛覺先在「新景象劇團」分手後，即在家隱居不登台，觀眾也渴望他復出，所以「永壽年」的班，先聘請千里駒、白玉堂為主幹，還聘請靚新華、李海泉任文武生和丑生，便組班演出了。那年所演的名劇，是《千里攜嬋》、《血染芭蕉》。《千里攜嬋》是描寫一個清官，憐惜一個貞烈的少女冤情，棄官不做，千里攜嬋，到京師求請伸雪，歷經艱險，卒能平反案情，貞烈無罪，二人成婚。白玉堂演到紗帽戲，有獨到處，該劇甚為賣座。至《血染芭蕉》一劇，描述一個丞相之子李海泉，向千里駒逼婚，洞房婚變，丞相遭人誤殺，誣陷千里駒，他就蒙難奔逃，在芭蕉葉上寫下絕命詩，卻給白玉堂救了，白玉堂上京求名，臨行把千里駒交給父靚新華，不料案情未白，誤會靚新華殺丞相的主兇，和千里駒一同入獄，白玉堂高中回來，審生父和千里駒，千里駒欲救靚新華，寧願自己認罪，白玉堂在公堂上憶誦芭蕉葉上詩，證明千里駒無辜。又是白玉堂的紗帽戲，雖然不及《千里攜嬋》的受歡迎，也算演出成功。千里駒又點演生平首本《捨子奉姑》，觀眾慕他的藝術，也多捧台。恰巧那一年世界不景，電影和粵劇都很淡，「新春秋劇團」陳非儂、廖俠懷、曾三多、新細倫主演的《唐宮綺夢》，有電影雨淋鈴的佈景，全劇唱新腔小曲，也告失敗，原因是新細倫不能唱，陳非儂也失了聲，所以「新春秋」的班譽也跌了，更因而淡風影響，虧折甚鉅，下一年「新春秋」便解體了。惟是「永壽年」不得志於省港，便想到上海發展，千里駒有花旦王的花號，而且上海也很多廣東人，白玉堂跟「新中華」班到過上海，也大受歡迎，舊地重遊，定然會盛況不減從前。「永壽年」的主事人，更事前在上海廣宣傳，千里駒為當年八會館主席，又在《良友畫報》刊登千里駒、白玉堂化裝戲像，聲勢浩大，全班到滬，又親到廣東會館拜訪，於是「永壽年」班到上海，人事和宣傳方面都處有利地，點演《可憐女》、《千里攜嬋》、《血染芭蕉》、《捨子奉姑》等劇，不只場場滿座，而且觀眾要求翻演，又為慈善機關演出籌款。廣東班到上海，以「永壽年」一屆最有面子而最成功一次，因此賺錢回到廣東，千里駒就乘勝退隱，保持盛譽。白玉堂呢？卻為陳非儂拉了去當下一屆「孔雀屏」班的主角，總算上海一行是不失敗的。

《工商晚報》，一九六四年七月二十四日

二五／《龍虎渡姜公》與《蜈蚣蛛》

粵劇的觀眾，雖然許多是上層階級，喜歡看有意思的劇本，惟是下層社會，仍然有他們的愛好，喜歡看小說野史傳劇，所以跟隨觀眾走而不是領導觀眾的粵班，便投觀眾所好，編演神怪戲、機關佈景戲，藉以吸引觀眾。像「人壽年」班，自從千里駒、白駒榮、靚少鳳、騷韻蘭、靚新華離開後，人才星散，只剩回一個班牌和小生龐順堯、丑角羅家權，班主不甘寂寞，便想出奇制勝，除吩咐駱錦卿、李公健編演《封神榜》的《龍虎渡姜公》外，並聘請富有朝氣的武生靚次伯、小武靚少佳、花旦林超群李自由、小生龐順堯、丑角羅家權重組「人壽年」班，皮費甚輕，而個個演員都是肯賣力有前途的角式。《龍虎渡姜公》一劇，靠配景生龍活虎吸引觀眾，由哪吒出世，妲己戲伯邑考，紂王炮烙等描寫以至姜子牙佐文王取天下，劇本取材《封神榜》，自不然多般描寫神仙怪道，離奇變化，迎合低級興趣。尤以當時靚少佳朝氣勃勃，自從「梨園樂」解體，都未隸過名班，如今受「人壽年」之聘，擔當主角，飾演哪吒、伯邑考，自然落力演出。羅家權飾紂王，也有「生紂王」之稱，靚次伯的姜子牙，武生白鬚戲又演得出色，反派花旦李自由的妲己，演得十分淫蕩，低級興趣觀眾自然歡悅，其餘林超群、龐順堯，也有重要的角式擔當。當時《龍虎渡姜公》在四鄉固然旺盛，即在省港亦非常賣座，處處頂櫳，①編到七八本之長，每本都有神怪佈景，觀眾為之目眩。直至羅家權因案輟演，《龍虎渡姜公》也因為沒有「生紂王」，不能再演，然而兩年來，「人壽年」班已獲利甚巨了。除了「人壽年」班演《龍虎渡姜公》成功外，其次便是兄弟班「日月星」演出的《蜈蚣蛛》，②「日月星」班是由靚新華、少新權、小蘇蘇、馮顯榮、廖俠懷合組的，廖俠懷是當年最賣座的丑角，他主理劇務，從一本武俠小說《蜈蚣蛛》編為劇本，也編至數本，佈景有「蜈蚣蛛」殺人的驚險炫目，又有飛劍鬥術的演出，廖俠懷飾演主角，「日月星」一屆也賺了不少。後來因為演員爭作主角的糾紛，因而解體，「日月星」的班牌，卻給廖俠懷投了。《蜈蚣蛛》一劇，雖然不及《龍虎渡姜公》的煊赫，可是在省港四鄉，也相當旺台，廖俠懷的主角地位，亦因而鞏固。是年失敗的粵班，算是「孔雀屏」了。「孔雀屏」的組織，是由陳非儂、白玉堂擔大旗的，論戲路陳非儂、白玉堂都擅於文靜戲，本來初次合作，大眾都睇好，無奈當時的武生馮鏡華，尚未有大名聲，丑角半日安，又僅初露頭角，戲場方面，除了一套《孔雀開屏》是京劇改編，觀眾愛好之外，也沒有第二套新戲可以賣座，結果經這一年後，陳非儂搞班的興趣也低降了。「孔雀屏」散後，他就到南洋安南走埠，不再起班，白玉堂也到南洋演唱，不在省港爭雄，然而他兩人的藝術，依然保存的。

《工商晚報》，一九六四年七月二十五日

附注

①「頂櫳」，即全院座。

②「兄弟班」，即由演員合資組成的劇團。

二六 《火燒阿房宮》震動百粵

余認識靚少鳳，在與薛覺先結識之前。當余未赴滬之前，靚少鳳以余為薛覺先編演《心聲激影》，而且賣座成功，於是約余會面，詢余對粵劇意見，余答以目前戲劇，當側重為國家宣傳，時靚少鳳家居年餘，不曾落班，不甘寂寞，有自行組班之意，詢余能否為其編劇，余以赴滬在即，故婉卻之，靚少鳳之意甚誠，堅詢余以編劇題材及意見，余告以荊軻刺秦皇一段史蹟，甚有愛國意義，合其表演，靚少鳳謂下年組班，當先編此劇。後余在滬，薛覺先亦將「覺先聲」作小結束，來滬商拍《白金龍》映片，時余之友人，在片場工作者頗眾，李穆龍在聯華一廠，李應源、莫康時在長城片場，惟均拍默片，余亦到片場學習電影技術，薛覺先來滬，目的在拍聲片，故未與余之友人合作。《白金龍》為舞台紀錄片之始，初在強生公司拍畫頭，欲自資攝製，後天一公司邵醉翁以彼亦有聲機，可製聲片，與薛共卜合作，薛遂留滬製片，並登台演《心聲淚影》於天蟾舞台，甚得滬人好評。薛完成《白金龍》後，亦曾歸粵一行，重來申江，告余以粵中班況，余始聞靚少鳳已與肖麗章合作，組「錦鳳屏」班，武生為靚元亨、小武林鷹揚、花旦肖麗章、小生靚少鳳、丑角伊秋水，其編演新劇為《易水寒》，即荊軻刺秦皇本事，並有新劇《冰山逢怨侶》，惜兩劇均不賣座，而虧折甚巨，乃將該班改組，聘請童角新馬師曾補伊秋水之缺，編演閔子騫故事《天生聖人》，亦不賣座。後演《流星趕月》，始略旺台，又點演其首本《柳為荊愁》，藉以挽回頹風，惜仍虧折甚巨。而當年班運最好者，為廖俠懷之「日月星」班，「日月星」之組織，是廖俠懷集資組織的，武生曾三多、小武桂名揚，他從金山回來，有金牌小武之譽，花旦李翠芳李自由、小生陳錦棠黃千歲、丑生廖俠懷王中王，人才勻稱，恰巧薛覺先那年休息，桂名揚以「薛腔馬形」為號召，擁有龐大觀眾，其最成功的劇本，便是《火燒阿房宮》。《火燒阿房宮》一劇，與「錦鳳屏」之《易水寒》同樣題材，都是以荊軻刺秦皇為主題，不過戲匭方面，《火燒阿房宮》就偉大得多了，加以人腳的調配，以曾三多開面飾秦始皇、桂名揚飾燕太子丹、李翠芳飾秦美人、李自由飾荊軻妻、陳錦棠開面飾樊於期、黃千歲飾田光、廖俠懷飾荊軻、王中王飾燕王喜，可算個個都合身分，尤以燕王喜主張不抵抗，太子丹主張抵抗暴秦，至為激憤，恰切當時中國國勢，而廖俠懷之荊軻殺妻，易水送別，佈白虹貫日景，表示抗日情緒，而行刺失手，在秦殿罵敵，壯烈殉國，均表現民族精神，故當時廣東省政府，特獎給以喚起民族抵抗精神獎狀，於是《火燒阿房宮》一劇，威震百粵，每逢點演，座無虛席，比諸「錦鳳屏」之《易水寒》，有天淵之別，此亦編排得宜所致。而桂名揚是年，藉薛覺先離粵居滬大有取薛之地位而代之之勢，「日月星」是年收入，大有可觀。

《工商晚報》，一九六四年七月二十六日

二七／薛覺先與桂名揚爭雄

「日月星」班自《火燒阿房宮》一劇受歡迎後，主事人廖俠懷對戲場便乘勝追擊，因為「錦鳳屏」班最旺的戲是《冰山逢怨侶》，廖俠懷便編一齣《冰山火線》來對抗。《冰山火線》是小說《雙環珮》改編，一雙文武生桂名揚、陳錦棠都有表演機會。桂名揚的唱工較好，所以文靜場面比較多些，陳錦棠的武工絕技，就在《冰山火線》一場表演，噴火花搶背，耍大旗《鐵公雞》排場，①特別賣力。而廖俠懷與李翠芳又演一雙童角戲大飄小飄，曾三多、李自由之表演大審，《冰山火線》場場大戲，有苦情有諧趣，有文靜有武場，所以一經演出，「錦鳳屏」的《冰山逢怨侶》便失色了。廖俠懷素來看重劇本，加以曾三多又熟古老排場，所以「日月星」

附注

① 「鐵公雞」，京劇劇目，其中的的表演程式如耍大旗為粵劇吸收，成為武戲的重要排場之一。

② 「戲弄」，唐朝人對戲劇的稱呼。

的新戲弄並不苟且，②如《多情宮監》一劇，廖俠懷飾演太監夏秋冬，以帝王強納民間婦女為宮嬪深為不平，造就狀元與妃子的姻緣，「天子愛才如山重，美人下惠狀元公」，這是桂名揚唱中板的兩句，李翠芳演一個處女，被天子強納，抵抗的情緒表演得逼真，卒嫁狀元郎桂名揚，以桂名揚的魁梧奇偉，演紗帽戲不弱於白玉堂，在《多情宮監》一劇算是成功。桂名揚又點演他在壓倒馬師曾的首本《趙子龍》，劇中劉備過江招親，由廖俠懷飾劉備、曾三多飾喬國老、陳錦棠飾周瑜，個個也演得出色，尤以陳錦棠演三氣周瑜一幕，博得「生周瑜」之譽。《趙子龍》一劇也十分賣座。至到抗戰劇本，除了《火燒阿房宮》一二本外，廖俠懷又編《血戰榴花塔》，劇中先寫岳飛的忠烈，以曾三多飾岳飛、廖俠懷飾王佐、桂名揚飾陸文龍、陳錦棠飾金兀朮、李翠芳飾義婢粹魂、李自由飾金妃，劇中有王佐斷臂、粹魂刺虎、岳飛大戰金兀朮、陸文龍歸宋，這一齣愛國史劇，其旺盛不弱於《火燒阿房宮》，那年的「日月星」班，在粵劇界裏可算是一枝獨秀了。那時薛覺先方在上海拍製《白金龍》，不暇回粵登台，薛迷多轉看桂名揚而成為桂迷了。及薛覺先拍完了《白金龍》，該片賣座破中國聲片紀錄，薛個人利益也有十餘萬元，薛覺先躊躇滿志，重返廣東，又打算在粵劇界爭霸了。可是當時為三四月，不是組班時期，薛只加插入「月團圓」班演出，武生新珠、小武白珊瑚、花旦鍾卓芳、小生馮顯榮、丑角王醒伯，加入薛覺先、薛覺明兄弟，實力亦不弱，點演《毒玫瑰》，亦甚旺台。那時我從上海回粵，薛覺先浼余編贈一本《秦淮月》，劇情敘述一個秦淮歌妓，力勸一元帥及先鋒不要沉迷壯志，並允婚先鋒，以先在前方平敵為條件，先鋒孤軍深入，歌妓亦萬里勞軍，卒奏凱完婚。此劇為嘉里谷巴電影劇《沙漠情花》改編，余所撰《丹鳳眼》新曲譜，薛覺先將之灌片，亦甚暢銷。而《秦淮月》一劇演出，因有愛國情緒，且加插北劇排場，因而旺台，不弱於「日月星」班。薛覺先見獵心喜，以拍電影合同當有餘暇，決重組「覺先聲劇團」以與「日月星」劇團對抗。

《工商晚報》，一九六四年七月二十七日

二八 「義擎天」班異軍突起

薛覺先既立意重視「覺先聲」班，首先在「日月星」班拉回陳錦棠，並聘馮展圖為武生、李艷秋小珊珊為一雙花旦、葉弗弱為丑生、羅品超為小生，陣容甚強盛，時余在省立女師任教席，仍有餘閒，編贈薛以《梨香院》上下卷，劇旨為一愛國志士，少年夭折，其友到其家泣弔，遇其妹，勉以從戎，友本為富家子弟，出入於梨香院中，其父不贊成其從軍，以表妹為伴，着其攻讀，而國事日非，敵寇披猖，友念志士之亡，欲效班超投筆從戎之志，説其表妹，毋癡戀彼，彼心另有所屬，偕其表弟從軍，梨香院遂風流人散，彼在前線染病，而敵兵遽至，乃演病挑安殿寶一場，卒洗脱病夫之名，得保國土，重返梨香院，與亡友之妹團聚。劇中以李艷秋、陳錦棠表演機會較多，葉弗弱、小珊珊在劇中不覺出色，故《梨香院》一劇，只演數次即停演。薛仍點演其軟性劇本，如《銷魂柳》、《刁蠻女》等劇，以迎合觀眾，又由黎奉元編《再生緣》為《華麗緣》，編至四本，賣座甚盛，是年「覺先聲」仍能獲利。惟有「日月星」班，因失了陳錦棠，以小崙崑補其缺，花旦李翠芳、李自由亦開班，易以鍾卓芳、馮小非，人腳不及上一屆勻稱，益以《火燒阿房宮》三四本，均不如頭二本之賣座狀況，《血戰榴花塔》二三本亦不如頭本之叫座，只有《皇姑嫁何人》一劇，因桂名揚吻合身分，而鍾卓芳又演女扮男妝戲，頗為雅趣，為該劇團最賣座之戲寶。其時「勝壽年」初起，人才甚盛，武生靚次伯、小武靚少佳、花旦林超群李翠芳、小生何湘子黃鶴聲、丑生龐顯堯，新戲為《午夜盜璇宮》、《人約黃昏後》，在省港四鄉，均甚旺台，與「覺先聲」、「日月星」爭霸。至千里駒、靚少鳳、白駒榮、陳非儂之四大天王劇團，只演出於深圳，所演劇本為《再生緣》、《泣荊花》、《柳為荊愁》、《甘違軍令慰阿嬌》等劇，陳非儂即退出，白駒榮亦退隱，只剩千里駒、靚少鳳二人有意組班，適「覺先聲」解體，陳錦棠重返「日月星」班，黎奉元為編《三取珍珠旗》傳劇，亦甚賣座。「覺先聲」餘出之人才葉弗弱、李艷秋、羅品超，參加千里駒、靚少鳳組織之「義擎天」班，武生為靚新華，角色匀稱。時靚少鳳向余索劇本，以愛國為原則，余乃以法國雨果之《歐羅尼》改編為粵劇，劇中敍俠盜歐羅尼，本有一愛人，為犯法而逃入一少年將官府第，收在其祖先像內，俠盜感恩，誓為將官所用，時國土七十二銅城，次第失陷，元帥之女斥將官為懦，贈旗軍士，以新戰死為榮，將官乃懦夫立志，得俠盜殉國，重復七十二銅城，與元帥之女，頓釋機會，相好如初，而俠盜之愛人，為記殉國英雄，終身不嫁，梵經貝葉，矢志清修。是劇以收復國土為題材，表揚民族精神，故甚得觀眾擁護，「義擎天」班開身第一炮演出，即晚晚滿座，可見當時民氣之盛。千里駒、靚少鳳乃浼余繼續為「義擎天」班編劇，以廣招徠。

《工商晚報》，一九六四年七月二十八日

二九 《燕歸人未歸》挽回靚少鳳聲譽①

我答允千里駒、靚少鳳的請求，再替他們編一套新劇，那就是《燕歸人未歸》，也就是我早年成功的寫作。劇作描述一個王子，在鄉村墮馬，得一村女拯救，種下情苗，尋且私自成婚，恰巧敵寇入侵，老王要王子到鄰國聯婚，借兵禦敵，王子捨不得村女，乃使村女之兄冒認王子，到鄰國請兵，與村女相約，燕歸人便歸，不料村女之兄，一到鄰國，以不懂禮節，露出破綻，卒逼王子成婚，始允出兵相助，王子以國家為重，惟命是聽，惟求准許其歸慰村女，鄰國宮主允其所請，且親往一見村女，時村女已產下一子，盼望王子歸來，燕歸人未歸，無限傷心，王子偕村女之兄歸，告以另婚，村女大慟，依依不捨，後遇宮主相訪，告以大義，村女不便嫁王子，且為其所生之子將來教育問題，宮主願替村女撫育兒子，村女不得已，以夫子讓宮主，②苦守農村，而王子得借兵，始能退敵，與鄰國宮主成婚，仍感村女之大義，為國家而犧牲愛情，終身不忘。劇中以千里駒飾村女，彼為悲劇聖手，刻劃入微；靚少鳳飾王子，亦癡情，亦腸斷；葉弗弱飾村女之兄，突梯滑稽，為該劇生色不少；李艷秋飾宮主，亦合身分。該劇演出成功，觀眾要求續編下卷，余不得已，乃編下卷，劇意老王駕崩，王子繼位，時

附注

① 標題原報缺字，「挽」字按上下文及原作者措詞習慣推測補上。

② 「夫子」，是丈夫與兒子的合稱。

宮主亦產下一子，惟愛村女之子甚於己子，但以身分關係，弟弟為鄰邦強國宮主之子，故掌兵權，哥哥為村女所生，雖己不知，而權實不及弟弟，二人同愛一臣女，以王位兵權愛情相爭，論理哥哥為長子，應為太子，太子平素好遊農村，與母遇面不相識，及其父駕崩，弟弟興兵逼位，太子逃至母居，其母勸以讓位弟弟，適弟弟領兵來，擒太子歸國，太子誤會為村婦出賣，忿忿不平，而宮主斯時，責己子不肖，由其老父取消其兵權，逼其還位哥哥，其哥哥怨村婦令己被捕，親往農村問罪，不知村婦為其親母，幾欲殺之而甘心，幸宮主來及，告以村婦始為太子生母，令其認錯，太子始知身世，並知親母大義為國，允登位後善為供養，並為農村中人造福。《燕歸人未歸》下卷因重倫理，而千里駒之村婦，尤為演得動人，靚少鳳之太子、葉弗弱之弟弟，均有出色表演，尤以千里駒與靚少鳳合演太子殺母認母一場，纏綿悱惻，堪稱成功演出，是年看粵劇者均爭看《燕歸人未歸》上下卷，斯劇挽回靚少鳳聲譽，編演《燕歸人未歸》後，余以雨果寫作，改編《天涯歌女》、《飄泊王孫》，後又編大悲劇《花落春歸去》、《零落花無語》，並編愛國劇《血債血償》、《無情了有情》等劇。「義擎天」班演於省港，均最旺台，雖謂由於劇本號召，實際上千里駒之叫座力亦甚強，得劇本恰當有如牡丹綠葉，相得益彰。然仍使余未滿足者，即靚少鳳不諳北派，演《血債血償》一劇，仍然不能成功，余思另組劇團，以劇本為號召焉。

《工商晚報》，一九六四年七月二十九日

三〇／陳錦棠得譽武狀元

薛覺先以電影片獲利甚巨，《白金龍》分賬賺十餘萬元，《歌台艷史》亦分得六七萬元，比在舞台演劇，年薪數倍，故對組班不起勁，留居上海，伺機會多拍影片。又因薛有萬能泰斗之譽，惟對演鬚生戲，造詣尚未精深，乃留滬學習北劇，除向張桂分、張竹軒研究外，並師事林樹森，學習關戲，薛生來聰明，果能得林樹森真傳，在薛生辰之夕，親演堂戲《走麥城》，林樹森亦讚許其藝術。然《走麥城》一劇，原非吉兆，況在生辰演出，閱者議論紛紛，果然薛演堂戲不久，因為某女班●旅費在廣東舞台登台，以曾推卻某慈善機關義演，得罪廣東幫友，被人撒石灰玻璃粉於眼上，幾至失明，幸得醫治及時，日日用蜜糖去洗眼，始得復原。薛以此次遇事，認為在上海失面子，乃決回粵重組「覺先聲劇團」，時薛己鋒芒稍斂，日持佛珠誦經，對人對事，十分和藹。時余斥資數千元，組「大江南劇團」，以「日月星」方解體，陳錦棠未有班落，余乃捷足先登，拉為主角正印小武，惟陳為「覺先聲」舊伙記，且有默約，須與覺先商，乃偕黃不廢往見薛覺先，蒙允許以陳錦棠相讓，余乃組成「大江南劇團」，以「義擎天」之李艷秋為正印花旦、紅牡丹為副，並聘馮展圖為武生、黃超武為陳錦棠之副、馮顯榮為小生、王中王為丑生，全班都是朝氣勃勃的演員，余推測可站穩於省港，況以新戲造就演員，諒可成功。開始余即編撰《天下第一關》新劇，劇情取材於明末愛國史蹟，由袁崇煥、毛文龍寫至吳三桂，以崇禎帝不納陳圓圓，及田畹以陳圓圓贈吳三桂，圓圓勉三桂出關禦敵，勿戀兒女私情，及後李闖入京，費貞娥刺虎，劇情曲折。由陳錦棠先飾吳三桂後飾李虎、李艷秋先飾陳圓圓後飾費貞娥、馮展圖飾吳襄、王中王飾田畹、馮顯榮飾崇禎帝、黃超武飾李闖，每人均有表演機會。該劇為陳錦棠初當主角一劇，亦即後來「錦添花劇團」之《明宮英烈傳》，惟「大江南劇團」，因為新班牌，未能旺盛，而余忽染瘧疾，新戲不能繼續，只得點演「覺先聲」舊劇《紅粉金戈》，然余努力不懈，為編《天下第一關》二集，即《殘花落地紅》，劇情述吳三桂為陳圓圓所規，反清復明，然已垂老，在襄陽中箭，《挑華車》一場北派排場，①陳錦棠獲武狀元之譽，名曲有二王一段「美人自古如名將，白頭一例最堪傷，英雄末路本平常，養癰患在心頭上，到如今，留血賬，何日償，贏得老淚兩行空悲悵，國亡花落同是一般斷腸」，詞曲動人，演出未嘗不成功，惟因余資金短少，不能繼續，由陳錦棠、李艷秋等倡議改為兄弟班，並演黎奉元之新劇傳戲《綠牡丹》數本及三國劇《呂布》，余只編《莫問儂歸處》一劇，故「大江南」改為「新宇宙劇團」，雖不至虧折，亦無大贏餘，僅足以維持下去，然已奠定陳錦棠、李艷秋之主角地位，故余對自資組班，縱然失敗，對粵劇改進，仍不灰心。

《工商晚報》，一九六四年七月三十日

附注

① 「挑華車」，又名「挑滑車」，京劇劇目，其中的身段及表演程式為粵劇吸收，成為武戲的重要排場之一。

三一　陳錦棠演韓信壓倒桂名揚

薛覺先放棄陳錦棠過「大江南劇團」，仍然重組「覺先聲劇團」，又以葉弗弱為「義擎天」所用，對丑角亦需物色，恰巧「日月星」散班不再組，廖俠懷賦閒，乃以日薪一百二十元重聘廖俠懷為丑生、小生何湘子、小武黃千歲、花旦謝醒儂小珊珊，以此陣容，只演於廣州，在香港則演男女班。時薛覺先為香港天一製片續拍攝《毒玫瑰》，故影劇兼謀，在港男女班，則由唐雪卿親自登台，並禮聘譚玉蘭、梁雪霏為艷旦，故「覺先聲」男女班之號召，不弱於馬師曾之「太平劇團」。唐雪卿只擅演西裝戲，對古裝戲只熟演三兩本，故在港點演《白金龍》、《璇宮艷史》、《毒玫瑰》等劇，古裝戲恰切唐雪卿之身分者，為蔡了緣所編之《喬小姐三氣周瑜》，這一套戲是平凡三國歷史之寫作，亦受歡迎。並演《心聲淚影》、《秦淮月》等劇，依舊賣座不衰，在省港兩地，仍保全班霸之譽。惟有「義擎天」班，因去了一李艷秋，補一李自由，角式仍由千里駒、靚少鳳、葉弗弱、羅品超、靚新華鼎力合作，惟以只在廣州得意，在香港非男女班之敵，故少了香港台腳。而是年又無新劇賣座，只演一套《無恨琵琶》稍為旺台，千里駒便連生平首本《捨子奉姑》也搬出來點演。後來千里駒因健康問題，只演得半年便休息，「義擎天」於是解體。葉弗弱呢？只有和薛兆榮、陸小仙去拍電影，不久靚少鳳亦患精神病，幾至不治，「義擎天」的盛況，亦只有一年而已。那年桂名揚因「日月星」解體，又走埠演出，廣州除了「覺先聲」、「大江南」外，還有一班舊班，保持營業狀況的，便是「勝壽年」。「勝壽年」的落鄉台腳，十分賣得，因為廣州戲院不夠班演出，而「勝壽年」個多月始埋城演一次，故當然旺台，亦由觀眾渴望所至。那年的人腳，依然是靚次伯、靚少佳、林超群、李翠芳、龐順堯，只有小生一角去了何湘子由黃鶴聲當正，後來靚次伯給桂名揚領導的「冠南華」拉去，「勝壽年」就由曾三多充正印武生，最賣座的戲是《紫禁城搶婚》，劇情記述唐龍光攔婚奪娶、海瑞十奏嚴嵩，也是民間傳誦的野史劇，故收旺台之效。而「冠南華」班擁武生靚次伯、小武桂名揚、花旦李艷秋陳醒儂、小生沖天鳳、丑生李海泉，人才勻稱，況且桂名揚當時聲譽甚隆，幾乎追得上薛覺先，而且有深圳賭場作後台，論理他可以乘時而起，可惜他的劇本不濟，演了數月，只得一套《冷面皇夫》賣座，其餘的戲本都是平平常常，尤以《魂繞未央宮》一劇，與短期班「玉堂春」的《血染銅宮》同時開演，不及「玉堂春」賣座，「冠南華」便崩潰了。「玉堂春」是陳錦棠、謝醒儂、袁仕驤、葉弗弱等臨時組織的班，《血染銅宮》是未央宮斬韓信史劇，由余編排，仿照北劇麒麟童、陳鶴峰師徒所演之《月下追賢》、《鐘鼓樓斬韓信》排場，陳錦棠飾演韓信，比桂名揚演來靈活，葉弗弱的蕭何，亦演得出色，故此桂名揚以《魂繞未央宮》碰輸了給陳錦棠，他就知道和薛覺先硬碰更不容易了。

《工商晚報》，一九六四年七月三十一日

三二 薛覺先反串最成功之作

余自編撰《血染銅宮》一劇後，薛覺先以該劇陳錦棠演出成功，因思復拉陳錦棠短期拍演。時薛在香港拍製電影，對粵劇則只有抽閒演出，因組「覺先聲」十日短期班，武生新周瑜林、小武薛覺先、花旦嫦娥英小珊珊，小生陳錦棠，丑生葉弗弱，以「覺先聲」最盛時原班人馬上陣，薛覺先使黃不廢與余商，為其編撰新劇四本，其中只一本有愛國意義，餘三本則有言情俠義題材，以迎合觀眾心理。余以薛既允演一本愛國劇，乃許以合作，第一本為《銅城金粉盜》即《七十二銅城》下卷，劇中以薛覺先飾小沙彌，不為美所惑，其師迫作金粉盜，薛亦潔身自守，得皇妃帶入宮中，扮作宮婢，而事洩為皇帝葉弗弱令將軍陳錦棠審明薛之身世，知為殉戰將士之遺孤，乃令其從軍，因得宮女之勉勵，立功報國。此劇只演三次，亦均滿座。第二本新戲為《誰是負心人》，劇情述陳錦棠為一俠盜，曾救薛覺先生命，及後丞相葉弗弱着女兒小珊珊拋繡球招婿，陳錦棠愛小珊珊之美，而小珊珊以繡球拋向薛覺先，薛覺先為酬恩，以繡球讓與陳錦棠，不料丞相以陳錦棠為盜，押諸獄中，而逼薛覺先與小珊珊成婚，薛覺先不允，力陳俠盜無罪，要求釋放陳錦棠始允洞房，而陳錦棠大鬧新房，責薛覺先負心，小珊珊力白己實不愛陳錦棠而愛薛覺先，陳錦棠雖對薛覺先有活命之恩，然奪愛即不義，卒感動陳錦棠，讓回薛覺先婚事，此劇陳錦棠演打半邊月劏椅武功，①甚為成功，故亦滿座。第三本劇為《女兒香》，為薛覺先反串之不朽演出，亦為一本愛國稗史劇，劇中敘一女子梅暗香，本為宦門女兒，其兄逃軍，乃喬妝男子，效花木蘭事蹟，惟助就一刻苦子弟魏昭仁在陣上立功，以己身為女子，有委身事魏昭仁之意，而昭仁則因郡主招親，竟負義另娶，並誣暗香以女混男，柳營滅跡，天子追責，而暗香之知己溫明奇，力陳戰績，功在暗香，求天子免暗香之罪，後暗香之母病重，暗香求明奇請昭仁歸慰其母，勿説婚姻破裂，俾其母死得安心，而昭仁過府，暗香母促婚，昭仁乃直白已婚郡主，暗香不過自作多情，已為郡馬爺身分，看小暗香，其母以女受欺，大慟而亡，時適敵兵入寇，昭仁命出奉征，不敵，暗香帶孝提師，力退敵人，昭仁戰死。由陳錦棠飾反派之魏昭仁、薛覺先反串梅暗香、葉

附注

① 「半邊月」，觔斗表演的一種方式，演員在台上翻身的動作。「劏椅」，演員以飛跳身段劏佔座椅的表演程式。

弗弱飾溫明奇、嫦娥英飾暗香母、小珊珊飾郡主，演出甚為成功，此劇後來在省港演百數十次，每演必滿座，可見抗戰意味之劇本，定必旺台。第四本為《惜花不護花》，倉卒之作，余亦未為滿意，雖初演旺台，余亦要求不再點演。薛覺先以演出十日，得新劇四本，因而旺台，獲利數千元，因將長期組班之念，改為短期登台，而觀眾以不能長期得睹薛之演出，尤以一般薛迷，每逢薛短期演出，十分踴躍，此為薛覺先最盛時期。

《工商晚報》，一九六四年八月一日

三三／千里駒最後拍靚少鳳

薛覺先再組短期班，時值「太平劇團」休息，丑生半日安、小武馮俠魂均乘暇參加演出，花旦為鍾卓芳、小珊珊，陣容亦不弱，亦為半日安首次拍薛演出。時黃不廢仍邀余主理劇務，為編四部劇演出，一為《半生脂粉奴》，劇情薛覺先飾一公子哥兒，半生作脂粉奴，以善音樂美術，喜為歌女撰曲繪像，適秦淮河有怨婦，其夫在前線，彼賣歌養育家姑，薛覺先其人可敬，①為繪一像並贈以《秦淮晚》一曲，事為薛父所知，責薛以迷於女色，時外患方亟，薛父令子從軍，期以戰勝立功，即與表妹完婚，薛在軍中，奉命入敵後探取敵方形勢，適怨婦賣歌於敵陣前，以色惑敵帥，盜其形圖贈薛，為敵所覺，挖其目使成盲婦，而薛率軍破敵，立功後歸與表妹成婚之夕，正盲婦唱《秦淮晚》售歌之時，薛感其助己立功，大慟，贈以金，使與家姑夫婿重聚。此劇曲選且灌為唱片，又為弟子唐滌生改為電影《大地晨鐘》，由吳楚帆主演，堪稱為悲劇成功之作。另一本戲為《花市》，以《山查子》詞「去年元夜時，花市燈如晝，月上柳梢頭，人約黃昏後，今年元夜時，月與花依舊，不見去年人，淚灑青衣袖」作劇情，②鍾卓芳演男扮女裝，與薛合演探花與榜眼，原是一雙有情人，劇情頗趣，亦甚賣座。其餘兩齣為《春思落誰多》、《幽香冷處濃》均為力主抗戰寫作，亦同以曲選灌片，是期「覺先聲」，亦甚叫座。而靚少鳳方病癒，自組「靚少鳳劇團」，初擬邀薛覺先反串花旦，而靚少鳳病癒，精神不繼，不能讀新曲，故不果，仍拍千里駒，以廖俠懷為丑生，點演其首本《燕歸人未歸》上下卷、《花落春歸去》、《捨子奉姑》等劇，畢竟賴千里駒花旦王叫座力，演出旺台。然千里駒登台，以是台為最後一次，尋亦病卒，觀眾咸思念千里駒生前之藝術，出殯之日，西關一帶，萬人空巷，為伶人死得最光榮

附注

① 「其」字前疑奪「以」字。

② 十三郎引用的是歐陽修的《生查子》，但部分詞句與原詞有出入，原詞為：「去年元夜時，花市燈如晝，月上柳梢頭，人約黃昏後。今年元夜時，月與燈依舊，不見去年人，淚濕青(春)衫袖。」

之一人，生榮死哀。千里駒生平守道德，重道義，聞其死者每多惜之，粵劇界聲譽如千里駒者無第二人矣。是年黃不廢組「新生活劇團」，武生為靚次伯、小武為陳錦棠、花旦李翠芳袁仕驤、小生黎笑珊、丑生李海泉，人才甚勻稱，開台晚新劇為余曾編之《血債血償》，改編《飛渡玉門關》，是劇亦為陳錦棠成名之首本。余並將《血染銅宮》續編二三本，描寫漢呂后之忌才，惠帝登台，蕭何亦入獄，趙王如意之忠於社稷，雖遭呂嫁禍，仍不忘創業艱難，請兵出塞外，平定匈奴，功閣諫君，善視忠臣，功閣舊刀痕一幕，驚心動魄，故《血染銅宮》一劇，為「新生活劇團」賣座之戲寶。余又為編《江南廿四橋》、《銀鎧半脂香》、《美人關是鬼門關》等劇，是年長期班，「新生活」為企得穩之一班，不獨在廣州四鄉賣座，且到香港高陞戲院演出，與「太平劇團」男女班對抗，馬師曾點演淫劇《王妃入楚軍》一劇，而「新生活」則演出嚴肅，且以武狀元陳錦棠之聲譽，表演北派武工，亦足以吸收下層觀眾，並不懼淫劇之吸引觀眾也。

《工商晚報》，一九六四年八月二日

三四 黃鶴聲麥炳榮同主「大羅天」

廣州最旺的戲院，只有樂善和海珠兩間，當時都由林偉批承，及後，前「大羅天」班主劉蔭蓀，以重價批得海珠戲院，但對戲班人事，不及林偉，乃決自組基本班，在海珠開演。劉蔭蓀以「大羅天」班譽未衰，乃決重組「大羅天」班，以鄧十四為坐艙，①盡拔梨園新秀，最初看中「勝壽年」的小生黃鶴聲，因黃鶴聲為八和會館粵劇訓練班學生，訓練班為千里駒生前創辦，當時薛覺先亦任教練，對於南北劇的藝術，也悉心傳授，故訓練出不少學生，除黃鶴聲外，羅品超、張活游、鄧丹平、黃艷儂、梁艷蘇、劉克宣等都是八和會館，後來都充任名班正印，惟是成名最早，還算黃鶴聲，因他在「覺先聲」時，學習薛覺先的演技，而且學會反串，有天生一副子喉，故可以演薛派的戲場，更兼他在「勝壽年」當正印小生，除了靚少佳外，便佔的戲場最多，故為觀眾所注意。劉蔭蓀看起，便定他當小武，為「大羅天」主角。至小生一角，由余推薦麥炳榮擔任，他剛巧到上海演劇，劉蔭蓀便打電上海，聘他回來。那年「大羅天」陣容，武生笑春華、小武黃鶴聲、花旦李艷秋陳醒儂、小生麥炳榮、丑生王中王謝劍英，俱是朝氣勃勃的青年演員，果然能吸引觀眾，甚為賣座。當時叫座的劇本，為《母血洗兒刀》、《傾國桃

附注

① 「坐艙」原稿作「坐倉」，諒誤，正文改訂。「坐艙」，戲船上的劇團經理。

花》兩套，其餘新劇甚多，且由黃鶴聲扮美。那一時薛覺先自組電影公司，拍《俏郎君》一劇，故不暇舞台，戲迷以黃鶴聲宗薛派，故咸看「大羅天」，其扮美劇本最旺的是《春深細柳營》及《水晶簾內碰崩頭》兩齣，香艷而通俗。而「大羅天」票價甚廉，適合中下層觀眾，故劉蔭蓀戲院與戲班事業，亦告獲利。當然賺錢的粵班仍是「勝壽年」，陣容為武生曾三多、小武林超群、小生梁鶴齡、丑生龐順堯，去了一個黃鶴聲，實力未受影響，首先得任護花編演抗戰劇《怒吞十二城》，以戲甂雄壯、劇情曲折，故得旺台。任護花又為「勝壽年」班編吳越史劇《粉碎姑蘇台》上下卷、《三十六迷宮》等劇，均側重愛國思想，故得觀眾擁護。又因「勝壽年」班牌的信譽，故在廣州及四鄉、台腳最盛，當時廣州不夠班開演，因此引起靚少鳳的興趣，為紀念千里駒，重組「義擎天」班，武生靚新華、小武陸飛鴻、花旦凌霄影、小生靚少鳳、丑生新馬師曾，但人腳雖屬不錯，可是全班似乎由靚少鳳獨力難持，未見好景。當時余為其編撰一本愛國劇《古塔可憐宵》，以靚少鳳喜唱中板，為他撰一段曲，曲為：「大江東去日西下，王氣鍾山黯暮霞，起舞吳江人未迓，秋魂夢入海棠花，少小離鄉萬里跨，於今重履故京華，寶塔簷前繫玉馬，匈奴未滅何以為家」，語雖雄壯，惟靚少鳳生成矮小，演此壯烈劇，身分不合，故《古塔可憐宵》一劇，並未成功。

《工商晚報》，一九六四年八月三日

三五／新靚就以演武戲得名

當時在省港班事沉寂當中，新靚就自美洲回粵。他未回國之前，在美國大觀影片公司拍了一部電影，是《歌侶情潮》，得艷旦蝴蝶影拍演，而且是彩色歌唱片，故哄動一時，新靚就回國聲威一震，他未得志時在「大羅天」受制於馬師曾，及在新少年作正主時，又不得意於省港，浮沉於四鄉，故自美洲回即志在省港爭地位。他就組「新大陸劇團」，丑生定了廖俠懷、花旦聘請鍾卓芳，人選可算不惡，新靚就在美洲練就一條神鞭，一綑飛繩，在粵劇舞台表演美國牛仔戲，別開生面，故演神鞭俠一劇，甚為賣座。他又以精武小武號召，表演臂力腿力，在《奈何天上月》一劇，他和廖俠懷演兄弟獄中相會，兄為獄犯，弟為祿官，以腿給兄企立，以臂挽其兄，同唱《出昭關》反線二王一段，為時幾二十分鐘，非有武工，不能演此，故班中皆讚新靚就之武技，「新大陸」因而旺台。他又演靚元亨的首本《呂布窺妝》，線條技術，然屬尚武精神，故上下位均賣得。他雖然只善演粗走四門紮架，起單腳給貂蟬坐，能人所不能，故得正宗小武之譽。可惜他只演散台戲，「新大陸」便解體，新靚就又去拍片了。那年我也拍《兒女債》電影，故對粵劇未能盡全力，並介紹馮志芬為薛覺先編劇。那年薛覺先最賣座的兩本戲《錯折隔牆花》、《粉面金剛》都是馮志芬編的。其後薛覺先拍完《俏郎君》上下卷，我也拍完《兒女債》，薛仍懇余合作，並囑馮志芬為余助。那時樂善戲院與海珠戲院爭觀眾，特演大會串一台，由薛覺先、白駒榮、廖俠懷合演，並有黃千歲、小珊珊、濃艷香拍演，點演新劇，以曾經灌片之劇本為號召，藉以吸引觀眾。因為花旦甚輕，決以薛覺先反串花旦，白駒榮有小生王之稱，亦有相當號召力，況其灌片曲有《蘇小妹三難新郎》、《杜十娘怒沉百寶箱》、《柴米夫妻》、《高君保私探營房》，套套均為觀眾唱誦，故以之編劇，以博觀眾，果得旺台。尤以《高君保私探營房》，薛覺先反串劉金定，踹橋紮腳，①大打北派，即花旦亦無能與比藝術。薛之子喉雖不甚清脆，惟唱工尚好，拍以白駒榮、廖俠懷，合演唱工，誠為空前盛會。樂善戲院主人林偉，確有眼光獨到之處。余亦乘此機會，編一本富有民族性之愛國劇本《咬碎寒關月》給薛白廖主演，劇情敍述一將士（薛覺先先飾）陣上受傷，遺書給其妹，必嫁能為彼復仇之男子，黃千歲帶書歸見其妹（薛覺先後飾），此場薛覺先表演擔水桶走完台之絕技，及悉其兄陣亡，決身上前線，繼兄遺志，其妹尚有愛人廖俠懷、白駒榮，均投筆從戎，在軍中互助，以殺敵為己志，絕不因情生妒，薛覺先更改作歌女，深入敵後，效昭君出塞，廖俠懷、白駒榮、黃千歲均入敵後營，救薛覺先，各表演與敵鬥智鬥勇，大破敵陣，而薛以三人皆為兄弟復仇，故不嫁任何一位，永成知己，詩句為「怨鳩淚凝霜，明駝蹄滑血，何時

附注

① 「踹橋」，即「踹蹻」，演員穿特製的小木鞋演紮腳戲謂之「踹蹻」。

此恨休，咬碎寒關月」，是劇只合薛白廖合演，後亦未嘗再演。

《工商晚報》，一九六四年八月四日

三六　白玉堂寶刀未老

「大羅天劇團」僅組織一年，便轉為兄弟班，黃鶴聲退出，黃千歲加入，實力不相上下。黃鶴聲退出「大羅天」，與李翠芳、葉弗弱、黃超武、袁仕驤、新周瑜林同組「萬年青劇團」，由「覺先聲」司理蘇永年主理，羅致編劇人才，編有新劇多本，余亦為編《渴飲匈奴血》及《去年今夕》兩劇。「萬年青」以人腳勻稱，不獨在廣州開演旺台，且在香港高陞演出，時適馬師曾休息，專心拍《野花香》及《二世祖》，「太平劇團」停演，故「萬年青劇團」在高陞戲院夜夜滿座，尤以演出《司馬相如》成績最好，即拉箱返廣州，亦保持其賣座紀錄。是年余因辦《持平日報》，商請廖俠懷、白玉堂義演籌款，演新劇二晚，一為馮志芬所編之《千里共嬋娟》，一為余編之《香化復仇灰》。白玉堂久未登台於廣州，與廖俠懷又一別七年未合作，故此次合演，叫座力甚強，兩晚新劇演出，籌得辦報資金四千餘元。余與馮筱庭、馮志芬等皆致力於報業，數月不問戲劇。時適美定聘靚少佳、靚次伯、猩猩仔等赴金山演出，「勝壽年」於是解體。曾三多、林超群等以白玉堂號召力強，乃聯同合組「興中華劇團」，開台之夕，點演余所編撰之新劇《白虎戲玄壇》，後改名《怒奪金交椅》，內容仿《蘇武牧羊》及《四郎回營》排場，曾三多飾一黑面老將，與異邦宮主聯婚，產下一子（白玉堂飾），逃返故國，及其子長大，反為異邦出戰，擄去本邦宮主，怒奪曾三多之金交椅，其後幾經曲折，父子釋嫌，白玉堂反戈為國，戰勝異邦，與本邦宮主成婚，其中有《陸文龍歸宋》排場，白玉堂演出精彩，回復少年時聲譽。《白虎戲玄壇》編上下集，均能賣座。時「大羅天」兄弟班又需要新戲，余因與李艷秋、黃千歲、麥炳榮交稔，王中王又為「大江南」舊伙記，情面難卻，為編《情央夜未央》、《天下賤丈夫》、《黃浦月》三劇，賴以支持該班穩勢。而廣州又適逢解男女班之禁，譚玉蘭與桂名揚合組「大光明劇團」，編演《金盆洗祿兒》一劇，譚玉蘭飾楊貴妃、桂名揚飾唐明皇，演貴妃出浴及醉酒，均能傾倒觀眾。又演金盆洗祿兒，盧海天飾安祿山，初露頭角，連演一月不衰。後桂名揚退出，靚少鳳、李海泉、少新權鼎力支持，「大光明劇團」乃改為「勝光明劇團」，除余編《花債何時了》一劇（後改《分香還血債》），弟子袁準所編《甜姐兒》一劇，以適合譚玉蘭個性，保持收入紀錄，靚少鳳亦恢復聲譽。後《甜姐兒》一劇，由譚玉蘭、靚少鳳主演，搬上銀幕，亦獲成功。至薛覺先因廣州男女班解禁，亦聘請小非非、衛少芳、廖俠懷組班演於海珠戲院，其成功演出為馮志芬所編之《無價春宵》及廖俠懷所撰編之《夜盜美人歸》。《無價春宵》，以金錢不能購買愛情為主題，薛覺先飾一風流窮措大，廖俠懷飾一富豪，富豪擲金如土，並逼窮措大代庖，以為可得良緣，結果好夢成空，造成窮措大的姻緣，純為喜劇色彩，頗合觀眾心理，故而賣座。

《工商晚報》，一九六四年八月五日

三七 新靚就善演《生武松》

男女班在廣州解禁，新靚就不甘寂寞，乃重組「新大陸劇團」，武生馮鏡華、小武新靚就、花旦關影憐、小生趙驚魂、丑生廖俠懷黃少伯，仍以《神鞭俠》、

《奈何天上月》為號召，並點演舊戲《生武松》，以新靚就的魁梧體態，飾生武松，確合身分，尤似關影憐有生潘金蓮、廖俠懷有生武大郎之譽。演潘金蓮製燒餅一場，關影憐坐着麵棍，賣弄風情，麵棍一高一低，關影憐柳腰款擺，風騷姿態，吻合所唱西皮節拍。而廖俠懷之體態，一種懼內面孔，表演得入木三分，武大郎與武松街市相遇，共呼「好哥哥」、「好細佬」，新靚就與廖俠懷演出兄弟友愛親情，十分貼切。而武松回家一幕，金蓮戲叔，關影憐演得十分淫冶，而新靚就演得十分莊重。唱古老曲《武二歸家》，異常動聽。至大鬧獅子樓，武松為兄復仇，與西門慶對打，更演出古老武工，故觀者認為《生武松》一劇，新靚就演出有獨到之處。有一次陳錦棠客串西門慶，演出活西門慶，獅子樓一幕，表演搶背反身絕技。陳錦棠與新靚就為師兄弟，故不論正反派戲。生武松、生潘金蓮、生武大郎、生西門慶，可稱四絕，無怪該劇該此點演，早即滿座，也是新靚就獲譽成功的一本戲。還有一本戲是馮志芬編撰的《鐵掌碎盲心》，這是廖俠懷的首本，表演一個富家子，八月十五出世，生而盲目，從來未見過月團圓，他訂下婚姻的愛妻，也棄之如遺，他的忠僕給人毒啞，他的家產給人霸佔，淪為乞丐，得新靚就仗義相救，鐵掌擊殺其淫蕩的未婚妻，碎了盲人的心，這劇也十分動人，後來靚少鳳也演是劇，相當賣座。同時桂名揚也自組劇團，拍衛少芳、車秀英、譚秉鏞，演《皇姑嫁何人》、《花落見花心》等劇，尤以點演《冷面皇夫》一劇，桂名揚飾一王子，愛一宮女，而不為皇室所諒，迫娶一大國宮主，宮女為大義讓愛，因而逃禪，桂名揚成婚之夕，說服宮主，准其重會宮女，及至尼庵相會，纏綿悱惻。桂名揚之唱工，車秀英之表情做工，均得觀眾好評，亦以是劇造成車秀英的地位。桂名揚演完是劇，即為電影公司聘去，主演《今古西廂》歌唱影片，以其舞台唱做技術，拍入電影，亦得叫座一時，至薛覺先則拍完《茶薇香》影片，仍在省港登台，以小非非、上海妹為一雙花旦、廖俠懷為丑生，在廣州仍演《女兒香》、《無價春宵》、《夜盜美人歸》等劇，薛以非經常演出，自然旺台，然當時有新靚就、桂名揚等爭霸，薛亦如常叫座，至為難得。其後薛休息返港，中央戲院主人吳伯陶特聘請其登台，並厚聘胡蝶影與之拍演，丑角仍用廖俠懷、小生黃千歲，仍點演《夜盜美人歸》一劇，惟目的以薛覺與胡蝶影演《劉金定灌藥》、《高君保私探營房》，該劇演出，哄動觀眾。時吳伯陶邀余編一抗戰劇本《孤城血淚花》，果然賣座。時香港人士，尚未十分有民族思想，故抗戰劇本，只旺一二台，不能長期演出，至以為憾。

《工商晚報》，一九六四年八月六日

三八／陳錦棠自組「錦添花」

八一三之前，上海廣東舞台由李耀東轉馮志芬聘廖俠懷赴滬登台，馮志芬曾於「日月星」助廖俠懷編撰劇本，以多年賓主關係，一說即成。隨廖夾懷赴滬者為梁國風、謝劍蘇等，演出盡為廖俠懷首本，如《奈何天上月》、《香化復仇灰》、《鐵掌碎盲心》、《今宵重見月團圓》等劇，在滬亦演出成功，惟並未演出抗戰劇本，令愛國之粵人未免失望。而當時上海北劇，亦無抗戰戲演出，天蟾舞台只演武俠機關佈景戲，馮志芬到滬觀摩，乃決南返仿效北劇編武俠劇本，適巧陳錦棠自組「錦添花劇團」，武生靚新榮、小武陳錦棠湯伯明、花旦關影憐小真真梁飛燕、小生靚少鳳、丑生李海泉，主其事者為蘇永年，以武狀元陳錦棠為號召，當注重武戲，馮志芬乃以武俠戲在滬賣座相告，為編《三盜九龍杯》，注重武工和機關佈景，以黃三泰三盜九龍杯為題材，側重宮幃寫實，果以此為號召，吸引許多觀眾，蓋武俠戲一向受中下層歡迎，況有陳錦棠之武工、關影憐之唱工、李海泉之詼諧，加以靚少鳳、靚新華陪襯，當時「錦添花」在省港，遂得旺台。①而「太平劇團」馬師曾，為謀對付「錦添花」，乃聘黃鶴聲、麥炳榮、王中王加入「太平劇團」，花旦加聘羅麗娟、楚岫雲以為譚蘭卿之副，夜戲由馬師曾、譚蘭卿擔綱，所演劇本有《傾

附注

①《星島日報》（一九八二年一月十八日）「前座客」在《戲台上下》專欄中說戰前的「錦添花」頭炮戲乃是十三郎的《毒霧罩梨花》，而劇團也因此劇而奠定了基礎。

國名花》、《美人名馬》、《唐宮恨》等劇，惟日戲則由黃鶴聲、麥炳榮、羅麗娟、楚岫雲、王中王等各點首本。黃鶴聲、麥炳榮亦擅長北派，故欲看武工者，可看「太平劇團」日戲，當時亦頗旺台。時省港班以廣州時遭轟炸，紛紛避落香港開演，當時唯一之全男班為「興中華劇團」，武生為曾三多、小武張活游、花旦林超群李艷秋、小生白玉堂、丑生龐順堯小覺天，人才亦勻稱，在香港演出，亦有相當觀眾。當時北平淪陷，余為其編《燕市鐵蹄紅》一劇，劇中描述白玉堂為漢族間諜，被敵人所執，得一女間諜相助，不認父母，設法逃脫，而敵人殘暴，須白玉堂親殺其父母於監獄，方肯置信，白無奈，而其父母不欲誤子前途，自殺於獄中，葬於荒墳，白玉堂表演偷祭一幕，誓為國家復仇雪恨，卒賴女間諜之助，毒斃敵帥，盜得軍令，與女間諜逃出敵區，投身軍伍，與敵大戰結局。白玉堂為硬派小生，亦以此劇為演抗戰劇的第一部，相當成功，而當時香港民氣激昂，故該劇十分賣座。而當時徐若呆亦編抗戰劇本《寒關姊妹花》給「興中華劇團」開演，當時觀眾咸趨男女班，「興中華」獨以全男班姿態出現，純靠抗戰劇本號召，故得旺台。至當時廣州，並無大班開演，但大新天台亦演愛國名劇，故得觀眾擁護，某紅伶時雖年輕，觀眾皆謂其大有前途，可惜在天台演出，未能在大班發展，並未曾得拍有名氣之名花旦，故仍鬱鬱未得志，然已有天台皇帝之譽矣。

《工商晚報》，一九六四年八月七日

三九　新馬師曾初拍譚玉蘭

廣州大轟炸期內，伶人紛避香港，戲院無班開演，時廖俠懷、黃千歲仍留廣州，欲在海珠演劇，當時缺乏花旦，因往香港商得譚玉蘭合作，在省開演，所演多為廖俠懷首本，如《鐵掌碎盲心》、《奈何天上月》等劇，以廣州獨台戲，故在警報中仍滿座。廖俠懷當時不重抗戰劇本，只重文藝演出，以《西廂記》改編為《月底西廂》，由廖俠懷紮腳飾紅娘、譚玉蘭紮腳飾崔鶯鶯、黃千歲飾張君瑞、梁國風反串飾老夫人，編排得宜，以西廂待月一場，廖俠懷陪譚玉蘭履，推衾送枕，樂而不淫，且口角風生，十分精彩。而拷紅一場，廖俠懷亦演出一聰明慧婢之口才，大義動夫人，卒以鶯鶯配君瑞。而長亭別一場，則側重譚玉蘭表演，寫出一個癡情大義之相國小姐，而唱出王實甫《西廂記》之詞：「碧雲天，黃花地，秋風起，北雁南飛，曉來誰染霜林醉，總是離人珠淚」，①譚以聲線清朗，唱出長句二王，果甚動人，故《月底西廂》演出，十分成功。其後譚玉蘭、廖俠懷、黃千歲等又在香港高陞戲院演出，點演余編撰之《女兒香》，並浼余編續集，②以劇本適合抗戰，而譚玉蘭之唱做，實為當時數一數二之花旦，故甚為旺台。當時唐滌生自滬來港，由薛覺先介紹，隨余學習編劇，其第一部寫作為《江城解語花》，亦給譚

附注

① 十三郎引用的是王實甫《西廂記》《長亭送別．正宮．端正好》一段唱詞，但部分詞句與原詞有出入，原詞為：「碧雲天，黃花地，西風緊，北雁南飛，曉來誰染霜林醉？總是離人淚。」

② 一九三八年十月一日《南中報晚刊》演出廣告上確有《女兒香》續集。

玉蘭、廖俠懷、黃千歲主演，以一諧劇作風，亦得觀眾好感。滌生初未諳撰曲，劇中曲詞，多出自余手筆，故重幽雅，而並不庸俗，雖其最初作品，未算成功，然亦多造就一編劇人才也。譚玉蘭自演余之抗戰寫作後，甚為興奮，決在廣州自組劇團，乃在大新天台搶聘新馬師曾，組織「玉馬劇團」，且受動員委會鼓勵，盡演抗戰劇本，在轟炸中，繼續開演，而觀眾並不因時發警報而減少。新馬師曾演劇十分用心，計演出有《桃花扇》、《從戎續舊歡》、《萬家燈火紅》、《春風吹又生》、《南城簫鼓北城兵》、《夜夜元宵》等劇，夜夜演出均告滿座，尤以《桃花扇》一劇，以譚玉蘭飾李香君、新馬師曾飾侯朝宗、譚少鳳飾李貞麗、古耳峰飾楊文聰、袁準飾阮大誠、劉月峰飾左良玉、白雲龍飾史可法，人腳編配得當，尤以譚玉蘭之李香君守樓、棲真，及睹侯朝宗之失節事清，傷感咯血，備極慷慨激昂，描寫一貞烈妓女，令一般失節貳主者羞愧。《桃花扇》一劇，可算演出成功，至《從戎續舊歡》則寫一窮婦，貞烈事夫，斷髮賣藥，以治老姑之病，又勉夫從軍，並感化一好色之守財奴，捐輸為國，卒與其夫同在戰中並肩作戰，效梁紅玉之援桴殺敵，③演出亦成功，新馬師曾之唱工，武技亦得表演機會。時「玉馬劇團」除在廣州演出，且到佛山、大良、陳村、江門演出，日間並演街頭劇，以盡演抗戰劇本，到處受歡迎，且與廖俠懷、黃千歲、文華妹之「日月星」劇團對台，盛況空前。能在轟炸中演出，譚玉蘭遂得「大膽花旦」之綽譽，而新馬師曾亦自「玉馬劇

③「援桴」，即拿着鼓槌，引申為擊鼓。

團」始，聲譽初隆，前途不可限量。

《工商晚報》，一九六四年八月八日

四〇／滬粵淪陷後香港多演武戲

當廣州淪陷之前，余根據古詩〈孔雀東南飛〉，編就一本抗戰劇《梳洗望黃河》，劇情述焦仲卿為縣令，有妻劉蘭芝，賢而慧，焦母甚頑惡，蘭芝晝夜拈針早下廚，為覓封侯夫遠去，不為惡姑所諒，迫令大歸，仲卿歸慰賢妻，蘭芝以國家多難，敵寇壓境，夫為縣吏，先公後私，勿以己為念，勉夫禦寇，縣陷，漢奸以蘭芝具姿色，且為棄婦，迫令事敵，蘭芝梳洗望黃河，誓守貞潔，以報夫子，懷砒霜以見敵帥，下毒於酒，敵帥中毒，而仲卿率軍反攻，克復縣城，誤聞蘭芝殉節，慟極憑弔，蘭芝出與夫聚，並喜為夫立功，且保存貞節。此劇原擬給譚玉蘭、新馬師曾主演，劇成而廣州失陷，譚玉蘭因心灰而放棄歌衫，新馬師曾亦為薛覺先聘去任「覺先聲」小武，余以《梳洗望黃河》一劇示馮志芬，囑給與薛覺先反串演出，時「覺先聲」人選為武生新周瑜林、小武薛覺先新馬師曾、花旦上海妹小真真、小生麥炳榮陸飛鴻、丑生半日安、北派龍虎武師鮑世英袁小田，馮志芬主理劇務，以當時上海廣州均失陷，南北戲迷雲集香港，投觀眾所好，編演北派武工劇《武潘安》，薛覺先飾武潘安，丰采似潘安，而北派武工亦其所長，加以人才濟濟，故該劇編至三四本，甚為賣座，固不問其有無抗戰意識也。馮志芬對《梳洗望黃河》一劇，認為文藝性甚高，抗戰意識濃厚，且若以薛覺先反串而造就新馬師曾為男主角，則埋沒上海妹演技，因取余劇本，改編二劇，一為《胡不歸》，一為《含笑飲砒霜》，皆以薛覺先仍擔當男主角，上海妹為女主角，新馬師曾佔戲場甚少，未能充份發展其藝術。而馮志芬當時又主理「錦添花劇團」劇務，「錦添花劇團」人事有更動，二幫花旦小真真過「覺先聲」，小生靚少鳳又因重返南洋獻技，故以盧海天、譚秀珍補缺，當時馮志芬與莫致祥合作，仍編武俠劇《銅網陣》，側重機關佈景，劇情為五鼠鬧東京故事，以民間小說普遍，故叫座力不弱。其時省港四大班均在港，即薛覺先、新馬師曾、上海妹、半日安之「覺先聲劇團」；馬師曾、譚蘭卿、羅麗娟、黃鶴聲、王中王之「太平劇團」；陳錦棠、關影憐、李海泉、盧海天、譚秀珍、靚新華之「錦添花劇團」；白玉堂、曾三多、林超群、李艷秋、龐順堯、張活游、之「興中華劇團」。粵劇人才集中香港，間或往澳開演，而演粵劇之戲院有高陞、太平、利舞台、普慶、東樂、北河六大戲院，粵班不愁無演出場所，且以上海廣州難民，均集中香港，此輩為高等難民，間中亦尋娛樂，三數元一張對號位座券，並不為昂，故四大劇團，均為長期班組織。「太平劇團」，當時最賣座之劇本為《四進士》，然劇情沉悶，不足以與「覺先聲」之《武潘安》、「錦添花」之《銅網陣》對抗，益以「興中華」側重演抗戰劇，點演余所編之《燕市鐵蹄紅》及徐若呆所編之《孤城姊妹花》，以富有愛國情緒，亦為觀眾愛護，「興中華劇團」雖為全男班，亦能立足於香港，足與各男女班頡頏。

《工商晚報》，一九六四年八月九日

四一／抗戰期間的三國戲

是年，馬師曾浼余為編抗戰劇三部，宣傳劇本為余原意，而由馬師曾編撰。第一部為《風洞山傳奇》，劇情以王開宇讓妻與友，隻身為僧，風洞山之戰，大敗清兵，永曆帝殉國，開宇仍率僧徒抗敵，馬師曾不悅「風洞山」之劇名，改為《情海慈航》，又減少抗敵場口，側重開宇以未婚妻讓友，個人為僧，作情海慈航，大失余之原意。又編第二部為《赤馬雲鬟》，余意描寫呂布之名馬美人，赤兔貂蟬，側重司徒王允誅奸，馬師曾則另以一套電影《一騎紅塵》改為《赤馬雲鬟》，實非余原意。第三部為《啼笑皆非》，描述在淪陷區之人民，有啼笑皆非之苦，一個志士為保國土，深入敵後，救妻友逃出淪陷區，而已反被疑為漢奸，幸友人以生命擔保其為國立功，破敵後與妻團聚，馬師曾又認為太重於抗戰，不合其作風，以輕鬆諧趣始賣座，余乃提出編《三國志演義》，劉備攜民渡江與孫權合兵破曹，孔明過江說周瑜本事，馬師曾又刪去攜民渡江一段，而以孔明改為寶鼎國大將，周瑜改為明珠國宮主打情罵俏，借東風一段則照編，改為《寶鼎明珠》。余知馬師曾浪漫主義作風不易改變，不足以談編劇原理，乃辭而不幹，會薛覺先聞余以貂蟬呂布事蹟編為史劇，正合「覺先聲」人才演出，囑馮志芬編「四大美人」，均以薛覺先反串。第一齣《貂蟬》，薛先飾貂蟬，新馬師曾飾呂布，備極精彩，演至白門樓止，後截由薛覺先開面飾關公，上海妹飾貂蟬，演月下釋貂蟬一幕。薛演關戲，師承北劇界林樹森，故在港演出，上海人亦多來捧場，盛況空前，《貂蟬》一劇，足與馬師曾之《寶鼎明珠》爭雄。馮志芬並為薛覺先編《嫣然一笑》文藝劇，亦能賣座。時「錦添花」所演之《三盜九龍杯》、《銅網陣》觀眾已看至生膩，為改變作風，陳錦棠浼余編《三國志》孔明北伐、六出祁山故事，取名《伏姜維》，以李海泉飾孔明、陳錦棠飾姜維、關影憐飾姜妻、譚秀珍飾姜母、盧海天飾趙雲，以收姜維起至空城計止，劇多仿照北劇排場。陳錦棠演姜維，「挑華車」表演武工，大為賣力，該劇亦甚旺台。余更推出抗戰劇《莫負少年頭》，尾場且在後台唱抗戰名曲，由話劇界參加歌唱，情緒激昂，效果良好。余並使弟子唐滌生自編《楊宗保》一劇，此為唐滌生學習編劇寫作，以陳錦棠飾楊宗保、關影憐飾穆桂英，木角寨招親，①以至穆桂英獻降龍木，夫婦為國提師止。李海泉飾演焦贊，亦甚滑稽，楊家將為民間野史劇，演出亦能賣座，當時編劇名宿麥奉元又編《胡奎賣人頭》與陳錦棠唱演，故「錦添花劇團」，介乎「太平劇團」與「覺先聲劇團」之間，仍保持賣座紀錄。只有「興中華」一班為全男班，實力較弱，曾三多、白玉堂乃浼余編《八陣圖》一劇，由先主興兵為關羽復仇、書生拜大將、火燒連環營、白帝城託孤、陸遜被困八陣圖、孫夫人祭江殉夫止。《八陣圖》亦為《三國志》傳劇，「興中華」演出，以白玉堂飾陸遜、曾三多飾劉備，編配適合，亦收旺台之效。

《工商晚報》，一九六四年八月十日

附注

① 「木角寨」，川劇有此名目，即粵劇的「木柯寨」。

四二／關德興獲譽愛國伶人

廣州未淪陷前，有一落鄉班丑生王醒俠，激於義憤，心存愛國，把私有的戲服賣了，到各處演街頭劇，一頂卜帽、一把摺扇、一件藍布長衫，唱演《最後關頭》、《毀家紓難》等劇，獲得美譽，以資望尚輕，故收效果甚微。及新靚就自美洲回港，有告以抗戰區需粵劇宣傳，而省港名伶，多捨不得奢華之香港，無人肯回內地義演、勞軍及宣傳，誠粵劇界之恥。新靚就當時回港，論理可組劇團演出，當時廖俠懷、衛少芳、黃千歲均無班落，正好羅致同組劇團在港獻技，惟新靚就亦有愛國熱忱，志在抗戰宣傳，不欲在港爭霸，乃集合衛明珠、衛明心、黃少伯、陳發、陳江、陳隱等十餘人，組「關德興粵劇宣傳團」，蓋新靚就原名關德興也。劇團自香港出發，經廣州灣轉南路西江以至粵北，作義演數日，演出劇本為《岳飛》，本精忠報國為旨，又唱七七抗戰粵曲，自蘆溝橋血戰以至歷次戰役，在曲中歌唱無遺，復表演其絕技神鞭，到處均受歡迎，且作勞軍演出，因得名為「愛國伶人關德興」，為粵劇界爭光。歸港後亦不藉名獲利，仍到小呂宋作宣傳演出，喚起華僑捐輸為國。當時菲賓不欲與日本交惡，阻其演出，關乃不得志歸港閒居，然心仍不忘返祖國效力也。時美洲華僑以「興中華」班主幹白玉堂、曾三多常演抗戰戲劇，亦聘往美洲登台，美洲已有花旦及配角，只需白玉堂、曾三多二人前往參加登台，為期半年，故「興中華」不能不暫時解體，而香港只剩回「覺先聲」、「太平」、「錦添花」三劇團，在港澳開演。而澳門方面，亦有任劍輝、徐人心、小飛紅、梁少平之全女班演出，以票價低廉，且演員個個落力演唱，故亦常見好景。至「錦添花劇團」在港，以演員勻稱，劇本慎重，亦在港企穩。時余為編一齣反間諜戲《海上紅鷹》，劇情述金兵侵宋，韓世忠、梁紅玉禦敵，部將洪鷹為敵所俘，混入敵營，得宋邦女間諜之助，盡悉投金之奸細，乃與女間諜逃返宋邦，在韓世忠部下作戰，於太湖大敗金兵，梁紅玉擊鼓助戰，金兵突圍逃返北方，軍中有一韓，金人不敢犯，此劇異常緊張，為「錦添花」戲寶。余又為編《明宮英烈傳》三本，劇情寫袁崇煥之盡忠，為奸臣所害，錯用毛文龍，以至關外不靖，然部屬白宗萓、吳三桂均屬一時勇將，可拒清兵，白宗萓捨妻出戰，被圍不降，卒至戰死，其遺孤一女，隨費姓宮監撫育，後即烈女費貞娥，而吳三桂亦以陳圓圓相戀，大義所驅，出關拒敵，而賊匪李闖，不顧外侮，乘明軍精銳在關內，謀奪天下，迫至崇禎帝煤山自縊，費貞娥刺虎，李闖復奪陳圓圓，以至吳三桂衝冠一怒，引清兵入關，鑄成大錯，後圓圓在雲南勸三桂反清復明，而三桂已老，漢奸末路，三藩之亂亦敗，余並為詩諷吳三桂，詩為：「衝冠一怒竟降胡，知否紅顏怨武夫。塵土功名餘恨史，貳臣傳裏有慚無」，而對陳圓圓之歸真，心在明室，卻多稱讚。

《工商晚報》，一九六四年八月十一日

四三／「錦添花」「覺先聲」「太平劇團」鼎峙

「覺先聲」自演《貂蟬》一劇成功後，繼續演「四大美人」，乃着馮志芬編撰《西施》，惜不依正史，多採稗史資料，如范蠡教西施習禮，在正史所講，發乎情止乎禮，而編劇竟編范蠡與西施通，且私生一子，此則不合情理。蓋吳王夫差雖好色，亦不會戀一不貞之女子，可見范蠡當時以大事為重，當不至迷於私情。劇中之語兒亭一截，更屬杜撰，畫蛇添足，令史劇失真，惟「覺先聲」當時演出，非常賣座，原因有三：一為佈景堂皇偉大，聘得上海名佈景師陸陽春設計，半立體半透視畫，一新觀眾耳目。二為人選得宜，薛覺先先飾范蠡後飾西施、上海妹先飾西施、半日安飾吳王夫差、新馬師曾飾越王勾踐、麥炳榮尾截飾范蠡、陸飛鴻飾吳王太子，尤以新馬師曾之《臥薪嘗膽》，薛覺先之《苧蘿訪艷》，至為出色。三因越國興兵復仇一幕，出動全體南北武師，表演長靠短打絕技，甚合觀眾脾胃。《西施》一則演出，比《貂蟬》更見盛況，而當時新馬師曾當紮，能唱能演，十分生色。馮志芬更乘勢推出新劇《胡不歸》與《含笑飲砒霜》，尤以《胡不歸》一劇，相當厚人情味，而又富有文藝性，故「覺先聲」當時賣座，為全港之冠。「太平劇團」馬師曾，為謀收入保持水準，乃將莎士比亞之《馴悍記》配以《醉打金枝》排場編一劇名《刁蠻宮主戇駙馬》，全劇注意諧笑，以喜劇形式演出，亦能賣座。馬師曾因「錦添花」演抗戰成功，亦投機編一反漢奸劇《洪承疇》，劇中側重色情描寫，寫洪承疇之荒淫無恥，背叛國家民族，及寫其終陷末路，寓意警世，是劇亦得旺台，有此二劇，仍可支持「太平劇團」班譽。而「錦添花」則連演抗戰史劇，如英國歷史滑鐵盧戰役改編為中國野史抗戰劇《烽火霓裳》，內容述一忠臣，殉國前訓二子報國，其次子被害斬首，懸首級於旗竿頂，其母守屍痛泣，長子勇取回首級，合屍葬弟，以慰慈母，又與烈女相約，説服其父舊部，重舉義旗，化裝為缸瓦販，知巫師定期侵戰，乃逸以待勞，卒連勝三仗，後部下作叛，被擒不降，敵人忌其勇，乘其夜睡欲將之謀殺，得烈女之助，乃脱險重起義師，誓與強敵相戰到底。此劇李海泉飾巫師、關影憐飾烈女、陳錦棠飾忠臣長子、盧海天飾次子、譚秀珍飾歌女，均能稱職，亦為抗戰劇成功之作。而當時莫致祥又編宋太祖《十八年馬上王》、《杯酒釋兵權》史劇，余又編唐太宗《跨海屠龍》史劇，及《橫斷長江水》一劇，描寫元太祖忽必烈西征，卒至失敗，以警侵略者之野心。「錦添花」抗戰戲劇及新劇之多，為三劇團之冠，故與「覺先聲」、「太平劇團」鼎峙。而弟子唐滌生，亦將《復活》一劇改編為《沖破奈何天》給陳錦棠、關影憐主演，以取材於名劇，故內容亦充實，余為代筆撰曲多闋，故該劇演出，亦受觀眾歡迎，此為唐滌生初期寫作最成功一套，對編劇技術，亦漸有進步；薛覺先以滌生為其堂舅，亦欲羅致其為「覺先聲」編劇。

《工商晚報》，一九六四年八月十二日

四四／廖俠懷主編《花染狀元紅》

「錦添花劇團」以持久收入，必有賴演員所長，乃點關影憐首本《蛋家妹賣馬蹄》、李海泉《打劫陰司路》等劇，以為號召，兩劇雖為鬧劇，亦可博觀眾一笑，故保持旺台。又以出奇制勝，由黎奉元編演《梁天來》，以關影憐反串飾梁天來、陳錦棠飾反派淩貴卿、李海泉飾義丐張亞鳳，該劇為民間傳誦之故事，故能吸收廣大觀眾，況有火燒石室真火景，驚心動魄，雷雨過南雄嶺景，驚險萬分，均給觀眾刺激，故《梁天來》編至三本，每夕滿座，該班大有所獲。而抗戰劇本，只演余所編一本《紅俠》，劇情述明室既亡，義士不甘降清，屠狗之輩，流為俠盜，紅俠本忠臣之後，其未婚妻從呂四娘學劍術，無意與紅俠重逢，救遺民父女夫婦於奴役中，嘯聚起義，與血滴子鬥劍，清室雖強，而紅俠夫婦不畏侵略者強悍，集明室遺臣，誓不降清，迫至清室避其勢，不敢壓迫遺民。此劇為小說改編，亦為武俠戲，故賣座甚盛。其時美洲又聘陳錦棠、關影憐、李海泉赴美登台，「錦添花」亦解體。「覺先聲」則因新馬師曾退出，實力亦減，而薛覺先又致力於拍電影《姑緣嫂劫》、《銀燈照玉人》、《風流皇后》、《孤島情俠》等片，「覺先聲」亦斷續演出。盧海天、譚秀珍夫婦，因「錦添花」不起，亦與車秀英等聯合組「日月星」班，演《封神榜》哪吒出世，以佈景偉大，劇情又適合中下層，故亦得旺台。其時白玉堂、曾三多自美洲返，花旦李艷秋已逝世，林超群又離港，故重組「興中華」，以鍾卓芳為正印花旦，羅家權自廣州脱獄來港，亦參加組織，編演革命史劇《太平天國》，寫太平天國得南京定都，以至石達開率五萬軍入川，曾國荃招降，石達開不屈，拚與死戰，曾國荃畏其勇，不敢擋其鋒，石達開乃得據守川中，終不降清，劇情注重氣節，為報人馮筱庭原意，由余編撰，亦甚叫座。至薛覺先間亦登台，且演大集會與馬師曾、廖俠懷聯合演出，點演廖俠懷主編謝唯一撰曲之《花染狀元紅》，劇中廖俠懷反串四夫人，一生賢德，撫育前妻之子薛覺先長大，文才亦有成就，四夫人之女唐雪卿，亦為女才子，薛覺先戀一才妓上海妹，與馬師曾留妓院中，而四夫人不知也，才妓勉薛覺先、馬師曾赴試，聲明誰得中狀元，即以身相許，結果薛覺先中狀元而馬師曾中探花，馬師曾求薛作伐，娶其妹唐雪卿為妻，論才招婿，惟四夫人以兄先妹次，須待薛覺先完娶後，其妹方嫁，而薛覺先則非才妓上海妹不娶，四夫人以狀元納妓，有壞官箴，不許，薛覺先乃求其妹設計，助才妓上海妹喬裝為名門之後，題詩古寺壁上，四夫人偕女至古寺進香，驚其才，因與論婚，才妓乃騙得四夫人親筆許婚，得嫁薛覺先，兄妹同日結婚，四夫人始知其子納妓，然米已成炊，亦不計較。全劇均寫才子佳人，紅顏名士事蹟，只以廖俠懷之反串成功，而薛覺先之風流俊秀，亦合乎薛迷脾胃，故該劇後由半日安代廖俠懷，仍能賣座。

《工商晚報》，一九六四年八月十三日

四五／梁醒波初入「太平劇團」

黃鶴聲因不滿「太平劇團」的戲場，晚晚只充閒角，並無發展希望，因而退出。「太平劇團」主事人源詹勳，以在香港難覓聲望如黃鶴聲之小武，乃思聘請星洲老倌歸來。其時梁醒波為星洲最有名聲之小武，亦思來港一行，恰巧源詹勳聘他來港，他即慨然答允「太平劇團」，回港登台。「太平劇團」的戲場，夜戲純為馬師曾、譚蘭卿擔綱，故梁醒波加入，亦為夜戲閒角，不得觀眾注意，惟日戲則由他點演首本戲。梁醒波在星洲，以演《薛仁貴》一劇得名，故回港亦點演《薛仁貴》一劇，論梁醒波的身形架子與及唱做功夫，不愧小武典型，而且身材偉巨，以他演《薛仁貴》，甚為適合個性。況劇本由柳金花贈火袍起以至征東征西，拖長至七八本，故事為民間傳誦之小說，側重尚武精神，忠君愛國，亦能賣座，且擔中下位，力亦不弱。「太平劇團」日戲亦志在中下層觀眾，故梁醒波回港，雖初期並不成功，亦不可謂為失敗。「太平劇團」缺了一個黃鶴聲，同時「覺先聲」也走了一個新馬師曾，因為當時上海雖然淪陷，租界仍由英美法維持秩序，租界的戲院便聘請新馬師曾到滬登台，新馬師曾便離開「覺先聲」，到上海演唱，點演「覺先聲」的劇本，如《貂蟬》、《胡不歸》等劇，與薛覺先演出，不相伯仲，更在上海觀摩李萬春的武技，對於脫手北派，新馬師曾也學得幾成歸來，他到上海演出，總算得意，惟有「覺先聲」，並不因少了一支台柱而受影響，仍以編演「四大美人」為號召，爭取觀眾。「四大美人」除了《貂蟬》、《西施》外，第三齣便是《王昭君》，上截由薛覺先飾漢元帝、上海妹飾王昭君、半日安飾毛延壽，下截由薛覺先反串王昭君、半日安飾單于王、麥炳榮飾劉文龍、上海妹飾匈奴宮女，人腳也編配得宜，不過昭君投崖一幕，只是木魚書的套本，元曲《漢宮秋》只寫漢帝夢中昭君盡節，逆水流屍，歸來相會，只是夢幻，並無這一回事，與正史無出入，「覺先聲」編演投崖煞科，只寫出王昭君之貞節，卻不完成和戎的任務，違反歷史事實，故該劇雖頗旺台，亦不能謂為無瑕疵。同時「覺先聲」又得徐若呆編撰《火樹銀花》、《重婚節婦》兩劇，也頗賣座，該年因「錦添花」解組，只「覺先聲」、「太平」兩劇團，故尚旺台，下半年「興中華」改組男女班，除白玉堂、曾三多、羅家權、張活游外，並聘女花旦入主正印，演出新劇為《風火送慈雲》，《風火送慈雲》為民間傳誦慈雲太子走國事蹟，婦孺樂道，故能得一部分觀眾歡迎，而白玉堂也初拍女花旦，亦為旺台之一因素。該班更由黎奉元編撰《龍腹藏龍》一劇，以白玉堂飾趙子龍，百萬軍中藏阿斗，此為《三國演義》一段精彩戲，上下階層皆識，以白玉堂之型貌，演趙子龍之勇，征袍透甲紅，硬性作風，亦甚貼切，故該劇亦演出成功。

《工商晚報》，一九六四年八月十四日

四六／白玉堂再拍陳非儂成功

其時，靚次伯、靚少佳、何芙蓮自美洲歸來，也重組「勝壽年」班，加入龐順堯、小覺天等，在高陞戲院演出，初時也能旺台，惟以何芙蓮資望尚輕，且演出盡是「勝壽年」舊戲，故該班不能持久企穩而解散。適值「興中華」班因花旦衛少芳懷孕，不能登台，而白玉堂、曾三多又不願解組，乃物色花旦以承其缺，環顧當時，已無女花旦可用，恰巧陳非儂走埠歸來，以資格論，除了已故千里駒外，男花旦無一及陳非儂之聲望，況他聲線復開，正宜於登台演唱。白玉堂及曾三多便商請陳非儂加入「興中華劇團」，故該劇團只演過一屆男女班，即復組為全男班，其點演新劇，為雷公所編之《雷電出孤兒》，該劇為元曲《趙氏孤兒大復仇》改編，①年前，「萬年青劇團」黃鶴聲、李翠芳、葉弗弱亦曾演過，劇名《十萬童屍》，在廣州四鄉則甚旺台，惟未在香港演出，故「興中華」亦編演該劇，且以風雨雷電趙氏孤兒出世，佈景驚險，而曾三多之屠岸賈、白玉堂之程嬰、陳非儂之趙氏孤孀，個個身分吻合，尤以陳非儂善演閨秀戲，雖女花旦亦無出其右，故《雷電出孤兒》一劇，因而賣座，且編下卷。同時又編演《黃飛虎反五關》，此為白玉堂首本，至今猶演不衰，「興中華」該年，仍告盛況。是年「覺先聲」聘得武生王

附注

① 元劇名目為《趙氏孤兒大報仇》。

靚榮參加，以壯聲勢，馮志芬又為薛覺先編演《狄青》，以薛覺先飾狄青，且合觀眾想像，而武生王靚榮飾包公、麥炳榮飾黃天化，亦見出色，惜上海妹半日安均演閒角，故該劇不為觀眾所喜，「覺先聲」認為失敗之一劇。不過當時馮志芬致全力於編撰「四大美人」，本來「四大美人」為「沉魚落雁，閉月羞花」，沉魚為西施、落雁為王昭君、閉月為貂蟬、羞花為楊貴妃，《西施》、《王昭君》、《貂蟬》三劇，「覺先聲」均已編演，惟「楊貴妃」一劇則成問題，蓋環肥燕瘦，人人皆知，演楊貴妃需珠圓玉潤之花旦，若以上海妹或薛覺先反串演來，均不合身分，且以前「太平劇團」亦曾演《唐宮恨》，「大光明劇團」又曾編演《金盆洗祿兒》，譚蘭卿與譚玉蘭演來，均合身分，華清池賜浴一幕，若以瘦骨嶙峋之上海妹演出，未免失色，若演貴妃醉酒，則上海妹又不宜演風騷戲，且比不上譚蘭卿與譚玉蘭，有此問題，四大美人，只演其三，惟既經宣傳，則不能不演出「四大美人」，寧捨「楊貴妃」不編，亦需編一古代美人戲。當時「覺先聲」主事人納馮志芬之議，把編「楊貴妃」一劇作罷論，而編演《武則天》一劇。《武則天》一劇，寫出武才人本為非常女子，才足以治天下，並以女子為君，縱有才幹，亦為當時非議，認為牝雞司晨，故有駱賓王之檄詔，聲討武則天。劇中不寫武則天之荒淫，只寫其操權招妒，而注重武則天之華貴，在宮中拜牡丹，牡丹亦痿謝，意即平反古人謂羞花足以寫楊貴己之姿容，而以羞花比武則天，不合觀眾心理，故《武則天》一劇，為

「四大美人」最失敗一部，且以新馬師曾演呂布及越王勾踐，均有成就，今缺了一柱實力大減，故收入不如理想。

《工商晚報》，一九六四年八月十五日

四七／陳錦棠新馬師曾領導「勝利年」

陳錦棠自美洲返港，關影憐退出「錦添花」，故「錦添花」不能重組，會廖俠懷着黃不廢代組劇團，黃乃拉陳錦棠合作，適新馬師曾自滬返港，並帶有北派龍虎武師多人南下，廖俠懷乃邀新馬師曾參加組班，新馬師曾亦答允，惟花旦人才缺乏，至成問題，會星洲拍梁醒波之名旦金翠蓮及美洲歸來之韋劍芳，相繼加入，該班乃組成，以「勝利年」為班牌，武生黃秉鏗、小武陳錦棠陳鐵英黃金龍、花旦金翠蓮韋劍芳飄慧梅、小生新馬師曾梁國風謝劍●、丑生廖俠懷陳醒章，人才之盛為各班冠，開始之夕即演抗戰劇本《紫塞梅花》，劇意紫塞國創業艱難，不少烈士捐軀，觀眾將相皆崇敬烈士，寫陳錦棠與新馬師曾飾一雙名將，新馬師曾為廖俠懷活命恩人，故與廖俠懷之妹韋劍芳交厚，而陳錦棠則與異國女郎金翠蓮相戀，會兩國交兵，陳錦棠與愛人陣中相見，斥異國侵略，説其女將釋兵來歸，而廖俠懷因爭政權，投異邦為傀儡，新馬師曾被其所擒，賴母妹大義縱釋，與陳錦棠會合，大勝侵略者。劇中有廖俠懷所唱中板，頗有精彩，曲為：「故家雲樹今猶在，當年松柏早經災，霜鬢已隨晚節改，不堪回首舊樓台，無可奈何無可奈，愁看故舊上刑台。」①而新馬師曾臨刑所唱滾花，亦甚雄壯，曲為：「悵望雲山珠海，忍不住英雄熱淚滿襟懷，欲問何年還此刀兵血債，但願前死後繼那怕墓塚長埋，大丈夫慷慨臨刑何足怪，但得故人快意任君怎安排。」而陳錦棠亦唱一段故鄉吟：「傷神念故鄉，早荒涼，台榭田園盡廢傷，今後歡場月，夜夜照愁腸，念征場，殺得人墮槍，迫得馬墮韁，雕弓頻響，鼓急漁陽，腥風冷透血衣裳，漢家陣中士氣壯，黯黯斜陽，誓保山河無恙。」此劇為余心血之作，以人腳匀稱，故演出成功。第二部抗戰劇本為《五代殘唐》，宮後唐莊宗（新馬師曾飾）本為英明帝主，獨寵曹妃及重用曹道人，誤殺十三太保李存孝，②又躭近酒色，扮美人在深宮演戲，朝綱不振，當唐莊宗李存勗在宮中演劇宴樂，新馬師曾、廖俠懷雙扮美，笑話百出，而契丹稱兵侵犯，宮中告急，天子蒙塵，夜奔破廟，此場新馬師曾演京劇排場《林沖夜奔》，幸得其兄李嗣源解圍，戰退契丹。此場陳錦棠又演

附注

① 「舊」字乃按原報殘畫作推測。

② 「孝」字原稿作「季」，諒誤，正文改訂。

③ 「通天犀」，京昆劇目，演許世英搭救十一郎的故事，粵劇吸收其中的演出程式，成為武戲排場之一。

《通天犀》排場，③更見精彩，後李存勖自悔荒淫，讓位其兄李嗣源，天下始定，全劇緊張，尤以打武見勝，新馬師曾、陳錦棠各盡所長，故滿座觀眾，無不稱許喝彩，「勝利年劇團」，賣座超乎「覺先聲」「太平劇團」之上。而當時新馬師曾精神與體魄，均為全盛時期，黃不廢又編《穆桂英》一劇，以新馬師曾反串穆桂英、廖俠懷反串飾木瓜、陳錦棠飾楊宗保，演《虹霓關》一場，新馬師曾與陳錦棠各顯絕技，而新馬師曾之脫手北派，為粵劇界之冠，且反串而又唱子喉，清朗動聽，其反串戲駕乎薛覺先之上，於是「覺先聲」亦提前散班，以避其鋒，「勝利年」遂稱霸港澳。

《工商晚報》，一九六四年八月十六日

四八／何非凡有「情僧」之稱

當時，港澳戲院演粵劇者有高陞、利舞台、太平、普慶、東樂、北河及澳門清平七間，而粵劇團只有兩三班，故粵劇十分吃香，而乘時崛起的有「非凡響劇團」。「非凡響」以何非凡為主幹，花旦楚岫雲小飛紅，丑生陸雲飛等，資望很輕。該班的主事人是蘇永年，編劇人是馮志芬，利用「最懶人」歐漢扶所撰廖了了所唱之《情僧偷祭瀟湘館》唱片編為劇本，何非凡自創凡腔，腔近梵調，以《紅樓夢》為觀眾稔識的故事，故《情僧偷祭瀟湘館》一劇，①哄動一時，加以離恨天一幕佈景，十分偉大，亦令觀眾奪目，何非凡亦以是劇奠定演劇基礎，且有「情僧」之稱。編劇人馮志芬為適合何非凡身分，特將革命僧人蘇曼殊之《斷鴻零雁記》小說改編為劇本，取名《風雪訪情僧》，亦頗賣座。而馮志芬更將朱次伯成名之首本《芙蓉恨》重新改編，給與何非凡演唱，注重何非凡之唱工，雖盛況不如朱次伯，也撩起觀眾從憶念朱次伯的興趣，何非凡演來，亦中規中矩，不過不失，保持雅譽，「非凡響」在港澳，因以得名。其時最旺台之粵班為「勝利年劇團」，廖俠懷欲自演主角戲之抗戰劇本，適有業餘編劇者盧恢，以《宋末遺民隱語》一書示余，②求余助編《萬世才人》一劇，余亦盡力代為編撰，獨惜「勝利年」戲迷，皆愛看新馬師曾、陳錦棠，以廖俠懷擔綱之劇本，不受歡迎。弟子唐滌生為投觀眾所好，為「勝利年」編一劇，劇名《丹鳳落誰家》，劇情述一結義兄弟，同愛一女子，而二人均從戎報國，女子之父急欲其女嫁人，將女送至軍中，義兄以愛人讓給義弟，演關公送嫂一幕戲，義弟亦不願奪義兄所愛，力辭婚姻而赴陣作戰，

附注

① 《情僧偷祭瀟湘館》，應作《情僧偷到瀟湘館》。

② 《宋末遺民隱語》，是書未詳出處。

卒由二人陣上立功，愛人歸義兄懷抱。是劇新馬師曾、陳錦棠演雙小武戲，亦能賣座，為唐滌生初期成功之寫作，亦帶有抗戰意味。「勝利年」為乘勝追擊，搜羅劇本，李少芸亦編撰《文素臣》一劇，雖為電影改編，亦頗合觀眾脾胃，惟余則力主編演抗戰劇本，故將鄭成功故事，編為《海角孤臣》，劇情自明帝賜鄭成功姓朱起，以至帝后蒙難，鄭成功歸見父鄭芝龍請兵，斬檯角為誓，矢志忠於明室，與妻告別，鄭以善訓其子鄭經為國，其後鄭芝龍降清，力勸成功歸降，成功以父既不忠，難勉子盡孝，卒取妻子據守台灣，力與清抗，而游擊部隊孫光成、馬金子輩，均為成功響應，鄭成功率子鄭經攻至南京，不幸中伏，鄭經救父，重返台灣，勵精圖治，終身不降清。此劇由陳錦棠飾鄭成功、新馬師曾飾鄭經，父子威武，精忠報國，而廖俠懷之反串馬金子，亦有丈夫氣慨，抗戰氣氛濃厚，而尾場陳錦棠掛鬚，演武生戲，新馬師曾又演《鐵公雞》排場，陣上救父，架子與武工均優美，故該劇得賣座旺台，亦當時民氣激昂，故抗戰劇本，比較文藝言情寫作，較為旺盛。最難得者，陳錦棠為武狀元、新馬師曾為短打聖手，且善演能唱，兩人因隸一班，成雙小武制度，觀眾亦眼福不淺也。

《工商晚報》，一九六四年八月十七日

四九／關德興重到粵北義演

余自編撰《海角孤臣》後，友人趙如琳君，當時為戰時省會曲江廣東省立藝院院長，以廣東戰時省會需要嚴肅之粵劇演出，函邀歸國整理粵劇，惟以戰地艱苦，詢余能否捨棄香港繁華都市之享受，時余亦欲歸祖國服務，慨然應允，惟以粵北粵劇人才缺乏，個人返國，恐無成績，乃在港約伶人歸國，最初以薛覺先為對象，走與之商，薛覺先以當時曲江不過一二萬人，香港人口數十萬人，演粵劇之對象為觀眾，觀眾太少，演者亦無興趣，二來搬運衣箱至粵北，當時交通不便，亦成問題，故卻余所請。其後關德興（即新靚就）自小呂宋返港，余邀其再到粵北演劇，關即答允。時余仍為「勝利年」編撰一齣抗戰劇《平戎帳下歌》，亦為余為「勝利年」編撰最後一套，劇情述一歌女，早為敵人收買，作漢奸刺探軍情，新馬師曾飾一名將，早憐歌女遭遇，惟不知其為敵人奸細，而歌女志在探元帥陳錦棠之機密，藉新馬師曾之介，得近陳錦棠，且愛陳錦棠之元帥地位，但又恐為其窺破底蘊，而陳錦棠已窺出其端倪，乘機刺探敵帥侵略之計劃，而當時監軍廖俠懷不諒，力陳陳錦棠、新馬師曾迷於女色，恐誤大計，並囑其妹接近陳錦棠，破壞其與歌女感情，其時敵兵攻至，陳錦棠陷於敵陣，惟死戰不降，並以忠烈之情動歌女，助其突圍，新馬師曾亦領兵馳救，陳錦棠始能脱險，其時朝廷以陳錦棠近女色而誤軍機，着其入獄審訊，新馬師曾力救元帥，與監軍廖俠懷爭辯，陳錦棠亦向歌女直白並非愛彼，實則刺探敵方軍機，並對廖俠懷之妹表明並無情愛，匈奴不滅，何以家為，卒受朝廷之令，戴罪立功，而歌女及廖妹均以大義所在，捨愛情而為國，助陳錦棠建功。劇中新馬師曾與韋劍芳在平戎帳下歌一幕，鬥唱新腔，而陳錦棠入獄一幕，與金翠蓮、韋創芳對唱古老怨婚中板，均見精彩。該劇以反間諜為題材，説服奸細之歌女報國，大義凜然，觀眾掌聲雷動，可見民氣之盛，令一般甘為敵用之漢奸羞煞。《平戎帳下歌》一劇，為陳錦棠成功演出，賣座甚盛。不久，余即偕關德興赴粵北，離開香港粵劇界。當時粵北，亦有「抗建劇團」、「暫八師劇團」演出，惟多屬落鄉班人才，且劇本鬧荒，演出不夠嚴肅。余偕關德興至曲江首先召集粵劇界談話，聲明此行為助彼輩演出抗戰粵劇，而並不是作打擂台性質。關德興當時連戲服亦未攜帶，而當時各機關相邀登台，乃決在曲江演出四天，關即返港，余在省立藝術院任教國劇研究，不再返港。當時關德興向各劇團借服裝，及商得當地演員伍超群、蘇映雪、陳少俠、少達子等合演，而所有舞台裝置，均用立體佈景，商得當地話劇團協助，演出劇本為《岳飛》、《戚繼光》、《平貴別窰》及余所編《海角孤臣》鄭成功歸家一幕，均為獨幕短劇演出，在曲江演罷復至南雄演出，為當地機關籌款，成績甚為美滿，演畢關德興即回香港。

《工商晚報》，一九六四年八月十八日

五〇 上海妹半日安參加「錦添花」

當「勝利年」在香港最賣座的時期，以新馬師曾個人藝術進展的迅速，薛覺先也懼他三分，加以新馬師曾的歌喉，駕乎薛覺先之上，反串花旦戲，子喉的嗓子亦響亮，故此他有此造詣，便有獨當主角的用心。惟以資望論，陳錦棠當了主角多年，斷不甘為新馬之副，於是「勝利年」早有一山不能藏二虎之勢，會薛覺先以演《武則天》失敗，「覺先聲」暫不重起，其台柱上海妹、半日安，自當另謀出路，而陳錦棠又念念不忘重起「錦添花」，於是由蘇永年向上海妹、半日安説項，與陳錦棠合組「錦添花劇團」，配以武生少新權、小生盧海天、幫花譚秀珍，六大台柱，陣容強盛，當時余在戰中省會曲江，除授課以外，本甚清閒，因為「錦添花」編撰《桃花扇底兵》一劇，此劇原為《風洞山傳奇》改編，劇情述王開宇奉母家居，清兵攻至，背母逃避，備極艱辛，開宇本有聘妻呂紉珠，由明室被破，互相失散，開宇田園盡失，無所依附，乃投其同學趙印選之子趙永祚家，時呂紉珠誤以為開宇已亡，憑媒説合，嫁與永祚為妻，新婚之夕，始與開宇遇，兩人深知本已訂婚，在開宇則以已淪落，賴永祚仗義供養，而聘妻嫁與永祚，亦不欲多生事端，且念李君《桃花扇》句：「如今國在哪裏？家在哪裏？還看不透花月情緣」，①故詐作不識紉珠，而紉珠即心知了了，自忖本不應貳夫，況開宇未死，己則貪永祚父子勢位，失節改嫁，誠恐千秋責罵，會洞房之夕，永祚大醉，紉珠暗至書房訪開宇，辯白一切，而開宇則力主紉珠仍歸永祚，免傷友人情面，永祚之妹麗貞，窺破端倪，亦至開宇書房，而永祚醒來，不見新婦，四處尋覓，亦至開宇房，幸麗貞聰慧，使紉珠從窗門逃返己房，永祚聞開宇房中有女子聲音，大疑，及睹己妹，欲作伐以麗貞配開宇，而開宇則力辭，時清兵攻至，城陷，印選殉國，王母被俘，開宇與永祚逃脱，紉珠與麗貞亦失散，時開宇投瞿式耜軍，瞿式耜為保永曆帝而戰死，開宇逃禪，集僧人與清兵抗，麗貞告永祚紉珠本為開宇妻，永祚大悟，亦逃禪不娶，卒至清兵執王母於城，逼開宇及永祚降，王母訓子盡忠到底，跳城而亡，開宇與永祚率僧人抗清兵，卒攻退強敵，紉珠麗貞亦棲真。劇中描寫國破惟私復仇，忘卻愛情及兒女之私。此劇在香港演出，十分賣

附注

① 十三郎引用的是孔尚任《桃花扇》《入道》一折的曲文，原曲文為：「呵呸！兩個癡蟲，你看國在哪裏？家在哪裏？君在哪裏？父在哪裏？偏是這點花月情根，割他不斷麼！」

座，而余在曲江，固未嘗得睹演出成績也。「錦添花」又請馮志芬改編《雷雨》為粵劇，惜純用古裝演出，失去現實性，然上海妹飾演四鳳，十分成功，該劇以話劇演出，甚得觀眾歡迎，今改為粵劇，加以歌唱，亦甚旺台，「錦添花」成功所致。而當時陳文彬又為「錦添花」編《葛嫩娘》一劇，此為抗戰劇本，話劇與電影演出取名《明末遺恨》，寫孫克咸與葛嫩娘忠義事蹟，以陳錦棠飾孫克咸、上海妹飾葛嫩娘、半日安反串飾馬金子、盧海天譚秀珍飾鄭成功夫婦，表演亦甚成功。

《工商晚報》，一九六四年八月十九日

五一　港戰後之各班狀況

陳錦棠既脫離「勝利年」重起「錦添花」，「勝利年」是賺錢的班牌。況有新馬師曾、廖俠懷在，勢必再起，惟人選去了一陳錦棠，不能不審慎，故由黃不廢物色較重之花旦，務以實力不弱於上一屆為原則，因與衛少芳商，充任正印花旦，而小生一角則以黃千歲擔當，韋劍芳仍為花旦副車，除了武生較弱仍用黃秉鏗外，其餘各柱，實力亦不弱。廖俠懷主理劇務，以上一屆「勝利年」以劇本取勝，為保持美譽，仍編抗戰劇本，以《文天祥》及《萬里長城》二劇爭取愛國觀眾，演出亦獲佳評。廖俠懷又編一本《夢裏西廂》，即《甘地會西施》，盛道甘地抱有民族精神，而附會夢裏會西施，把中國古代愛國美人比甘地，其寓意亦有可取，而該劇為廖俠懷認為得意之作。廖又編一部社會劇《花王之女》，亦獲好評。而「勝利年」與「錦添花」之賣座紀錄，不相上下。其時尚有「太平劇團」與「興中華劇團」兩班仍在港開演，「太平劇團」則仍演《寶鼎明珠》、《藕斷絲連》、《刁蠻公主戇駙馬》等劇，尚企得穩。「興中華」在白玉堂、陳非儂、曾三多支持下，編演《黃飛虎反五關》數集亦能旺，是年只缺一班「覺先聲劇團」。迨至太平洋戰事發生，香港亦陷日寇手，各劇團紛紛解體，而薛覺先以八和粵劇協進會香港分會主席身分，徇日人之請，偕唐雪卿組班娛樂戲院登台，為日人跳加官，①其後薛氏夫婦竟又率劇團赴廣州，慶祝偽省府主席陳耀祖政績，論者多非之。薛覺先之「覺先聲劇團」當時亦並不賣座，乃向日人請命，往廣州灣開演，觀眾亦寥寥可數。薛始知在淪陷區不能立足，始率團經寸金橋逃入內地，然眾怒難犯，多年隨抗戰政府轉進之粵劇伶人，以薛覺先枉為八和香港分會主席，而居然落水，多有不諒之詞。後來政府亦任其改過自新，在廣東人較多之桂林、柳州一帶演唱，薛覺先亦

附注

① 「跳加官」，傳統粵劇在正本戲演出前加演的例戲，由演員戴面具、穿圓領朝服扮演天官，演出沒有唱段，演員只手持牙簡出場，配合寫上吉祥語的「加官條」表演揖拜、恭賀等身段。如不戴面具演出則稱為「淨面加官」。

只為收入而演出，從未到前線勞軍，故在戰時不得美譽。而當時逃入內地演劇之演員，有上海妹、半日安夫婦，在西江一帶演唱，梁醒波與銀劍影則在貴縣、鬱林、梧州演唱。靚少鳳、何芙蓮則在廣東南路演唱。馬師曾初拍陸小仙，後乃覓何芙蓮商借其徒弟紅綫女，初在肇慶演出，後轉梧州以至桂、柳、八步，演出亦不過鬧劇，並不覺得抗戰嚴肅。而留落港澳廣州之伶人，有無法脫身者，陳錦棠、譚蘭卿、李海泉合組「錦添花劇團」，不敢演抗戰劇本，在澳門演出，只演《生武松》一劇較為叫座。其後譚蘭卿組「花錦繡劇團」，演於廣州灣及省港，賣座最盛，然自香港淪陷，港埠已失去繁榮景象，市面十分冷淡，故各劇團組織，均不如戰前龐大，多注重一男一女主演，皮費減輕，且注重到各鄉演唱，在省港演出，僅求不虧本而已。

《工商晚報》，一九六四年八月二十日

五二　關德興獲譽「節義藝人」

在戰時省會曲江，本來聚集一班二等老倌，愛國熱誠有餘，而演技造詣不足，且衣箱陳舊，劇本亦荒，故不能賣座。其時余以改進粵劇為己任，得話劇界之助，將曲江伶人集合，首演《萬世才人》改編之《南宋忠烈傳》，演員為練醒民、花旗妹、何慧貞、李玉顏、少玉棠、詩百篇、吳少華、李華亭等，排練嚴肅，故演出成績頗佳，且甚賣座。《南宋忠烈傳》劇情，取材於宋末謝枋得為降臣留夢炎弟子，宋敗於元，枋得不降，自稱大宋遺民，二子安之、定之逃去從軍，以與元兵抗，枋得母病，其妻斷髮換資療治，枋得故舊文天祥，亦曾得枋得援助，又以受傷得枋之外嫁女醫治創痕，重返陣中，枋得以開罪於張弘範，搗亂其家，以至枋得母驚亡，又被元兵劫棺，枋得被執，以不肯降，遣送至燕京，其妻女躍橋而死，其子安之、定之仍與元兵苦戰，枋得成仁就義，至死不屈。此劇以忠烈為主，激起民氣，詞曲曾刊登曲江《建國日報》，茲再錄出南音一段如下：「灑着點點紅淚，聽着點點寒更，中宵難寐自沉吟，待罪孤臣空悲憤，此日誰憐破碎心，身在異鄉益多恨，慈幃苦病我苦貧，（二王）念故人，文文山，馳逐風塵孤忠耿耿，更羡君，不屈辱，臨危拜詔亙古無今，我在水火中，聞君走天涯，赴義無門難以解君厄困」，詞曲動人，演出認真，連演月餘，觀眾愛閱。余更撿出舊作《海角孤臣》、《紫塞梅花》，次第慎重排演，均告旺台，雖二三流之戲人，亦得觀眾愛護。無何，關德興率領團員自柳州至曲江，曲江粵劇運動益覺熱烈，時關以「節義藝人」號召，深得社會人士同情，團員有高飛鳳、蔣惠珠、李少林、陳發等，所演劇本為《岳飛》、《戚繼光》、《征人節婦》（即《三娘教子》）、《薛平貴》、《水淹七軍》、《華容道》等劇，皆關德興自己編撰，關固文學修養有限，然詞曲尚能通俗，尚得良好批評。時關德興浼余為編新劇數本，一為《節義千秋》即《關雲長月下釋貂蟬千里送嫂》，一為《燕歌行》，取材唐詩《燕歌行》，以漢武帝拒匈奴故事，寫李廣之盡忠報國、李妃之苦守寒宮、漢武帝重見李夫人。關德興飾李廣，唱至「身出寒關心念國，盡忠惟許蕩胡塵」句，觀眾鼓掌喝采，《燕歌行》一劇演出，十分成功。又一齣為《洪宣嬌》，寫太平天國內爭，以至潰敗，而石達開並不爭功，獨率兵入川，以抗清兵，詞曲有二王一句，十分精采，曲為：「天京燈火照愁腸，國號太平國未安，達開豈有龍飛想，艱難創業惟恨花好弗長」，劇中寫韋昌輝之橫暴，石達開全家蒙難，妻死子亡，仍忠於太平天國，與清兵對抗，賴洪宣嬌之助得以引兵入川，石達開正義凜然，故該劇亦甚旺台。還有一本是任護花寫作《完璧歸趙》，寫藺相如完璧歸趙，以及與廉頗息爭，同心報國，力倡軍政團結，以禦外侮，演出亦得觀眾好感。其後關德興受七戰區政府部編委為「七戰區粵劇宣傳團」，不在後方演，率團至前線勞軍，直至抗戰結束為止。

《工商晚報》，一九六四年八月二十一日

五三／粵劇地盤日少漸入低潮

關德興離開曲江以後，余乃集合駐韶伶人，組「新春秋劇團」，仍演余歷來所編之抗戰劇本，計有《節義歌》（陳子壯故事）、《劉伯溫》、《女兒香》（改名《雪擁藍關》）、《趙飛燕》、《孔雀東南飛》等劇，以演出認真，故能保持擁有龐大觀眾。其後演員因全體受東江稅警團之聘，曲江遂無粵劇演出。不久有「捷聲粵劇社」為一八七師五六一團組織，演員均受部隊編制，士兵待遇；有嚴慕貞、謝先覺、靈醒能、梁紹雄、任麗娟等。演出余所編《桃花扇底兵》於曲江，亦受觀眾歡迎，因邀余編排新劇，乃為排演《南宋忠烈傳》、《孔雀東南飛》兩劇。其後日軍犯韶，余亦隨軍轉進，率粵劇社中人雪地行軍，而廿三補訓處之梁少珊亦來歸，與任麗娟合演《陸文龍歸宋》，均在前線作勞軍演出，此輩粵劇兵，其刻苦精神，殊堪嘉佩。惟在淪陷區方面，仍有不少粵劇團開演，廖俠懷、謝君蘇之「大利年劇團」則在省港及四鄉開演，點演《甘地會西施》、《花王之女》、《盲公問米》、《大鬧廣昌隆》等劇。在淪陷區之粵劇，藝術及意識已低降，混入時代曲、爵士音樂，而秦小梨又以肉感劇賣座，演《肉山藏妲己》、《肉陣葬龍沮》等劇，觀眾沉悶情緒，亦樂得看色情劇本。陳錦棠與鄧碧雲之「錦添花劇團」，亦純演舊戲，「太上劇團」則以《郎歸晚》一劇叫座，該劇因有邵鐵鴻所製之《流水行雲》小曲，因而賣座。譚蘭卿之「花錦繡劇團」，盡演「太平劇團」舊戲，如《刁蠻公主戇駙馬》之類劇本，其最有文藝價值之劇本為《秋海棠》，尚有革命作風反軍閥演出。「日月星」之曾三多、盧海天、譚秀珍等亦只演舊戲。白玉堂之「興中華」則演《風火送慈雲》等劇，而沖天鳳、余麗珍亦合作組班於香港，頗能賣座。陸飛鴻、區倩明則合演《雙槍陸文龍》。任劍輝、陳艷儂、靚次伯、歐陽儉之「新聲劇團」則以演《海角紅樓》一劇賣座。戰後芳艷芬拍新馬師曾以演《胡不歸》、《啼笑姻緣》、《桃花扇》數劇，聲譽鵲噪。至搭檔已久之任劍輝、白雪仙，亦不過得唐滌生所編三數套劇本，如《帝女花》、《再世紅梅記》，故能叫座。近來伶人之拍檔者，有新馬師曾與吳君麗、麥炳榮與鳳凰女、林家聲與陳好逑、羽佳與南紅等。丑生四大名丑廖俠懷、半日安等已去世，李海泉亦已退穩，目前丑生只有梁醒波、譚蘭卿、羅家權等。花旦則人才更缺乏，余麗珍、鄧碧雲均注重拍片，甚少登台，花旦自上海妹逝世後，已無人可繼其唱做兼優位置。目下陳錦棠、白玉堂等均有掛靴不演之意，編劇人才馮志芬、徐若呆、唐滌生均已逝世，後進未能演有意識之劇本，而各班既乏好劇本，又無長期組織、嚴密排練，只有散台演出，一切急就章，藝術自然退化，而演員人工過昂，動輒虧本，搞班者裹足不前，遂成粵劇低潮趨勢，前途殊覺悲觀也。

《工商晚報》，一九六四年八月二十二日

梨園趣談

《梨園趣談》

說明

《梨園趣談》，署名「南海十三郎」，《工商晚報》自一九六四年八月二十三日至十月十五日連載，凡五十三篇文章。原稿上每篇均有題目，為方便引用，編者為加序號。

梁少初好認第一

梨園趣談

南海十二郎

趣起了梁少初的名字，現在的戲迷覺得有點陌生，可是三十餘年前，梁少初在省港倒有地位，他聲譽最響那一年，就在夠天樂當丑生，他雖然是丑生，武工也不錯，他最喜歡演把子戲，他的車身扎架，十分醒健，他在「文太后」一齣，演得特別出色，他飾演多爾袞，在進關與洪承疇大戰一幕，飾洪承疇的是曾三多，劇情是洪承疇不夠他打，因而歸降，曾三多是黨子班出身，武工當然紮實，他和梁少初演對手，打足一百〇八個回合，梁少初也車了幾十個身，雖然劇情是多爾袞戰勝，但是梁少初已經很吃力，打完一百〇八個回合，入場返後台，連飯也嘔出來，可是他在前台得到喝采，仍然爭得個第一。又如冒辟疆毀破顏容，入宮行刺順治帝誤刺多爾袞失手。多爾袞迷於董小宛的姿色，把放了冒辟疆，此場表演唱工，梁少初與靚少鳳陳非儂鬥唱反線二王，亦得觀眾稱許，其後多爾袞操清廷大權，順治帝也懼他幾分，他竟然與順治帝爭戀董小宛，梁少初演出英雄好色，十分生動，後來董小宛知到欲攬取清室大權，必先除去多爾袞，於是趁多爾袞親熱，董小宛親自獻酒，知下毒藥，多爾袞中了毒仍表露他的英雄本色，梁少初又車十幾個身，倒臥椅上，極為生色，故他演多爾袞可算成功，其後夠天樂散了，他在落鄉班演劇，有一次到台山，做館的了一隻一紫艇，老館許多都經賭錢，梁少初也不能例外，不料運氣不佳，把關期薪金盡量輸淸，梁少初憤憤不平，恰巧那晚演「賭之禍」，梁少初爆了幾句曲，頗見精采，他扮演賭仔，輸光了唱滾花，他就這樣唱：「激氣激氣眞激氣，番攤斷橋輸西關閘，一上二出三離人都買四，點知爲龜縮頭開個二寨，奉勸世人斬手指，因賭激病冇藥醫」，曲語勸人戒賭，他輸了錢也做齣好戲，仍然認第一。又有一次，他和新靚就同班，新靚就從美洲歸來，練就了一枝神鞭絕技，日間未登台，梁少初到茶居飲茶，他向觀眾讚新靚就爲那枝神鞭妙手，如打熄洋燭，及如何打開報紙，夜晚開台，觀眾就要求新靚就先表演神鞭，新靚就推說沒有對手拿報紙，梁少初好認第一，他說他可拿香烟拿報紙，新靚就無奈，祇得順觀眾意，先表演打熄洋燭，鞭鞭皆中，觀眾高聲喝采，又大喝采，後來打破報紙，由梁少初執報紙，給新靚就鞭打，由大張打到三四寸一張，仍舊給神鞭打開兩截，不料梁少初手演，給神鞭打中，手指腫痛萬分，晚上寫用菠油浸住手指，不停呼痛，他說「一世人最衰這一次了，采是新靚就攞，手痛便自己辛苦，這回揾不到第一還做衰仔，眞眞不值了。」

《梨園趣談》報影

一 梁少初好認第一

提起了梁少初的名字，現在的戲迷覺得有點陌生，可是三十餘年前，梁少初在省港倒有地位，他聲譽最響那一年，就在「鈞天樂」當丑生，他雖然是丑生，武工也不錯，他最喜歡演把子戲，他的車身扎架，十分穩健，他在《文太后》一劇演得特別出色，他飾演多爾袞，在進關與洪承疇大戰一幕，飾洪承疇的是曾三多，劇情是洪承疇不夠他打，因而歸降。曾三多是童子班出身，武工當然紮實，他和梁少初演對手，打足一百零八個回合，梁少初也車了幾十個身，雖然劇情是多爾袞戰勝，但是梁少初已經很吃力，打完一百零八個回合，入場返後台，連飯也嘔出來，可是他在前台得到喝采，仍然爭得個第一。又如冒辟疆毀破顏容，入宮行刺順治帝誤刺多爾袞失手，多爾袞迷於董小宛的姿色，卻放了冒辟疆，此場表演唱工，梁少初與靚少鳳、陳非儂鬥唱反線二王，亦得觀眾稱許。其後多爾袞操清庭大權，順治帝也懼他幾分，他竟然與順治帝爭戀董小宛，梁少初演出英雄好色，十分生動，後來董小宛知道欲攫取清皇大權，必先除去多爾袞，於是趁多爾袞祝壽，董小宛親自獻酒，卻下鴆毒，多爾袞中了毒仍表露他的英雄本色，梁少初又車十幾個身，倒卧椅上，極為生色，故他演多爾袞可算成功。其後「鈞天樂」

散了，他在落鄉班演劇，有一次到台山，戲船泊了一隻一索艇，老倌許多到艇賭錢，梁少初也不能例外，不料運氣不佳，把關期薪金盡量輸清，①梁少初憤憤不平，恰巧那晚演《賭之累》，梁少初爆了幾句曲，頗見精采，他扮演賭仔，輸光了唱滚花，他就這樣唱：「激氣激氣真激氣，番攤斷纜輸晒關期，一上二出三誰人都買四，點知烏龜縮頸開個二嚟，奉勸世人斬手指，因賭激病冇藥醫」，曲語勸人戒賭，他輸了錢也做齣好戲，仍然認第一。又有一次，他和新靚就同班，新靚就從美洲歸來，練就了一支神鞭絕技，日間未登台，梁少初到茶居飲茶，他向觀眾讚新靚就為那支神鞭妙手，如打熄洋燭，及如何打開報紙，夜晚開台，觀眾就要求新靚就先表演神鞭，新靚就推説沒有對手拿報紙，梁少初好認第一，他説他可拿香煙拿報紙，新靚就無奈，只得順觀眾意，先表演打熄洋燭，鞭鞭皆中，觀眾高聲喝采，又大喝采，後來打破報紙，由梁少初執報紙，給新靚就鞭打，由大張打到三四寸一張，仍舊給神鞭打開兩截，不料梁少初手震，給神鞭打中，手指腫痛萬分，晚上猶用豉油浸住手指，雪雪呼痛，他説「一世人最笨這一次了，采是新靚就攞，手痛便自己辛苦，這回撈不到第一還做笨仔，真真不直了。」②

《工商晚報》，一九六四年八月二十三日

附注

① 「關期」，即酬勞。

② 「不直」，即「不值」。

二　肖麗章唱「食不出雙番東」

現在還在香港登台的粵劇伶人，最老資格算是白玉堂了。回憶白玉堂少年時，多年拍檔的便是「金喉花旦」肖麗章了。肖麗章當正印花旦，早白玉堂正印數年，肖麗章原是武旦出身，他擅長演《十三妹大鬧能仁寺》、《劉金定斬四門》那一類戲，後來他當過「祝華年」的正印花旦，所以聲譽日隆，當他拍靚元亨的時候，演日戲《呂布窺妝》，他飾演貂蟬，拜月一場，唱全段遊花園曲，演貂蟬而能唱的，以肖麗章為第一人。本來武旦注重武功，聲線多數嘶沙，獨有肖麗章聲線響亮，得天獨厚。他演《陶三春困城》，也演得十分威武，還有他演《六郎罪子》，飾穆桂英，開半邊面，開場道白幾句，非常勇武，他道白是：「山東穆桂英，綽號殺人精，不畏鬚眉漢，蛾眉舉世驚」，他的口白清楚動聽，為觀眾讚許。他演穆桂英和楊忠宗陣上招親一幕，和靚元亨演武工，當時沒有北派《虹霓關》的排場，男女廝殺，都是演南派車身紥架的功夫，靚元亨的南派工架，在粵班稱首屈一指，與肖麗章演三擒三縱，場場不同工架，精彩絕倫，觀眾也嘆為觀止。至罪子一幕，穆桂英獻降龍木，肖麗章又表演唱工，繞樑三日，故當時叫座力甚強。他離開「祝華年」後，為「新中華」班主聘他作正印花旦、白玉堂作正印小生，那時省港班都注重言情戲，沒有武戲給肖麗章演，惟是他善唱，而且歌喉高吭，觀眾看他演戲，聽回一兩支曲，經已心滿意足，他和白玉堂合演的首本戲，如《夜渡蘆花》、《重台別》、《夜泊秦准》等，都十分叫座，還有一齣是《白王妃》，當白王妃被迫入宮一幕，肖麗章高唱反線，棚面玩頭架二絃的，把絃線扭到最高，也不及肖麗章聲線的響亮，弄到把絃線扭斷了，所以稱許肖麗章為「金喉歌旦」的人，常常把他唱斷二絃作為談柄。他拍白玉堂六七年，始終旺台。惟是肖麗章有一種習染，好打麻雀，在後台也常常約幾個友人開局，出場演戲，入場又迷於打麻雀，有次羅劍虹編一部《踏雪尋梅》給他演，有一句曲是「梅非雪無香，雪非梅無色」，肖麗章迷於麻雀牌，他唱出，「梅非雪無香，梅雪清一色」，當時觀眾以為作曲原句，卻不知他爆肚也。又有一次演《錦毛鼠》，他和白玉堂演打武戲，白玉堂舞雙槍，口白是「一個雙龍出海，一個善使陰陽刀」，肖麗章忙於打牌，不暇記曲，胡亂說道「一個標喱煲撈」，番話不番話，俗語不俗語，觀眾大笑。還有一次拍靚少鳳演《流星趕月》，靚少鳳唱「我流星趕月」，肖麗章應唱「我雪夜追風」，可是他唱出「食不出雙番東」，也傳為笑話。

《工商晚報》，一九六四年八月二十四日

三　廖俠懷無膽入情關

「玩人喪德，玩物喪志，吾寧喪志，不願喪德」，這四句話是「伶界聖人」廖俠懷所說的。廖俠懷最重伶德，守身如玉，從來不好色。有一次，他和一個浪漫成性的女花旦同班，那位女花旦欲動之以色，吩咐櫃台，落鄉搭渡，要定一個雙人的餐房，和廖俠懷同房，櫃台只得照辦，因為以為男女老倌，要商量戲場，二人同房始為方便。到了那一晚，廖俠懷去搭渡，入到餐房，看見女花旦早在，穿了睡衣，睡在下鋪，廖俠懷覺得有點侷促不安，惟是既然船位定了和女花旦同房，不能更換，因為渡船擠迫，臨時不能找別個房位的。廖俠懷自忖是正人君子，柳下惠坐懷不亂，何況同房隔鋪，那就不成問題了。他待開了渡，便爬上上鋪，和衣而睡，不久便睡着了，豈料睡了一刻，就有人將他搞醒，他張目一看，正是那位女花旦，妖媚的面孔，坐在鋪側便，對他說：「七哥，今晚真好機會，我們同房，正好大家度吓戲場，聯絡感情，為甚麼這麼早睡呢？」廖俠懷嚇了一驚，他估不道女花旦竟然出到色誘的手段，於是立刻起身，正容對女花旦說：「度戲場也不必深夜花精神，影響明天登台演劇，至到聯絡感情，這是你們後生人的事，我這老古董，沒有甚麼感情的。」說完幾句他便出了餐房，跑到公艙，公艙也坐滿人，沒有位置給他，他便行來行去，踱到天光，待渡船埋頭，才到餐房取回行李上岸，自此以後他不敢再拍那位浪漫的女花旦演戲了。他唯一的嗜好，就是玩古玉，原來他出身在南洋，起初是打鐵，後來轉行做收買佬，因為仰慕姜魂俠的藝術，因而學戲。他做收買佬的時候，便留心古物古玉，可是起初他很窮，沒錢買得珍品，到後來他成名後，年薪數萬元，他就有餘資買古玩古玉，他的鑑別力不十分好，常常買到贋品，但是他對人說「心之所好，也不計較買得的古物是真抑是假了」。所以有許多人等錢用，便求祁找一塊古玉向廖俠懷兜售，廖俠懷是有求必應的，所以他褲頭帶常拖着十塊八塊的古玉，家中也存不少，他說消磨歲月與玉石為緣，可見他品性的清高。他讀書不多，只讀過兩三年私塾，他認為畢生憾事，可是他最尊重文人，他認為他文學修養不足，應該向文人學習，並以為演劇不過一技之長，不應自驕自傲。他做人很謙虛，常常向文人請教，所以他的成就，不是偶然的。有一個時期，他閒居沒班落，可是他並不心灰，他說其他名伶，就算是上湯，也需要火腿，他自比火腿，自有真味。薛覺先演《女兒香》、《夜盜美人歸》、《無價春宵》、《花染狀元紅》等劇，沒有廖俠懷，便覺失色，無怪他以火腿自比了。

《工商晚報》，一九六四年八月二十五日

四　靚少鳳畫蛇添足

伶人唱曲，許多好加廣東俗語，鬧成笑話。記得簡又文兄對我講，有一次，他去看粵劇，剛巧點演靚少鳳主演的《唐明皇長恨》，這齣本是金山炳首本，而且灌了片，許多人都學會唱，可是靚少鳳唱演，他畫蛇添足加插了許多廣東俗語花字，把名曲唱成諧曲，頗值一笑。他唱《唐明皇長恨》那段中板，這樣唱法：「又只見空階個的黃葉咁就落紛紛，垂楊已老又試深秋近，荒草與共殘花睇見滿地生，雁陣驚寒咦咦霜露冷，何堪細雨咁又近黃昏，長嘆幾回重有何人過問，倒不如西宮南內響處靜養精神。」這段曲本是文言曲，因為靚少鳳唱時，加插「個的」、「咁就」、「又試」、「睇見」、「咦咦」、「咁又」、「重有」、「響處」等廣東俗語字眼，弄到不文不俗，識者引作笑談。還有一次，靚少鳳鬧出更大笑話，他演《西廂記》唱《西廂待月》一曲，原文是「孱弱書生相思唔多慣，憶當年兵臨普救寺幾至月缺花殘，個個老夫人傳下令來誰人退得賊兵半萬，就把女兒來許配不論富貴貧寒，俺小生白馬解圍所以幸垂青盼，赴瓊筵陳玉帛估道可以夢到巫山，又誰知酒席筵前兄妹相稱就把姻緣悔反，這都是人情反覆惹起恨海波瀾，蒙姑娘恩怨分明就使紅娘遞柬，書中約我吩咐在於西廂等候有話相量……」那一日因為劇本太長，早已夠鐘，當靚少鳳唱至「憶當年兵臨普救寺幾至月缺花殘」句，提場叫出來：「夠鐘馬前」，①意思即是趕快，靚少鳳便漏唱幾句，變成為：「個個老夫人恩怨分明就使紅娘遞柬」，大反劇意，老夫人叫紅娘遞柬，不是鶯鶯約張君瑞私會，還給觀眾誤會老夫人對張生有情，所以阻止鶯鶯的婚事，豈不是弄成大笑話。不過靚少鳳仍算是能演能唱的小生，他的《花落春歸去》傳誦一時，茲錄曲文如下：「我也羞，羞我未成名日夕將花守，千般愁萬般愁非關病酒，不是悲秋，怕回首，也回頭，潘郎憔悴沈郎腰瘦，花落後人去後有誰與我把手在東樓，思悠悠，恨到歸時也未休，歸時低聲來問紅袖，妹啊可安否？妹呀可安否？但得妹呀你安毋計我傷心透，最怕妹你青春就怨白頭。（中板）未配相逢猶有恨寧願相逢妹你嫁後，個陣羅敷既有夫使君無可恨奚使我恨海羈留，天與我多情相逢猶似夢不與長相守，昨夜對月談歡，今夜對月生愁。月呀昨夜倍光明今夕何黯淡縱使月你常圓惟是好花不長久，從此怕題鴛鴦二字我又怕説風流。」我撰這一首曲時，工尺譜是由音樂家林英君製譜，取名「解心慢板」。當靚少鳳病重時，他準備再演《花落春歸去》，可是不久病終，他畢生的首本，現在也沒人演了。

《工商晚報》，一九六四年八月二十六日

附注

①「馬前」，戲行術語，意思是時間不夠，要加快演出的節奏。

五 陳醒漢落鄉趣事

陳醒漢是有名的丑生，他和薛覺先是「寰球樂」一對拉扯出身，薛覺先在省港成了名，陳醒漢也在南洋成名，為星洲最吃香的丑生，他的成名首本就是《蝴蝶大王》，是一齣武俠戲，在星洲演至三四本，晚晚滿座，其享盛名可知，後來他回到廣州，也點演《蝴蝶大王》，可是其他的腳式太輕，他本人在省港地位也未十分穩固便去南洋，所以回來不大受歡迎，惟是他因為天生一副歌喉，一聲壓三醜，所以落鄉台腳也不少。有一次，他被聘到新會沙落鄉演劇，沙落鄉許多姓陳的同宗，又因為明末陳白沙、陳子壯都是名儒宗烈，陳醒漢就感到同姓的光榮，在陳氏宗祠對面的戲棚，演唱《蝴蝶大王》之外，更點演古老戲《陳宮罵曹》，他唱得好，而且寫陳宮罵曹的忠烈，祠堂的父老大為喜悅，贈錦標和送燒豬給戲班，陳醒漢認為得意，以後落鄉必點演《陳宮罵曹》一劇以為號召。又有一次，他到三水演劇，也照例演《陳宮罵曹》卻不知一路演觀眾一路離場，老大不高興，還有人把蕉皮垃圾丟到台上，擠他的台，陳醒漢自問自己演得落力，而且唱得很好，為何討不得主會的好感，心心不忿，第二日他未上台，先到墟飲茶，對着茶客講，這裏的觀眾不曉看戲，《陳宮罵曹》也說不好戲，要看甚麼齣頭？不料他不講還好，他講起出來，更犯眾怒，那些茶客，把點心碟向他亂掟，還有一個茶客，提議要綁他懲戒，後來與陳醒漢同行的櫃檯，向茶客道歉，並問有何得罪，有說話慢慢講。原來三水以曹姓為大姓，附近有幾間曹公祠，陳醒漢演《陳宮罵曹》，口白聲聲罵曹賊、奸雄，姓曹的鄉人，認為他有心攞景，卒之鄉中父老，要陳醒漢親到各間曹公祠認錯，還要賠送燒豬炮仗，以示隆重，否則不準拉箱，還要扣戲金，以平眾怒。陳醒漢才知得罪老曹，不敢不依條件，到各祠堂賠罪認錯，事情才告平息。又有一次陳醒漢率領他的戲班到陳村演劇，時值冬天雨雪紛飛，因天氣關係，戲院很淡，對號位和樓上，只得一位觀客，他帶埋舖蓋睇戲。原來鄉裏戲院的規矩，有一個人看戲，也要演至天光，陳醒漢見到那個觀客冚着被在對號位看戲，他當然暖，可憐演戲的弟兄，冷到沌沌震，就叫櫃檯向那位觀眾説情，寧願雙倍戲票的錢賠給他，請他離戲院，不料那個觀客説，他是搭渡的客人，要看戲看到天光才有渡搭，大風大雨，只有戲院過夜，第二朝搭渡返省城，卒之櫃檯請那位到櫃檯消夜，給他一舖床位睡至天光，還賠給他雙倍票錢，然後各老倌才得停鑼鼓休息，不至捱冷捱到天光，那位觀客，也等到第二朝早晨，離開戲院搭渡船回到省城去。

《工商晚報》，一九六四年八月二十七日

六 騷韻蘭竟能醫病

騷韻蘭本為大良望族子弟，原名羅宗允，他十三四歲即在鄉間小學畢業，因為酷愛音樂戲劇，所以隨着鄉間的音樂玩家學唱粵曲，因他生就一副圓潤的子喉，許多人便勸他學習花旦，有一次「周豐年」班到大良演劇，他就投到戲班要求充當花旦，演梅香戲，班中人看見他苗條的身材，皎秀的面孔，知他可以造就，於是接納他的請求，在「周豐年」當第六花旦，專演梅香戲，演《可憐女》一劇，飾演一婢女，窺破奸夫淫婦下毒殺人，驚恐又不敢告發，及至大審，傳他訊問，他把真情直說，惶恐的表情，恰肖一個受壓迫婢女的心情，於是初給班中人看起，有戲便派他做。後來演反派戲的月桂華離開「周豐年」，所演的戲就由騷韻蘭承乏，①雖然是演反派戲，可是，他演得十分刁滑奸狡，潑辣狠心，所以他就成為戲場的戲膽。不過，「周豐年」的花旦人才最盛，除了千里駒外，小丁香、嫦娥英、新麗湘都當過幫花，戲場上派不到騷韻蘭，他只有演反派和婆媽、梅香等身分戲，發展他的藝術。他最成功的反派戲便是《貍貓換太子》，千里駒飾演寇珠、嫦娥英飾演李宸妃，騷韻蘭就飾演劉后，他用奸謀把貍貓換了李宸妃的太子，令宮女把太子投落井裏，表演逼真。此場雖然是白駒榮、千里駒主演的戲，若是沒

附注

① 「承乏」，接補、填補空缺的意思。

有騷韻蘭迫緊這場戲就不見精彩，他演弄權的劉后，可算身分貼切，因演《狸貓換太子》，騷韻蘭便漸露頭角了。後來演《宣統大婚》，他又和薛覺先演對手戲，也受觀眾讚許。至到演《苦鳳鶯憐》，他飾演一個天真的少女，母親含冤被丈夫驅逐，母女乞食街頭，演得淒楚動人，這就是他演正派戲的開始。其後「周豐年」改為「人壽年」，他和千里駒、白駒榮、靚少鳳結拜為四兄弟，為「人壽年」四大台柱，演正派戲。千里駒拍白駒榮、騷韻蘭拍靚少鳳，在《奇女子》、《甘違軍令慰阿嬌》兩劇，大受歡迎，且有搶主之勢。翌年，他就當「國風劇團」的正印，馬師曾被炸後，他轉隸「覺先聲」班拍薛覺先，成功演出的劇本為《癡將軍》、《刁蠻女》、《夜盜紅綃》等齣，極受歡迎。當時西關有一家望族，有一姓朱的子弟，少年喪妻，大有「曾經滄海難為水，除卻巫山不是雲」之慨，惟是他無聊的時候，便去看粵劇，他看見了騷韻蘭的姿色，竟然當他是真的女子，一見鍾情，害起單思病來，後來親友查悉，便求騷韻蘭着回男性服裝，到病榻慰問那個姓朱的富家公子，釋了他的心，騷韻蘭不能不答允，果然醫好那朱的病，而且結為知交，後來騷韻蘭沒有落班，生活拮据，都得姓朱的幫忙。

《工商晚報》，一九六四年八月二十八日

七 首席花旦開洋貨店

在民國初年，肖麗湘算是首席花旦了，他歷任「人壽年」、「祝康年」正印花旦，每年大集會雙坐車，都是他和貴妃文推車，公爺創、新白菜坐車。本來花旦除了肖麗湘，第二把交椅便是千里駒，因為千里駒右手半跛，所以讓貴妃文推車。肖麗湘和千里駒都以善演苦情戲得名，肖麗湘的首本是《六月飛霜》，《六月飛霜》就是鄒衍下獄，鄒衍是一個安份書生，被誣作奸犯科，為殺人罪犯，其妻茹苦含辛，事姑撫子，還給奸人欺凌，鄒衍下獄經年，嚴刑枉罪，定期斬首，其妻公堂鳴鼓呼冤，願代夫受罪，卒之府堂説若有冤情，六月飛霜，果然天佑善人，六月飛霜，昭雪冤枉。這劇由風情杞飾鄒衍、肖麗湘飾其妻、公爺創飾府堂，精彩萬分，可比北劇的《六月雪》。肖麗湘還有一齣首本是《烈女報夫仇》，寫烈女生得一副美姿容，配婚一個窮書生，給土豪之子殺了，還向烈女逼婚，烈女含淚上轎，洞房之夕，殺死土豪之子，為夫報仇，公堂自首，縣官以殺人者死，不敢輕赦，烈女説忠臣不二主，烈女不二夫，死亦無憾，感動縣官，赦他無罪。此劇肖麗湘拍大眼順，表演《刺虎》排場，驚心動魄，清官憐節婦一場，拍蛇仔禮，以口白取勝，舌劍唇槍，非常賣力，這是肖麗湘兩齣苦情戲。還有是《平貴別窰》，肖麗湘飾王三姐，破窰受苦，靚耀飾薛平貴，別窰從軍，二人對唱，及演車身上腰演技，有獨到功夫，而且灌了留聲機器碟。至到風情戲肖麗湘也善演，他拍靚耀又演《醉打金枝》，金枝是唐明皇的女兒，下嫁郭子儀之子郭孝，郭子儀祝壽，金枝自恃宮主身分，不去和郭子儀獻酒，郭孝大怒，痛打金枝，金枝金殿撒嬌，要父皇將駙馬定罪，而唐明皇乃將郭孝赦罪，賜免死金牌。打金枝和上殿兩場，肖麗湘演得十分出色，刁蠻和嬌縱，吻合身分。後來他年紀老了，身體肥胖，聲線嘶啞，可是在「寰球樂」客串，拍靚少鳳演《烈女報夫仇》、《醉打金枝》、《六月飛霜》，演技依然存在，在「寰球樂」客串之後，他就永不登台了。他晚年營商，他在河南海幢寺前街開一間洋貨店，店名「煥昌公司」，因他的名字叫做黃煥堂，故用「煥昌」名義，起初生意很好，因為一般戲迷，也想一睹首席花旦的真面目，有些人還到店裏請他教唱戲曲，和與他談梨園掌故，所以門庭如市，惟後來生意漸漸疏稀，河南拆了馬路，煥昌就在內街，景況便大不如前了。肖麗湘後來任八和粵劇協進會理事，也不少貢獻，其子阿錦，學習小武，可惜沒有成就，不及乃父的聲名了。

《工商晚報》，一九六四年八月二十九日

八 老虎要借五十両

講到小武，近年漸失傳。古老小武，既重武技，又重唱工，昔日小武，多數學打大翻出身，故武技有專長，非經過數年苦練，不易成功。從前《六國大封相》，飾演六國元帥，都是武生掛黑鬚擔綱，小武不過飾演馬伕。記得從前周瑜利、東生、崩牙成等演《六國大封相》，都是飾馬伕打大翻，後來便改良《六國大封相》，聲明元帥不掛鬚，於是改由小武飾演，馬伕才由大翻擔綱。然飾演元帥重工架，演馬伕重武技，古老小武先習武技，後習工架，故學習日子，比今時較長。從前有一個飾武松的，演《武松打虎》，老虎是由大翻飾演的，演武松的要醉陀陀，紮架都要醉中還穩定，表現有武藝功夫，可是演老虎的大翻，要打級翻，要打麻鷹翻，兩方都表演絕技，才有精彩。演武松的是正印小武，常常得到喝彩，可憐演老虎的是薪水微薄的大翻，既得不到喝彩，又要賣力，才算盡責。有一次，演老虎的大翻向演武松的正印小武借五十両銀，正印小武不給與，大翻便慍怒，適值又點演《武松打虎》，大翻大演真功夫，猛撲正印小武，活像猛虎姿態，打了成點鐘，老虎總是打不死，觀眾譁然，正印小武大窘，向大翻說寧願借他五十両銀，叫他不要惡作劇，大翻然後倒地裝斃。至演武戲的小武，講真功夫，從前周瑜利以演《山東響馬》、《三氣周瑜》出名，演《山東響馬》，追廣東先生一幕，單腳車身走圓檯，及在謀人寺打和尚，又要表演大翻，打得落花流水，又要善唱。至演《三氣周瑜》，一氣、二氣都是表演武工，三氣周瑜以至周瑜歸天，表演咯血，還要上書吳侯，唱霸腔一闋，周瑜利演到英雄氣短，竟至咯出真血，觀眾後來知道，說他忠於藝術，後來他真的咯血身亡，死時只二十餘歲，觀眾惜之。又有名小武東生，以善演《羅成寫書》及《盤腸大戰》出名，他演《羅成寫書》，單腳紮架，歌唱一曲，寫完血書，還單腳放箭，射入城樓，如此武工，後人演此劇，不敢望其肩背。至演《盤腸大戰》，表演大戰受傷，腸也刺出肚皮，以綢妙帶盤腸，冒傷血戰，他表演滾地戰、爬山戰，一個大翻，打過小山，滾地戰至打麻鷹翻，戰至僵直為止，十分逼真，後來真的演《盤腸大戰》，盡用氣力，入場便氣絕，也是忠於藝術而亡。至近人則有桂名揚，為演劇而生，為演劇而亡。桂名揚的首本為《火燒防房宮》、《血戰榴花塔》、《冰山火線》、《皇姑嫁何人》、《古今一美人》、《冷面皇夫》等劇，桂名揚雖身體高大，然染有肺病、胃病，生平演劇不苟且，戰後自美洲回港，與區楚翹結婚，結婚不久，即在香港高陞戲院登台，表演《病挑安殿寶》一幕，用力過度，身體不支，扶返後台，咯血逾升，經此後，病漸沉重，不久便死去。一代名小武，亦為藝術而終，良堪嘆息也。

《工商晚報》，一九六四年八月三十日

九　王中王因禍得福

戲假情真，而感人甚深，人生有如舞台，觀眾時有置身舞台之感，可見戲動人之深。從前蘇州妹領導之「鏡花影」全女班，點演《蔡中興建築洛陽橋》，①劇中敍蔡中興母懷孕渡江，適遇風雨，舟幾覆沒，乃向天許願，倘生子成名，當建築洛陽橋，以渡行人，後蔡中興果高中，遂發起募款築洛陽橋，得觀世音神助，下凡化銀，劇演至此，座中有富有觀客，以建橋為善事，立刻書二百両銀單，擲上舞台，班中主事人，以不過演劇，不能收此善款，乃將之轉捐入仁濟善堂，以成美舉，一時傳為新聞。又晚清粵班大花面曹操宏，善演《捉放曹》一劇，劇中敍曹操興兵討董卓，失手為縣吏所擒，縣吏陳宮，以曹操口出大言，胸懷大志，乃將之義釋，棄官同逃，而到處緝捕，風聲甚緊，曹操偕陳宮投至乃父八拜之交呂伯奢家中，呂伯奢矜憐曹操末路，藏之家中，並出外市酒，藉以饗宴，而曹操偷聞伯奢家人細語，說道：「將他揿住來殺，或會逃脫，不如綁住來劏」，曹操本屬奸雄，而心內多疑，以為伯奢吩咐家人殺己，到衙門領功，乃拔劍殺伯奢全家，入至廚房，見綁一羊，準備烹宰，才知誤會，乃與陳宮共逃，路上遇呂伯奢，留之重返家中，曹操又殺伯奢，對陳宮曰：「寧使我負天下人，不使天下人負我。」

附注

①《蔡中興建築洛陽橋》，即《蔡中興修築洛陽橋》。

其後陳宮在白門樓又為曹操所殺，恩將仇報，曹操宏演得有聲有色，奸態畢現，適觀眾中有一劏豬佬，看不過眼，回到屠房，取了屠刀，俟曹操宏落台，要將他斬死，為呂伯奢、陳宮報仇，鬧至縣府，劏豬佬說殺了大花面可快人心，殺曹操無罪，卒由縣官解釋，這是做戲，不可當真鬧事，劏豬佬然後罷手，放過曹操宏，一時引為談柄。又民國十八九年，「新春秋劇團」，編演《血灑金錢》一劇，劇中述一老人髮妻早喪，遺下子女，由靚少鳳、陳非儂分飾，以無人料理，娶一繼室，不料繼室私偷漢子，立心謀產，將老人害死，還與奸夫架禍子女，將靚少鳳之目挖盲，說是殺害親父的果報，還將其女陳非儂售至勾欄作妓，家散人亡，靚少鳳飾演盲仔乞食，並乞資欲為其妹贖身，跳出火坑，為奸夫所知，奪其所得之資，將之毆傷，飾奸夫的是二幫丑角王中王，奸態畢現，令人髮指，其時某官太在座，以王中王一副奸相，而是劇演得狼心狗肺，手段毒狠，看至忘形，叫衛士開槍殺奸，衛士以演劇而鬧命案，恐成笑話，不敢應命，官太怒無可洩，乃取生果碟擲向王中王，大呼奸有奸報，悻悻而去，王中王不虞有此，雖不至性命之災，亦揑一額汗，經此一役，一時以王中王為反派典型，其後日漸走紅，亦可謂因禍得福了。

《工商晚報》，一九六四年八月三十一日

一〇／關雲長大戰尉遲恭

不論外省人或廣東人，也很喜歡看關戲。北劇演關戲，首推三麻子，其後則有林樹森。北劇演關戲，有《華容道》、《單刀會魯肅》、《過五關斬六將》、《月下釋貂蟬》、《水淹七軍》、《走麥城》等齣。粵班演關戲的以小武福成、武生新珠二人為最盛，二人均效法三麻子，同以演《華容道》最出色。福成演《華容道》，以白玉堂飾關平、周倉錦飾周倉，以配搭得宜，活似一幅關聖像，更有小生聰開面飾曹操，當其兵敗之時，忽遇關羽率兵攔住去路，眾將失色，而曹操大喜，末路猶道「漢壽亭侯別來無恙乎」，福成飾關羽，枕馬相答：「與丞相一別，未嘗相遇，如今丞相兵敗到此，尚記得關某耶？」曹操道：「故人相遇，曹操有幸！」關羽道：「丞相何言，關某奉了軍令，活捉丞相，狹路相逢，丞相何云有幸！」曹操道：「重知漢壽亭侯重義，昔日歸漢之時，三日小宴，七日大宴，故舊之情，豈便遺忘？」言訖跪下，小生聰演得可憐狀態，福成演關公，為其所動，按刀放下，又以軍令所在，大唱「曹賊休走」，忽見張遼，更動故舊之情，唱一句滾花下句「關某頭顱可斷不作無義將軍」，把關公心情，活表出來。新珠演《華容道》，也見精彩，由小武周瑜榮開面飾曹操，奸雄態度，不弱於小生聰，放曹操那句滾花下句，新珠這樣唱：「分明恩怨，任教阿瞞生逃」，也表出關公的光明磊落。新珠也演《單刀會魯肅》、《月下釋貂蟬》、《水淹七軍》，福成也演《千里送嫂》、《過五關斬六將》、《古城會》、《水淹七軍》及《走麥城》，可是在東莞茶山演《走麥城》，①遇着火燒戲棚，廣東認為演《走麥城》是不利的，所以福成也不再演。薛覺先在上海做生日，演《走麥城》堂戲，過了一個月，也給人用玻璃粉石灰撒傷眼目，許多人說他得罪關公，這是迷信的，三麻子、林樹森也有演《走麥城》，卻沒有甚麼事情發生，可見說演《走麥城》便得罪關帝，卻不知是表揚關帝忠烈不降，得罪之說全不可靠。昔日武生靚榮也演過關戲，而且由薛覺先飾關平，也喧嘈一時。而更有取巧者，武生靚東全也演關戲，卻不演《送嫂》、《過五關斬六將》、《月下釋貂蟬》、《華容道》、《單刀會》、《水淹七軍》、《走麥城》，別開生面，演關公昇仙後，和尉遲恭爭守南天門，卻有關雲長大戰尉遲公，不分勝負，這不合朝代的鬧劇，廣東人卻歡迎。又有一本《三氣唐天子》，子喉七飾演遊月殿的唐明皇，遇着靚東全飾關公把守南天門，不放唐明皇行，財神巢非非說不發天餉，關公便放行，關公唱滾花道：「財神兩字算交關，放過唐皇才發天餉十萬，南天門內任往還」，語極無稽，觀眾卻喜其新奇也。

《工商晚報》，一九六四年九月一日

附注

① 「山」字原稿作「生」，諒誤，正文改訂。東莞有茶山鎮。

二一　武狀元迫作唱家

武狀元陳錦棠，生平以演武場出色獲譽，其車身、反身級翻、搶背、打半邊月，均有過人藝術，時下小武，無出其右者。當其拍薛覺先演《翡翠鴛鴦》，飾一武將軍，與異國將軍為同窗，後異國將軍因翡翠鴛鴦而被擒，武將劫法場相救，此場陳錦棠演北劇《通天犀》排場，精彩絕倫。又拍桂名揚演《冰山火線》，表演《鐵公雞》一幕，耍大旗，為劇中生色。在大江南班演《殘花落地紅》一劇，飾吳三桂，表演「挑華車」絕技，無人可及。至演《女兒香》，則表演「鯉魚反水」，①幾場武場精彩萬分，其「武狀元」之名，誠非虛譽。有一屆班，編者宋華曼，以撰小曲見長，為陳錦棠編《劉智遠白兔記》，編至劉智遠未得志時，為人看守瓜棚，唱南音小曲西皮，把毛瓜、絲瓜、黃瓜、苦瓜、番瓜、冬瓜、西瓜、密瓜，每樣數出來，編劇叫他唱曲兩三頁，陳錦棠對宋說：「我不是跛腳了哥，靠唱得名，要是打武，演至滿場飛，我也演得到，要乾唱就強我以難，這一套戲我不演了。」可是，他對唱工，也不是全無研究，記得「覺先聲」有一屆，謝醒儂花門走往安南，薛覺先不得不反串花旦，陳錦棠便要當男主角，演《璇宮艷史》，要唱大段二王，而且全劇注重唱情，陳錦棠也擔當得起。他演過許多主角戲，都以唱做並重，不

附注

① 「鯉魚反水」，武場功架，結合轉身和拗腰的高難度動作。

② 「馬後」，戲行術語，意思是要拖慢演出的節奏。

過他的聲線過剛，只喜於唱霸腔左撇，反線二王，這是小武舊日的作風。他成名的劇本，有《血染銅宮》、《飛渡玉門關》、《三盜九龍杯》、《銅網陣》等齣，這幾套劇也着重唱情，陳錦棠也唱做勝任，才企穩主角地位。有一次他落鄉演神功戲，每晚第一齣齣頭，要唱至兩點鐘才交給一班二流腳色，演包天光戲，那一晚是陳錦棠和李艷秋合演《紅粉金戈》，劇情敍一將軍出戰，以妻留給其父母看管，身在疆場，不暇溫柔，其父母與其妻有意見，寫信其子，謂其妻不貞，將軍大疑，詐病約其妻至前線，演一齣莊子試妻活劇，果誤會其妻謀殺，大演「殺妻」排場，卒而誤會冰釋，團圓結局。是夜演自煞科一場殺妻，戲棚之時辰鐘，仍是十二點半，提場叫出來，要陳錦棠李艷秋馬後，②即吊慢來演。陳錦棠和李艷秋演殺妻，又車身又散髮，演了半點鐘，還兩人對唱，唱出反線、打洞結拜腔、出昭關腔、撇喉霸腔，唱了點多鐘喉也乾了，看見戲棚的大鐘，依然是十二點半，大疑，再問提場，才知道已經差不多三點鐘，經已過鐘，棚戲大鐘停了；他們才完場煞科。第二天，主會對人盛讚陳錦棠表演落力，而且能夠多唱，歌喉亦不劣，賞其燒豬，陳錦棠大笑說道：「估不到戲棚大鐘停了，武狀元也迫作唱家了。」

《工商晚報》，一九六四年九月二日

一二 聲架羅扮仙救關公

從前有一個武生，名喚聲架羅，對於戲場，十分講聲架，遇着尋常的場口，他不出場，叫他甲乙兩個徒弟瓜代，到演至戲肉，有唱有做，他才高興出台。有一次他和靚元亨合演《吳六奇舉鐘》、《名花酬義士》，他出場唱了成點鐘、演架子，靚元亨也只作他的配角，靚元亨尊重他是叔父，他既要講聲架，也讓他幾分。有一次落鄉演劇，點演《呂布窺妝》，頭場是《關公斬華雄》、《三英戰呂布》，是劇司徒王允本來是正印武生演的，可是當時「祝華年」的公腳謙甚有台緣，所以派他演司徒王允，正印武生聲架羅，也只派飾關公，演頭兩場戲便落台。聲架羅已經老不高興，便決定不出台，吩咐甲乙兩徒弟替他，兩徒弟平時都是演華雄，並不是演關公，那一天兩個同時開了紅臉，決不定那一個是關公，甲徒弟裝起身，便埋聲架羅的箱位問他道：「羅叔（徒弟稱師父做叔父）今天演《斬華雄》，是否我飾關公，抑或是派我飾華雄，殺人還是被殺？」聲架羅順口答道：「殺人就得了」，甲徒弟去後，乙徒弟來作同樣的問。那時聲架羅想得入神以為徒弟再問他，於是胡亂答道：「不要再長氣問，你去殺人。」乙徒弟行開，便和甲徒弟度戲，兩個也說是關公，要殺華雄，於是同道：「我們兩個都殺人，誰人被殺，不如同問師父。」於是去問聲架羅道：「羅叔，我們兩個，演《關公斬華雄》究竟哪一個關公？哪一個華雄？哪一個殺人？哪一個被殺呢？」那時，聲架羅這天正係滿肚火，而他們絮絮不休，火起上來，罵兩個徒弟沒用，説道：「你們這麼沒用，又長氣，兩個死晒佢啦！」兩個徒弟，於是一同出場，你刀架我頸，我刀架你頸，兩個互殺，一同碌倒在台上裝斃。班中人急了，關公死了，下一場《三英戰呂布》如何做呢，於是提場跑到聲架羅面前，告訴他兩個徒弟演糟了戲，不知如何是好，聲架羅聽了，不慌不忙，穿起八卦袍，戴起道帽，手執神仙索，扮神仙走出台道：「三十三天天外天，九霄雲外有神仙，神仙本是凡人變，惟有人心自不堅。善哉善哉，辛苦難捱，華雄該死，關公醒來」，説罷，把神仙索一拂，扶起甲徒弟説：「這個就是關公，華雄被斬了。」於是演出關公翻生活劇。那是鄉下人，許多迷信，也説華雄本來也斬了關公，不過是神仙打救關公，還讚為好戲，以後別班到該鄉演戲，如演《關公斬華雄》，也要兩個一齊倒地，弄個神仙出來救關公然後觀眾叫好，這是一件笑話，而且跡近迷信了。

《工商晚報》，一九六四年九月三日

一三 民初警世劇夠趣味

在五十年前，粵劇一度以笑劇吸引觀眾，那就由丑角和花旦擔綱演劇，像蛇仔禮之演《金蛇盜婚》、蛇公禮之演《碧玉離生》，一則是警淫劇，一則反對一夫多妻制劇，雖然是諧劇也有點意思。其後新水蛇容演《打雀遇鬼》，雖然有點迷信，但也戒人好色，當新水蛇容娶了女鬼為妻，戕伐身體，得了蠱症，還未自覺，其母舅來訪，新水蛇容動緩慢不穩，猶問母舅道：「舅父，火車行得快抑我行得快呀？」母舅道：「火車唔行就你快！」語頗幽默，這都是丑角擔綱的齣頭，博觀眾一笑而已。民初時候，胡漢民為廣東省都督，陳景華為警察廳長，頒佈禁煙賭令，免使國人沉迷煙賭，弄成東亞病夫之譏，「優天影」志士班也在當時成立，演員有鄭君可、姜魂俠、李少帆、袁文明等，排演警世劇《醒魂鐘》，警戒社會人士勿沉溺於嫖賭飲吹，劇中描寫，染有此類惡習者多富家紈袴子弟，最初即聯群結隊，酒樓買醉，藉以取樂，此輩非只豪飲，且樂於賭博，開設賭局，輸贏千數百金，非只飲賭過日，如賭贏得資，則任意浪擲金錢，故初則徵歌買醉，漸且為色所迷，轉而有嫖妓惡習，漸而精神不支，遂吸阿芙蓉，①於是因飲賭嫖吹，不知害盡幾許青年，不知振作，不務正業，富家子弟，不少傾家蕩產，轉而淪落。「一

附注

① 「阿芙蓉」，即鴉片。

② 「談話室」，吸食鴉片煙的地方。當時有借禁煙為名，而以公開售煙為實的場所，戒煙藥膏其實就是鴉片煙膏，而所謂「戒煙室」或「談話室」，就是供人吸食鴉片煙的地方。

失足成千古恨，回頭已是百年身」，《醒魂鐘》一劇，就以此題材編演，喚醒人心，裨益社會，故「優天影」志士班演此劇，甚得社會好評。其後粵班又編一齣《煙精掃長堤》，亦警人勿染吸毒惡癖，描述一雙青年男女，本由父母之命，媒妁之言，定下婚配，男的染有吸鴉片惡習，女的提出離婚，當時女的以有革命精神，給人譏為「自由女」，但其後男的因吸煙嫖賭，家財傾散，淪為敗家子，復遇政府拉煙拉賭，以至入獄，期滿出獄，為社會不齒，在廣州長堤掃地乞食，遇昔日之未婚妻，厚顏乞資，無恥之至。此劇亦以禁煙禁賭為警世劇者，雖不及《醒魂鐘》演出之盛，而《煙精掃長堤》亦頗旺台。民國廿一二年，廣東煙賭林立，有心人憂之，乃編一齣《地獄金龜》，給鍾卓芳、駱錫源演唱，且編至二三本，劇中描寫一女子嫁得金龜婿，以為終身有託，殊不知夫婿好吸鴉片煙，終日到談話室過活，②連髮妻亦想迫而當娼，得資花在煙賭上，幸友人仗義，救其髮妻，並囑至煙地獄，規勸其夫回頭醒覺，從新做人，駱錫源演來有聲有色觀眾大受感動，論者多稱之，然亦可見警世劇本感人之深也。

《工商晚報》，一九六四年九月四日

一四／鍾卓芳着拖鞋演戲

鍾卓芳是靚少華的徒弟，靚少華是文武生，鍾卓芳學花旦，所以他雖是靚少華的徒弟，仍向班裏的正印花旦學習。記得第二屆「梨園樂」，正印花旦是陳非儂、小生是靚少鳳、文武生是靚少華、丑角是廖俠懷、小武是靚少佳、武生是唐朗秋，那時鍾卓芳不過五幫花旦，沒有機會演劇。有一次，靚少鳳讓回靚少華當主角，點演靚少華的首本《閻瑞生》，劇中女主角王蓮英，從前是新蘇仔飾演的，所以陳非儂不願執別人的舊戲，請靚少華另覓人飾演，靚少華便想到一試自己徒弟的技能，便叫鍾卓芳試演王蓮英，鍾卓芳果然勝任，尤以飾鬼魂一幕，痛罵靚少華寡情薄倖，狼心狗肺，將已害死，冤魂不息，向靚少華索命，鍾卓芳演得十分緊張，恰肖劇中人身分，靚少華便看重他，給他多演劇的機會。鍾章芳本來讀書甚少，「梨園樂」結束後，靚少華只在「大羅天」一年，便不落班了。鍾卓芳呢？追隨着陳非儂，學習做工，也有過人的進步。記得有一年，他在「新春秋劇團」當三幫，那年又是陳非儂和靚少鳳拍檔，武生曾三多、丑角伊秋水、小武少崑崙、二幫花旦是金枝葉，鍾卓芳仍沒有出頭露角的機會，恰巧梅蘭芳來廣東，在海珠戲院演唱《霸王別姬》，「新春秋」在太平戲院開演，那一晚的齣頭是《風塵三俠》，陳非儂要到海珠戲院觀摩梅蘭芳的藝術，所以缺場，他飾演紅拂女一角就覓鍾卓芳代替，鍾卓芳以機會來了，用心來演，做工有八九成像陳非儂，而且歌喉十分清亮，所以大受觀眾讚賞，其後各班就爭聘鍾卓芳當主角，他由三幫而二幫，不兩年便擔當正印了。論起他的唱工造工都不錯，而且扮相艷麗，是當時很有前途的花旦，他在「月團圓」當正印，那年薛覺先客串「月團圓」班，他和薛覺先演對手戲，演得不錯，可惜他素性不羈，對戲場素來兒嬉，演《秦淮月》一劇，他在樓台向薛覺先擲花及秦淮訪艷一幕，薛覺先也上樓台演戲，鍾卓芳竟然鞋也不穿，只着拖鞋在樓台上行來行去，急煞薛覺先，然而樓台有欄河遮住下身，所以他不着鞋演劇，也不為觀眾發覺。又有一次，鍾卓芳在「日月星」班拍桂名揚，落鄉演劇，齣頭為《皇姑嫁何人》，鍾卓芳演宮主，與桂名揚月下相逢，各顯唱工，鍾卓芳穿了古裝，又不着鞋，穿拖鞋出台演劇，為戲棚的戲台戙看見，①指上戲台，鍾章芳除了拖鞋，把腳踢那些戲台戙，說道：「勿多事，宮主腳痛不能着鞋，你若多嘴，不做給你看。」那些戲台戙是不用買票看戲的，果然不發一聲，讓他着住拖鞋演完這一場。

《工商晚報》，一九六四年九月五日

附注

① 「戲台戙」，即沒買票進場的觀眾，一般站在戲台旁看戲，沒固定座位。

一五／沖天鳳擇三煞開鑼

粵班素來迷信，篤拜華光，關於迷信事蹟，不一而足。如遇新搭戲棚，必需安設華光神位，開始之前，有例以生豬肉祭白虎，戲人然後安心演戲，並保出入平安，無水火風雲災劫。至於戲班開身，尤需擇吉日，舊例戲班以每年六月十九埋班，惟遇破日或危日，則提前一二日或後一二日開始，務擇吉日，以避災劫。記得從前深圳又生公司組「冠南華劇團」，主角為桂名揚、靚次伯、李艷秋、李海泉、盧海天、梁蔭棠等，班主不曉俗例，揀正破日開台，各老倌心感不安，果然開台之夕，主角桂名揚即覺肚痛，厲害非常，冒病登台，病患加劇，家人迷信，求神解難，而腹痛不止，每當病發，需臥在床上，覓人企在肚上，大力壓止腹部發痛，如此病患，兩月不癒，後卒覓西醫調治，證為胃病，需長期休養。桂名揚以身為一班主角，豈能長期休息，卒勉強支持，數月後「冠南華」班結束，然後一心調治，卒告痊癒，可見不關開台日子不利。至薛覺先有一次赴上海，行期未定，即向華光師父問杯，屢問皆得此行不利之卦象，薛固不信，且擇危日動身赴滬，果以此次赴滬，開罪於黑社會，被人以石灰玻璃粉撒傷眼目，幾經調治，始得復痊，因此一般迷信者又振振有詞。至譚秉鏞則不信神佛，唱《滿天神佛》一曲，力詆神佛無靈，雖家人沉渡滅頂，本人亦無災劫，後赴美洲，亦得意商場，晚景無憂，可見神佛之説，信有即有，信無即無，不必迷信也。至近年則有沖天鳳，力主破除迷信。沖天鳳曾拍余麗珍，以唱工似白駒榮，做工似桂名揚，故受觀眾歡迎，拍余麗珍時，獲利頗豐，其後拆夥，沖天鳳自行組班，名「大英風劇團」，武生為新珠、小武沖天鳳自當、花旦金翠蓮小飛紅、小生梁國風、丑生袁準，人才亦中上之選。沖天鳳素不迷信，擇三煞日開始，而頭台亦甚賣座，不料演了數台，因下鄉遇風，戲船沉沒，老倌雖無恙，而衣服受水漬，損失不少，加以落鄉連台收入失敗，迷信者以為三煞日開身之兆，沖天鳳仍不置信，再開身仍擇三煞日，結果因點演金翠蓮之首本《伏楚霸》，紮腳坐車，此為舊日花旦余秋耀首本，女花旦能演此劇者，僅金翠蓮一人，故收旺台之效，一連落鄉數台，處處滿座。沖天鳳以「大英風劇團」三煞日開台，到處獲利，躊躇滿志，埋省之夕，在孔雀酒家擺酒慶祝營業成功，並告人以不必迷信，如沖天鳳者，可謂提倡破除迷信之積極者矣。

《工商晚報》，一九六四年九月六日

一六／李松坡享譽鐵掃把

昔日戲班，以省港戲院有限，不能盡容三十六班，故多注重落鄉台腳，而鄉人看戲，好看伶人切合身分之首本。後來省港方面，小武演小生戲，落鄉認為失了小武本色，如舊日金慶演《獨臂擒方臘》、靚耀演《要離刺慶忌》、東生演《羅成寫書》、靚元亨演《雁翎甲》、周少保演《打死下山虎》、靚南演《雙人頭賣武》皆有小武絕技，始受四鄉歡迎。又如小武鐵牛，在台上登兩三張高櫈，打一個級翻，台腳屹立不動。金山茂演《崔子弒齊君》亦以大翻演出，故小武受四鄉觀眾讚許，台腳始密，每台落鄉台腳，往往價高至五六千元，其獲利比在省港開演尤佳。當時落鄉最受歡迎者為小武李松坡，有「鐵掃把」之稱，謂其掃盡落鄉台腳也。李松坡生得魁梧奇偉，火氣充足，善唱霸腔，成個古老小武典型，故落鄉甚得觀眾愛戴，首本有《趙子龍百萬軍中藏阿斗》、《三箭定天山》、《醉打蔣門神》等齣，均為舊戲，而觀眾百看不厭，嘉其演技，有尚武精神。友人區公偉，亦曾為李松坡編一新劇名《鐵臂挽河山》，其場口有金殿罵奸、教場奪帥、盤谷血戰、勇擒三帥等，表演劏椅、跳櫈、水髮等技能，誠小武本色。又曾演《翠屏山石秀殺嫂》水滸戲，其《打和尚》排場，亦甚熟練，不怪其落鄉飽受歡迎也。李松坡演劇以外，有兩事為社會引為佳談者，即其赴新會演劇，新會石步鄉亦多姓李者，曾有一家李姓兄弟不和，兄為大婦所生，弟為妾待仔，其父逝世，兄弟爭產，弄至各班族中兄弟械鬥，鄉中有無賴，更挑撥兄弟二人不和，從中謀利，兩兄弟派使用不少，仍未能解決家產問題。李松坡到該鄉演戲，兩兄弟均以松坡為班中小武，定有非常武藝，各欲爭為己方效力，來一次決鬥，李松坡並不偏袒一方，請兩兄弟宴會，並請鄉中父老參加，松坡以調和人自居，謂兄弟鬩牆，如此打鬥，君子不取，兄弟家產，由鄉中父老監察，各得一半，無再滋事，並以其父創業艱難，兄弟如果鷸蚌相爭，漁人得利，敗去父業，為人恥笑。而兄弟卒之天良發現，抱頭痛哭，遂和好如初，感謝松坡。又南海大富鄉亦曾聘李松坡演《石秀殺嫂》，適該地亦有一富戶，娶一少妾，把持家政，虐待前妻子女，少妾本淫蕩婦，睹松坡演戲，因而傾心，覓人介紹，欲與松坡通，松坡聞其家庭多事，子女受苦，乃另約其夫，告以其妾不可靠，幸遇着己，非貪色好資之流，故以妾覓人私約相告，為其家庭計，需要其妾約束，並不可許以家權，免至子女受苦，其夫以松坡守伶德，與之結為兄弟，以其妾不知羞恥，欲通伶人，將之驅逐，其子女不至有蘆花之痛，咸感謝李松坡云。

《工商晚報》，一九六四年九月七日

一七　幾件有關羊牯趣事

粵劇戲人，稱外行為「羊牯」，凡不識戲行規例者輒以「羊牯」稱之，積習成慣，但戲人本身及許多羊牯趣事。①有一次，某班的正印小生，生得風流俊秀，平常演劇，熟讀劇本，滿口詞章，時有一中年戲迷，為五金舖東主，睹小生演劇，以為彼真為一才子，東主有一女未嫁，欲為其擇佳婿，看中小生，覓人介紹相識，設宴款待，小生本來腹無點墨，又無常識，然欲得富婆，乃與同事赴宴，應對謹慎，以為雀屏可中目也，不料席間，小生問東主曰：「盛行為五金店，不知有無水銀出售，水銀是否清水煉成的？」五金店東主不悅，以小生如此愚鈍，水銀為何物亦不知，以為清水煉成，其無常識若此，不足以配其女，婚事作罷。同事對小生說：「你是羊牯，不識礦物，胡亂說話，焉得良緣？」於是笑戲人為羊牯者便說水銀為清水煉成，此語成為話柄。又有一次，薛覺先請同班各正印到香港大酒店天台花園午茶，吩咐各人須穿整齊服裝，然後准入，班中一武生及兩花旦不穿西裝，只穿唐裝長衫赴會，時為盛暑天時，武生提議寬衣，便將長衫脫下，兩花旦也相率效尤，不料大酒店的侍役，趨前相告，謂大酒店規例，不能穿短衫褲喝茶的，請他們穿回長衫，以重禮節，薛覺先在旁，也覺得不好意思，乃

附注

① 「及」字疑為「有」字。

着各人穿回長衫，武生已熱得汗流滿面，對花旦說：「原來請我們來做羊牯，下次便不來了。」又一次「義擎天」在香港演劇，靚少鳳和葉弗弱到海鮮公司晚膳，靚少鳳是熟客，知道食甚麼，那時海鮮公司最抵食的是番茄生炒雞絲飯，不過每碟五毫，已可果腹，靚少鳳便喚一碟生炒雞絲飯自吃，還問葉弗弱吃甚麼，葉弗弱看了菜牌一回，最貴是一元一碟的「龍蝦酸」，於是點來吃，靚少鳳叫了兩碟給他食，原來「龍蝦酸」是用拔蘭地杯載的，每碟只得一兩啖，葉弗弱吃了兩碟也不飽，又趕着鐘點上台演戲，沒時間再吃別的菜，悻悻然對靚少鳳說，「這裏的菜，貴夾唔飽，我來做羊牯了。」靚少鳳一笑置之。以上幾件，都是行外的事，並不關做戲劇人做羊牯，也不出奇，惟是有一次，「勝壽年」班演《粉碎姑蘇台》新劇，鬧出更大笑話，那劇由武生飾演越王勾踐，當時為吳國所敗，且作階下囚，不知是編劇者寫錯，抑或是抄曲者抄錯，他的口白，竟是「嘗薪臥膽復國仇」，觀眾大笑，薪而可嘗，膽而可臥，誠屬怪事，後有一觀眾，上台指正，仕南說：「唔該晒羊牯叔。」那一位觀眾說「『臥薪嘗膽』講出『嘗薪臥膽』，你才是羊牯，我不是羊牯！」這亦笑柄之一也。

《工商晚報》，一九六四年九月八日

一八 武生王靚榮唱子喉

武生靚榮，初隸「頌太平」班，以演《高平關取級》、《夜困曹府》、《醉斬鄭恩》出名。他有天生一副歌喉，而且唱工造詣甚深，《夜困曹府》給勝利公司灌入唱片，時人爭購，咸欲一聽武生王金喉，可見其聲譽也。他在「頌太平」最後一部戲是《風塵三俠》，他開面飾虬髯公、小生靚全飾李靖、淡水元飾紅拂女，牡丹綠葉，相得益彰，尤以靚榮的虬髯公，最為生動。後來陳非儂、靚少鳳、曾三多也演過《風塵三俠》，可是曾三多不能唱，而且黑鬚戲比不上靚榮，故此盛況不如「頌太平」多矣。靚榮因為能演能唱，給「周豐年」定去當正印武生，他不只演武生戲，像《巾幗程嬰》便演小武戲，《佳偶兵戎》也演小武戲，而且化裝女角唱子喉，打《虹霓關》武場，後來演《梨花壓海棠》，又演丑生戲，他表演老人娶少婦，對青年男子咸有戒心，自己的外甥也信不過，無中生有，誤以為自己戴綠帽，可笑復可憐。又演梁祝痛史的《裙邊蝶》，他飾演馬家郎，表演富家公子輕佻浮躁，活現舞台上。至到他演《狸貓換太子》的包文拯，本身是武生戲，開黑面，演來一片忠堅，十分生色。他演《呆佬拜壽》的喃嘸佬，完全丑角作風。又演《趙子龍》的劉備過江招親，甘露寺訴情一曲，至今沒人唱得及他。他演黑鬚氣最夠威武，活像英雄本色，武生王的稱，實非虛譽。當武生而年薪增至過萬，當時只有靚榮一人，其聲價可知。他在「周豐年」、「大羅天」都擔任重要台柱，後來何浩泉起「高陞樂」班，以美金五千元聘他，因為新丁香耀初轉丑生，對滑稽戲不大合宜，故此丑生戲亦由靚榮擔綱，如《撫少主釋冤仇十載辛勞藏艷跡》一劇的阿成賣菜，靚榮飾賣菜成，唱連序西皮，成個丑角典型，為劇中生色不少。以配角而演得令觀眾讚許，非有精深造詣，不克臻此。當梅蘭芳來廣東演《霸王別姬》時，曾觀粵劇，據説廣東老倌，聲音雄壯能演霸王者，除了靚榮以外，並無別二人，於是「高陞樂」就編《霸王別姬》開演，由靚榮飾霸王、新丁香耀飾虞姬、白駒榮飾張良、少新權飾韓信、小丁香飾殷桃娘、飛天英飾演陳平，腳色恰宜，故該劇演出成功，賣座一時，靚榮還有「生霸王」的美譽。不過他演開面戲，不只演男角戲，還且演女角戲，他能夠唱子喉，不過面孔粗闊，不宜於演閨秀戲，「高陞樂」班主便編了一齣《鍾無艷》，即《三戲齊宣王》故事，以靚榮反串鍾無艷，開面唱子喉，有北劇刀馬旦作風，白駒榮飾齊宣王、小丁香飾夏迎春、陳少麟（即新丁香耀）飾太子，此劇一演，果然大旺，編至三四本，以武生演旦角戲，只靚榮一人，可算多才多藝也。

《工商晚報》，一九六四年九月九日

一九　新蘇仔拜年叩響頭

新蘇仔是肖麗湘的徒弟，很年青便當正印，他和小晴雯在「周豐年」不分正副，拍武生新白菜演《百里奚會妻》，拍小生小蓮生演《荷池蕩舟》，尤以演《再生緣》四本孟麗君女扮男裝，演來和千里駒各有所長。從「周豐年」過「人壽年」，和劉家鑾不分正副，演《金葉菊》，劉家鑾問米，新蘇仔讀家書，口白響亮，字句清楚，大受觀眾讚賞。當他在「周豐年」當正印，小武靚少華還是靚新耀二幫，以拍新蘇仔演《韓世忠殺嫂從軍》、《梁紅玉登壇拜將》，因此帶起靚少華，升充正印。新蘇仔的歌喉，有如出谷黃鶯，而且唱工仿肖麗湘，甚為悅耳。靚少華組「大中華」班，自做班主，首聘新蘇仔為正印花旦，夜戲演《風流天子》，以新蘇仔飾演楊貴妃，醉酒一幕，其風騷戲演來，千里駒亦不及，又演貴妃現形一幕，唱反線二王，甚為動聽，「大中華」班因而享譽省港。他又能演時裝戲和西裝戲。有一屆，新蘇仔在「周康年」和五星燈不分正副，演《水浸金山》、《仕林祭塔》，祭塔一場，由五星燈唱演；水浸金山一場，由新蘇仔飾演。他的把子戲也不錯，而且他的扮相美艷，故此在「大中華」班當幾年正印擔綱戲場，當時他的聲譽，不在千里駒之下。千里駒演《再生緣》，他也演《再生緣》；千里駒演《夜送寒衣》，他也演《夜送寒衣》。千里駒的拍手是白駒榮，新蘇仔的拍手是小生新沾，勢均力敵，各有千秋。靚少華自己做班主，只求賣座，不爭戲場，《二孤女》便讓新沾作主角，自己當配角，就算演小武戲，也讓靚仙演。《西河會妻》一劇，新蘇仔拍靚仙，演散髮戲，踊七星撻鑼鼓，身形與唱工，均得觀眾讚許。後來他接「樂同春」班定聘，也當正印，拍小生聰，演《發瘋仔中狀元》一劇，得觀眾大賞，也拍福成演《千里送嫂》。惟是新蘇仔演劇，對手不論正印或二幫，他在「周豐年」拍起靚少華，他在「樂同春」也拍起白玉堂，白玉堂為小生聰徒弟，當時只演關平戲，初露頭角，恰巧演二齣頭，第二齣由二幫小生擔綱，白玉堂便點演《紅樓夢》的《空中樓閣》一場，新蘇仔飾妙玉，白玉堂飾寶玉，在空中浮雲上二人各説因果，佈天宮景，兩人坐在雲上，凌空演唱，甚為生色，因此白玉堂得譽，其後便接「周豐年」和「新中華」聘當正印小生，至今享譽四十年，初時亦得新蘇仔提挈，才有機會紮起。新蘇仔不獨對於後輩好，本人也尊師重道，他對肖麗湘十分尊敬，雖然幾十歲，每年新年，親到肖麗湘家叩頭賀年問候，絕不因自己為當紅花旦便忘本，而且品行端莊，沒有壞習染，可惜後來浮沉於落鄉班，便甚少在省港演出。

《工商晚報》，一九六四年九月十日

二〇 盧海天學作廚師

粵劇伶人，昔年有廣東各鄉演出，台腳甚盛，故能容納三十六班，其後鄉村不景，伶人只從省港着想，不思落鄉。及七七事變，廣州淪陷，更無地可避，乃雲集香港，其後抗戰勝利，粵劇又恢復四鄉出路，可惜幾年後，大陸變色，又只有來港避秦，其中亦有遠赴美洲演出。其間如白玉堂、曾三多、陳錦棠、關影憐、李海泉，曾到美洲演劇。至於秦小梨、羅麗娟、衛明珠、衛明心、何芙蓮等女戲人，棲遲彼邦，間中演出，仍覓副業。男演員則有數年前赴美之關德興等，關姓在美洲為大姓，且有劉、關、張、趙各姓聯合捧台，亦不過間中演唱，其所演為《千里送嫂》之類齣頭，覓花旦拍演，亦甚多問題，蓋花旦亦多有工做，演劇亦須請假，故關德興在彼邦，並非純靠演劇維持生活，除販賣跌打丸散外，更以書畫售人。除關德興外，小武久留美洲者，有黃超武、周坤玲夫婦，黃超武本來資格不淺，從前在廣東「日月星」班時，遇桂名揚不出台，輒由他瓜代，戲場亦甚嫺熟，後來在「萬年青」當過正印小生，赴美洲多年，其首本戲為《斬龍遇仙記》，在彼邦甚得歡迎，年前返港，亦演出該劇賀年。前年夫婦重返美洲，因非經常演出，轉而營餐室，惟不諳此道，事事靠人，亦不甚得意也。至祈筱英、陳艷儂則先後返港，祁筱英在美洲演出，比較在港成功，原因是以女角演武戲，華僑頗表歡迎，故每登台，總有多人捧場，在香港演，皮費較巨，不易維持，聞將有返美洲之意云。陳艷儂為名花旦，其演技除踬沙煲絕技不談外，演唱亦有功夫，年前拍任劍輝在「新聲劇團」，一唱一做，均合乎鑼鼓音樂節拍，至今無出其右者，此次歸港，純因母病，不擬登台，亦無人可拍，聞一俟母病痊癒，亦將重返美洲云。至年前歸港之盧海天，在美邦亦非經常演出，且與其夫人譚秀珍與友人合資營餐室，盧海天歷在「錦添花」、「日月星」擔重要戲場，技演為時下可不多得，然以時勢關係，不思在港發展，年前返港，不過學習作廚師，學得烹調幾味，返美洲作大廚子，不獨擅製咕嚕肉、春卷之類，且能製神戶牛柳，甚為可口，盧夫婦近況頗佳，作大廚師不思返港矣。

《工商晚報》，一九六四年九月十一日

二一　正印老倌演反派戲

粵劇名角，多以演正派主角得名，反派奸角，每派丑角或二三幫飾演，飾演歹角戲得俏然後派正角戲，故演歹角戲為演員必經階段，然亦有正印而演反派戲者，如「祝華年」時期之靚元亨是也。靚元亨出身采南歌童子班，一出身即為正印，故無演反派戲機會，及後「祝華年」班排演《梁天來告御狀》一劇，劇中主角梁天來為小生戲，故由金山炳飾演，惟靚元亨為正印小武，無戲可做，初擬派演青天孔大鵬，惟孔大鵬佔劇中不過一二場，且應由正印武生飾演，而凌貴卿一角，雖佔戲場甚多，而屬反派戲，若派靚元亨飾演，豈不是當為二三幫小武，當主事者猶疑莫決之際，靚元亨自請出演歹角，並謂演正派戲已多，不妨飾演反派，一新觀眾耳目，故凌貴卿一角卒由靚元亨飾演，其演至雙門底以摺扇敲打梁天來一場，囂張跋扈，且能表出廣東人所謂白霍沙陳氣，而金山炳之梁天來則垂頭喪氣，一種可憐狀況，兩相比照，為劇中生色，至凌貴卿火燒石室，七屍八命，靚元亨演得無惡不作，令觀眾髮指，《梁天來》之演出，果然成功，而靚元亨以能演反派戲，聲譽益隆，未嘗減低其地位。後來「錦添花」點演《梁天來》，亦以陳錦棠飾凌貴卿，步靚元亨後塵，以正主而演反派戲，而花旦關影憐反串生角飾梁天來，受欺於淩貴卿，尤能邀觀眾同情，故該劇演出，十分旺台。因憶陳錦棠素以演反派戲見長，如演《女兒香》之魏昭仁，負義誣告梅暗香一幕，踎花面台步，而說出口白「恩怨何需顧，不毒不丈夫」，演得奸相畢露，為劇中生色不少。然演反派亦有因酷肖而給觀眾唾罵者，如王中王演秦檜以妾媚金兀朮，又誣害岳飛，斷送大宋江山，故演《血戰榴花塔》一劇，王中王每一出場，即被觀眾指罵，後在「大羅天」演《柳絮美人心》一劇，演一豪富子弟，昧盡良心，強霸友妻，恃富凌貧，演得罪惡貫盈，惹心憎惡，演出亦算成功。當時黃鶴聲亦寧願演此角，較正派為出色，不計觀眾斥罵。更有可記者，正印花旦演淫蕩戲，亦易出名，關影憐之潘金蓮、《崔子弒齊君》之崔子妻，均演奸婦，為觀眾所喜。薛覺先因此亦演反串淫蕩戲，演《柴米夫妻》一劇，拍廖俠懷、白駒榮，薛演朱買臣妻，以朱買臣不得志，不願捱貧，私通屠夫，後竟貳嫁，其後朱買臣得志，高官回來，其妻與屠夫街前掃地，卑恭迎迓，薛演朱妻，哀求重聚夫婿舊情，馬前覆水一場，買臣掉首不顧，觀眾稱快，而薛覺先反串飾反派戲，亦獲成功，可見演劇只論工巧，不論正派與反派也。

《工商晚報》，一九六四年九月十二日

二三 譚秉鏞唱兩字中板

譚秉鏞是省港班的名丑角，他生成木獨的面孔，一副怪相，他從來演甚麼滑稽戲，自己卻忍得住笑，任人家笑，他老是木口木面。他演《傻仔洞房》，不知所以，拿着一枝竹，在房裏亂洞，便當作洞房。他又演過武大郎，他演得呆頭呆腦，不解溫柔，一舉一動令人發笑。可是，他成名的原因，由於他善唱，天賦的歌喉，觀眾百聽不厭。譚秉鏞最成名的時候，就是演《乖孫》一劇和演《孤兒救祖記》，兩套都是童角戲，當時新馬師曾才十歲左右，演小孩戲和他拍檔，他飾演慈祥的祖父，生了不肖的兒子，卻喜幸有天性純孝的孫兒，兩個兒子爭家產，幾乎把父親害死，幸得乖孫救回他的性命，觀眾喜歡看小孩戲，也喜歡看譚秉鏞，尤其是喜歡聽他唱的曲，所以他便以唱工稱於時。有一件事是出奇的，譚秉鏞曾經唱一支名曲，名喚《滿天神佛》，曾經灌了唱片，這不是導人迷信的歌曲，卻是叫人破除迷信的唱碟，曲中固然極盡滑稽突梯之能事，聽到人多捧腹不已，特別因為他歌喉響亮，而此曲唱得又特別佳，所以一片風行，可是他的家人，卻個個求神拜佛，剛和此曲相反，但也無可奈何。有一次，他搭渡，過甘竹灘，遇着颶風，渡是沉了，他也歷一場險，有人勸譚秉鏞從此要信神信佛，因為他唱《滿天神佛》，得罪菩薩，所以降罪，要唱過一支曲，説菩薩有靈，自然以後自己無災害。譚秉鏞不聽，可以稱得上個性頑強，但他經過這一場風險，之後亦沒有甚麼風險事情發生，近十年來，在美洲經營餐室，一帆風順。他那支《滿天神佛》唱曲，許多人也學唱，譚秉鏞也認為得意之作。他接班做，事先聲明要有機會給他唱曲，否則埋沒他所長，他便多多錢也不做。後來有一屆，他接某劇團的正印丑角，他以為接得名班，自然聲譽日高，盡展所長，不料事出意外，該劇團只許其中一主角有戲做，別個老倌，只定來陪襯，甚少戲做，譚秉鏞已老不高興，有一次該主角肚屙，不及出場，提場便叫譚秉鏞馬後，多唱幾句，譚秉鏞以為機會到了，便準備唱一支長中板，第一句是「想鄙人，早知宦海浮沉把那功名看透」，他唱到「想鄙」兩個字，該主角趕及出場了，一聲收掘二王，不俾譚唱，搶來自己唱二王「乜你喑喑沉沉稟神咁口」，觀眾大笑，謂他唱「兩字中板」，譚秉鏞當堂木口木面，但沒奈何，後來計數不做劇團，還大罵某主角沒有演劇道德，不足與同事，這一件事當時傳遍戲壇，都引為趣事也。

《工商晚報》，一九六四年九月十三日

二三／男女祭塔各有千秋

當年「琳瑯幻境話劇團」崛起，演的是文明戲，當時觀眾稱為白話劇，所演的劇本，沒有完整的寫作，像戲班一般，掛張提綱便演劇，當然沒有今日的話劇的嚴肅作風，可是話劇有配景而且可以演時裝戲，也能吸收很廣大的觀，計有《殺子報》、《醒魂鐘》兩齣，民間故事《梁天來》、《沙三少》，歷史宮幃劇《慈禧太后》，這都是連集劇，因為佈景堂皇，粵劇比不上，所以它也得收旺台的效果。如梁天來過南雄嶺行雷閃電的驚險，火燒石室的逼真火景，《慈禧太后》的戲中戲觀音坐蓮花景、雕樑畫棟的皇宮景；盡是立體佈置，景色像生，觀眾對粵劇就覺得不如白話劇的真實感。後來粵班為了爭取觀眾，也提倡佈景，因為粵劇場口多，配立體景會阻礙演出時間，所以就配透視畫景，如「祝華年」演《梁天來》，火燒石室只是撒火粉，石室變作頹垣燒燬，過南雄嶺也是在大畫用燈光影雷雨。《蒙古王子》雪地尋夫一幕，除了一幅大畫是雪景，並在戲棚處撒棉花，很像落雪的真景，卻也得到觀眾歡迎。「周豐年」演《風流天子》一劇又佈華清池賜浴景、貴妃現形景，也用透視軟畫。本來粵劇的佈景不及話劇的認真，但是粵劇有歌唱，有武工表演，觀眾究竟嫌話劇過於枯寂，於是「琳瑯幻境」只是一年演出數次，戲院經常還是演粵班。但是粵班落鄉台腳多，話劇又不能常常演出，戲院主人便羅致女班上演，那時就是女班全盛的時代，蘇州妹領導的「鏡花影」和李雪芳領導的「群芳艷影」兩班，都經常在省港演唱，因為男花旦究竟是男扮女裝，不如女花旦的腰肢婀娜，所以女花旦大受歡迎。蘇州妹演唱的首本戲是《夜弔秋喜》、《夜送寒衣》、《琵琶行》、《桃花源記》。李雪芳演唱的首本是《水浸金山仕林祭塔》、《夕陽紅淚》。兩班女班，也注重佈景，《桃花源記》且配一鏡花影景，劇中人在鏡裏出現，且演且唱，而蘇州妹演日戲《蔡中興修築洛陽橋》，觀音化銀一幕，也佈一隻蓮花船景，在舞台上來來去去，觀眾為之目眩。李雪芳演《仕林祭塔》也佈有水浸金山景、雷峰塔斷橋殘雪真景。《夕陽紅淚》也有楓林日落景。蘇州妹亦不示弱，其演《天女散花》一劇，佈有白雲天宮景，天女散花又用真花籃散花，當時北劇甚少在廣東演出，「鏡花影」故收旺台之盛。那時男班「頌太平」淡水元主演的《偷影摹形》，也以佈景為號召。「周康年」自南洋聘得名花旦五星燈回來，也演《仕林祭塔》，雷峰塔也佈真景，與李雪芳同時演出，你祭塔，我也祭塔，各有千秋，當時戲迷，看祭塔看到有目不暇給之勢。

《工商晚報》，一九六四年九月十四日

二四／落鄉班被賊公撚化

民國初年，四鄉不靖，盜賊如毛，戲班視落鄉為畏途，而有名老倌，每聘打手保護，免遭不測。而有等鄉村，雖出重金，戲班亦不敢接戲，蓋視為賊竇也。如三山一帶，為賊匪出沒所在，當時官兵雖極力圍捕，然東圍西竄，南剿北逃，官兵亦莫奈之何，故該地時有兵來賊去，兵去賊來之狀況。有一次，三山鄉欲聘一班戲往演，所有名班，均謂該地為賊窩，無一班肯接聘，鄉人乃求其次，聘一過山班往演，過山班稱半班，人數僅大班一半，演員多藉藉無名，又無戲船，只由演員搭渡往演，演員不設戲箱，戲服亦用包袱裝載，簡便之至，到演出鄉村，既無戲船，例即上館居住，意即由主會覓定房屋，俾伶人居停。時三山鄉所聘之過山班，伶人亦上館住宿，該鄉不演戲日久，故份外熱鬧，而土霸又開設賭檔，民匪混集，官兵聞訊，準備圍剿。會有一幫賊黨，約二三十人，方在某鄉洗劫，得手後回到三山鄉，而官兵突至，重重圍住，賊徒不得脫身，乃走至戲館，要求冒充戲人，在戲館暫避，過山班一般伶人多畏事之徒，不敢與賊匪作對，允予所請，於是賊徒便在戲館避匿，官兵圍捕，不注意到戲班藏匪，以為賊匪聞聲早逃，便拉隊走，賊徒不被發覺，安然無事。及官兵走後，適值尾戲，伶人打點包袱，準備拉箱，櫃檯又收得戲金，返戲館分派關期，不料賊匪拔出槍械，指住全班人，劫去伶人戲服，奪取戲金，然後離開戲館，臨行寫下二十個字，「天子重賢豪，文章教爾曹，萬倌皆下品，惟有綠林高」，呼嘯而去。蓋俗稱伶人為老倌，而當時綠林亦以老倌為下品也。該班中人，白演一台戲，失去戲服戲金，惟有徒呼荷荷，又不敢報官，涉及庇匪之嫌，損失亦暗啞抵，大罵賊人不講義氣而已。又「新中華」班為肖麗章、白玉堂、黃種美等擔綱，曾經赴滬，獲利回來，為賊匪所悉，即投打單信，勒索五千元，否則將有不利。班主接信，已有戒心，所有落鄉台腳，一概不接，以為在省湛開演，軍警林立，當無意外，不料廣州河南戲院，演出《興漢雌雄》一劇，正演至全武行打北派，即遭三樓位擲下炸彈，幸炸不中戲台，落在對號位頭行，時兩儀軒主人之女兒亦受傷，炸傷多人，秩序大亂。當時河南駐軍為福軍，聞訊即開差圍住河南戲院，搜索三樓觀眾，卒在女棚中搜出兩個空暖水壺殼，始知女匪以暖水壺裝炸彈，捕得嫌疑人審訊，懸紅緝捕正兇，卒擒之正法。

《工商晚報》，一九六四年九月十五日

二五 名花旦變作編劇家

提起蛇王蘇的名字，許多人聞也未聞過，不過上了年紀的人，總會記得他是有名的花旦。五六十年前，他已經享譽梨園，他演的《金蛇盜婚》，描寫一個閨女不幸的遭遇，偏逢一個奸狡男兒的騙婚，生下兒子，撫育成人，茹苦含辛，誓保名節，演來可歌可泣，令觀眾灑下同情之淚。不過蛇王蘇早就不演戲，轉業編劇，他讀私塾出身，有文學修養，他名喚梁垣三，編劇卻用梁垣三的名字，戲班為宣傳計，仍稱梁垣三即花旦蛇王蘇。他編演新劇最早，在「祝華年」班全盛的時期，武生是聲架羅、小武靚元亨新周瑜林靚就、花旦揚州一點紅肖芙蓉花露水、小生金山炳、丑角蛇仔利何少榮鄭拂臣，班主不只注重角式勻稱，而且提倡多演新劇，便重聘梁垣三編劇，最初編演的是《海盜名流》，編至四本，及後編演《蝴蝶杯》即《賣怪魚龜山起禍》及《可憐閨裏月》、《紛飛燕》，①靚元亨得以享盛名一時，無非蛇王蘇編劇造就。他還編演《名花酬義士》，以靚元亨飾吳六奇，潦倒時力舉銅鐘，以武藝超凡，得逢知己，名花相贈，美酒結英雄。②統觀他所編的戲，都是以義俠為宗旨，而靚元亨當時每本戲，都以抱打不平惹禍，及後卒戰勝奸惡，團圓結局。觀眾當時最喜看靚元亨，未嘗不關係蛇王蘇所編劇本的力量。

附注

① 《紛飛燕》，疑為《分飛燕》。

② 「酒」字乃按原報殘畫作推測。

靚元亨在「祝華年」最後那兩年，蛇王蘇編演《虎口情鴛》，編至七八本，賣座之盛，各班不及。《虎口情鴛》一劇，為太平天國史蹟，從洪秀全金田起義，以至定都南京，描寫革命的經過，而尤注意個人的描寫，劇本靚元亨唱一截滾花：「幾許草莽英雄生得非常身手，生逢亂世誰怨誰尤，說甚麼趙子龍百萬軍中藏阿斗，說甚麼請纓救國未作砥柱中流，今日末路途窮身在虎口，又怕難逃羅網身作階下囚，孤掌難鳴痛心疾首，何年將滿奴誅滅還我漢族自由」，這一曲寥寥幾句，也見得蛇王蘇有革命的精神。該劇又描寫當時草寇，不少響應太平天國，揭竿起義，誅敵立功，時廣東有某將軍出身綠林者，睹《虎口情鴛》，極為讚賞。又蛇王蘇在《虎口情鴛》一劇，造就小武靚就，當時靚就為二幫，本沒有重要場口，惟因該劇側重洪秀全，洪秀全不是弱質書生，且有糾糾糾武夫氣慨，故小生金山炳不合演，是劇乃以金山炳飾錢江、靚元亨飾馮雲山、靚就飾洪秀全，及後洪秀全即位南京，漸趨奢華，有風流天子之稱，靚就演來，吻切身分，第二年即過「周康年」掌小武正印，亦蛇王蘇劇本的造就之功也。

《工商晚報》，一九六四年九月十六日

二六 班中迷信禁忌種種

粵班奉神，恭拜田竇二師，而田竇二師為何人，多不知之。聞班中人語，田竇二師為二小童，能演劇，創粵劇之始，後人紀念田竇二氏，故專為先師。又粵班昔日有戲船甚多顧忌，即班中人不許釣魚，釣魚便會鯉魚反水，戲船有沉沒危險，故坐艙如見伶人釣魚，即上前阻止。戲班又忌劏狗，以為不潔，則神功戲台腳減少，故劏狗亦視為禁忌。至行船又放元寶，尤其是上灘落灘，鳴鑼燒炮仗放元寶，以示隆重，俾使上落平安。如演《香花山大賀壽》，演員又須齋戒，始可飾演觀音、韋陀。近年已無戲船，又甚少點演《香花山大賀壽》，故一切習俗多已忘記。惟伶人尚未忘田竇二師也。相傳民初間「樂同春」班落鄉演劇，歸途遇風，將戲船打斷兩截，惟幸被風打上岸上，不至沉沒，戲班中人，又謂為神恩。又「樂其樂」班遇賊匪打單，經已派快艇截劫戲船，尚幸行船之時，亦燒炮仗慶祝過社，賊船以為槍聲，更以為班有準備，不敢截劫，收隊而去，班中人又謂為菩薩庇佑。凡此種種，跡近迷信，今已無之。至於觀眾亦有迷信者，從前有某巨紳，忽得一病，張目即見有披頭散髮之鬼，向彼索取金銀，又索飲食，因此將食物四圍拋擲。以饗神鬼，家中終日不寧，乃求班中人醫治，適班中有開面飾關帝者，親至其家，點起香燭，舞起關刀，將鬼驅去，又畫神符，給某巨紳熬茶飲，邪病盡除去。更有一段戲班中人扮神嚇人之笑話，緣某班有一姓周一姓關之伶人，姓周的是西樵人，姓關的是順德人，二人鄉下話未脫，即在紅船學做戲，一次演《十八路諸侯》三英戰呂布，那個姓周的先說：「三國的奸雄是『鋤初』（曹操西樵口音）」那個姓關的即刻說他講錯：「三國的奸雄是『巢抄』（曹操順德口音）」，二人相持不下，那個姓關的道：「周倉不要多言，快替我來托刀。」那個姓周的不服，大聲說：「我是周公，不是周倉，關公讀《春秋》也要向我恭拜。」二人爭執起來，後來由班中人調解，說「三國的奸雄是曹操，既不是西樵話的『鋤初』，也不是順德話的『巢抄』，周公也好，周倉也好，關公也好，卻不是廣東人，周公是姓周的祖公，關公是姓關的祖公，我們備食物拜周公和拜關公，不要爭執，失禮大神。」於是姓周和姓關的無話可講，互相相好如初，班中人便謂周倉為西樵人，關公為順德人，傳為笑柄。

《工商晚報》，一九六四年九月十七日

二七／爆肚曲詞妙趣橫生

舊日戲班，編演新戲，並無全曲白，編劇者只寫一張提綱，度好場口，曲白由老倌爆肚，①謂之提綱戲。然伶人不少有天聰，其唱書之歌詞，亦有佳句，如姜魂俠之《盲公問米》，他唱滾花道：「人地話世界文明可惜我冇眼睇，只見烏煙瘴氣不辨南北東西，道德淪亡胡天胡帝，失明可痛更痛是不張四維，神鬼由人所以謀生問米，善惡有報切勿胡為」，寥寥數句，存有諷世意義，姜魂俠亦以《盲公問米》成名。後來廖俠懷演此劇，亦襲用姜魂俠原曲，觀眾咸認為精彩。又如小生聰演《發瘋仔中狀元》，亦爆出幾句佳句滾花道：「失運秀才街頭乞米，得時俊傑金榜名題，人地笑我面黃過泮塘皇帝，好彩面圓有英氣高中狀元歸」，面黃不是皇帝而是發瘋仔，面圓卻中狀元，卻有相法妙語，觀眾亦讚其爆曲精警。又後來新劇雖有全曲白，然臨時編演之新劇，亦有提綱劇，如阮玲玉自殺消息傳至廣州，有人編為時裝劇，曲白由演員爆唱，劇名《倚玉偎香》，由廖俠懷、黃千歲、鍾卓芳等主演，劇情寫張某戀阮玲玉，因而同居，生下一女，阮玲玉在電影圈飛黃騰達，而張某時運不齊……其後阮玲玉為保存名譽，而亦以人言可畏，一死自白，一幕自殺劇，因而告終。廖俠懷爆出幾句滾花自白，②亦吻合身分，他這樣

附注

① 「爆肚」。即演員在台上即興演出。

② 「滾花」原稿作「流花」，諒誤，正文改訂。

唱：「十載同居冤孽障，未正名份一對霧水鴛鴦，生下掌珠我無力撫養，石榴裙下拜金狂，臥榻竟有別嬌姿落在他人掌上，不甘兩家春色一樹綠楊，因妒成仇出言誹謗，弄到香消玉殞財散人亡。恩愛難忘心悵悵，靈前哭弔表情長，我雖不殺伯仁伯仁由我喪，世人未必能諒我徒自悲傷」，廖俠懷唱時，眼垂雙淚，表露悔意，維肖維妙，該劇只演兩次，均得滿座，時裝劇未必不受歡迎也。又廖俠懷演《多情宮監》，亦自撰佳句，如「一個是當今貴人艷絕三宮六苑，誰知情有所屬，愛此才子翩翩，若果主上知道，只怕狀元變咗撞扁，多情宮監見此生憐」，他又有一段口白，富幽默感，他說：「卅六宮皆是春，可惜我係太監，不解春情，一年四季，我只得三季，名喚夏秋冬，如今貴人原是狀元舊愛，我呢個多情宮監，更無妙法成就良緣，忍教長門一入深如海，從此蕭郎陌路人」，其後多情宮監情動天子，以貴人贈狀元，廖俠懷爆曲白，亦得人讚賞，可見伶人非盡無文學修養也。

《工商晚報》，一九六四年九月十八日

二八 借一百元白捱一年

童年，家人好觀劇，先父亦有周郎癖，故梨園子弟，常到我家。先父為河南仁濟留醫院及紅十字會董事，每年籌款，均召集伶人演劇，並設宴招待，時響鑼鼓，在家中清唱，盛況空前。而伶人遇有困難問題，輒求先父代為解決，如班中糾紛、伶人薪水不公，先父代向班主提出解決辦法，故彼輩常到我家。有一次，「周康年」正印花旦五星燈避居我家，原因是他未得意時，向人貸款，每人貸一二百元，聲明寫數立班約，借一二百元，即需為債權人演戲一年，積債十餘單，需白做十餘年。其時，五星燈年薪五六千元，如果捱債，便一無所得，故決不登場，求先父代為解決。債權人多為有力者，大有不罷休之勢，先父乃設宴相邀，為五星燈說項，謂債款可倍息清欠，惟不可迫立班約，倘壓迫過甚，五星燈不能在粵立足，返南洋演戲，則連債款亦無法可收。眾有力者亦不為已甚，五星燈始得照常登台。又靚少鳳亦曾因班數無法解決，當時他在「寰球樂」，年薪八千元，惟欠外債二萬餘元，求先父設法轉圜，先父乃覓眾債主商，以每年靚少鳳薪水一半還債，六年還清，勿迫使立即還，則無法演劇，①債主以先父面子關係，亦允許所請，後靚少鳳年薪二萬餘元，兩年即清償債務矣。又姨表布方策，為小

附注

① 「則」字前疑奪「否」字。

② 「孤番」，賭「番攤」中的獨贏。

③ 原報缺字，「勝」字按上下文推測補上。

生聰徒弟，戲名小生耀，做了十多年戲，到過金山，仍是二幫，後在「覺先聲」，改名筱樂天，有一次「覺先聲」下鄉，戲船灣泊一隻一索艇，招人賭博，輸了不必給現款，只寫數立班約，替贏方做一年戲作抵。那時各人都輸了，正想立單據了事，筱樂天說不必這樣急，讓他來賭，他便買一百元孤番，②果然中了，繼續夾搭，贏了萬數千元，他便為眾人退數，各人以夠鐘點上台演劇，便一哄而散，一索艇主人以應該得各老倌一年班約，如今給筱樂天贏款解圍，心有不甘，留住筱樂天，單獨和他賭，筱樂天果然有幾度手法，依然大勝，③一索艇無款賠賭，筱樂天誇大口氣，要封了這隻一索艇，後來艇主說，有睹未為輸，要筱樂天賭落去，當時班中有一個同事名叫飽蛇，勸筱樂天收手，筱樂天不聽，再賭落去，果然賭運不好，輸回所贏的款項，繼而輸至欠數，一索艇主便追筱樂天叫回各老倌來認數，筱樂天不允，他說輸了便由他代寫數捱班債，不連累別人，他做了十幾年戲也是二幫，人工千元一年左右，要是捱債，債主也要給他食用，所得有限，而且他再不做戲了，賭主也沒奈他何。

《工商晚報》，一九六四年九月十九日

二九／舞台背語值得一笑

粵班口頭禪，即舞台背語，頗多有趣，如海瑞十奏嚴嵩，嚴嵩是奸相，海瑞是忠臣，一忠一奸，然後有戲做，嚴嵩是大花面飾演，海瑞是小生飾演，嚴嵩罪惡貫盈，專權欺君，如挑選民間婦女為姬妾，與天子三宮六苑鬥奢華，受賄挑選科舉，視天子如無物。海瑞為忠臣，曾經九次奏請天子查辦嚴嵩，但他並未冒犯天子，故無由加罪，海瑞乃命人混入相府充婢嬪，查出嚴嵩用龍頭便壺小解，盜出證物，海瑞乃上奏，謂便壺而用龍頭，目中無天子，有篡位之圖，乃將之問斬，殺了大花面，然後結局。俗語話「殺了大花面無戲做」，當作口頭禪。又王允用連環計，獻貂蟬與董卓、呂布，弄至父子不和，父奪子妻，呂布不服，王允乃獻計呂布殺董章，不料李傕、郭汜乘機在宮中作亂，呂布被逐，天子召兵進京，剿平李傕、郭汜，領兵者為曹操，一樣把持朝政，為一代奸臣。董卓、曹操，都是大花面飾演，殺了一個還有一個，於是便有「殺了董卓有曹操」口頭禪，即一蟹不如一蟹之意。至從前「祝華年」班，演《閨房劍影》，劇中二幫靚元坤飾花花公子，那時四幫小武牛精德飾演師爺，二人至古廟遊玩，遇良家女黃小紅進香，花花公子便將她調戲，遇俠士靚雪秋，因抱不平，與靚元坤、牛精德打起來，論劇情是師爺先打敗，然後俠士錯手打死花花公子，但是牛精德平時孔武有力，演劇不甘打敗，與靚雪秋真的打起來，靚雪秋幾乎打不過他，靚元坤恐防違反劇情，心生一計，便說：「師爺不要蠻打，回府班馬！」牛精德乃入場，花花公子乃被打死，遂是班中口頭禪「叫師爺班馬」，便是自己攞死了。又有一班，演《武松打虎》，平時喝采，都是稱讚武松威武，沒有人向大翻喝采的，恰巧該班飾老虎的大翻桐，打大翻確有驚人功夫，他未演劇之前，在茶樓與觀眾約，若是演老虎打大翻出色，請●●喝采鼓掌，於是上台演劇，演至打虎一場，又打大翻，又打級翻，觀眾仍未喝采，大翻桐特別賣力，一下用力過度，連褲也擘爛了，座中女客，掩面不看，飾武松的便說道：「大翻桐，你褲也打穿了，快伏地裝死罷！」大翻桐以觀眾尚未喝采，心有不甘，不服武松規勸，仍然蠻打，還揭開虎頭，向觀眾道曰：「我係老虎公呀！」說罷又打大翻，觀眾大笑兼夾喝采，後來戲班遇着大翻得喝采，便稱他作「老虎公」，這口頭禪也值得一笑也。

《工商晚報》，一九六四年九月二十日

三〇 子喉七生旦丑做齊

粵伶以能演多種腳式，為人重視，像薛覺先則自稱「萬能泰斗」，靚榮自稱「全能武生」，均因他們能演多種角式，亦男亦女，亦莊亦諧，而有一個已經離開舞台的子喉七，他亦以能演多種角式見稱，他出身是玩音樂的，學會子喉，也學生喉，最初因有八音班唱戲，他加入唱演，唱出老的少的，男的女的，人人讚賞，有人因他善唱●喉，便勸他投入戲班當花旦，他最初在落鄉班當正印，也能稱職，後來他胖了，當花旦有點不適宜，恰值「寰球樂」班主何浩泉賞識他的藝術，聘他當頑笑旦，子喉七才初現於省港班。他雖然是頑旦，也演花旦戲，像《嫦娥奔月》一劇，他飾織女。可是他不只演花旦戲，他又能演丑生戲，《西施沼吳》一劇，他飾演吳王夫差，一個好色梟雄，他表演姑蘇台宴樂，和飾西施的新丁香耀演對手戲，又演宮幃問鄭旦病，及禁鄭旦一幕對手便是小丁香，在《西施沼吳》劇裏，他和飾演范蠡的朱次伯場口同樣多，可見他得班主看重。他在《夜明星》一劇，飾演一個節婦，二十年撫子成人，身為俠盜與朱次伯飾兩母子，撫孤會夫一幕，與靚東全表演《平貴回窰》排場，又是正印花旦戲。至在《三巧蛾眉》一劇，他飾演一嬌蠻郡主，迫要朱次伯休妻娶他，洞房聞朱次伯母病，又放他丈夫回去先見母然後返來成親，後來發覺雀屏中目的該是新少華，他大義凜然，讓朱次伯與髮妻新丁香耀團聚，他演的又是正派花旦戲，唱子喉，故不稱女丑而稱作頑笑旦，①首本有《恨綺》之《醜女洞房》，他嫌自己醜樣，教婢女代己給畫師繪像招婿，及到靚少華洞房，發覺李代桃僵洞房婚變，卒之造就婢女姻緣，醜女失意，卻令人同情。在「大中華」班，他又演一齣《大紅袍》，即《海瑞十奏嚴嵩》，靚少華飾海瑞，子喉七飾嚴嵩，演大花面戲，能夠演得大奸大惡，形容盡致，亦算成功。他又演《三氣唐天子》，他飾演風流天子唐明皇的晚年，掛黑鬚演武生戲，另楊貴妃、訪臨邛道士、遊月殿，場場大戲，觀眾亦甚稱讚。其後「梨園樂劇團」組織，他仍任頑笑旦，《梅知府》一劇，他演倫碧容的大嫂瓊蟬，大鬧梅知府和碧容探監，拍靚少華和薛覺先，十分精彩。演頑笑旦戲的，以子喉七為第一人，後來他離開舞台，一度拍攝電影，近年已息影，子女已長成，桑榆晚景，怡然有得也。

《工商晚報》，一九六四年九月二十一日

附注

① 「故不稱女丑而稱作頑笑旦」原稿作「故不稱女丑而稱作頑笑聘請，仍接頑笑旦」，句中疑有衍文，今按上下文作調節。

三一／名丑多由別角出身

近年粵劇丑生，人才缺乏，然丑生人才，●未必滑稽突梯，每多演反派出身，像馬師曾初學馬旦，取名馬旦昌，失敗後始轉名生鬼昌，因演《斬韓龍》一劇，不曉得裝假首級，殺極也殺不死，給觀眾擠台，馬當時甚貧，只得黑靴一對，觀眾認出黑靴，站在虎度門未出台，觀眾已擠台，後來馬過別埠，改名馬師曾，始一帆風順，亦時運使然。四大名丑之首廖俠懷，初為打鐵工人，後入梨園，學總生戲，①套套掛鬚，又無發展機會，及後睹名丑姜魂俠演劇，渴慕其幽默生風，乃轉學丑角，在南洋也未成名，回粵在「梨園樂」、「大羅天」、「大堯天」、「新中華」各名班充正印，漸露頭角，繼在「新春秋」、「日月星」班，能演搶主角戲，甚得觀眾歡迎，而真正自居主角地位者，只三四套戲，即《盲公問米》、《大鬧廣昌隆》、《鐵掌碎盲心》、《花王之女》及其最成功之《甘地會西施》。四大名丑之次名為葉弗弱，葉為「木鐸劇社」演員，初學小生，以面多暗瘡，有「潮州柑」之稱，不宜於演小生戲，在「大羅天」劇團，多演反派戲，其演《義乞存孤記》之奸夫，令人髮指，演《苦鳳鶯憐》，亦演奸夫，至演《雞鳴開虎口》，飾一欠債之平民，與馮煖及孟嘗君演對手戲，始發現其有滑稽天才，在「大羅天」三年，轉隸

附注

① 「總生」，早期粵班中特有的行當，亦為掛鬚的行當，戲路近於「文鬚生」。

② 「合」字原稿作「丑」，諒誤，正文改訂。

③ 「享譽多年，今已逝世」，原稿作「享譽多已今逝，年世」，今按上下文作調節。

④ 「初」字原稿作「衫」，諒誤，正文改訂。

「覺先聲」，始多演劇機會，演《戎服傳詩》之懦夫、《月向那方圓》之將軍、《陣陣美人威》之狡官、《粉面十三郎》之小盜，均十分出色，其後在「義擎天」班拍千里駒、靚少鳳演《燕歸人未歸》之村夫，更令人發笑，因而成為四大名丑之次名。至李海泉，亦以小生戲出身，在「新中華」與馮顯榮、李瑞清齊名，後轉角，在「永壽年」當正印，與千里駒、白玉堂合演《血染芭蕉》成名，②後歷任「冠南華」、「新生活」、「錦添花」正印，首本為《打劫陰司路》，演得緊醒到家，滑稽異常，近年已離開藝術界隱居。至於半日安，本為大花面出身，以演《天網》初轉丑生，後在「太平劇團」、「覺先聲」任正印，善演反串女角，享譽多年，今已逝世。③至歐陽儉則初學小武，拜新細倫為師，後演《傻仔洞房》，題詩當作舞獅，把頭盔當作獅頭亂舞一頓，洞房則以竹桿洞瓦面，傻氣畢露，又善演被人戲弄之呆仔戲，苦口苦面，有「苦瓜儉」的綽號，當丑角十多年，亦甚受歡迎。目前被稱為「丑生王」之梁醒波，亦小武出身，以身材太肥，初不為觀眾所善，④其後太平洋戰爭爆發，梁入內地演劇，盡演馬師曾首本，其滑稽不讓馬師曾，戰事結束歸港，亦轉充丑角，大交紅運，以迄於今，聲名不稍替。

《工商晚報》，一九六四年九月二十二日

三二／關德興靈機應變

關德興，初名新靚就，拜陳錦棠義父新北為師，新北為小生，新靚就為小武，其時「祝華年」正印小武為靚就，關德興慕靚就之武工藝術，故改名新靚就，初當五六幫小武，而對苦練武工，日夕不懈，幸而生得體魄魁梧奇偉，演武角已為觀眾注目，後來靚就死了，靚雪秋為「祝華年」正印，新靚就已升至二幫，由於他的武工成就，給予觀眾良好印象，他的紮架藝術，是學習靚元亨的，當二幫時演《名宦閨裏劫》，①嚴嵩之子嚴世藩，強項威武，行為跋扈，宦門子弟，見而避之，新靚就演得有聲有色，故雖演反派戲，亦受人讚許。而在《夜救桃花女》一劇，登山涉水，在高檯上單腳車身，有正印小武丰度，故為「大羅天」班主劉蔭蓀看中，聘為小武正印，靚少華為文武生，實行雙正印小武制度。當年馬師曾為「大羅天」主角，對其他演員十分排擠，新靚就飾演《賊王子》之另一王子，在花園賞美，給衛士刺死，高唱反線二王，為時半小時有多，馬師曾不滿，說休阻住演劇時間，吩咐編劇者將該場戲刪去，事為新靚就所知，在後台要和馬師曾算賬，馬師曾驚懼至躲在箱位後面，不敢出來，後得靚少華解圍，該場戲亦不刪去，以平新靚就憤怒，然新靚就不甘為馬師曾副角，聲言「寧為雞口，不為牛後」，翌年即

附注

① 《名宦閨裏劫》，一作《名宦閨女劫》。

離開「大羅天」，受聘為「新少年」班主角，多演靚元亨首本，其演《呂布窺妝》，唱四門頭紮架，效法靚元亨，有一次他單腳站架，企立不穩，因而倒地，班主驚慌觀眾擠台，幸而新靚就靈機應變，倒在地，擘一字腳，仍然高唱二王，觀眾以為他有意演技，反而鼓掌喝采。後轉入電影，拍第一部彩色粵語片《歌侶情潮》，與胡蝶影合演，甚為賣座，苦練神鞭，返國後演《神鞭俠》舞台電影劇，有「精武演員」之稱。其首本有《生武松》、《奈何天上月》、《仗義居然嫂作妻》等劇，以粗線條作風博得時譽。抗戰開始，組劇團返國，在內地義演宣傳，博得「愛國伶人」之稱。其編演《岳飛》、《平貴別窰》、《山東響馬》等劇，富有民族抗戰精神，其第二次筆者同返內地，關德興又自編《戚繼光》一劇，及演《鄭成功》、《吳三桂》等劇，為各機關義演籌款。及香港為日軍佔領時，關德興間關返國，亦組團義演，計演名劇有《征人節婦》、《水淹七軍》、《千里送嫂》、《燕歌行》、《洪宣嬌》、《完璧歸趙》等齣。戰後曾任八和會館主席，拍有電影片《黃飛鴻》數十本，極一時之盛，今在美洲，在彼邦譽猶盛也。

《工商晚報》，一九六四年九月二十三日

三三／死於非命的數伶人

伶人鄭君可，為清末「優天影」志士班花旦，眉目娟秀，靜如處女，有謂其貌可比艷旦佛動心，令人神迷。鄭君可既為志士伶人，富具革命精神，所演劇本，均有革命意義，提倡自由主義、民族自由、職業自由、婚姻自由，故當時在文化界亦有地位，更以黃花崗之役，鄭君可以戲箱為革命黨人運軍械入城，三月廿九烈士殉國，而私運軍械之事，始終未洩，及民國成立，始公開於人，當時咸稱鄭君可為「革命伶人」。然鄭君可擇人為對手始演劇，其老拍檔為姜魂俠，後為粵班有名丑角，不過鄭君可只演志士班，故不曾與普通伶人同班。龍某治粵，擁袁世凱稱帝，君可登台，力詆帝制之非，遂招龍某之忌，設宴請鄭君可赴會，席中迫使吞頭髮，腸臟俱裂，因而致死，葬於沙河，有文人代題墓碑，曰「志士鄭君可之墓」，供後人憑弔，一時稱艷之志士名旦，亦為革命而終。至志士班出身之名丑李少帆，後隸名班「周豐年」，且能自撰戲曲，力詆官場黑暗，茲錄其所唱中板一段如下：「官場中，有好醜，未必全皆荒謬，須知道，為民父母，非只富貴是求，有等人，自恃官威，常對百姓施辣手，更重兼，排除異己，殺盡百姓顱頭，須知道，善惡有人知，難以箝民之口，終有日，誅奸除暴為百姓伸冤復仇……（下略）」。其後李少帆在和平戲院演戲中，突然被人槍殺，當時花旦千里駒與李少帆同場，驚至面無人色，事後警方派人搜查戲院，在廁所搜出駁殼槍一枝，兇手早已逃脫。到底李少帆之被殺，是否與該曲為有關，不得而知，有謂他確因此曲觸粵省某軍要之忌，買兇射殺，又有謂為桃色事件者。至朱次伯之死，因演《西施沼吳》飾范蠡，眉目生風，又遭人詆毀，謂為淫劇，而不知實為愛國劇本，其被刺原因，言人人殊。而黃種美之死，則更無辜，黃種美當時在「新中華」班當丑角正印，該晚演《蟾光惹恨》，演完劍俠飛天救肖麗章，黃種美即休息數場，有時間到樂善院對面何棨記飲茶，何棨記為一下級茶店，良莠不齊，該夕有幾名積匪，亦在何棨記品茗，為公安局派隊圍捕，黃種美被亂槍誤殺，該晚《蟾光惹恨》之戲場，劍俠之部分，改由肖麗章演唱，更改劇情，故大鑼大鼓聲中，觀眾不知黃種美慘斃，只其弟白玉堂哭至雙眼紅腫，也照常演劇。黃種美既非因政治，又非因桃色事件，可算天災橫禍，身遭不測，黃種美之藝術深受觀眾愛護，其死於非命，人多惜之。

《工商晚報》，一九六四年九月二十四日

三四／粵班慣演雙包劇本

近年電影輒以拍雙包片起爭執，稽之年來紀錄，固歷歷可數也。其實各有各拍，各有千秋，不必搶頭便以為勝着，更不必鬧諸官司認為雙包，誠以歷史傳奇劇，人皆得取古本拍製，並無一家公司得專有版權，至拍出成績，惟看其能否考據古蹟，符合歷史，更從藝術上着想，看哪方認真製作，哪方便得賣座成績，固不論誰得優先權放映也。惟廣東舞台劇，慣演雙包，從無爭執。遠如「周豐年」千里駒、白駒榮演《夜送寒衣》，「鏡花影」全女班蘇州妹、細蓉亦演《夜送寒衣》，而雙方皆得旺台。又如「周豐年」演《燕子樓》有「琵琶行」一幕劇，由白駒榮與一定金合演，「鏡花影」亦演《琵琶行》一劇，由蘇州妹與細蓉合演，一則以小生取勝，一則以花旦取勝，觀眾對兩班演出，認為各有千秋。至「群芳艷影」全女班李雪芳、崔笑儂演《水浸金山仕林祭塔》，「周康年」班五星燈、靚全亦演《仕林祭塔》，雙方皆賣座。男班則有貴妃文、風情杞演《嫦娥奔月》，新丁香耀、小生福亦演《嫦娥奔月》，兩班皆盛況空前，不相伯仲。雖新丁香耀、小生福演出較勝，而貴妃文、風情杞亦演出不弱，此為北劇或舊劇改編，雖屬雙包演出，而實際在藝術上有比較，固無所謂孰是孰非也。後來各班，演雙包戲更多，如「周豐年」

千里駒、靚少鳳、靚榮演《義犬情蛛》，「大羅天」馬師曾、陳非儂亦演同一劇改名《女狀師》，千里駒與陳非儂為該兩劇主角，演技不相上下，雙方聲譽無損。又如「周豐年」千里駒、靚少鳳演《裙邊蝶》，依照電影劇改編，「樂昇平」班新細倫、新蘇蘇則依照木魚書改編《祝英台》，「周豐年」則在省港奪標，「樂昇平」則在四鄉賣座。如「國風劇團」馬師曾、騷韻蘭《情覺情孀》，「新春秋」陳非儂、靚少鳳亦演《風流寡婦》，同一劇情，亦無版權之爭。「大江東劇團」薛覺先、嫦娥英、林坤山演《今宵重見月團圓》一劇，「新中華」班白玉堂、肖麗章、廖俠懷亦演《今宵重見月團圓》一劇，廖俠懷演得特別出色，結果「新中華」演出成績較「大江東」更佳，收入更好。至從電影劇改編之《璇宮艷史》，薛覺先與馬師曾均點演該劇，結果馬師曾非薛覺先之敵，薛覺先且反串女皇由陳錦棠飾演伯爵，更受歡迎。又如「勝壽年」演《粉碎姑蘇台》，由曾三多、靚少佳、林超群主演，而駱錫源、鍾卓芳亦演《吳越春秋》，旗鼓相當，不分下高。至先後雙包劇，則有白玉堂之演《錦毛鼠》、陳錦棠之演《銅網陣》，同樣賣座。靚少佳之演《虎將拜陳橋》、陳錦棠之演《十八年馬上王》，皆演趙匡胤事蹟，均收旺台之效，可見粵劇慣演雙包戲而無版權爭執也。

《工商晚報》，一九六四年九月二十五日

三五／粵曲詞句誤引談趣

偶與外國友人遇，友略識中文，詢余以「王寶釧」之「釧」字應作何意義，余答以「釧」即「手鐲」，金鐲、玉鐲均可稱「寶釧」。友謂何以將「釧」字譯作「川流」之「川」字解，余為之啞然，此或該人得《王寶釧》劇本時，「寶釧」簡寫「寶川」，故有此誤，然猶叶音錯譯耳。若昔日許多曲詞，對字義每多忙中用錯，如昔年「寰球樂」演《客途秋恨》，以原曲過長，因而減短，曲為「月光如水水如天，容易秋風又一年，歲月催人真似箭，對此身世茫茫百感添！」「月光如水水如天」，①似覺欠解，「月光如水水如天」，亦即謂月光如天，豈非滿天皆月光而非一個月光，故有人認為犯語病，然亦小疵而已。至「大堯天」演《姑緣嫂劫》薛覺先《祭飛鸞后》一曲：「叫內監不停留你睇月出東山黃昏後，重有迴廊曲折你要仔細凝眸」一句，似乎不合皇帝身分，皇帝何須提點內監仔細凝眸？似應內監提點皇帝為着，然亦為小疵，不至文字不通。亡友麥嘯霞君撰《遊龍戲鳳》曲，有「花花花，人人人，花即是人，人即是花今晚花魁獨佔」句，花何以即是人？人何以即是花？似覺欠解。可見撰曲隨便寫出，每有錯誤之詞，例如桂名揚在《血戰榴花塔》唱醉酒二流一段：「悵秋風，陣陣笳聲隨風送，虧我思嬌心比鴻雁重，征人怕對月朦朧」，鴻

附注

① 「月光如水水如天」，本是唐詩人趙嘏〈江樓感舊〉的詩句：「獨上江樓思渺然，月光如水水如天。同來望月人何處，風景依稀似去年。」

② 潘兆賢在〈傑出坤伶關青及其他〉亦有類似評價：「蒲柳之姿，未秋先槁，到中秋而柳絲向榮？作者連時令節令也不清楚……。」見《粵藝鈎沉錄》（香港：科華圖書，二〇〇一），頁六十一。

雁思嬌不知書自何經何典，而撰曲者任意來寫，曲意不通，鴻雁思歸尚有可言，未聞鴻雁思嬌之典也。又薛覺先在《月冷花香》一劇，有「曉雨城邊夜鳥叫，一片荒煙，長空塞外頻征戰，慣聽胡笳夜不眠」句，曉夜不分，亦成笑話，應改作「霧雨城邊饑鳥叫」，始合景色，此又為撰曲者錯誤，貽笑大方。即如小明星遺曲，有「蟾華到中秋份外明，柳絲向榮」句，柳絲向榮，乃是春景，而非秋景，秋風蕭瑟，柳絲葉落，有何向榮狀態？故該曲唱出，亦為識者所笑。②可見寫文藝歌曲，不能不注意文學修養。更有古人說今話，前人說後人句，如春秋戰國戲，竟有引用唐詩：「春眠不覺曉，處處聞啼鳥，夜來風雨聲，花落知多少」，③戰國春秋時，所題詩是古詩，每用四個字一句，五字詩始自漢詩，可見編劇不可不注重時代。又如《西施》一劇，「覺先聲」演出，《臥薪嘗膽》一曲，亦引用唐詩「折戟沉沙」句，前人而說後人語，不無錯誤。近曲亦有「落花滿天閉月光」，落花只有滿地，何以滿天閉月光？曲近欠解，④若改為「飛花滿天」又不合工尺，「絮花滿天」字義較好，然皆撰曲者一時錯誤，與歌唱者無關也。

《工商晚報》，一九六四年九月二十六日

③ 「春眠不覺曉，處處聞啼鳥，夜來風雨聲，花落知多少」，為唐代詩人杜甫的〈春望〉。十三郎評論的是《雷鳴金鼓戰笳聲》送別一場的曲詞。一九九五年五月第一四一期的《逸林》有林家聲的專訪文章，林氏在專訪中曾談及這段往事：「在六十年代，當我演出『雷鳴』時，南海十三郎有感我是薛覺先的徒弟，所以來看我的演出，當時他神志仍是清醒的，他指出：此劇的朝代與『春眠不覺曉』這首詩不相符合，因當時仍未有此作品。後來他還改寫曲本上幾個字，但由於當時的曲譜是朱毅剛寫的，若要改字，定要改譜，加上編寫此劇的徐子郎對自己的作品也相當執著，所以最後我並沒有改動它。我認為反正該劇的朝代和人物都不符，為避免牽一髮動全身而把劇情改至面目全非，倒不如留待讓後人知道這只是一九六二年的作品。」

④ 潘兆賢在〈傑出坤伶關青及其他〉中亦有類似評價：「花既落在地上，怎能遮蔽月光？這句唱詞是不合邏輯的。」見《粵藝鈎沉錄》（香港：科華圖書，二〇〇一），頁六十一。

三六／羅家權晨褸作飲衫

在目前丑生群中，羅家權算是資格最老了，他十八九歲便當正印，做了名班台柱三十餘年，李海泉、葉弗弱、半日安都算後他一輩。他有天生金喉的嗓子，當他初任「人壽年」班正印那一年，他和千里駒、白駒榮、靚少鳳、新麗湘、騷韻蘭、靚新華同班，班主自從薛覺先、馬師曾跳槽過別班後，立意造就一個新的丑生人才，所以就到羅家權行運了。他在「人壽年」還是新紥起的正印，可是在第一套新劇《幻鎖情天》，他佔的戲場比白駒榮還多，他飾一個風流的皇帝，他挑選女扮男裝的千里駒作狀元，又挑選一個良家閨女騷韻蘭作宮嬪，卻不知狀元都是白駒榮的未婚妻，①宮嬪又是靚少鳳的愛人，靚少鳳還喬妝作宮女，混入宮幃，與愛人御園相會，羅家權卻沉醉女色，為靚少鳳戲弄，不使親近騷韻蘭，千里駒又運用手腕，造成白駒榮的功名，朝中陰陽顛倒，而羅家權懵然不覺，其昏庸狀態，令觀眾發笑。他又模仿女伶燕燕唱的《斷腸碑》，高歌一曲，腔韻俱佳，故初當台柱，即受觀眾歡迎。其後在《奇女子》一劇中，他飾演一中年富人，追逐奇女子，拜倒石榴裙下，其所唱求愛一曲，繞樑三日，結果自作多情，成人好事，完全演出丑生本色。羅家權有一趣事，他到一家成衣店買一件外褸，成衣店的店

附注

① 「都」字疑為「郎」字。

員戲弄他，給他一件早晨褸，索價五六十元，羅家權也照價買了，還當作外褸穿着，穿着長衣也穿早晨褸在外面，到品茗或赴宴會，都是如此穿着，怡然自得，但被人嘲笑他大鄉里。同行的靚少鳳，替他解嘲，說這是大闊佬的作風，蓋富豪的南洋伯，穿一套睡衣，便到處飲宴，沒有人敢嘲笑，睡衣還可作外衣着，何況羅家權穿的是名貴的早晨褸？這才替他解圍。又當時老倌下台時不願給人看見真面目，便戴黑眼鏡，羅家權也戴黑眼鏡，不料遇着他父親到戲院探班，幾乎認他不出，便大怒，罵他沙塵，幾乎要打他，後來旁人向老人家解釋始免，羅家權事父甚孝，從此不敢戴了。後來「人壽年」改組為落鄉班，仍以羅家權為台柱，《龍虎渡姜公》一劇，羅家權的紂王，演得特別出色，唱做俱佳，有「生紂王」之稱，享譽多年，後因案入獄，離舞台數年，但脫獄後，仍在省港名班當正印，與白玉堂拍檔數年，回復當年聲譽，秦小梨演《肉山藏妲己》，有「生妲己」之稱，也借重羅家權的「生紂王」為號召。近年羅從事農場，生活安閒，而演戲已當為副業，丑角人才缺乏，羅仍吃香也。

《工商晚報》，一九六四年九月二十七日

三七 白玉堂從未打敗仗

梨園老倌，常有好勝心理，譬如演主角的，遇着演武場，主角便要取勝，若編主角打敗，老倌總不高興。論到目前資格最老的小生白玉堂，他也有這種好勝心，當了正印小生四十多年，演武場戲未嘗打敗過，他說他是小生，不一定要演武場，要是打敗的，請派別人演好了。所以編劇者也知他的心理，套套戲演武場，總是白玉堂打勝，他便有「長勝小生」之綽號。已故編劇家羅劍虹，他卻有一舖扨頸脾氣，他要編一部白玉堂打敗仗的劇本，還要敗得有理由，於是他便編一部《快活將軍》，描寫白玉堂因帶病大戰，殺敗歸來心有不甘，後來得愛人將他調理，健康恢復，再次出戰，大勝而回，有一場《病挑安殿寶》排場，敗也敗得好看，而該劇結局，始終是戰勝，說起敗是因病的理由，不是不夠打，這樣說法，白玉堂才肯演。而《快活將軍》一劇，且為當年賣座齣頭，羅劍虹也向人誇口，說他說服白玉堂了。又已故編劇家黎奉元，又曾編一部三國戲《龍腹藏龍》，即《百萬軍中藏阿斗》故事，劇中由白玉堂飾趙子龍，如入無人之境，有一段戲是趙子龍馬失前蹄，給曹操兵將追到，執槍準備將他刺殺，不料趙子龍腹中跳出一條真龍，把曹將嚇了一驚，退後數步，趙子龍才安然策馬逃脫，這樣演法，觀眾覺得新奇，不過，變了龍腹的阿斗現形真龍，才救了趙子龍，卻不是趙子龍救回阿斗，值得一笑。又白玉堂生平以演紗帽戲見長，他拍千里駒演的《可憐女》大審、《千里攜嬋》的棄官出走、《血染芭蕉》之縣官哭美，均合切身分，而和陳非儂合演之《玉堂春》，他飾王公子，也是天衣無縫。不過有人說，李雪芳演《仕林祭塔》，許仕林也是演紗帽戲，可惜白玉堂未拍過李雪芳，後來勝利唱片公司也請過白玉堂和李雪芳合唱《仕林祭塔》灌片，而且推銷甚廣，白玉堂因此便有演《仕林祭塔》的願望。惟是《仕林祭塔》一劇，五星燈、李雪芳演出時，只有許生遊金山寺，為法海和尚看出有妖氣，收留在寺中，惹起白蛇精的忿怒，借水浸金山，和法海和尚鬥法，結果邪不勝正，斷橋產子，白蛇被困雷峰塔，待其子仕林高中相會便結局，對於許生如何結識白蛇精，遊湖借傘上一截戲，未嘗演出。近在任劍輝、白雪仙演《白蛇傳》之先，①白玉堂已演過《雷峰塔》一劇，即《黑白美人蛇》上下卷，一晚演完，演至許仕林祭塔止，與白玉堂拍演的是芳艷芬，高唱《祭塔會子》一曲，場場動聽，而白玉堂之仕林演得甚到家也。

《工商晚報》，一九六四年九月二十八日

附注

① 《白蛇傳》，即仙鳳鳴排演的《白蛇新傳》。

三八／花旦被罵改當小生

從前粵班，摹仿北劇，演出腳本，以鬚生（武生）、花旦為主，小武、小生、丑角，均充配角，故當時廣東武生，聲譽最隆，遠如新華（後稱老新華）以善演《李太白醉倒騎驢》及《蘇武牧羊》二劇得名，其演醉倒騎驢，講姿勢工架，使盡一百零八槌鑼鼓，賣弄醉態身形，並無一句曲講，而觀眾即喝采叫好，實為難得。至演《蘇武牧羊》亦講做工，其杖節不降，牧羊塞外，冰天雪地，艱苦盡嘗，且唱排子，且演工架，已見精彩；至猩猩女追舟一幕，老新華唱戀彈慢板二流，又與花旦演單腳上腰，車身拋鬚絕技，確有獨家功夫，無怪其享譽最盛，老年猶登台表演，真鬚假牙，而藝術不減少年時造詣也。老新華以後，武生得享盛名者為公爺創與新白菜，每年大集會，均表演雙坐車，公爺創與新白菜各演工架。公爺創善演黑鬚戲，其表演《斬子存忠》及《慾河浸女》均稱首本。《斬子存忠》且唱霸腔左撇，十分雄壯，表出忠愛難存，輕骨肉而重邦國，大義凜然，極得觀眾同情。其演《慾河浸女》，描寫一食古不化之嚴父，捨愛女而存信義，造成悲劇，演得亦扣人心絃，無怪當時為首席武生也。至新白菜則首本無多，最有名之齣頭為《百里奚會妻》，寫百里奚未得志時捨妻遠行，及榮歸試妻，該劇注重唱工關目，觀眾百看不厭。其後新白菜赴南洋走埠，亦以演該劇得名，當時拍花旦小湘鳳，有一次演封相坐車，新白菜轉身，小湘鳳閃避不及，新白菜盔頭之絨球鈎在小湘鳳之漁家樂盔頭上，卒之絨球拗斷，然後不致被擠台，新白菜入場，大罵小湘鳳為失魂魚，不會閃避叔父，小湘鳳受此一激，不作花旦，改演小武，後改小生，即後來之靚少鳳，其資望亦非輕也。公爺創、新白菜之後，武生得名者為靚榮與靚新華，靚榮亦善演黑鬚戲，如《高平關取級》、《夜困曹府》、《風塵三俠》均演黑鬚戲。靚新華善演白鬚戲，其演《伍員吹簫吳市乞食》即《出昭關》一劇，至為首本。二人均為「周豐年」羅致，當年以雙武生為號召，演雙打仔，各表演吹鬚功夫，均為觀眾稱譽。靚榮靚新華以後，受歡迎之武生，有曾三多與靚次伯二人，曾三多以排場熟，善用鑼鼓得名，他演開面戲最擅長，初在「新春秋」演《危城鶼鰈》成功，繼在「日月星」演《火燒阿房宮》飾秦始皇，演得活像魔王本色，而演《岳飛》及《四郎探母》，照京班排場，惜唱工略差耳。至於靚次伯則以坐車得名，其坐車能全身屈至與戲台平行然後起身，堪稱絕技，他因此亦飲譽不衰。

《工商晚報》，一九六四年九月二十九日

三九 演戲到老轉充武生

名伶年事漸老，有由小武轉充武生，有由小生轉充武生者，其最顯著者為靚元亨。靚元亨為采南歌童子班出身，當小武，論工架為當時小武首名，惟聲線嘶啞，歌喉略差，故新演各劇，均重口白，而不重歌唱。隸「祝華年」班，享譽十年，後走南洋，仍交紅運，間或返粵，即在名班客串，而觀眾擠擁，咸欲一覘其手采。惟自班中側重文武生後，小武亦重唱工，如朱次伯、靚昭仔等，均以能唱得賣座，靚元亨不能唱，只能以做工見勝，漸不宜於充小武，故後來在「天外天」班，轉充武生，後又在「碧雲天」與肖麗章、靚少鳳同班，亦充武生。然做工雖好，聲啞喉弱，終是一種缺憾，乃沉寂多年，只在落鄉班客串，演其首本戲《呂布》、《武松》等劇，究以對手乏人，莫展所長，復返南洋，除服務於八和會館外，並訓練後輩，俾其藝術得傳，伶人陳非儂、馬師曾均其徒弟，俱曾投其門下。此外，①小武轉充武生者尚有新周瑜林。新周瑜林曾當靚元亨二幫，藝亦不劣，其最盛時期，演《盜御馬》連集傳戲，在省港四鄉均極賣座，後與朱次伯同班，新周瑜林因不能唱，二人同班，朱次伯乃搶盡威風，新周瑜林難與爭一日長短也。乃離粵至安南走埠，亦未見佳況，晚年因與薛覺先有舊，在「覺先聲」充武生，而身

附注

① 原稿由此句開始另起新段，今依原作者行文習慣，與前段合併。

形台步，仍像小武。至年青小武即轉充武生者則為少新權。少新權初為「新中華」二幫小武，以演《興漢雌雄》斬龍沮一幕戲落力肯撻，在台上滾地者數次，又表演水髮，故得觀眾稱許，譽為「生龍沮」，第二年即為「高陞樂」聘當正印小武，以年少肯做，亦盡厥職，後接金山定，在彼邦登台，與桂名揚同得「金牌小武」榮譽。桂名揚歸國，盛極一時，而少新權歸國，聲譽平平，或以為奇，而不知有原因在焉。少新權聲線響亮，惟善唱古老腔調，唱平喉則聲線轉俗，已不為時尚，加以赴美洲後，身體肥大，成為胖漢，演小武戲，不夠風流瀟灑，故年未三十，即轉武生，演開面戲，如趙匡胤之城樓被困，高唱二王，聲若洪鐘，加以面潤體高，個子魁梧，演武生戲反為成功，轉充武生多年，歷任名班正印，目下武生，除靚次伯外，即以少新權最老資格。至小生而轉武生者，僅白龍珠一人，白龍珠為薛覺先徒弟，在「梨園樂」時充第三小生，迨離薛覺先後，在落鄉班浮沉，至抗戰時，早即在內地演劇，亦以面貌蒼老，不宜於飾演小生戲，乃改充武生，以做工唱工俱有造詣，故亦成功也。

《工商晚報》，一九六四年九月三十日

四〇 粵劇曾演清裝時裝

關於時裝戲劇，粵劇始於「優天影」志士班，及革命成功，民國成立，「優天影」志士班已不存在，當時廣東舞台戲，純演古裝戲。及後有話劇團體，以演近代史劇賣座，粵班亦相繼效尤。如《沙三少》、《殺子報》等劇，粵班亦有演出，尤以「周康年」班且演清裝戲《西太后》，連集演出，以五星燈飾演東太后、新蘇仔飾演西太后、貔貅蘇飾演太監安德海、生鬼容飾太監李蓮英、劉海仙飾袁世凱、靚全飾光緒皇、周瑜榮飾恭親王、靚就飾康有為。劇情描寫西太后爭權，把持清政府繼而演出太監爭寵、安德海與李蓮英之鬥智，及後安德海死了，西太后且哭祭一回，又寫西太后演戲於宮幃，演觀音大士，於是戲中有戲，及後李蓮英得專寵，西太后授權與他處理宮幃，對於能臣康有為主張行新政，西太后大忌，要去之然後甘心，正準備擒拿康有為，而事機洩露，康有為逃脫，又袁世凱謀刺恭親王不成，因而表忠，誓效力於清室，以及西太后奸計，光緒皇慘死，袁世凱漸漸得權，西太后依然得勢。劇情盡量揭露清室的黑暗政治，闡揚民族革命的偉大，「周康年」演該劇，盛極一時。其後又有「詠太平」亦演時裝劇，即編演民初袁世凱稱帝故事，內容穿插蔡鍔與妓女小鳳仙一段艷史，如何蔡鍔借美人計以掩飾袁世凱注目，如何逃出京，如何雲南起義師，推倒袁世凱，而袁世凱又病發神經，夢中見清室被害者之鬼魂向他索命，卒至皇帝做不成即喪命。此劇由肖麗康飾小鳳仙、小生福飾蔡鍔、鬼馬元飾袁世凱，演出成績亦美滿。其後該班繼演《雙孝女萬里尋親記》，為肖麗康、新丁香香耀時裝首本，亦能賣座。直至「大中華」班靚少華演上海事蹟警世劇《閻瑞生》，再其後則由「周豐年」排演清裝戲《宣統大婚》，劇中寫宣統之昏庸，亡國猶以帝君自比，大婚又奢華浪費，及清朝遺臣之挑撥軍閥官僚爭鬥，從中取利，而宣統大婚，又屬古式結合，原屬盲婚，諸多笑話。劇中由白駒榮飾攝政王、薛覺先飾宣統、千里駒飾宮女、嫦娥英飾皇妃、騷韻蘭飾宣統配婦，劇情平淡，只因為為當時時事，故亦多人觀看，薛覺先且以演宣統得譽。除此數齣劇本外，清裝時裝劇不多見演。西裝古裝劇則由靚少華先演《俠盜羅賓漢》、《斬龍遇仙記》，亦十分賣座。至其後之時裝戲則薛覺先之《毒玫瑰》、《不染鳳仙花》、《愛情非罪》及盛極一時之《白金龍》，原因是觀眾看得古裝戲太多，一看時裝戲，覺得換換胃口亦好也。

《工商晚報》，一九六四年十月一日

四一／周少保打人如打虎

距今四十五年前，得負盛名的小武，必需具有真正武功，並不像後來文武生，只能唱便稱名伶。當時東生、靚元亨、金山茂、鐵牛等，工架武功，堪稱一流，而年少成名者，當推周少保。周少保能唱，而武功亦不錯，其成名首本為《打死下山虎》，即方世玉打擂台故事，劇情為下山虎橫行市井，百姓受其害者不知凡幾，當方世玉武術未精通時，曾敗於下山虎手下，乃立志尋師，練習武藝，以雪此仇，其師以方世玉年輕，肯下苦功，並困之居密室，不使出外與人比武，方世玉報仇心切，從坑渠隧道爬出武館，適值下山虎擺擂台招人比武，方世玉乃應徵往打擂台，卒之打死下山虎，為百姓除害，並雪一敗之仇。周少保一躍而登，與下山虎比武，在小小一台上，連打大翻不停，被擊後退，則單腳屹立，仍不跌下擂台，及後來盡力擊敗下山虎，將之擊斃，擲落擂台下，然後打半邊月，跳落台下，觀眾無不鼓掌，周少保得以成名。其後在「祝康年」班，與朱次伯不分正副，周少保寫頭名，而所演劇本，分上下場，由周少保與朱次伯分演頭尾截，如演《十三太保李存孝》，比武一場，由周少保演，並擔綱王彥章撐渡一幕，王彥章以鐵棍撐渡中途勒索周少保，周少保演李存孝，亦孔武有力，將王彥章之鐵棍，拗成圓圈，驚服王彥章。至五馬分屍一幕，則由朱次伯飾演。又如《舉獅觀圖》，周少保與朱次伯分上下截薛蛟，舉獅一場，由周少保演，唱反線二王《小英雄》一曲，並演舉獅技藝，着重做工，觀圖一幕，則由朱次伯飾演，亦能稱職。周少保曾赴美洲鬻藝，得資返粵，在河南建私寓，生活優遊，後投第五軍當軍職，河南戲院之炸彈案亦為周少保破獲，曾為第五軍擒獲賊黨積匪，厥功甚偉。其為人好不平，如某伶不守師約，漫視其師靚元亨，周少保持槍上戲台，聲言其伶不尊師重道，擬將之為下山虎一樣打，卒由靚少華婉勸，並着某伶敬師數千元，納與靚元亨，事始寢息。周少保年三十許，即在軍警服務，不再登台演唱，抗戰時期，加入挺進隊工作，其時挺進隊在沙坪，歡迎戲劇藝第七隊，設宴招待，並邀周少保作陪，席中周少保高歌《打死下山虎》及《山東響馬》粵曲，歌喉仍在，博得劇藝界好評，其後周少保在廣寧屬當大隊長職，擔任游擊戰工作，亦曾盡力保衛國家，一心抗戰，時遇有劇團到該地演唱者，周少保亦客串演出《打死下山虎》一劇，純屬義演籌款性質，故博得抗戰後方好感也。

《工商晚報》，一九六四年十月二日

四二 生旦被擄班主度橋

清末盜賊如毛，廣東四鄉不靖，然梨園子弟，以為江湖賣技，無忤於綠林草莽，故下鄉演劇，亦不視為畏途。有一次花旦佛動心、小生耀同隸之「富清平」班接了東莞茶山的台腳，全班拉箱往演，該處戲棚，離戲船灣泊處有十多里遠，老倌上落台，至感不便，主會便預備屋宇，給戲班中人上館居住，以省上落麻煩，於是戲船便提早到達，將行李鋪蓋，提早搬上館，戲箱道具，搬上戲院，佛動心和小生耀也同時到埗。日間二人便到墟市趁墟飲茶，不料該處有一巨匪，名喚靚仔鏡，帶有賊黨頗眾，偶因屢劫不遂，經濟拮据，聞得戲班演劇，一台有二三千兩銀戲金，認為可圖，適值佛動心和小生耀在墟場飲茶，為靚仔鏡手下所見，報告靚仔鏡，便吩咐手下，候佛動心、小生耀經過，將之截住，帶返賊巢，實行標參，①然後派人與班主接頭，勒索贖款一千兩銀。班主以該晚開台若果缺少主角佛動心與小生耀，主會定然不肯照給戲金，今聞二人均被靚仔鏡黨羽標參，着急萬分，派人向靚仔鏡求情，説以環境，戲班下鄉演劇，定金無多，且已開支伶人關期及戲船拖運使用，其餘戲金，須待演完劇才清找，靚仔鏡標了佛動心、小生耀參，該班不能開台，哪有收入？慢講一千両之巨，即二二百両亦不能應付，

附注

① 「標參」，即綁架。

② 「打單」，即勒索。

求靚仔鏡先放人，錢銀事慢慢商量。靚仔鏡以班主說出大條道理，不能開台，哪有錢贖參？於是答允該班班主，將佛動心、小生耀放回，款項待演完戲找戲金照給。「富清平」於是安然開台做完五日六夜戲。惟是班主不甘給一千両銀與靚仔鏡，拉箱之日，預先報知官兵，派人保護該班人員返戲船，拖帶返省。靚仔鏡無法埋手，心有不甘。有一次，「富清平」又到東莞城戲院演唱，東莞城隔茶山不遠，靚仔鏡便召集黨羽手下，決定向該班班主報復，在開台之夕，靚仔鏡手下早已混入戲院，開槍向台上射，秩序大亂，觀眾亦有傷斃，官兵開到，靚仔鏡手下已一嘯而去，「富清平」班便損失不少，而該戲院即封住不許演劇，後來隔了數年，經過齋醮，東莞城戲院然後再響鑼。此事與後來「祝華年」遇匪事相類，當「祝華年」演《蛇仔利怕老婆》一劇獲利，為巨匪向該班打單，②「祝華年」班主，以該班甚少在各鄉演出，最多不下鄉，相信無事故發生，不料當該班在河南戲院演出，亦演《蛇仔利怕老婆》，演至新珠扮閻羅王審訊惡妻一幕，全院熄電燈，忽有一煙彈從三樓女棚擲下，擾亂秩序，雖無傷斃，而戲院觀眾，已飽吃一驚了。

《工商晚報》，一九六四年十月三日

四三／三個皇甫少華比較

演員演劇，各就個性，身分吻合，始有精彩演出，故粵劇老倌，各有一家戲，不論任何大名氣老倌，如戲路不合便無法施展其長。如蛇仔利之善演藍布長衫戲、爛衫戲，便就其長而演《賣花得美》、《怕老婆》、《臨老入花叢》、《乞兒封官》等劇，一生享譽，別家戲他素不肯演，保持藝術水準。後來老倌為爭虛譽，不重專長，而以多家戲均能演，藉以號召觀眾，然時有破綻，技非所長，為觀眾評議。例如薛覺先，以「萬能泰斗」號召，亦曾以演別人首本戲失敗，此無他，別人之專長，已所不及也。薛在「周豐年」演《狸貓換太子》，飾宋神宗，該劇編至三本，其賣座原因，以白駒榮飾太監陳琳、千里駒飾宮女寇承御，二人表演忠肝義膽戲，備極吻合，又白駒榮飾賣菜仔，亦甚貼切，故旺台甚久，為「周豐年」一年戲膽。及薛覺先自組「覺先聲」劇團，以《狸貓換太子》為北劇賣座劇本，因着編劇家梁金堂改編，易名為《九曲橋》，以昔日在「周豐年」飾宋神宗，不甚起眼，故《九曲橋》演出，飾演太監陳琳，不料他面目韶秀，演風流戲始為專長，演忠烈戲不甚適宜，其演九曲橋捧盒救太子一幕，不及白駒榮之驚惶失措態度，演棒打寇承御一幕，又不及白駒榮之慌張，迫於無奈，捧打烈女，演得令觀眾着急，而薛所演神態既不及白駒榮，觀眾看過，回憶「周豐年」時之《狸貓換太子》，確比《九曲橋》較勝，有告諸薛覺先，薛亦有自知之明，答人説：「七哥（白駒榮）確有獨家功夫，我執他的首本，自然不及他。」於是吩咐不再演《九曲橋》。又後來薛覺先以《孟麗君》故事，家傳戶誦，粵劇編為《再生緣》，亦「周豐年」有名劇本，且編至四卷，卷卷賣座，因思點演該劇，授意黎奉元編撰《華麗緣》一劇，編至六本，側重皇甫少華，因舊本白駒榮之成宗皇、千里駒之孟麗君，無人可與比技，惟舊本皇甫少華佔戲無多，《華麗緣》則不然，以皇甫少華佔戲最多，由薛覺先飾演，料可賣座，果爾該劇演出，亦一新觀眾眼目，不料演至《延師診脈》一幕，竟為觀眾批評沉悶，只由薛覺先獨唱，孟麗君呆坐診脈，表情又不如《再生緣》演出，蓋《再生緣》皇甫少華由靚少華飾演，表演得兒女情長英雄氣短，其所唱包攄滾花數句，已盡見精彩，為薛所不及。後來「人壽年」靚少鳳亦演《再生緣》飾皇甫少華，盡照靚少華曲句唱出，且表演得十分冤氣，其癡情狀態，確能感動孟麗君。三人演皇甫少華，惟薛覺先最不合身分，故該劇只演至診脈，即停編下截，蓋薛亦知演出不如人也。

《工商晚報》，一九六四年十月四日

四四　葉弗弱在安南趣事

葉弗弱是四大名丑之一，他生就了一副詼諧的面孔，一舉一動，令人發笑。他在「大羅天」時，演小生戲，卻平平無奇，及後薛覺先頂受「大羅天」的班底，組織「覺先聲」劇團，葉弗弱才正式轉充丑生，其演《戎服傳詩》飾一個怕死的千總，演《粉面十三郎》飾一個懦弱的莽夫，及善演員外吝嗇好色，君王為美女所迷，各種諧角，因為「覺先聲」台柱之一。後來他轉過「義擎天」，拍千里駒、靚少鳳，演《燕歸人未歸》，飾一個村夫假扮王子，到異國求婚請援，笑話百出。他演《七十二銅城》飾一個愛國俠盜，亦莊亦諧。他演《花落春歸去》飾花花公子，意外良緣，娶千里駒為妻，洞房一場，談吐失儀，醜態百出。他演《零落花無語》飾一個好色縣府，遺棄愛人，在外產下一女，長大淪為妓女，父女在妓館相遇，猶不知是親生骨肉，演來令觀眾着急。總之葉弗弱最紅的時期，算在「義擎天」一班了，其後他在「萬年青」拍黃鶴聲、李翠芳，且演開面戲，在《十萬童屍》一劇飾屠岸賈，威風十足，兇殘畢現，亦為其成功傑作。可是他除了演劇之外，也有令人發笑的事件，記得有一年，他和黎笑珊、謝醒儂到安南演劇，那時安南是法國屬地，他們就住在一間法國上等酒店，酒店裏陳設華貴，葉弗弱發覺他的房間，有一隻很大的法國瓷器，像是有耳大湯碗，他便叫一盤菜，擺在那器上，請謝醒儂、黎笑珊同吃，津津有味，侍役看見，無不大笑，葉弗弱莫名其妙，追問侍役，原來那個瓷器是法國婦女用的浴盆，他三人聞得自己做了大鄉里，把浴盆當大湯碗，一時傳為笑柄。又有一次，葉弗弱到澳門演劇，與李艷秋、東方朔同往，東方朔是李艷秋的師兄弟，演劇戲場無多，因閒便時到賭場消遣，買番攤色寶屢次均贏，事為葉弗弱所知，因動賭興，由東方朔作引導，到賭場去，起初注碼很少，十元一次，因果然中了，他貪勝不知輸，便下大注碼，不料連戰皆北，輸了二三百元，連呼「貪字得個貧」。又葉弗弱好玩雀，他買了一隻畫眉，十分好唱口，帶埋開班，晨早便唱，同班各人，演劇至深夜始散，早晨又被畫眉唱醒，深覺討厭，會有女朋友請葉弗弱食飯，班中同事有同往者，乘機對葉弗弱說，她是信佛之人，當知放生，那隻畫眉，應該放生，俾雀鳥也有自由。葉弗弱聽了，亦為意動，不料他和女朋友食飯事，給他太太知道，又聞他要放生畫眉，便阻止葉弗弱，她說：「你不得自由和女朋友約會，你的雀也不得自由。」葉弗弱亦無可奈何也。

《工商晚報》，一九六四年十月五日

四五／敬奉田竇二師由來

廣東為革命策源地，故粵劇伶人，亦有革命性，昔嘗編話劇《陳子壯》及粵劇《節義歌》，引述清初廣東戲人革命事蹟，不可埋沒。陳子壯生前，納交名妓張二喬，有文字姻緣，又廣蓄梨園子弟，宣揚民族精神，及陳子壯殉節，張二喬及梨園子弟，均為李成棟所得，李成棟為降將，而受制於佟養甲，後為張二喬感動，復為梨園子弟説服，蓋戲人雖粉墨登場，猶穿明服，而李成棟降清，着胡服而聽漢歌，能無國族之感。且佟養甲積不相容，終無善果，於是李成棟乃回心轉意，率部反清復明，驅逐佟養甲，此為清初革命事蹟，亦粵劇界之光榮。至演粵劇而針對清室者，則余亦曾編《年羹堯與甘鳳池》一劇，年羹堯為漢人，為清帝所用，組「血滴子」黨羽，壓制漢人，時與年羹堯對立者，為甘鳳池與呂四娘，寄身武俠，以反清復明為己志，而年羹堯自恃功高，不納甘鳳池規勸，其後招清廷之忌，一夜連降十八格官職，卒至賜死。此劇前人亦有演出，且在太平天國年間盛演，亦以宣揚革命為本旨。至歷朝帝王，看重戲人者，以唐為始。唐對功臣，極力褒揚，建淩煙閣，尉遲恭、秦瓊等均受供祠。李世民稱帝，後稱唐太宗，亦紀念功臣，在宮廷演劇，排演《樊噲排君難》一劇，即演鴻門會宴事蹟，以獎勵忠臣，後唐莊宗李存勗，亦力倡戲劇，有伶官之設。而後人謂後唐之亡，亡於伶官，於是後代帝王，對梨園子弟，多所壓抑。然戲劇工作者富有革命性，具有尚武精神，尤以粵劇界為然。清季粵東梨園子弟，多習武技，且宗少林派，時與清廷官吏作對，當時粵劇界有瓊花會館設在佛山，羅致有武藝之梨園子弟。及洪秀全革命，粵劇人李文茂，以明裝獻上太平天國，又率梨園子弟，屢立戰功，效力革命，直至太平天國失敗，李文茂等亦不免，率至解散瓊花會館，禁止唱演粵劇。其後粵東梨園子弟取巧，以演粵劇為京劇，並集合戲人，重建會館，即後來黃沙之八和會館，當時戲人甚眾，會館繼續收戲金佣銀，續建公所及宿舍，雖然當時與主會打合同，聲明演京劇若干套，實際上仍演粵劇，不過粵劇在禁演之列，故不得不掩耳盜鈴等。而會館又供奉華光師父及田竇二師，根據老戲人所述，至田竇二師，傳為田竇二童子，從前粵劇中梨園子弟，敬奉李竇二師，追源求始，疑是數奉李竇及竇氏夫婦，①及後來恐敬唐漢帝王，觀怒清室，②又以李文茂革命之嫌，瓜田李下，故不奉李竇二師，而敬奉田竇二師耳。③

《工商晚報》，一九六四年十月六日

附注

① 「李竇及竇氏夫婦」、「李竇」疑誤，應指後唐莊宗李存勗。「竇氏」，即漢景帝時的竇太后。

② 「觀」字疑為「觸」字。

③ 以「田」代「李」，是借「瓜田李下」的暗示意思。

四六 林坤山以幽默成名

粵伶有不少受過高深教育，始學演劇者，如陳非儂為嶺南學生，後加入「琳瑯幻境」演話劇，以演東太后得觀眾推許，故學習粵劇，已有演劇根柢。薛覺先為聖保羅學生，中英文略有修養。靚少鳳、馬師曾均曾讀過私塾，對國學略有認識。靚雪秋為宦門子弟，亦諳中西。故凡學問根柢較好之演員，成名亦易。至以演話劇出身而學粵劇者，亦多知識分子，如林坤山亦為「琳瑯幻境」演員，未演粵劇時，曾任育才書院教師，故演粵劇，出口成章，語多幽默，故彼稱為「戲行幽默大師」，而他真以夠幽默成名，演粵劇一二年，即掌正印，歷任「大羅天」、「大江東」、「新中華」、「覺先聲」名丑，尤以演時裝戲更為出色，究竟林為話劇演員，不脫話劇本色，在舞台仍未算十分得意，轉而拍電影，其成功作品有《鄉下佬遊埠》、《孤寒財主》、《兒女債》等，不只為電影界有名之諧角，且為性格演員，其聲譽在電影界比粵劇更響，惜老年多病，去年以喉癌發作逝世矣。其次為朱普泉，朱亦為「琳瑯幻境」演員，演《殺子報》之和尚、《西太后》之安德海，均有成就，入粵劇界初加入「寰球樂」，以專演師爺、書僮等，着戲服演劇略嫌生硬，其後加入「人壽年」，演《裙邊蝶》之梁山伯祝英台塾師，一鋪八股氣象，令人發噱，然在粵劇界亦不算成功，後轉拍電影，演《沙三少》之譚亞仁，已奠定成功基礎，其口吃對白，觀眾甚多學習，香港淪陷年間，無電影可拍，生活拮据，潦倒而亡。還有新劇鉅子之伊秋水，初名伊笑儂，亦演話劇出身，演粵劇雖當正印，而歌喉嘶啞，卒之失敗，惟拍電影，則交紅運，戰後尚拍過幾套片，年前亦因病逝世，觀者惜之。近年電影以舞台紀錄戲搬上銀幕，殊不知電影與舞台劇不同作風，在電影成功，在舞台往往失敗，且以電影票價低廉，影響粵劇賣座，舞台紀錄片，為造成粵劇衰落一原因。至粵劇伶人，有全放棄粵劇而厠身電影界者，則為黃鶴聲一人，黃鶴聲亦受過中上學校教育，其父為軍界人物，當黃鶴聲未成名時，其父遍覓人指導，務使其子成功，始遂心願。黃鶴聲為八和會館第二期學生，初掌「覺先聲」正印小生，後在「勝壽年」當正印小生，以《紫禁城搶婚》飾唐龍光出名，其後任「大羅天」、「萬年青」班主角，且善反串花旦，為青年有希望之人才，惟近年對粵劇已看淡，厠身電影界，不作演員，執導演筒，為粵語片名導演之一，一時享譽紅氍毹上之演員，一變而為電影名導演矣。

《工商晚報》，一九六四年十月七日

四七／袁準獲人科錢娶妾

伶人由演劇而轉編劇的甚多，由編劇而轉演劇的只有袁準一人。袁準讀過私塾，熟識舊學，有書卷味，他初由戲迷而結識伶人，愛好戲劇，便隨余學習編劇，他第一部劇本便是《皓月泣殘紅》，給「義擎天」班千里駒、靚少鳳、葉弗弱、李艷秋主演，成績不錯，可是他醉心於演劇，他寧願演反派丑角，也得在舞台與觀眾見面。他演劇老是丟書包，連古人的對聯也念出來。他演《節婦四牌樓》，他居然唱：「綠水本無愁因風吹皺，青山原不老為雪白頭」，他飾演一個逼人失節的富家公子，卻還吐出書卷味。又如他演《玉梨魂》飾書僮，他也說出兩句精句，他說：「竹本無心添孽障，花如解語認東皇」，書僮而講話咬文嚼字，本來不合，不過袁準表示他是讀書人身分，便不管是否吻合劇中人了。他因為演劇，得一個女戲迷愛慕，願做他的妾侍，袁準卻沒錢娶她，他便替「大羅天」班編一套《落花時節》，劇中大有「薄命憐卿甘作妾，傷心恨我未成名」之意。後來李艷秋發起科錢給他娶妾侍，他因此自認艷福不淺。當省港男女班解禁，他為譚玉蘭編過兩本劇頗賣座，一本是《甜姐兒》，一本是《金盆洗祿兒》。那時他演劇尚屬幼稚，出台飾演老家人及太監，可是他並不心灰，直至「玉馬劇團」演《桃花扇》，他演阮大鋮，逼李香君撞柱一幕，至為精巧。其後他就在別班當正印，雖然日子甚輕，亦能稱職。又記得他在某班曾經客串，拍某名伶，某名伶飾演一懷才不遇之讀書人，埋沒為一塾師，怨天怨地又謂世人不識其才華，袁準客串飾書僮，向塾師說：「君子不怨天，不尤人，必也命乎，時來風送滕王閣，運去雷轟薦福碑，才人得志，亦時運而已。」某名伶啞然，繼向他說，彼本有一愛人，因彼失意潦倒，故羞與為伍，彼實一片癡心，因此久憶成病，無能慰解。袁準又丟書包道：「聖賢三十不動心，汝為一塾師，並非侯皇，胡為寡人有疾，寡人好色哉」。某名伶被他戲弄，益窘，於是說：「書僮不必多言，余今有病，賴有藥方一條，你可往藥材舖為我執藥，藥材舖在我後門小路轉角，你可走快幾步，執藥回來。」名伶之意是想袁準早些入場，免在台上駁嘴，無奈袁準戲癮大發，不捨得入場，他又對塾師說：「君子行不由徑，況疾馳乎？」他不肯入場，某名伶無奈，自己入場，在後台與袁準口角，謂書僮而曉丟書包，不合戲文，袁準謂讀書人之書僮，飽受薰陶，當懂得文章，書僮也曉丟書包，塾師才學可知，某名伶莫奈他何，將之驅逐，一時傳為笑柄。

《工商晚報》，一九六四年十月八日

四八／赴盛筵食魚起雙飛

有一年，本港某紳極力捧場「寰球樂」班，為提高伶人地位，在香港大酒店設宴饗該班正印二幫老倌，那時該班人腳為靚東全、朱次伯、新丁香耀、小丁香、新細倫、文明瑞、靚蛇仔、子喉七等，聞得某紳在大酒店請客，新丁香耀為班主女婿，關心伶人禮節，吩咐各人小心守禮，免至貽人笑柄。惟是當時丑角某，一到大酒店，連帽子也不脱，先鬧笑話，後來新丁香耀叫他脱帽子擺在衣服間，他才把帽子交過侍役。到食餐那時，大酒店規矩，是將一盤載滿菜，給食客叉落自己的碟上，幾位客人，便預備幾位的菜，例如炸魚，便每客一塊，用盤捧上來進菜，各人將自己一份叉落碟上吃，①當時侍役送菜各人，至某丑角、靚蛇仔便是最後兩個，那盤魚也只剩兩塊，不料文明瑞喜歡吃魚，把兩塊魚叉落自己碟上，輪到靚蛇仔沒魚吃，靚蛇仔當堂反面，對某丑角説：「一人一塊，你那得食埋我份！」當堂將那塊魚搶回自己碟上，侍役掩口竊笑。某丑角又好飲佛蘭地，叫的一支拔蘭地，竟然邀新細倫和他猜枚，新細倫知道在大酒店不能太嘈，猜枚也細細聲，可是某丑角猜得高興，越叫越大聲，八皮九祥之聲，不絕於耳，弄至各檯客人，也向他們注目。新丁香耀急極，走至他身邊，低聲告他大酒店規例要

附注

① 原報缺字，「叉」字按上下文及原作者措詞習慣推測補上。

清靜，不得大聲，他始收口。食完餐各人到衣服間取回帽子，某丑角又不給貼士與侍役，由新丁香耀代給。某丑角讀書很少，而且專讀別字，那一晚演《嫦娥奔月》，他飾演一個大臣，在后羿和嫦娥面前稱頌后羿，原曲是：「主上風流瀟酒不愧一個英勇君王」，某丑角讀錯了，他說：「主上風流瀟酒不愧一個英勇君王」，台下大笑，朱次伯飾后羿，當堂向他挖苦，他說：「為皇又不會在大酒店飲佛蘭地燒酒，又不會猜枚，還是卿家風流。」某紳在台下也笑起來。那夜所演的《嫦娥奔月》是記述逢蒙學作皇帝射於后羿，②后羿為一國之主，想登仙，求真人賜道術，日夕藥爐煉丹，置國事不顧，弄至百姓飢餓，逢蒙便反叛他，高舉義師，某丑角飾大臣，倉惶呈報后羿，原曲是「義師如火如荼無能遏止，逢蒙引兵作叛經已迫近京師」，某丑角不識字，又讀錯了，他說：「義師如火如荼無能渴止……」，朱次伯大笑道：「百姓又不是飢餓，不過口渴，連茶也不准飲才是暴君。」弄到某角不知如何說落去，新丁香耀才加兩句口白解圍。

《工商晚報》，一九六四年十月九日

② 「作皇帝」，疑為衍文，此句疑作「……記述逢蒙學射於后羿」。

四九／名班落鄉選劇趣事

從前戲班落鄉，點戲須迎合鄉下人心理，然後台腳肯出高價。有些鄉村，婦女多不落家主義，鄉人娶了妻子，有幾年也未洞房者，如此陋習，遂致鄉村人口漸弱，父老憂之，乃設法撩動春心，每年清明，當不落家婦回到夫家，該鄉便請戲班到演，點演《賣胭脂》、《賣絨線》、《賣馬蹄》等齣頭，使其心動，與夫燕好，翌明產子，①又再演劇慶賀，故這些劇本雖在省港受禁，到鄉村依然演出，且受歡迎。有一次，「周豐年」落鄉，點演千里駒首本《可憐女》、《昭君投崖》、《燕子樓》等劇，演了三晚，主會到戲班，連呼不好戲，要扣戲金，班中主事者心有不甘，詢問原故，主會謂該鄉演劇，志在看過戲添增人丁，今演戲數晚盡演苦情戲，如何撩動婦女春心？且千里駒故名，以演風騷戲見長，如《荷池蕩舟》、《夜送寒衣》等戲，表演風騷，撩人情意，方合該鄉觀眾。班中主事者無奈，乃將其餘兩晚戲，改演《荷池蕩舟》、《金生挑盒》、《夜送寒衣》，主會然後滿意，不扣戲金。又當省港淪陷於日寇時期，鄰近四鄉亦落在敵偽手中，然四鄉仍然演劇，且常聘名班往演，藉開煙賭，粉飾昇平。有一次，聘「錦添花」往演，「錦添花」為陳錦棠作班主的省港班，有多年的金字招牌，而且有「狀元領班」的聲譽，相信一

附注

① 「翌明」，疑為「翌年」或「明年」。

定受歡迎，惟是陳錦棠所演之首本，如《大明英烈傳》、《海上紅鷹》等劇乃是反漢奸反間諜劇本，《烽火霓裳》、《橫斷長江水》、《紅俠》等劇又為抗戰劇本，《紫塞梅花》、《海角孤臣》、《平戎帳下歌》、《飛渡玉門關》等劇俱有民族愛國意義，在當時環境，勢不能點演，乃點演《雷雨》等齣倫理言情戲劇，不料主會看過，認為不合眼，而觀眾亦為看武狀元之武工而來，並不想看文藝劇，主角一定是假武狀元，並非真武狀元陳錦棠，聲言要扣戲金。班中人無奈，向主會解釋，陳錦棠主演打鬥之首本，均為抗戰劇本，此時此地，不能演出。如是《銅網陣》、《九龍杯》又要關影憐、李海泉、盧海天、譚秀珍搭檔演出始見生色，一個武狀元，不能演獨腳戲，至如何辯白主角乃真武狀元陳錦棠，並非假冒，可點演古老武工戲。乃點演《三氣周瑜》，陳錦棠演周瑜，始於「日月星」班《趙子龍》一劇，他有「生周瑜」之稱，演二氣周瑜蘆花蕩一場，表演水髮搶背武功，演至滿場飛，觀眾喝采，他演完《三氣周瑜》，又演《生武松》，打虎及大鬧獅子樓兩場，俱盡力表演，打級翻及半邊月，活現小武本色，觀眾然後滿意，陳錦棠也挽回武狀元聲譽。

《工商晚報》，一九六四年十月十一日

【編者按】《工商晚報》一九六四年十月十日休息，沒有《梨園趣談》，十月十一日始續刊。

五〇 班中賣錢劍獲厚利

名伶演劇，多重宣傳，記得女班全盛時期，李雪芳以「金喉唱旦」盛譽，到上海演唱《仕林祭塔》，獲得看北劇的觀眾歡迎。彼輩以聽戲為看戲，首重聽唱工，李雪芳適合觀眾要求，贈以「北梅南雪」美譽。「北梅」指能善唱善演之梅蘭芳，「南雪」則指李雪芳，故李雪芳返粵，即製一幅橫額，上繡「北梅南雪」四字，以增聲價。後來薛覺先以「北梅南薛」為號召，實利用「北梅南雪」四字取巧。至當年蘇州妹，以「北梅」聲譽較「南雪」為響，彼亦為林綺梅，乃自稱林綺梅為「北梅」。李雪芳赴滬，慕北劇藝術，祭塔首板一句，亦學北腔倒板，故當時觀眾，有「南雪已降北梅」之語，林綺梅始終演南派藝術，故謂「不降北派」，此皆宣傳語也。然除宣傳外，李雪芳更重畫景爭雅。其演《仕林祭塔》，配雷峰塔真景，塔上高掛電燈，而李雪芳之盔頭，亦為電燈盔頭，至所坐之椅，亦為電燈椅，一坐椅上，電燈即着，故李雪芳當時，風頭甚勁。而蘇州妹亦不甘示弱，其演《桃花源記》一劇，亦配有電燈鏡一個，電燈一着，蘇州妹即在鏡中出現，當時不獨女班重電光佈置，男班靚元亨、靚少華，亦坐電燈椅。以增聲價，至後來「新中華」班赴滬歸來，又學得海派作風，製電燈牌，用電燈砌伶人名字，白玉堂、肖麗章皆有電燈牌，每當出場，電燈牌即着，介紹觀眾，故陌生初看劇者，亦知為白玉堂、肖麗章。至「梨園樂」時期，陳非儂演《天女散花》，為宣傳計，在生花店訂製一大花籃，擺在戲院門口，宣傳散放生花，演劇時以香花擲給觀眾，看者以拾得鮮香之時花為快，踴躍來觀，可見伶人演戲，對宣傳之注重。又如戲班逢四月初八萬佛誕及師父誕，例即點演《香花山大賀壽》，伶人又以齋戒為號召，以示聖潔，演韋陀者，出場時掛滿錢劍，入場然後解下，並謂錢劍一經韋陀佩過，即可治邪，並可治小兒急慢驚及邪風，故觀眾出重價以買錢劍，班中售劍者亦獲得厚利。至桃心灑金錢，觀眾亦以拾得為樂，故逢演《香花山大賀壽》，觀眾倍眾，至從前某政要壽辰，亦曾僱名班在海珠戲院演《香花山大賀壽》慶賀，歌舞昇平，並將對號位頭十行票盡贈戚友下來觀，而桃心大灑金錢一齣戲，某政屬要並給以數百金仔，散給觀眾，作為賀壽利是，空前闊綽，而伶人更為其跳加官，賀其加官進爵，福壽無疆，某政要亦親到戲院看劇，睹此大樂，而戲班亦得其賞賜，到處為某政要歌頌焉。

《工商晚報》，一九六四年十月十二日

五一／舊時老倌分場演劇

昔日演劇，日演正本，夜演齣頭，正本每日一套，齣頭每晚有三齣頭，故舊時老倌，分場演劇，如正本小生，三幫先演別家，二幫演落難，正印演高中，如二三幫演正本戲演得好，即有擢升正印希望，至夜戲則演三齣頭，一齣為正印武生、正印花旦戲，一齣為正印小生、二幫花旦戲，一齣為正印小武、三幫花旦戲，每套戲尚有重要角式，由丑角及各二三幫腳式擔綱，如此二三幫亦有演劇機會，擢升正印，亦由其努力演唱得來。如昔年之靚少華，初以演《再生緣》飾演靚新耀所飾之皇甫少華頭場，因演得好，即升正印。白玉堂則由夜戲第二齣戲拍新蘇仔，演《紅樓夢》之《空中樓閣》飾賈寶玉，即被別班搶聘去當正印。小武靚就以多替靚元亨演正本頭場，因而開班自當正印。故當時演劇，非如今日，只重幾條台柱演劇，配角幾無機會露面。最幸運者，為薛覺先當拉扯時期，即由班主賞識，開戲多給他場口，兩年便升正印，三年便自當主角。而浮沉多年，始得成名者，則有朱次伯，當過正印，再當二幫，卒由二幫再升正印，享譽最盛。而花旦嫦娥英，則作千里駒二幫六七年，然後開班當正印。至近年盛譽之伶人，奮鬥最久者，如新馬師曾，童角即為正印，力習演技，武工文戲，均經長久學習，廣州失陷後，來港拍薛覺先及廖俠懷，始得一帆風順，日子亦不為不久也。麥炳榮則初在落鄉班演唱，後往上海，遇「大羅天」廣覓人才，聘返廣州當正印小生，為黃鶴聲配角，後自組兄弟班，亦為黃千歲配角，加入「太平劇團」，更演配角戲，未得露鋒芒，及後入「覺先聲」班，因演「四大美人」，薛覺先反串，他才有機會演戲，演《西施》尾場，薛覺先飾西施，麥炳榮飾范蠡，儼然以主角姿態出現，演《王昭君》出塞一場，劉文龍亦重要腳色，加以他唱做平穩，頗漸有成就，故近年人才缺乏，麥炳榮之資格及演技，已不易得了。至武狀元陳錦棠，亦曾為薛覺先副車多年，自為主角亦多年，近以年事漸高，已非少年時拚命打武時期，其盛年時之演技，已不復睹了。而新紮師兄最紅者為林家聲，以仿薛覺先唱工身形，而今年尚少艾，肯落力演出，故亦受觀眾歡迎。次為童角出身之羽佳，亦有前途。其他如關海山、文千歲等，走落鄉台腳，始作主角，苦無機會在戲院多演出，掙扎困難。總之目下粵班，人才低落，又無地盤，紮起不易也。

《工商晚報》，一九六四年十月十三日

五二　廖俠懷喜演花旦戲

從來小生小武，多生得面貌清秀，態度翩翩，有此儀注，①方受觀眾歡迎。後來小生、小武，面貌清秀者，紛紛以反串女角為號召。其最著者為薛覺先，反串女角，無論對時裝古裝，都非常像樣。有時更而扮媽姐，亦扮演為如初寫黃庭，恰到好處。餘如黃鶴聲，亦以反串女角得名，黃鶴聲反串女角，以少女為主，因有嬌滴滴的歌喉，苗條的體態，故他演反串戲亦獲得戲迷歡迎。然演女角戲亦重做工，並非面孔艷麗始得成功，觀乎廖俠懷，可以為例。廖俠懷貌本不揚，只合於演丑角詼諧戲，無反串女角的優越條件，不過事有出人意外者，當他在「新春秋」那一年，班中編演《玉蟾蜍》一劇，內裏有王子扮宮女試探宮主真情一幕，主角陳非儂，屬意廖俠懷扮美，廖俠懷自以其貌不堪他反串，且又不擅子喉，初有怯意，後得陳非儂鼓舞，姑且一試。而演至遊説宮主一幕，進糖果與宮主食，以糖蓮無心，蓮子苦心，當知有苦心人為宮主顛倒，蓮藕則越食越有，表示有情，藕絲雖長，不及情絲萬丈，廖俠懷在這一幕中口角風生，觀眾感覺饒有興趣，不以其貌寢為嫌。《玉蟾蜍》一劇，竟為「新春秋」全年最收旺台之效的齣頭。其後廖拍薛覺先、白駒榮演《劉金定斬四門》，薛覺先演劉金定，反串紮腳，

附注

①「儀注」，即禮節。

惟另需刀馬旦一角，亦紮腳演出，乃屬意廖俠懷，廖乃苦練踹橋，務演得紮腳成功，果在救駕城門一場，賣弄花旦身形，亦有精彩演出，從此粵劇觀眾皆知廖俠懷能演花旦戲了。又後來廖俠懷、黃千歲師徒拍譚玉蘭，擬演《西廂記》，《西廂記》雖以崔鶯鶯、張君瑞為主角，而紅娘一角，實為搶主要角，廖俠懷乃自告奮勇，紮腳飾紅娘，譚玉蘭紮腳飾鶯鶯，果然演出遞柬一場，有半驚半恐狀態，待月一場，推衾送枕，廖俠懷亦演得細膩，至拷紅一場，紅娘與夫人舌戰，廖俠懷更演得出色，果爾以《月底西廂》為號召之《西廂記》演出後，廖俠懷有「生紅娘」之譽，而他的反串女角戲，到達成功之境了。至廖俠懷自編之《花染狀元紅》一劇，反串中年婦人四姐，淑德賢良，守節撫女，並善待前妻遺子，對兒女婚姻、兒子功名，盡力成就，活現一慈母典型，表演是劇，只重做工，不論相貌，故廖俠懷演得恰到好處。其後半日安演是劇，亦以廖俠懷演技為規範，亦得成功。廖俠懷在「勝利年」一年，新馬師曾反串穆桂英，廖俠懷亦反串木瓜，罪子一幕，木瓜叫轅，②純為花旦戲，廖俠懷亦演得勝任，故廖尚向人言，③不羞貌醜，喜演花旦戲，蓋每演必成功也。

《工商晚報》，一九六四年十月十四日

② 「叫轅」，罪子一幕飾演木瓜的演員在轅門外表現身段和唱段的演出。

③ 「尚」字疑為「常」字。

五三／老僧古弓贈關德興

偶過北角關德興藥局，門外有關德興張古弓作招牌，因談談該弓來源。港戰前，關德興已返內地義演二次，其所演劇本，均抗戰尚武意義，且表演神鞭，以粗線條演技，得民眾擁戴。港陷後，逃避至沙坪，後組織劇團，沿西江、桂、柳以至曲江演唱。當經西江某地，有一寺觀，為一名老僧主持，老僧武藝超群，年七十許，猶能舉重百斤以上，且日常持一古弓，開三四次，以練體力。據云該古弓需有五百斤力，始能張開，關德興本為健者，孔武有力，睹此古弓，亟欲一試身手，又恐開罪老僧，乃以進香為名，到該寺向老僧求教。該老僧以關德興能潛修武技，且重氣節，深敬其人，乃以古弓給關試開，看其臂力，而關果能張弓數次，老僧大悅，關乃乘機向老僧要求，欲購該古弓，俾得向民眾表演，初恐老僧不允，而該老僧卻大方非常，謂該古弓懸掛寺中多年，無人能張開，今關既能張弓，具見武藝精深，本寶劍贈俠士之義，慨然以古弓相贈，關大喜過望，而老僧更囑關多演忠義劇本，勿負民望。關乃着手編演關公戲，蓋彼既姓關，當以關帝為宗祖，演關戲適合身分。初只演《華容道》及《水淹七軍》兩齣。及抵曲江，余為其編撰《千里送嫂》、《月下貂蟬》等。①關德興每演關戲，即在台上安設關帝靈

附注

①《月下貂蟬》疑為《月下釋貂蟬》。

位，虔誠叩拜，齋戒沐浴，然後出台，而觀眾有信奉關帝者，亦到台上叩拜，備極尊敬，或有以元寶燒化，或燒炮仗，以壯關出台聲威。關戰後回港，過淡泊生涯，曾拍美洲歸來之花旦麥顰卿在長洲演出，又在香港九龍外圍演出神功戲，但在港九戲院，絕鮮演出，鬱鬱不得志。雖拍電影武俠片《黃飛鴻》，拍至數十本，而在舞台則日漸沉寂，然關曾為八和粵劇協會主席數年，關接事，遷新會址，並處理該會債務，數年來終盡厥職。關以演劇不得志，閒習書法，亦有成就，並倩文人代繕關聖史蹟，印出專刊，以尊重宗祖，該書並不售賣，只贈送一般崇拜關聖節義者。數年前關子阿全，在美服務軍職，歸港省親，勸關重赴美洲，關亦意動，乃在港開書法展覽會後，攜同其所書之書畫，再渡美洲，舊地重遊，復得宗人擁戴，在彼邦間或登台，然均義演籌款，所演劇本，盡為關戲，亦得僑胞歡迎，且遍贈關聖史蹟專刊與美洲知音，又曾屢開書畫展覽會，成績美滿，受僑胞賞識，且為白宮要人召人白宮，重詢關聖節義烈蹟，宣揚古國文化，伶人而得入白宮者，關為第一人也。

《工商晚報》，一九六四年十月十五日

附錄

共話十三郎

本文是二〇一六年七月二十五日香港書展「南海十三郎的傳奇人生」講座的對談記錄，記錄焦點集中在朱少璋博士與阮兆輝先生對談的部分。本文在客觀、準確記錄對談內容之同時，會按實際需要調節少量詞句、修訂若干口誤，以及刪去與主題無關的插白。文稿由葉翠珠小姐筆錄，朱少璋博士修訂，並經阮兆輝先生過目確認。

活動：二〇一六香港書展講座

講題：南海十三郎的傳奇人生

日期：二〇一六年七月二十五日

地點：香港會議展覽中心會議室 S425

講者：朱少璋、阮兆輝

朱：接下來談談輝哥眼中的十三叔。我先說一說，十三叔早年真的被人拍下了照片，樣貌真的酷似乞丐，衣衫襤褸、蓬頭垢面，在他精神久佳、情緒不好的時候，會大吵大鬧。但有時，大家又會見到他衣冠楚楚的模樣。所以我想問輝哥，因為輝哥是的目而觀，親眼見過十三叔的，不是聽傳聞的，所以我想問輝哥眼中的十三叔究竟是蓬頭垢面的十三叔呢？還是衣冠楚楚的十三叔呢？輝哥！

阮：兩個模樣都不是。

朱：哈哈，兩個模樣都不是！請輝哥發揮、解說一下。

阮：嗯，我所看到的十三叔……在我出身後不久，常常看到他。有時會在灣仔遇見他。我澄清，雖然杜國威是我兒時玩伴，有些關於十三叔的資料，也是我告訴他的。不過，我在這裏澄清，我從來沒有見過十三叔披頭散髮。也許他有一段時期披頭散髮而我沒有看到也說不定，我不敢爭辯。但在我印象中的十三叔，頭髮並不散亂，而是很整齊的，不過西裝就有點陳舊破爛，給磨得「起鏡面」的，他總是穿西裝結領帶。他有三個特色：不論天冷天熱，他總是左手搭着一件「乾濕褸」；第二，經常捲着很大卷報紙，就是把報紙捲成一卷，連同乾濕褸，就用一隻手挾着；還有一個特色，現在不很流行了，大家從前有沒有擦過鞋？有吧。是不是把香煙盒的紙「楔」住鞋的周邊，因為怕鞋油弄髒襪子，大家有看過吧。這就是十三叔的鞋與襪之間就常常夾插着幾塊香煙紙，好像常常都在準備擦鞋。這就是他的特色。十三叔便經常是這樣子的。這便是我看到的十三叔。同時，想說說的是，舞台劇裏十三叔最後的形象（指潦倒冷巷街頭的形象），我是很反對的，他不至於這樣，絕對不至於是這樣的。你說他精神有問題，當然，如果沒有問題就不用住進青山醫院，對吧？這件事，我們姑且不論他受過甚麼打擊……我曾見過他罵人，但沒有見過他打人，我見到的十三叔並不暴力。他有時發牢騷，講話會越講越大聲，這是有的。我為何會看到他呢？他經常到陸羽茶室，當時陸羽在永吉街，戲班的人下午會在陸羽茶室三樓喝茶。陸羽很有趣，樓下某個時間至某個時間，便會有某羣人聚集；二樓某個時間至某個時間又會有另一羣人……

朱：有些是收藏家，有些是畫家……

阮：嗯，書畫、古董、銀行——那時金融還未流行，當時也很少人投資股票——還有匹頭舖。總之，每一個行業，都佔據茶室一段時間，又佔據了差不多整個樓層。而茶室的三樓通常下午兩點左右到三點便有很多戲班的人，當時的名伶通常都會在那裏出入、聚會。雖說十三叔是經常去茶室，但一定不是每一天都去。見到他的時候，他總是穿西裝、結領帶，就像我剛才所描述的造型，雙目炯炯有神，架副眼鏡，有時有點鬚根，即是鬍子刮不乾淨的那種鬚根痕跡，絕對不是蓬頭垢面，絕對不是衣衫襤褸，是很精神地走上來的。他和我師傅感情頗好——我師傅是麥炳榮先生。他常常走過來，是先和你說清楚才坐下來的，並非有恃無恐地白吃白喝。他一走過來便說：「阿牛！」我師傅便說：「十三哥！怎樣了？坐吧！」他便敲敲桌子，對着我師傅說：「喂！一籠叉燒包。」我師傅便說：「坐吧，坐吧！你吃吧，吃吧！」他才坐了下來，絕非不由分說便坐下來叫東西吃的，而是會先跟你說明。他就是這樣的一個人。當然，在言談間，對當時的現象不滿，這是有的，大家在他的文章也能看到他發牢騷。他如果不是發牢騷，又怎會有這麼多事呢？看他的經歷，大家都可以理解他為甚麼會發牢騷。偶然他會大發脾氣，譬如如果有人觸及他某些傷心事等等，他便會大發脾氣，會吵鬧，但不會擲東西……總之並不是暴力的。有一件事我敢證實起碼百分之八十是真的，就是陸羽茶室聘請一印巴籍人士把守茶室門口，就是為了他。為甚麼要聘請印巴籍人士把守茶室門口呢？那是因為廣東人認識他，他在眾人的心目中都有地位，若要強行把他拉走或拒諸門外，礙於情面總做不出，那便如何是好？如何請這位老人家走呢？於是，商量之下，決定聘用印巴籍人士，不論是巴基斯坦人也好，印度人也好，因為外籍人士並不認識他。這件事，我幾乎可以敢說百分之八十是真的。當然，我並不是在場討論的那些人，當時我只是個小孩，但我是見證着整個過程的。還有一件事，就是你們在那個話劇裏看到的情節，他說被人偷了兩隻鞋的情節，其實真相是這樣的：是他撥打「九九九」報警，說是被打劫，警察聽到打劫，便如臨大敵，警察便開衝鋒車往現場，打劫呢，這還得了！抵達現場後看到他住個牀位，便覺得奇怪，一名窮漢有甚麼可以給人偷呢？警察心裏便已覺得他是胡說的，便問他丟失了甚麼呀？——我丟失了一雙鞋。——你丟失了一雙鞋？知不知道是誰偷的？——知道！——誰呀？——兩個賊人偷的。這時警察已經覺得這人是精神有問題的，難道兩個賊人，每人偷一隻鞋嗎？——是不是每人偷一隻呀？——是呀。——哎吔！便知道他是無故生事的。——那你認不認識他們呀？——認識的！——那他們在哪裏？我們去拘捕他！——你不敢拘捕他的。——誰人這麼厲害，警察不敢拘捕他？——各位，其實是這麼的，話劇情節是他說「一個日本人，一個英國人」，是吧？其實真相不是！真相是他說：「偷左邊的是毛澤東，偷右邊的是蔣介石」。這是百分之一百真相！

朱：大家要記下來。

阮：不過當時話劇不敢這樣演，太敏感了，話劇便不敢做。其實真相就是：他告訴那個警察，左邊那隻鞋是毛澤東偷了，右邊那隻鞋是蔣介石偷了。他的意思就是說，他現在流落香港，「行不得也哥哥」，左右為難、進退維谷。他的話其實涵意是很豐富的。而他多數在哪兒出入呢？他多在灣仔走動。他實際的居住地址我不知道，因為我不是在他家裏見到他的，而是常常在街上遇上他。現在分域街、軒尼詩道附近有一個十字路口——有人見過交通警察吧？就是帶着白色袖套指揮交通的人。那裏有個交通指揮亭，繁忙時間便會有交通警在亭內指揮交通，而當交通警下班，十三叔便「上班」。有時他閒着無聊，話興大發的時候，交通警下來，他便上去。他在交通指揮亭內演說，他講時事、講政局，當然，他是學貫中西的人，知識豐富，很多人喜歡聽他「演講」，當時在香港的人，很多人都跟他的心態一樣，不少人都是因為破落而流落到香港，總覺得香港不是自己地方，你明白嗎？寄人籬下，很多人心中都有鬱結，大家都有相同的心態，他的話便引起不少共鳴，於是便圍着他，聽他發表意見。大家不要忘記，那恰巧是十字路口，雖然那時車輛沒有現在那麼多，但畢竟也是有車的。

朱：我想，連汽車也停下來聽。

阮：那事態便嚴重了。就這樣，不知甚麼事，有個人在街上演說，一大羣人圍着聽，車輛要迴避讓路，當然便「嗶嗶呠呠」（響號）了。有警察經過，當然要制止，便把他帶到灣仔警署。又不知道大家是否記得，舊時的警署「坐堂幫」一定是我們當時所稱的「英文人」，而不是中國人——不論是甚麼國籍也好，要英語了得的人才能做「坐堂幫」。於是那些警察是中國人，把他拘捕去見那個「坐堂幫」，「坐堂幫」多數是外籍人士，而十三叔英語很流利，他便跟那個「坐堂幫」談天說地，講了一大堆話，那個「坐堂幫」便放他回去。警察也拿他沒法。他偶然又在街上演說，警察又拘押他回警署，但他總能成功辯解。於是，久而久之，警察看見他便避走，以免招惹他，因為拘捕他也沒用，之後他又會故態復萌。還有幾件事，可以告訴大家。有件事發生在「普哥」尤聲普先生身上，有次薛五叔吩咐普哥，帶十三叔去換過一身衣服，因為他的衣服又舊又破，又吩咐普哥帶他去浴室澡堂洗澡、刮鬍子、洗髮。薛五叔給了多少錢呢？很厲害，給了五百元呢！那時五百元有多厲害，大家都明白。於是普哥拿着五百元，問五叔剩下的錢如何處理呢？薛五叔便說，那都給他吧，讓他留下來慢慢花吧。於是普哥便帶十三叔去做五叔吩咐的事，即洗澡呀甚麼的，接着又替他買衣服。舊時沒有那麼多成衣的，要麼就是很貴的那些，於是可能是去故衣店買了一兩套現成的衣服給十三叔。據普哥說，五叔給的那些錢還剩下不少。普哥便對十三叔說「五哥說留給你慢慢花」。而十三叔怎樣呢？他真妙！他收了錢，說聲多謝，三天後再見到他，他穿的還是從前的舊衣服，扮相一如以往，一樣的模樣。那些錢呢？這是普哥聽十三叔說的，真假我不知道，是普哥轉述的，他說，原來十三叔把五叔給的錢都換成五元鈔票，我想那剩下的大概可能還有二百多元吧，那時二百多元，是很夠花的了，有時一個月工資也不一定有二百多元。他居然把錢換成了五元紙幣，在街上到處派給乞丐，把錢分發完為止，結果他自己並沒有留下一分一毫。這是我聽回來的故事，並不是自己看見的。他在街頭演說卻是我親見的，他的扮相也是我親見的。而他報警的事，就是當時家傳戶曉的事了，人人都知道的。因為灣仔警署裏有很多人把這事傳出來，說十三叔精神有問題，叫我們去拘捕毛澤東、蔣介石，如何拘捕呢？所以這件事，雖然沒有報紙報導，但我想香港當時有很多人都聽過，因此十分可信。而他在街頭吵吵鬧鬧的新聞，也會偶然聽到。但據說，有很長一段時間，他在寶蓮寺的生活是很不錯的，人也很和平，甚麼事也沒有發生，他操英語來當導遊，又講佛經，這是真的，我也曾在寶蓮寺與他偶遇，打個招呼，他正在工作。我們不是特意到寺中探望他的。後來他去世的時候，我並不在香港，我在別處，回港才聽到說十三叔走了。所以他到底有沒有喪禮甚麼的，我都不知道了，也沒有再追問。我所知道的南海十三郎大概就是這樣。所以我要跟大家說的就是，我想澄清：我是真的未曾見過他披頭散髮、蓬頭垢面的樣子，我覺得他的裝扮外觀是很齊整的。

朱：很多謝輝哥為我們分享如此珍貴的印象，如果《小蘭齋雜記》有機會再版，輝哥剛才所說的重要資料，我們一定筆錄並編進書中。剛才輝哥提及薛五叔當年用五百元幫助十三叔的事，而在十三叔這套書裏，他曾點名感激過幾位人士。當中包括甚麼人呢？在十三叔最潦倒的時候，曾經幫助過他的戲行中人有劉湛、新馬師曾。他說，當年在他很潦倒的時候，是睡在灣仔一個裁縫舖隔壁的梯間。我想，如果要找，可能也會找得到那個地方。

阮：可能連那間房子都沒有了吧。

朱：他說，祥叔去請他，說：「你來我家住吧，十三。」十三叔說這樣不行，

他不想打擾人家。他是很有傲骨的，所以便沒有去住。另外，還有一位女性，十三叔在這套書裏多次提及她的名字，說她在自己最潦倒的時候幫助過自己，這個人是誰呢？那要考考大家的常識了。粵劇界裏有所謂「四大老婆」，人們說粵劇界裏的「四大老婆」是說她們兇，其實不是，而是說她們是賢內助。大家知不知道「四大老婆」是哪四大老婆呢？就是薛覺先的夫人唐雪卿、文覺非的夫人梁金蝶、羅品超的夫人黃寶瓊、還有是陳錦棠的夫人陸淑卿。在《小蘭齋雜記》裏他多次提到陸淑卿這個名字，陸淑卿知道十三叔會到哪幾間茶室吃點心，她便跟那些茶樓茶室先說好，十三叔要是來吃東西，任由他吃，她過兩天會代為結賬。而在這套書裏，十三叔稱讚得最多的粵劇演員，原來不是薛覺先——當然他也有稱讚薛覺先，但稱讚得最多的是陳錦棠。那麼，輝哥可不可以談談一叔和一嬸？

阮：我首先說說剛才你提及的那個人——劉湛。劉湛是劉家良的爸爸，也真的是林世榮的徒弟。因此後來拍電影《黃飛鴻》，便請他來飾演林世榮，確是有淵源的。他是戲班的人，與戲班淵源甚深，他曾經當過戲班的「保鏢」，因為他功夫了得。至於一叔和一嬸，我相信年紀較長的人都會見過他們，為人豪爽的是一嬸，不是一叔。

朱：所以一嬸真的會是代人付款、結賬的那種人。

阮：結賬的一定不是一叔。因為那時候，我不知道原因，戲行中我師傅和一叔都是「孤寒」(吝嗇)的，但不知原因。我們常說「牛精」是小武，「孤寒」是小生，但他們兩個都不是演小生的，兩個都是演小武的。而他們的妻子卻都是很豪爽的人。那可能因為另一半豪爽，他們便要較為「孤寒」一些吧。一嬸確實是非常豪爽的，相信十三叔所言非虛。他說誰幫助過他，這一定不會是假的。

朱：我們轉一轉話題，談談十三叔的名劇。大家都知道他是著名編劇家。現在我們還記得的，或者還會演出的，我想，以下這一套十三叔的戲寶不得不提，就是《燕歸人未燕》。《燕歸人未歸》開山的時候，是千里駒和靚少鳳的首本名劇。好像說，一旦票房不好，便會改演《燕歸人未歸》，戲票便可以售罄。至於靚少鳳，我昨天在瘋狂地看輝哥的自傳，知道原來靚少鳳與輝哥也有些關係，可不可以談談靚少鳳這位前輩？

阮：他是我的表舅父，當然這是「一表三千里」的那種「表」，不是很親近的那種，他的兒子小甘羅，跟我是「表哥」「表弟」相稱。我認識這位三舅父的時候，他已確實到了晚年，他已經沒有演戲，生活普通吧，不是太好。在上環，從前有間中央戲院，知道麼？在水坑口之前有間中央戲院，在中央戲院對面，好像在三樓或四樓有個地方，他就在那兒授徒。那時我其實是跟着大哥上去的，不是我學，是我哥哥學，我只是跟着他上去。那時有譚定坤等一羣人在那裏跟着三舅父學戲。他教甚麼呢？教古老的東西，教四六句、教打洞結拜，我的打洞結拜就是在那裏學的。那時我年紀很小，我想大概九歲左右吧。他拿着一個卜魚、一枝竹，便教我們唱做，教做的時候當然要站起來教，教唱的時候，就把卜魚放在前面，還有一枝竹——並不是整套鑼鼓，他只是一個人教而已。起初不是我學，是我哥哥學，哥哥在學唱，我也跟着唱罷了。於是三舅父叫我也來一起唱，於是我便學會了一套打洞結拜。他教得很仔細，真的全部都唱給我們聽，譬如這個字如何「咬字」呀，都教得很仔細。他的「板路」非常穩準，據他說他的父親是當掌板的，所以代代相傳，說「不可以『失禮』呀！甚麼都可以錯，就是板不可以錯！」因為他是家學淵源，他爸爸是當掌板的，所以他的板路非常穩準，「板路」即「拍子」，他就是拍子非常穩準的一位前輩。同時，他也是很平易近人的前輩，那個年代的前輩都很兇、很嚴肅的，怎會跟你說笑！見前輩就好像見鬼一樣。而那時三舅父教我們學戲，我覺得他對我們是很寬容的。你談及《燕歸人未歸》，據我所知，這齣戲是「義擎天」的吧？

朱：是的。如果是千里駒和靚少鳳的版本，就是義擎天的版本。

阮：為甚麼叫義擎天呢？這是有一個淵源的。因為據說靚少鳳、千里駒等幾個人是結拜的。三舅父的事業開始走下坡，怎樣重振聲威呢？駒婆（千里駒）已經「收山」了，即是已經離開戲行，不再演戲了，但拜把兄弟又想自己出山幫忙，希望事業會有起色，千里駒便答應再出來幫他兩年。於是便組了個戲班叫「義擎天」。駒婆本來已經不演戲了，答應出來幫靚少鳳兩年，再「捧紮」這個拜把兄弟而已。我所聽到的整個故事就是這樣。

朱：靚少鳳是否轉了行當？

阮：他從前演花旦，他跟我說的。他叫瀟湘鳳——不知是「小湘鳳」，還是「瀟湘鳳」了，因為是他口說的，我們又不敢問他是哪個字。

朱：《小蘭齋雜記》是寫「小湘鳳」的。

阮：那就是了。我不敢爭辯。我們以為他是「瀟湘鳳」，但十三叔寫「小湘鳳」，那他一定是對的，因為他是那個年代的人。靚少鳳是由花旦轉行當的。但是我有一件事較為懷疑的，就是十三叔說他轉小武，但他告訴我，他是轉小生，只是他會演武戲罷了，我聽到的就是這樣。而十三叔則說，他轉了演小武，後來又演小生，所以他武功好。其實我聽三舅父說的卻不是這樣，而是由花旦轉演小生，但他是習武的，所以懂得演武戲罷了，並非轉演小武。

朱：這個訊息很重要，有機會修訂的話，我要在書裏加個註釋才行。

阮：十三叔說他轉了演小武，然後再轉小生，所以他可以演武戲。從前確實是這樣的，很多小生是懂武打功夫的，例如白玉堂三叔便是當中的表表者，他是懂武打的，但他演小生。

朱：靚少鳳由花旦行當，即由女角轉演男角，在十三叔《小蘭齋雜記》裏說了

一個掌故，説靚少鳳為何要轉演男角，但不知是真還是假，不過故事十分有趣：據説靚少鳳演花旦的時候，演《封相》要推車，當時坐車的是前輩新白菜，新白菜坐車時有個動作，扭一扭轉一轉，但帽子卻與靚少鳳的漁家樂盔頭勾個正着，十分尷尬，只好扯掉勾纏着的絨球。回到後台，新白菜是叔父前輩嘛，靚少鳳被新白菜罵，罵他「失魂魚」，不懂閃避叔父。據説就因為靚少鳳被叔父罵，心有不甘，從此再不演女角，轉了行當演生角。

阮：這個可能是真的。因為往時嘛……説實在的，誰撞到誰、誰對誰錯並沒有標準的，誰比誰兇就是「標準」了。這個兇是包涵了輩份及名氣，那個年代嘛，怎敢辯駁？不要説他們那個年代，即使是我們出身的年代也不敢。就是問一句也不敢哩。

朱：輝哥，我想問一下，剛才所説義擎天《燕歸人未歸》的版本，應是開山的版本了。但我後來知道，麥炳榮先生和鳳凰女的「大龍鳳」也曾演過《燕歸人未歸》。我找到的這頁報紙，是七〇年代的。再後來，輝哥也有演過這個戲哩。那麼，可不可以談談這個戲呢？而輝哥所演的，應該是「大龍鳳」那個版本，是吧？

阮：是的，這是後期版本。但是，據我所知，當時仍然是「保叔」何少保請十三叔寫的，是指明由他來編劇的，還安排潘一帆協助他。因為可能那時十三叔的年紀也大了，保叔也不希望他再度病發，便不想他那麼操勞。這裏有兩個可能……不過因為現在連潘一帆先生都過世了很久，所以這個證據便沒有了。因此，到底他們兩個人一起寫這齣戲的時候，是以甚麼方式合作的呢？有些人便說，十三叔負責「講橋」——那時很流行有一個人負責所謂「講橋」，即構思頭場是甚麼，誰人出場，大概唱甚麼，接着又有甚麼事發生，到第二場又如何如何……這樣子，即所謂「橋段」。一個負責「講橋」，另一個負責寫。那些曲文唱詞，不是「講橋」的人負責，頂多是建議些曲牌。譬如說，想在某處唱段中板，僅此而已。「講橋」的人不用負責撰寫唱詞的。例如，那時常常會看到「大龍鳳」有「劉月峰參訂」，而劉月峰先生也是不講曲的，寫曲都是徐子郎那羣人寫的。

朱：就都只是構思一個大綱、一個故事框架而已？

阮：對了。例如，文武生演甚麼、起個名字、花旦演甚麼、頭場演甚麼、第二場演甚麼、第三場演甚麼……就是這樣子而已。到底當年十三叔與潘一帆的合作是否如此，抑或十三叔真的有動筆去寫曲呢？我們不得而知。但是，這齣戲的整個曲式安排，在當時而言，已經是很「現代化」。已不是十三叔寫《女兒香》的那種感覺。

朱：因為裏面有《紅燭淚》這支小曲，便肯定是後起的了。

阮：不止如此。主要是那些曲式安排、組合是較為現代的。譬如，唱些長二黃甚麼的，從前是有很多滾花的，滾花、白欖、滾花、白欖……敍事常常都是滾花、白欖，很少唱一大段的。你看《胡不歸》也不是很多唱段的，是吧。當然，生角有時會獨唱一個唱段，但對答則很少唱段，大家可以看看從前的曲，對答常常都是滾花、白欖、滾花、白欖。我演過新版《燕歸人未歸》，我覺得是十三叔「講橋」，潘一帆寫曲。

朱：這個感覺很重要，因為你真的演過。

阮：但有時感覺會錯的。為甚麼呢？因為執筆者也許很追得上潮流，他的作品就可能沒有那種時代感覺。就是說，這齣戲的曲式這麼新，不會是他撰寫的吧？有時你是猜不到的。對吧？有些曲式可能是他想盡量追上潮流，他能夠適應也說不定的。

朱：十三叔的名劇，除了《燕歸人未歸》之外，以下這個劇也一定要談的，就是《女兒香》。《女兒香》開山的時候是五叔薛覺先、陳錦棠、廖俠懷他們幾位前輩的首本。大家看到的那個報紙掃描檔，就是高陞戲院演《女兒香》的時候的一個簡單介紹。若干年前好像也聽說過有人演《女兒香》，不過現在好像多了幾個字，不是三個字，是一個新的劇目，叫《定情劍底女兒香》。

阮：我剛剛演過。

朱：就是了。輝哥是否飾演溫明奇？

阮：是的。

朱：輝哥，這個《定情劍底女兒香》是不是《女兒香》？

阮：我不想在這裏罵人。不過覺得面目全非。我有這樣的感覺：修訂一套劇本其實是有原則的，如果你不喜歡這個劇本的中心思想，你可以不演，你可以演別的。對吧。但你既然喜歡這套劇本的中心思想，你便應該保留它的精髓。一開頭那些人物身分和遭遇都不同了，往後發展便當然也會不同，對吧。那個感覺就不同了。所以我是反對改編這齣戲的。

朱：十三叔那個版本，是一個小姐愛才的故事，是嗎？

阮：對了，那人（魏昭仁）窮途潦倒，連家傳寶劍也要賣。這個小姐（梅暗香）覺得這人很有骨氣，然後與他傾談，便喜歡了他。其實起初是買劍的，傾談後便喜歡上他。於是二人便定了情，定情後再發生的那些搶功勞等等的情節。新版本卻在情節上、場口上作更改，這個我是不同意的。當然，我們當演員的，甚麼戲也得演。但是，憑良心而言，我是不同意這些改動的。這齣戲的新版本是誰撰寫的，我也不知道。但是，包括曲式和整個氣氛，而最主要還是整個戲的重心，我不覺得新版本的重心妥當。而十三叔那套舊版本我也演過，算是夠運氣了。

朱：輝哥演哪個角色呢？

阮：也是演溫明奇。

朱：也是溫明奇？

阮：不知道為甚麼呢。因為有次「英姐」朱秀英女士特意要重演這齣戲。為甚麼她要重演《女兒香》呢？是有理由的。因為香港的演員已經不懂得演《女兒香》了，所以很少很少重演。所以她便演這齣戲讓大家看看，目的是要演給後輩看，於是她便重演《女兒香》。為甚麼要選《女兒香》呢？因為她正式和薛五叔演過。薛五叔過馬來亞「走埠」的時候，是由英姐當正印花旦的。當然，薛五叔當時已經是晚年了。她說她曾跟「揸爺」（薛覺先）演過這齣戲，所以想再演，那是她教我們演的。其實溫明奇是丑生。

朱：所以輝哥在戲中的行當不是小生行當？

阮：不是小生。這個角色是「廖七叔」廖俠懷開山的。廖俠懷七叔當然有他的獨到之處。她便告訴我們從前演出的情況。

那個魏昭仁是由一叔飾演的。你們猜猜正印花旦演甚麼角色？考考你們。薛覺先是跟上海妹妹姐拍檔的。正印花旦演誰呢？那個梅暗香，後來也是由薛五叔反串飾演的。那麼頭場的梅暗香呢？不是，頭場的梅暗香不是妹姐（上海妹）飾演。

朱：分開場口？

阮：因為薛五叔頭場演魏昭仁，末段反串演梅暗香，他後來是演花旦的。大家都以為正印花旦妹姐會演頭場的梅暗香，告訴大家，不是。你們猜猜正印花旦會演哪個角色？——她阿媽啊！

朱：演阿媽啊？

阮：是是是！演梅暗香的阿媽梅夫人。這角色戲份很少。從前劇團所分配的角色，後來的人不知道便都會猜錯。

朱：談過了《女兒香》這齣名劇，說起名劇，當然又要談談名角。十三叔對演員的要求很高，任何人他都會批評，他批評過很多老倌。至於他稱讚的，有兩位很值得談談。輝哥對這兩位名角的認識也很深。輝哥可以多發揮些。其中一位就是新丁香耀。據我所知，新丁香耀是在一九六五年一月十八日九時四十分在廣華醫院逝世的。

阮：是。

朱：他名氣很大。在十三叔這套書裏，有一篇差不多一千字的文章，是專寫新丁香耀的。可能我孤陋寡聞，在我所找到的材料當中，這是談及新丁香耀的文字材料裏，最集中、最完整，也最詳細的一篇。大家有興趣可以看看。而新丁香耀也跟輝哥有關係。輝哥，可否談談新丁香耀？

阮：他是我的開山師傅，第一個師傅。所以人家問我是甚麼輩份，我說談到輩份，我比薛覺先還要高。如果這樣蠻不講理來算的話，我的輩份不就是比薛覺先還要高麼？這還了得？是吧！我們的開山師傅新丁香耀是男花旦，他的原名是陳少麟，我們則稱呼他「丁叔」。後期不再流行男花旦，他就較為潦倒，而且他為人很不合羣，非常苛刻挑剔，脾氣非常大。他破了我們粵劇界一個紀錄，就是從來沒有人敢說：「我今天心情不好，不演了，退票吧」。就只有他敢說敢做，而且是事實。為甚麼他能夠如此呢？因為班主何浩泉先生是他的外父。總之，他的花名叫「扭紋柴」就是了。所以到了晚年，沒有幾個人跟他交往。我們跟隨着他的時候，已是他較為潦倒的時期了，而且還常常發脾氣。因為生活事業已經不太如意，還要經常發脾氣，於是照顧他的人也感到為難。他並不是沒有徒弟，他有幾個徒弟的，我便是其中一個。但他後期的生活也不太好，住在八和會館的宿舍，宿舍在砵蘭街，要爬五層樓級，當時的舊樓沒有升降機，那間宿舍本來就是八和會館的寫字樓，後來凡哥（何非凡）籌到了款，買了新會館，便把會館搬至亞皆老街，砵蘭街舊址便改作宿舍。丁叔晚年便住在宿舍，但他經常不回宿舍，經常要我勸他回宿舍。

朱：他到哪裏去呢？到處閒逛？

阮：唉！他喜歡睡在茂林街的街上，即現在九龍太平館（餐廳）那裏。那條街是路的盡頭，汽車不多。現在還會有幾輛車停在那兒，但當時是沒有的。他說那裏涼爽，真是的！有時便盡量勸他回宿舍。據我所知，他當日紅透半邊天的時候，是因為他曾到過上海演出，吸納、學習了梅蘭芳先生的天女散花、嫦娥奔月，和耍絲帶等等身段、做手，當時放到粵劇裏已很新穎，而且他嗓音又好，人又美麗，大家説他「做功」很好。我所知道的就是這些。因為我見到他時他已步入晚年。他稱朱次伯為「朱仔」，你想想看……

朱：那他的輩份真的很高。

阮：就是了。在説「那時朱仔……甚麼甚麼……」——哪個朱仔呀？——朱次伯呀！——哎吔！朱次伯呀！是薛覺先的師傅呢！——你明白嗎？他稱朱次伯為「朱仔」！

朱：就是唱《夜吊白芙蓉》的朱次伯？

阮：是。朱次伯是在新丁香耀的班裏「紮」（走紅）的。就是先是演第二、三個，後來才升了他。好像是新周瑜林耍脾氣，還是為了甚麼，便升了朱次伯當正印。你想想，他不就是稱朱次伯為「朱仔」嗎？是吧？所以我這位師傅是很特別的。

朱：除了新丁香耀之外，十三叔也提到了另外一位名角，這位名角是輝哥……不知能不能夠用崇拜，總之是很喜歡。他就是半日安先生。在十三叔這套書裏，把半日安先生寫得特別有感情。為甚麼呢？半日安先生是在一九六四年三月三日在九龍法國醫院逝世。而三月三日是誰的生日？就是十三叔本人的生日，所以他的感觸特別多。就在他寫的這篇文章裏，還附有兩首七言詩。我知道輝哥很醉心、很喜歡半日安先生的演藝。輝哥，可否談一談？

阮：他是一個非常好、非常好的藝人，也是很和善的一個人。他演丑生，從來沒有越界，這套是悲劇，他便陪你哭，配合你來演，從來沒有因為他是演丑生便你有你哭，他有他插科打諢，他從來沒有這樣的。我見過這麼多名丑，他是最守本份的一個。當然，那時的名丑，也不是每個都出界的，但也偶然有出界，而他卻真的從來沒有。據他說，是因為他與薛五叔合作了很久，而薛五叔和妹姐——妹姐是他的老婆——兩位都是很嚴謹的人，所以他一直演戲都是這樣。他是很願意配合別人演出的。不論是哪個後輩，他都很願意扶他一把，而永遠不會喧賓奪主。以他這麼大的名氣，也不會喧賓奪主。他為人十分好，所以我師傅和他的關係其實也是很好的，他的喪禮，我師傅有份打點。其實，很多名丑都很可憐，他為甚麼他會死？就是因為戒鴉片煙。大家都知道，在他們年輕的時候，吸食鴉片煙是不犯法的，千萬不要誤會。不要說，為何要吃這些東西呀！那時並不犯法的，而且，沒有錢也負擔不來。那時，很多人都吸鴉片。到了晚年，他覺得可能會被捕，所以他便立志戒掉，但一旦戒煙便出毛病了。其實，幾位名丑的情況都相同。李海泉是這樣、歐陽儉是這樣，安叔也是這樣。有人說……我不敢說百分之一百是真實，但我親眼見到的就是，突然要戒掉幾十年的煙癮，會對身體造成很大影響。其實一叔也是因為戒煙而死的。這是很不幸的事，他處於轉變中的時代，當時大家沒有找醫生幫忙，說戒便戒，結果便出事了。後來，大家都知道了，靚次伯先生戒煙是一直有醫生照料着的，他沒有出事，他一直演戲演到八十多歲仍很精神。類似的戒煙悲劇，在那時是時有發生的。

朱：除了名角之外，談名曲的話，大家當然都知道，十三叔的名曲就是《心聲淚影之寒江釣雪》。唱片版本是薛五叔演繹的。這段歌的開頭，是長的南音序，但十三叔原本的設計並不是用南音序，而是用「解心」，就是說，如果大家現在聽薛五叔的唱片，是有少許改動的。但我記得，林家聲先生在晚年再灌錄這首《寒江釣雪》時，如果我沒記錯，用的就是「解心」。

阮：我在這裏又補充一筆，其實「揚州」這兩個字，是我們從前以訛傳訛的，其實不是這兩個字，是風字旁的「颺」，是「舟搖搖以輕颺」的意思。「舟」就是一隻船的那個「舟」。一般把南音稱作「颺舟」，不是「粵謳」，我們把南音稱作「颺舟腔」。而「解心」就是「粵謳」，因為粵謳有一首曲名為《解心事》，當時很多人就唱這種腔，我們廣東人講話喜歡少說一個字，喜歡不說末尾的那個字。「戀檀郎」就說成「戀檀」，「解心事」就說成「解心」，只說兩個字便了事。所以，後期的人唱「揚州（颺舟）二流」，有時是用南音板面的，有時就是「解心」板面的。而那個「解心」板面其實就即是「粵謳」板面。

小蘭齋雜記

小蘭齋主隨筆

南海十三郎 著
朱少璋 編訂

商務印書館

小蘭齋雜記

作　者　南海十三郎
編　訂　朱少璋
責任編輯　張宇程
封面設計　Kacey Wong
出　版　商務印書館（香港）有限公司
香港筲箕灣耀興道三號東滙廣場八樓
http://www.commercialpress.com.hk
發　行　香港聯合書刊物流有限公司
香港新界荃灣德士古道二二〇—二四八號荃灣工業中心十六樓
印　刷　中華商務彩色印刷有限公司
香港新界大埔汀麗路三十六號中華商務印刷大廈十四字樓
版　次　二〇二〇年十一月第一版第三次印刷

ISBN 978 962 07 5689 4

南海十三郎精神稍為康復，即接受《中聯畫報》訪問。（載《中聯畫報》，一九六〇年五月號）（圖片由吳貴龍先生提供）

南海十三郎。（載《中聯畫報》，一九六〇年五月號）（圖片由吳貴龍先生提供）

南海十三郎。（載《中聯畫報》，一九六〇年五月號）（圖片由吳貴龍先生提供）

南海十三郎於郊外留影，一副文質彬彬的形象。(圖片由劉乃濟先生提供)

目錄

前言

十三郎說十三郎

前言／十三郎說十三郎

傳奇身世即文章。哀樂浮生戲一場。
綵筆未還觭夢醒，十三郎說十三郎。

朱少璋

一

南海十三郎（江譽鏐，一九一〇至一九八四）既是二十世紀著名編劇，又是傳奇人物，他是江霞太史江孔殷第十三子，出身於書香門第，年少成名，在上世紀粵劇界「薛馬爭雄」的年代是炙手可熱、名班爭相羅致的著名編劇。十三郎為人性格傲岸，做事強調原則，甚有古人之風，又能坐言起行，抗戰時期不辭艱險，一介公子書生從軍粵北，攜筆從戎，在軍中撰寫劇曲，以愛國戲劇勞軍，砥礪士氣，令人肅然起敬。戰後復員，遭際大變，流寓香港，在街頭半瘋流浪，曾多次入住精神病院，出院後又如常人。在港流浪期間幸得居港親友或有心人時加照拂，未陷絕境，可惜始終無法適應現實生活，精神問題日益嚴重。晚年在寶蓮寺度過了幾年安穩歲月後，又復街頭流浪，晚年入住青山醫院，最後病逝於瑪嘉烈醫院。十三郎留給後世的除了他的首本名劇外，還有那一段段關於他的傳奇故事。

二

二次大戰前的南海十三郎已是名人，戲劇界、軍政界無人不識，加上他是江霞太史的十三公子，這特殊的身分地位也令他的知名度更高。戰後的南海十三郎雖然窮愁潦倒，但他的傳奇行誼與性格魅力，依舊能引起社會人士的關注。他流寓香港的三十多年中，有關他精神病發入院以至康復出院等消息，報章上都時有報道，報道時總不免或詳或略地提及他的來歷與家世，讓讀者不時重溫有關他的事業成就、生平片段。此外，尚有記者到醫院或他慣常流連的茶樓食肆訪問他，報章又不時傳出他康復後東山復出的消息。大家似乎都沒有忘記他，大家都很關心他的病況，也很珍惜他的編劇才華。最起碼，當時的傳媒眼中，他是一位應該關注、值得關注、頗有報道價值的傳奇人物。即使在他逝世後，他的人格魅力還能繼續引發後人的共鳴。讀者在報章或雜誌上偶然還能讀到關於南海十三郎的文章。一九八七年韋基舜在《新晚報》寫他，那時他已逝世將近三年了。一九九三年杜國威把南海十三郎的生平傳奇寫成劇本，搬上舞台，並於一九九五年、二〇一三年多次重演，一九九七年拍成電影，一九九九年製作成電視劇集，一時間，南海十三郎又再引起熱烈的關注。江家後人，十三郎的姪女江獻珠出版了《蘭齋舊事與南海十三郎》，藉個人回憶補述南海十三郎的生平點滴。作家蓬草和小思曾在報章發表文章，為十三郎在灣仔的流浪歲月提供了珍貴的片段。照圖、江河和馮梓在雜誌上撰寫的長文，也為拼砌十三郎的生平提供或大或小的回憶零片。遠在域外、戰時與十三郎在軍旅中相識的劉乃濟，也在網絡上發表〈懷念南海十三郎〉。十三郎逝世三十週年，中文大學的《香港戲曲通訊》第四十四期特闢版位，製作並刊登〈南海十三郎逝世三十週年紀念專輯〉。

誠如江河在〈南海十三郎多面體〉中說：「無論誰人讀南海十三郎，都好像在玩拼圖遊戲，補上缺了一些碎片，為了填補這些空白，只好各憑想像」，上文提及的種種舊報、文章、書籍和專輯，材料雖然多屬間接而零碎的材料，而執筆者的回憶又不免各有側重，亦各有取捨，但均已成為讀者了解十三郎的必讀材料。讓人感到奇怪又感到遺憾的是，南海十三郎作為上世紀的省港名人，在香港住上了三十多年並於香港辭世，無論時代距離上或地域距離上，與我們都那麼接近，但後人對他卻又好像所知甚少。

三

在《蘭齋舊事與南海十三郎》中，江獻珠謂一九六三年赴美深造後，一位朋友曾寄給她一小段由十三郎撰寫的專欄文章。據江獻珠的憶述，該段專欄文章中有一首送她出國的七絕，其他內容還涉及江家的人及抗戰往事。筆者深信如果真能找到這些文章，對研究或進一步了解南海十三郎，定有幫助。筆者開始嘗試在舊報刊物中搜尋十三郎發表過的作品，希望能有所發現，披沙揀金，卻只在一九四七年的《開平華僑月刊》找到一篇署名「南海十三郎」為作者的〈今昔雜談〉（見本書附錄一），當中只包含「俗字文考」、「國際風度」和「生死交情」三則筆記式短文，就蒐集材料的標準而言，可謂不成系統。

機緣巧合，筆者在一次翻閱舊報整理材料的時候，偶然翻到一九六四年二月十一日的《工商晚報》，瞥見報上某專欄右上角的標題為「介紹南海十三郎」，筆者一心以為是作家文人寫的懷舊文章，細看欄目，名稱是「小蘭齋主隨筆」，而欄目左側的作者署名，竟然正是「南海十三郎」本人。這篇〈介紹南海十三郎〉，前半篇的「介紹」應該出自晚報編輯或副刊主事人的手筆，這部分主要簡介十三郎的生平，還強調十三郎「今為本報撰《小蘭齋主隨筆》，想必為好閱十三郎文章者，一大喜訊也」，接着下半篇就是十三郎親自寫江孔殷為人作考場「槍手」（代考）的往事。有了這條重要的線索，筆者即專注地在這時期的《工商晚報》上搜尋、副錄、複印這批專欄文章。起初筆者還消極地估計，十三郎畢竟文人性格，生性也許疏懶，加上當時他已是人過中年，流寓香港又飽經憂患，並常常進出精神病院，寫作條件、環境和狀態都一定不理想，這專欄可能很快便要停寫。怎知卻出乎意料，這時期他寫作態度異常認真，每篇七百餘字至千餘字的專欄文稿，竟然一天接一天地寫下去，除了報館的特別假期或改版停刊專欄外，他的專欄幾乎沒有脫稿。經查證，江獻珠當年在美國讀到朋友寄給她的那一小段專欄文字，其實就是一九六四年六月二十一日《小蘭齋主隨筆》上的文章，這則隨筆開首就是一首寫給江獻珠的七絕，隨筆又談到「去年，舍姪女以赴美求深造，毅然離港」的事實。

不知何故，多年來大家都忽略了十三郎在《工商晚報》上撰寫專欄這條重要線索，可幸這批舊報在香港保存得尚算完整，筆者終於在《工商晚報》中整理出十三郎自一九六四年二月十一日至一九六五年三月三十一日撰寫的專欄文章共四百零二篇。

《工商晚報》上由十三郎主筆的專欄欄目先後更換過四次，依次分別為：《小蘭齋主隨筆》、《後台好戲》、《梨園趣談》和《浮生浪墨》。四個專欄均署「南海十三郎」為作者。這批文章是十三郎親筆文稿，雖只寫一年多，但份量已然非常可觀，而且內容完整，作者的寫作情緒也十分連貫，各個欄目的主題風格也甚統一，行文則以淺白文言或白話為主，讀起來通順親切，又間或在文中穿插詩詞，益見文采斐然。

四

《小蘭齋主隨筆》及《浮生浪墨》以回憶前半生往事為主，有涉及江家家族的，也有涉及十三郎個人的，當中也有提及在香港生活的具體情況，諸如交遊、病況、感觸、時事，內容十分豐富。文章直接地表達出十三郎的個人感受，包括他個人對生活的看法、個人的價值觀、人生觀、宗教觀和藝術觀；小品筆觸，讀起來文情並茂，異常清新感人。至於《後台好戲》及《梨園趣談》則涉及大量梨園掌故、名伶逸事和戲行趣聞，內容不少是十三郎個人當年的親身經歷，文章也涉及他曾編過的名劇本事、曲文節錄及劇藝心得，堪稱詳贍可觀。這四輯專欄包含不少有用的材料，極具價值，下面舉些例子作說明。

首先，讀者透過這批文章，可更深入、更準確地了解十三郎，這批專欄文章可以為十三郎生平中的一些疑點提供答案。時下能看到關於十三郎的材料，間接再傳、人云亦云的說法不少，根本無法證實是對是錯，但細閱這批六〇年代十三郎的文章，卻能找到不少由十三郎親自提供的明確答案。比如，大凡談到十三郎，出於窺秘心態也好，出於研究動機也好，總會觸及他的「愛情」、他的「槍手」和他的「弟子」。關於十三郎的「愛情」，除了舞台上的藝術加工情節不算，最直接明確而又較為可信的就只有江獻珠的說法，她在《蘭齋舊事與南海十三郎》中談到十三郎為了追求一位名叫「亞莉」的女孩子，不惜放棄香港大學的學位，輟學追到上海。翻查十三郎《浮生浪墨》（五四），他以「旅病窮愁為遠客，難療心上舊傷痕」為題，縷述他與廣州舊同學陳讓的姊姊陳馬利的苦戀往事。當時十三郎寄住香港大學馬利遜宿舍，因陳讓病逝，十三郎慰問馬利，因憐生愛，當時二人各在省港，只憑書信聯繫，或趁學校假期始得相聚。好景不常，陳父反對二人交往，乃遣馬利到北平習醫，最後馬利還稱得了嚴重肺病，十三郎乃輟學北上，但途次上海已聞馬利死訊，他在文章中更憶述他在上海的情況：

更不願赴北平傷心地，因為編《梨香院》一劇，以誌不忘。又余留滬二年，一無成就。

這些由十三郎「夫子自道」的片段，正正補充了江獻珠的說法。又關於十三郎的「槍手」，廖雲的《南海十三郎正傳》就曾說《女兒香》是由十三郎的姊姊江畹徵捉刀的，也不知有何根據，但類似的捉刀傳聞卻時有所聞，靳夢萍和江獻珠卻反對捉刀之說，《香港戲曲通訊》第四十四期的〈南海十三郎逝世三十週年紀念專輯〉也談到這段捉刀公案，始終言人人殊，莫衷一是。查十三郎在《浮生浪墨》（一六）以「有筆生花猶恨事，便為才女奈愁何」為題，直接明確地否定捉刀之說：

余嘗從事編寫粵劇粵，以先姊（原注：畹徵）文學修養比余佳，亦時到厚德園請先姊助撰一兩段曲詞，故後來或傳余早年寫作，多出先姊手筆，實則先姊不諳音樂，只善於推敲詞句，指點余一二而已。

由當事人現身說法，說明事實，有關江畹徵為十三郎捉刀的誤傳，大概自此可以得到澄清了。至於十三郎的「弟子」，最為人關注的是他與唐滌生究竟是否師徒？目下主流的看法大都認為二人並非師徒，如江河在〈南海十三郎多面體〉中說二人「是朋友，不是師生」。我們卻可以在十三郎的專欄中找到一些談及「弟子唐滌生」的重要片段，為二人的師徒關係提供實證。此外，有關十三郎的出生時地、十三郎的後人、十三郎與馮志芬名劇《胡不歸》的關係等問題，都可以在這批晚報上的專欄找到答案，本書的附錄文章〈重見南海十三郎〉，正是筆者利用這批材料進行論證、發揮的嘗試，結論是：唐滌生確是十三郎的弟子、十三郎並非生於一九〇九年、十三郎有一位姓黃的女兒、《胡不歸》是改編自十三郎的作品；這些論證成果在在能補充、糾正坊間好些傳聞。筆者還利用這批專欄文章，配合其他文獻材料，撰寫成較詳盡的〈南海十三郎傳略〉，以期充分展示這批專欄文章在撰寫傳記上的價值，值得讀者、研究者的重視。

此外，這批專欄文章還保留了好些十三郎所撰寫的曲詞、改編線索、編劇動機，值得重視。十三郎所撰劇曲超過百本，但散佚的不少，有待研究者一一搜尋和整理。十三郎在這批專欄文章中，直接或間接地談及他編撰的劇曲，好些劇目如《梳洗望黃河》、《平戎帳下歌》、《吳三桂》均鮮為人知，專欄中提及的這些劇目，是研究的重要起點。專欄中又偶有一些曲詞節錄，也是非常珍貴的材料，如

《浮生浪墨》（一〇一、一一六）就節錄了十三郎編撰的《英雄何日會風雲》和《李香君守樓》的曲詞，曲牌句讀齊全，彌足珍貴。除了曲詞節錄，十三郎也偶有提及個人的戲曲創作或電影創作的歷史，倘細心尋繹，當有收穫。如一九四一年上映的電影《天涯慈父》，據十三郎在《浮生浪墨》（七〇）中所說，該電影劇本乃是由他改編自外語電影《凡夫行徑》的，像這些中外電影劇本的改編線索，同樣值得研究者重視。又倘涉及編劇動機，非由當事人現身說法，外人根本無法得知，例如十三郎的名劇《女兒香》，編劇動機原來是為了寫十三郎一位「女弟子」的遭遇，《浮生浪墨》（三〇）有下述材料：

至尚有一得意女弟子梅冷香，曾畢業於北平女子師範大學，南返為一小學校校長，亦愛看粵劇，彼為世家女兒，曾以家資助一刻苦子弟魏某留學外國，習陸軍，歸國又因冷香人事關係，得作團長，然魏本為薄倖男子，另戀軍長之女，置冷香於腦後，余因有感，為編《女兒香》一劇，寫魏刻苦克勤，純為因緣時會，以博地位，一旦得志，刻苦難移，並如陳世美之不認妻，棄梅冷香於不顧，幸天網恢恢，疏而不漏，子超終不得善終。當時劇中人，以梅冷香改名梅暗香，魏某改名魏昭仁。

像這些珍貴材料，對研究十三郎的編劇動機或創作意圖，幫助頗大。十三郎的專欄文章還每每提及他個人的創作理念，例如重視編導的文藝修養、注重劇中人之性格表現、着重曲詞的表達能力、要求編劇要有歷史根柢、強調戲劇要闡揚忠孝節義、承傳保留粵劇的古老排場，這些材料對理解他的劇作觀和文藝觀，幫助極大。

再者，這批專欄文章也涉及大量梨園逸事和掌故，倘把這些零碎的舊人舊事片段整合起來，肯定能為上世紀的粵劇發展歷史提供不少有用的材料。例如文章中提及上世紀的粵劇組班實況、搬演戲目、名伶活動、演藝水平、人事關係，十三郎寫起來真是手到拿來，如數家珍，回憶片段真實而別具史料價值。例如他談到唐滌生為「勝利年」編的《丹鳳落誰家》，說這劇是唐氏初期成功之作。這個唐氏早期的作品，知道的人似乎不多，值得研究者注意。又上世紀不少伶人的生平資料都欠完整，十三郎筆下卻為好些幾近為後人遺忘的伶人描畫下重要而鮮明的生平輪廓，比如《浮生浪墨》（七九、一〇二）就曾詳細介紹了著名男花旦新丁香耀的演藝事業與生平，這是目前能讀到有關新丁香耀最詳盡、最完整也是最專業的材料。又時下大凡談到十三郎的戲劇事業，總不免集中強調他與薛覺先的「天作之合」，其實細看這批專欄文章，十三郎提及「錦添花劇團」和陳錦棠的篇幅非常多，從中可以看到十三郎非常佩服陳氏的演藝，他與陳氏同樣是合作無間，且惺惺相惜。事實上，陳氏作為上世紀粵劇界的重要人物，既是「武狀元」又是薛覺先的高徒；十三郎的文章，大概可以重新引發粵劇研究者對陳錦棠的關注和興趣。又上世紀初粵劇名伶的現場演出，後人無由得見，既無法得見名伶台上風采，亦無法承傳演藝，十分可惜，但十三郎的文章以生動的文筆為後人保留了若干名伶的演出片段，如《小蘭齋主隨筆》（三〇）就記述了當年薛覺先演出《心聲淚影》的身段工架：

如演《心聲淚影》唱至「正低徊一陣風驚竹，疑是故人相候」句，即俯首沉吟，回顧竹影，以手撫襟，覺有風涼之狀，又憑欄張望，作故人相候急不耐煩之態，恰到好處。至唱《泣殘紅》之「暮雨黯淡迷迷濛」句，則表演工架，作迷濛境況，足步略浮略定，而以扇拂霧，冷觀殘紅，一節一拍，均非今之演員可及。

讀者讀此而輔以合理聯想，畫面如在目前，讀其文字描述令人如臨其地如見其技，教人神往。十三郎筆下也記錄了好些有關舊式粵劇的傳統演法，是研究傳統粵劇的上好材料，比如他在《梨園趣談》（八）中談到舊式的《六國大封相》，原來當時劇中飾演六國元帥的都由武生掛黑鬚擔綱，小武只飾演馬伕，後來改為元帥不掛鬚，因此改由小武飾演六國元帥，馬伕則由班中的「大翻」擔綱。這些都是粵劇發展史的重要材料，很有價值。

十三郎在上世紀三〇年代曾從事電影編導及拍攝工作，及至五〇年到香港後，對當時香港的電影業也特別關注，他在六〇年代寫的這批專欄文章中，保留了好些香港早期電影業的一鱗半爪，比如我們今天常說早年的香港電影粗製濫造，草草七天便拍完一部電影，這些我們戲稱為「七日鮮」的電影原來在很大程度上是給「迫」出來的。據十三郎在《浮生浪墨》（六七）中說，戰後香港的片場為數不多，要拍電影的話就只好租用別人的片場：

> 而其餘各公司，均無自設片場，皆向各片場搭拍，故製片廠生意亦不俗，惟多限期七日至十日完成一片，製作急促，成績自然不及理想。

由於廠期以七至十日為限，因此只能在有限的時間內完成拍攝工作，實亦客觀條件所限，並非全都因為態度不認真或製作不夠專業。

當然，一旦談到十三郎就不免想起江家，而與江家有關的「江家菜藝」向來都備受關注。江孔殷是著名食家，又善烹調，江家菜藝對廣州食壇以至廣東的飲食文化，影響至深。江家沒落之後，談太史菜色而廣為人知者，當推江家後人江獻珠。她在《蘭齋舊事與南海十三郎》中談的「舊事」主要就是以江家的「食事」為起點，寫得情事相兼，廣受讀者歡迎。她年少時親嘗過江家的不同菜式，加上個人記憶力強，對飲食烹調又甚在行，寫文章製食譜為後人介紹了不少瀕近失傳的江家菜藝。比如她在「蘭齋舊事」一輯中談太史蛇羹的烹調法，在省港澳幾乎可以視為最具代表性的參考標準。但她也不諱言，江家食風鼎盛之時，正是她孩童的年代，合理推想，小孩子對江家菜藝的了解，或不能全面、深入。其實十三郎在文章中也不時提及江家菜藝，他對江家菜藝的了解和認識，一定可以為一眾「食家」及飲食文化研究者提供若干重要的信息，同樣值得重視。他在《小蘭齋主隨筆》（七）中就提到江家名菜太史蛇羹的製法：

> 然製蛇一席，非七八百金，不得佳味。蓋製蛇需雲南火腿，北菇，冬筍等材料，龍鳳會又需用雞約十頭，但雞湯不可過濃，濃則奪蛇味，且純用豬膏，不用生油，方始芬郁……食蛇更需菊花，檸葉，元西，薄脆作配品，菊花以風前牡丹為最美，蟹爪次之……。

又在《浮生浪墨》（四三）中説蛇以「熱食」為佳，故要用火鍋慢火煮蛇羹。讀者若把這些記錄與江獻珠在「蘭齋舊事」中的説法作比較，不難發現二人所記的內容雖或詳略不一、或側重有別，但他們的説法卻可以互為補足，更立體地重現全盛時期江家菜藝的風貌。十三郎還在專欄中提及芋漿粉卷、太史豆腐、山斑豆腐、蟹黃豆苗、夜香蝦丁、太史田雞、菊花鱸魚羹、杏汁燉白肺、紅炆文慶塱鯉魚、橙花酒等江家美食，均是研究粵饌的上好材料。

十三郎早年畢業於香港華仁書院，又曾就讀於香港大學，戰後來港並在港度過餘生，他與香港的關係可謂密切，而他對香港也有相當深刻的認識。十三郎寫這批專欄文章時，已是寓港十多年，他對上世紀五、六十年代的香港社會有其獨到的觀察角度和真切的感受，他寫的好些文章即能真實地反映當時香港的某些社會面貌，尤其是低下階層的生活面貌。這些文章宛如一幀幀半褪色的民生照片，為一些重要而典型的「小人物」描下了身影，令讀者印象深刻。如《小蘭齋主隨筆》（六六）：

> 余每星期趁巴士至西營盤，每見青年學子，在車中猶讀功課，手不釋卷，偶詢其一，則謂家中既無書室，又有年稚弟妹喧擾，縱欲溫習功課，亦無安靜環境，故除上課時間外，即到各藏書樓閱讀，每晨乘車之際，亦作預備功課時間。

寫窮苦學生缺乏溫習的空間，人和事都非常真實。這時期的香港經濟尚未發展，不少平民百姓每天都要面對、應付衣食住行等生活上的種種難題，他續說：

而報販之子女，課餘尚助其父售報，在報攤上猶勤讀不倦，其苦學精神，良可記也。

這些「隨筆」都有力地反映了諸多的社會問題，讀起來平實而地道，可視為戰後香港史的參考材料。

本書收錄十三郎的四百多篇專欄文章，不獨有各方各面的研究價值，即就文章本身而言，亦具文藝上的欣賞價值。這批文章筆法有文有白，大部分都寫得流暢達意，雅潔明快，敍事寫人，或莊或諧，均鮮活傳神。又筆下月旦時人時事，下語總不假諛詞，褒貶分明，堪稱文如其人，個性鮮明。以下舉幾個段落為例。

作者在《小蘭齋主隨筆》（一二三）中回憶童年端陽節觀龍舟競渡的往事，敍事非常流暢：

回憶童年，四鄉昇平，余隨家人乘畫舫至珠江琶洲一帶，同觀競渡，各地龍船數十艘，均由鄉人泛棹，快捷有如汽輪，且鄉人競渡，服裝整齊，咸穿白笠衫黑褲，或戴竹織銅鼓帽，扒扒之聲，不絕於耳，賽勝者即得錦旗，並以金豬燒酒犒賞……

這段文字有景有聲，行文簡潔，且文言句式優雅，讀之不覺其深，反覺流暢易懂。他的文藝抒情筆調十分到家，《小蘭齋主隨筆》（三一）就有一段聞歌興嘆的優美文字，寫得文辭清雋，哀怨動人：

> 法曲飄零盡，詩心付與誰，然人生哀樂，藉以抒情，童年聞歌，不解憂愁，如今解盡愁滋味，更把童年作一回憶，如許豪華如許調，舊歡重訴夢中時，目睹避秦男女，桃源作客，不少往日享盡豪華，不知人間有何恨事，今則或為販夫走卒或以勞力博飽，道左相逢，唏噓嘆息，偶遇昔年將帥，雖未心灰，然自古美人名將有不見白頭之嘆，文人有志，賴筆以活，武夫末路，則不知何以為生矣。

十三郎下筆古典味道十足，其舊學根柢，可見一斑。他在專欄文章中時或穿插詩詞，讀起來更具古雅的韻味。他的文筆，受詩詞歌賦影響頗深，在散文體裁中往往不自覺地用上了韻文的筆法，而且大有一發不可收之概，如《浮生浪墨》（一三二）就有一大截「古典」段落：

> 縱欲談風月，而風月已殊往昔，往日春風桃李爭開放，留得芬芳雨露沾，而此時新月如弦春夜永，東風無力送愁懷，往者桃

李盈門，殊不寂寞，今者旅鬢添霜，飄搖誰慰？風月已殊歸夢遠，春花凋謝景何堪，縱有燕趙佳人，嫻歌善舞，益感帳下悲歌徒惹恨，人生何處不斷腸，更不愁春冷羅衾薄，翻怨東風暗惹塵，而風流都已隨風逝，最愁對月影長單，風月如此，情何以堪，倦眼看花，消磨豪氣，去國精魂玉枕，毀家暮齒還吟，臨水登山，亦無逸興，無聊舉酒，醉夢難尋，青梅點點似天星，嵌入離人心上情，燈畔簾前閒獨坐，南音遠處帶愁聽，無語掩重門，懶管得綠楊飛絮，惆悵天涯流轉，風拖香夢影迴，怕上層樓，輕舒病眼，探花少年舊夢，當年張緒誰儔，任教花落花開，月圓月晦，柔腸百轉，幾度腸迴，如今羈旅仍愁絕，咫尺江山失國門，便欲遣愁，而遣愁無計，天涯無岸，人比天涯更遠……

像這些文句，不但典雅，而且很有韻文的音樂節奏感，令讀者耳目一新之餘，印象也更深刻。又如他的《小蘭齋主隨筆》，各篇均不設題目（本書編者摘取原文中詩句或聯語，代擬題目），卻別出心裁，以聯語詩句統括文章主題，提挈全文，或用以鋪排情緒，引人細讀，做法頗具新意，而所引用的詩聯亦見修辭合度、意境優美。如「自顧一身慚突兀，更能四面佔文章」、「燕市歸來沽其兩口，羊城泛棹贈彼千金」是引用江孔殷的聯語，「已無淨土酣夢醒，尚有黃花晚節香」、「哀絃急管意紛紜，楚調吳謳不忍聞。畢竟迴腸兒女事，銅琶鐵板遏行雲」則為十三郎的個人創作。這種安排下產生的閱讀效果有如觀劇聽戲：先聽演員開腔的定場「詩白」，接着才慢慢聆聽其他細節內容。又好像聽古人說書，令人印象深刻。十三郎在專欄中詩文融合的匠心安排，同時能營造出異常濃厚的趣味和古典文藝氣息。他在《梨園趣談》（二九）中寫梨園趣事，卻又寫得異常風趣，筆調輕鬆，通俗逗趣，令人讀得開懷。他在文中談戲行中的一句「行話」（背語）「叫師爺班馬」的出處，交代得有聲有色，行文夾雜口語，十分有趣：

> 至從前「祝華年」班，演《閨房劍影》，劇中二幫靚元坤飾花花公子，那時四幫小武牛精德飾演師爺，二人至古廟遊玩，遇良家女黃小紅進香，花花公子便將她調戲，遇俠士靚雪秋，因抱不平，與靚元坤、牛精德打起來，論劇情是師爺先打敗，然後俠士錯手打死花花公子，但是牛精德平時孔武有力，演劇不甘打敗，與靚雪秋真的打起來，靚雪秋幾乎打不過他，靚元坤恐防違反劇情，心生一計，便說：「師爺不要蠻打，回府班馬」，牛精德乃入場，花花公子乃被打死，遂是班中口頭禪：「叫師爺班馬」便

是自己攞死了。

這段戲行掌故寫得有條不紊，敍述線索分明，人物的現實身分與劇中角色身分在行文中交代得絲毫不亂，到了故事尾聲才點出「叫師爺班馬」是暗示「自尋死路」的意思，鋪排得當，很能配合讀者的閱讀心理，加上行文不避粵語，益見生動地道。又作者在《小蘭齋主隨筆》（三五）中談到他對《白蛇傳》的看法，具見其下筆率直，愛憎分明的風格：

……且參以半新半舊之思想，以佛教法海和尚為封建人物，白蛇始是反封建革命的代表女性，余大不謂然。蓋不論任何宗教，抑儒家學說，斷不能以蛇蠍為正派，余無偏於佛教，蓋蛇蠍為惡獸，焉能成為正果。余曾斥主編《白蛇傳》者之荒謬……。

先不談他的立場看法是對是錯，但性情中人，下筆亦稜角分明，文風與性格統一，讀起來真是如聞其聲、如見其人。

十三郎當年在香港寫的這批專欄文章，還有令人意想不到的醫學研究價值。香港中文大學醫學院精神科學系李誠教授，在二〇〇九年出版的《吾鬱吾躁》中介紹、分析「鬱躁症」，他在書中列舉了好些鬱躁症的「名人病例」，當中就提及名畫家梵高、名詩人拜倫和名編劇南海十三郎，他認為十三郎並非精神分裂：

雖然十三郎與以往多數入住精神醫院的人一樣，給斷定患上精神分裂症，我們不可以忽略的是，當時醫學界對精神病和雙向情緒病的區分並不清晰，以現代診斷標準看，不一定準確……當然，我只是大膽猜測，事實如何還需要深入研究，有待專家小心求證。

署名「遠堂」的醫學會會員在二〇一一年五月的《香港醫學會會訊》發表〈說南海十三郎〉，也談到有關十三郎的病例，他說：

直到目前，未看到精神科專家發表有關他的學術性文章。相信有些問題尚待研究：例如他有無家族精神病史，病前性格，放棄習醫而遠赴上海的內情，火車墜下是意外還是另有別情等。至於他的診斷，聽説好像是精神分裂症，亦有人認為是躁狂抑鬱症（原注：即現稱雙極性情感障礙），又可能是兩者混合：分裂性情感病。假定他有某種遺傳傾向，腦部受損可能是觸發因素，或許亦與不良預後有關。

可見醫學界在研究上是頗為關注十三郎這個「名人病例」的，過往可能礙於具體而相關的材料不足，以至未能進一步開展這方面的研究或分析，「遠堂」不無期待地提出「病歷傳記」的構想：

希望能夠看到一篇有關江氏的病歷傳記，以較學術性的角度來描述他的精神病，從而衡量他的天才，理解他的「瘋癲」。

十三郎在香港寫的這批文章，在在能連貫地、具體地、直接地反映他的思想狀況，倘醫學界真的要完成有關十三郎的病歷傳記或醫學報告，這批《工商晚報》上的文章相信一定派得上用場，筆者萬分期待這批文學材料能在醫學研究領域上發揮作用。

五

客觀而言，文章中某些內容存在一些紕漏，讀者要理性閱讀，研究者也須仔細分析。比如十三郎的出生日期，現時主流的說法是一九〇九年，而十三郎在《小蘭齋主隨筆》（七）卻明確地說「余誕於一九一〇年三月三日，即農曆庚戌年元月廿二日」，筆者覆查過新舊兩曆及干支配對，均正確無誤，據此說而定其生年，本極可信，但他在五天後的專欄文章中談到江孔殷義助七十二烈士下葬的往事時，卻又說：「蓋余生於葬烈士之翌年也」，則前後兩個說法明顯相左。證諸史實，「葬烈士之翌年」無論如何都不可能是一九一〇年，這會否是「蓋余生之翌年，葬烈士」的筆誤呢？還是純粹出於作者記憶錯誤？筆者現時雖然傾向採用前說（即生於一九一〇年），但事實如何，則有待細心的讀者、研究者集思廣益，多花心思分析。又如他在《後台好戲》（二二）談薛覺先邀請他編劇的往事：「適值九一八東北事件發生，余感粵劇可作宣傳，乃允其請。為編《心聲淚影》一劇」，但證諸史實，「九一八東北事件」發生在一九三一年，而覺先聲劇團第一屆班在一九三〇年已上演他的處女劇作《心聲淚影》，十三郎提供「適值九一八東北事件發生」這個年代標幟顯然有誤。諸如上述提到的問題，讀者須細心留意，作客觀而合理的判斷和取捨。

雖然，這批文章容或存在好些客觀錯漏，但其總體數量或整體質量始終不容忽視。十三郎寫這批文章的時候，正好年過半百，過去五十多年的悲歡離合、得志失意，他生平中最堪回憶的人和事，全都集中在這段重要的回憶之中，碰巧他在這時候精神狀態尚好，可以有條理地把個人的往事、知識和感受一一寫成文章，並得到一年多的穩定發表空間，他在作品中一再強調個人的「傲骨」、「豪氣」和「耿直」，又不時在文章中表現出「昨是今非」的人生觀，而筆下的一花一木、一晴一雨、一人一事，又在在與作者的愁思或悵念有關，部分文章可能予人「牢騷太盛」、「短嘆長嗟」之感，但畢竟還是作者直率真切的情感記錄，若說這批文章是十三郎的「傳記」、「剖白」、「心聲」甚或是生平的「檢閱」或「總結」，說法大抵都站得住腳。一九六五年三月後他停寫《工商晚報》上的專欄，悄悄然又再一次隱沒在茫茫人海之中。《工商晚報》上這四百多篇文章，很可能是十三郎在百部劇作以外，留給後人最完整、最有系統而又最具份量的文字遺產。事實上，一九六九年前後他在元朗柏雨中學工作過一段時期，接下來就是在大嶼山寶蓮寺當「知客」的歲月，約一九七六、七七年他再次入住青山醫院，期間接受過一些訪問，直至一九八四年，十三郎病逝於瑪嘉烈醫院——在香港走完他人生的最後一步。

六

這批發表在《工商晚報》上十三郎的親筆文章既然是了解、甚至是研究十三郎的重要材料，實在有整理、公開、出版的必要。在此須感謝商務印書館支持這項出版計劃，毛永波先生、張宇程先生在出版過程中的專業籌劃和支援，令十三郎的文章得以在二十一世紀重現讀者眼前。出版社這個決定肯定不只是商業決定，而更是文化上、文學上的決定。當天筆者在出版社感激而鄭重地對毛先生張先生說「十三哥的事就拜託了」，正是基於我們有着相同的價值觀和出版理念。毛先生和張先生還一再強調要把書編得完整些，以「全錄」的方式全數保留《工商晚報》上所有十三郎的文章，還在篇幅上盡量容納好些插圖和附錄文章，並安排筆者負責撰寫前言、傳略、凡例、後記及校訂正文。此外，對於原文中好些批評當時政局、談論個人政治思想的部分，幾經斟酌，我們還是決定予以保留，並在本書的「凡例」中說明，這些部分只反映原作者當時的個人看法，並不代表出版單位或編者的立場。

本書各輯作品的先後序列仍按當年《工商晚報》上的排序，又因篇幅關係，釐為三冊。正文前附前言及十三郎傳略，方便讀者了解本書的編刊緣起及價值，也同時讓讀者對十三郎有一個初步而具體的認識。正文後附錄一篇十三郎早期的作品，另附一篇〈重見南海十三郎〉長文，用以論證與十三郎生平有關的幾種誤傳，全書取名為「小蘭齋雜記」。「小蘭齋主」是十三郎自取的名號，「小蘭齋」這爿空中樓閣，不但優雅，且能隱約地折射出十三郎克紹其父江孔殷「百二蘭齋」的風雅餘韻。

《小蘭齋主隨筆》（一）曾提及十三郎投稿各大報刊的一些線索：他早年曾投稿《國民日報》、《國民新聞》、《華字日報》，又曾經籌辦《持平日報》並自任總編輯，戰時曾投稿《建國日報》，戰後又為《中國報》、《前鋒日報》和《西南日報》撰寫過小説和散文。倘日後得遇機緣，真能幸運地蒐集到這些材料，肯定可以更清晰地呈現、展示十三郎青壯時期的思想面貌和創作面貌。筆者希望在課餘得暇即動手繼續搜尋，只是個人能力畢竟有限，在此呼籲各報刊收藏家、十三郎的研究者或喜愛十三郎的讀者一同加入搜尋行列，把能找到的材料公開、發表，好讓後人能更全面、更深入地了解這位粵劇界的一代奇才。

南海十三郎傳略

南海十三郎傳略

朱少璋

生平敘論

傳主性情中人，愛恨分明，個性狂狷耿介，與世相違。傳主年輕時已見才華洋溢，菊部名宿梨園名角惜才愛才，天時地利人和得以配合，如魚得水，造就一代編劇奇才。三〇年代憑《心聲淚影》及《女兒香》一舉成名，所撰劇曲，街頭巷尾爭相傳唱。傳主對戲劇藝術情有獨鍾，一生專注於戲劇事業，並以戲劇作抗日宣傳、作愛國教育，又曾參與電影編導工作，可謂無愧於時代、無愧於民族、無愧於劇藝。天賦才華，加以後天努力，既而轉益多師，融匯中西，所撰劇本曲詞，雅俗共賞，新舊兼融，編劇達百部以上，故其劇藝成就與貢獻，尤為時人、後人所肯定。平生弟子袁準與唐滌生二人，袁氏後轉職演員，早逝，而唐氏則成為著名編劇家，唐劇至今已成經典，備受推崇，名師高弟，斐然有成，惜亦天不假年，英年遽逝。

抗戰勝利後，時移世易，人事兩非，傳主精神大受困擾，竟至一沉不起。及中年寓港，人地生疏，多年來流離飄泊，人浮於事，始終無法以個人專長立命安身，復因個性問題，無法適應現實社會。居港期間，鬱鬱失意，潦倒畸零，思想打擊與精神壓力愈加沉重，是以對人處事，時露狂態，舉止言談，每見失常。倘視之為真瘋，可；若視之為佯狂，亦無不可。

傳主一生自負，自尊心極強，中年後雖至窮途末路，不受人憐，對金錢資助尤為不屑。亦不為餬口而違背個人原則，人或以此為自鳴清高、不善變通、不通世故。唯世人亦重其獨立特行、愛恨分明、傲世疏狂之性格；其劇作情詞動人，當世後世，亦不乏知音。

傳主既出身於書香門第，復為江太史之子，又曾入讀香港大學，年約二十即編劇成名，交遊均為一時俊彥聞人。生逢亂世，抗戰時帶筆從軍，和平後即病半狂，戰後家道中落，流寓香江，終至病逝於香港。綜其一生遭遇，炎涼歷遍，一代才子，於上世紀大時代中起落浮沉，箇中悲喜哀樂，枯榮得失，如戲劇之本事、如小說之情節，奇才似此，生平可譜入傳奇，故後人所以不能忘懷而津津樂道。杜國威為編舞台劇及電影劇本《南海十三郎》，以藝術加工結合事實，搬演其生平事蹟，一演再演，均哄動滿座，大獲好評。江獻珠《蘭齋舊事與南海十三郎》一書，亦已再版，深受讀者歡迎。傳主編撰之名劇《女兒香》、《燕歸人未歸》，省港澳大小戲班劇團尚不時搬演，歷演不衰。名曲《寒江釣雪》，薛腔遺韻不獨龜年猶唱，新晉歌伶，亦奉為金曲經典。凡此種種，足證其人格魅力與藝術魅力之強，至今猶能引起共鳴。第觀其生平、其文詞、其為人，大有可識、可賞、可慕之價值。

家世溯源

傳主（江譽鏐，一九一〇至一九八四）生於公元一九一〇年三月三日，即農曆庚戌年一月二十二日，又以巳時生，巳時屬蛇，故家中大凡以蛇宴客，均由傳主侍側。祖籍廣東南海下塱人，江孔殷太史之子，以子女同排則排行十三，子女分排實排行第九。名譽鏐，取「百忍作金，始可交友」之意；一作譽球，取「譽世之顯達，毋擇東西半球」之意。字絳霞，又因「霞」字滬語與「傻」同音，家人亦暱稱「小傻」。「黃鏢」、「南海十三郎」、「江楓」、「南海江楓」、「小蘭齋主」均為其外號或筆名，而以「南海十三郎」最廣為人知，或有簡稱為「十三郎」、「十三」，或有冠以其本姓作「江十三」。

傳主祖父江清泉，為殷實商人，同治年間於上海經營江裕昌茶莊，富甲一方，有「江百萬」之稱，熱心公益，創廣肇會館，對流寓上海之粵籍人士時加接濟，至如各省赴京士子如有需要，亦多獲贈川資；葉明琛、張仁駿微時即曾受其惠助。江清泉樂善好施，助人不吝錢財，是以人緣甚佳，人脈亦甚廣，頗得時譽，世交好友上奏朝庭，策封為資政大夫。

江清泉妻妾三人，有二子，長子早夭。大婦招氏，無子。江孔殷為側室周氏所出，行二，即傳主父親。江孔殷生於上海，七歲喪父，而生母周氏亦早逝，管店者黃氏中飽私囊，轉售茶莊與汪氏，並悉數動用流動資金，至使江家上海家業錢財盡入他人之手，幸江家早年於各地廣置田產，粵廣原籍尚有舖戶田地，招氏遂舉家南返定居，一家得賴先祖餘蔭，生活無憂。

傳主之父江孔殷，本名鎬，取「百忍成金，卓見高明」之意。字韶選，又字少泉（一說「少荃」），乳名霞，號百二蘭齋主人，別號霞公，又以其活潑好動，粵人暱稱「江蝦」。江孔殷為晚清最後一屆科舉進士，曾進翰林院，人皆尊稱為「江太史」或「太史公」。江孔殷生性機靈聰敏，能屬文寫詩，十七歲鄉試中秀才，然嫡母招氏素厭官場，認為江家既有餘田可食，能自給自足，子孫大可不必入仕。江孔殷雖無意於功名，然具才氣而技癢，又因「賭圍姓」（一說「圍勝」），即設賭局賭科考結果）得勝則動輒獲利數千両，是以曾多次為人捉刀代考，十年間春秋二試為江家帶來不少額外收入。曾為一朱氏子代考，居然得中第五名舉人，同時又請黃梅伯代自己赴試，卻只得中第六十三名舉人。當時廣東進士賭商劉學詢、軍將朱世貴對江孔殷特予關照包庇，故無人敢追究代考之事，但紛紛議論，事終為官府知聞，出榜文緝捕。江孔殷匿居鄉間年餘，年近四十，適逢張仁駿太史督粵，張太史微時曾受恩於江家祖上，乃取消緝捕令，並保薦江孔殷上京赴恩科試，歲次甲辰（一九〇四年）欽點入翰林。回鄉不久朝廷下旨命赴東洋參考新政，時嫡母招氏逝世，江孔殷帶服赴日，翌年歸國，旋又奉派為南洋勸業專使，以一品大員身分，赴東洋南洋一帶宣慰華僑，仕途可謂一帆風順，官場得意。

江孔殷早年喪偶，卻不續絃，只納妾掌家政，又因本身為庶出，故對庶出子女特別重視，有「吾家素重庶出」之語。江孔殷妻妾十二人，各以「蘭」為字：傳主嫡母區氏畹蘭，生五子，即譽漢、仲雅、叔穎、季槐、譽桂。二母林氏蕙蘭，生一女。三母布氏蕊蘭，原名蕊馨，一名白，生三子三女，二子一女均不養；子譽題，即傳主呼為九兄者；女畹徵、畹貽，即傳主呼為十一姊、十二姊者，畹徵有文才，歸汪希文為繼室，婚後不久即病歿，畹貽曾任職鐵路部，戰後任教於香港大埔佛教大光學校。四母常氏素蘭，原名素紈，無所出。五母玉蘭，姓氏不詳，無所出。六母杜氏秀蘭，生一子譽鏐，即傳主。七母紫蘭，姓氏不詳，生一女。八母郭氏湘蘭，原名湘紈，一名如冰，無所出。九母歐陽氏佩蘭，原名清，生一子一女，子譽裘，即傳主呼為十五弟者，抗戰時殉國。十母潘氏楚蘭，生一女，歸郭文泰。十一母陳氏綺蘭，生一女畹英，畹英曾在台灣政府任職，後在香港當護士。十二母陸氏錦蘭，原名鳳儀，無所出。

傳主親母杜秀蘭，本為江孔殷之外室，十七歲在廣東黃沙之叢桂西街生傳主，產後不治。翌年廣州起義事未成，烈士殉難，潘達微與江孔殷商量，籌葬七十二烈士於黃花崗，事為清廷所聞，以「通盜之罪」召江孔殷入京候查。江孔殷靈機一動，以外室杜氏女為脱罪藉口，辯稱「盜」「杜」兩字同音誤傳，只承認「與妓杜氏通」，以求脱身。清廷一時間亦無實據入罪，乃責江孔殷私行不檢，至有「通盜」之誤傳，着令罰款五千両。江孔殷得以免禍，對杜氏尤為感激，正式承認杜氏為江家第六房妾，而傳主為杜氏所出，亦得以歸宗認祖，江孔殷對傳主亦疼愛有加，帶傳主歸江家交由眾母及乳娘周氏撫養。辛亥革命成功，民國建元，傳主曾隨父到香港於堅道居住過一短暫時期，政局稍定，即又隨父返粵。香港堅道舊居，後轉售與陳廉伯，陳氏再轉售與循道會作禮拜堂，輾轉而為真光學附設小學，故居地點約為堅道七十五號，即今真光幼稚園。

求學時期

江孔殷素重子女教育，禮聘名師自設書塾供子女讀書，江家子女均幼承學教。傳主之啟蒙開學老師為何天輔（何宗頤之父）。傳主自幼目力即不夠鋭利，往驗視力，始知為遠視加散光，並非近視，乃於精益眼鏡公司配一金框眼鏡。傳主自小即從陳桂生學習《資治通鑑》，每年暑假則專攻國文，又拜張劭聞為師學《孟子》、從區奉吾學《離騷》、從傅朝選學《唐宋八大家文鈔》、從區大典太史學《詩經》及《四書》、從黃藝博與陳柏儀學《詞選》，並曾習德文於張道深；而自學詞賦，亦有心得。

傳主十歲時在南武小學讀書，約十二歲即升讀嶺南附中，與名儒蔡乃瑝後人蔡德榮同級共讀，又同宿者除蔡氏外，尚有冼海星及謝恩祿牧師之子謝志理。傳主於此時受洗歸信基督教。後因中學一年級中文科不及格，其父決定安排傳主轉往城西中德中學學習德文，另專聘傅朝選為私人中文專席，指導傳主學習中文。又聘英文教師梁太素為私塾專席。未幾，中德中學鬧風潮，傳主乃遵父命到香港，入讀霍乃鏗主辦之預科書院，當時傳主約十四、五歲，心性未定，貪玩疏懶，在香港又乏人管束，學無所成，獨喜閱讀及劇藝。時校中為籌款賑助西江水災，聘「寰球樂劇團」義演，班主何浩泉為傳主表親，邀請傳主撰一新劇義演。傳主乃據莎士比亞的《隨汝喜歡》改編成《寒夜簫聲》，以場口不熟未合演出，乃由鄧英整理，又經林健生、胡鳳昌、鄧公遠、劉天一等人改善音樂部分，此劇雖始終沒有搬演，但作為傳主編劇之始，別具意義。

傳主在港學未有成，為便督促管教，其父只好安排傳主重返廣州，在嶺南附中讀書，兩年後才正式入讀香港華仁書院。是時華仁書院管教甚嚴，加上傳主年紀漸長，有心向學，學業成績突飛猛進，為全級之首，並獲香港大學取錄，入讀醫科。是時戀人陳馬利則在廣州光華醫學院習醫，二人魚雁往還，每逢假期，傳主即自香港到廣州與戀人相聚。唯陳父反對二人交往，命陳女返北平，情侶雖遠隔南北，尤互通音訊，維繫感情。未幾陳馬利致函傳主，謂在北平染肺病，病情嚴重；自始斷絕聯絡。是時傳主決定放棄在香港大學繼續習醫的機會，先返廣州。一九二八年十一月，梅蘭芳到廣州演出，並在江家作客數天，為江家作閉門演出，傳主得以親炙戲劇大師，啟發益深，且傳主早年即醉心戲劇，課餘熟讀《戲劇概論》、《歌劇概論》等書，並讀雨果名著，自謂對戲劇原理，早有心得。但他不識粵劇排場，不懂工尺樂譜，卻因交遊好友多為劇曲音樂專家，編劇時獲幫助。林英為名伶蘇州妹胞弟，是傳主中德中學同學，精於音樂和排場，傳主編撰《心聲淚影》時即獲林氏指導，而鄧公遠、胡鳳昌在詞曲上對傳主亦多有啟發，名曲《寒江釣雪》詞曲優雅，並譜以新腔（解心腔二流），傳主得以一曲成名，鄧胡二人亦功不可沒。

傳主在香港大學退學，擬轉往北平協和大學醫學院繼續學習，取道上海赴北平，途次上海即聞陳馬利死訊，傳主萬念俱灰，一時心灰意冷，無意北上亦不作南返之計，隻身淹留上海約兩年。在上海期間傳主先後住在四川路東南小旅舍及法租界的旅館，並曾任職於煙酒統稅署，又曾在一畫報社工作，又曾任教員，惟月入不多，其父則每月匯款二百元到上海接濟，並囑傳主趨謁上海世交。期間傳主任簡照南之女的英語導師，蓋簡氏為南洋兄弟煙草公司創辦人，江孔殷為英美煙草公司代理，在商為敵，私下卻為友好，戲稱為廉藺之交。一九二九年傳主在上海得劉學詢之介，得晤何惠源，從而得知先祖在上海創業的經過。傳主在上海閒時則與黎文耀夜夜笙歌，上舞廳，或約同郊遊，亦一段少年輕狂、孟浪不羈之歲月。此時之上海為電影從業員集中地，傳主好友莫康時當時在長城公司當「學習編導」，交遊所及，傳主亦時往片場參觀學習，並與莫康時、李穆龍合編電影劇本《寂寞的犧牲》。

成名時期

傳主自「九一八事變」（一九三一年）開始專業、專職之編劇生涯，至二戰勝利即告輟筆，自謂「未嘗加入八和會館，以非會員資格，編劇超過百齣」。國家多難之際，傳主才情煥發，在抗日艱苦歲月中發揮其編劇天才，並以戲劇抒情言志，復員前十多年間，是其人生與事業最耀目之時期。

「一二八事變」（一九三二年）發生後，上海局勢不穩，傳主由滬返粵，在省立女子師範任教期間，與林英排演《瓊簫怨》、《寒江釣雪》及《過垂虹》，與學生作業餘演出，傳主自謂此是個人從事粵劇之始，又在古典名篇〈孔雀東南飛〉中得到啟發，編撰《梳洗望黃河》，唯未及上演傳主已離校，劇本原稿藏馮志芬處。

一九三二年江孔殷不再任英美煙草公司代理，乃在番禺開設蜂場，並投入一生積蓄經營蘭齋農場。蘭齋農場江孔殷自題「玉川吟屋」四字橫匾，植橙樹數百畝、荔枝數百株。傳主回憶在農場居住，每逢荔熟即攀樹採摘，日啖百顆，其樂怡怡。至於蜂場則主要由江畹徵主管打理，借李福林的厚德園採蜜，傳主時到厚德園請畹徵助撰一兩段曲詞，或指點一二，以其姊文學修養較佳，《燕歸人未歸》唱詞「清明節，鶯聲切，往事已隨雲去遠。幾多情，無處説，落花如夢似水流年」，意境優美，即為當年畹徵口授傳主的曲詞。

早於一九三〇年上半年，「覺先聲」第一屆班率先搬演傳主編撰之《心聲淚影》、《紅粉金戈》，而《心聲淚影》一炮而紅，奠定傳主在編劇界的地位，「南海十三郎」之名，不脛而走。此後傳主與薛氏合作無間，尚編有《引情香》、《秦淮月》（改編自電影《沙漠情花》）。又為紀念與陳馬利之戀愛往事，為薛覺先編《梨香院》（上下卷）。繼又為薛氏編撰《明月香衾》、《紫薇花對紫薇郎》、《花魂春欲斷》等劇。一九三四年傳主雄心萬丈，斥資自組以陳錦棠、李艷秋為台柱之「大江南劇團」，編演新劇《天下第一關》第一集（即《明宮英烈傳》）、《天下第一關》第二集（即《殘花落地紅》）、《莫問儂歸處》，可惜資金短絀，周轉困難，「大江南劇團」不久改組為「新宇宙劇團」，亦苦無盈餘。陳錦棠另組「玉堂春」，傳主為編《血染銅宮》，陳氏演韓信大為出色，薛覺先乃再聘陳氏另組新一屆之「覺先聲」，仍禮聘傳主為劇團編四部新劇，並答允其中一部以愛國為題材，其餘三部則以言情俠義為題材。傳主欣然允諾，率先編出《銅城金粉盜》（即《七十二銅城》下卷），繼編《誰是負心人》（後來「慶新聲」改編為《龍飛鳳舞喜迎春》）、《女兒香》及《惜花不護花》。是時適為薛覺先演藝之高峰期，亦同時為傳主編劇創作的高峰期，一編一演，合作無間，乃續為「覺先聲」短期班效力，編撰《半生脂粉奴》（後唐滌生據此改編成電影《大地晨鐘》）、《花市》、《春思落誰多》及《幽香冷處濃》。是時「覺先聲」演出八天需要四部新劇，隔天換一本新戲，劇本二至三日即要完稿，有時忙於應付，傳主聘馮志芬為助手，助編部分場口。一九三三、三四年傳主在港開拍電影《兒女債》，兼編兼導，乃正式介紹馮志芬為薛覺先編劇，至編導電影工作完成後，復為薛覺先編撰《咬碎寒關月》、《無價春宵》等劇。

此時期傳主創作精力旺盛，自謂「少時編劇，隨筆所之，月編數部」，可見他在編劇方面真有倚馬可待之才。他與薛覺先合作之同時，又為靚少鳳和千里駒的「義擎天」編撰《七十二銅城》，此劇取材自雨果之《歐羅尼》，傳主自謂「少年即喜閱戲劇書籍，閱中西戲作對照比較。閱雨果的《歐羅尼》，誦貝多芬名曲，又讀俠義古押衙傳奇《無雙傳》，愛粵樂之反線。編《七十二銅城》事與『明珠煎茶記』相類」，此劇強調俠盜報恩，酬友報國，故事着重「國家」，不重「私情」，此劇取材自法國名著，傳主自謙「愧有抄襲之嫌」。又為編名劇《燕歸人未歸》、《天涯歌女》（改編自雨果作品）、《飄泊王孫》、《花落春歸去》、《血債血償》、《義結擎天》。劇團主將千里駒甚喜傳主舊作《梳洗望黃河》，傳主為另編為《無情了有情》，上演時亦甚受觀眾歡迎。後來馮志芬據《梳洗望黃河》分編成《胡不歸》及《含笑飲砒礵》兩劇，成為「覺先聲」首本名劇。一九三五、三六年前後，「義擎天」再組新班，傳主為編新劇《古塔可憐宵》。

同期之「新生活」、「錦添花」、「萬年青」、「興中華」、「大羅天」等劇團，相繼邀請傳主編劇，傳主亦應付裕餘。此時，傳主為陳錦棠編的《飛渡玉門關》乃改編自傳主三〇年代初舊作《血債血償》，本由「義擎天」演出，惜不賣座，改編為《飛渡玉門關》由陳錦棠主演而成名劇。此劇參考《我若為王》及《無畏將軍》兩部外國電影而編成，傳主自謂「一為英國野史，一為法國野史，均攝自美國好萊塢，余使之搬上舞台，極享一時之盛。」劇中部分唱詞經馮志芬參訂。又續編《血染銅宮》第二、三卷，此外還編有《江南廿四橋》、《銀鎧半脂香》及《美人關是鬼門關》，觀眾反應均佳。又為「萬年青」編撰《渴飲匈奴血》、《去年今夕》。是時，傳主因與馮筱庭、馮志芬籌辦《持平日報》，商請廖俠懷、白玉堂義演籌款，演新劇兩晚，即馮志芬之《千里共嬋娟》及傳主自編之《香化復仇灰》，籌得辦報資金四千餘元，傳主與馮筱庭、馮志芬專注於創辦新報事宜，數月不問戲劇。一九三六年前後，傳主以餘暇為「興中華」編《白虎戲玄壇》上下集（即《怒奪金交椅》）、《燕市鐵蹄紅》。復為「大羅天」編撰《黃浦月》，描寫將帥未曾灰心，以圖喚起抗敵精神，此曲由黃千歲、麥炳榮演唱。另編《情央夜未央》、《天下賤丈夫》，復為梁以忠續成名曲《明日又天涯》，復為電影《廣州三日屠城記》撰寫插曲〈斷腸詞〉（梁以忠製譜，張玉京主唱）。「大光明」改組為「勝光明」，傳主又為編《花債何時了》（即《分香還血債》），又應吳伯陶之請，新編抗戰劇本《孤城血淚花》。

一九三八年日軍轟炸廣州，廣州淪陷，江氏舉家逃難至香港，蘭齋農場乃交由管工料理，戰亂中農場幾近廢耕。江家舉家逃難到港，一家廿多口擠住於羅便臣道妙高台一號。此時期傳主別居在外，與一女子同居，並在香港生一女，及後抗戰開始，傳主隻身赴粵北，婦其後另嫁，女則為英德鎮黃家收養，取名黃菊霜。是時傳主在香港電影界並兼編、導，歡場女子欲當電影明星，多有主動投懷送抱，傳主亦年少風流，在港期間又曾與女演員「露露」同居。傳主此時大量編撰以抗戰為主題的粵劇。為方便工作，常住在酒店公寓，據江河之憶述，傳主在德輔道中南屏酒店與林檎以月租共同租住三樓一房間。傳主「度戲」多在晚上，一邊唱一邊示範做手，曲詞就是直接說唱出來，再由江河現場執筆記錄，一個晚上就可以完成一個完整劇本（即《莫負少年頭》）。傳主最後會據助手的文字記錄再親手用端正的字體在複寫紙上再謄抄一次，劇本完成翌日就交給劇團，領到約一百元薪水，便與助手、朋友共晉晚飯。傳主手頭緊絀拮据付不起酒店房租時，會偶返妙高台小住幾天以便編劇，後來又把廣州的乳娘接到香港居住。廣州淪陷，宋慶齡、廖承志、胡木蘭、何香凝都南下香港，傳主亦時往探望。當時伶人亦多逃難到香港，廖俠懷在香港高陞戲院演出，建議傳主為《女兒香》編續集。一九三八年唐滌生南下香港，薛覺先推薦唐氏跟從傳主學編劇，江唐二人之師徒關係由是而定，唯在人前卻以「十三」、「阿唐」互稱，表面上平輩論交，以至旁人均不知二人為師徒。是時，傳主除了指導唐滌生編撰新劇外，亦曾為馬師曾的「太平劇團」編撰《風洞山傳奇》（即《情海慈航》）、《啼笑皆非》及《赤馬雲鬟》三劇，並力主馬師曾編演《攜民渡江》及《赤壁鏖戰》等三國戲，惜不為馬師曾所重視。傳主乃轉而為「錦添花」編《伏姜維》、《明宮英烈傳》（三本）、反間諜戲《海上紅鷹》、史劇《跨海屠龍》、《紅俠》、《橫斷長江水》及《莫負少年頭》，《莫負少年頭》尾場大唱《義勇軍進行曲》，且由林檎領導後台大合唱，甚為創新。《橫斷長江水》則參考馬可孛羅本事而作，劇作可謂中外合璧，傳主云：「一切寫作，均有世界性，今已無人編此類劇本，故余敢自豪也。」又着弟子唐滌生為「錦添花」編撰《楊宗保》、《衝破奈何天》（改編自《復活》），傳主代筆撰曲多闋），復為「興中華」編《八陣圖》、《太平天國》（馮筱庭構思，傳主編劇），亦受歡迎。同時又為「勝利年」編《紫塞梅花》、《五代殘唐》、《萬世才人》、《海角孤臣》。

傳主在這時期亦同時參與、從事電影編劇、導演的工作，編撰或導演之電影計有：《寂寞的犧牲》（合編，三〇年代初上映）、《兒女債》（一九三六年上映）、《萬惡之夫》（一九三七年上映）、《公子哥兒》（一九三七年上映）、《百戰餘生》（據一九三七年十月二十七日《每週電影》的記載，戲名為「戰地餘生」。一九三七年上映）、《最後關頭》（聯合執導，執導舞場生活一幕，一九三八年上映）、《女兒香》（一九三九年上映）、《一代名花花影恨》（一九四〇年上映）、《紅綃夜盜》（一九四〇年上映）、《趙子龍》（一九四〇年上映）、《花街神女》（一九四一年上映）、《天涯慈父》（一九四一年上映）。

從軍時期

二次大戰（一九三九年）起，趙如琳邀請傳主歸國參與廣東省立藝術院的工作，傳主應邀，毅然離港赴粵，江孔殷有「自顧一身慚突兀」之句，即指此。傳主在此時期猶為「勝利年」編抗戰劇《平戎帳下歌》、《從戎續舊歡》。傳主蒞粵，曾在省立藝術院戲劇系教授戲劇概論及國劇研究等課，時與藝院美術組吳琬教授同遊，吳氏擅繪西洋畫，傳主擅國畫，尤喜畫蘭，二人時有交流，傳主對吳氏之藝術造詣甚為肯定。此時又認識音樂家黃友棣，二人常討論民族形式音樂的問題，自謂「無家室牽累，得專心於戲劇工作，時余年只三十，朝氣勃勃」。

一九四〇年傳主應粵省府主席李漢魂之請，以別名「南海江楓」任戰時粵省府參議，一九四一年呈請省府撥款成立粵劇改良所，在韶關、茂名、梅縣、肇慶四區招收高中畢業生以作訓練。旋因流言中傷，自解職，至桂林參加劇展，本欲轉赴重慶，未果，乃經平樂轉曲江，在「粵北之戰」從事愛國宣傳及戲劇勞軍等工作，又召集八和子加以訓練。傳主復應關德興之請，編《節義千秋》（即《千里送嫂》）、《燕歌行》，傳主並借《燕歌行》一劇以見志。此時期曾編話劇《陳子壯》（粵劇版本又名《節義歌》），又同時着手編演新舊劇作，計有《紫塞梅花》、《海角孤臣》（鄭成功歸家一幕）、《劉伯溫》、《雪擁藍關》（即《女兒香》）、《孔雀東南飛》、《趙飛燕》、《渴飲匈奴血》，又改編《萬世才人》（即《亂世遺民》）為《南宋忠烈傳》。而此時期所編之劇，多由關德興、梁少珊、鄔麗珠、練醒民、高飛鳳、花旗妹等演員擔演。

傳主在曲江時亦在藝術院授課，課餘得暇，即為陳錦棠編撰《桃花扇底兵》（改編自《風洞山傳奇》），劇本完成後即自內地寄港演出。又為「興中華」編《甘鳳池與年羹堯》，在曲江又為關德興編《洪宣嬌》，叫座一時稱盛，當時同伍戰友誤以為編劇收入豐厚，索傳主作東請客，傳主典西服作東，與眾人分享，亦自得其樂。是時傳主力助演員高飛鳳，為編《洪宣嬌》、《趙飛燕》等劇配合其戲路，並正式收高氏為入室弟子，收徒之日大排席宴，並為高氏取名為「高風」。抗戰時期，關德興欲在戰時省會重組八和會館，以傳主非八和中人，乃聘為八和顧問。在粵北結識戲劇家洪深，又曾往觀「文化第二劇團」演出，對靳夢萍甚為賞識，並與靳氏結為好友。

粵北從軍生活雖然艱苦，傳主卻能苦中作樂，縣城中倘有簡陋茶寮，傳主都一定到茶寮吃早餐看報紙，倘大隊退入山區，情況即轉惡劣，據傳主回憶，最差之時只吃黑麥，黑麥既不能果腹，亦不易消化。傳主隨軍旅於粵北，嘗盡艱辛，行軍於最前線，謹守父訓：「未臨戰地者，非兒子」。江家十子，譽題、譽裴及傳主均廁身戎行。傳主與嶺南大學附中舊友蔡德榮抗戰期間在粵北共同進退，又曾隨部隊至閩贛山區居住。抗戰時戲劇工作者多在後方，獨傳主親赴前線，傳主自謂：「曲江南雄之役，踏遍峻嶺崇山，冰天雪地，歷險如夷，血戰後歸來，衣物均盡，孑然一身，猶以為樂。」傳主在戰時統籌「捷聲粵劇社」劇務，與前線士兵共同進退，部分演員遭日軍俘擄，傳主乃因應演員人數，趕編抗戰短劇，時有「粵劇兵」之稱。

約一九四四年，傳主於韶關與郭英權遇於板橋，應郭氏之請賦詩曰：「寂寞銅韶又一年，故鄉雲樹舊山川。板橋夜渡蒼茫感，為賦新詩喚客船。」據當時管理徵兵事務「嶺南師管區」文書劉乃濟憶述，傳主領團到韶關排演愛國抗日戲劇，排演態度十分認真：「南海十三郎手執劇本，在台上走動指揮，嘴上唸着鑼鼓點子，示範一些戲劇動作。這時候，他是威風凜凜，像個總司令，大家都不敢怠慢，因為他罵起人來是很兇的」。約一九四五年，傳主在軍旅中染上瘧疾，加上缺乏營養，乃帶病返後方演劇，稍得休養，但精神已出現問題，常常感到有大炮轟炸，又誤以為敵軍追來，即在演劇時聽到鑼鼓聲，也誤以為是敵人發大炮之聲。

復員時期

一九四五年八月日本無條件投降，抗戰勝利，傳主在貝嶺遇其姪無畏行軍至，乃隨行至惠州後方養病，後隨友人乘專船返廣州，卻堅持「無事可做，決不還家」的原則，乃暫寄寓於《西南日報》籌備處。期間重遇靳夢萍，二人共晉晚餐，大醉而別。時傳主友人於香港辦報，邀傳主任撰述，乃赴港，僅一月而報社結束，傳主瘧疾復發，留港就醫，友人則返廣州繼續籌辦《西南日報》。

傳主居港約半年，乃自港返粵，卻因穿舊軍服登車，為火車上走私客誤會，車次蘿崗洞附近，遭一名走私客推落火車，頭部、尾龍骨均受創，獲救，在廣州河南萬國紅十字會醫院留醫數月，外間誤傳為自殺。出院後返蘭齋農場隱居，畜豬養雞鴨，整理果木，復修蕪田，躬耕自給。傳主此時仍不忘粵劇，曾聘「義擎天劇團」在鄉間為鄉民演出，與眾同樂，點演《燕歸人未歸》上下卷、《花落春歸去》等名劇，數年農耕田園生活，閒時則投稿廣州《前鋒日報》，亦自得其樂。傳主在農場生活約三年，雖樂在其中，唯山區一帶治安不靖，家人力主傳主回廣州，與雙親長對，盡人子之孝。傳主乃悉將農場事務交託葉順管理，遵親意返廣州，閒時則與家中長輩下棋談天，或投稿《西南日報》、《前鋒日報》、《開平華僑月刊》，稿費雖不甚豐，亦足零用。此時，傳主親生女兒黃菊霜偕黃姓養父往訪，父女雖初次見面，卻甚為親切，而菊霜性近藝術，好音樂、繪畫，傳主為介紹吳姓胡姓好友，在美術方面時加指導。是時傳主精神偶有失常，據江獻珠的回憶，他有時會飛奔並蹲坐神樓之上，不言不食，又或者勉強動筆編劇，但所編內容往往人物過多，結構亦欠條理。

潦倒時期

一九四九年，內戰影響所及，廣東局勢不穩，傳主乃返南海塱邊鄉居住，維時約半年，生活維艱，幸得族弟江善贈魚接濟，暫免飢餒。是時有曾氏邀傳主往觀解放劇《白毛女》，並力邀傳主復出編劇。傳主卻於是年冬天隻身來港，在港期間，住宿無定，衣食無着，又無工作，只於中環區流浪，幸遇故人劉耀樞，為傳主在大道中鹿角酒店租一房間，並贈大衣，每日必相偕到永吉街陸羽茶室吃八寶糯米飯及點心。又曾寄居於莫康時家、薛覺先家，不久精神病發作，復流浪街頭，親友均不敢接近。臥病街頭時，新馬師曾欲接傳主返家，卻遭傳主拒絕。流浪期間睡於灣仔店側的樓梯角，有時為英美水兵作翻譯，但又不要錢。附近大牌檔、茶肆或食店卻都樂意為他供應膳食。

在街頭流浪數年，一九五三年十月二十六日傳主在大道中高陞茶樓附近對途人大聲演説，大批途人圍觀，英警帶返警署，經判斷為精神病發作，乃轉送高街精神病院。自此，傳主精神情況時好時壞，曾多次出入精神病院，接受治療。五〇年代初靳夢萍在金鐘兵房附近遇上傳主，見傳主當時蓬頭垢面，手挽一堆殘舊衣物，雙腳各穿不同顏色鞋子，口中唸唸有詞，顯然是精神病發作。據江獻珠回憶，當時在大道中、大道西遇上傳主，所見與靳氏描述相近：傳主衣服破爛，腋下總夾着一大疊舊報紙，混身臭氣，談話間有時會提及家人，有時又評論時局，總之是喋喋不休，而且越説越亂。

約一九五五、五六年，傳主輾轉得知父親在內地逝世的消息，精神大受打擊，精神病發作，在灣仔一帶流浪，在杜老誌道一服裝店梯間露宿。一九五五年五月，以吳楚帆、何澤蒼為首，建議義演籌款成立幫助演藝同業的慈善基金，在籌備會議上出席同業均同意傳主應在救助之列，並公推導演陳皮訪尋傳主，徵求傳主本人同意接受捐款並入院接受治療，但一時間卻找不到傳主的下落，捐款事件終於作罷。事實上，傳主自尊心甚強，加上精神狀態不佳，對親友金錢上的接濟均憤然拒絕，恒以沽名釣譽視之，有時甚至把贈款擲向對方臉上，一邊咒罵一邊離去。其姪女梅綺曾與好友結伴到街頭找尋，勸其就醫，傳主卻說：「我冇病！我乜嘢病都冇！要睇醫生，你地可以自己去呀！」雖然如此，劉湛在傳主病發時每天給傳主送飯，灣仔附近大牌檔店主則多為他提供食物，傳主都欣然接受，並視之為仗義屠狗之輩。又據傳主回憶，流浪期間曾遇廣東省立藝術院第一期畢業生蕭邦，在蕭邦所租賃的小房子暫住三月。又精神病發之時，全賴陳錦棠夫人陸淑卿女士照拂，陸氏與傳主本為世交，每日均到龍泉茶室或陸羽茶室為傳主結賬，傳主流浪期間乃得免飢餒。

傳主雖有精神病，但對戲劇界的消息始終非常注意。在港時期，但凡有逝世影、劇工作者在灣仔萬國殯儀館出殯，傳主均前往致意：一九五二年六月二十日廖俠懷出殯、一九五四年九月十八日上海妹出殯、一九五五年五月十六日伊秋水出殯，傳主均前往拜祭。一九五九年五、六月間，傳主在灣仔被警察當作乞丐帶走，警員以其精神失常，乃轉送到高街精神病院。同年九月十六日唐滌生出殯，有人見傳主在萬國殯儀館門外，若有所思，有相識者向他打招呼，也不答話，徘徊一會便又離去。這時他極有可能是由精神病院偷走出來的。

這時期傳主多次進出精神病院，一九五九年十月，傳主寫信給陳錦棠，説精神病已治癒，要請陳氏作出院的擔保人，十一月二十二日陳錦棠夫婦、梅綺及傳主妹夫郭文泰同往高街精神病院探視，梅綺決定幾天後便接他出院，可惜傳主情況忽然又見反覆，十一月二十五日梅綺臨時決定讓他繼續留院一段時期，直至完全康復，才安排出院。繼續留院期間，傳主着手編《仙境曇花》，得千餘字。

一九六〇年一月傳主病癒正式出院，先往妹夫郭文泰羅便臣道妙高台之家，對記者表示希望繼續編劇。出院數天後即往訪梅綺，親人為他另租一住處，並聲明要靜養一段時間，暫不見客。此時傳主在郭氏陪同下，曾往高陞戲院觀賞林家聲的演出。二月與白雪仙茶聚於淺水灣，席間談到粵劇「話劇化」的問題，又提及「仙鳳鳴」的《白蛇新傳》。三月中旬往中華總商會參觀守拙齋所藏百粵名賢書畫展，傳主題張應秋〈牡丹圖〉的題詞刊於三月十九日的《華僑日報》「名流作佳題」條目下：「世論花花軸，為王今亦民。異種寶山返，依舊在人間。」其他「作佳題」的「名流」尚有李凡夫、黃般若、葉靈鳳、陳君葆、任真漢等人，傳主尚有步吳敞鍾原韻七絕兩首，發表於三月二十八日的《華僑日報》上，均借書畫展抒發愛國與自信的懷抱。三月二十一日演藝界名人在何耀光的南灣別墅聚會，計有任劍輝、白雪仙、梁醒波、靚次伯、吳楚帆、曹達華、李鐵、李晨風、徐時、李少芸、孫養農夫人等人，傳主亦應邀出席，並與靚次伯、梁醒波共話當年粵劇興替。四月，傳主亦主動到各大報館訪友，此時亦曾與任白先後會面於容龍別墅、沙田酒店及麗都餐廳，記者誤傳傳主與任白合作編新劇《白蛇新傳》，實則傳主堅持「不能以蛇蠍為正派」，又不欲編撰神話戲劇。五月，《中聯畫報》（第五十二期）刊登〈康復了的南海十三郎〉專輯，除介紹傳主生平、近況及劇藝成就外，為了證明傳主精神已康復，專輯還附錄了傳主的一首「近作」：「汗馬平生志，笙歌未竟功。龜年宮譜易，難抒氣慨雄。離亂曾相聚，故人世味濃。酒杯澆塊壘，何日見笠翁。」專輯又同時澄清了傳主與任白合作的傳聞。這時傳主精神上的舊病又常常復發，乃遷往威勝大廈，由傳主三嫂及家人負責照顧，未幾又復流浪街頭，六月十八日在陸羽茶室與人爭執，右腳受傷，姪女梅綺認為他好煙酒又不肯養靜，乃再送他進高街精神病院。療養數月，又復好轉。十月二十六日高街精神病院舉行賣物會，展售物品中有傳主手繪的山水花鳥畫數十幅。

一九六一年傳主精神狀態轉好，居梅綺何文田梭椏道寓所，梅綺力勸傳主加入教會，以身證道。傳主初納其言，每逢星期四、六兩晚作見證，並把個人得救見證印成單張，在街頭四處派發，並在《華僑日報》發表個人見證及一首七律見證詩。及後傳主反思，認為在教會工作藉以營生，非出於誠心信奉上帝，乃罷。

是時傳主與居港舊友尚有聯絡，梅綺認為傳主心重虛名，精神病亦將復發，反對傳主再與舊友聯絡。十一月十七日下午四時許，傳主在梭椏道口窩打老道一所書局內突然失控大叫大嚷，講話內容中英夾雜，滔滔不休，又在店內奔走，手舞足蹈，有認識他的路人即到梭椏道二號頂樓通知梅綺，梅綺乃安排傳主入青山醫院就醫，傳主在醫院內就醫期間，助理醫院圖書館管理工作，梅綺胞弟江繩宙時往青山醫院探望。

傳主於一九六二年三月初出院，寄住在主恩禮拜堂（一說旺角某校課室），每天上午八時至下午四時到高街精神病院接受觀察和療養，院內休息室有他專用的書桌，他每天在那裏寫稿，有時候會跟其他院友下棋、打麻將。這時，他有意把早年名作《心聲淚影》改編成電影劇本，已寫下萬餘字。三月下旬在九龍一茶樓內接受潘思勉的訪問，除講及編撰電影劇本的計劃外，還大談個人的三次戀愛經歷：初戀是與輔仁大學校長之女相戀，唯因女方家庭欠下巨債，只好以女嫁一大富翁。第二次戀愛即傳主在港大讀書時，與在廣州讀醫科的陳馬利相戀。第三次則與梁靜賢相戀，梁氏深愛藝術又仰慕傳主，唯因女方家長反對女兒與戲行中人交往，梁靜賢最後嫁給了一位軍長。訪問報道見於翌日報章，還附有傳主的親筆簽名。是時傳主又為名廚陳榮的《入廚三十年》（第六集）的封面題字。四月，「新生互助會」正式成立，會員百人，均為經治療而康服的精神病者，傳主出任互助會籌備大會主席，互助會常辦郊遊活動，會員先後到過青山、沙田、長洲。四月十五日在《新晚報》發表〈粵劇仍有前途〉，明確提出粵劇不要反古趨今、不要胡亂西化，主張曲詞雅潔及重視反映現實。九月為「鳳求凰」參訂《嫦娥奔月》。十月二十八日與盧家熾、靳夢萍加入綠村電台；新馬師曾請他撰新曲，粵劇班政家何少保亦勸他東山復出，均婉拒。傳主曾於此時創作以李闖、吳三桂為題材的歌唱劇本，本擬在電台錄播，為電台主事者阻撓，加上難覓歌唱名家演繹，終未果。傳主個性耿介，與人落落寡合，遭電台主事人指為精神病發作，在電台工作約四個月即再入青山醫院，期間為報社撰稿，亦因精神問題而停筆。出院後曾寄住在油麻地江氏宗親會，靳夢萍偕妻前往探望，是時傳主精神健康，與靳氏言談甚歡。及後得港大同學廖恩德醫生之助，安排入住香港聖保祿醫院休養，暫算容身有地，唯終日與病者為鄰，故每天早上五時即起，外出早茗。傳主自謂：「余在銅鑼灣樓居，地近街車停站。晝夜喧擾，市塵熱鬧，不宜靜養。惟余以天涯飄泊，再無別處容身，姑且安之若素。」此時傳主宗兄江泠自星洲到港，與傳主會面，談及親友在外地近況，傳主祝願親友他鄉珍重。江泠在抗戰時曾為傳主轉傳家中消息。

一九六三年二月十二日應元朗體育會主席陳照奎之邀，出席龍城酒家午飯飯局，傳主與陳氏為港大同學，席上言談甚歡，又即席為「神童門將」莫小霖題詩：

「藝苑多才矯捷身，龍門一躍見神能。球場三捷勞奇勇，博得人間敏捷聞。數戰臨危履險定，安居大局亦憑君。既觀身手驚童擘，來日方長信譽深。」是年又重遇嶺南大學附中舊友、粵北抗戰同袍蔡德榮，共至美利堅菜館小茗聚話。端午節遇鍾雲山於金國酒家，鍾氏為唱《幽香冷處濃》一曲，傳主認為「一曲行雲，殊為動聽」。又與友人乘船作環島遊。閒時則偕新生互助會會員遊三疊潭，並在禪院吃齋菜，覺心曠神怡。復遇鍾毓焜，得知蘭齋農場已改為公社，頓興「有夢難歸」之嘆。傳主約於是年編黃花崗烈士事蹟之電影劇本，唯無人接納，終無法成事。

一九六四年二月十一日至一九六五年三月三十一日，傳主在《工商晚報》上撰寫專欄，欄目先後換過四次，即：《小蘭齋主隨筆》、《後台好戲》、《梨園趣談》、《浮生浪墨》，文章均為傳主回憶個人及江家往事的文字，並有大量梨園掌故，詳贍可觀。傳主這兩年的專欄文章亦多有涉及個人的生活近況，茲據傳主文章及靳夢萍之回憶，順序整理摘錄如下：

一九六四年

◆ 三月，繪〈懸崖紫藤白燕圖〉，並題詩。又為周仕鈺繪〈修竹圖〉，周氏為精神病者職業訓練人員，與傳主相識於高街精神病院。柏立基夫人及青山醫院的伯賴仁均曾請傳主作畫。

◆ 四月，策馬沙田。閒時友人開車與傳主到山頂遊玩。又與友人同看神功戲。遊新界小溪，又到大埔友人家，並在其園中剪春蘿數枝，以作「留春小住」之意。又隨友人乘車登大帽山。

◆ 四月四日，在蘭香室（在中環萬宜大廈）早茗遇華仁書院舊友陳希孟，時陳氏在孔聖堂中學、北角培中學校任教。

◆ 四月十五日，在小輪上遇華仁書院同學陳君。又於九龍新新酒家重遇黎文耀、許君，是夜在上海食店晚膳。作〈月下寒鵲棲梅圖〉。

◆ 五月，林海瀾（華仁書院校長、德仁書院監督）為傳主作證明，嘉獎傳主在華仁書院成績優異，推薦給有關學校，希望傳主能任教師，唯因傳主已屆退休年齡，事終未成。

◆ 五月六日，在韶香茶樓遇曹孟強，談及戰時韶關舊友情況。又在銅鑼灣東園餐室重晤當年戰友李炳成。

◆ 五月三十一日，至香港仔吃海鮮，乘小舟至太白畫舫。六月初曾至沙田訪友，縱步海濱，又訪友於荔枝角，歸途上重遇廣東省立藝術院美術系學生梁惠薇，當年傳主在戲劇系任教，梁氏曾往旁聽。

◆ 六月，李鐵擬改編傳主之《趙飛燕》電影，唯原劇本已失，終未成事。友人以繡球花囑繪圖。

◆ 六月十九日，過灣仔，居民相認，見傳主似回復健康，均親切問候近況。

◆六月中旬，傳主出席九龍百老滙大酒店開幕禮，遇陳錦棠、黃千歲，談粵劇衰落原因。又曾在電車上重遇廣州河南南武中學老師胡鳳昌。

◆秋，應嶺南舊同學陳劫餘之請，為李慧撰《香君守樓》一曲。陳氏刊印曲詞，在演唱現場派發，而多有以為傳主東山復出，有唱片公司邀請傳主撰寫新曲，唯傳主認為「撰曲只可遣興，不可作為職業」，故辭而不就。

◆九月，新生互助會主席任期屆滿，但未能召集大會另選主席，傳主為該會發起人之一，不願卸責，故繼任主席之職。

◆是年，為十二姊畹貽任教之大埔佛教大光學校編《孟母斷機》短劇，其姊曾請傳主編撰佛教題材的戲曲，為傳主婉拒。族弟江概在旺角花園街的敏如茶樓開張（江概以經營茶樓起家，曾在九龍城經營福如茶樓，又經營敏如、巧如、鳳如、龍如等酒樓茶室），請傳主作畫，傳主見茶樓有李鳳公的〈十分春色圖〉，自謂畫藝不及李師，謙辭。重遇族弟江善，二人相遇於天涯，同作異鄉之人，不勝感慨。又本擬赴台一行，與在台親友會面，惜因健康關係，卒未成行。

一九六五年

◆一月得區姓友人介紹，試任「房屋經紀」，以求賺取佣金餬口，但傳主認為自己在港交遊不廣，且朋友大都無置業能力，最終婉拒。又與陳飛鴻品著，席上為陳氏撰《英雄何日會風雲》一曲。

◆ 二月靳夢萍往訪傳主，擬把《心聲淚影》及《花落春歸去》改編為播音劇，在電台廣播。據靳夢萍憶述，是時傳主一切正常，而且記憶力一點不差，還表示病癒出院後仍會回到油麻地江氏宗親會暫住。

◆ 羅澧銘的友人欲學編劇，向傳主請教，傳主乃有「聊以寫作戲劇方法作一小冊，聊作編劇數十年來之經驗談」的構想，終未成事。遇其兄友人譚氏，譚氏建議傳主以「蘭齋蜂場」名義作標榜，轉售大陸廉價蜂蜜以圖利，然傳主認為此舉「有損江蘭齋蜜蜂場昔年之聲譽，雖可圖利，實不敢為。」

◆ 其女黃菊霜在大陸，欲申請來港定居，終不果。

◆ 年中，傳主離開聖保祿醫院，重返油麻地江氏宗親會暫住，靳夢萍過訪不遇，始知傳主在宗親會傷人，終於給帶返警署，自此宗親會不再予以收留。

傳主自一九六五年離開宗親會後，下落不詳，估計不是街頭流浪就是留院就醫。逮至一九六九年四月十六日，「康清」的《銀幕透視》報道傳主復出的消息，報道中提及傳主當時「在新界一家中學裏工作」，又說一位名震圈內外的花旦已約請傳主嘔心瀝血地編一個好劇本。報道中提及那所位於新界的中學，就是元朗柏雨中學，當時傳主得該校校監梁省德太平紳士的推薦，在該校任職書記，校方更安排傳主住在校內宿舍。在柏雨中學與他共事過的教職員李紹祥說他英文程度高，文筆以至書法都令人拜服，雖然有時講的話令人不明所以，但為人甚好。約一九七〇年，傳主離開柏雨中學後，轉往大嶼山寶蓮寺。據江獻珠説，大埔佛教大光學校慈祥法師原是江家遠親，慈祥法師認識寶蓮寺釋智慧法師，乃由釋智慧法師向當時的住持筏可法師作引介，讓傳主留居寺中。傳主能操英語，乃在寶蓮寺接待外國遊客，又或為善信寫齋菜菜單，閒時則看書寫字，或「下山」探望親友，但對親友金錢上的資助，傳主則一概拒絕。一九七四年十二月，「大龍鳳劇團」十八週年紀念，由潘一帆改編名劇《燕歸人未歸》，經劉月峰參訂，再次搬演。改編版本得十三郎肯定，認為能保留原版本的精華。傳主寄身寶蓮寺期間，其姪江繩宙、義孫女劉瑞蘭時到寺中探望，又時有記者到寺中找他作專訪，如一九七五年有記者請他撰寫個人生平，傳主感慨陡生，因憶其父江太史晚年所作之七絕：「了然色相絕纖塵，白水黑山鏡裏身。隻手排雲天外立，看來如我更誰人」，乃自作七絕：「歸來百戰厭囂塵，一路歸程剩一身。隻手耕耘天欲雪，壯懷如我更何人」，並以此詩作為文章的小引，以末句「壯懷如我更何人」為文章題目，在報端發表個人的戲劇觀，文章署名「江譽球南海十三郎」。同年三月，記者苗人奇、黃鷹到寶蓮寺為傳主做專訪，並以「南海十三郎淚影心聲」為題，在三月十九日的《星島日報》刊登了專訪內容。傳主在專訪中為個人的大半生作總結：「可以告慰的是，在我的有生之年中，對國家和對自己，還算沒有交白卷，在慘酷的抗日戰爭中，我參過軍，上過前線，在文化領域內，我有百多個劇本留下……。」未幾，傳主離開寶蓮寺，離寺原因未詳。

一九七六至一九七七年間，傳主因精神問題再度入青山醫院，住院期間，以其父江太史暱稱「江蝦」自稱，對來訪者有時愛理不理，甚至會拒絕記者到醫院採訪，還打電話給當時由美國回港的姪女江獻珠，説記者打擾他的生活。醫院同人都知道他是著名編劇，每逢醫院舉行粵曲歌唱比賽，均邀請傳主擔任評判。其姪江繩宙亦時到醫院探望。據當時任職於青山醫院的吳偉強憶述，傳主在上世紀八十年代住在青山醫院二號病房，吳氏眼中的十三郎是一名老態龍鍾、身材矮小、戴着一副圓圓的金邊眼鏡的老翁，經常坐在二號病房外的長櫈上或在二、三號房之間的長廊中踱步，很少主動與人交談，常表現出沉思的樣子。一九八四年五月六日，傳主病逝於瑪嘉烈醫院，終年七十四歲。

〔參考材料〕

傳略主要根據傳主親撰的《小蘭齋主隨筆》、《後台好戲》、《梨園趣談》和《浮生浪墨》寫成，又部分內容參考下述文獻材料綜合而成：

書籍、專著

①杜國威：《南海十三郎》（香港：次文化堂，一九九五年）

②靳夢萍：《靳夢萍粵藝談奇説趣》（香港：星島出版社，一九九八年）

③廖雲：《南海十三郎之正傳》（香港：科華圖書，二〇〇一年）

④江獻珠：《蘭齋舊事與南海十三郎》（增訂本）（香港：萬里書店，二〇〇四年）

⑤青山醫院精神健康學院《開門見山》編輯委員會：《開門見山》（香港：中華書局，二〇一一年）

⑥汪希文：《我與江霞公太史父女》（台北：獨立作家，二〇一四年）

文章、專訪

①〈粵省徹底改良粵劇〉，《申報》一九四一年十一月三日

②〈一個老師一個弟子〉，《針報》一九四六年六月一日

③〈南海十三郎送神經病院〉，《工商日報》一九五三年十月二十七日

④〈南海十三郎潦倒香江〉，《華僑日報》一九五五年五月二十五日

⑤林木茂：〈南海十三郎的故事〉上下，《大公報》一九五九年十月二十三、二十四日

⑥ 鈍叔：〈南海十三郎病初愈〉，《大公報》一九五九年十一月二十日

⑦ 明：〈名流紛作佳題〉，《華僑日報》一九六〇年三月十九日

⑧ 梵音：〈任、白、波、伯南灣遊蹤〉，《華僑日報》一九六〇年三月二十二日

⑨ 〈康復了的南海十三郎〉，《中聯畫報》第五十二期（一九六〇年五月）

⑩ 〈南海十三郎作品公開展覽〉，《大公報》一九六〇年十月二十七日

⑪ 金翁：〈和南海十三郎原韻並序〉，《華僑日報》一九六一年三月二十日

⑫ 泉：〈南海十三郎精神病復發〉，《華僑日報》一九六一年十一月十八日

⑬ 潘思勉：〈十三郎寫劇本秘聞〉，《大公報》一九六二年三月二十八日

⑭ 辛：〈南海十三郎任籌備大會主席〉，《華僑日報》一九六二年四月十三日

⑮ 〈新生會旅行青山南海十三郎帶隊〉，《大公報》一九六二年八月十三日

⑯ 湯美：〈愛護門將莫小霖……南海十三郎且以詩勉之〉，《華僑日報》一九六三年二月十三日

⑰ 康清：〈南海十三郎復出有望〉，《工商晚報》一九六九年四月十六日

⑱ 黃鷹：〈南海十三郎淚影心聲〉，《星島日報》一九七五年三月十九日

⑲ 張力：〈傳奇人物南海十三郎〉，《新晚報》一九八四年六月二十一日

⑳翼：〈詩輓南海十三郎〉，《華僑日報》一九八四年八月四日

㉑韋基舜：〈記南海十三郎〉，《新晚報》一九八七年四月七至十日

㉒金蝴蝶：〈唐滌生寄居覺廬人稱落難姑爺，再世紅梅記首演夜暈倒利舞台〉，《頭條週刊》第六十九期（一九八九年十月二十六日）

㉓蓬草：〈南海十三郎〉，《星島日報》一九九七年五月九日

㉔小思：〈南海十三郎〉，《星島日報》一九九七年五月二十八日

㉕金刀（江河）：〈十三郎其人其事〉，《星島週刊》一九九七年八月九日

㉖李紹祥：〈我曾與南海十三郎共事〉，《明報》一九九九年十二月十三日

㉗照圖：〈細說南海十三郎〉，《香港文學》第一八三期（二〇〇〇年三月）

㉘江河：〈南海十三郎多面體〉，《鑪峰文藝》創刊號（二〇〇〇年三月）

㉙劉乃濟：〈懷念南海十三郎〉，網絡發表（二〇〇〇年三月）

㉚魯荷：〈南海十三郎成名的背後〉，《南國紅豆》第一期（二〇〇一年）

㉛江沛揚：〈粵劇編劇南海十三郎〉，《南國紅豆》第六期（二〇〇四年）

㉜馮梓：〈追蹤南海十三郎其人其事〉，《作家》第四十八期（二〇〇六年六月）

㉝ 遠堂：〈説南海十三郎〉，《香港醫學會會訊》（二〇一一年五月）

㉞ 程西平：〈南海十三郎〉，《香港文藝報》第四十二期（二〇一二年七月）

㉟ 鍾哲平：〈粵劇界的悲情人物：南海十三郎〉，《南國紅豆》第五期（二〇一三年）

㊱ 張文珊：〈南海十三郎逝世三十週年紀念專輯〉，《香港戲曲通訊》第四十四期（二〇一四年十月）

未詳出處的剪報材料

① 〈十三郎已如常人〉（一九五九年十一月二十三日）

② 〈十三郎繼續留醫〉（一九五九年十一月二六日）

③ 〈十三郎再編劇〉（一九五九年十二月二日）

④ 〈十三郎出院休養〉（一九六〇年）

⑤ 清華：〈任白喜近十三郎〉（一九六〇年三月十七日）

⑥ 清華：〈十三郎不忘老友記〉（一九六〇年四月一日）

⑦ 〈十三郎舊病復發〉（一九六〇年六月十九日）

⑧ 〈綠村電台革新節目開始試音……十三郎等主持〉（一九六二年十月二十八日）

凡例

凡例

1 本書重新整理、校訂南海十三郎的文章，正文部分共四百零二篇，文章輯自一九六四年二月至一九六五年三月間十三郎在《工商晚報》上撰寫的專欄。

2 全書編次按當年專欄發表日期之先後排序，並按專欄原有名稱分為四輯，釐為三冊，即《小蘭齋主隨筆》、《梨園好戲》（《後台好戲》與《梨園趣談》合編）、《浮生浪墨》。

3 編者以方便讀者閱讀為大前提，為有關文章作必要之校訂及基本整理，編校行文表述用語按下述定義使用：「原稿」，指刊於《工商晚報》上南海十三郎的專欄文章。「原報」，即香港《工商晚報》。「原作者」，即南海十三郎，為便行文，或簡稱「十三郎」。「正文」，指本書所編刊經校訂整理的內容。「編者」，指本書編者。

4 原稿中能反映原作者寫作風格或時代特色的用語，諸如譯名、古典用語、專有名詞、行業術語、縮略語、隱語及方言，予以保留，不以現行的規範標準統一修改。

5 原稿字詞如在合理情況下需作改動者，諸如錯別字、異體字、句讀問題、標點錯誤或字模倒反，經編者仔細考慮後並參考出版社的規定，在正文上逕改，不另說明。

6 原稿標點有不合理者，編者逕改，不另說明。又為方便讀者，原稿中所提及書籍名稱、文章題目、詞牌，編者為加《　》號或〈　〉號。原稿中引錄的曲文除特別情況外，句讀保留原貌。

7 原稿上如有奪文、衍文、錯置、殘畫或墨釘，經合理推測，在正文作更新或補訂而需說明者，在附注中交代。

8 原稿字詞或文意懷疑出錯而未能確定者，在附注中交代說明。

9 原稿上的引文內容如與所引原作在文詞字句上有出入者，正文上保留原稿原貌，異文校記則在附注中交代說明。

10 本書原則上不提供字詞注解。少量特殊用語或按實際需要在附注中作簡單說明，方便讀者理解。

11 編者對原稿內容、版式、發表所作的說明、評議、質疑或考證等文字，均在文末以「編者按」的形式交代。

12 正文（　）內的字句均為原作者手筆，正文依原稿照錄。

13 原稿上因印刷不清導致文詞汗漫而無法識別者，正文上每一字距逕以一●號代替。

14 原稿中好些批評當時粵劇界、編劇界以及批評編劇者、伶人、演員的部分，正文上予以保留，聲明如下：原作者的這些意見或想法，只反映原作者當時的個人看法，並不代表出版單位及編者的立場。

15 原稿中好些批評宗教教義的部分，正文上予以保留，聲明如下：原作者的這些意見或想法，只反映原作者當時的個人看法，並不代表出版單位及編者的立場。

16 原稿中好些評論當時政局、談論作者個人政治思想或批評某些政見的部分，正文上予以保留，聲明如下：原作者的這些意見或想法，只反映原作者當時的個人看法，並不代表出版單位及編者的立場。

小蘭齋主隨筆

《小蘭齋主隨筆》

説明

《小蘭齋主隨筆》，署名「南海十三郎」，《工商晚報》自一九六四年二月十一日至六月三十日連載，凡一百三十二篇文章。原稿上除首兩篇有標題外，其餘均只有序號，沒有題目。編者參考原作者同時期的專欄標題風格，在每篇文章中摘取詩句作為標題，一一補上。又原稿序號順序由「一」排至「一一九」，因當中好些序號重複、跳排或誤排，今重新統一理順所有序號，各篇文章由「一」順排至「一三二」。

《小蘭齋主隨筆》報影

介紹南海十三郎

南海十三郎原名江譽球後改名鏐，曾負笈於南武、嶺南、中華各中學，暨華仁書院香港大學，爲江太史孔殷十三子，子女同排，故行十三，然子女分排，實行第九。太史幼名[illegible]遐，以霞爲號晉，故十三郎少時有俗語「文師姑爬墨疏」，富聞太史身後，以發揚爲紀者。太史又號百二蘭齋主人、蘭齋農場主，故十三郎又名小蘭齋主，蓋十三郎少年，徵歌買醉，看花如明道柳下惠，坐懷不亂，及二次世界大戰起，十三郎始涉浪漫，今雖已中年，但不敢少年故態，不近女色，而尊重女性，滄海曾經，罕爲色所動。十三郎早投稿國民日報，國民新聞，華字日報及自辦持平日報，自任總編輯。戰時曾投稿中山日報、建國日報；戰後爲中國報、前鋒日報、西南日報、撰述小說、散文，間與乃父在家作牌戲，甚玩十五湖，每戲必讓父勝，衣綵娛親，不讓老萊子專美也。又十三郎現年逾五十，尚未正式結婚，雖曾與女子同居三次，均不爲終身伴侶。蓋未經謁祖，又無登記在案，均作外室論，其子女在外，均不以爲江姓兒女，誠一奇事。又十三郎曾在省立女師授英文，又在省立藝院授古劇研究，又曾爲私人教授國英語，及中英文教師於滬上，則其操業，不祇在報界戲劇電影界知名，且在教育界頗有地位，至三教九流皆曾與爲友，相識遍天下，堪爲十三郎稱。今爲本報撰小蘭齋主隨筆，想必爲好閱十三郎文章者，一大喜訊也。

小蘭齋主隨筆

南海十三郎

（一）

「潮佬詩槍，既成名也稱舉子。作手入場，過得海便是神仙。」

先父孔殷，少年時替人作槍手，復嗜賭闈姓，然入場替人作槍，不能不自己交卷，故一方面爲朱姓作槍手，一方面復爲黃梅伯，爲己作槍手。結果朱氏中第五名舉人，先父中六十三名舉人。替人作槍雖比自己位高，然賭闈姓，則可獲利數千両，當時文有劉學詢，武有朱世貴，庇護先父，故無敢追究先父作槍手之罪。事爲張仁駿所聞，召先父親至撫台，另作文章，看其是否不負時譽，以其文章不祇六十三名舉人，乃改爲二十八名，迨令上京廷試，中四十九名翰林，返鄉謁祖，撰一聯，謂己爲作手，過得海便是神仙。迨點翰後，無復有追究其賭闈姓及作槍手事矣。聯語適俗間，字眼不合平仄，但以此一吐平生鬱氣而已。余少時，每試及格，人皆謂余有槍手相助，港大初級試自修生曾以首名及格，人又謂倩人作槍，及入學試得華仁書院第七名，全港一百六十五名，位次不高，而妒余者，仍稱余有別人爲作槍手，及後余寫作文章，及撰撰台劇，均被人譏笑另有人作與筆，余乃以先父點翰，倘有流言，況余區區入學大學，及遊戲文章，豈無流言相譏，引舊日詩句見志：

「二十無成誤自窮，擬挾才淚志難酬；深恩未負舊師友，試探孩醫濟世求。」

閱余舊作，知余身作文人，心在孩醫，數十年如一日矣。

一　介紹南海十三郎

南海十三郎，原名江譽球，後改名譽鏐，嘗負笈於南武、嶺南、中德各中學，暨華仁書院、香港大學，為江太史孔殷十三子，子女同排，故行十三，然子女分排，實行第九。太史幼名霞，滬語「霞」為「疏」音，故十三郎少時有俗語「文師姑庵攞疏」，意即太史身後，以譽鏐為繼者。太史又號百二蘭齋主人、蘭齋農場主，故十三郎又名小蘭齋主，蓋十三郎少年，徵歌買醉，看花如明道柳下惠，坐懷不亂，及二次世界大戰起，十三郎始涉浪漫，今雖已中年，但不改少年故態，不近女色，而尊重女性，滄海曾經，罕為色所動。十三郎早投稿《國民日報》、①《國民新聞》、《華字日報》及自辦《持平日報》，自任總編輯。戰時曾投稿《中山日報》、《建國日報》；戰後為《中國報》、《前鋒日報》、《西南日報》撰述小說、散文，間與乃父在家作牌戲，喜玩十五湖，每戲必讓父勝，衣綵娛親，不讓老萊子專美也。又十三郎現年逾五十，尚未正式結婚，雖曾與女子同居三次，均不為終身伴侶。蓋未經謁祖，又無登記在案，均作外室論，其子女在外，均不以為江姓兒女，誠一奇事。又十三郎曾在省立女師授英文，又在省立藝院授古劇研究，又嘗為私人教授德英語及中英文教師於滬上，則其操業，不只在報界戲劇電影界知

附注

① 「早」字後疑奪「年」字。

名，且在教育界頗有地位，至三教九流普羅階級皆喜與為友，相識遍天下，堪為十三郎稱，今為本報撰《小蘭齋主隨筆》，想必為好閱十三郎文章者，一大喜訊也。

潤佬請槍，既成名也稱舉子；

作手入場，過得海便是神仙。②

先父孔殷，少年時替人作槍手，復嗜賭圍勝，然入場替人作槍，不能不自己交卷，故一方面為朱姓作槍手，一方面復浼黃梅伯，為已作槍手。結果朱氏中第五名舉人，先父中六十三名舉人。替人作槍雖比自己位高，然賭圍勝，則可獲利數千両，當時文有劉學詢，武有朱世貴，庇護先父，故無敢追究先父作槍手之罪。事為張仁駿所聞，召先父親至撫台，另作文章，看其是否不負時譽，以其文章不只六十三名舉人，乃改為二十八名，迫令上京應試，中四十九名翰林，還鄉謁祖，書一聯，謂已為作手，過得海便是神仙。迨點翰後，無復有追究其賭圍勝及作槍手事矣。聯語適俗閱，字韻不合平仄，但以此一吐平生鬱氣而已。余少時，每試及格，人皆謂余有槍手相助，港大初級試自修生曾以首名及格，人又謂倩人作槍，及入學試得華仁書院第七名，全港一百六十五名，位次不高，而妒余者，仍稱余有別人為作槍手，及後余寫作文章，及編撰舞台劇，均被人竊笑另有大作真筆，余乃以先父點翰，尚有流言，況余區區入學大學及遊戲文章，豈無流

② 汪希文在《我與江霞公太史父女》中引用的聯語內容與十三郎所引用者略有不同，汪氏引用的聯語是：「作手請槍，要瞞人非為好漢；闊佬響炮，過得海便是神仙。」

言相諷，引舊日詩句見志：

二十無成只自羞，縱橫才淚志難酬。
深恩未負盡師友，武帳戎韜靖世求。

閱余舊作，知余身作文人，心在戎韜，數十年如一日矣。

《工商晚報》，一九六四年二月十一日

【編者按】本文首段應是報刊編輯或專欄主事人所撰，用以介紹十三郎，引起讀者的注意。

二　寫作名劇　得號黃標

二次世界大戰時，余曾隨軍旅於粵北江西，冰天雪地，親在最前線行軍，謹守父訓，未臨戰地者，非兒子。蓋先父曾任兩廣清鄉督辦，原屬武官出身，眾兄弟曾廁身戎行者，惟先兄譽題、亡弟譽裘及余而已。先父有子十人，而參與戎行者僅三人。余兄弟均亡，惟余一子尚存，雁行折翼，能不痛心，撫今追昔，更回溯余少日，所遇與先父相同，蓋先父與朱劉先成厚交，與周陳家又為表親，復與郭姓黃姓通姻好，余念母宅，童年表親，每歲首賀年，必各家拜謁，舊戚朱志武（朱廣蘭孫）、劉繼東（榴園子姪）、周世德（乳母族姪）、林少良（二母族姪）、陳寶賢宗表等均有表親之誼，而作友朋，真心相待，而廖家與余先父又曾同居河南福安街，今之廖朗如十哥（仲愷弟）、廖恩德兄，均為摯交，常以余為念，孰謂余少朋儕，因賦詩以向友人師友道謝。

朱嘉郭解俠，旨酒享劉伶。勿負林泉眾，漁樵耕讀明。
纖塵久已歷，默處煙波城。飲水思源訓，難忘萬里程。

吾為母宅童，寧只江家子。昔念朋真心，嘉余愛梓里。
雄心萬丈高，處世寥寥語。事業豈無成，催人歲月去。

又余有表妹黃弁群，為姨母郭倩眉女，嬪侯氏，二次世界大戰後，未嘗一面，黃氏近況何似，懸念不已。粵劇人笑余為「黃標」，叶音「黃表」，①殊為幽默。余未嘗參加八和會館，以非會員資格，而曾編劇逾百齣，薄具虛名，但劇多壯艷，倍能動人，是幻是真，戲劇不出乎人生矛盾，多吻現實，今已放下筆桿，不書戲劇者已二十餘年，舊作又無存稿，最多存稿者為陳錦棠，惜盡留在廣州，

附注

①「叶」字原稿作「叫」，諒誤，正文改訂。

現在港者無一，誠憾事也。因多書侯王事蹟，故書五言詩一首，並懷表妹弁群。

黃鶯枝上啼，弗到遼西慮。

似海侯門深，原為王謝女。

又族兄東侯，族姪應爵，曾周旋於鄉賓，為先兄書奩儀錄，賀人新婚，余近年曾繪一〈石榴加官鳥〉一幅，題〈加官多男圖〉。因引東侯應爵先族親語，撰一聯，以賀近年友朋親好。為子女完婚，多產麟兒，友朋眾多，余未能一一到賀，未具薄禮，然人情紙一張，聯語致賀，知我諒我，語貴吉祥，想無不怡怡快閱也。

舉世歡騰螽斯衍慶，

萬民擁戴麟趾呈祥。

又先父娶媳聯，頗適俗，當時先父代理英美煙公司，友朋皆願生麟兒，先父乃撰一聯，承族長江冠珩見示，刊諸報端，聊博一粲而已。

笑老夫半百有多，發財未必，重怕添丁，問幾時放下擔竿，只管見個做個；

論朋友萬千以上，量力而為，不瞞知己，借此地擺餐謝酒，無非人云亦云。

語頗解頤，然往事追述，為兒女完婚，酒席百餘圍，而家中另設宴二三十席，以宴親鄰，豪華盛況，今尚可傲視後人，至晚年以儉為美德，自奉甚樸，均本能屈能伸之旨，誠大丈夫所為也。

《工商晚報》，一九六四年二月十二日

三　未卸黃衫尚聞燕歌氣壯　何堪紅豆影入蓮子心腸

先父待余素厚，晚年甚少設宴享客，惟外間邀宴，皆一例推辭，而每晨必到花園對面啖及第魚片粥，嘗邀余及三兄叔穎、九兄荃蓀至粥店陪食。並笑余等及三元及第後輩，語頗幽默，近偶至灣仔及中環啖及第粥，至何洪記代為撰一聯：

未卸黃衫尚聞燕歌氣壯，

何堪紅豆影入蓮子心腸。

上聯係記余年二十九，曾以筆名「南海江楓」任戰時粵省府參議，後友人及同學證余名為譽球。旋以故解職，編《燕歌行》一劇見志，又適趙如琳與黃納宗表婚後誕一女，乃趨賀。今趙如琳舉家僑法，尚未歸國，作客二十餘年，頓生故舊思念之情，與紅豆南國、秋蓮心苦，滋味可知。趙如琳身在巴黎，想亦有不少新交舊好未能時相敍首也。又憶先父有一聯，以台山語記典，將余名倒置，頗堪回味，聯為：

紀德啣環喬魚晚釣，
扶風索羽羡兔宵奔。

此聯典出《左傳》及劉禹錫句，啣環結草，則世人皆諳，而喬魚晚釣，則劉禹錫以鱗衣冒雪，晚釣海濱，獲魚甚豐，非椽木而欲求魚，奚如飾其同類，釣竿得魚，與結網不遜，更與孤舟撈槳，泊輪寒江，唐詩比美，而泛舟群蒙，扒頓歇息，也喜垂釣，余曾撰《寒江釣雪》一曲遙相影趣。至扶風索羽則自朱淑真斷腸詩句，意即「索羽定風寒，扶病聽更拆」句。羡兔宵奔則嫦娥盜丹典故，蓋月中有白兔一雙，宛似鴛鴦長聚，丹桂下年年嬉舞，嫦娥奔月，羡天上團圓，不管人間恨史，有誤以為嫦娥與暴君后羿，一經奔月，即絕夫婦之緣，不知嫦娥固多情人，天上月常圓，白兔長聚，不以一己私情為念，天上人間，共慶中秋，尤年年為世人佳節，比諸七夕，鵲橋偷渡，不如團圓佳節之歡也。昔余又撰一聯，記《西廂記》及《梅龍鎮》兩齣京劇：

風餞露宵，鵬程比雁；
酒散微醉，鳳侶從龍。

聯首記《西廂記》長亭別，有「碧雲天，黃花地，西風起，北雁南飛，曉來誰染霜林醉，總是離人淚，恨成就得遲，恐公去得疾，柳絲長，玉驄難繫，倩疏林，與我掛住斜暉」二段，雙雁鵬程，無雲萬里，君瑞成名，固露宿風餐，秋闈得志，至「棄擲今何道，當時且自親。還將舊來意，憐取眼前人」句，則張郎薄倖，沒世多責，而鶯鶯卒歸鄭成，又為才子佳人不成眷屬之野史；而《梅龍鎮》一劇，則敍述正德皇下江南，遊梅龍鎮，遊龍戲鳳，酒醉定情，更而李鳳從龍，佳人薄命，後人惋惜，余因作斯聯，以為醉心為帝妃者作當頭棒喝：

厲風城伏虎，
殘月店聞雞。

古人以嬋娟報父仇，厲風寒雪，智勇服虎，後代稱孝，而野店聞雞，曉風殘月，更為妙趣。

《工商晚報》，一九六四年二月十五日

【編者按】一九六四年二月十三日、十四日報社春節休假兩天，二月十五日復刊。

四　紅樹巖披青莎水錦　翠葉暮媚紫榮晨光

原句「雞聲茅店月，人跡板橋霜」，今誦板橋詩句者，當不乏人。近嘗偕新生互助會會友，聚餐於雄雞飯店，店在九龍太子道，覺如雞鳴勝利，即景舊聯，堪相點綴。余為新生互助會主席，今將三年。今年九月，即告期滿，理合另選賢能，代余職守，惜會員星散或各以事故，未能召集大會，故仍未選遴替。至余不能卸責。余乃以前任主席糾紛，且屬該會發起人之一，對會務仍不能盡卸仔肩，又不敢推諉別人，唯有勉力以赴，深望該會能發展事務，想各會員，亦與余有同感也。

紅樹巖披青莎水錦，
翠葉暮媚紫榮晨光。

此聯原為李文田句，先父改二字，以紅樹巖披亞於青莎水錦，翠葉暮媚讓美紫晨光，①每見巖棲終老不管，王謝爭春，青莎叶音「青紗帳」，似水流年，如煙如夢。歌馬利亞西曲，有豪華一夜，宛轉犧牲，紗帳歡娛，世情如水。意余生於黃沙叢桂西街，先父以此聯詠余之誕生而已。至暮媚讓美晨光，則縱大器晚成，

附注

① 「紫」字後疑奪「榮」字。

仍當讓後來居上，後生可畏，古聖遺訓，想今人輒以老成自傲，不及孔聖遠矣。年老猶需向後輩學習，始可克保令名，能毋信乎。

綰結釵分重圓破鏡，

堅披漢守寶璧同功。

綰結同心，則生死同盟，不論離別，便生異志，古人論節，可見一心，至釵分句語，則辛棄疾有詞句，「寶釵分，桃葉渡，煙柳暗南浦，怕上層樓，十日九風雨。斷腸點點，都無人管。倩誰喚流鶯聲住，鬢邊覷，試把花卜歸期，才簪又重數，羅帶輕分，哽咽夢中語。是他春帶愁來，卻不知春歸何處，更不解帶將愁去」。②此詞動人更深，至樂昌破鏡，卒獲重圓，後人緣何二夫願事，余誠為世衰道微哀。至披堅執銳，與原璧歸趙，廉藺同功，而漠外長征，世稱衛霍，李廣之功不可抹煞，而大樹將軍馮異，更勝而不居功，與爭功者比，奚能無愧耶。先父昔年與簡照南以英美南洋商戰，互作文章相鬥，然婚喪均通友好。先父自比藺相如，而以簡照南比廉頗，事頗有趣。余昔居滬，亦曾授簡倩曼之女公子英語，誠不以英美與南洋為商敵，而絕世好也。上聯為余在中學時期，先師傅朝蓀所作。③堪為余父子道出感慨，誠屬佳聯。

② 十三郎引用的是辛棄疾〈祝英台近〉，但部分詞句與原詞有出入，原詞為：「寶釵分，桃葉渡。煙柳暗南浦。怕上層樓，十日九風雨。斷腸片片飛紅，都無人管，倩誰喚、流鶯聲住。鬢邊覷。試把花卜歸期，才簪又重數。羅帳燈昏，哽咽夢中語。是他春帶愁來，春歸何處。卻不解、帶將愁去。」

③ 「傅朝蓀」，即「傅朝選」。

世無息老誰猥鎬，
家有名宗共折中。

此為先父遺聯，蓋先父名鎬，此為老輩，始敢喚名。晚年老成凋謝，誰敢猥呼鎬名，而「家有名宗共折中」句，即以余名為譽謬，叶音「舅」，凡以江氏宗親女為妻者，皆余也。如是則余以江氏為舅，非江氏子可知，至娶江女者不知凡幾，若問余姓氏，余無以對，蓋舉國江氏不知女兒幾許，雖萬千家姓，尤不可盡告，喚余為江氏快婿可矣。

《工商晚報》，一九六四年二月十六日

【編者按】本日文章所標示的連載的序號為「三」，今按順序重排，改標序號為「四」，以下各篇順延，不另一一說明。又本則隨筆首段應與上一則隨筆連讀，段意方見完整。

五／恩愛難離屠沽俠義　懷才惜別道訓牽情

恩愛難離屠沽俠義，
懷才惜別道訓牽情。

編者曾詢余少年從事編劇及從事電影經過，余少年即喜閱戲劇書籍，閱中西戲對照，首閱法國語果的名著《歐羅尼》，而背誦貝多芬名曲，繼閱俠義古押衙傳奇《無雙傳》，及愛粵樂反線，編《七十二銅城》一劇，寓意俠盜報恩，酬友報國，事與「明珠煎茶記」相類，①惟事蹟以國家為重，不重私情。為名伶區仲吾（千里駒）、羅叔明（靚少鳳）、葉弗弱、李秋文（艷秋）、羅品超、林鷹揚、李華甫（靚新華）「義擎天劇團」，挽回盛譽，而曲詞有反二王一段，②由千里駒主唱，尚可記述，因錄於後：「清明節，鶯聲切，舊時已隨雲去了，幾多情，無處説，落花如夢，似水流年。愁莫遣，恨熬煎，何堪姻緣千里牽，絲絲楊柳天邊一線。影裏人，海濱見，玉容憔悴暗自憐，為覓封侯夫去遠，祈續今生未了前緣。……」（下略）堪稱得意寫作。上聯為友人題贈，以余舊作《七十二銅城》，記大江南北，烽煙掃靖，而俠盜廬山真面，為王侯先祖遺像影照，能不牽情，惟取材法國名著，愧有抄襲之嫌而已。至師長臨別，道訓弟子，牽情家國，使懦夫立志一段，為粵劇中鮮有之場口，非自誇也。

血債何時了，老懷淚滿衫。
揮戈望雪月，飛渡玉門關。

此又為余編《飛渡玉門關》之內附句。此劇原為南大同學韋碧魂授意，初名

附注

① 即指《明珠記》《煎茶》一段。

② 「反二王」應指「反線二王」。

《血債血償》，給「義擎天」演出，惜不賣座，乃另改名為《飛渡玉門開》給陳錦棠演唱，因以成名。改戲匭後，友人馮志芬曾增減之曲詞，故不如《血債血償》之全豹，然原曲為余撰者有「雲無心，猶出岫，月無言，徒消瘦，欲問嫦娥仙女，可曾下降塵遊，撫青鋒問明月何日澄清宇宙。……」原曲為《屠龍宇宙》，「澄清」二字為志芬所改，以反線給陳錦棠唱。另一段滾花，為「山河如此多姿，盡是蛾眉螓首。幾許英雄折腰俯首，為覓王侯」，則給與黎笑珊唱。想陳黎二伶，尚可記憶，原曲譯自電影丹尼士京之《我若為王》插曲，及李門那花路之《無畏將軍》插曲，混為一劇，一為英國野史，一為法國野史，均竊自美國好萊塢，余使之搬上舞台，極享一時之盛。至志芬加插之曲詞，則因余方從事拍製電影《兒女債》，不暇過目，故不詳錄，然余所撰曲詞，後人以之填詞，復以余授意靚少鳳、肖麗章演之《易水寒》，余編與關德興演之《燕歌行》，及授意莫致祥編之《十八年馬上王》，余編與陳錦棠演之《跨海屠龍》、《橫斷長江水》二劇，盡入詞章，內記秦始皇、漢武帝、宋太祖、唐太宗，與成吉思汗、忽必烈父子，曾閱該數劇之觀眾，不少尚有印象，實則余所編之《橫斷長江水》為改編《馬可孛羅》，中西混合，有涉及西班牙人事蹟，一切寫作，均有世界性，今已無人編此類劇本，故余敢自豪也。

《工商晚報》，一九六四年二月十七日

六 自顧一身慚突兀　更能四面佔文章

自顧一身慚突兀，
更能四面佔文章。

此為先父遺聯，意責余於二次大戰時期，舉家居港，余竟赴韶，不顧老人，自顧一身，而慶友好聯婚，不問港局。雖港戰家人無恙，余當自慚突兀。至余能四面佔文章者，即余名為「鏐」，「翏」從「金」即「球」，意即中西故交，全球四面，均佔文章。余友人除留學英美外，尚有留法、意、德及遊蘇，而留英美較眾。群皆以余能作各國語，故四海一家，天空海闊，萬里翔遊，宛如海鳥，身雖在華，實則遍世皆友，故余宗親遇余，即盡力張羅，思服外姓。而為新光酒家所題「王粲登樓，妙才仙韻」句，更能描容盡致，「玉屑瓊晶」四字意指珍寶玉石，足見冰潔晶瑩，妙語連篇。惜詩稿已為先兄季槐售去，故未得詳閱，誠憾事矣。至余童年閱曾國藩聯有「煙波遙歲月，奔走會風雲」句，及少讀姜白石詩有「白石山人意最驕，小紅低唱我吹簫。曲終過盡松林路，回首煙波廿四橋」句，①互相輝映，友人昔撰《過垂虹》短劇，余又曾題一詩，以為嘉勉。

附注

① 十三郎引用的是姜白石的〈過垂虹〉，但部分詞句與原詞有出入，原詩為：「自作新詞韻最嬌，小紅低唱我吹簫。曲終過盡松陵路，回首煙波廿四橋。」

梁愁陳恨在，北國話南朝。
廿四橋頭月，蛾眉弄鳳簫。

此為余寫粵劇《江南廿四橋》之原意，而寫一文武超凡之壯士，戀一傾國之孀婦，不顧江山愛美人，美女如雲，莎翁詩句，一見鍾情，不以賣腰紅粉為賤，而輕抱琵琶，與鴛鴦把轡，人間韻事，活現紅氍，至吹簫引鳳，原為鬚眉雅事，余以巾幗弄鳳簫，斯真雌雄莫辨。閱者意會，有女而飾男，男而飾女，迷離撲朔，非輕易可辨。更證以先父題蘭齋農場耕舍，有「玉川吟屋」四字橫匾，而粵人誤以為粵語「肉酸禽足」，斯真不解，一何誤至此。「玉川吟屋」，原屬淨地，而誤會禽足，又誤為蠄蟧多爪，遂使人莫名其妙。等如余所寫《江南廿四橋》中之翁玩玉，寓意玩人喪德，玩物喪志，寧喪志，莫喪德，斯之謂歟。亡友伶人廖俠懷，頗好玩玉，惜所玩多贗品，而費不資，世上欺騙者，輒乘人之所好，藉端求利，倍蓰其價，貪索無厭，洵可恥也。至《江南廿四橋》之演員陳錦棠、李海泉，演出頗令人解頤，陶陶善友，撮合良緣，男旦袁仕驤及武生靚次伯，②均健在，昔為該劇主角，惟李翠芳及黎笑珊，則今不在港矣。

書癡直欲卑湯武，
泉癖居然辨宋金。

②「袁仕驤」原稿作「袁士讓」，諒誤，正文改訂。

此為先父遺聯，竟卑湯武以天下傳子，不及堯舜以天下為公，有能者居之。傳子為封建思想，傳賢始真愛民。至宋金世仇，泉癖當不屈為金臣，寓意仍以五族共和，漢人最多，仍當尊重多數民意，勿以其他族曾為帝王而事遷就。帝王何貴，民始為貴，此孟聖語。先得民意，次保社稷，即湯武思其所以得天下，無非弔民伐罪，後世人每得天下，便輕視人民，殊非得計也。

《工商晚報》，一九六四年二月十八日

七　惜花逐鹿　借酒消愁

問菊羹蛇，圍爐取暖；
惜花逐鹿，借酒消愁。

編者又曾詢余先父蛇宴友人，始於何時，余以蛇宴之始，自余生。余誕於一九一〇年三月三日，即庚戌年元月廿二日，生於巳時。巳時屬蛇，故以蛇宴客，均邀余侍側。製蛇之法，雖未失傳，而善於製蛇之李才，今在恒生銀行為廚師。然製蛇一席，非七八百金，不得佳味。蓋製蛇需雲南火腿、北菇、冬筍等材料，龍鳳會又需用雞約十頭，但雞湯不可過濃，濃則奪蛇味，且純用豬膏，不用生油，方始芬郁。今市上售蛇者，多用味粉及豬骨湯，殊不矜貴。食蛇更需菊花、檸葉、元西、①薄脆作配品，菊花以風前牡丹為最美，蟹爪次之。風前牡丹，港中世好原有花種，如利銘澤世兄、楊蕚輝世兄，戰前利園山及蔭廬有此菊種，尚有藍捲帶、九月紅菊種，紅白藍三色，恰為英美法中國旗：白菊藍菊均可食，惟紅菊則味苦。然聞友好經戰後，已無心栽菊，且港地覓塘泥不易，種菊之難可知，至花種尚存否，則不得而知矣。至蛇羹需邊爐窩煮食，始覺解寒。蛇膽酒又需以熱雙蒸先開，混入凍酒，始有真味。蛇皮亦可食，且美滑可口。餐蛇而談社稷，可見用意不只視為補品，喝蛇酒，又有逐鹿山河意，借酒消煩惱。先父晚年信佛，已戒殺生，故不啖蛇羹廿年有多，而近年市上，紛紛以太史蛇羹號召招徠，實則不及昔年所食者遠甚，更惜材料，捨北菇而用雲耳，棄冬筍而用花膠，湯味又不夠濃，只以價廉博多客而已。

借醉一甌囂塵盡遣，
耐寒三友脫俗崢嶸。

附注

①「元西」，即「芫荽」。

②「人塵生」字疑作「人生」，「塵」字疑衍。

此聯為族弟殿英所撰，余覺雖未十分恰對，仍有可述。歐陽修嗜酒，飲少輒醉，故名醉翁，然醉後囂塵盡遣，可知世人好酒，屢醉屢飲，或以為狂，余以為借酒遣煩，人塵生快事，②倘以為不良嗜好，余欲無言，余本嗜酒，近雖欲戒，尚好飲啤酒，可見酒非不可飲，惟以不礙健康為宜。數月前余啖蛇羹，且飲蛇膽酒一瓶，未嘗覺醉，而體健如常，啖蛇而不啖蛇膽酒，實覺無味。余非醉翁，啖酒不醉，也消煩塵。嗜酒何傷，且可禦寒，能保體溫，至耐寒三友松竹梅，歷冬不變，崢嶸生長，不在春季與百花爭俗譽，頓覺清高於一切。余年前在精神病診療所繪畫，曾繪松竹梅，恰切族弟殷英聯意，至菊蟹酒圖，則尚未繪，蓋少年書齋，有惲南田繪之〈九秋圖〉，恰如聯意，暇余當描繪，以應友人之邀而已。

《工商晚報》，一九六四年二月十九日

八／燕市歸來沽其兩口　羊城泛棹贈彼千金

燕市歸來沽其兩口，
羊城泛棹贈彼千金。

此聯上聯為先父為番攤館題句，燕市屠沽，每嗜賭如命，先父故以燕市歸來，沽其兩口，意即連中孖番之意。而下聯為取意先父詩「千金贈劍豪猶昔，一鏡看花老覺羞」句。千金贈劍，在今等閒，惟在昔年，則非常豪綽，而羊城泛棹，則意指珠江夜月，泛舟夜遊，與蘇東坡遊赤壁相輝映。蓋先父嘗宴客於紫洞艇，當年杏花艇則有杏林春宴聯，萃香艇則耄耋萃香聯，惜聯長余已遺忘，尚記聯末兩句，杏花艇上聯為「……若幻若真，淩波影月……如煙如夢，似水流年」句，至萃香艇則有「……耄耋有餘，承歡朝暮……英雄一路，仗劍往來」句，其豪況誠非後人可及。後余至曲江，宿於轉秀艇，因感水上生活，亡友方人矩，宴余於艇中，余方念方家子弟，蓋方富敬、方富恭均為余在華仁書院同窗，富敬行八，年前在粵逝世，其弟富恭在港今尚健全。當方家全盛時，有萬福同、①萬春園兩豆店於省港，推銷蠟丸至美洲，今則改業硫酸廠，富敬逝世後，硫酸廠已歸公有，

附注

① 「同」字疑為「園」字。

此固大陸一切公有之政策，非方君事業失敗也。

望良兒孟聖，繼孔氏遺風。

母斷機勉勵，周遊列國中。

此為近為家姊書之孟母斷機教子短劇，給大光學校演出。大光學校係教會設立。在大埔授課，學生頗多，余雖未皈依佛門，頗知佛教玄諦，而「望良兒孟聖」一句有誤為「黃粱一夢醒」。蓋叶音相同，而意味則殊矣。年前有報章刊余精神分裂病，謂余應作黃粱一夢，醒覺世事皆空，實則余已痊久矣，而好事者每默記余病中狀況，至今尚然，實屬無聊。至余曾編《太平天國》、《洪宣嬌》兩本舞台劇，以石達開為劇中主人，有「豈然萁煮豆，尚未夢覺黃粱耶」句。後人以余語而笑余，誠拾余唾餘而已。余對兄弟朋友，素重友愛，豈有燃萁煮豆之誚，至別人對我如何，余則百忍成金，蓋先父名鎬，寓意百忍始成金，高明卓見；余名鏐，則百忍成金，始可交友，至譽球之意，非指己言，以此譽世之顯達，毋擇東西半球，為世所譽者，余當譽之。一身豪華曾歷，近年已淡泊明志，寧靜致遠矣。

《工商晚報》，一九六四年二月二十日

九　千載良辰君弗遇　萬方多難我還來

千載良辰君弗遇，
萬方多難我還來。

千載一時，良辰美景，惜不遇君，殊為悵悵，此為亡友馮筱庭遺語。而先父詠五層樓懷古「怕向層樓高處望，萬方多難我還來」句，後一句恰對馮君句，是年適為廣東還政中央，先父有感而詠然，實則先父並未他去者十餘年。北伐時曾赴滬。自滬歸粵，即未離省垣，而「萬方多難我還來」句，則似身不在粵。余以閒暇，編《黃浦月》一劇給黃千歲、麥炳榮等演唱，內附《黃浦月》詞，有「黃浦月，黃浦月，簫鼓樓頭情倍熱，萬方多難我還來，將帥聲嘶竭」語。及《去年今夕》又有解心曲「探花夢，如今似風流散會，當年張緒未心灰，美景良辰，月圓月晦……」，描寫將帥未曾心灰，喚起抗戰精神，當年東北已失。山河變色，有月圓月晦景象，雖借意探花醉酒，殊非陳套俗戲，以風流盛會，而隱意天下大勢，知音者固知余意，不在乎勸人尋花問柳，實借此而諷世，不知者以為公子哥兒寫照，余不為辯。寫劇以不涉政治為上，但可借風花雪月而寫河山圓缺，未嘗不可。可知寫劇而無的放矢，不如不寫。余放下筆桿廿年，不再寫劇，編者問余從事戲劇電影始末，余可告以自九一八始寫戲劇，①第二次世界大戰勝利，即告一段落，久不再為馮婦矣。

滿座暢談新食譜，
過門猶憶舊家園。

曲江有陶陶居酒家，主人嘗邀余撰聯開張，余以是聯為贈，主人饗余以掛爐鴨、蝦子炆紹菜。時適鄉中族兄弟誌德結婚，誌德為奇香腐乳店主人，渾名高比，售製腐乳，雖僅獲微利，而子女六七人，均可過活。誌德為西邊街族人，余居鄉數月，誌德餽余鮮霉腐乳，蓋腐乳製法，須先俟豆腐發酵，浴以美酒，始能溶化，而發酵後先經陽光，然後加以酒鹽浸製，始合衛生。至推售至金山之大磚腐乳，則用汾酒浸製，味更香洌，然不及小磚腐乳之溶化，且其酒性較烈，不好杯中物者，多不喜之也。

《工商晚報》，一九六四年二月二十一日

附注

① 查「九一八事變」發生於一九三一年，但十三郎的《心聲淚影》早在一九三〇年已經上演，估計「自九一八始寫戲劇」可能是「九一八自上海返粵後正式專職投身編劇」的意思。

一〇／楚峽猿啼吳江鶻怨　歐風燕語美雨獅吼

楚峽猿啼吳江鶻怨，
歐風燕語美雨獅吼。

上聯為余初編舞台劇《心聲淚影》曲詞，余初用巫峽猿啼句，後以楚峽猿啼始吻合薛覺先身分，故「巫」字改「楚」字。不意余撰此曲，先父晚年，與族中兄弟聚宴，每點菜必點圓蹄，尤喜左口魚炆圓蹄，配菜以生菜為宜，天時寒冷，則以邊爐上菜，生菜多水，不易滾乾，即火路過猛，加以上湯，更覺可口。而吳江鶻怨，則陶陶居主人宴先父，先進點心，詢其所喜，先父以芋漿粉卷對。主人陳伯綺，乃遣人另製芋漿粉卷，送至太史第，配菜純用蝦肉，味鮮可知。先父為食家，而港中酒肆，所製點心，只有芋角，惜無芋漿粉卷。實則易製非常。即以芋泥鋪上粉皮，另加蝦蓉作餡，包成卷狀，入口易化，老年人或齒病者均可恰食，易於消化。下聯為冼玉清為嶺南大學辛社寫創刊詞，有「歐風美雨，在在吹來」句，然歐風不過燕語鶯聲，美雨則不足懼，獅吼喻暴雨中作獅吼，殊無畏怯之意。

無官豈貴，
　有子便家。

余舊居在堅道，今已改建真光小學。舊居於民二三年間，先售與陳廉伯，後轉售與循道會作禮拜堂，輾轉而售與真光中學附設小學。當時為民國，先父以無官一身輕，然無官則不特己身不貴，屋物皆賤，屋宇值七八萬元，而售與陳廉伯，僅五萬元，人以官貴，物隨人貴，無官則人賤，物隨人賤，良足感慨。後陳廉伯為反革命商人，以商團與革命政府對抗，廣州遂有商團之戰，事敗，廉伯喪母，浼先父作祭帳題字，先父以「有子便家」四字輓唁，然當時先父與陳述叔遊，知其語中有骨，譏廉伯既無官爵，又非顯貴，雖有子萬事足，何必與革命政府作對，幾至家幾不保，誠見商人抱政治野心之誤，雖「廉伯」二字，儉為美德，然美德尚不只廉，姬妾盈庭，何來廉譽。故昔有勸以先父從儉者，先父答以宗德對，己則惟視姬妾能否從儉，始守美德，晚年先父自奉甚廉尚可保美德也。

《工商晚報》，一九六四年二月二十二日

一一／堪笑倉皇烽火夕　教坊猶唱別離歌

江山文字兩消磨，玉面重瞳隕淚多。
有筆生花猶恨事，便為天子奈愁何。
鳳笙夜夜團圓聽，鞍馬朝朝共枕戈。
堪笑倉皇烽火夕，教坊猶唱別離歌。

此為先父詠李後主詩。後主名存勗，才名徒負，每愛團圓月夜，喚眾妃弄鳳笙歌舞，不管江山，沉迷文字，至國亡後，尤作「揮淚對宮娥」之語，徒貽後世恥笑。至其填詞有「多少淚，沾袖復橫頤，心事莫將和淚滴，鳳笙休向月明吹，腸斷更無疑」，比諸「多少恨，昨夜夢魂中，猶似舊時遊上苑，車如流水馬如龍，花月正春風」尤為動人。余二十年前，擬編作舞台劇，後以亡國帝王，不恰人意，故擱筆。近又有人擬拍「李後主」電影，迄未成就。余以為李後主之詞藻，固足以作文學閱讀，而其事蹟，未免流於壯志消沉，實不足以作劇本，尤其是作電影，似另覓其他劇本為上。且文藝劇本，非有文藝修養之編導，必不能成功。目下演員能飾後主者絕難物色，徒事宣傳，恐無是處也。余以為編帝王史蹟，不拘中外，如英王阿爾弗烈之復國事蹟，與漢代劉秀之重興漢室，遙相輝映，陳非儂在

「梨園樂劇團」時，曾演《漢光武走南陽》連集傳戲①，至為賣座，足資借鏡。

蕉葉有心閒將雨捲，
石榴多子傲長風前。

舊作《幽香冷處濃》得亡友贈句「蕉葉有心閒把雨捲，楊枝無力遍灑風前」句，余以先祖母招氏周氏撫育先父以至成名，余乳娘周氏，扶余長大，感德有懷，默念前句不已。而下聯則以石榴多子傲長風前，蓋先父有子十人，以一家而有此者，殊不多見。以石榴比先父，殊為恰當。眾兄子女最多者，為三兄叔穎，只七子而已，不足比先父，至點翰始生者五子，今余獨存。至余居家中神樓，有聯云：「天下人師，親疏同事；聰明正直，一而為神」，殆以余為神。余以為師友皆生，逝者已矣，生者毋視余為神也。余有師友無數，睽違不見，今在港始多遇於途中，幸皆健康如恒，心為之慰。更有巧者，先父拜張仁駿太史門，始得意春闈，余童年又以張劭聞先生為師，恰如先父少年。余負笈港大時，張仁駿介弟張敏濤，曾來港探親，並訪先父，暨伍銓萃太史，余德文專修師長又為張道深，張家似與余有師生之誼，情固不可忘也。

《工商晚報》，一九六四年二月二十三日

附注

① 「傳戲」，按上下文意理解應是傳統戲或連續劇的意思，正文保留原作者慣用的「傳戲」或「傳劇」，下同，不另注。

一二 已無淨土酣夢醒　尚有黃花晚節香

已無淨土酣夢醒，
尚有黃花晚節香。

此為余歸內地，港陷時寄先父句，蓋二次大戰，余在曲江，曾編《南宋忠烈傳》，初名《亂世遺民》，給廖俠懷、新馬師曾、陳錦棠演唱，在港澳不受歡迎，乃在曲江從頭再編，至謝枋得所唱南音二王一段曲詞，刊諸《建國日報》，原文如下：「灑着點點紅淚，聽着點點寒更，中宵難寐自沉吟，待罪孤臣空積憤，此日難憐破碎心？身在異鄉益多恨，慈幃苦病我苦貧，念故人，文文山，馳逐風塵，孤忠耿耿；更羨君，不屈辱，臨危拜詔，曠古無今。我在水火中，聞君走天涯，赴義無門，難以解君厄困……（下略）」，此段曲詞，甚得閱者賞聽，而可為黃花晚節寫照，非如一般人想像淪陷區中遺民，即無節義。至生死在天，禍福有命，惟撫心無愧而已。至黃花晚節，尚可記先父葬黃花崗七十二烈士事蹟，蓋先父葬革命義士，以身為清吏，有通盜嫌疑，處罰巨款。某次與孫文伯談，孫伯謂七十二烈士無後嗣，先父謂曷不以犬子譽鏐為嗣。蓋余生於葬烈士之翌年也。① 某

附注

① 「蓋余生於葬烈士之翌年也」疑誤，因十三郎在前文明確交代過出生的年月日時以及干支紀年：「余誕於一九一〇年三月三日，即庚戌年元月廿二日，生於巳時」。而諸烈士遇害、下葬當在一九一一年四月二十七日廣州起義之後，十三郎倘生於「葬烈士之翌年」，順延年庚歲次，則生平事蹟與年代背景多有不合。若把「蓋余生於葬烈士之翌年也」理解為「蓋余生，翌年葬烈士」的筆誤，似較合理。

報謂埋葬黃花崗烈士，純為潘達微個人之力，②余覺可笑，蓋達微世叔個人，有何力而葬烈士，皆仗先父及仁濟善堂之力而已。事可詢諸廖朗如十兄，及閱黃花崗石碑。

少小申浦舊作家，
吳儂軟語幼名霞。

此為先父自壽詩，余只記得首二句，意即先父以生長申江，小字名霞，滬語「霞」音「傻」。先祖之喪，先父年僅七歲，祖業之滬上茶莊，為管店黃族者售與汪姓，並將流動資金，掃數動用，幸先祖積蓄百餘萬両，在粵廣置舖戶田地。先父賴先人餘蔭，乃有富庶之名。至余與先兄譽題，在家裏有「小傻」「大傻」之花名，即「小霞」與「大霞」之譽，余兄等甚喜人稱余等為「傻子」，余又字絳霞，先兄字少霞，又名荃蓀，蓋先祖名清泉，先父為少泉，③先兄為泉蓀，源出一貫也。余自滬南返後，即任教省立女子師範，與亡友林英排《瓊簫怨》、《寒江釣雪》、《過垂虹》等粵劇，與女師學生，作業餘演出，為余從事粵劇之破題。尤有一齣《梳洗望黃河》，描寫在北方有一孀婦，二子從軍，在黃河以北服役，經年不歸，乃梳洗望黃河，祭亡夫，佑二子同歸，得以團聚。果然二子戰勝，解甲歸農，奉母餘年。④此劇未演出而余已離女師，原稿存亡友馮志芬處。然原曲經先父察閱，認為有待修改

② 「微」字原稿作「薇」，諒誤。下同。

③ 「少泉」，坊間流傳多作「少荃」。

④ 《梳洗望黃河》另有一修訂版本，劇本簡介見《後台好戲》（四〇）。

者甚多，故余更不以之給粵班演出。時千里駒、靚少鳳、葉弗弱、李艷秋、羅品超合組「義擎天劇團」，駒伶喜是劇，余乃改編《無情了有情》給之演唱，亦頗賣座，然不如《梳洗望黃河》之動人也。

《工商晚報》，一九六四年二月二十四日

一三／春季暢開杏桃爭盛　歲寒凋後松柏立基

春季暢開杏桃爭盛，
歲寒凋後松柏立基。

百二蘭齋初建於民國六年，即樹雙松，然以地土天氣不宜，無法長大，乃徙殖柏樹，以為園基，冬季猶見傲立，惜戰後園樹無人料理，柏樹再移諸蘿崗蘭齋農場，先父嘗於冬季賞梅，至蘿崗耕舍。先父為食家，在農場創食譜，冬季無若何佳產品，惟蘿崗出產最多山斑魚，先父喜其味甜，以之釀豆腐，混以火腿，其味尤鮮。然在廣州河南，則購山斑魚不易，山斑類似生魚，而身上斑點為紅綠色，故為生魚異種。余在北江，曾得石斑魚多頭，①惜無妙手廚子，未製太史豆腐饗友。一次，偕戲劇前輩某君，至一東江豆腐店，共嚼東江豆腐，純以桂魚釀製，味亦甚美。今有詢余太史豆腐製法，或以為用土鯪魚可代山斑魚，土鯪魚味雖甜，惟不及山斑魚之脆滑，無山斑魚則用生魚釀製，比較土鯪魚更可口，惟加以火腿蓉，則更為珍貴，此為冬季食譜，雖不及蛇羹之盛，然東江山仿製甚多，恂妙品也。

不向樽前再乞靈，端為麗浦及茶經。
生平快意尋常事，只在風亭與幔亭。

此為曾國藩與先祖清泉公之詩，刻作玻璃字畫，以之為水窗。蓋先祖母招氏無子，先父為側室周氏所生，周氏祖母，早即棄世，先祖悼亡，戒酒見志，惟自營茶莊，多與歐洲人氏交易，故戒酒而好茶經，且熱心公益，上海廣東會館，為先祖創辦，賑濟粵人流落滬濱者，不知幾許，而各省仕子，赴京應試，先祖多餽送川資，如葉明琛、張仁駿等，先祖更送川資每百両，而不得意之仕子頗多，先祖餽送來回川資，認為快意，助人只作常事，而積資百萬両以上，江裕昌茶莊盛

附注

① 「石」字疑為「山」字。

況，為當時之冠。晚年仍不仕清，故舊奏諸清廷，策封資政大夫，生二子，幼子早喪，只餘先父繼業，先父赴京應試，未中翰林而眾皆謂其必中，蓋積善之家，蔭在兒孫，誠非誹語。先父兼祧叔宅，故一家三房兩家六房，親疏同事，而族老皆喚先父為汝鎬，嫂氏吳媛繪〈紫藤白燕圖〉，先父有「王謝堂前春不管，鎬衣風翦去來頻」句，蓋自詠也。白燕縞衣，而先父詠為金衣，即見一切以先祖金石訓詞為念也，至風亭與幔亭，今猶在河南故居，風亭在蘭齋花園，以翰林院旗竿頂置亭，幔亭則在天棚，曾到河南太史第者，想皆曾遊二亭，今仍在否，則不知矣。

《工商晚報》，一九六四年二月二十五日

一四／蠹書經歲劫　名著歷年遺

蠹書經歲劫，
名著歷年遺。

余童年讀書於書齋，聘名儒陳桂生等任家塾教席，書齋為先父藏書集滙，置有酸枝玻璃櫃六個，盡藏先父少年所讀經史子集及涵芬樓文鈔。余年拾歲負笈南武小學，即隨兄姊輩由陳桂生師授《資治通鑑》，每年暑假，即專攻國文，後由魏叔元授余書法。並讀王荊公文獻，至張劭聞則授余《孟子》及唐詩，區奉吾則授余《離騷》，傅朝選則授余《唐宋八大家文鈔》，至詞賦則純由自己攻讀。在嶺南中學及香港預科華仁書院又得區大典太史授《詩經》、《四書》，黃藝博、陳柏儀兩師授《詞選》，至讀私塾之劉叔達、朱允全則授余《大學》《中庸》。諸師多已物故，即書齋存書數櫃，均在戰火中乏人料理，水漬蟲蛀，散失殆盡。先父藏書僅餘一櫃，而詞典更深奧，其鬻書所寫詩聯，非加註解，不易明白，且其所著為多年嘔心之作，余學未成而溫習國文，已為年事所限，故先父晚年詩聯集一冊，純為蠅頭小楷，附注清楚，惜先父去世時，余在香港，不得讀其遺著，而先兄季槐得詩冊，即以之數篇售與友人，今已無法收集。當年日人佔粵，有欲替先父出詩集者，先父不願由日人出資刊印，故毅然拒之，今身後已無遺稿詩鈔，現港中世好，多尚有先父遺書詩詞，余將遍訪世交，錄其遺著，再刊諸報端，俾愛好先父文章者得窺全豹，第念人事栗六，不稔能否達余之願也。

莫謂空中樓閣妙，
應知帝苑倒顛真。

余少時嘗讀《石頭記》，原為石印大字本，字跡清楚，原作者曹雪芹只寫到了八十回，八十回後為高鶚所續。作者自比賈寶玉，雖生長於大觀園，常與婢嬪為伍，並無階層觀念，稱襲人、晴雯等為姐姐，可見其未嘗賤視婢嬪也。至寶玉會秦鍾，後人以為是大觀園遺訓，實則賈寶玉未嘗有心功名，曹雪芹所以作金玉緣者，以玉為石，金石良箴，故以紅樓幻化，帝苑倒顛，警醒世之迷於功名者。而高鶚續作，大反曹氏原意。至寶玉愛吃胭脂，遂使金釧投井一節，更寫得寶玉活像一西方人，好接吻吃胭脂。又增加妙玉一段緣，更屬胡鬧。曹雪芹寫此書殆係有感身世而作，大觀園不過皇皇大觀，無所不具，近人研究《紅樓夢》，多曲解原作者之意，當為深味《紅樓夢》真諦者所不取。

《工商晚報》，一九六四年二月二十六日

一五／舊雨一回首　離人欲斷腸

酒杯澆塊壘，詩句入風霜。
舊雨一回首，離人欲斷腸。

此為崔斯哲世長寄與先父詩句，崔世長常與先父在小北之北園酒家作文酒會，我家中舊存《北園詩鈔》凡十餘卷，惜在戰時散失，不復記憶。至崔世長五言詩上截，余已遺忘，此為下截四句，當年崔曾知我家冬宴，先父饗以菊花鱸魚羹，並邀共酌酒，菊花鱸魚羹以冬筍北菇作配菜，以上湯煎鱸魚，且酌山西汾酒，鱸魚羹雖味不及蛇羹之濃，然清甜則另有回味，仍以薄脆菊花趁食，與蛇羹異曲同工。崔世長宴後，即北上遨遊，此詩為其寄自天津，時三兄叔穎，為北京國會參議員，與崔世長遇，因而寄詩老人，並函致候，崔氏後人頗眾，在粵西關崔家，亦稱大家。廿餘年前，余曾以舊作《花落春歸去》主題曲給崔慕白灌音唱片，原曲錄下：「花不羞，我也羞，羞我未成名日夕將花守，千般愁，萬般愁，非關病酒，不是悲秋，怕回首，也回頭，潘郎憔悴沈郎腰瘦，花落後，人去後，問誰與我把手在東樓，思悠悠，恨悠悠，恨到歸時也未休，歸時低聲問紅袖，妹啊可安否，妹啊可安否，但得妹安毋計我傷心透，最怕妹你青春怨白頭，未嫁相逢猶有恨，寧願相逢嫁後，個陣羅敷既有夫使君無可恨，莫使我恨海沉浮，天與多情，相逢猶似夢，恨不長長相守，昨夜對月談歡，今夕對月生愁，月呀昨夜光明，今夕何黯淡，月縱常圓惟是好花不長久，從此怕題鴛鴦二字，我又怕說風流。」此曲一時誦唱，亦余少年有感而作耳。

太史門庭車馬盛，
彩輿簫管入堂來。

此為王紹薪賀先兄譽題新婚佳句，當年車馬之盛，一時無兩，而花轎又不用俗例花轎，而以金頂紅緞製之官轎，異俗華貴。當年為先兄主婚者，為伍廷芳博士，以基督教典禮作婚儀，可見先父，對子女宗教自由，絕不像守舊太史。當年大總統孫文總理，曾以南京織錦賀贈，譽先兄為江寧公子，可知總理之志，不忘江寧立國，雖革命未成功，而努力不懈。後人問孫中山總理與先父有何交誼，此則已成過去，當年北伐，軍人慰勞會畫展，余舉家眾母、嫂氏及姊妹，均繪畫義售，當時政要，均曾親至我家，慰勉有加。又友人呂大呂曾撰《春深太史第》小說，①不知者以為隱示我家，余曾閱其文頗似黃鼎太史家事。黃年伯抗戰時已逝世，所餘之世兄弟，余未曾遇，彼與伍銓萃太史，同置廣宅於四牌樓，固一時豪

附注

① 李烈聲在二〇一五年一月二十八日《澳門日報》的「冷月無聲」專欄上發表〈提起臘鴨尾〉，說十三郎曾投訴有連載小說影射江家：「上世紀五十年代，我在青草街《精華報》當副刊編輯，其時，長篇連載小說大行其道，其中一位以文言文寫艷情小說著名於時的作家靈簫生先生（原注：他的成名作是《款擺紅綾帶》和《海角紅樓》），寫了一篇名為《春深太史家》的連載小說記載此事（編者按：即指江孔殷的風流傳聞），事為南海

富，至後人能否保全家聲，則余不知矣。

《工商晚報》，一九六四年二月二十七日

一六／玉作肌姿雪作神　美人香草是前身

玉作肌姿雪作神，
美人香草是前身。

此為先父詠梅蘭芳詩首二句，以素心蘭比美人，以香草比其芬芳。時英美煙公司出一種香煙，先父為譯名「香草」，論理謂如香草靈芝之矜貴，本恰俗聽，然好事者竟謂先父討人便宜，蓋人不食草，食草者只為牛，以人作畜牲，甚為兒戲，於是香草牌香煙，遂滯銷市場，反不如老刀之暢旺，此不過吸者善忘而已，蓋老刀牌曾直譯「派律」，當時商戰極烈，正當暢銷之際，對方相敵之煙公司，每

十三郎所知，向社長陳先生抗議。南海十三郎其時雖然潦倒不堪，無復抗戰時期被稱為『愛國編劇家』時意氣風發，但從前曾是社長舊友。人在人情在，虎死威猶存。從前的人，非常念舊，於是，便與靈簫生疏通疏通。」李文中提到《春深太史家》的作者是「靈簫生」，未知與呂大呂所作的《春深太史第》是不是同一個作品？在此姑記一筆，俟日後再行論證。

逢當局槍決囚犯，即購贈派律一包，並以派律渾名「打靶煙」，於是嗜吸派律者，皆避諱而另給別個牌子香煙，曾一度無人購吸，及後根據滬譯，改為「老刀牌」，又風行一時，可見商戰鬥爭，無所不用其極。老刀牌以寶刀未老為宣傳，一般中等人家，及懷才文士，皆喜購吸，論煙質不如香草牌，且香草牌原為老牌子，本與今之吉士牌、好彩牌同價，而當時為推銷計，減價平沽，竟不受歡迎，營業出人意料之外，有如此者。

採釀勤勞群合力，
知歸飼奉顧蜂王。

三十年前，先父經營養蜂，所出蜜糖多種，在廣東各地採蜜，以荔枝蜜、橙花蜜產量較多，當局予以便利，運蜂至南番新會東莞一帶採蜜，運費雖鉅，而採蜜大宗，尚可化算。至龍眼蜜、柚蜜，不如荔枝橙花蜜之味香，而玫瑰蜜、梅花蜜則產量甚少，僅足以贈送友好，無法應市，至百花蜜則為雜花蜜，香膩而不純清，故當年蘭齋蜂場之荔枝蜜及橙花蜜，暢銷南中國，且分銷至滬地，足與北方之梨花白蜜、枇杷蜜比美。至養蜂則純用箱載，採蜜時，有增至十餘個繼箱，巢礎盡滿蜜糖，一群蜂平均可採擔餘蜜，而蘭齋蜂場，大規模養蜂，有二百多群，每年收成為三四百擔蜂蜜，故年年獲利，而養蜂師則聘自滬上，均為專門人才，蜂以義大利種採蜜量較美國種為多，而科學方法分封，人工製蜂王，每年剩餘百數十群，售諸其他同業，已足夠養蜂皮費矣。

《工商晚報》，一九六四年二月二十八日

一七　地分一角雙松圃　詩學三家獨漉堂

地分一角雙松圃，
詩學三家獨漉堂。

此為百二蘭齋農場門楹，雙松圃意即先父兼祧叔家，故親疏均屬子弟，數十年後，得享壽九十者，惟先父而已。九十而終，不只耄耋，雖晚年兒孫，亦有不能隨侍左右。然子孫眾多，曾孫尤眾，四代同堂，時勢不許，有以先父終年，冷落鄉中為憾，則先父童年，躬耕苦讀，自鄉中出身，而逝於故鄉，能不忘本，誠足引以為榮。至三家獨漉堂，有以為意指明末三大詩人屈大均、陳恭尹、梁佩蘭；不知先父與黃鴻逵、陳俊民結為把兄弟，江黃陳三家，時相往來，且為鄰居。鴻逵公第一次大戰即亡，其子及未婚嬌婿留學英倫，戰後歸國，觸雷於大西洋而亡，黃母蔣太夫人則喪於七七事變，享壽八十餘。黃氏後人多不在港，只長孫學海在培正授學而已，陳家則俊民公終於二次大戰，子女十餘人，其子多亡，今尚存者只其第十三子毓源而已，陳家子孫眾多，其子留學英法，及二次戰後，遷家美洲，孫輩今尚留美未返國，或在港經商，長孫留港經商，居於北角，余未之遇。三家世誼至今不忘，且陳黃二姓，均為先姑姊外嫁姓氏，論姓氏則誼屬姻親，二次大戰後，陳緝甫二兄、黃任群誼姊，均常來我家，慰候老人，惜十餘年前，均已去世。余在港地，鮮與陳黃二家世好聯絡，迨人口眾多，而處居各一隅，間或在道中相遇，亦鮮談家況。舊宅均無人住居，陳黃二宅均作織布廠，而我宅最後改為盲聾啞學校，三家興替如是，言念及此，使人興不勝滄桑之感。

橙花成香露，

醅酒味美香。

蘭齋農場昔年植橙數十畝，而附近農民，亦多種橙，每年橙花盛開，結子者約得數成，即產果百數十擔，而經風打落之橙花，拾歸醅酒，其味甚香，與玫瑰酒不遑多讓。蓋市面所售之橙酒，多用橙皮浸製，故非正式橙花酒，真正之橙花酒，純用橙花浸製，如以江西白乾酒或廣東之上料三蒸醅浸，則酒味更濃。又橙花酒並可作香煙香料。製做香煙方法，需用蒸氣機，將煙葉水份蒸化，而以少許蜜糖混入橙花酒，灑勻煙絲，然後化乾，則煙有香味，又不乾燥，此為最普通之製捲煙方法，曾經一度暢銷全國之美麗牌香煙，亦以香橙酒混以呍呢拿香料煉製，可比美舶來品，後以每逢雨季，即發霉潮濕，故不能獨佔市場，且遭淘汰，是知非有良好蒸化之機器，無以克保成果也。

《工商晚報》，一九六四年二月二十九日

一八 畢竟故園春色好　眼前光景近斜陽

歸來何處是仙鄉，籬下依人夢不長。
畢竟故園春色好，眼前光景近斜陽。

此為先父七十九歲時在港所詠，時日陷港島，畿谷廉介約會先父，詢其將作何事，先父謂不問世變，不願溜港，蓋我家堅道及九龍格連威魯道舊居，均已易主，雖售諸陳黃二姓，仍有世誼，然在港物業，盡已售罄，即旺角舊地一幅，在差館鄰，已轉售與一禮拜堂，後再轉售別人，建邵氏大廈。而新界有地二萬餘尺，亦贈與友人耕種，先父只願回粵，鬻書為活，故園蘭齋農場，雖果樹凋毀，尚有穀米收穫，可供養家人，而年中菠蘿、黃欖、荔枝，復有多少收成，足給舉家閒用，而養豬養雞鴨，又可維持場中消費，故日治時期，先父以遺民自居，不問政事，故園春色猶在，菊花及曇花尚存，世比曇花一現，而晚節高風，有如菊花獨●，先父獨能節儉自奉，藉故園祖業之收入，鬻書為活，亦不屈膝事日人。且以子孫均在內地抗戰，尤不願彼此相妨。日人以先父不屈，且信佛，日人亦素重佛徒，故不予以難堪。二次大戰後，兒孫重聚，其樂融融，故園勝似仙鄉，港島雖好，究不如在故園終老，良以籬下依人，夜夢不長，徒增感慨，是以國府退出大陸，有勸先父遷港以避者，先父以年老，不良於行，尤不願又作籬下依人想，而願終老鄉曲，誠倔強一世也。

看花不見知吾老，
借鏡重窺字若蠅。

先父善書蠅頭小楷，然其目力雖強，晚年有邀往賞梅，先父卻之，謂人已老去，看花不見，雖有雅趣，不願參與。至每晨閱報，則以一放大鏡看字，蓋報章新聞，皆刊印蠅頭字粒，非用放大鏡，不能瞭然也。余童年即已戴眼鏡，因余開學老師何天輔，即何宗頤先翁，謂余目力不夠鋭利，先母布氏，攜余至公醫院，浼達保羅醫生轉請柔濟醫院眼科專家何輔民醫生為余驗眼配鏡。達保羅醫生為美國人，即今之達瑤輝醫生義父，何輔民亦美國醫學博士，專治眼科。余初配鏡，始用金框，證為老花散光，並非近視，所配眼鏡度數，尚存省港精益眼鏡公司，惟二次戰後，想舊冊無存，故新配眼鏡，常覺不合視線，而眼科專家如何輔民醫生者，更不知何處可覓，余自車次蘿崗，仆與小溪，失去眼鏡，重新再配，均看物模糊，亦有「看花不見知吾老」之感。

《工商晚報》，一九六四年三月一日

一九／花下遐思高飛曉唱　風前翦曳羽映春光

花下遐思高飛曉唱，
風前翦曳羽映春光。

此為余繪畫題句合成一聯，聯首為〈月季花畫眉圖〉，畫眉鳥善唱，好玩鳥者喜畜畫眉，以其清唱曉，①又能高飛不倦，終日展翅，故能久養，然養諸籠中，鳥失自由，不如寫生之美。畫眉最愛棲於月季花林，睹此景色，動人遐思，蓋張敞畫眉，古稱韻事，夫婦恩愛，閨房綺旎，恰如畫眉鳥和唱，花下雙棲。畫眉與畫眉鳥雖字義不同，但字樣同一，借此典故，未嘗不恰當。是畫以月季花為襯托，月季本玫瑰變種，色猶鮮麗，北方人多喜栽之，蘭齋農場耕舍，昔曾植盆栽月季數株，後以乏人料理而至萎榭，誠憾事也。至對尾風前翦曳，則余繪〈燕子楊柳圖〉，春風楊柳，飛燕翺翔，每逢春暮燕子必賦歸來，惟冬今則不復見燕子，念「舊時王謝堂前燕，飛入尋常百姓家」之句，不勝其惆悵。

附注

① 「清」字乃按原報殘畫作推測。

除夕家家度歲忙，借牙卜卦問韶光。
春秋史語松柏節，大地農田碧海滄。

此詩為余少年所作，時適歲末除夕，余歸家度歲，先父方伏桌而睡，醒來為家人占牙牌卦，卦語吉祥。時日已侵華，先父誠恐日軍一旦南下，家且不保，乃焚香問卜，得一五言句，卦為「松柏經霜雪，歲寒凜冽生。月明風正厲，農田可問耕」，時先父方棄商從農，得此佳卦，知天不負耕耘，家不離散。迨大戰結束，先父及眾母均健存，兒孫歸家謁祖，喜見老人無恙，且得保晚節，無不欣慰。至「大地農田碧海滄」句，則余嘗閱《中興報》引豹翁語，豹翁謂滄海桑田，意義狹隘，蓋植桑農村不廣，且桑植江濱而非近滄海，此典似覺古人錯誤。當時引起筆戰，又余曾編舞台劇《幽香冷處濃》與亡友馮筱廷合撰《泣殘紅》曲，薛覺先唱，劇為電影《學生王子》，改編《泣殘紅》一曲，今人尚多擅唱，句中有「心牽意牽，心牽意牽，日夕思念，悲思無由能自遣，悶懨懨，心如絮亂，幾經滄海變農田，獨自留連」一段，去年端午，鍾雲山君與余遇於金國酒家，點唱余所撰粵曲，亦以《幽香冷處濃》享客，一曲行雲，殊為動聽。近人有浼余撰曲者，余以放下此調，不彈廿載，已無此興趣，且新譜近來甚多，余不諳熟，不願浪費時光，再為馮婦矣。

《工商晚報》，一九六四年三月二日

二〇／泛宅浮家誠逸趣　存根固本晚年憂

泛宅浮家誠逸趣，
存根固本晚年憂。

此為余在《從戎續舊歡》一劇引句，蓋先祖創業申江，僅有妻妾三人，而先父繼承父業，少時浪費幾半，及至中年，反為得意，姬妾盈庭，共十二人，而月入甚豐，且廣購宅鄰，另置新廈。眾母有為水上人，即俗語謂蛋家上岸者，先父以為泛宅浮家者，另有逸趣，每年盂蘭節，必喚紫洞艇，大放水陸，召尼姑放三寶，意在燒幽，而身兼廣東公立醫院、美國紅十字會、仁濟善堂留醫院董事，熱心公益，殊不後人，守先祖遺風，樂善為懷。中年即為晚年預謀，誠恐祖業根基，不克保也。先祖曾置有合生園、連生園，田地甚廣，惜自先父創辦蘭齋農場後，即以合生園、連生園祖田售去。在蘿崗黃花坑另僻田園，雖有千數百畝，然該處田地，肥沃不及祖田多矣。而先父證以蘭齋農場，原為祖業移遷，在先祖隱老之花園，移取楹聯，掛諸蘭齋農場耕館，聯句為「林木經年猶暢盛，泉源此日見澄清」句，有以為先父為英美煙公司代理，獲利建農場，實則農場不過祖業遺蔭，蓋先父中年經商，獲利雖豐，而有孟嘗風，宴請中西友人幾無虛夕，所耗甚巨，幸眾母皆能甘苦與共，自奉儉樸，粵垣世家，能保存至晚年者，先父以外，殊不多睹。

零落花隨流水去，
相思淚灑夕陽紅。

先父少年為人撰聯有「落花如夢流水相思，芳草有情夕陽無語」句，蓋先父素性風流，少年時，看花買醉，香榭尋芳，有二事足記者。先父早喪偶，惟不欲續絃，寧納妾掌家政，且以己為庶出，聲譽為一鄉冠，亦冀庶出子女，能繼父業。時有雛妓名晚霞者，早具慧眼，賞識先父於未點翰前，為元緒公親生女兒，略有才學，不索身價，惟不肯作側室，問先父允否續配，先父以人各志，不願相強，會有友人未娶，甚愛晚霞，求先父作伐，先父乃成人之美，因有「落花如夢流水相思」句，後晚霞生下兒子，師事先父，誠韻事也。又香港塘西有雛妓新金枝，亦有意隨先父作歸家娘想，先父時已入中年，金枝年只十六七，先父以為年歲相差太遠，只喚陪酒，而無他私，先兄譽題，自美洲返，隨父宴客於塘西，先父笑謂先兄曰：「吾家素重庶出，汝欲納妾生子，曷不置金枝」，先兄係基督徒，故卻父意，後先父贈資金枝，助其求學，伊人竟拋棄鉛華，在法國嬰堂學琴，未聞適他人，後不知所終。

《工商晚報》，一九六四年三月三日

二一　遺襪難埋妃子恨　賜錢莫滌假兒羞

遺襪難埋妃子恨，
賜錢莫滌假兒羞。

上兩句詩為先父詠唐玄宗與楊玉環之作，不以「一騎紅塵妃子笑」詠嶺南佳果，而以遺襪貽譏，難埋妃子永恨，極寫玄宗之縱容玉環。乃至賜錢祿山，認為假兒，金盆洗子，荒淫已極，不寫華清池賜浴，而寫金盆洗祿兒，殆係避免前人陳調，是為先父詩詠玄宗之始時，適粵伶金山炳演《唐皇長恨》時期，金山炳為名小生，不唱古老生腔，而唱今之平喉，後來女伶小明星，其腔調亦學自金山炳，有女伶歌王之稱，而同金山炳唱唐皇長恨曲詞，甚幽雅，茲追錄其下截如次：「又只見空階黃葉落紛紛，垂楊已老深秋近，荒草殘花滿地生，雁陣驚寒霜露冷，何堪細雨近黃昏。長嘆幾回，尚有何人過問；倒不如西宮南內，靜養精神」。其後靚少華、千里駒、白駒榮所演之《風流天子》曲不及金唱遠甚，又其朱次伯、新丁香耀、子喉七亦演《唐宮艷跡》，朱次伯唱做俱佳，而子喉七原為頑笑旦，以其善唱子喉，且甚肥胖，故甚恰楊貴妃身分，當時捧台者甚眾，至陳非儂、新細倫曾演《唐宮綺夢》，惟新細倫不能唱，大失人望矣。

季世陶朱譽，

傳家積善賢。

先祖經商海上致富，每逢科甲，先祖即資送刻苦學子赴京應試，積善成家，中年始誕子，深以為慶。而太史何應光（號壽庵）與太史張仁駿均曾受先父惠，由戴鴻慈轉奏摺清廷，策封資政大夫，戴鴻慈以先祖為士大夫擁護，乃賜上聯，以為先祖五十壽。後先父在民國初年，即守父訓，效陶朱公營商，初作磁泥礦業，虧折頗巨，然仍熱心公益，為仁濟善堂、紅十字會、廣東公醫院董事，後又以公益行名義，為英美煙公司兩廣總代理，得繼家聲。民十八年，余客次申江，得劉學詢世伯之介，幸晤太老師何壽庵哲嗣何惠源，蒙其告以先祖創業經過，並告余何戴兩家，通家世誼，余在中德習德文時，戴恩賽弟戴旭昇適為副校長，一切似有巧合。至吳玉臣（道鎔）太老師，則余在粵僅獲一面，與張學華太史同赴先父宴於西園，余恭居末席，吳張二太史均以書法獲時譽，而何惠源世伯，則居滬上作儒醫，志在濟世，其子致榮、致雄，均能繼承父志，行醫活人，老不在仕途也。①

《工商晚報》，一九六四年三月五日

附注

①「老」字疑為「志」字。

【編者按】

《工商晚報》一九六四年三月四日版面略有改動，沒有《小蘭齋主隨筆》，三月五日始續刊。

二二／十載幻心一朝淨盡　三河徙殖九畹移根

十載幻心一朝淨盡，
三河徙殖九畹移根。

此聯摘自譚組庵（延闓）年伯「少日幻心今淨盡，故人相見眼分明」句及屏幅合為一聯。余書此聯，有感十載幻心，足跡遍大江南北，迨戰後寂處家園，已歸平淡，兼已放下筆桿，不只遊戲文章，電影戲劇，放手不幹，即一切文字亦鮮染翰。而三河徙殖，則指黃河、長江、珠江，三河人士，戰中徙殖者，不知凡幾，於今香港北角，已成繁盛區，一度稱為小上海，到處均聞滬語，近又景況已殊，多為福建人居住，品茗於北角，嘗聞閩語，友人笑謂余曰：「不圖小上海，今已成為小福州」，可見徙殖之速，至於九畹移根，今非帝王時代，故宮景物，不可復睹矣。

撲朔氍毹前身好女，
依稀影幔回首伶官。

此聯為余憶伶人薛覺先而作，余初編《心聲淚影》贈薛覺先演出，即叫座一時，後編《秦淮月》、《半生脂粉奴》等劇，均為閱者愛戴，尤以最後為其編撰《女兒香》一劇，由薛伶反串女角，恰以前身如好女，撲朔迷離，在紅氍毹上，不負盛譽。其後，譚秀珍、盧海天夫婦在戰前曾搬上銀幕，①戰後芳艷芬、羅劍郎又重拍電影。此劇余在粵北時，曾從新整編，針諷一般所謂刻苦子弟，每藉士大夫女兒之力，裙下俯首，因緣時會，便得成名，既得志後，即以閨中牛馬為恥，負義忘恩，迨目的既達，即作辣手摧花手段，恩怨不分，有甚於秦香蓮之陳世美。

附注

① 一九三九年《青春電影週刊》四卷二十一期有如下報導：「最近南海十三郎、譚秀珍、盧海天三人合組公司，取名『三友』，首部新片《女兒香》，為南海十三郎手編名作，已經改編電影，由南海十三郎自任導演……。」

而女主角之易釵而弁，馳逐疆場，純為描寫巾幗鬚眉之志，而以家國興亡為重，不以仇恩變志，終立功於垂危之中，博得許多愛國士女同情。《女兒香》一劇不獨薛伶演之，享譽二十餘年，即粵北之花旗妹、練醒民演唱，亦博時譽，論者或以為該劇無歷史根據，以胡漢之爭，涉及兒女之私，加以評判，殊不知編舞台劇，以古裝形式演出，處處根據歷史，未必吻合現實，倒不如以時人現實，借古裝演出為愈。至謂胡漢之爭，則抗戰時期旨在提倡民族正氣，如今認為挑撥民族鬥爭，乃時代不同，觀念自易，不足辯矣。

《工商晚報》，一九六四年三月六日

二三 興亡幾歷紅顏老　貞烈長留萬古香

興亡幾歷紅顏老，
貞烈長留萬古香。

此又為余編撰《女兒香》曲詞，古代不少幾歷興亡之女兒，老去紅顏，貞烈如故，萬古流芳，千秋佳話，余又因此二句曲詞，編話劇陳子壯與張玉喬故事，寫陳子壯之壯烈殉國，張玉喬之大義勸李成棟反清復明，劇中引用南園詩話，因並寫成《節義歌》，曲詞如下：「磨我劍，礪我槍，男兒身當為國殤，流我血，衛我疆，征夫血戰淚凝霜，城社有狐鼠，關塞有強梁，孤臣節烈死，義士不屈降，越王台下塚，戰骨尚未乾，撫劍問明月，何日還故鄉，馬上故鄉，雲山泱泱水茫茫，離亂滄桑，忠烈長留萬古香」，全段曲詞，譜入新音樂，為戰時話劇寫作，只以陳子壯為粵人，故只在粵北演出，後復以「節義歌」為名，改編粵劇，亦受歡迎，戰時寫作，以壯烈題材饗閱者，●易成就。戰後弟子唐滌生，曾以陳子壯故事求教於簡又文兄，編為《萬世流芳張玉喬》，給芳艷芬陳、錦棠演唱，並拍為電影本，當時未得原著作者簡又文兄同意，而擅更改劇情，以就電影製作，幾至涉訟。然此劇為抗戰時期寫作，今已失去時間性，且寫抗戰英雄殉國，或認為失敗主義，而不知我國歷朝，忠貞之士，以節義為第一要求，不問成敗，保存民族氣節，正如《節義歌》句「孤臣節烈死，義士不屈降」堪為後世軌範，晚近閱後輩所編粵劇，已無提倡氣節之寫作，無怪民族氣節低降也。

海角作仙鄉，天涯望夕陽。幾番花信過，兩別夏茅芒。
遊子春城意，飛花百感傷。清明誰擲紙，廬舍●添長。

百二蘭齋及蘭齋農場，昔年遍種夏茅香芒，為先父手植。夏茅香芒為名貴芒種，有仁面味，增城及龍眼洞，均有出產，先父嗜食此仁面味之芒果，故向土人索種，移植家園，果能繁殖，年出果二三百枚，盛以玻璃盒，送贈摯交戚友，齒頰留香，無不喜悅。廿年前違難香港，天南作客，果園無人料理，遂至失收，深以為憾。每年春季，處處飛花，故園墓廬之念，不禁悠然以興，且追懷先人，而寒食清明，未克擲紙掃祭，心覺不安，遊子思歸，不管世亂，然事與願違，余等兄弟姊妹今留香港，亦與先父廿年前同感也。

《工商晚報》，一九六四年三月八日

【編者按】

《工商晚報》一九六四年三月七日版面略有改動，沒有《小蘭齋主隨筆》，三月八日始續刊。

二四　徵歌買醉人安在　鬢影脂香韻事傳

徵歌買醉人安在，
鬢影脂香韻事傳。

余少年，徵歌買醉，坐懷不亂，而鬢影脂香，韻事流傳，蓋先父姬妾眾多，盡為花國名姝，而堂兄筱侶、貽孫，①亦廣置姬妾，兩宅統計，花國名姝二三十人，而花國姊妹尤眾，先父嘗以「百二蘭齋主人」自命，其風流可知。然余則徵妓陪酒，均有前因，每先查校書姓氏，然後喚召。昔在馬交宴客，喚校書點唱名曲，有如屏風，喚妓雖多，不涉邪念，不過應酬友好而已。猶憶當時名妓花影恨，有「愛國校書」之稱，為塘西義唱冠軍，後以感懷山河半壁，憂時自殺，余為攝電影劇《一代名花》，②以為傷悼，此主題曲尚依稀可記，茲錄之如下：「劍戈重整，返旆還旌，長嘆一聲，河山黯黯花事飄零，難回天命，嘆古來多少興亡恨，誤在兒女私情」，該劇由白燕、張瑛、麥炳榮、徐人心、劉伯樂、俞亮等主演，人才頗眾，且在娛樂戲院新年早場放映，極一時之盛，惟余不執導演筒，已廿餘年矣。

附注

① 「孫」字疑為「蓀」字。

② 即十三郎編導的電影《一代名花花影恨》，一九四〇年上映。

艷曲經年撰，春燈盛歲張。
昇平勞夢想，世亂始還鄉。

三十年前，余從事粵劇，且曾作「大江南」班主，雖經夭折，而余不自餒，埋頭書案，叶羽探商，艷曲新詞，名伶爭誦。及二次世界大戰，我國成為戰場，余編《桃花扇底兵》一劇給陳錦棠、上海妹、半日安、盧海天、譚秀珍、少新權等合演時，余客次曲江，劇曲自內地寄港演出，有「艷曲春燈虛勞夢想，平原血濺骨掩沙場」句，蓋余每成一曲，給伶人演唱，必有鄉中婚娶艷事，而歲首春燈，鄉人產下麟兒，即張燈結綵，至宗祠報慶，年年如是盛況，迨戰事發生而稍替。港戰時余入內地，服務於部隊中，因出舊作《桃花扇底兵》交一八七師五六一團「捷聲劇團」演出，演員雖演技尚稚，而表演尚認真，博得好評。戰後余即息影家園，不彈舊調，艷曲春燈，已成過去，而少小離鄉，不與族人相聚者已廿年餘。及大陸變色，余亦以亂世還鄉為宜，居鄉曲逾半年，得鄉人贈余肉食塘魚，可免飢餒，卒於一九四九年冬季來港，棲遲友好家，而梨園非復當年之盛，故余亦無意再為馮婦也。

《工商晚報》，一九六四年三月九日

二五 披雪明駝蹄滑血 凝霜淚鴂望春歸

披雪明駝蹄滑血，
凝霜淚鴂望春歸。

明妃出塞事蹟，始自元曲選《漢宮秋》，以昭君和戎事蹟，譜入歌詞，有「一曲琵琶出塞來」句，記昭君「忍淚不能歌，欲託哀絃語，絃語有相逢，知道相逢否」，①其淒婉動人，後人為編傳奇記載，以昭君比怨鴂，絃外之音，欲使漢帝知其出塞，純為大義使然，不知絃語能否動漢皇之心，重整武備，蓋以和戎為辱。而漢皇夢寐不忘昭君，故有《漢宮秋》之描述，寫漢宮秋色，昭君在無定河橋上，投河盡節，逆水流屍，歸與漢皇夢會，成生死之戀，事出野史，而漢皇追謚昭君為明妃，亦良有根據。蓋昭君出塞，所乘非馬，而為駱駝，世稱明駝，〈木蘭詞〉亦有「願借明駝千里足，送兒還故鄉」句，明駝披雪，滑血滿蹄，則其出塞長途之苦，歷風霜異域之悲，故稱怨鴂。至元曲中載昭君仍有孝念，其出塞詞又有「願爹娘莫念女兒不肖，作生少一個百媚千嬌」，借孝念而自白身世，生成百媚千嬌，傾國傾城之艷，竟不得侍奉君王，使父母榮寵，其傷感可知，無怪謂昭君之淒

附注

① 十三郎引用的是晏幾道〈山查子〉下片，但部分詞句與原詞有出入，原詞為：「忍淚不能歌，試託哀絃語，絃語願相逢，知有相逢否。」

艷，使平沙落雁，記其動人，有由來也。

糠米夫妻分貴賤，

朱門酒肉餓雙親。

元人寫《琵琶記》傳奇，記蔡伯喈與趙五娘事蹟，其詞曲之美妙，實非後人所及。劇中寫蔡伯喈得意京華，另娶牛丞相之女，置髮妻趙五娘不顧，「朱門酒肉臭，路有凍死骨」，堪寫當時情景。而寫趙五娘之賢，饑荒之歲，孝侍翁姑，以米飼老人，而己則啖糠求活，寫失婦之情比米糠，更為動人，元曲有「夫和婦本是兩相依，既分飛夫榮妻賤，糠和米，本是相雙依，既分飛，糠賤米貴」句，②以糠米寫當時情景，十分吻切。後世以糟糠夫妻喻夫婦甘苦與共，更又寫出患難真情。惟趙五娘之賢孝，世所難得，以飯奉翁姑，而己則在廚下服糠，老姑生疑，以為五娘私吃珍品而以粗飯奉老人，及知賢媳服糠，老夫老婦，大為感動，翁姑搶糠而雖，③咽喉而死，趙五娘痛極，乃描翁姑之容，萬里尋夫。其後趙五娘丐食萬里，冰天雪地，破廟棲身，而得與牛丞相之女遇，一則飛黃騰達之女兒，一則茹苦含辛之賢婦，而孝感動人。牛氏女以趙五娘之賢淑，己所不及，更因其為翁姑描容，以真容撩動夫婿，又是大義凜然，不將蔡伯喈獨佔，俾趙五娘苦盡甘來，夫榮妻貴，同為一品夫人，而趙五娘之「翁姑難睹夫榮顯，描下真容見布衣」

附注

② 十三郎所引曲文並非元曲。

③ 「雖」字疑為「食」字。

語，誠孝思不匱，伯喈能無愧乎。

《工商晚報》，一九六四年三月十日

二六　昔日採薇矜節義　今朝何處覓夷齊

昔日採薇矜節義，
今朝何處覓夷齊。

武王伐紂，伯夷叔齊，叩馬而諫，及商亡之後，伯夷叔齊，義不食周粟，以薇草充飢，餓死首陽山，後人有餐薇節義，矜論夷齊，不事二主。今人讀《離騷》，亦以屈原之節義為可佩，屈原為楚人，不見信於楚王，以至霸業衰微，屈原遂有「滄浪之水清兮可以濯我足」語，①其清高之處，堪比夷齊，比諸伍員之乞師覆楚，洩一己之憤，不以國族為念，相差奚止千里。故每年端陽，時人紀為詩人

附注

① 《孟子》此句作「滄浪之水清兮可以濯我纓」，《楚辭》此句作「滄浪之水清兮可以濯吾纓」。

節，以誌屈大夫之沉江，投黍粽以飽魚腹，使毋啖屈原之屍，事雖附會，而以節義矜世，值得後人憑弔。至夷齊之餐薇，更難能可貴，惜其盡節日月不詳，故今人只有屈原節而無夷齊節。今人附會，以餐薇作啖粥，寧以粥充飢，亦不求飽，以一而終，不失晚節。回憶抗戰時期，余等在粵北，歲遇荒年，惟有餐麥餐飯，所食之黑麥，既不能果腹而飽，且不易消化，經過腸胃，即屙出原麥，不只不足營養，且有損內臟，而違難者皆能隨遇而安，可謂上無愧於民族，下無愧於心矣。

尋芳客去留痕疊，

吹綠風來遍野生。

一番風信，一番妍麗，天涯何處無芳草，尋芳幽客，留痕疊疊，而芳草根源，不易踏毀，誠如唐詩所記：「野火燒不盡，春風吹又生」，芳草以在野為貴，其暢盛始覺天然，春風吹至，一片綠野，殆亦春雨使之芳菲，去年乾旱，綠草萎謝，曾幾何時，草原暢活，而美人香草，古人寄意，今之春蘭劍蘭，亦為草本花卉，時人視為插瓶珍品，春蘭尤為難植，只為淡黃色，而香氣濃厚，更為可貴，劍蘭則有粉紅、朱紅、深黃、淡黃、雪白、粉藍各色，新界園林，多植劍蘭，一望無際，紛緋奪目，尋芳而購劍蘭，亦一韻事，聖誕春節復活節時期，劍蘭之價甚昂，售至三五元一枝，藉此為活，殊不乏人也。

《工商晚報》，一九六四年三月十一日

二七 客舍依稀閒病裏 故園今在夢魂中

客舍依稀閒病裏，
故園今在夢魂中。

余自一九四九年回港，寄居友人莫康時家中，後又寄寓陸容樂、薛覺先宅，不久染精神分裂症，流浪街頭，初以為不治之症，親朋戚友，咸以為將不能復癒。友人欲接余返家居住，亦恐余狂性頓發，倒亂一切。實則余少時，性即狂放，而近年賦閒，千愁萬緒，因而成疾，終日病裏消磨，精神彷彿。然客裏韶光，尚依稀可記。余嘗居某店側之樓梯，天冷無被，寒透肌骨，余更覺得奇異者，即余流浪灣仔一帶，偶與英美水兵遇，尚可為彼輩翻譯，並不索資，而灣仔一帶商人，爭延余至大牌檔或茶肆進膳，得免飢餒。然精神分裂症，需經正式醫治，始可復原，余曾留醫於高街精神病醫院二次，旋醫院遷至青山，余又入青山醫院就醫，雖經過一短時期，即告痊可，然亦經過電療及藥治，始克告效。今則精神回復，記憶力依然，而病中景況，依稀可記。曾在筵席上因同席出言不遜，及語言相識，拂袖而去，謂余故意可，狂放亦可。至四處客居，無一定所，誠有

「客舍依稀閒病裏」之感；至故園本為余息影之所，二次大戰後，余即息影家園，閒奉父母，以為可度餘年，不幸而大陸變色，故園已為別人佔據，今且改為盲聾啞學校，眾母及兄弟，均已星散，雖兄弟姊妹及眾母，亦有避居香港過活，然皆處斗室蝸居，與故園之廣闊，一家暢聚之境況已殊，在夢魂中，不勝低徊也。

幾回花信春城早，

萬里襟懷海角棲。

今春嶺梅開放，桃李爭妍，未到三月，而春城飛花，杜鵑、玫瑰競放，天南昔為荒島，本非花城，今則不同，處處飛花，幾疑身在仙境，萬紫千紅，報道早春消息，身棲海角，無復舊日風光，閒登山頂，幸天南小島，與全世交通暢旺，各國遊客，均來觀光，使人有萬里襟懷之想，此開埠僅百餘年之小島，昔年人口，不過二三十萬，今則已逾三百餘萬，不只為亂世桃源，商業名港，今且工業熾盛，其紡織業、塑膠業，且在世界爭一席位，貨物推銷歐美各地，春城不只以花信見譽，且以工業名聞於世矣。

《工商晚報》，一九六四年三月十二日

二八　敝屣尊榮徒釣譽　文章倚馬負虛名

敝屣尊榮徒釣譽，
文章倚馬負虛名。

余雅愛粵劇，本無意廁身其間，其初能動余撰劇興趣者，因余在香港預科書院肄業，時年只十五，校中為籌賑西江水災，聘「寰球樂劇團」義演，當時名角為靚少鳳、新丁香耀、曾三多、靚少秋、陳鐵英、白少堂、生鬼容等，人才甚盛，班主何浩泉為余表親，浼余為撰一劇，余乃以莎翁所著之《隨汝喜歡》改編《寒夜簫聲》一劇，以場口不熟，不合演出，由鄧英整理，轉給白玉堂、肖麗章唱演，余志在改良粵劇，非求釣譽梨園也。後薛覺先赴越演劇，求先父詠詩介紹，並浼余編贈《心聲淚影》，一劇普成，①而余名大噪，時人誤以余不惜世家尊榮，與梨園子弟為伍，徒為沽名釣譽。後余編劇多齣，以業餘資格為各劇團撰寫劇本，不需參加八和會館，以示與一般開戲師爺有別，而當時劇團，均欲爭取余之寫作，劇本未成，已宣傳演出日期，以為余之文章，倚馬可待，最急切者為「覺先聲」短期班，以演出八天，需新劇四部，隔日一本，余忙於應付，乃聘助手馮志芬助

附注

① 「普」字疑為「甫」字。

撰間場，曾連編《女兒香》、《半生脂粉奴》、《花市》、《誰是負心人》四劇與一星期，②其後馮志芬亦自編撰劇本，如《胡不歸》、「四大美人」等劇，均為薛覺先倚重，後余編劇亦多二三夕即脱稿，薄具虛名。然戰後年事關係，為文已不如少日之速，更以年來體病，一切寫作，均甚遲滯，舊好咸欲重睹余新作，然余以既非梨園中人，遊戲文章，已無心撰作矣。

枕畔輕寒怯，夢中憶少年。
春光驚破曉，倦起欲無言。

今春驟寒，擁枕愛睡，乃怯寒氣，然余自病後，即好早睡，論年已五十餘，睡眠本六七小時已足，惟余貪睡，每晚最少亦非八九小時不可，而夢中猶覺青春未逝，不甘老去。邇日春光大好，破曉即醒，雖覺微倦，亦勉早起，有謂余需多眠，不至精神受影響，思想遲鈍，余欲無言。友人曾陪余至青山醫院，檢驗體魄，亦以余寫作甚慢，是否精神不正常，詢諸醫者，醫者謂工作遲快，與年齡有關，非不正常，而工作過於急速緊張，反影響精神，囑余寫作，毋需着急，心之所適，即是無病，何必求速乎。

《工商晚報》，一九六四年三月十三日

② 「與」字疑為「於」字。

二九 願作陶潛隱 林泉勝簪纓

務農弗覺苦，樂歲喜忘形。
願作陶潛隱，林泉勝簪纓。

俗人以世代簪纓為榮，余獨以為擾。昔年在粵北曲江，名畫家趙浩公，曾開畫展於中山公園，有〈牧牛勤苦讀〉一畫，惟不繪馬上錦衣回，並有黃花蟹酒之〈秋意圖〉，題陶淵明詩句，蓋隱者不厭囂塵，自是至樂。戰後余歸穗，田園荒蕪，余乃歸蘭齋農場，躬耕為活，初遇荒年，不少農民批耕農場餘田，余即盡減田租，俾貧農荒年，尚得一飽，故與當地農民甚洽。翌歲遇豐年，農民有所獲，無不感余，而樂歲一家飽暖，誰謂務農為苦。鄉民在豐年，亦聘請粵劇戲班演劇慶賀，余為聘靚少鳳、貂蟬月、劉月峰合組之「義擎天劇團」，點演余早歲寫作《燕歸人未歸》上下卷，及《花落春歸去》等劇，鄉人大樂。靚少鳳又演《高君保私探營房》首本為壓軸戲，老伶工之工架演技，確有獨到處，惜鳳伶不久即以病終聞，老成凋謝，良堪慨嘆！至余半生整理舊劇，同儔多過譽，但雲無心以出岫，鳥倦飛而知還，余初志不在此，反以林泉為樂，效陶潛之隱居，不愛市廛之滋擾。然家人以余未老，奚需作耕農度餘年，邀余復出廣州，與雙親長對，盡人子之職，閒則寫稿投諸《西南日報》、《前鋒日報》，稿費雖不甚豐，亦足月用。及一九四六年，《西南日報》及《前鋒日報》相繼停刊，余亦來港，以病●，●數年不復握管為文，近兩年來，始重為馮婦，桐油埕只載桐油，余亦不宜於別業，其斯之謂乎？

漫整殘杯樂，醇醪可遣愁。
非關情意亂，醉後可忘憂。

余自編劇，即嗜酒為文，冬季圍爐，非酒不樂，文思非酒不暢，殆亦習慣使然，及民國廿八年，余旅次粵北，與省立藝術院院長趙如琳，有借酒禦寒同好，及抗戰勝利，藝術同學聚餐於廣州西園酒家，興之所至，酩酊大醉，旋如琳兄赴法，余亦來港，以香港為維多利亞城，即「勝利」之謂，而藝院同學，亦多留港。後余歸省，始知二兄仲雅、三兄叔穎，亦嗜酒若狂，動輒盈樽痛飲，卒成酒患，數年前，三兄以戒酒終於台灣，二兄仲雅，近已除酒癖，惟余尚好薄飲，微醉可忘憂。友人謂余酒後常作過激之詞，謂余狂病未脫，然酒後言詞興奮，實非狂病，若以為狂，則余已瘋狂廿餘年矣，一笑。

《工商晚報》，一九六四年三月十四日

三〇 吟嘯生涯舒抱負　繪描草木寄閒情

吟嘯生涯舒抱負，
繪描草木寄閒情。

吟嘯生涯與填詞撰曲，同樣遣興，文章怡情，詩懷益健，友人謂余精神仍未復原，囑余每日至高街精神病診療所，晝日療養院調養，日間無聊，撰稿自遣。余少年抱負，以文章問世，嘗寫作戲劇，大多側重詞藻，樂而不淫，哀而不傷，一貫初衷既不能立功立德，亦當立言誨世，或藉六朝金粉，或寫歷古江山，雄壯處動人神魄，感慨處可歌可泣，雖遊戲文章，亦覺吟嘯生涯，別有抱負。今者劇壇已寂，故友馮筱庭、馮志芬，先後病亡，而弟子袁準、唐滌生，均夭折。不特同輩無人，後起不繼，洵為可惜。然余抱負整理戲劇，此心未灰，回憶薛覺先演余撰作之劇本，每一詞句，及表演動作，均推敲原意，如演《心聲淚影》唱至「正低徊一陣風驚竹，疑是故人相候」句，即俯首沉吟，回顧竹影，以手撫襟，覺有風涼之狀，又憑欄張望，作故人相候急不耐煩之態，恰到好處。至唱《泣殘紅》之「暮雨黯淡迷迷濛」句，則表演工架，作迷濛境況，足步略浮略定，而以扇拂霧，冷觀殘紅，一節一拍，均非今之演員可及，名伶謝世，余亦有有劇本難覓演員之嘆矣。至余寫稿之餘，閒繪花草雀鳥，蓋與其舉目動河山之感，無寧藉花鳥怡情，友人索余水畫，①余只繪二幅，一為吾師李鳳公所誨之「孤舟簑笠翁，獨釣寒江雪」景，一為「春江垂釣，杏林歸燕」圖，山水草木，亦有吟嘯之意，可寄閒情也。

東風一夜百花香，薄醉停杯懶整裳。
又是春寒添百感，年年身覺在他鄉。

今歲春初，天氣驟寒，然一夜東風，百花齊放，清香沁鼻，余以衣薄怯寒，雖未對花下酒，亦到宗人江概所開之敏如茶肆，市酒取暖，薄醉然後返法國醫院午睡。②春寒不覺冷，百感尚交參，誠以一身孤獨，以醫院為客寓，雖云無病，友朋亦不置信。少年心事，未化煙塵，然與友品茗，北望雲山，益懷故苑，今只留得寡嫂一人看守，而鄉中尚有亡子之母，境況蕭條，令余每多感慨。友人不諒，以為余狂。年年身在他鄉，情懷奚似，惟擁被酣睡，以消百感而已。

《工商晚報》，一九六四年三月十五日

附注

① 「水」字疑衍。

② 十三郎提及的「法國醫院」，是指香港聖保祿醫院，下同，不另注。

三一 填詞偶憶春如錦 才盡江郎淚暗彈

何處天涯踏破難，歌殘金縷尚尋歡。
綠村猶播當年曲，腸斷新聲怕倚欄。
明日願期終永固，守幃結髮尚形單。
填詞偶憶春如錦，才盡江郎淚暗彈。

此為和許菊初贈梁以忠張玉京伉儷詩句，二十八年前，以忠有南洋之行，撰曲灌唱片，余為之續成，並定名為《明日又天涯》。蓋余念友人花燭，曾邀余赴婚筵，忝居首席，翌年誕一女，如花在襁褓，而以意見不合，夫婦脫輻，從此鴛鴦分散，咫尺天涯，而友人另娶，產兒育女，而髮妻尚健存在外，此一段傷心事，誰為一吐牢騷。年前余在綠村電台任事，梁以忠伉儷又播唱《明日又天涯》一曲，余與許菊老有同感。

平章風月憐金粉，
披髮佯狂弔故人。

風月平章，飛觴醉羽，為余少年韻事，迨今則塘西舊地，已無金粉，紅樓改觀，管絃猶在，偶爾顧曲廣州樓頭，尚聆徐柳仙唱《夢覺紅樓》及《再折長亭柳》舊曲，顧歌者眾，已非舊日周郎，然塘西已無校書，今人多往夜總會尋樂，好聽時代曲，粵曲似不為時尚矣。自大陸變色，余重來香島，景物已殊，昔人文友洗細柳、衛春秋，又先後病故省港，余茲重旅舊地，人事已非，舊好寥寥，能無感影。而余在港數年，無所是事，故佯狂道左，憑弔故人，豈真狂病耶，承友人之囑，暇即為文，以辯非狂，俾知者稍慰焉。

詩心一片未消磨，淺唱低吟引吭歌。
法曲飄零哀樂盡，避秦男女恨如何。

近聽電台播西樂，多播舊譜，如《我的夢中女兒》、《豪華之夜》等曲，均余童年在學校所聽之唱片，當時余未嫻詩賦，不知何為淺唱低吟，今聞舊譜，不禁引吭而歌，法曲飄零盡，詩心付與誰，然人生哀樂，藉以抒情，童年聞歌，不解憂愁，如今解盡愁滋味，更把童年作一回憶，如許豪華如許調，舊歡重訴夢中時，目睹避秦男女，桃源作客，不少往日享盡豪華，不知人間有何恨事，今則或為販夫走卒或以勞力博飽，道左相逢，唏噓嘆息，偶遇昔年將帥，雖未心灰，然自古美人名將有不見白頭之嘆，文人有志，賴筆以活，武夫末路，則不知何以為生矣，一嘆。

《工商晚報》，一九六四年三月十六日

三二／茅蓬豈及余衾暖　頓覺蒼生旱雨難

茅蓬豈及余衾暖，
頓覺蒼生旱雨難。

余居銅鑼灣，閒望大坑山，不少居民，住宿茅蓬木屋，歲寒凍餒，其苦可知，余則衾暖，猶知寒意，奈何寸金尺土，貧民不易覓暖居之所。去歲天旱，人皆以缺水為苦，然冬季絲絲細雨，寒透入骨，既未解水荒問題，已令人怯寒畏雨，旱固苦事，寒雨又難堪，蒼生歷劫，寧非天意。然非颶風季，貧民尚得稍安，而營生尚無阻礙，風季則覓食艱難，不可不早為之計，臨渴掘井，已來不及，而未雨綢繆，更為重要。尚幸香港勞力階級，比諸白領階級，日入猶裕，然彼輩住所，亦多藉木屋棲身，一家幾口，亦不易維持。余睹建造工人，經常嗜酒，以壯體力，勸彼輩儉為美德，務求一家飽暖，毋朝覓夕餐，盡費金錢，免使風雨來臨，饔飧不繼也。

人生歲月易蹉跎，況復佯狂染病魔。
彈指十年無善述，忍教壯志任消磨。
過來尚有未來感，我夢有懷我舊歌。
息影難求衣與食，新詩惟有採薇哦。

二次世界大戰後，余已屆三十許人，以香火人間，是非難辨，不如躬耕自活，放下筆桿，乃寂居蘭齋農場耕作，兼事畜牧，歲月蹉跎，轉瞬數載，清淡生活，不以為苦。且身居村野，可避囂塵，園林寄意，引以為快。後余姪輩完娶，邀返市廛，只為報社小説散文，一吐腹中牢騷，歲月蹉跎，又經數載。迨大陸變色，田園廬舍，已非己有，乃遯跡香江，佯狂道左，無以為活，更為病魔纏擾，彈指十年，乏善可述。姪女梅綺，接余歸，勸余一切成敗，置諸天命，虔信上帝，傳道為活。余以壯志消磨，且覺蒼茫感慨，不念過去，薄有成就，亦念未來，此身何託，故再出而任事，初作綠村電台職員，「綠村」譯音，與嘉連威魯道舊寓相似，舊寓購來只十三萬元，今已輾轉多人矣。我夢有懷，昔日詞歌，綠村主事人，以余氣慨尚豪，謂余瘋癡，送余再入青山醫院調治，計余任事，僅半年即謂余瘋狂病，再為報社寫稿，亦僅數月，編者又恐余精神不繼，囑余息影休息，此皆杞人憂天。余經醫者診視，亦斷為神正常，長年休息，不事工作，則衣食豈能無虧。然文化人不比勞動者，思想自多與常人歧異，若視為不正常，則文人將任人斥為瘋狂，余以採薇之節，感作新詩，為世道人心悲。

《工商晚報》，一九六四年三月十七日

三三／往日圍爐同度歲　天南作客負良辰

往日圍爐同度歲，
天南作客負良辰。

先父在日，每年除夕，集眾兄弟姊妹，圍爐聆訓，既享禦寒生窩珍味，復慶骨肉團圓，年年敍天倫之樂，承菽水之歡。今則先父去世，余兄弟姊妹，均遯跡天南，異地作客，弗能同處，時屆新春，良辰美景，均寂寞度過，不克團聚。而姪輩則各忙於職，週年不獲一面，盛極一時之大家庭，子孫星散，雖天下無不散之筵，亦亂世有亡家之痛。往年春燈，各姪輩均返鄉報丁，宗祠分胙肉，今則鄉祠已非舊觀，且無報丁之例，一切與余少時殊異，他年縱有機緣還鄉，想亦有「兒童相見不相識，少小離鄉老大回」之嘆矣。

半生浪跡遍江湖，詩酒茶經興不孤。
昔歲典衣邀客飲，頻年鬻曲傲同曹。
歸來脱節惟謙讓，願許仙才老復甦。
寄語詞人多詠賦，氈毹客眾盡屠沽。

昔年從事舞台劇工作，與江湖子弟為伍，足跡遍大江南北，而余不事積蓄，而生平好客，尚憶余在粵北曲江時，為關德興編演太平天國史劇《洪宣嬌》，叫座一時稱盛，而話劇工作者，以為余有所獲，索余請茶，余乃典西衣，得資作東道，然得青年輩愛戴，甚為快意。且以寫粵劇而重戲劇理論者，只余一人，鬻曲撰劇，傲視同曹，戰後以為大有作為，迨「雲無心而出岫，鳥倦飛而知還」，則舊日梨園子弟，已與余脱節，惟謙讓後輩。然近人寫舞台劇，均無的放矢，不為觀眾所喜。即先父對人語，謂余為王粲仙才，①撰曲由於天賦，余雖老去，此興猶濃，年前新馬師曾至綠村電台播曲，浼余為撰新曲，而粵劇界班政家何少保，亦曾勸余東山復出，為劇團編劇，余均婉辭。蓋目前粵劇，年只演一二次，且為急就章，自難有佳作，更以觀眾，已非如昔日之愛好詞藻，台下人多喜滑稽笑料，不求典雅幽默，詞人詠賦，側重大眾化，始合普遍粵劇閱者，與余原有風格迴異，余雖浪跡江湖，不少觀眾欲賞覽余之寫作，然此時此地之生活體驗，使余有執筆維艱之嘆，益以友好勸余，勿強出頭，目今演員人才缺乏，以劇本問世，盛名恐不保，余因而逡巡，有負愛戴之觀眾，殊非得已也。

《工商晚報》，一九六四年三月十八日

附注

① 「粲」字原稿作「桀」，誤，正文改訂。

三四／依然未了飄零恨　靜聽晨鐘報幾聲

一夢南柯最易醒，絲絲冷雨惹閒情。
依然未了飄零恨，靜聽晨鐘報幾聲。

余自病癒，仍在法國醫院休養，夜即早睡，以尋憩息，然年過半百，好夢易醒，復以春初，簾外冷雨，驚余酣睡，觸惹閒情，頓感半生致力戲劇，到處飄零，未嘗得安定生活，故我依然，兩鬢添霜，頗有時乎時乎不再來之感，午夜夢迴，不能成寐，低徊往事，坐待天明，戶外車聲隆隆，大都尋夜生活者終夜流連，破曉始歸，此種生活，余少年已度過，今已無此興致，只覺得一番回憶，一番惆悵，而靜聽晨鐘報曉，執筆誌懷，無限感慨也。

粉墨登場半日閒，紅氍毹上辨忠奸。
管絃歌韻留音調，神態逼真自不凡。
如夢生涯哀樂盡，悲歡離合在人間。
浮生聚散淒涼事，泣弔伶官淚縱橫。

此為輓伶人半日安所作。余編撰劇本，半日安演者無多，一為《半生脂粉奴》，安伶飾一頑固家姑，以其子從軍，其媳賣唱，維持生活，竟不見諒於家姑，千里尋夫，復助另一將軍偷及敵人地圖，為敵人挖目，雖成功而身已殘廢，其姑始知賢媳，將軍完娶之夕，盲婦賣唱為賀，其姑斥將軍功勞自居，劇甚動人，微安伶之演技不克臻此。又演《花市》一劇，安伶飾一富翁吝資財而迷於女色，卒為一名妓女扮男裝感化，捐輸報國，安伶演得維妙維肖，均與薛覺先合演。至余在港最後改編之《桃花扇底兵》，安伶夫婦與陳錦棠、盧海天、譚秀珍、少新權合演，安伶反串飾王開宇母，訓子大義為重，讓妻從戎，而慈母在城樓躍下殉國，阻子出降，卒能保節。縱觀安伶演技，描寫劇中人個性，無不絲絲入扣，誠粵劇界不可多得之丑角。而其演唱認真，具高度之造詣，至於其拍攝舞台紀錄電影亦有成就，目前拍片，除正交紅運之梁醒波外即為安伶，雖諧角人才缺乏，亦安伶平素深得人緣之故，為提挈後進，冒病登場，以助林家聲、陳好逑之「慶新聲」演出，生平忠於藝術，力疾演唱，病發始止，三月三日終於九龍法國醫院，從此粵伶影星又弱一個，共年共事之誼，深為婉惜，涕淚縱橫，詠詩以弔，亦秀才人情紙也。

《工商晚報》，一九六四年三月十九日

三五　情重香君餘紙扇　江山大好付誰家

佳人命薄似桃花，艷譽秦淮遍邇遐。
情重香君餘紙扇，江山大好付誰家。

余於抗戰初期，曾編《桃花扇》一劇給新馬師曾、譚玉蘭合演，以侯朝宗自負一時才人，其氣節竟不如秦淮一名妓李香君，末世才人多失節，而中途變志者尤為可惜，難怪清末秀才黃魯逸，亦以《桃花扇》寫成粵謳，其佳句為「命薄唔薄得過桃花，情薄唔薄得過紙；如今桃花寫在紙扇上，命薄可知」。①借香君薄命，以諷朝宗失節，傳誦一時。戰後新馬師曾、芳艷芬亦演斯劇於廣州，尚能叫座，今又有人編《桃花扇》，對現代之氣節問題，不知有何發揮也。

夢迴驚覺誰先覺，
狂病非今笑始今。

浮生若夢，驚覺誰先，余年十九，即以所好戲劇，從事粵劇電影，薄具虛名，時招人妒，迨於戰時，承趙如琳兄之邀，歸國參加廣東省立藝術院（後改省

附注

① 十三郎提及的粵謳是晚清招子庸《越謳》（又稱《粵謳》）中的作品，並非黃魯逸之作。又十三郎所引曲文與原曲略有不同，原曲為：「命冇薄得過桃花，情冇薄得過紙。紙上桃花薄更可知。」

立藝術專科學校）工作，一時戲劇電影界，譏余為學院派戲劇工作者，然余於戰時，亦領導一二粵劇團演出，雖撰作無多，實不敢苟且，尚得愛好粵劇者擁護，雖謂余與省港粵劇界脱節，實則余與觀眾未嘗脱節。戰後，粵劇已走下坡，藝術價值漸低，余對改造粵劇之迷夢，亦已醒覺，益覺戰後環境，一切不如戰前，浮生若夢，遑論舞台。然余對戲劇之關切，念及社會教育重要，仍以為有機緣可再展身手，故年前任劍輝、白雪仙擬演《白蛇傳》，擬浼余編劇，惟限定《白蛇傳》傳奇，已不浹余意，且參以半新半舊之思想，以佛教法海和尚為封建人物，白蛇始是反封建革命的代表女性，余大不謂然。蓋不論任何宗教，抑儒家學説，斷不能以蛇蠍為正派，余無偏於佛教，蓋蛇蠍為惡獸，焉能成為正果。余曾斥主編《白蛇傳》者之荒謬，論者謂余頑固，又謂余狂病，余欲無言。不過，《白蛇傳》演出雖以傳奇戲號召龐大觀眾，仍不得文化界好評，可知余言並非個人偏見，至譏余為狂病，則今已痊癒，醫者亦囑余覓工作，免至閒散，而妒余者，當余狂病時，則幸災樂禍，及余在電台及報社撰稿，則笑為狂人文章，「狂病非今笑始今」，不勝慨嘆。

《工商晚報》，一九六四年三月二十日

三六／爭春桃李知矜節　萋萋芳草趁黃花

爭春桃李知矜節，
萋萋芳草趁黃花。

當年國難，不少青年男女，參加抗戰，任政治工作，故多從事戲劇運動，及廣東省府設藝術院，此輩青年，以對戲劇認識，似覺未深，均多考入藝院，再求深造，此輩均屬有為青年，朝氣蓬勃，滿園桃李，爭春矜節，主事者為造成一派抗戰劇人作風，力倡氣節運動，然此輩服務於國家，實非職業劇人，戰後多從事教育工作，或已轉業，往日桃李爭春盛況，已不復睹，即當時職業粵劇界，亦未忘此輩劇人之助，然盛況不常，戰後已廿年，一般青年，亦漸漸老去，至提倡劇人氣節運動，又成明日黃花，廣陵人散矣，大有「萋萋芳草憶王孫」之感，漫說從遊每相憶，劇增舊好鬢霜添，一嘆。

春來休問病窮身，半百猶多歲甲辰。
翰苑題名親不在，難從後死世喧聞。
勞生欲遂沖霄志，顧影敢忘舐犢恩。
殘破家園歸不得，餘生憂患逐囂塵。

甲辰生朝，寂寞度過，有感而詠，身已半百猶多，形與神魂俱役，歲逢甲辰，先父百齡陰建，又以先父為末科甲辰翰林，今如健在，當有重宴鹿鳴之慶，死者已矣，後死者不能使先人揚名於世，中心戚戚，情何能已。而先人窀穸未安，①違難香港，顧影苟全，欲歸不得，無家之人，生朝鮮趣，乃往酒肆，強求一醉，然酒人愁腸，益覺寡歡，昔厭城市囂塵，躬耕以為樂，今者憂患餘生，又徵逐囂塵，能無慨乎。

斷機誨訓復三遷，家祭毋忘儼在年。
往事低迴亡母夢，知難樹靜在風前。
小名傾耳聞誰喚，大志違心別隔天。
衣線補縫情冷暖，輕裘已破復何言。

家姊授課大埔大光小學校，囑余編一短劇，以孟母斷機教子為題材，草草成章，給與學童演唱。因感余年稚即喪生母，眾母待余若己子，三遷良訓，親情儼在，而冷暖關懷，補縫衣着，遊子昔年遠去，思歸孝奉嚴慈，迨違難香港，嚴親不在，而眾母去世者五人，樹欲靜而風不息，子欲養而親不在，更誰直喚小名，耳提面命，故今年家祭，與姊妹子姪輩共聚，同進素食於佛教女居士林，思維去

附注

①「窀穸」，即墓穴。

日，眾母皈依佛門，以佑兒孫，今則感恩，亦難圖報矣。

《工商晚報》，一九六四年三月二十一日

三七／客旅韶光輕易過　故鄉遙望又經年

重更裘葛念家園，每憶兒時戲樂喧。
客旅韶光輕易過，故鄉遙望又經年。

戰後余歸家孑然一身，衣物盡失，重新添置盡易華服，來港後又更西服，然友人仍有常穿唐裝者，道左相逢，使余頓感往日在家園無拘束之樂。今春舍姪及姪女等攜子女家祭祖先，姪孫輩戲樂，余更憶兒時，與兄弟姊妹在家中戲樂，歡語喧聲，父母不禁，蓋家園地方廣闊，任由余等嬉戲也。曾幾何時，余已長大成人，後一輩已無余等昔日之樂暢，益以客旅韶光，輕易度過，益以世途荊棘，不能復如往日年年返鄉與族親相聚，一別親友十餘年，人事滄桑，景物諒已全非，言念及此，能無人事全非之感耶。

絕世傾城貌，當爐太不經。
美人縱遲暮，待嫁惜娉婷。

此為先父詠當爐紅粉，五言古意。昔日廣州謨觴酒家，首創紅粉當爐，僱自梳女作點心妹，或為顧客奉酒，有等美人遲暮，仍具姿色，故曾到謨觴酒家每嘗見之，今則島上家家酒肆茶室，均設女侍，然已始自四十年之廣州謨觴矣。近在友人家看電視，映司馬相如與卓文君粵語片時，以寡孀文君，獨具青眼，愛相如於潦倒中，棄千金之女地位，偕老白首，且當爐賣酒，以維生活，極寫愛情之偉大，又反封建舊思想，少年寡守，即不重嫁之陋習，然此事在今言之，不知凡幾。余有女友梁君，為昔年中山大學畢業生，與一抗戰將士結婚，婚後未久，即寡守空幃，美人未遲暮，生活尚可自給，十餘年前違難至港，覓職困難，淪為酒吧女郎，余當時狂病，流浪灣仔，尚與之遇，且邀余至酒吧喝酒消愁，余以彼姝年尚少艾，當爐賣酒，殊覺可惜，勸彼早擇人而事，彼姝答以操業當爐，殊非得已，以一大學畢業生而淪落風塵，此亦生活逼人，天下未必有相如，文君亦徒成夢想而已。越數年，余病已癒，重往酒吧覓彼姝，則聞已嫁一外國人，夫婦同往星洲度活。余真夢想不到，今日之相如，竟為外國人。彼姝誠幸，身有所托，然尚有不少酒吧女郎，均曾受高等教育，以人浮於事，故甘作當爐紅粉，即在銅鑼灣一帶酒吧，亦不少此輩為美軍操傳譯，年年待嫁，不知將何求歸宿耳。

《工商晚報》，一九六四年三月二十二日

三八／欲問青春還有幾　煙波盡處暗神傷

少年早已遠離鄉，回首一番一斷腸。
欲問青春還有幾，煙波盡處暗神傷。

余稚年即迭遇內戰，百粵有變，即以香港為避亂桃源。猶憶世界第一次大戰時，通家黃氏盧氏，子弟留學英國，迨大戰結束，方思學成歸國問世，詎趁輪後，觸雷沉沒，葬身魚腹，夭折人才，殊深痛惜。第二次大戰將啟之前，余遠離鄉土，浪跡●浦，以睹世變，卜居於上海法租界桃源村，以為二次大戰，港滬可作避亂所，寧知港滬亦不免戰禍牽連。旋大戰結束，舉家無恙，惟世交楊氏馬氏子弟，又因珠江輪觸電沉沒，葬身於汪洋中。兩次戰爭，發生之意外，巧合若此，使人慨嘆。余以半百之年，遇兩次世界大戰，烽火煙塵，不堪回首，不只此也，昔年子姪，皆已壯年，即授課弟子，亦皆三四十許。論及將來，誰能睹三次世界大戰，恐皆非吾輩及後一輩之事，第念後一輩之處境，比吾輩當更艱難，余之姪孫輩，有在台灣、美洲，亦有在大陸，較長者廿許，年輕者亦十五六，如許年齡，正為余昔日黃金時代，而時代不同，一切科學進步，年青人非銳意進取，實不易立足於世，彼輩今亦遠離鄉土，各為前途奮鬥，時逢亂世，烽煙處處，黯然神傷，願再後一輩，其努力上進，重睹光明之日，即大家族團聚之時也。

海闊天空任鳥飛，乘風萬里寸心馳。
神交廿載今相別，同是他鄉感亂離。

十餘年前來港故舊，不少遠遊，有作客星洲，有遠赴美國，近又至啟德機場送友人赴澳洲，「海闊縱魚躍，①天空任鳥飛」，故人乘風遠去，萬里神馳，驪歌●賦，唯有依依。尚憶前年，宗兄江泠自星洲來港一行，與余談及該地友人狀況甚詳，知友輩多授課為活，亦有行醫濟世，亦有近來始學為商，生活尚覺安穩，

附注

① 「海闊縱魚躍」一句，據《堅瓠集》或《西遊記》「縱」字均作「從」。

然美洲友人，則殊鮮音訊，不知近況奚似。亂世傷離別，不敢問歸期，惟祝他鄉珍重而已。

《工商晚報》，一九六四年三月二十三日

三九／幾許能如陶靖節　清高意態自分明

樽前底事卻杯停，沉醉世人竟獨醒。
幾許能如陶靖節，清高意態自分明。

友人桃酌，余偕友到賀，適有友人戒酒，以汽水代飲，友本為酒徒，且豪於量，而遽爾戒飲，余不解其故，堅詢之，友謂世人皆濁我獨清，世人皆醉我獨醒，在此洋場之香港，大多徵逐勢利，沉迷色酒，同處客鄉，以遭遇不同，即白眼相加，往者以氣節為重，患難相交，今則變節媚人，以求致富，時遇此輩，雖有佳釀，亦不成歡，故戒除酒癖，以表清高，余謂清高不在乎戒酒，陶靖節尚有「有酒盈樽，引壺觴以自樂」之句，固無礙於彭澤令之高風也。

相逢道左為君憐，售果推車食力錢。
回首征塵三十載，採薇高節見忠堅。

余每晨早起，即往維多利亞公園散步，遇一推車售果人，年約六十，自食其力，販賣金山橙、蘋果等物，余熟視之，似曾相識，余趨前與購金山橙，售果人不受余金，贈余數果，並謂戰時早與余認識，當時彼為軍人，當營長職，抗日時雖未建渠功，亦有微勞，戰後軍隊縮編，即已退役，經年積蓄，置薄田數畝於鄉中，今已被沒收，躬耕無地，來港覓食養活兒女，一家數口，居於木屋區，其妻亦售報過活，至售賣鮮果，每日可博微利約二十元左右，故不願徵逐市場。不圖行伍出身之軍人，尚有採薇高節，良堪佩也。

才子昔曾配麗人，畫眉深淺合時新。
琴絃驟斷情何已，兒女成行不忍聞。

友人年約四十許，早歲任職於交通部，充小職員，戰後結婚，夫婦恩愛逾恒，近十餘年，居港舌耕，夫婦各有工作，僅足維持生活，而兒女五六人，或已入學校求學，且將中學畢業，或尚在家中，學習操作，共居於何文田村石屋，生計雖苦，而閨房之樂，有甚於畫眉。近遇友人奔走途中，容顏憔悴，詢其所以，始知新賦悼亡，有斷絃之痛，兒女眾多，昔日賴夫婦合力，始免飢餒，今則只以個人之力，維持家計，最苦者中饋乏人，烹調縫補，皆須自任，壯年喪妻，憂傷可見，詠此以弔之。

《工商晚報》，一九六四年三月二十四日

四〇／夢醒眼中花憶鳥　斷魂啼血倍驚喧

看花疑在武陵源，燦爛枝頭遍杜鵑。
夢醒眼中花憶鳥，斷魂啼血倍驚喧。

「未老看花已覺羞，初春花放影姍姍。幾疑身在陵源裏，杜鵑啼處盡斑斑」，港島此際，杜鵑盛開，桃杏紫荊百合，半山區一帶，西人住戶，尤多植之，以其色皎潔，且覺美觀可人。曉來偕友登山，過杜鵑林，有目不暇給之慨，往年杜鵑，三月始開花，而今歲立春較早，二月即已盛放，余早起，夢眼未醒，即賞花妍秀麗，花自妍時人自瘦，惜花早起為花羞，而況杜鵑有花有鳥，看花憶鳥，魂斷鵑啼，倍覺驚喧，且足以牽惹閒愁，然有心人另有懷抱，或愛此鳥語花香，而不辭早起跋涉也。

世態緣何變幻深，無端得失苦追尋。
閒雲出岫輕吹散，野鶴猶翔別有心。

太平洋戰前，余即返國，故港戰時，余在國內，未經災險，留港不行之友人，多譏余為畏死逃難，戰後對余諸多隔膜，無端得失，殊覺不值。然一再思尋，余在國內，亦非安居，粵北之戰，且參與部隊工作，親臨戰地，驚險萬分，其困苦比港尤甚，僅以身免而已，而友人不諒，謂余官於銅韶①，身分自高，實則「雲無心以出岫」，經風暴而吹散，今以野鶴之身，猶有高翔之志，投閒非素願，執筆喜為文，然所書不過略舒懷抱，別有心情，不足為他人道，而譏余者謂余黃金時代已過，尚作豪況語，誠所謂「話不投機半句多」也。

附注

① 銅韶，即今韶關。《韶州府志》：「韶郡據粵上游，枕山跨水，其險可守。諺稱銅韶。」

遠瞻春水碧如藍，古木蒼松聳立參。
飛鳥投林知宿處，年年飄泊豈無慚。

新生互助會會員張君，以行船為活，兩三月始返港一次，據謂航海生活十分枯寂，業此者在船中，多好賭博，勝者勿論，負者則將勞苦積蓄，無端花去，實為不值。張君不好賭，在船上愛閱小說，然今日出版之小說，多為武俠及色情寫作，求一本有益世道之名著，殊不容易，惟翻閱舊本而已。又張君上月航海歸來，邀余到新界作郊外旅行，春水綠波，瞬即離別，目睹古木蒼松，參天秀茂，有人不如樹之感，而飛鳥投林，亦有歸宿，余等年年飄泊，不知何處尋歸宿，渾渾噩噩，又過一年，流光易逝，相對覺慚，詠此有感。

《工商晚報》，一九六四年三月二十五日

四一　豈是知音人盡杳　更無新譜效龜年

生花妙筆入詞篇，金縷歌殘舊管絃。
豈是知音人盡杳，更無新譜效龜年。

江湖歲月，塵世浮名，余昔年文章有價，紅遍氍毹，然生花妙筆，不過曩日風華，今則金縷歌殘，當年絃管絕響，殆亦知音人杳，舊譜已不趨時，更無龜年新譜，此粵劇所以益趨沉寂也。猶憶舊日粵劇編製如合拍攝電影，即可善價而沽，余曾編《零落花無語》一劇，得片公司注意，聘余為編導，改名《兒女債》，得編導費三千五百元，耗月餘光陰，始成該片，當時演員薪值，最高為八百元，而製作認真，不限時間。今日製片，一星期左右，即成一本，演員每片酬報，高者逾萬，而導演薪值，亦不過三四千元，草草製作，無怪最近粵語片無突出產品也。

殘棋收拾太匆匆，一着先鞭局未終。
車馬尚存休論敗，乾坤轉處是豪雄。

余生平嗜弈，雅好觀棋，然對棋局勝負，未至終局，決不發一言。有友與人博，為對手佔先優勢，旁觀者即謂其必敗，宜收拾殘棋，再來一局。余大不謂然，蓋一局未終，豈能以先鞭即決勝敗。世事有如棋局，旁觀者清，當局者迷，縱處劣勢，苟逢一妙着，自可平反敗局，未至局終，當沉着應戰，以待勝負。余昔曾作棋證，遇七省棋王周德裕與黃松軒弈，開局時德裕即着着進迫，觀者咸為松軒危，然松軒沉着應付，並不氣餒，卒反敗為勝，故看事有如看棋，應待至最後一着，如匆匆收局，似非得計也。

寢室挑燈入夢遲，春宵簾外雨絲絲。
萬黎盡望天猶旱，未降甘霖夜露微。

余居醫院休養，同房亦有病人，且時有家人作伴，值夜看護，通宵亮燈，不易入睡。昨宵，余睡未足，而窗外細雨絲絲，似有襲人寒氣，余掀被而起，一賞雨景，則只微雨，且瞬息即止，處此天旱時，正鬧水荒，港民均仰首以望雲霓，無如天不做美，只降微露，不曉何時始得沛然甘霖，以解水荒。雖謂用輪至內河運水食，可保無缺，然河海之水，略帶鹹味，實不如天雨下降，水潔而淡，匪特省去運水之勞，且有益於口腹衛生也。

《工商晚報》，一九六四年三月二十六日

四二 頭顱拚擲無回顧 三戶亡秦震夏華

義士誰云淚有涯，年年風雨弔黃花。
頭顱拚擲無回顧，三戶亡秦震夏華。

黃花節為紀念七十二烈士起義殉國，年年此日，香港並無假期，據今年適逢復活節，又為星期日，正好值此假期，憑弔義士。兒時常偕家人遊烈士墓，即秋高氣爽，遍地黃花，亦常至墓地乘涼，誦讀墓碑，知烈士均為華僑子弟，多無家眷，①頭顱拚擲，以除暴政，犧牲壯烈，可歌可泣，創造中華民國之功，不可淹沒，三戶可亡秦，何況華僑之眾，今者不少華僑子弟，顛沛流離，遠離國土，到處為家，憑弔義士，熱淚無涯，誰無家園，流落異鄉，孰令致之。今逢黃花節，憑今弔古，只有唏嘘嘆息，未悉何年，始還我自由之願，落葉歸根，重享家園之樂也。

獨行踽踽意何之，空嘆年來困海隅。
縱是桃源乾淨土，客愁猶惹淚沾衣。

附注

① 「眷」字原稿作「寶」，諒誤，正文改訂。

余自病後，遵醫者囑，曉來四處散步，藉解愁煩，踽踽獨行，常就近往維多利亞公園，藉吸新鮮空氣，然每次散步，即有感觸，蓋余性不慣寂處，昔日浪跡江湖，亦以各地遊樂為興，今則困處海隅，已十有餘載，能無鬱居之嘆。縱使香港為世外桃源，一片乾淨土，余之客愁，仍不能遣。每憶舊日田園之樂，今則異地無家，更念先父遺句：「畢竟故園春色好，眼前光景近斜陽」，不禁熱淚沾襟，先父以捨不得家園，以至饑饉而終，每念故園，已非我有，惟有年年作客，以異鄉為家，海濱散步，頓覺茫茫前路，此身何寄之慨。

郊遊聯步病相憐，為覓瑤林可閱禪。
酒肉無緣惟素食，虔心自可疾瘳痊。

新生互助會為精神病癒者組織，成立三年，同人暇即聚集，曾旅行荃灣、大埔、元朗、長洲，客歲又聯合郊遊，至沙田西林禪苑，余等均非佛門中人，然皆曾患精神病，彼此有同病相憐之心，故進香默祝，病不復發。禪林淨地，酒肉無緣，共進午餐，惟治素食，齋酌以豆類為多，亦可一清腸胃。有謂虔心一片，疾盡瘳痊，數十會員，年來均精神康健，生活正常。余姪女梅綺，則謂基督救人疾病，勿信異教。余以為任何宗教，均有善諦，余童年曾在天主教基督教學校攻讀，然對佛教亦甚接近，並以戒殺誨人，德性成佛，妙諦可佩，並僅以健康委諸神鬼也。

《工商晚報》，一九六四年三月二十八日

【編者按】《工商晚報》一九六四年三月二十七日版面略有改動，沒有《小蘭齋主隨筆》，三月二十八日始續刊。

四三／低徊往事心無愧　懶聽橫來議論多

苦樂尋常耐折磨，遣閒吟詠作狂歌。
低徊往事心無愧，懶聽橫來議論多。

人生有如舞台，有苦有樂，故戲劇工作者，每能透觀事物，深耐折磨，縱拋棄戲劇工作，亦常遣閒吟詠，藉作狂歌，以舒抑鬱，蓋興之所至，故詠嘆隨之。余曩曾編撰劇本，不過居心述懷，既非憑此致富，亦非賴以求干祿。而對同好者，輒力助其成，問心無愧，近年以環境不如從前，寫劇為生，已非易事，且余性情耿直，非有益於世道人心之劇本，不屑下筆。況白雪陽春，知音者寡，至才情若何，則社會自有評判，毋勞喋喋，但曾遭狂病，流浪街頭，橫議飛來，謂余自鳴清高，已趨末路，實則戲劇生涯，何嘗結束，偶作小休，亦人之常情，燕雀詎知鴻鵠志，不足為銅臭輩道也。

驟寒驟暖似人情，一夜東風吹不停。
尋夢擁衾猶醒覺，階前一片落花聲。

今春氣溫失常，前夕奇暖，昨夜東風不停，擁衾冷醒，不能入夢，因覺人情冷暖，浮於天時，十餘年前，余來港覓地住宿，友人以久別重逢，擁余至家中居住，彼家人呼寒問暖，友人亦解衣推食，無微不至。惟以余無所是事，日久生厭，着余遷居，如是者數數，直至年前，余臥病街頭，伶人新馬師曾，欲接余返家居住，余力卻之，固知長居友家，終非久計。及後余病癒，且在電台任事，友人聞之，無不欣悅，後余停職，與友相逢道左，竟如陌路，然余性剛直，縱衣餐不繼，亦不求貸於人，知者或同情於余，惠余以資，而市井屠沽輩，時邀余飲食，不如豪富者驕人面孔，更有友人妻，每日必至街頭視余，然友妻死後，友人竟未與余一面，或傷心不忍遇余，非人情之澆薄。曉來東風急，一片落花聲，令余無限感慨。

佯狂披髮在他鄉，故舊重逢益斷腸。
細問君家何處是，荒山茅舍倍淒涼。

人生苟達觀，不以遭遇失意，即惹煩憂。然余嘗佯狂披髮，徘徊道左，非關潦落異鄉，便受刺激，且喜街頭時遇故友，一訴平生。有昔年在粵北共事之友人，一家數口，覓食艱難，余與之遇，詢其居處，則答以在大坑山上，築一木屋茅蓬，聊以棲寄，友人在一餐室任職，司送外賣之職，月入甚微，蓄妻養子，境況淒涼，余不忍睹。念余雖飄泊，尚不至受風雨欺凌，而友人所遇，比余尤苦，余亦無以解慰，閒遇之於途，即邀往小酌，祝其身體康健，靜待機緣，早日脫離窘境而已。

《工商晚報》，一九六四年三月二十九日

四四　不使投閒才見棄　芬芳桃李滿園春

瞬違廿載喜逢君，樹木樹人亦費神。
不使投閒才見棄，芬芳桃李滿園春。

日昨遇友人高勉道君於道左，久別重逢，握手言歡，高君為留德學生，曾在南京警官學校任教官，戰時余與高君及留德農科博士前廣東省農林局局長黃菩荃、醫學博士前芳村精神病院院長吳國良君在曲江相識，轉瞬廿年。高君現在本港大埔官立學校任教職，並告余以菩荃在南洋當視學官，仍以旨趣關係，請調至學校授課，吳君則在山打根當紳士，亦以餘暇從事舌耕，欣聞故人無恙，為之喜慰不置。樹木樹人，同費心血，行見其桃李芬芳，不負栽植也。

文人本色不須誇，自有詞章見采華。
漫説懷才多命舛，從來詩禮可傳家。

今古文人本色，原來不須誇大，憑其詞章，即可見其丰度，蓋為文為詩，本有所因而作，非盡吟風弄月之呻吟，觀乎三百之詩，雖有風雅頌賦比興之別，然其紀功紀德兼及，所以立言，不特可以移風易俗，抑亦關係國家興衰。有謂「亂世文章不值錢」，又謂古今才人多命舛，誠消極過甚，蓋文人致富，雖所罕睹，而文人末路，亦意外遭遇，文章自有價值，才人字字珠璣，且文人重唯心，能以所作詩文，無愧於心，自不求富貴顯達，讀書人應知處世之道，尤應知詩禮傳家之義，故多守傳家之諦，至有人譏文人染有士大夫習氣者，斯則不盡然也。

繞牆扶壁厭囂塵，只合巖棲老此身。
王謝堂前春不管，縞衣風翦去來頻。

近繪〈懸崖紫藤白燕圖〉一幅，詠詩以題，蓋紫藤而生在懸崖上，繞牆扶壁，自然清雅。享受大自然之景色，了無囂俗凡塵，即吾等亦厭倦繁華，有巖棲終老之意。至「舊時王謝堂前燕，飛入尋常百姓家」，證以王謝之家，亦不可久，飛燕縞衣翔於懸崖紫藤之畔，春來不管，振翼雙飛，自有其樂，以喻不少在富貴之家作清客者，既無馮煖之才，亦未必遇孟嘗之主，徒作寄生蟲，便自鳴得意，一樹倒即不免猢猻散盡，以較白燕，翺翔於紫藤懸崖，知棲寄之所，不及遠矣。

《工商晚報》，一九六四年三月三十日

四五／奚須爭競群芳艷　又到春來發幾槍

个字交加影入窗，①淡懷君子冷心腸。
奚須爭競群芳艷，又到春來發幾槍。

友人周仕鈺，與余結交於西營盤高街精神病醫院，今調青山醫院服務，任精神病者職業訓練，周君為江浙人，曾學後習航空機械修理，十餘年前來港，曾在啟德機場作練習員，在葛量洪師範班受訓，故當今職。日前周君余繪畫一幀，②留為紀念。周君為正人君子，襟懷淡泊，俠義心腸。余留醫精神病醫院及青山醫院，得其照拂始獲告痊，因為繪〈修竹圖〉一幅，余本不善繪竹，然尚知無「个」不成竹，交加可成陰之義，且以竹本無心，橫來葉障之旨，為繪成畫。取義竹為君子，不與群芳競艷，故不發花，與松梅合稱歲寒三友，耐冬暢茂，春來則竹筍發槍，又成新竹。余家中及農場，種竹甚多，蓋君子之樹，人皆喜之。

沉醉江南廿四橋，銷魂最是可憐宵。
風流今已隨花落，猶抱琵琶說盛朝。

附注

① 「个」字原稿作「個」，諒誤。此處言畫竹的「个」字畫竹葉之筆法，又原稿下文「然尚知無『個』不成竹」一句亦誤「个」為「個」；今統一改正。

② 原報「君」字與「余」之間空一字距，疑奪「浼」字。

嘗讀詩至「二十四橋明月夜，玉人何處教吹簫」句，嚮然神往，以揚州廿四橋，不少風流韻事，讀姜白石詩集有「白石山人意最驕，小紅低唱我吹簫。曲終過盡松林路，回首煙波廿四橋」，③則詩人雅詠，足以覘當時盛況。余在抗戰時期，曾編一劇曰《江南廿四橋》，以銷魂夜永，玉人吹簫，江山飄搖，風流花落，孀婦貨腰，尚抱琵琶，寓意譏諷一般手抱琵琶過別朝之失節者，更採用粵謳何惠群〈嘆五更〉之南音句：「君抱琵琶儂唱小調，或儂度曲君你吹簫」。④南音，此為何惠群「買舟同過漱珠橋」之佳句，與姜白山之〈過垂虹〉遙遙相對，均以節義激勉人心，孰謂粵劇之傳統藝術，無補於世道人心耶。

玉川吟屋在，楊子宅猶存。
烽火連三月，家書問故園。

古人有「烽火連三月，家書抵萬金」句，戰時一家數十人，星散各地，或桂、或粵、或渝，烽火連天，余等為戰中人者數載，消息僅賴郵筒。時在內地，余年最長，子姪輩來函，均詢問故園狀況，蓋蘿崗洞之蘭齋農場耕館，亦稱玉川吟屋，紀念曾祖父授課鄉中，以「玉川吟館主」自命，而廣州河南之太史第，亦名「楊子宅」，以紀念先祖經商於楊子江濱，先父不忘先祖創業艱辛，勗勉後人，戰中農場與家宅，均喜保存，然田園荒蕪，家宅失修，已非昔年光景，近十餘年，則家

③ 十三郎引用的是姜白石的〈過垂虹〉，但部分詞句與原詞有出入，原詩為：「自作新詞韻最嬌，小紅低唱我吹簫。曲終過盡松陵路，回首煙波廿四橋。」

④ 十三郎引用的是何惠群的〈嘆五更〉，但部分詞句與原曲有出入，原曲為：「君抱琵琶奴唱小調，或郎度曲君我吹簫。」

宅田園，已非我有，先父固未嘗有損家聲，惜時勢不許積產為子孫福耳。

《工商晚報》，一九六四年三月三十一日

四六／雲山黯黯蒼茫感　徒羨千秋節烈名

一騎紅塵把轡行，故鄉臨望不勝情。
雲山黯黯蒼茫感，徒羨千秋節烈名。

春日曉風拂面，策馬沙田，因憶舊作話劇《陳子壯》插曲及粵劇《無價春宵》一段主題曲，《陳子壯》劇裏之《節義歌》有「馬上故鄉雲山黯黯水茫茫，離亂滄桑忠烈長留萬古香」句，劇中敍陳子壯、張家玉、陳邦彥効忠明室不屈降清，其嘆息句有「城社有狐鼠，關塞有強梁，孤臣節烈死，義士不屈降，越王台下塚，戰骨尚未寒，撫劍問明月，何日還故鄉」，話劇中演至陳子壯被執，鋸腰殉難，亦壯亦烈，在戰時倡節義，今尚可風，千秋忠烈，實非明日黃花，惜舊稿無存，不能在港排演矣。至《無價春宵》之志士感懷主題曲為「茅店月，板橋霜，最是撩人意短長，花解語，露凝香，不思量處惹思量，馬上故鄉，問今夕酒醒何處，曉風殘月垂楊」，劇中描寫一亡鄉志士投筆從戎經過，雖屬舊作，仍是一番回憶也。

秀艷天生惹蝶狂，種同富貴弗稱王。
看花撩動丹青筆，倦眼描摹意也傷。

余曩昔曾繪牡丹，有「花花世界要稱王，同種何如異種強。博得口頭間富貴，一春如夢慎思量」詩句，①近年居港，不睹牡丹多載，此富貴之花，萬紫千紅，僅餘夢想。惟友人家植數盆芍藥，秀艷可人，芍藥與牡丹，本屬同種，以地土不同，且易於栽植，故其矜貴不及花中之王，然尚足以引蜂蝶留連，愛植牡丹者得種芍藥，亦有慰情聊勝無之感。惟對此春花，瞬即凋謝，能不神傷，倦眼看花，執筆描摹。少日家園百花方盛，不以芍藥為可貴，今則港島亦不多睹，益增盡興，非謂消磨歲月，寄情草木，惟人生如寄，好花不常開，無限感慨而已。

大好春光續放晴，驅車代步嶺巔行。
紆迴徑道人如錦，淨土桃源縱目情。

① 此詩先見於《畫風》第三期（一九三〇年），為〈蘭齋題畫詩〉五首之一，題為〈題長女畹徵畫牡丹蝴蝶〉，第三句作「博得口頭間富貴」，作者署名「霞公」，是江孔殷之作。

香港有太平山之稱，假期不少男女，乘纜車或步行至山巔，縱目遣情。余乘假日晴朗，得友人驅車同遊山頂，因憶少時負笈香港大學，課餘輒至山頂散步，山區盡為洋人住宅，故昔日甚少華人作山頂之行，相隔三十餘年，山頂已改舊觀，不只各國旅客，登山眺望，一窺「東亞之珠」全景，華人亦視山頂為遊覽之區，且建有山亭，傍有餐室，可作小憩，登山觀海，前可覽望九龍一帶，後可看一片汪洋，經年世變，此淨土桃源，多屬避秦男女，節近清明，遊人益眾，此太平山之譽，於今尚可作樂土安居也。

《工商晚報》，一九六四年四月一日

四七／楚騷詞賦抒懷抱　如許才人不假年

冷月窺窗夜不眠，燈前細誦納蘭篇。
楚騷詞賦抒懷抱，如許才人不假年。

友人在書局任職，贈余納蘭容若詞集，月夜無聊，燈前細讀，並閱其序，知納蘭容若為一代詞人，才華邁眾，少年即有經世抱負，惜少年夭折，長才未展，生平作品多傷惋之句，及後流連塞漠，不與國政，寄情於美人草木，其自比天外孤帆雲外樹，則以孤帆觸抵風浪，萬里長程，而雲外之樹，獨立天際，可見其孤高，其後少年悼亡，即不續絃，復嘆難得解慰伴侶悼亡之作，使人不忍讀，坐是久鬱成病而終，彌深天不假年之感，其詞苑才華，可比南唐二主，今人以懷才多蹇為不幸，然尚無夭折之悲，閱納蘭詞，為煢獨才人詠亦聊以寄懷而已。

便為犬馬亦爭雄，奪錦爭先綠草中。
幾許擲金求一博，笑貧不笑賭愚庸。

復活節假期中，每遇友人，輒以賽馬賽犬為談柄。人生不幸，便為犬馬，供人役，奚有爭雄之念？然獸類無知，綠茵馳騁，供人娛樂，賽馬尚謂提倡體育精神，賽犬則徒事賭博，而假期赴澳觀賽狗者，逾萬餘人。未博微利，先受舟車之勞，且有以月中所入，悉事賭博。然亦有富者，視為消閒遣興，千金一擲，殊無吝色。此輩非徒博利，惟逞其心之所好而已。然富者愈富，貧者愈貧，有典貸以赴犬馬賽會者，輒空手而歸，此無他，賽犬賽馬，視作富者高尚娛樂則可，若以為貧者致富機會，適足以貽笑於人耳。

紅氍毹下聽歌殘，落落江湖益寡歡。
藝海浮名三十載，思尋舊譜與闌珊。

余對粵劇甚有興趣，今有神功戲演出，友人惠余兩紙相偕同往欣賞，至則所演之劇，既非史實，又非針對現實，對世道人心又無補益，只以古人衣冠，加諸戲人，歌唱粵曲，而演技亦不見出色，使余有歌殘舊調之歎。余對此江湖劇人，素落落寡歡，蓋彼輩非為藝術而演劇，只為餬口計，間演一二台，荒於練習，技亦生疏，然咸以粵劇低潮，諉諸劇本，以余在粵劇界，浪博虛名三十載，有以余仍否具間興從事編劇，①余以既無長期班，而演員亦不暇排練，奚能演出名劇，尋思舊作，及舊日伶工人才之盛，不禁興致索然矣。

《工商晚報》，一九六四年四月二日

附注

① 「間」字疑為「閒」字。

四八／清明節近行人眾　踏遍天涯步海濱

好把詩心付綠茵，連天凝碧跡留痕。
清明節近行人眾，踏遍天涯步海濱。

復活節為基督徒掃墓期，時近清明，為思親節，萋萋芳草，似報王孫消息，而綠茵凝碧，遠處連天，一番風信，一番妍麗，踏青人眾，亦留足跡於草上。惟昔年佳節，輒至郊外掃墓，縱目遠眺，足開襟懷，今則香島一隅，非先人窀穸之處，海角天涯，遠鄉何日，「春城無處不飛花」、「清明無客不思家」，徒惹飄泊之感而已。昔者廣州北郊，遍設酒寮，踏青者可舉觴醉酒以消遊困，今則島嶼各地，不見酒寮，興致不如往日，而本島及新界均接近海濱，踏青者亦多步至海濱，雖非遊目騁懷，亦可一瞻海景山色，如許春光，瞬將初夏，無計留春住，歲月催人，感慨繫之。

清江小立美游魚，幾許臨淵結網遲。
學●莊周知夢短，沽名徒剩計錙銖。

偶至新界小溪，江畔小立，睹游魚無數，臨淵羨魚，不如退而結網，然余非為魚而來，故無此興，即同行者亦以為江畔雲集游魚，浮沉上下於綠波中，本屬自由至樂，何勞結網而弋游魚，世人有好垂釣者，而魚亦未必上鈎，蓋佛家所謂養生戒殺，重視生命，小魚飽食，亦不求香餌，「香餌自投魚自棄，任他終日釣竿忙」，①此之謂也。時人好釣不只魚類，抑又好名，以所得之千一，藉充善舉，而干名譽，但另一方面其追求利潤雖錙銖必較，慈善云乎哉！

到處幽花意若何，芳華惟有剪春蘿。
陶然對酒閒情在，縱目漁村聽晚歌。

余至大埔一友人園中，覺桃李已殘，尚有鮮麗花色。細觀之，則為剪春蘿，剪春蘿亦盛放於秋季，名為剪秋蘿，然春花秋月，已成諺語，剪秋蘿固不如剪春蘿之艷麗也。閒遊遣興，對花下酒，倍覺陶然，不為塵心所牽，對郊外花榭，景物清幽，尤覺至樂，而縱目漁村，不少村民居住，下網之餘，互唱晚歌，抒情作樂，別有天地，野外生活，可脱城市囂塵，一片澄空，隔水遙覽，景色無遺。興盡返港，並折剪春蘿數枝，以作留春小住之意。

《工商晚報》，一九六四年四月三日

附注

① 十三郎所引用的詩句與冼玉清原句略有不同，原詩為：「香餌自投魚自遠，笑他終日舉竿忙」。

四九 泛棹隨流混清濁　恰如競渡最撩情

古今事似水波平，激浪無端傍槳生。
泛棹隨流混清濁，恰如競渡最撩情。

古今世事，原似浪海浮沉，水波平靜，猶如世事因循，世途不見險惡，然而無風生浪，非關暗湧，實因泛舟者棹槳，傍槳生波。前者余至香港仔渡海至鴨脷洲訪友，海平如鏡，以為無波，而鄰舟爭先着岸，急棹若狂，浪花四濺，水亦沾衣，舟且動盪，使余悠然生感。蓋此際仿如競渡，最撩情者，競渡為詩人節端午韻事，記屈原之節，放乎清流，以示不與俗世混濁，今人以隨流合污，反以為識時務者為俊傑，氣節無存，例如余自負笈以至問世，居住香港約四十年，本可以港僑自命，然以一度歸國，今則違難再來，舊友竟以余為難民相看，惟重氣節者，港僑與難民何異，又何必辯哉。

故園舊種素心蘭，王者芬芳絕世顏。
金線銀邊環綠葉，美人香草盛雲鬟。

故園百二蘭齋，以植蘭得名，蘭為王者之香，花中之嬌客，本不易植，且性愛潔，最忌蝕蟲，故種蘭者，恒以煙骨水浣綠葉，不使受蟲害，務至蘭葉有光潤之色，始覺美觀。蕙蘭墨蘭，花蕊為紅色墨色，較為普遍，而最罕見者，為素心蘭，蘭心花蕊，亦為素色，其香異常，顏色清秀。素心蘭又分金邊素、銀邊素兩種，蘭葉環繞金線、銀線，至為美觀，每當春夏之交，素心蘭即盛放，花葉同樣燦爛，熠熠生光，誠為難得。鴻儒學者，貞節美人，輒以素心蘭自比清高，故園昔日，賞蘭君子，今已無幾，益以戰時失於料理，百二十餘盆，戰後僅餘六七十盆，每當春季，仍放芳馥，騷人雅客，咸以一賞為快。然故園今在夢魂中，舊種幽蘭失灌溉，碩果僅存之六七十盆蘭花，想已蕩然，比譬雲鬟之美人香草，從此無緣欣賞，長太息也。

《工商晚報》，一九六四年四月四日

五〇／畢竟迴腸兒女事　銅琶鐵板遏行雲

哀絃急管意紛紜，楚調吳謳不忍聞。
畢竟迴腸兒女事，銅琶鐵板遏行雲。

晚近電台歌壇，時唱粵曲，非靡靡之音，即銷魂之調，賞音騷人，徒聽五音紛亂，管絃嗚咽，每多兒女私情之曲譜，入淒涼之調，撩人傷感，或打情罵俏，博人歡笑。笙歌雖屬娛樂，豈無關於社會教育，影響人心？縱使思婦之吟，吳市之簫，尚有可取，若調笑浪調，只足以構成輕薄青年男女，至於男女失意情場，傷心淚史，或而閨女無情，或而檀郎薄倖，造成慘劇之風，誠不可長。惜響遏行雲之銅琶鐵板，已不為時尚。某女伶向人言，有「大江東去唱不得，羞歌楊柳晚風前」之感，因而輟唱，歌壇聽者不解，耳福亦薄，良堪浩嘆。

少日同窗幾已忘，不期重遇話滄桑。
孤身尚念妻兒別，殘破家園亦斷腸。

友人陳希孟，為昔日在港華仁書院同窗硯友，一別三十餘載，日昨在蘭香室早茗，意外重逢，共話滄桑。陳君在校卒業後，即在銀行工作，戰時調往蒼梧桂柳，後調出作盟軍翻譯員，戰後復員，又調回銀行工作。終日勞形，僅得飽暖。自大陸易手，陳君孑身居港，妻兒猶在大陸，尚幸得友人介紹，在孔聖堂中學及北角培中學校授課，所得除個人使用外，尚可略事接濟妻兒，然家人離散，固非所願，若同處大陸，則無以兼顧妻兒。詢及余狀況，余亦已家園殘破，孑身在港，藉法國醫院藏身，世事固非少日所能逆料，相對惘然，有感而詠。

天南作客到中年，豪氣於今覺尚存。
此日同舟應共濟，匡時奮起莫遲延。

天南作客，十載有餘，人到中年，百感交集。然少日豪氣尚存，不因遭遇而改，遇有困苦舊友，余雖乏巨資，亦輒傾囊相助，不知余素性者，反以為余日入甚豐，足以顧人，更不知余所得甚微，不過尚念同舟共濟之義，力助比余更窘者，願知者同抱熱腸，匡時有志，毅然奮起，自食圖存，毋卸仔肩，更毋以違難十餘年，受折磨而消極，在此生存競爭之際，心力未必不如人，奚可自餒，詠此自勉，益以勉人。

《工商晚報》，一九六四年四月五日

五一　文章尚有縱橫氣　藝苑荒蕪愧作師

耿直生平世所知，應從小節見●●。
文章尚有縱橫氣，藝苑荒蕪愧作師。

昔有二友人，均從事粵劇工作，一則自謂大事不糊塗，小事糊塗，一則謂小事不糊塗，大事難得糊塗，余性耿直，以為兩者皆非。蓋藝術界立場，應從小節做起，焉有不拘小節，臨大事而能顧存，至以為大事難得糊塗，則所謂小事，直瑣碎之謂，焉能成有系統之成就。故劇人或以個人精細之演技博譽或順乎時勢而求存，余均認為不成功，處事由小節見微，則應從下●幹起，若以個人獲譽為本，則失去栽培後輩之旨。話劇亦然，個人突出，未必得演出成功，今者二友皆已不為世道，余尚以粵劇作家之譽，常與劇界中人縱橫談論整理粵劇之要素，豪氣尚存，而後輩尊余為師，惜乎徒倡粵劇救亡運動，缺乏有基礎之組織，無長期之訓練，話劇又更難演出，①藝苑荒蕪，誠愧為人師，然又無可如何也。

迷濛煙霧鳥何之，似覓歸巢惜太遲。
日暮倦飛尋一宿，蒼蒼林木有棲枝。

附注

①「難」字乃按原報殘畫作推測。

傍晚散步，睹群鳥喧飛，棲棲惶惶，蓋煙霧迷濛，覓巢不易，鳥倦飛而知還，尚有舊巢可覓，而春來多伐樹削枝，遂使舊巢難覓，日暮尋宿，失所倚托，而颯颯奇姿，蒼蒼林木，尚可覓枝棲，念舊作有「林木自蒼閒着筆，夕陽雖好不登樓。天涯棄婦多於汝，莫向青春怨白頭」，②更感「觸目更憐歸鳥急，舊巢何處有餘思」，人生有如飛鳥，欲歸巢已破，惟有另覓新巢，想同感者不知有幾多人也。

《工商晚報》，一九六四年四月七日

②《小蘭齋主隨筆》（一〇六）說此詩是江孔殷的作品。

【編者按】《工商晚報》一九六四年四月六日版面略有改動，沒有《小蘭齋主隨筆》，四月七日始續刊。

五二／雅思不向醇醪問　弗願樽前強乞靈

玉茗風流自有經，芷香淡綠入蘭瓶。
雅思不向醇醪問，弗願樽前強乞靈。

閒過一茶莊，友人邀余共茗，因先祖以營茶致富，不禁有感。蓋古人有茶經論，且作為風流雅事。嚴茶亦欄玉茗，①且有稱為玉醪，從前廣州惠愛路，有玉醪春茶樓，所售名茶，嚴為選擇，蘭芷芳香，留諸齒頰，盈入壺瓶，可以代酒。童年在城西中德中學校肄業，每夕輒偕硯友三五，至玉醪春品茗，然後返校攻課，文思頓暢，醒腦怡神。戰時在粵北，晚上亦好至茶室飲茶，所費無幾，可增雅思。在港文友，亦有晚上茶茗之習，然近年以漸趨老大，喝茶過多，每易失眠，故鮮赴約。惟清晨早起，仍至附近茶廳早茗，神志較清，雅思逸興，由此而生。余雖好酒，飲後輒沉睡，或而語言興奮，有謂余精神因酒而受刺激，故又不向金樽乞靈，以茶代酒，常與友伴同茗，各道平生，恂快事也。

頻年旅鬢雪霜侵，暮齒弗隨世外吟。
臨水登山懷遠客，春花秋月竟何堪。

茫茫廿載，兩鬢霜侵，暮齒脱落，鑲置假牙，飲食無味，雖不認老，亦有老態。頻年作客，一無善述，友人謂余已非少壯，應得過且過，作世外人，閒吟自遣，尚可怡情。然余以為入世既深，弗易出世，間或臨水登山，縈懷遠客，往日知交，星散各地，弗易聚首，旅處港濱，苦思故人，倘知其無恙，私心始稍慰，若友交蹇遇，即心抱不平。蓋港一隅，已為一般違難者棲寄之所。其能自維生活

附注

①「嚴茶亦欄玉茗」句中疑有誤字。

者，即屬萬幸，幾多無所事事，日夕張惶，每睹阮藉窮途，即有兔死狐悲之感，急人之急，惜無力相助，心常不安。更有幸災樂禍之流，缺同舟相濟之念，徒以一己時來運轉，得享春花秋月，良辰美景，自鳴得意，使一般運舛者，情何以堪。讀李白句：「天生我才必有用，千金散盡還復來」，如此疏狂，不知尚能存於今世否，憑今弔昔，悠然神往，亦多感慨焉。

《工商晚報》，一九六四年四月八日

五三／況復春風猶着眼　氍毹異日譽相同

黃花獨秀放籬東，幾見幽香粉黛紅。
況復春風猶着眼，氍毹異日譽相同。

平劇名角粉菊花，近年收一女童小菊紅為弟子，擅演《虹霓關》、《小放牛》等劇，近向余索畫，因繪洋菊花一幅以贈，蓋春日只有洋菊。國植菊花雖異種，而色素為金魚紅，與家園舊種小宮粉菊相類。並和黎民輝兄一首，原句照錄如下：「一枝瀟灑出籬東，最是清芬小菊紅。更有佳名傳藝苑，風姿儀態與君同」，余亦以粉菊花比喻宮粉紅，與小菊紅恰如大宮粉與小宮粉，均為昔日大內名種，藝名既取同意，他日聲譽自當相同，並祝其有晚節高風，不負「菊同隱逸士」之旨，非指紫紅爭艷之意也。

春歸花謝景蕭條，疊嶂層巒覺路遙。
煙霧迷濛如帽影，芸芸人海若飄飄。

去春三月，隨友人乘車登九龍大帽山，時屆暮春，木棨花謝，頗覺景象蕭條，而山路曲折，遠眺疊嶂層巒，遙遙長徑，有如人生過程，幾見平坦順直，身處逆境，亦隨遇而安，人生任重路遠，弗易登峰造極。有等人略有成就，輒輕視他人，實則站在事業中途，不應自視過高，對前一輩，採取經驗，對後一輩，盡力提挈，事始有成。看人如看山，在平地窺大帽山，幾難窺其廬山真面。人不特各有所長，且士亦各有其志，不宜輕視，人品不同，事業亦異，固不能以成敗論英雄。而當察人之旨趣，若「正其義不謀其利，明其道不計其功」，淡泊清高，未必不合時宜。若孜孜為利，何所不可為，芸芸人海，幾許勢利之徒，登高山而望大地，自覺無俗氣沾染，大有飄飄欲仙之慨。

《工商晚報》，一九六四年四月九日

五四／心自潔時人自潔　笙歌文字有餘香

清污素志每參商，弗願阿諛見所長。
心自潔時人自潔，笙歌文字有餘香。

文人為自由職業工作者，潔身自愛之文人，素志孤高，與濁世厮混者，每多參商，未必惟利是視者始為污濁，至阿諛諂媚，為勢所驅，違心附和，保全地位者，何清高之有。尤以戲劇工作者，側重由自思想，了解人生之矛盾，世情之苦樂，言人之所不敢言，道人之所不能忍，人非草木，亦非鐵石，若以機械式生活為描寫戲劇本旨，則違反人性，至倡唯物論者一切唯物，不許暴露人生意義之衡突，有何戲劇可言？現實之觀點不同，貶俗之旨趣各異，即孟母三遷之描述，亦有詆為做成士大夫氣習之譏，孔孟且不為世尚，余欲無言。然余從事戲劇文化工作，艱苦多年，唯心之所好，非求富達，「心自潔時人自潔」，文字馨香，自有筐歌可記，奚必自毀過往之歷史，與一般「愚而好自用」者，爭一日之短長哉。

高歌一曲滿江紅，雄心報國表精忠。
功名塵土和戎誤，遺恨千秋枉獄中。

我國人民崇仰關岳，近人平反歷史，謂秦檜、曹操為智者，不以卵擊石，塗炭生靈，譏關羽、岳飛為個人英雄主義者。因憶廿餘年前，與關德興返粵北，演抗戰粵劇《岳飛》，高歌《滿江紅》一曲，唱至「壯志飢餐胡虜肉，笑談渴飲匈奴血」，人心大快，可見人心志在復國，不畏強項，若抗戰英雄之岳飛，尚評為個人英雄主義者，則他日異族欺淩，何以喚起民族精神？而邇者更評岳飛為胡漢之爭的將士，非認清華夷之名臣，五族共和，不宜演此類劇，是則中國歷朝史劇均寫胡漢之爭，若以為偏見，則古代歷史可盡廢矣，一嘆。

《工商晚報》，一九六四年四月十日

五五／縱目狂流身着岸　前塵影事惹遐思

波濤浪湧險如夷，東海歸來尚濕衣。
縱目狂流身着岸，前塵影事惹遐思。

前年乘友人約專輪作環島遊，道經鯉魚門，波浪洶湧，水沾衣袂，遠觀大海，一望無際，頓悟人生如臨波濤，險阻百出，世途如無波折，殊乏興趣，處世猶如把舵，意志堅定，可免迷失方向，不畏狂流，自可着岸。余以浮沉藝海，幾四十年，尚知潔身之道，弗因時勢而患得失，隨波逐流。尚憶抗戰時，毅然捨去居港之安逸環境與物質享受，而重返國土，盡匹夫之責，數年淡泊自守，潔身以退，氣節得存，非求顯達，視乎一般屈節釣譽，以保名位者，自問有清濁之別。可嘆一般好事者，譏余為情場失意，不曰因某話劇女藝員，改節而心灰，便曰因某粵劇女伶，不就範而輟編；杯弓蛇影，愚莫可及。然往日在戰地，話劇與粵劇界，無分彼此，同在一致戰線合作，始達成宣傳任務，今者話劇與粵劇，同樣消沉，且存芥蒂之心，壁壘分明，在藝術上焉能有成。前塵影事，已化泡影，暇輒遐思，整理舞台劇之責，或當有賴於愛好藝術者之助也。

連床風雨舊知音，遠渡重洋直到今。
引領故人魚雁杳，思量往事苦低吟。

抗戰勝利，廣東省立藝專學校校長趙如琳，即遄赴歐洲，①在法國開餐室，已無暇再在劇壇活動。而粵劇宣傳團團長關德興，三年前亦已赴美，開書法展覽會，至今尚無歸信。趙關二氏，原屬姻親，戰時與余時作連床風雨夜話，復以事業為念，今則引領故人，魚沉雁杳，在異邦雖未嘗失意，然對事業則並無發展，深以為念，思尋往事，唏噓嘆息。蓋余在戰時，並無藝術幹部，各有排演話劇機會，亦由趙如琳推薦人員，以為余助。至演粵劇，除由關德興主演外，並召集八和粵劇子弟，由余集訓，始有機會演出。蓋余非八和會員，對整理粵劇運動，仍需八和子弟相助，始克有成。若訓練新血，則經濟與時間，均不容許。今者趙如琳之學生，多已改就別業，不再從事話劇，關氏亦有息影之意，劇壇盛況，已如廣陵人散，每念故舊，苦思低吟不已。

《工商晚報》，一九六四年四月十一日

附注

① 「遄」字乃按原報殘畫作推測。

五六／生死了然如過客　他鄉無夢作歸人

強將杯酒洗煩塵，寒食舉觴覺異芬。
生死了然如過客，他鄉無夢作歸人。

寒食清明，遊子思親，余以田園廬墓，皆在鄉土，昔有踏青之行，不負佳節，今則家人離散，客地愁煩。日昨清明，家姊為先嚴慈設蓮位於佛教萬人緣勝會，余偕姪輩，同往敬祭先人，途中遇不少同鄉，相逢道左，各道別況如往，宛如故鄉相聚，不以違難為苦。歸途市酒肉，舉杯獨飲，一滌心塵，青梅佳釀，倍覺異芬。因感生死了然，人生有如逆旅，居家猶是客身，不過數十年光陰，當以不負平生為快。但求心之所慰，縱長處他鄉，亦得至樂。嬉笑任他，但求無愧我心，至有謂余為貪戀島嶼逸樂，不作還鄉之計，余惟一笑置之，蓋余不過求身心之自由，無夢作歸人矣。

萍蹤浪跡與名浮，藝海江湖汗漫遊。
息影廿年餘悵惘，一隅寂處意飄流。

余從事戲劇工作，於三十八年前，為採取生活實體，對社會現實廣採博聞，時而之滬，時而返粵，萍蹤靡定，藝與名浮。迨後厠身粵劇界，亦與江湖中人，四鄉演技，故曾漫遊清遠飛來寺、吉河大廟、鼎湖山、七星巖，賞覽名勝，可舒襟懷。戰時又率劇團在西南各省工作，粵桂湘贛，均曾旅遊。粵北之丹霞連縣、廣西之桂林陽朔，以及湘贛戰地，盡覽無遺。不覺舟車之苦。戰時結束，余自贛南經粵東，隨軍二月，暢遊惠州西湖，然後回穗，雖曰息影家園，而以離開藝術崗位，心殊悵惘，誠以多年所得，風土人情，窮鄉僻壤，與城垣都市，均有介紹諸藝術愛好者之價值，余不執導演筒，瞬又二十六年，久欲一試，然目前寂處一隅，且感為藝術而藝術，實難有機會活動，雖躍躍欲動，亦徒費心思。廿年來雖未到飄流，①而生活反不如從前安定，時歟勢歟，不禁浩歎。

《工商晚報》，一九六四年四月十二日

附注

①「到」字後疑奪「處」字。

【編者按】

是日專欄右上角作者的照片改為山水畫，欄目和作者名稱均由本來的手寫體換成印刷字體，但只此一天，其後又復用原來版式。

五七／文章價貶尋常事　筆下春風尚未忘

一覺南柯意也傷，夢程來去曲如腸。
文章價貶尋常事，筆下春風尚未忘。

友人撿出一份舊報紙，題目為「南海十三郎黃粱夢醒」，謂余年前，因書獃氣過深，以為「書中自有黃金屋，書中自有顏如玉」，一經世亂，盡成幻想，飽受刺激，因癡成狂，勸余應作黃粱夢醒，勿以為現在時勢，與前相同，不為世重，亦毋抑鬱。余閱此稿，不禁啞然失笑，蓋余常有南柯之夢，與志同道合者相聚，●●則覺知交星散，黯然神傷，夢程曲折，也覺迴腸。昔日文章增價，亦常感人事已非，絕不以為得意。戰後文章貶價，亦尋常事，所未忘者，少時筆下春風，知音者眾，今則或以為失去時代性之戲劇工作者，心有不甘，然余性倔強，若屈就觀眾，而失去藝術價值，縱得萬金，亦不屑為。蓋戲劇為啟示人生光明之路程，而非徒作黑暗之描寫，若隨流風末俗，迎合低級興趣，實屬有違良心，區區仍本改造社會之旨，此志不容稍懈也。

聽到啼鵑每斷腸，遣愁唯賴酒千觴。
客鄉早悟重山隔，廿載滄桑淚兩行。

每聽啼鵑，輒驚客夢，遣愁買酒，盡舉千觴，故鄉重山阻隔，縱歸亦已面目全非。回憶抗戰時期，期望勝利，重返家園，天倫暢聚，果爾天從人願，歸見父母無恙，其樂可知。如今違難香江，十有餘載，天涯遊子，久歷滄桑。而父母俱亡，縱歸亦無樂趣，未報親恩，熱淚兩行。益以戰後田園荒蕪，戰後一心耕耘，以為家園重整，可度餘年，今則有家等於無家，幸客鄉猶可享受自由之樂，縱使老死異地，不效揚雄登樓，餐薇有節，願效夷齊，有謂余為迂狂，不之辯也。

《工商晚報》，一九六四年四月十三日

五八／多載投閒歌絕響　非關抱璞負韶光

春鶯婉囀恍如簧，枝上哀啼隱綠楊。
多載投閒歌絕響，非關抱璞負韶光。

年年寒食，春鶯百轉如簧，枝上哀啼，有夢弗到遼西，綠楊深處，隱若可聽，然流水高山，鍾期已杳，往日笙歌，竟成絕響，因余荒閒多載，並未執筆撰曲。數年前友人收某女伶為徒，浼余為編劇相助，近又有童星，初露頭角，亦浼余編電影歌劇，然余生平，不擅作鶯聲燕語之調，益以心緒不寧，苦無佳句，無以應命，非關抱璞自珍。韶光虛幻，蓋興之所至，筆下千言，轉瞬可就，靈感不來，即搜索枯腸，亦不成章句，並非吝惜筆墨，不肯造就新血，更非崖岸自高，存心索取厚酬，誠以苟且塞責，有負藝術之心，誤己誤人，不如擱筆。目前既無適應寫作環境，更難專心編劇，蹉跎復蹉跎，瞬又數載矣。

煙雨迷濛蔽遠途，雲山疊疊映樓高。
故家台閣今都改，何處安身問有無。

曉來微雨，煙霧迷濛，暮春景色，遠途掩蔽，仰望雲山疊疊，掩映大廈高樓，頓有高處不勝寒之感。念廣廈安居，身嘗歷此，故家台閣，今已改觀，樓台拆毀，另建居舍，即門前鐵閘，屋內工字鐵，亦盡拆搬，作練鋼之用。若謂封建家庭，房宇亦需毀滅，則帝室所留之封建宮殿，何以尚留為勝蹟。悵望雲山珠海，能無熱淚滿懷，念故居雖非十分華貴，然亦古色古香，余居處一廳一房，且有書室，足供寫作憩息之用，今則廳房拆通，改作盲聾啞學生課室，其餘房間，亦改作宿舍。今日大陸，已不容許再有世家存留，視為社會進步阻礙。家人則迫遷鄉中，或予以小宅居住，僅一床位，侷促不堪，余幸早已來港，否則安身之地，亦無由覓取，余居港寄身病院，尚有陋室可居，得自由之樂，差堪自慰。

《工商晚報》，一九六四年四月十四日

五九／浮生哀樂終何感　洗滌心塵酒一杯

往事依稀入夢迴，壯懷如舊未心灰。
浮生哀樂終何感，洗滌心塵酒一杯。

人生聚散靡常，恰若月圓月晦，夜來成夢，與故舊舉酒遣懷，登樓眺遠，少日探花美夢，尚未風流雲散，當年張緒，猶未心灰，漫談花開花落，哀樂浮生，煙波歲月，際遇得時，今尚凌霄有志，來日方長。雖謂雲夢無心，不作錦衣歸之想，惟是經書未燬，●有小成，聞雞起舞，縈迴民瘼，心塵洗滌，不事囂煩，身是酒星，杯酒奚能沉醉，豈無志同道合，長感離群？未老江郎，孰云才盡。故家雲樹今猶在，月缺何年大地圓，惟矢志不移，守身如雪，任教天崩地裂，亦唯名節是保。人生有若曇花，留得芬香傲世，品格自高，何必枉尺直尋，博取富貴耶？

霧靄煙霏細雨濛，絲絲楊柳任隨風。
離人縱有思鄉意，閭里恐無故舊逢。

曉來煙雨霧靄蔽日，清明景色，倍覺撩人鄉思，而絲絲楊柳，隨風飄舞，使人有飄蓬不定之感，回憶每屆清明，還鄉省墓，得與族中長老，暢談世故，而同輩弟兄，亦互談闊別，其樂融融，去歲有族長回鄉，返港告余族中叔伯，多已死亡，而同輩弟兄，亦存無幾，且多調往別處農作，甚少還鄉，在鄉中耕作子弟，俱屬昔日年幼後輩，或別處調來耕作青年，相逢陌路，幾不相識，故今歲不再回鄉，而蘭齋農場管工鍾標之子，近亦自蘿崗來港覓工作，始知鍾標亦已病歿，往日場工，亦無歸念，再過數年，則「兒童相見不相識」，閭里再無故舊，戰後余嘗躬耕數載，①以最為樂，今則負了平生，不勝「天涯隨處任消磨」之感也。

《工商晚報》，一九六四年四月十五日

附注

① 「嘗」字乃按原報殘畫作推測。

六〇／憶舊神馳千里外　天涯遠隔望爐峰

浮沉人海寄萍蹤，飄泊身如一粟同。
憶舊神馳千里外，天涯遠隔望爐峰。

昨渡海訪友，歸途與一舊同學陳君相遇於尖沙咀小輪，陳君為美洲華僑子弟，相識於四十年前，同在華仁書院肄業，返美洲已三十餘年，輪上相逢，只一點首。想陳君此次來港，不過舊地重遊性質，不久將返美，蓋數代經營，均在彼邦也。余因感故舊，莫不萍蹤靡定，甚鮮相見機緣，更自感身如滄海一粟，半生飄泊，年前尚多與友人遇，近年漸少相逢，聞多已經別埠營生。香島已有人滿之患，覓食不易，每憶故舊，神馳千里。有同學黃君，託人致函於余，着余往星洲一敍，並謂轉換環境，生活亦不成問題。然余以久病初癒，尚需醫者料理，不擬離港，仰望爐峰，頓感故人千里，未悉何日再逢，因感而詠，並表懷思。

蕩漾春光寒食天，看花冷眼度華年。
芳菲自賞襟懷闊，幽獨心腸樂自然。

一年之計在於春，轉瞬春來又寒食，春光明媚，群芳爭艷，余素以冷眼看花，轉覺逝水年華，如煙似夢，浪結人緣，又復芳菲自賞，襟懷廣闊，生平抱負，不比平庸，春來春去，既無傷春之感，草木榮落亦泛日暮途遠之悲，任人訕笑，譏為末路文人，或諷為失去時運，余亦不以為忤，閒吟養志，弗與人爭。眾濁我清，眾醉我醒，幸而尚未見棄於人，幽獨心腸，享自然之樂，隨遇而安，寄情山水草木，不失騷人雅士本色，縱與世違，庸何傷哉。

《工商晚報》，一九六四年四月十六日

六一／落花時節猶相遇　且進酒寮醉一甌

好景江南憶舊遊，棲遲海角共沉浮。
落花時節猶相遇，且進酒寮醉一甌。

週末至九龍新新酒家茶茗，遇友人黎文耀君，黎為上海復旦大學畢業生，與余少時相識於滬上，夜夜笙歌，同舞於大滬舞廳，間或約同遊滬郊，杏花春雨江南，好景尚可回憶。今黎君亦已中年，浮沉於新聞界，而耳聾不聽，賴耳聲助聽器與余交談，雖感覺不便，亦可暢敘闊別。茶茗後余擬歸港，在新新酒店門前又與一許姓友人相遇，許亦為復旦大學舊生，亦為從前舞友，抗戰時即南返港粵，今營糧食郵運生意，聊以過活，喜遇舊遊，邀余至一上海食店晚膳，共醉一甌。回憶當日浪遊生活，轉瞬已三十餘年，大有「少日幻心今淨盡，故人相見眼分明」之感，況許君與余，同是大家庭子弟，今則均感煢獨，亦隨遇而安耳。

玉作肌姿雪作神，好從明月證前因。
雙棲弗見堂前燕，靜處枝頭不染塵。

譜〈月下寒鵲棲梅圖〉，①因感梅花冰清玉潔，霜雪為神，一枝冷艷，掩映月下，縱使歲寒，猶有團圓之感，可惜人間餘恨事，幾曾燕子見梅花，蓋燕子雙飛，只見於王謝堂前，縱入尋常百姓家，亦在萬紫千紅中，羽衣翩翻，猶不見傲雪欺霜之寒梅，人間引為憾事，豈雙飛之樂，限於囂塵富貴。念歲寒梅放，亦有好鳥枝頭，淒清靜處，此為愛寂之寒鵲，亦稱嚴寒之貞禽，雙宿梅花枝上，月下對唱，引人入勝，以喻世態炎涼，猶不求騰達，但以比翼為安，潔身為樂之仕子

附注

① 「譜」字乃按原報殘畫作推測。

淑女，明月證前因，堪與寒梅暗香映趣也。

《工商晚報》，一九六四年四月十七日

六二／流浪難尋安樂飽　避秦猶勝作遺民

歸農田里樂耕耘，終歲荷鋤四體勤。
流浪難尋安樂飽，避秦猶勝作遺民。

自抗戰結束，余即歸里業農，躬耕為活，終歲荷鋤，於自有農場，並將田土若干畝，批與人耕，豐年固得溫飽，如遇失收，余又減收租值，故耕農無不喜余，每逢收割，輒邀余共膳。農事雖苦，私心尚覺安樂，惟自農場收歸公有，我已為無地之農，即往日批耕者，亦饔飧不繼，且不勝徵調之煩，來港覓食，時與余遇於途，咸謂今日在鄉耕作，不如往日之樂，不論豐歲凶年，均無餘粒，苦耕而博飽食，實無希望，故寧願來港做工，以求飽暖，與其被徵調而離鄉，不如海角天涯作客，農民尚避嬴秦，何況余原屬知識分子，當知目前環境，實不容許余等躬耕自食，一切均受範圍約束，是知遺民之難作，不以違離為逃避現實也。

吟嘯生涯一歲間，別鄉莫問幾時還。
寫憂雖覺蒼茫感，晚節依然鬢未斑。

憶昔旅居銅韶，數載未獲還家，而勝利遙遙，常有思歸之感，適與郭英權君遇於板橋，浼余詠詩，因賦一首應命，詩云「寂寞銅韶又一年，故家雲樹舊山川。板橋夜渡蒼茫感，為賦新詩喚客船」。不二年而抗戰勝利，得遂還家之願，至今又客居海隅，亦過吟嘯生涯，一歲復一歲，光陰等閒度，而別鄉十餘載，一切經已改觀，滄桑飽歷，莫問歸期，孑然一身，年年飄泊，頗覺有身世茫茫之感。然自問晚節克保，華髮未斑，視乎一般霜鬢已隨晚節改者，引以為慰，「寧存餐薇蕨①，弗貽百世羞，西江千里水，不滌故人羞」，此為抗日時感語，今再遇故舊，仍以此自勉，並錄以見志。

《工商晚報》，一九六四年四月十八日

附注

① 「蕨」字疑為「志」字或「節」字。

六三／探索行蹤盡杳然　魚沉雁斷無消息

越王台畔埋荊棘，何處雲山空苦憶。
探索行蹤盡杳然，魚沉雁斷無消息。

友人羅君，年前自粵來港，與余偶遇，因詢昔日藝院同事狀況。當戰時在粵北，藝院美術組教授吳琬，常與余同遊。吳君對美術甚有造詣，不獨工西洋畫，對國畫亦有研究，注重民族形式，與余疏散至連縣時，曾繪連山煙雨景十餘幅，富有國畫色彩，戰後繪越王台、鎮海樓等勝蹟，均稱名作。近十年來不聞吳有新作，且聞生活殊不安適，畫興低降，殊為惋惜，欲寄音書相候，則居處不明，杳無消息。藝人近十餘年來之苦悶，概可想見，即去世多年之戲劇家洪深，昔曾在粵北時相聚首，戰後亦無寫作，沉寂而亡。蓋有良心之藝術工作者，自有堅定之立場，每不受時勢支配，寧擲筆三嘆，亦不寫不合旨趣之創作，若視為時代之落伍者，則過往不少有成就之名家，亦鬱抑以終。

道左相逢問病軀，安心有藥與身隨。
故人叮囑忘憂患，渾噩人生曷足奇。

余每過灣仔，該處居住者嘗睹余狂遊道左，面目臞瘦，今則漸見肥胖，知余疾癒，為余額首稱慶，並詢問余近來精神奚若。彼輩多屠沽中人，惟無不關切余之健康，余告以數年來，安心病痊，惟賴醫藥，每日服藥，鎮靜精神，迄無少間。而彼輩咸謂余憂患餘生，多受刺激，故幾成狂疾，幸療治及時，始得痊癒，並謂彼輩戰時在內地，即與余認識，彼此同經世劫，故備極關懷，叮囑余勿以不如意之遭遇為念，處目前環境，縱渾渾噩噩，曷足為奇，但求一宿兩餐，衣食無缺，即毋思往日種切，①自可看透也。余亦以為然，感故人之關念，因詠乙首。

《工商晚報》，一九六四年四月十九日

附注

① 「種切」即指「一切」。

六四／倦飛欲作還巢鳥　飄泊依然又到今

傲嘯園林靖節心，低徊舊事苦追尋。
倦飛欲作還巢鳥，飄泊依然又到今。

八年離亂，田園荒蕪，而戰後生涯，依然艱苦，悟出岫之無心，作還巢之飛鳥，故余自抗戰勝利，居港半年，即還家退隱。蓋清流濁流，不須自辯，躬耕自樂，不與人爭，既非戀戀於昔年成就，亦無個人名利居心，當時納友人之勸，早歸娛親事老，莫棲遲香島，雖戰後家況不若戰前，亦不至蕩然一空，不愁衣食，何必役役營營。傲嘯園林，效陶靖節之淡泊，民族復興，功屬浴血之戰士，文人毋自視過高，故寧退隱，亦不願傲視遺民，與民同甘苦，始見文化戰士之光榮。不意竟成覆巢之卵，飄泊依然，飽受訕笑，並有譏諷昔日之種種，係因緣時會者。惟生平耿直，不甘作搖尾乞憐，毀譽由人，素志不改，有謂余戰役若在港，早作三窟之計，則已名成利就，自視清高，將成餓莩，余惟付之一笑而已。

離鄉倍覺故交親，同是天涯亂世人。
欲遣騷心閒酌茗，杯茶代酒可怡神。

昔年舊友，每星期茶敘二次，余間亦參加，因感同是離鄉之人，天涯作客，倍覺親切。年前接廖朗如兄函，亦以久別未嘗暢聚，亂世遯蹤香江，久思一面，惜舍姪女將函付諸一炬，①以至無地址可約敘面，深以為憾。廖朗如兄已七十許人，余亦年過半百，兩代世好，且屬戰時摯交，來函謂歲月催人，每思舊交輒望能多得一面，其渴思之情可見。而舍姪女則謂余約友酌茗，每多牢騷，宛如癲

附注

① 此處提及的「舍姪女」即梅綺（江端儀）。

癇，阻余約會。實則欲遣牢騷，惟有吟詠，縱約友酌茗，清茶代酒，亦不過蕩滌襟懷，且覺怡神快意，而不知者，謂余好出狂言，譏余精神尚未回復，至使親如兄弟之故交，亦未得暢聚。廖兄如知之，或再函相約，定當樂敘平生，不以狂人目余也。

《工商晚報》，一九六四年四月二十日

六五／雁行比翼傷離感　一路歸程憶遠遊

露宿風餐到九秋，芙蓉水冷曲江頭。
雁行比翼傷離感，一路歸程憶遠遊。

前年為友人繪〈芙蓉雙雁圖〉，因詠乙首，並憶戰時，余兄弟六人，均困居淪陷區，余獨在戰地，舍姪無忌、無畏、無咎，均歷戎行，雁行比翼，而余則影隻形單，及戰後眾姪均已成家立室，而余兄弟亦得敘首一堂，侍奉老人，眾姪亦先後歸來謁祖，不負露宿風餐、十年遠遊之志。曾幾何時，先父終於鄉曲，而先兄叔穎亦在台逝世，余兄弟行只餘二兄仲雅及余兩人，違難香江，長姪無忌、無咎，均在台退役，子女成行，在台就讀。尚歷戎行者，僅五姪無畏，僕僕台美，尚得與兄弟相聚。余昔年歸家，亦嘗過五姪部曲，暢遊惠城，今則各處島隅，不見面者已十餘年，本擬赴台一行，與眾姪一敍闊別，然以體魄關係，遵醫者囑，暫勿離港，以便關注。昔同遠遊之子姪，雖尚健存，而余則有體力漸衰之感矣。

綠楊芳草路迢迢，遠送歸人萬里遙。
仰望海雲徒惜別，天涯客夢未全消。

柏立基夫人及青山醫院職員伯賴仁均曾倩余繪畫，去月二人先後返英倫，余感曩歲病中，得其照拂，一旦遠別，不無依依之感，仰望海雲，迢迢萬里，彼等鳥倦思還，不再來港，異邦友人，無緣再晤。蓋英人旅港，亦猶吾輩作客，所殊者彼輩服務期畢，即歸鄉土，余等天涯作客，歸夢難尋，年來雖精神復痊，叨賴健康，然歲月閒度，一事無成，每晨散步亭苑，目看花落，①頓有傷春之感。寂寞年年，未圖久計，尚幸十里洋場不至流離失所，然一念原有家園，本不需東籬寄跡，中年猶顛連求活，誰為為之，孰令致之，不毋悵悵也。

《工商晚報》，一九六四年四月二十一日

附注

①「目」字疑為「自」字。

六六／陋室擾喧難靜閱　曉來車上誦經書

牧牛苦讀可成儒，志在聖賢薄錦衣。
陋室擾喧難靜閱，曉來車上誦經書。

余每星期趁巴士至西營盤，每見青年學子，在車中猶讀功課，手不釋卷，偶詢其一，則謂家中既無書室，又有年稚弟妹喧擾，縱欲溫習功課，亦無安靜環境，故除上課時間外，即到各藏書樓閱讀，每晨乘車之際，亦作預備功課時間。港中寸金尺土，中等人家亦多處陋室，子女好學，惟憑自己努力，珍惜時間，大有「牧牛勤苦讀，馬上錦衣回」之概。①不過愚者罔想，②讀書志在求學問，以應世謀生，而報販之子女，課餘尚助其父售報，在報攤上猶勤讀不倦，其苦學精神，良可記也。

三月木棉已着花，英雄幾許久無家。
凌空矗立飄紅瓣，若見丹心報夏華。

三月紅棉花放，參天矗立，頓見英雄本色，因感不少抗戰軍人今尚飄泊香

附注

① 語本《香囊記》：「正是窗前勤苦讀，須教馬上錦衣回」。

② 「罔」字疑為「妄」字。

江，戰時早已離鄉別井，到處為家，戰後又身歷大江南北，早無家鄉之念，保土衛國，功不可沒，今有在港住徙置區或居木屋區，其謀生方式有營小生意、有執教鞭、有作石工雜役，雖生活艱苦，猶能忠於民族，不愧身為軍人。彼等離卻田園廬墓，當以今日鄉亡無家為憾，惟其中不少出身行伍，早作仗義屠沽，固非求顯達，偶爾相逢，覺其尚露英雄氣概，或述當年殺敵事蹟，或露其臨陣傷痕，追憶前塵，此輩淡泊自甘，大節凜然，誠可嘉可佩也。

《工商晚報》，一九六四年四月二十二日

六七／浮雲世事何須問　感慨吟哦興未衰

望海觀山可自娛，尋常天地且安居。
浮雲世事何須問，感慨吟哦興未衰。

假日嘗訪友居，望海觀山，足以自娛，園林寄跡，尚可安居。香港戰前曾有桃源樂土之譽，戰後亦繁榮廿載，世人譽此為東方之珠，實則尋常天地，只望地方寧靜，於願已足，所謂繁榮，亦外表而已。余除到高貴住宅區訪友外，亦臨銅鑼灣木屋區訪友，彼輩亦傍山而居，臨海結舍，多數為違難粵人，自食其力，破曉即推木車，載果菜，售諸市面，或售洋雜衣物，藉以營生。此輩或曾作仕宦，或作軍人，或曾經商，皆足自給，今則木屋安局，猶以自由為樂。有等且作工人，以維家計，浮雲世事，何須細問前因，「同是天涯淪落人，相逢何必曾相識」，因感港地雖廣，建徙置區大廈及廉價屋，仍無法盡容此輩，簡陋之木屋，有水火之威脅，復不足以蔽風雨，所謂安居者，實無可奈而已，因感詠之。

燦爛白紅滿樹開，翻疑春去又重回。
眼中草木傷時序，無果豈因讓杏梅。

道上夾竹桃花，晚春始放，燦爛紅白，綠葉成陰，時已三月，翻疑春初，念春光易去，來歲始回，雖未開到荼薇，而花事將了。目睹草木，有傷時之悲，一歲之計在於春，轉瞬春將歸，草木向榮，又待春來。至晚春之花如夾竹桃，亦只着花，並不結果，故愛花人之欣賞，亦以為遜讓杏梅，違論桃李，然夾竹桃葉，亦非棄材，有採葉以作藥物，作醫跌打之用，而夾竹桃花，亦可折枝插瓶，視為逸趣，春遊踏青，睹千樹萬樹之夾竹桃花，不費人事栽培，亦在遍野繁長，惜盛況不久，春歸又將凋落，有若人生之塵影，僅餘過眼追憶，徘徊花徑，亦覺惘然若失也。

《工商晚報》，一九六四年四月二十三日

六八 騷懷空對江湖客　渺渺知音奈若何

十載投閒歲月過，笙歌文字已消磨。

騷懷空對江湖客，渺渺知音奈若何。

大陸變色，重來香江，客病投閒，匆又十載，舊日笙歌，已隨歲月沉響，騷懷文字，亦隨世亂消磨。有邀余看所謂粵劇新血演出，只覺徒着古代衣冠，木立呆唱詞曲，既缺舞台演技，亦鮮戲劇氣氛，似此幼稚，豈有新陳代謝可能，只靠座價低廉，吸引觀眾。而江湖賣技之伶人，除靠神誕演出，幾乎無不虧蝕，此殆因演員改拍舞台紀錄片，薪額較高，便提高薪價，在戲院演出舞台劇，皮費過重，營此業者裹足不前。邇來歌唱影片亦趨下坡，而伶星不知振作，不從藝術着想，前途堪悲。有勸余編寫黃色小說，準備作戲劇資料，余以為迎合低級興趣，實不屑為，更有謂寫武俠小說，描寫殲仇復國事蹟，亦可一快人心，此則余認為無聊。笙歌詞曲，昔日不如今日之難，年前余編黃花崗烈士事蹟之電影劇本，亦無人接納，徒費心血，惟有擲筆三歎。

一望平蕪眼欲迷，年年寒食草萋萋。
踏青人去留痕淺，遠客尋芳尚未歸。

春草漫野，望眼欲迷，非爭枯榮，不辨高低，平原一帶，宛如綠波。年年寒食，草沾雨露，踏青人去，尚留淺痕。雖未春歸，已近初夏，天涯遠客，尋芳未歸。念十室忠信，十步芳草，何況十里平原，豈無留戀之地，非只寒食清明，登臨掃祭，殆亦春遊遣興，高吟低唱。或而春郊試馬，遊目騁懷；或而席地舉觴，滌蕩愁懷。「野火燒不盡，春風吹又生」，雨露沾滋，萋萋撩恨，似憶王孫不歸。然青青者不隨歲月老去，原上依舊離離，行人固樂踐綠茵，遠遊不倦，雅士亦喜為賦詠，藉舒幽情，身在荒野，自樂凝碧幽香也。

《工商晚報》，一九六四年四月二十四日

六九／騷客無眠思婦怨　如此淒涼不忍聞

英雄兒女費沉吟，午夜簫聲欲斷魂。
騷客無眠思婦怨，如此淒涼不忍聞。

午夜簫聲，撩我吟思，大有「二十四橋明月夜，玉人何處教吹簫」之感。古來兒女英雄，借簫聲寄意者甚多，而伍員吹簫吳市，懷才乞食，足使人傷感。至若楚館秦樓，瓊簫夜奏，思婦斷魂，騷人腸斷，如此淒涼，殊不忍聞。至於憂時之士，借簫聲以遣情，不只感懷身世，要亦繫念興亡。因憶余嘗編《心聲淚影》粵劇《瓊簫怨》一段詞曲有云：「良辰美景奈何天，賞心樂事誰家院，晚春天，月如弦，柳昏花暝恨如煙」。孤零作客，聞簫聲而誦舊詞，能無傷時之感耶。

只緣病院可容身，怕聽呻吟左右鄰。
看透蒼生多苦痛，微軀尚健樂為文。

年前余在青山醫院病癒，寄居於主恩禮拜堂，日間返綠村電台工作，而電台主事者力謂余精神未健全，再逼余入青山醫院居住一月。醫者謂余一切已告正常，着余出外工作，遂使余宿處無定，戚友亦視余為狂人，拒不接納，幸得友人之助，轉入在法國醫院休養，至今年餘，尚喜容身有地，終日與病者為鄰，夜夜聞呻吟之聲，實難安寢，而几桌無多，在院中寫作不便。幸余早已看透生死苦痛，不以為意，尚可隨遇而安，勝於露宿街頭之流浪者多矣。每晨五時即起，早茗數杯，出外閒吟，亦覺至樂。然文思不暢，非關病軀，實由於落井下石者，動輒謂余政治病，使余介介於懷。實則余若仍是狂人，當局亦不許余徉遊市面，豈余寂困病院，始快人心耶，好事者徒作小人而已。

《工商晚報》，一九六四年四月二十五日

七〇／恨乏文章驚末世　只餘風月作清談

生平磊落可無慚，弗管人間毀譽參。
恨乏文章驚末世，只餘風月作清談。

草草勞人瞬又數十寒暑，藝海浮名，今已沉寂。然平生雅好藝術，非重資財，江湖浪跡，往事雲煙，而自問光明磊落，撫心無愧。固未嘗以虛譽為榮，亦不懼因傲世受毀，寧人笑我清狂，猶克保余晚節，十餘年飄泊餘生，亦不隨流俗改志。而好事者竟謂余少年寫作，純屬官僚戲劇，始得有勢者愛戴，藉以成名。更有謂所編名劇，均非出余手筆，余不置辯，唯有泰然。知余者，又譽余知進知退，不污素譽。往日遊戲文章，亦能驚世移俗，不負藝術良心。余聞之頗多感想，蓋此時此世，戲劇工作者，既不敢暢所欲言，作中流砥柱，徒然敷衍塞責，點綴昇平，「豈有文章驚末世，只餘風月作清談」，平平無奇，有違素志。即淺詠低吟，亦不過一吐抑鬱。余亦有「風月平章成既往，騷懷猶似少年時」之感矣。

漫說相交數十年，書窗筆硯共翩翩。
銅韶聚首情如昨，海角驚聞噩耗傳。

友人蔡德榮君，為名儒蔡乃瑝後人，世居河南，① 幼年與余比鄰而居，舊居經火災，讓售與先父，即今余家中之花園。民十一年，余與蔡君同肄業於嶺南大學附中，同級共讀，且同宿舍，當年一房居四人，即謝恩祿牧師之子謝志理、苦學生冼星海、蔡君及余。後余轉港就學，蔡君負笈申江，抗戰時期，蔡君在戰地數年，不少成就，與余在粵北曲江，朝夕相聚，常把酒話舊，近年在港，甚少見

附注

① 「河南」，指廣東的河南。

面。去年在《星島日報》與余遇，共至美利堅菜館小茗，蔡君謂同房謝君冼君，均先後去世，只餘余等二人，飽閱滄桑，不勝嘆息，並謂近年多病，深以為慮。余力慰之，不意未及半年，蔡君竟一病不起，噩耗傳來，不勝哀悼。蔡君雖為記者，而戰中飲譽，奈何寂寂以終。去月舊鄰李菁林逝世，今月又哭蔡君，人生朝露，童年革角交，②無幾人矣，賦此為輓，並誌悼思。

《工商晚報》，一九六四年四月二十六日

② 「革」字疑為「羈」字。「羈角」，古時兒童的髮髻，借指童年。

七一 酸心卻得醇醪解 止渴一杯味覺甘

從來酒國覓知音，黃梅佳釀費追尋。
酸心卻得醇醪解，止渴一杯味覺甘。

從前居蘿崗洞，黃梅成熟，浸成佳釀，不只清香，且可止渴。有謂梅子含醉，縱釀成酒，亦味之心醉，此非酒星之語，世人忖測之詞。蓋黃梅酒一經沾唇，可解心中懊惱，不覺酸苦，且覺甘甜，既止渴忱，又足怡神。昔年蘭齋農場，每年均自釀梅子佳露，農暇舉杯，有酒盈樽，引壺自樂，況有嘉餚，又可果腹，躬耕之樂，至今稱快。然自違難香江，不喝黃梅酒已十餘年。近有友人邀飲，亦饗余以黃梅酒，惜酒味不濃，迨因所用梅子過少，不見香味，第慰情聊勝於無，亦惹起昔年田野風味之回憶。據謂近年來蘿崗所產之梅子，已不如從前之豐碩，即本港所製之陳皮梅，亦均採用上海梅子，核大肉少，不如粵產遠甚，而蘿崗洞梅子，亦告歉收，大概因肥料不足所致，故欲飲如從前清香之梅子酒，亦徒夢想而已。

目送春歸惜韶華，只剩蛛絲罥落花。
尚有蝶迷芳草綠，天涯客夢憶人遐。

今歲三月上旬，已有春去了的景色，迨因去年曾閏一月，今歲節令早，更目看春去，自惜韶華逝水，縱目郊原，尚見蝶迷芳草，而園榭一角，只剩蛛絲落花，物情如此，寧能無感。念年年春去春來，暫離而非永別，雖失時如屈蠖，得意可成龍，潦落文人，升沉奚辱，既無負於世，即問心可安，所痛者，往日相識遍天下，如今知己多云亡，戰時共事者，亦皆星散異地，天涯作客，音渺人遐，傷春寂寞，徒費苦思。此身如在東籬，漫説暫時屈處，非為個人事業計，亦憐人海客途憂。日昨遇友人麥青，亦以家人離散，飄泊香島，為生活奔波相告。余生活雖清苦，尚有比余更顛仆者，亂世寧甘自隱，沉埋壯志多年，深以為悔也。

《工商晚報》，一九六四年四月二十七日

七二　峻嶺崇山飛渡易　大公無我更何人

了然生死歷征塵，無恙歸來剩一身。
峻嶺崇山飛渡易，大公無我更何人。

抗戰末期戲劇工作者多返後方，而余獨了然生死，親赴前線，曲江南雄之役，踏遍峻嶺崇山，冰天雪地，歷險如夷，血戰後歸來，衣物均盡，孑然一身，猶以為樂。當時與余共甘苦之粵劇伶人，均在東江演唱，今已星散。又以軍劇嚴肅稱譽之「捷聲劇社」，亦已解散。迨戰後各安所業，故難召集。日昨與吳康鑑君，談及粵劇前途，勉余勿作悲觀。蓋對事業盡責，本大公無私之精神者，捨余外，更有何人？焉知今之伶人，亦長此無有志者可以造就。有謂余精神已不如昔日，吳君不之信，並謂余康健正常，沉寂可惜，余惟感其熱情而已。又「捷聲劇社」之花旦嚴丹鳳，以余之抗戰劇本，赴南洋各埠演唱，近亦有所積蓄，置樓於香港，近遣人向余再索舊劇本，惜余一無存稿，有負所望。俟設法覓得舊稿，當再贈之，願丹鳳其努力前途，勿稍懈怠。

含蕾碧翠雪為衣，香草美人淡素姿。
弗與春花爭艷麗，芬芳自潔了塵思。

曉視室中，花瓶插滿百合花，適合繪畫寫生，蓋百合含蕾未放，則翡翠碧綠，一經開放，則如雪衣，淨玉質，淡素姿態，有如香草美人。此花為草本，原在夏初開放，今歲則較早着花，然花本淡素，不與春花爭妍，而榮潔秀麗，另有風格。因感美人如花，奚需千紅萬紫，始稱嬌艷。如純潔樸素，反覺嬌人。且百合花芬芳撲鼻，清香異常，絕無俗味，在花園中，能令人如此可愛者，實屬無幾，因繪乙幅，題為「雪衣美人」，並賦乙首，因余本無塵思之念，寄情花木，願人如花，孤芳自潔，奚只為美人詠，亦為潔身文人興也。

《工商晚報》，一九六四年四月二十八日

七三／文章道義誅狐鼠　藝苑奚悲譽響沉

興亡事蹟易追尋，春秋鐵筆正人心。
文章道義誅狐鼠，藝苑奚悲譽響沉。

三年前余在電台任職，擬就一歌唱劇本，描述流匪李闖，覆亡明室之非。蓋有歷史可追尋，李闖原為流寇，一旦得勢，殘民以逞，卒召異族侵淩，陷國人為奴隸者凡數百年，尤其得天下後不以百姓為念，純粹個人英雄主義，實非革命典型。劇本寫成，付與播音，而主事者以為另有作用，將劇本雪藏，斥為狂論，並謂電台為娛樂性質，勿論天下興亡。不知《春秋》鐵筆，非此不足以正人心。回憶余在抗戰時期，從事戲劇工作，以文章道義，分稱敵我，力斥城狐社鼠。關塞強梁，實為國族之患。今人只以成敗論事，不管民瘼，徒作粉飾昇平之劇本，或以荒淫事蹟，過份描寫，作色情誘惑，或寫作小說，或拍攝電影，有心人能無世衰道微之悲。此余之所以擱筆，弗念個人藝譽響沉，亦保存戲劇文化工作者之藝術良心而已。

佔盡群芳一代春，千紅萬紫艷無倫。
丹青尚有芳華感，猶似浮生意態真。

李師鳳公，年已八十許，猶作畫不倦，近以族弟江概，在旺角花園街開設敏如茶室，為繪〈十分春色圖〉，折枝花卉，盡入丹青，而萬紫千紅，群芳爭艷，令人有看花不倦之感。念花木爭妍，迎春怒放，獨不見芝蘭之馨香幽雅，黃菊之傲節高風，嶺梅之冰肌玉質，惜均不在春時開放，因感而詠，並錄舊作《花落春歸去》曲詞一段，送春歸去：「花開花落無可奈，春復春兮春復來，春復來，無可奈，無可奈何傷老大，惆悵東風獨徘徊」，以博一粲。江概弟請余作畫，余以功力不及李師，不敢應命，賦此乙首，並祝李師康健。

《工商晚報》，一九六四年四月二十九日

七四／撩人牽惹懷歸夢　殘破家園不忍言

客歲相逢又隔年，清明時節聽啼鵑。
撩人牽惹懷歸夢，殘破家園不忍言。

客歲宗兄江冷自南洋歸港，尚慰問余病，並謂相信不久天日重光，余等可以安返家園。相別隔年，余依然作客，而冷兄亦授課星洲，無暇來港。回憶戰時，雙親均在淪陷區，余亦賴冷兄託人轉寄訊息，今則雙親亡故，余已無家人之念，清明時節，啼鵑聲聲，歸心盡碎，家園殘破，且為鳩佔，懷歸有夢，漂泊無家。而兄弟妹姪，均遠難在港，每月尚可見面一二次，獨冷兄則妻子仍在大陸，不許申請來港，飽受煎熬，境況殊苦，固不能以其個人生活安定，便覺為樂也。

滄浪清水濯吾纓，澹泊自甘保節名。
榮辱無門惟自擇，別枝蟬曳已殘聲。

缺乏正義感之人，每譏戰時刻苦工作於抗戰政府者為污濁分子，不知余及不少戰友，均以為「滄浪之水清兮可濯吾纓」，而戰後又澹泊自甘，各行其素，尤以戲劇工作者，幾許在前線與士兵共甘苦，作勞軍工作，不以為功，而粵劇界之薛覺先與馬師曾，雖日以前進戲人自命，實則未嘗一刻戰時生活，亦未嘗一蒞戰線，徒在港僑最多之桂柳演出不合時代之戲劇，藉以營利，對國家實無貢獻。雖當政府待彼等不薄，①彼等以年老藝衰，在港無立足地，投奔大陸，冀有所獲，均不如願以終，榮辱無門，惟人自擇。至馬師曾，未死之前，紅線女已蟬曳殘聲過別枝，與馬均受彈劾，馬伶死後，轉以嘩眾邀寵，伶人末路亦成宣傳工具，殊可哀也。

《工商晚報》，一九六四年四月三十日

附注

① 「當」字後疑奪「時」字。

七五／晚春苦翳如炎夏　雲氣當頭喜驟陰

一滴楊枝恍似金，蒼天未許雨成霖。
晚春苦翳如炎夏，雲氣當頭喜驟陰。

日昨天色驟陰，以為大雨將至，歲逢苦旱，若得楊枝甘露，民困頓甦，乃陣雨轉晴，艷陽如夏，豈天心未許霖雨沛然，致欲滌煩襟，惟有嘆息耶？因感久歷風塵，四海為家，縱目山川，未必處處炎帝苦迫，無奈天涯一隅，無路可通，縱使甘霖不降，亦惟忍耐待時，所苦者不少違難義民，以農為業，天旱輟耕，生活堪虞。友人營農場於新界，連歲收成甚少，改營畜牧，以度荒年。黃梅時節，尚不見雨，豈真時乎不正，遂使歲序難循，昊天倘若見憐，當恤彼苦難眾生，久旱不雨，則此地縱為安樂土，亦有欲耕無計之嘆也。

五十餘年虛度過，依然故我一閒身。
經書處世知無誤，虛譽浮名盡讓人。

日昨與文友數人茶敍，①各以年齡事業為話柄。友人徐君，謂余年非老，亦非無聞於世，奚必自餒。余以五十餘年，紙墨生涯，乏善可述，依然故我，落落閒身。少年雖在粵劇電影話劇界活動，雖小有成就，亦不過余之家世環境，比別人優越，且屬舉人出身，異於江湖子弟，然尚念經書處世，詩禮傳家，立場高潔，自無錯誤。至余戰中寫作之粵劇《孔雀東南飛》與《紅線盜盒》，今尚演於大陸，且已為別人竄改，余固知一般毀余者，評余舊作為士大夫享樂品，然仍以余之舊作，號召觀眾，余亦以虛譽浮名，甘讓別人。來日方長，安知余無倡舊道

附注

① 「日」字乃按原報殘畫作推測。

德、適時代之創作面世耶？願拭目以觀之。

《工商晚報》，一九六四年五月一日

七六 酷日驕陽如赤焰 關心民食意淒迷

田原龜裂雨稀微，苦旱春農百事非。
酷日驕陽如赤焰，關心民食意淒迷。

今歲春季，天尚未降甘霖，昨遊新界，睹禾田龜裂，難下春秧，如此苦旱，農事日非，即有耕民藉車水以為灌溉，亦只可種菜，而缺乏水源，盡力耕耘，亦未必有良好收成。不特港九如此，百粵近南方一帶農田，亦有旱象，雖極力以水利挽救，亦不足以挽農事旱荒，尤以禺北禺東一帶山田，非靠天雨，不能開耕。雖宣傳者力謂解決水荒，春耕樂觀，實則慣於耕種者，敢測必無豐收。而酷日驕陽，烈如赤焰，耕民若無豐收，自然耕不足食，尚需徵納公糧，雖曰以公價收購，實無異於規定稅抽，如何穩定民食，安撫耕農。暴政之下，加以天時災旱，使百姓有時日曷喪，民願與之偕亡之況。而粉飾昇平者，竟謂春耕樂景，何以掩人耳目，況強行抽購，痛苦不堪，民食何依，暴者不管，仁者關心，亦無救策，暴力壓迫下之耕民，其生活困苦可知矣。

相見恍如隔世人，欣聞樂道復歸真。
正懷養志忘塵累，欲拯浮沉眾苦辛。

世交劉君戰時曾在部隊任書記工作，粵北數次大戰，均隨部隊出生入死，戰後仍在部隊任事，走遍大江南北，大陸變色，舉家遷避來港，近歸道教，在青松仙館主理文書工作，余得友人蕭君相告，因往仙館訪謁，睹劉君髮鬢有絲，風塵不減，劫後重逢，恍如隔世，欣聞樂道歸真，正懷養志，而道教信條亦以善己善人，拯救眾生為本旨，友人伍佩琳、盧述卿等，亦均已歸道，劉君則寄身仙館，一志潛修，廣結善緣，昔者久歷戎行，苦辛經過，今則已脫征塵，海角靜修，亦一樂事也。

《工商晚報》，一九六四年五月三日

【編者按】《工商晚報》一九六四年五月二日版面略有改動，沒有《小蘭齋主隨筆》，五月三日始續刊。

七七／霏霏細雨輕吹散　午後郊遊尚覺陰

縱目春雲變幻深，可能出岫便成霖。
霏霏細雨輕吹散，午後郊遊尚覺陰。

春雲變幻，跡象難尋，連日驟寒驟熱，雲朵出岫，似可降雨，然霏霏點滴，轉瞬放晴，郊外遊人，尚以午陰為樂。天色乾躁，非降雨不能解人苦悶，有謂雲只蔽日，不成大雨，故出外亦不攜雨傘，及睹風飄柳絮，復覺雨濕羅衣，亦謂大道不成泥濘，踏春仍有興趣。料峭輕寒，春衣可着，俗語有謂「二八亂穿衣」，今時已三月，衣服厚薄咸宜，無傷大雅也。然天文台報告，則謂將吹東風，天氣轉涼，且有連綿大雨，迄今數日，雖無大雨，但天氣陰涼，則預測準確。蓋天氣可測，而春雲則難料，①至於其降雨與否，誠有「九霄欲附龍無跡，三徑相依鶴有心」之感矣。

達觀何事惹煩憂，劫後餘生似楚囚。
對鏡翻驚人漸老，客居非比擁田疇。

附注

① 「雲」字乃按原報殘畫作推測。

余生平達觀，素無煩憂，然劫後餘生，無所事事，年前居人斗室，有若楚囚，念身在東籬，客夢難久，與先父句「籬下依人夢不長」，極有同感。然先父昔日，猶有田園可歸，故尚有「畢竟故園春色好，眼前光景近斜陽」語。余年過半百，對鏡驚心，容顏老去，身猶作客，不知晚景奚若，誠以鄉土故園，均為狼鼠所佔，今日非擁田疇，還鄉且恐饔飧不繼。如四兄季槐、九兄譽題，均在家鄉飢病以終，死後肉葬，棺柩均無，生前死後，均不堪設想，雖有曲為宣傳，力謂故鄉農業已有改進，勸余回鄉一視，余謂族人年來紛紛逃港，倘耕農生活好過，誰肯背井離鄉，飄泊天涯，不必視察，已知生活艱苦。近者寡嫂及眾母又函港，訴以久病不得醫治，囑設法接濟，然留居大陸，即有接濟，亦久延殘喘，豈尚有躬耕田疇，自食其力之樂耶，一嘆。

《工商晚報》，一九六四年五月四日

七八／文章警世平生志　落落江湖薄利名

叶羽探商可遣情，晨鐘暮鼓管絃聲。
文章警世平生志，落落江湖薄利名。

少日叶羽探商，寫撰詞曲，純為抒情遣興，即編粵劇，亦屬業餘性質，初撰《寒夜簫聲》，徵得音樂名家林健生（蘇州妹弟）、胡鳳昌、鄧公遠、余國錫、劉天一等，商討改善音樂問題，初未成功，繼以《心聲淚影》編贈薛覺先，時東北淪亡，余在劇中力陳收復失地，寸土必爭，藉此遊戲文章，作暮鼓晨鐘，喚起民氣。時余方在省立女子師範授課，對戲劇不過逢場作興，然所寫作，均本民族主義，故為觀者愛戴。民國廿三年，余斥資逾萬，組「大江南劇團」，全部資金虧折，仍不能減余之興趣。斯時「覺先聲劇團」主事人，不願余因粵劇而耗資財，始禮聘余編劇，其後「新生活」、「錦添花」、「興中華」等劇團，相繼邀余編劇，余始專業寫撰粵劇，然亦一本改善粵劇宗旨，非求名亦非求利，作為事業觀，以文章警世，為生平志趣。余曾與馬師曾共事於「太平劇團」，編撰《情海慈航》、《啼笑皆非》、《赤馬雲鬟》三劇，並力主編演「擕民渡江」及「赤壁鏖戰」之三國抗戰劇。馬伶浪漫成性，以《三國志》之人物諸葛亮周瑜改為一男一女，側重男女愛情鬥爭，編為《寶鼎明珠》，因獲大利，又刪去「擕民渡江」一節，與原意大有出入，余因又拍攝《趙子龍》一片以補回所刪一段戲，雖虧折亦不違本旨。馬伶死後，有以抗戰戲人吹捧，不知其有何代表作，實則魚目混珠，特斥之以正視聽。至謂其「留得藝園一代名」，不如直寫其浪漫事蹟浪漫演出，「留得梨園浪漫名」，足見投機分子，窮途失節而已。

海畔游魚入目幽，凌波上下自沉浮。
惜遲結網惟垂釣，香餌弗貪枉下鈎。

小立海濱，游魚入目，穿波上下，水裏沉浮，時聚時散，來去自由，臨淵羨魚，欲歸結網，惜覺已遲。惟下鈎垂釣，然魚亦敏感，稍啖香餌，即揚長而去，故垂釣終日，一無所得。因覺海濱游魚，與人無異，但得一飽，弗貪香餌，故有「香餌自投魚自棄，任他終日釣竿忙」之句。①魚愛自由，故得保全性命，人愛自由，亦不輕為利誘。身之所安，不作過份之想，否則喪身失志，噬臍莫及。余亦時有作海濱遺民之感，亂世浮名，余不為動也。

《工商晚報》，一九六四年五月五日

附注

① 十三郎所引用的詩句與冼玉清原句略有不同，原詩為：「香餌自投魚自遠，笑他終日舉竿忙」。

七九／林木四時猶暢茂　泉源此日見澄清

躬耕奚作不平鳴，俗慮渾忘況濯纓。
林木四時猶暢茂，泉源此日見澄清。

此為二十年前所作，蓋自戰後，余深感躬耕自樂。有以余於戰中，曾為文化戰士，戰後息影家園，嘗為余作不平鳴，余時方撰詩稿，刊於廣州《前鋒日報》，自比高潔之士，渾忘俗慮，濯纓濯足，幸睹林木，四時茂盛，而農事雖苦，粒米無缺。余家曾祖嘗務農，祖父晚年亦以農為業，故廣置田畝，非只欲晚年享福，徒為兒孫計也。泉源此日，可見澄清，余寄居蘿崗洞附近，聞聽瀑泉之聲，與耕農為伍，享大自然之樂，奚順顯達問世。自顧多年飄泊，在戰時不愧為一文人，且亦無負於師友，非盜聲名，不尋富貴，以為此生事業，可告一段落。乃時局突變，讒口交加，有向農民譏余為濁世之佳公子，但仍未脫士大夫本色，實屬地主資產階級兒女，封建殘餘。惟生平並未嘗以地位淩人，亦不計成敗得失，素為農民子弟所喜，譏余者雖欲加莫須有之罪，然自問社會應有公評，不必辯也。

海外久違月下逢，翻疑曾見故鄉中。
相看凝目難言慰，作客天涯境不同。

三月之望，夜行於市，月下相逢，族弟江善，余以棲遲海嶼，意外相遇，乍見翻疑在故鄉。回憶一九四九年，余避難返鄉，族弟江善，以魚肉贈余，得免飢餒，今遇於途，善弟鬢髩有絲，且衣服不整，余詢以何時來港，則謂二年前從鄉中來，役於茶肆江俊處，天涯作客，聊可棲身。蓋在鄉中，雖力耕亦不足溫飽，而魚塘桑田，均已充公，境況與前大不相同。隻身逃此，勉求餬口，並謂余早離鄉土為得計，詢余近況，余亦乏善可述，無言可慰。欲問故鄉事，則善弟亦不願提，以親故多已去世，而族人亦瘦弱頹疲，久延殘喘，雖不至十室九空，惟皆以力耕不飽，多慽慽無生趣矣。

《工商晚報》，一九六四年五月六日

八〇 聚散無常萍斷梗　依稀往事腦中留

經年避世此荒投，人海飄零憶舊遊。
聚散無常萍斷梗，依稀往事腦中留。

美籍遊客葛理夫人來港，承友人介紹，與余認識，彼在八年前曾來港一次，舊地重遊，余詢以對本港有何印象，彼謂近來香港，增建崇樓大廈，似覺繁榮，中國之避世人，不愁居住失所，反問余對本港印象，余答以亦違難避世來此，殊覺香港為一文化荒地，表面繁榮，實則社會教育，全無進步，飛仔飛女之流，觸目皆是，而為情自殺之事件，亦時有發生，此則與生活習慣有關。因憶舊遊劉偉森、趙如琳、羅英才、羅英發各兄均在歐美，戰時以事業關係，時相聚首，均以工作嚴肅，維繫青年子弟生活，不使陷入歧途。戰後或歸臥南山，或遯跡異國，有若飄萍斷梗，音訊疏渺。而昔年景象，常留腦海。蓋一城一市之教育問題，影響青年甚深，今之戲劇及文化事業，側重色情，或重武俠神怪，最易令青年墮入歧途，不獨影響城市秩序，且防礙青年教育與事業前途。不從青年生活嚴肅做起，徒倡道德運動，無補益於事。倘能維繫青年人前途希望，注重人格，則地方文化，自有進步也。

骨相稜稜見壯懷，廿年闊別隔天涯。
範容如睹清霜節，平安喜訊報朋儕。

日昨余赴韶香茶樓小茗，遇曹孟強君，因市酒共飲，並以舊日在韶關友人近況相告，又以何葵公近照見示，何已七十許人，而精神仍健，骨相稜稜，壯懷如昔。余自戰後，即未嘗得遇葵公，憶昔長民政廳於曲江，甚具政績，廿年闊別，未遑趨謁，聞留港不久，即返台灣，得睹儀容，依然俊秀，而清霜亮節，令人生敬。昔日隨葵公之友儕，不少在港，惜散處荃灣、鴨脷洲、元朗各處，謹以其平安訊息，分別奉告，①庶知哲人無恙，藉報平安。

攜酒聽鶯萬綠叢，天南三月尚東風。
霾雲未雨天猶晦，氣象如斯有戚容。

邇來苦悶無聊，因乘週末，偕友同遊大埔，攜酒與俱，暢遊於萬綠叢中。時近晚春，②鶯聲亂啼，撩人意態，尤以三月將過，尚似東風寒食，而霾雲遍佈，只見陰晴，未興雲雨，天猶暗晦，片片落花，使人腸斷，縱今舉觴痛飲，尚有戚容，氣象如斯，殊不多見。頻年藉詩酒解愁，此日鶯花縈客夢，幾曾風雨送春歸，大地未甦，景物寂寥，無心行樂。翌日為友人黎君五十六華誕，邀余宴聚，

附注

① 「惜散處荃灣、鴨脷洲、元朗各處，謹以其平安訊息，分別奉告」原報排字誤排在下文「時近」與「春晚」之間，今按段意句意作合理重組。

② 「時近」與「春晚」之間原稿有誤排文句，參看注①。

余以心緒不寧，未往參加。「天涯猶厭囂塵擾，海角寧無客夢賒」，客套酬酢，徒增傷感而已。

《工商晚報》，一九六四年五月七日

八一　力役不慚猶奉食　爭如故舊恥求憐

樂觀寧靜效前賢，淡泊生涯志益堅。
力役不慚猶奉食，爭如故舊恥求憐。

余居銅鑼灣，常以事外出，歸膳於附近東園餐室，得與一友人李炳成遇，李君為抗戰軍人，曾參加南潯粵北戰役，後調返馬壩，充廣東省銀行衛士排長，昔曾出入於省行者，多與其認識，為人樂觀寧靜，生涯淡泊，年已五十許，頃在餐室充當雜役，司送餐外賣、奉食於人工作，月薪僅百餘元，不以為薄，尚謂自食其力，勝為五斗米折腰，並謂轉戰大江南北，已十餘年，雖家本中資，尚可自給，惟自大陸變色，即蕩然一空，隻身來港，昔日不少故舊，生活驕人，惟恥於求憐，寧作苦役，自尋生活，且對人事滄桑，宦海浮沉，早已看透，惟其深信，大陸必有重光之日，渠即有與妻兒重敍天倫之樂。李君雖出身行伍，尚有採薇之節，誠足一詠也。

爐峰煙霧曉陰沉，出岫無心是朵雲。
枯坐樓中閒賞雨，黃梅時節又春深。

曉來煙霧，隱閉爐峰，遠山微雲，弗睹日出，天地頓呈陰沉景象，單衣又怯陣陣春寒，然雲出無心，也逢雨降，久旱如遇甘霖，大地若逢生氣，際此春耕開始，耕農得睹雨色，額首稱慶，而天時乾燥，居民亦見雨怡神，大雨中出外不便，枯坐樓中，閒賞雨景，瀟瀟疏竹，雨中搖曳，遍地槐花，隨雨沖去，清明早過，已將閉墓，尚降霏雨，亦應時節。有謂年年天后寶誕，必降雨慶賀，而進香者以天降甘霖，感謝神恩，或穿雨衣，或持雨傘，冒雨於途，不以行路泥濘為苦。而午後又雨止放晴，參神者咸有喜色，然天后誕過，春深景色，世稱為黃梅時節，梅香荔熟，轉瞬初夏，暑熱將臨，為問春歸●何如●至此極也。

《工商晚報》，一九六四年五月八日

八二／廿載煙波回首處　滔滔天下盡狂流

離家王粲早登樓，一鏡看花老覺羞。
廿載煙波回首處，滔滔天下盡狂流。

閒過新光酒家，睹先父題匾，有「玉屑瓊晶王粲仙才」句，①酒家主人譚姓，邀余登樓看中堂，又有「林木自蒼閒着筆，煙波回首作詩翁」語，余因感昔年離父遠遊，少日登樓豪氣，如今廿餘載，半百韶光已逝，而早未預為營謀，徒效李白詩酒遣興，如今攬鏡看花，頓感韶光虛負，且未盡事親之責。抗戰後雖歸家，然不久獨自離家，違難香港。尚憶曾國藩詩聯有「煙波逢歲月，奔走會風雲」句。十餘年來，余目睹滔滔天下，狂流泛濫，自慚無力投鞭，徒作騷人之語，殊覺汗顏無已也。

客中朋舊喜相尋，廿載別君鮮訊音。
海外歸來慳一面，情懷寂寞聽絃琴。

天南作客，每聞朋舊在港，輒喜相尋，一訴別況。昔在粵北曲江藝術院，

附注

① 「粲」字原稿作「桀」，諒誤，正文改訂。

與音樂家黃友棣君，時相晤對，討論民族形式音樂，而余方從事國劇研究，叶羽探商，變徵餘音，均需從樂理探討，黃君賜助甚多，戰役一別，已二十年餘。年前聞黃君在台灣，余去信查問，得覆已赴意大利深造，去年始聞黃君歸港設帳授徒，傳播新音樂。黃君藝有專長，惜海外歸來，余猶未遇，否則一談如何改善民族形式樂調，及音樂如何配合民族形式舞蹈，此為以前戰時已着手研究，今日藝術荒蕪之香港，如黃君之人才，殊不多得，余方情懷落寞，偶聞絃琴之音，益有渴思故舊之感，惜無緣把晤耳。

《工商晚報》，一九六四年五月九日

八三／天涯幾許江湖客　莫笑經年歷劫塵

一任飄蓬老此身，恍如孤雁感離群。

天涯幾許江湖客，莫笑經年歷劫塵。

東北事變起，余輟學赴滬，其初志在電影事業，俾助民族抗戰宣傳，及後又從事粵劇，以易收效。當時伶人，自能合作組成劇團，渴望知識分子為其編撰劇本，余適逢其時，在形式上，矯正服裝時代性，整潔舞台，不使衣雜箱工作人員，①在演出時出入。改用象徵化舞台裝置及圖案畫佈景。在意識上與浪漫主義色彩濃厚之演出對抗，創立粵劇有反映現實之演出，注重劇中人之性格表演。十餘年來飄泊江湖，既鮮與家人同聚，亦少與港大南大同學接觸，身如孤雁，早已離群，而戰後息影數年，又復違難香島。然一般江湖演劇者，經歷劫塵，亦多老去，而新起劇人，近亦甚少，且有復走向浪漫主義途徑。而舞台裝置，亦與演出形式不統一，反不如昔日伶人之向上，幾許江湖子弟，遠走異鄉，或開餐室，或開洗衣店，彼等以時不我與，轉業為生，勿笑其老去無為，彼等對戲劇之認識，較諸現在當紅之演員，有大巫小巫之別也。

拍岸因風起浪花，海中洶湧染流霞。

波濤尚帶斜陽艷，泛宅思還何處家。

新交張澄初君，滬籍人，十五年前來港就讀，畢業後曾返大陸省親，則家亡人散，乃再返港，業航海，飽經風浪，領略自然景色，覺輪行迅速，拍岸波濤，海中洶湧，色染流霞，而波濤艷麗，有黃金之色，泛宅浮家，遠涉重洋各島

附注

① 「衣雜箱」即衣箱和雜箱，此處泛指幕後的服裝人員和布景道具人員。

各埠，均曾遊覽，而各處風土人情，亦殊我國。每思祖國，渴望還鄉，但年年過港，只聞赤焰方張，生靈痛苦，轉不若長居海上，泛宅終老。張君四十許人，尚無家室，蓋一則無法兼顧，二則赤匪未滅，何以家為。日昨偕余買醉，一洗胸中塊壘。明日又離港渡洋遠去，「海闊縱魚躍，天空任鳥飛」，②堪為張君詠矣。

漫說神交萬里情，悠悠生死尚迴縈。
解衣推食誠知我，莫報高誼涕淚零。

一九五〇年，余遭難居港，住宿無定，衣食無着，又無工作，日夕流浪於中環區，得遇前明新鏡業公司經理劉耀樞君，劉為嶺南大學轉赴美留學生，與先兄譽題同級，睹余窘狀，偕余至大道中鹿角酒店，闢房居住，並贈余大衣一件，藉以禦寒，每日必來鹿角酒店，偕余至永吉街陸羽茶室赴茗，進八寶糯米飯及點心，解衣推食，無微不至。後劉君居三藩市，開洗衣店，尚致函香港友人，詢余生活狀況，萬里關懷，殊深感銘，近遇劉君舊伴區君，知劉已於去年病終三藩市，悠悠生死，患難相交，不勝哀悼，亂世知己，無以圖報，不禁涕淚盈襟，痛切良朋早歿，謹為此文，以記重義人。③

《工商晚報》，一九六四年五月十日

② 「海闊縱魚躍」一句，據《堅瓠集》或《西遊記》「縱」字均作「從」。

③ 「重」字乃按原報殘畫作推測。

八四／世間冷暖人情態　譏笑清狂已渾忘

枕畔輕寒雨剪窗，推衾把曉怯春涼。
世間冷暖人情態，譏笑清狂已渾忘。

連夕春寒，冷雨剪窗，擁枕高眠，曉來覺冷，既感天色驟寒驟熱，復覺人情冷暖不常。余在港讀書自中學而大學，達三十餘載，雖云非在港出生，但亦有悠長時間，交遊縱非廣闊，而苦不能一枝有寄，閒居十有餘載，雖曾在電台及報社以寫作過活，而每因意見不合，即被譏笑為清狂，不適宜於港九，人情冷暖，世間常態，謂余清狂成病，余亦一概渾忘。蓋傷懷憂世，憤時嫉俗，如我之人，不知幾許。清狂非辱，屈節堪悲，有警告余者，謂余時在酒樓茶室，高談闊論，誠恐招惹是非，幸余被人視為狂病初癒之人，否則在港亦不能久居；余惟一笑置之。蓋清狂為余之個性，既不抵觸香港法律，何來招惹是非，豈言論並無自由，失時便應作屈蠖耶？冬蟲之見，徒貽知者笑耳。

不辭酩酊賦新詩，同在他鄉感亂離。
濟世未能惟自遣，襟懷如舊志難移。

日昨承友人邀約，同至沙田食海鮮。友亦違難來港，有他鄉感亂離之慨，把酒談心，不辭酩酊，為賦新詩，自愧無謀無勇，未能濟世，而問字倚聲，尚能自遣。友人謂余雖飽歷風塵，襟懷尚壯，靖節清高，劉伶醉態，此鄉雖非樂土，為時尚可暫居，漫説舉世昏昏，睹余酩酊猶醒，夷齊凜節，採薇充飢，時勢雖異，大志難移。友勉余仍當從事戲劇文章，俾作晨鐘暮鼓，儆醒當世。漫論英雄失敗，且談天意人心，蓋文章不只培養靈性，亦可喚醒眾生。友固關心民瘼，頗多卓見，愧無生花之筆，恣其渲染，唯詠新詩，聊以自娛已。

結伴浪遊三疊潭，訪禪奚必覓名山。
梵經貝葉談玄妙，跋涉弗嫌道遠難。

日昨病院中人，旅行荃灣城門水塘，余未參加，惟憶去年，余偕新生互助會會員，結伴浪遊三疊潭，並在禪院素餐，余等雖非佛徒，然亦有訪禪之念，此地煙霞勝蹟，雖非名山古寺，亦可一聽貝葉梵經，細聆玄妙，而趁此暮春，聯袂尋芳，亦覺有趣。眾皆不嫌遠道難行，足力強健，遍遊郊坰，心曠神怡，一洗塵俗，大有「白水黑山鏡裏山，縱目閒雲天外立」之慨，如此旅行，足遣無聊。回首一年，又已春晚，執筆賦詩，以誌遊興。荃灣雖屬工業區，亦禪院勝地，附近又有城門水塘，惜交通跋涉，遊人不眾耳。

《工商晚報》，一九六四年五月十一日

八五／復國功成甘淡泊　五湖此日景淒迷

浣紗清淺若耶溪，矢志沼吳百世題。
復國功成甘淡泊，五湖此日景淒迷。

近日舞台電影，紛演西施，以其若耶浣紗，冰霜凜潔，而一片芳心，志在沼吳。西子工顰，吳宮稱艷，沉魚麗色，鬥草閒情，百世題史蹟，千秋譽蛾眉。及其復國功成，不求封賜，自甘淡泊，隨范蠡泛棹五湖，具見女兒愛國心，非存富貴念。因感昔年抗戰，不少巾國鬚眉，功在邦國，而戰後亦抱淡泊以明志之念，不求顯譽，寂寞終老，甚或潦倒晚年，然猶保節終身，不為野心者利用，亦有不少於役戰中，因緣時會，得意驕人，朝秦暮楚，羞比夷齊，此等人既未有西子沼吳之功，亦無扁舟五湖之志，而今之暴政者，亦不容西子范蠡隱樂，務使愛國者盡作芻狗，供其驅役，此昔日之五湖，已非復隱士高人棲老之所，無怪景色淒迷，遊者多感，使西子范蠡生於今日，亦難寄跡湖山也。

漫談花鳥可怡情，縱目園林盡落英。
怕聽鵑啼增客感，此生身世不分明。

友人建廈近郊，闢園種花，時聞啼鳥，顧盼自樂，時邀余訪，俾澆塊壘，以為花鳥怡情，解人塵惱，然暮春景色，落英繽紛，園林雖無蕭條景象，但心情落寞之人何意賞覽芳菲，益以到處鵑啼，聲聲「不如歸去」，撩人客感，觸目增懷，書劍飄零，此身何寄。惟天南本屬少年讀書之地，舊時窗友多已不賤，然自念已為外來人，本非此地生長，縱久居此，身猶是客。偶有陌生友人，每羨余對此地熟落，實則余亦飄蓬靡定，浪跡人間，為主為客，身世尚未分明也。

齡逾半百似春朝，參透人生自樂饒。
南海蟠桃增壽域，天涯詩賦見逍遙。
未同晉爵多懷感，願共唱吟萬慮消。
大地霾雲終易散，神州有日見青霄。

友人黎民輝為前柳州《立魚峰報》社長，違難香江十餘年，閒居以詩賦為樂，今歲華誕，設桃酌於九龍，惜余未暇參加，有負厚誼。黎君以五十晉二榮壽，自詠乙首，浼余唱和。黎君以國事飄搖，每多感慨，余以為得處天南，尚有自由之身，逍遙之樂，年過半百，尚未為老，祝其南海蟠桃，壽域增長，來日方長，且待大地陰霾散盡，天日重光，還我山河，與民更始。人生且抱樂觀，毋以投閒自悲，且期神州復見青霄，再共飛觴醉月。

《工商晚報》，一九六四年五月十二日

八六／庾信哀江南劫恨　何年重弔越王台

閒將詩酒寄騷懷，欲把經書卜未來。
庾信哀江南劫恨，何年重弔越王台。

舊作粵劇《紫塞梅花》，記述開國革命同志，戰中意志動搖，甘為敵用，並詠詩以諷失節者，詩為「驛梅零落越王台，①誰賦江南問劫灰。看到春秋應自餒，幾曾鐵筆惜賢才」。後抗戰勝利，失節者果不得善終，徒留臭名於後世，為《春秋》之筆所誅戮，今者社鼠城狼，不殊昔日淪陷情景，而殘民以逞，幾許知識階級，亦充當苦役。雖曰重修勝蹟，點綴昇平，實則驅民為牛馬，甚或迫作死亡進軍，尚謂盡量利用勞力，不至投閒，而不問知識階級體力如何，強迫使勞動下放，不容異議，以防民口，以此治國，謂為政治成功，與秦隋之興建長城運河，頗有後先輝映之處。以古為鑑，則仁者始能治天下，虐者豈能久竊神器？奚用蓍龜。然此時此際，浮浪海隅，不悉何年，始得重履越王台，憑弔遺民暴骨，效庾子山作〈哀江南賦〉，以舒騷懷。輿念及此，悵惘久之。

附注

① 「驛」字乃按原報殘畫作推測。

神交千里寸心馳，別恨離愁兩地思。
默許兩情同永固，勞形弗作白頭悲。

余在醫院休養，有青年男護士吳君，咄咄書空，愁眉雙鎖。余詢其故，始知彼本自大陸來，十餘年前偕女友抵港，以患難交，結為知己，且締婚約，今以生活關係，女友遠渡南洋，一別三載，尚未賦歸，彼此以工作關係，關山遠隔，千里神馳，渴思苦念，雖音訊相通，離愁益熾，不勝惆悵，然二人均守身相待，未悉何日始克重聚，同諧白首。余慰以人生聚散，有若浮萍，奚能卜歸訊，並祝其兩情永固，勿為別離生悲，因誦〈鵲橋令〉詞句，②藉以慰勉：「柔情似水，佳期如夢，忍顧鵲橋歸路，兩情若是長久時，又豈在朝朝暮暮？」以之比天上雙星，牛郎織女，兩不相負也。

《工商晚報》，一九六四年五月十三日

附注

② 〈鵲橋令〉，即指秦觀的〈鵲橋仙令〉。

八七 落絮帶將春去也 晚風吹得黯銷魂

花前把盞又黃昏，梅酒含酸帶苦吞。
落絮帶將春去也，晚風吹得黯銷魂。

園中看花，紅白杜鵑盛開，雜以藍色紫竹，渾如國旗紅白藍三色，①因在花前把盞，藉遣念國之思。而梅酒含酸，味帶苦辛。惹我感觸，蓋建國辛●，不知幾許前賢，艱難創業，無奈花不長好，使余等流離顛沛，瞬又十載有餘，縱欲懷歸故里，惟念恥食周粟，且畏沾辱，供人驅役，不少舊交，逃不出魔掌，每日掃地勞作，等如奴隸，失去自由，暇即參與思想改造，精神亦受苦痛，勞瘁終日不得一飽，尚豈有花前把盞之樂，更恐有放逐之悲。知識分子，已不受尊重，蒿目兆民途炭，驚心學者窮途，況余等生就一身傲骨，焉肯向暴力者低頭？雖身如落絮，閒愁萬種，念大地已無乾淨，②天涯長作異鄉人，不禁感慨係之。

山河此日已光微，回首當年事已非。
煙霧漫空迷大地，澄清萬象待何時。

附注

① 「國旗」兩字乃按原報殘畫作推測。

② 「淨」字後疑奪「土」字。

春雲舒展露出一線微，北望神州，陰霾滿佈，舊日山河，已非我有，回首當年，舊夢全非。昔以戰後昇平，安居樂業，非望春風得意，只願傲嘯林泉，奈何天下難逃劫數，一任虎吼狼嗥，邪説暴行，擾擾生靈，草菅人命，尚謂眾志可成城，忍心驅人作牛馬，假言利用人力建國邦，健者疲勞轉弱，弱者淪於溝壑，而宣傳者更謂大地民生豐裕，樂土安居，肆放煙幕，亂人視聽，曾返鄉者，歸談真況，無不痛心疾首。有自佛山購盲公餅贈友人，啖之始知為花生麵混糖而成，絕無香味，且甚難入口，食物如此，其他可知。又有大學教授，求戚友自港寄舊褲，穿用物質缺乏，概可想見，而誇稱富庶之邦，竟有如此慘象，未悉何時始能澄清視聽，庶海外僑胞，不受其愚。

《工商晚報》，一九六四年五月十四日

八八／關心民瘼甘霖降　不負望霓雨化金

山隱餘寒春漸深，層雲闇闇障天陰。
關心民瘼甘霖降，不負望霓雨化金。

連日春陰掩晴，山隱餘寒，層雲成雨，島國正苦乾旱，驟得甘霖，彼蒼迨關心民瘼，造福耕農，然下雨僅得一天，對於缺水之香島，●嫌不夠，昔日傷春詞，有「怕上層樓，十日九風雨」句，如今十日陰晴，絕鮮風雨，誠使人有大旱望雲霓之感。方今大地，人處赤焰之中，渴望仁義重來，使甦民困，所惜春雷絕響，雖絲絲細雨，亦不過略慰渴懷，而炎夏將至，留春無計，又送春歸，年復一年，歲月如流，作客夢迢迢。憶昔兵馬十稔，黯黯斜陽，尚保山河無恙，風雨放晴，還鄉隱跡。如今老尚飄零，作客異鄉，青天白日，何時真睹，企領北望，倍覺神傷。「梓里鄉心宵作夢，望霓灑淚看陰晴」，豈無亂世苟存之感耶？

舉杯渾忘國事愁，問誰一柱砥中流。
孤舟弗畏波濤湧，已惜飄零怒海遊。

時屆晚春，已有暑狀，承數友人之約，同遊石澳，攜酒與俱，同啖蜆蟹，舉杯攬東海，渾忘國事愁。友人善泳，海中戲水，不畏巨浪，來往自如。而余與一二人，泛棹中流，乘風破浪，頓生「有誰能請纓救國，作砥柱中流」之想。自愧無權無勇，徒有憂國之思，且書劍飄零，有怒海●舟，雖弗畏波濤險惡，人亦遨遊，然而前路茫茫，寧能無感。念八年抗戰，尚有歸宿，今雖老去風塵，然氣節尚保無缺，泛舟橫流，猶勝徵逐，轉視自命為識時俊傑者，徒得靠攏污名，則余潔身自守，亦惟幸矣。

《工商晚報》，一九六四年五月十五日

八九／一世待人無媚骨　窮途涉世有剛腸

廿年前羨我名揚，此日飄零在客鄉。
一世待人無媚骨，窮途涉世有剛腸。

少日東奔西馳，塵寰浪跡，戰中力倡節義，稍具浮名，惟戰後廿載，一向沉寂，已乏善可陳。此日客鄉飄零，而素性不改，清狂如故。目睹一般人，逢迎世變，無非拾人唾餘，喧染效顰，而自顧平生，素無媚骨，以此待人，焉能取悦。窮途涉世，尚具剛直心腹，對事物不平，輒不能怒隱，倘留大陸，且易觸怒狐鼠，即居港，亦見聞多感，憤由心發，知我者，謂為憂時嫉俗，不知者，笑余不識時務。此際雖非求顯達，亦不宜枵腹清高，然自問與人論交，弗肯詭詐，寧得罪於人，亦不屈躬求悦。有譏余為清狂名士，不合現實，其不流為餓殍，已屬萬幸。而余則自覺，雖不討人悦，亦不至令人厭，末世間有熱腸人，尚對余露好感。余既無家室之累，何妨作碩果節人，至塵俗毀譽，當置諸不理矣。

藝園輟筆且停耕，避狐拒鼠意逃生。
天涯未必無通路，正義求存尚力爭。

昔者在藝園著作，知音者眾，余又舌耕授人，樹人樹木，同費心血，滿園桃李，一時芳菲。戰後曾與弟子聚宴於廣州西園酒家，旋即星散各地，各就其業，余亦躬耕為活。昔年與藝界共同刻苦生活，轉與農民共嘗苦辛，而心境寬快，隨遇而安。頗以為教育農民子弟，猶未離文教界崗位。迨大陸變色，觸目城狐社鼠，不能不及早逃生，藝苑輟筆，田園輟耕，深以為憾。身處天涯海角，寂寞獨居，昔年集體工作之樂，今已難尋。徜徉多年，覺未必無一通路，近遇藝院舊同事黃宗保，知其在港掙扎，在電台及戲劇界力謀出路。又遇弟子張夫，知彼在香港仔當教師，任圖工音體專席，亦足餬口。彼等戰時已極辛勞，戰後仍存正義，氣節凜然，殊不負數載從遊，道義勉勵也。

《工商晚報》，一九六四年五月十六日

九〇 雲泥處境心無愧　弗向城狐輩屈躬

藝苑觀摩志不同，昇平絲竹覺愚庸。
雲泥處境心無愧，弗向城狐輩屈躬。

近有舊交數人，贈余戲票，謂余生平寫劇，有硬派作風，已不合時宜，為余計，應觀摩別人藝術，改為側重情愛，勿品格過高，為人所棄。余頷之，因往觀舞台劇及電影舞台紀錄片，然余覺寫劇，與余志趣不同，雖曰文藝寫作，如《紅樓夢》、《西廂記》之類，無非點綴昇平，愚庸絲竹，靡靡之音，無補於世。而電影片，亦不過側重蝶使花媒，男女情史，一概不足邀余觀賞，而彼輩憑此得意，與余處境有雲泥之別。然余素作雄詞，不喜柔順，昔日舊作《陳子壯》有「悵望雲山珠海，忍不住英雄熱淚滿襟懷，欲問何年還此刀兵血債，但願前死後繼，那怕青塚長埋，大丈夫慷慨臨刑何足怪」句。可知余對英雄成敗，亦不屈膝之旨，城狐社鼠，欲余寫昇絲竹之詞，①余豈甘為哉。

鳥怨蝶愁花亦顰，春風微雨幾宵辰。
冰心一片壺觴滿，怕聽黃鸝欲閉門。

連夕天色晦冥，鳥怨蝶愁，花露顰態，而春風吹散微雲，宵辰僅下小雨，枕畔怯寒，大有「歸心雖絕難成寐，玉壺杯酒遣愁情」之慨，酒後易睡，故求酩酊，與其寂寞寡伴，無寧尋醉不醒。奈何黃鸝聲聲，偏擾客夢，為恐閒愁交織，惟有深閉院門。說甚家山非遙，故園在目，與其還鄉作客，曷如久處異鄉。承平只憶少年時，②老去不甘為犬馬，江北江南寒暑過，山重水疊客途長，冷雨飄瓦，滴漏簷前。「欲歸故園惟尋夢，一樣清狂願採薇」，其我之謂歟？

《工商晚報》，一九六四年五月十七日

附注

① 「昇」字後疑奪「平」字。

② 「承」字乃按原報殘畫作推測。

九一 遺民受盡狐狼暴 東望王師尚未歸

柳絮隨風處處飛，江山景物已全非。
遺民受盡狐狼暴，東望王師尚未歸。

年來因大陸暴政，逃難來港者，大不乏人。外姪孫劉君，以不堪壓迫，逃出鐵幕，然來港覓工作，殊不容易，身如柳絮，四處飄泊，幸得其姨丈收留，在畜牧場工作，暫可度活。世交黃小姐，為中山醫學院畢業生，在大陸苦於一切政治薰染，思想改造，亦來港懸壺，然以非香港正式註冊醫師、僅得在診療所任助理醫生，而生活亦比在大陸豐裕自由，並告余以故國江山已改，人事全非，舊日有地位有學問者，亦需從頭改造，暴政之下，不易生存，而遺民受盡虐待，咸望國軍早日回師，即今在港違難之義民，亦恥食周粟，不甘作順民勞役。蓋今日在大陸，其苦況甚於日治淪陷時期，而在政治壓抑下，無從仰息，動輒得咎，其能逃出鐵幕者，實屬萬幸。回首飽受痛苦之同胞，惟望王師早歸，解民倒懸耳，●敢以香島為桃源樂土，飽暖忘憂耶。

頻年客病廢經書，浮浪文章弗自如。
草木傷時閒繪畫，愛描松柏遺懷思。①

居百二蘭齋，先父藏書多櫃，余閒時輒喜閱讀，搜索資料，不論牢騷詩文，遊戲文章，均有所根據。迨大陸易手，余只孑然一身，逃港避難，所有經書，無一帶出，益以客病數年，未嘗執筆，經書盡廢，撰寫文章，未能自如。更以此時此地，豪放文章，亦不易寫，友人謂余憂時嫉俗，徒費苦思，此際應順乎潮流，勿泥古不化，始得適時生存，寫作應重社會怪狀，男女秘密，甚而投機可致富，屈躬以應時，一切似是而非之，但求生活之現實。余笑謂，以此求存，雖生猶辱，惟有寄情草木，繪寫花鳥傷時，藉以寄情遣興，如木棉之淩空傲立，白鷺之煙霧翔飛，青蓮之潔，梅蘭之淨，均足以見志，工拙不論，縱筆舒懷，尤喜繪松柏，以其歲寒後凋，嚴冬勁節，足以自勉也。

《工商晚報》，一九六四年五月十八日

附注

① 「遺」字乃按原報殘畫作推測。

九二／病狂幸遇屠沽友　醒覺無慚恥屈躬

虛譽浮名早看空，弗因乖遇感途窮。
病狂幸遇屠沽友，醒覺無慚恥屈躬。

八九年前，余狂病方劇，徉狂於灣仔一帶，①居住於杜老誌道一服裝店梯口，每在路上，即遇路人，咸謂余為享譽多年之劇作者，如今狂病潦倒，或作太息之詞，或引為新聞談柄。然余當時在父喪中，刺激至大，對人談余虛譽浮名，殊不介意，有不義者欲沽名釣譽，惠余以數百金，余憤而毀之，以示不受人憐，而余仍未嘗飢餒，亦未至窮途。灣仔一帶許多大牌檔主人，至今尚以余為念，每俟余飢，即邀進食，此等屠沽輩，殆真仗義者，余病中不知誰能解衣推食，及治癒重到灣仔，與屠沽輩相遇，無不以余脫離病魔稱慶，並知余個性，素不肯屈躬求人，病時如此，況已痊可，余甚德此輩之知余，並聞前暫八師劇員劉湛，且每日曾送飯餽余，以止余飢，去年劉君已逝世，余更感義人天不假年，頗有「其萎」之痛。

附注

①「徉狂」，即遊蕩。

薰風拂面夏初涼，縱目新荷遠沁香。
鷗鳥滄波相映趣，時光浪擲倍神傷。②

鵝鴨不知春去也，爭隨流水逐落花，春光已逝，歲月難留，而夏日韶光，薰風拂面，尚覺清涼，未有暑況。而縱目沼池，荷花新放，不只清雅，且送幽香，出污泥而不染，有君子之心懷，得賞如此景色，浣滌塵俗心胸，而遠觀天際，鷗鳥淩空，滄波之上，來去優悠，飛翔弗倦，顧身如海鷗，臨風展翅，碧天廣闊，可容翱翔，獨惜時光浪擲，春盡夏來，毫無成就。前塵追憶，黯然神傷。老去尚懷淩霄志，時不我與費思量，惟冀筆花生香，明吾凜節，而事與願違，反貽清狂之譏，豈知命不強出頭，安份尚不為人諒耶！

《工商晚報》，一九六四年五月十九日

② 「擲」字乃按原報殘畫作推測。

九三／劫後一身慚突兀　天涯逸士乏枝棲

故鄉有地亦難歸，靖節林泉夙願違。
劫後一身慚突兀，天涯逸士乏枝棲。

農民鍾毓焜，前年自蘿崗洞來港，月前始與余遇，因詢問蘭齋農場田園狀況，據謂昔日阡陌今已盡削，縱重臨舊地，亦不辨疆界誰何。昔年果木，又已遷種，即使將來大地重光，亦難合浦珠還。且今已為公社佔用，不屬私人產業。故園舊地，有夢難歸，謂余自比陶靖節，以田園荒蕪為念，今則夙願已違，難享林泉之樂，而舊日老農，所存無幾，壯年耕丁，又調往別處勞務，務令無地方勢力產生，更認為封建農村遺毒，即使重履蘿崗洞，亦只見陌生人士，不易重見村民。余絕歸念已久，再聞鍾君言，益多感慨，惟劫後來港，一身突兀，縱遇故舊，也不過邀往酬酢，慶余得復自由，而欲覓枝棲，卻無地可容，友人皆以余為逸士相看，自慚天涯作客，尚有何安逸可言，寄情詩酒，亦不過自遣無聊而已。

梅黃荔熟始聞蟬，振翅嘶鳴自遠傳。
棲寄清陰悲作客，卻憐纖弱晚風前。

時屆新夏，梅子初黃，荔子剛熟，昔年蘭齋農場，有荔枝樹百餘畝，青梅亦數十畝，余息影躬耕，每年得睹果實收成，怡然自得。惟今違難居港，田園已非昔日面目，且為強暴霸耕，不堪回首。然偶至新界大埔大光園，彼處亦植荔枝百數十棵，荔枝紅時，可聞蟬聲徹耳，蟬本蟲類，弗如鳥鵲之巢居，惟棲身清陰樹下，一身如寄，且屬纖纖弱質，不禁風雨，時而墮地，即寂然無聲，然蟬性高潔，喜唱於柳陰，弱絮風前，搖曳樹影，聲音清雅，不如鶯燕浪唱，擾人幽思。一旦聲沉，亦比清人雅士，不求俗譽，自鳴清高，百鳥皆清唱，蟬●●復沉，常抱憂世之念者，比諸怨鳴之夏蟬，其亦有此感乎。

《工商晚報》，一九六四年五月二十日

九四 渾忘俗念晴觀瀑 消盡人間萬古愁

好雨涼風入市樓，泉聲如浪湍奔流。
渾忘俗念晴觀瀑，消盡人間萬古愁。

日昨天氣驟熱，頓見炎夏景象，中宵下雨放涼，清風輕拂市樓，附近山壑，泉聲如浪，激湍奔流。曉來漸晴，而山泉瀑瀉，有高山流水之音，好雨不只解除苦旱，且滌蕩心懷，縱目觀瀑，渾忘俗念，頗有在山泉水清，半生甘自隱之意。一般投機分子，既乏餐薇氣節，猶貽百世慚羞，今古文人，不知幾許甘作揚雄，雖死不足以洗其辱。秦嬴、王莽均百姓之仇，詎竟為作詞賦，欺騙同胞，遺臭萬年。尚有不知恥者，對此輩備極恭維，譽為識時俊傑，有日風雨再臨，黃龍痛飲，人間醜類，將無所遁形。飄泊未忘家國事，何日始消萬古愁耶。

一春花事到荼薇，麥熟梅肥雨綻時。
厚薄布衣寒暑易，半生勞瘁亦奚辭。

一春花事已了，鄰戶荼薇初放，時近初夏，草木●●，麥熟梅肥，鳥聲徹耳。而時逢雨綻，禾黍亦露生機。因感廿年來，早着布衣，躬耕自樂，寒暑雖易，衣食無缺。農事弗覺苦，自給可無虞，縱使勞瘁，亦弗敢辭。今者違難香江，作客天涯，欲享林泉逸趣，惟待大地重光，目前寄跡市廛，身沾塵俗，殊非得已。一念半生江湖浪跡，何地不可為家，昔者退卜江村，蹉跎半生，回首故園，真有「幾時更許逍遙樂，村北村南任往還」之感。

萬里情懷海角遙，舉杯誰與共良宵。
水深魚躍翻波影，釣得鮮鱸到酒寮。

上月中旬，得友人自美洲來函，備述戰時同聚，今則遠托異邦，十年遠別，深覺惆悵，因撩起萬里情懷，海天遙隔，念摯友雖多，均星散各處，天涯闊別，只何日重逢，雖戰時生活清苦，猶得與友儕常聚為樂，今已離群寡歡，雖有良宵，誰共杯酒，更誰作連床夜話，欲得故舊重逢，惟待大地重光，始有機緣矣。上星期週末，又遇友人黃君，告余以族兄黃兆俊即自台灣返美，彼為華僑子弟，妻兒均在彼邦經商，深慶一家重聚。黃君善釣，約余同至海濱，一賞遊魚，水深魚躍，翻波弄影，大有「海闊縱魚躍，①天空任鳥飛」之感，黃君釣得一尾，狀類鱸魚，同往酒寮，市酒共餐，雖未狂醉，而心已酩酊矣。

《工商晚報》，一九六四年五月二十一日

附注

① 「海闊縱魚躍」一句，據《堅瓠集》或《西遊記》「縱」字均作「從」。

九五／種自湘江難徙植　清高羞與艾同群

美人香草是前身，紉佩幽香自古芬。
種自湘江難徙植，清高羞與艾同群。

湘蘭原產自湘江，楚騷本美人香草之義，喻以凜潔前身，故有「紉芝蘭以為佩」句，①雖費力栽培，亦不易多發一槍，誠如橘枳，易地即變種，且地近溫熱帶，只宜於栽種麥蘭、劍蘭及鶴頂蘭，花雖繁植，然清香弗及湘蘭之幽。而粗枝闊葉，更不見精緻。各種雜蘭，等如艾草，即野生亦開花，殊不矜貴。古人以湘蘭比諸孤芳自賞之王孫公子，誠以清高凜節，非凡夫俗子可比擬。亦以之比才華之士大夫，如屈原、宋玉之流，均以秋蘭自比身世。夏日蘭花雖盛開，然不如秋蘭之難得。舊居百二蘭齋，亦僅得湘蘭十餘株，以天氣關係，並非年年着花，名花名種，羞與艾草同群，故遇湘蘭花放佳夕，先父即設宴邀集高雅之士，酬唱吟和。今蘭齋已非舊觀，所存佳種，不知何去，誠有「傲節王孫傷此日，未宜風雨感離群」之嘆矣。

附注

① 「紉芝蘭以為佩」，《離騷》作「紉秋蘭以為佩」。

輕攏慢撚手頻揮，一曲哀絃意未違。
悽惋明妃曾出塞，漢宮夜月夢重歸。

友人吳君，善弄琵琶，適余往訪，為奏《胡笳十八拍》一曲，據謂此為古調，以記昔日昭君出塞，又謂蔡文姬歸漢，亦彈此調。吳君輕攏慢撚，妙手頻揮，彈出哀韻，有如高山流水，絃急如雨，聲撼書窗，奏出女兒心事，故國縈懷。而元人曲詞，故寫漢宮秋月，明妃重歸會漢帝一段，事雖不見經史，而文人附會，亦以昭君既賜封明妃，應伴漢帝始為無憾，至逆水流屍，旌其貞節，此則與史乘有出入。蓋既許單于，和戎報國，亦已盡忠，豈與異族通婚，便引以為玷。至所彈哀絃，純出思念父母，情非得已。方今亂世，幾許人別離父母而居異國，與外人通婚，聞此哀絃，當有與明妃身世相同之感也。

《工商晚報》，一九六四年五月二十二日

九六／渾噩生涯安可戀　憤懷憂世見吟聲

未曾酩酊已杯停，不醉情懷我獨醒。
渾噩生涯安可戀，憤懷憂世見吟聲。

族姪江偉棠，為龍如、鳳如酒家經理，近擬開設鑽石晚飯之家於尖沙咀海防道，邀請周埈年爵士開幕，浼余司儀，預宴余於鳳如酒家。余只薄飲，雖未酩酊，即已停杯，誠恐酣沉醉夢，不若常自醒覺，且以違難居港者眾，盡皆為生活營役，對國事經已渾忘，大有樂土足以安居，弗思故國，而青年男女，多無國家觀念，且有為色情陶醉，對國家社會事業，漠不關心。而家長及主持教育者，亦無以訓誨後一代青年，阿飛事件，不斷產生。老一輩已孜孜為利，後一輩又不知振作，如此渾噩生涯，非只非本人所願，即對違難義民，亦不忍睹，憤懷嫉俗，傷國憂世，至此已極。惟借詩詞，以警斯世，樂土為時極暫，何處是我家園，願老少皆勿貪逸樂，常知奮發，有日黃龍痛飲，重返故鄉，始尋醉夢，目前猶當臥薪嘗膽，勿留戀醉鄉也。

登樓瞻眺意悠然，煙雨迷濛趁木棉。
粵秀白雲留勝蹟，何年天日可重覘。

近懷五層樓，有感而詠。五層樓為百粵勝蹟，民國廿一年重建於越秀山頭，多種木棉樹。憑弔越王台，騷人雅士，常登樓遠眺，北望白雲，尤以在春夏之交，煙雨迷濛，似為先烈灑淚，革命烈蹟，於今尚存。至東望沙河、黃花崗一帶，及新一軍墳場，均紀念開國黨人殉難及抗戰英雄史蹟，誠足以驚天地泣鬼神，尤以勉勵後輩，繼往開來，勿負前人碧血，為爭取人類自由，為繼承先烈遺志，應常知勉黽，①不屈不撓，拯萬眾於水火，有日天日重光，脱離赤焰，再臨自由樂土，願有志者，毋懦毋餒。志士弗忘在溝壑，義士弗忘喪其元，他年重登五層樓，將有「再除災難我還來」之慨矣。

《工商晚報》，一九六四年五月二十三日

附注

①「勉黽」疑作「黽勉」。

九七／此日故人身亦客　留將心力勉佳兒

飄零負了少年時，解義研經審劇詞。
此日故人身亦客，留將心力勉佳兒。

偶在九龍半島，乍逢摯交陳賡君，陳為戰時廣東省圖書檢審委員，少時即與余締交，時余方致力於整理粵劇工作，斯時生活尚覺安定，不如今日之書劍飄零，一無成就。陳君當年檢閱余所寫之劇本，對於歌詞曲白，解義研經，務求適合戰時環境，喚醒人心，且常以資料供余撰作，間亦為余一字師。吻寫舊劇而合現實，廣義須宣揚國策，側重民族精神，狹義亦可移風易俗，保全氣節道德，故昔日寫作，純粹注意社會教育，非徒作民間娛樂品。近來陳君居港，從事編寫文化出版社小學教科書，作客香江，尚不離其文化崗位，生活雖不如前，亦可衣食無缺，堪以告慰。其兒子已就學台灣師大，攻讀兩年，略有成就。彼輩戰時，粵北出世，飽嘗刻苦生活，正適合祖國所需人才，余輩已近中年，事業已不如少年之鋭進，惟祝陳君，盡心力以勉佳兒，俾學成後為國用。

草草塵寰數十年，繁華過眼等雲煙。
文章海外云增價，香火人間浪結緣。
豪氣於今還未改，塵心滌盡意悠然。
崇樓高處吾何羨，只羨夷齊萬古傳。

友人陳肇式君，①為余童年同學，日昨過訪，笑謂余出身豪華之家庭，數十年來，養尊處優，今則為失時屈蠖，處境清寒，深為余惜。然余富貴繁華，如過眼雲煙，遑論得失。回憶戰前，余售一劇，攝為電影，酬價三千五百元，折合今日幣值三萬餘元，可謂文章有價。然余浪跡江湖，廣結善緣，今時得意於電影界者，不少昔受余惠，而余豪氣猶在，且以志趣不同，交遊亦疏，近年塵心滌盡，意態悠然，尚有不少舊交，處居崇樓大廈，不知民瘼，然余亦鮮往來，蓋「曾經滄海難為水」，對此奚羨？所羨者，為末世文人，有採薇高節，效法夷齊，值得萬古傳誦，何須以清寒為恥也。

《工商晚報》，一九六四年五月二十四日

附注

①「肇」字乃按原報殘畫作推測。

九八／解悶不殊仙玉露　投閒多載未心灰

無那春歸去不回，謫仙顧影自盈杯。
解悶不殊仙玉露，投閒多載未心灰。

花落春歸，又見初夏景色。庭前影樹，散播成陰，山桃尚盛，春去夏來，不覺炎暑將至，余乃市啤酒兩大瓶，樹下獨飲，並備粗餚，白斟自酌，借酒可解愁，奚異瓊漿仙露。益以近來所遇，覺時光消逝，非關心力無能，前華仁書院校長林海瀾，現為德仁書院監督，以余多載投閒，特為余作證明信，嘉獎余昔日在華仁書院成績優異，並證明余曾在香港大學肄業，推薦有關學校聘請任教，而各學校在事人，均謂余將屆退休時年齡，任教一兩年，即需由學校負責退休養老金，似此校方絕不化算，勸余勿在教育界着想。蓋香港教師，有僧多粥少之慨，余仍未心灰，以年事雖漸老，未必見棄於社會，教育文化事業，不限於舌耕，致力於文章寫作，猶有餘力也。

非關粉蝶意憐香，只為名花着紫裳。
豈共影形同色澤，最憐人是潔心腸。

近在友人家中，得睹千秋、纓夫婦合繪〈花蝶緣〉乙幀，①以粉蝶及蝴蝶花為題材。蝴蝶花為花中之皎潔者，弗放異香，以引狂蜂浪蝶，然以紫色關係，恰如紫氣東來，花既紫裳，蝶亦紫色。既稱蝴蝶花，即與粉蝶同形，且同色澤，是以花蝶有緣互影成趣。草木昆蟲，尚以類聚，人類亦以志趣相投，始可結緣，非謂蝶戀花抑又非花迷蝶，蝴蝶花為草木，潔淨可愛，即花蕊亦雅淡，非放濃俗異香，蝶何戀於是，殆亦喜其心腸潔淨而已。世之雅士美人，誠可互相點綴，觀千秋、粲纓夫婦之畫，可知夫婦皆為正人君子，而非市井流污附庸風雅者也。

《工商晚報》，一九六四年五月二十五日

附注

① 「纓」字前疑奪「粲」字。「千秋」，周千秋；「粲纓」，梁粲纓。

九九／一竿一釣孤舟裏　唼喋遊魚易上鈎

夏日風涼似晚秋，荷花散碎逐清流。
一竿一釣孤舟裏，唼喋遊魚易上鈎。

春夏之交，猶未盛暑，涼風爽氣，有如晚秋。因憶昔年隱居，得賞江村景色，好鳥枝頭，荷花盛放。而吹碎香瓣，墜入清流，水中群魚，爭相唼喋。余喜泛棹，輕駕扁舟，一竿一釣，浮沉自樂，效孤舟笠翁，寒江獨釣，而水裏游魚，易上銀鈎，不需張網，可得鱠鱸。歸則引壺觴以自樂，以為林泉清幽，無過於此。奈好景不常，大陸變色，佃農既被徵調驅逐，田園亦已鵲巢鳩佔。近閱報章，盛讚最近收成良好，畝田收穀三千餘斤，旨在誘人返大陸從事農村工作，誇張之詞，令人難於入信。蓋昔年肥沃之地，豐年亦僅畝得穀千餘斤。今謂收成二三倍，有農業常識者，皆知為誇大騙人之宣傳，受其驅使，甘作勞役。吾等逃出鐵幕，得回自由，當不會重入陷阱，備受縛束，當不似唼喋遊魚，輕上銀鈎，供人烹宰也。

好雨不來空望霖，江南舊夢倍思尋。
承平佳節當年少，今在天涯獨酌吟。

爐峰天旱，居民咸望好雨成霖，不意降雨二天，又復放晴如故，居民雖渴望開放制水，亦好夢成空，而新界一般業農者，仍苦歲耕遇旱，難望豐收，杏花春雨江南，舊夢空餘追憶。蓋長江以及珠江一帶，春夏即逢喜雨，今則已過黃梅時節，好雨不來，霍亂疫症叢生，雖打針防禦，仍需對飲食謹慎，夏初佳荔蜜桃，亦不敢多嘗試。消暑涼品，亦以少食為佳，免貽口腹之患，無妄之災。今已近浴佛佳節，世傳天雨俗佛，而此地又不應節。又憶年少時，逢此佳節，闔家同食芫茜餅，①荔枝芹炆鴨，今則已非承平時勢，既無此閒情逸致，而家人亦難得共聚，惟有自遣寂寞，獨斟獨酌，酒後吟哦，一吐腹中塊壘而已。

《工商晚報》，一九六四年五月二十六日

一〇〇／挾技猶因衰老棄　堪虞晚景倍酸辛

天涯我亦寄閒身，故舊辛酸不忍聞。
挾技猶因衰老棄，堪虞晚景倍酸辛。

戰時余自粵北至衡陽，嘗與粵漢鐵路南段工程師陳錫恒、呂炳灝遇於五馬歸槽。陳呂二君，均為先兄同學，遊美歸來，陳君為工科碩士，呂君為工科學士，

附注

① 「芫茜餅」應作「欒樨餅」。《廣州植物誌》：「農曆四月初八日相傳為浴佛節，廣州舊例於是日常摘取其葉，搗爛後和以米粉及糖製成粢粑，名為欒樨餅，市上間有出售，小孩食之有暖胃去積之效云。」

一生致力於鐵路工程，為不可多得之技術人才，二人均埋頭機械修理，並無參加政治活動。戰後復員，仍在廣州粵漢路局任職。大陸變色，陳呂二人，以在鐵路有二十餘年歷史，技術人才，想不致被棄，故留粵不行，後陳君以年老迫令退職。呂君亦只任職一短時期，便告退休。呂君子姪，有畢業於清華大學，身任教授者，又因肅清思想分子，迫令改造，憤而躍樓自殺，呂君尚有幼姪及幼姪女，相依為命，而年事衰老，已在淘汰之列，生活異常困苦，且絕不自由，其幼姪輩，又無能奉養，晚景堪虞。陳君更且年老多病，函港友人寄藥物治療，處境之苦，不問可知。在鐵路數十年之技術人才，辛酸如此，故舊消息如此，誠不忍聞矣。

法曲飄零金縷殘，聞歌灑淚已無歡。
知音此日存忠烈，令譽長留在世間。

女弟子梁靜賢，為革命前輩梁賓臣之女公子，曾習粵劇，藝名「青淤蓮」，①與倩影儂齊名，後在省立女子師範畢業，轉入中山大學習醫。仍念念不忘粵劇，諳唱余所撰之《寒江釣雪》，響遏行雲，後隨其兄梁漢明、梁漢耀、梁漢強居粵北，畢業於樂昌中山大學醫學院，與夏楚中結婚。夏已有妻在湘省。梁只作平妻。惟畢業後抗戰結束，在廣州百子路中大醫院服務，與夏楚中敍少離多。迨大

附注

① 「青淤蓮」《浮生浪墨》（二九）作「青湘蓮」，無法判斷孰是。

【編者按】

十三郎在《浮生浪墨》（二九）亦有提及這位梁姓女弟子的生平，內容大同小異，但證諸史實，十三郎提及的夏楚中於一九四九年隨國民黨到台灣，讀者閱讀時須加注意。此外，一九六二年作者接受

陸變色，夏楚中投共，梁之兄長及胞弟均退守台灣，靜賢為貞烈女子，憤夫變節，自殺於中大醫院，其忠烈貞節，可歌可泣。年前余至沙田酒店，酒店主人為歌《寒江釣雪》一曲，余因憶梁靜賢，淚下汩汩，大有「法曲飄零金縷盡，斷腸此日弔紅顏」之感也。

《工商晚報》，一九六四年五月二十七日

潘思勉訪問時，也間接提及這位女弟子，但訪問中沒有標示姓名，只說她是一位「廣東小姐」，而且並非躍樓自盡；專訪文章上說：「後來廣東小姐竟嫁了湖南軍長夏楚中，不數年病逝。」

一〇一／穩舵定向抵浪潮　未登彼岸休停息

蒼茫萬里原無極，碧海煙波天一色。
穩舵定向抵浪潮，未登彼岸休停息。

浴佛節日，旅遊荃灣，至港島登輪，乘風破浪，只見蒼茫萬里，一望無極，碧海滄波，水天一色，夏初景象，宛如秋晴，「縱一葦之所如，淩萬頃之茫然」，殊堪作賦。而小輪可舵，揸定方針，不畏洶湧浪潮，務求誕登彼岸。人生有若行舟，不畏狂流波折，意志堅定，毋懼翻覆，誠如佛法所説，慈航渡彼眾生。吾等違難海隅，勿計個人苦樂，應以眾生憂患為念，同舟共濟，勞頓弗息。安逸此非其時，享樂勢不容許，山河赤焰，棲宿無地，其一線微光繫諸大地重復，勿以為桃源即長作樂土，頓忘魑魅，①永佔故鄉，天下興亡，匹夫有責，淒涼意緒處，天涯歷劫，江山猶未復，休云避世忘憂。尤須日夕警惕也。

輕風陣陣入窗楹，酣眠長夜亦無驚。
聞鐘醒覺悠然感，倦起披衣坐待明。

連夜輕風陣陣，吹入窗楹，窗下高眠，長夜無驚，時為初夏，尚無暑態，又無風雨，正宜酣睡，乍聞鐘聲報時，悠然醒覺，只見大地一片陰沉，尚無光明景象。念此身違難居港，雖得免虎狼暴政，然歸夢未息，不敢以逸居為苟安，「畢竟故園風色好，眼前光景近斜陽」，況夜夢不寧，作客何樂？一線微光，惟待大陸光復，重睹故園。今則舊居已為暴者霸佔，鷹巢虎穴，有夢難歸，故午夜而覺陰沉景色，心有不甘，倦起披衣，坐待天明，冥想萬千違難同胞，與余同有鄉思之感，然遷跡港土，亦當時常警惕，勿為奸者宣傳所愚，蓋大陸今日，已無自由，欲重得田園之樂，惟待反攻大陸而已。

《工商晚報》，一九六四年五月二十八日

附注

① 「魑」字乃按原報殘畫作推測。

一〇二／燈光掩映爐峰下　醒覺清狂意也傷

夜景沉沉何處鄉，夢程來去曲如腸。
燈光掩映爐峰下，醒覺清狂意也傷。

夜景沉沉，天昏地暗，寄身海嶼，形單影隻，故園歸夢，百折柔腸，島上萬家燈火，仍似酣睡未醒，舉世狐鼠，野獸縱橫，賢明雖知去就，避地客居海濱，千里關山，空勞悵望，爐峰夜色，倍覺蒼茫，「醒來自笑清狂客，景異能無意也傷」。島中車水馬龍，中宵不絕來往，表面似覺繁榮，而實際尚多苦困。有自大陸來港之青年女子，曾受精神刺激，在青山醫院療養，癒後復在高街精神診療所工作治療部學習打字，然以資歷關係，雖經社會工作部極力介紹，仍未得一職，近且執業舞場，過夜生活，精神勞頓，亦未獲經濟解決。又有一自台灣來港之青年，在珠海書院作免費苦學生，希望找尋工作，解決生活所需，也沒有人援助，在一個大都市的港，尋求自由的青年，找事殊不容易，我們關念後一輩，不使陷入歧途，應該給以鼓勵，並非只顧個人安逸，不念別人艱辛。清狂如我，睹此輩青年困苦，亦不禁神傷，願有力者伸出同情之手，有厚望焉。

銷魂此地宋王台，風雨登臨弔古哀。
今日神州無淨土，萬方多難我還來。

舍姪女居於宋王台，此地為宋帝昺蒙塵之所，宋末遺臣為題字刻石，以誌不忘。戰前宋王台，別有景色，風雨登臨，憑今弔古，諸多感慨，戰後移山填海，只餘石碑一方，供遊人觀賞。往者文人逸士，每多吟詠，題字石上，今則一切皆無。念海角為歷代遺民遯跡之所，如今大陸已無乾淨之土，寧遠走天涯，然對故國豈能忘懷，舉目河山，已非疇昔，區區宋王台不保面目，奚足異也。益念昇平盛世，此地尚多人遊覽，如今萬方多難，誰弔古蹟。念「風流都已隨花落，多難還來說盛朝」，不禁百感交併也。

《工商晚報》，一九六四年五月二十九日

一〇三／美酒玉壺曾貯滿　問能遺得幾星晨

夏涼千里綠仍茵，春去蝶愁花亦顰。
美酒玉壺曾貯滿，問能遺得幾星晨。①

時逢初夏，漸覺炎暑，②而晚上稍涼，仍有晚春景象，放步市郊，只見綠草如茵，千里平原，惜無心騁馳，一暢襟懷。目送春歸，蝶怨花愁，撩人煩惱，歲月幾何，春光難久，眼看花亦凋謝，粉蝶空勞，縱欲採花，難得鮮蕾，人既惜春去，蝶亦送春歸，縱存得玉壺美酒，一時貯滿，亦難遣晨夕無聊，酒盡愁來，春歸人老。人生尋樂及時，問尚有幾許韶光，驚寸陰之是惜，不敢貪慵；羨陶侃之運壁，③片瓦俱盡，非欲偷閒，而勢迫投荒，虛度十餘載，銷磨銳進心，況感春如年少，夏比成人，年少無成，老大徒傷悲，惟勉青年後輩，毋貪逸樂，當以事業為重。香島為引人苟安之城市，青年人當自警惕，尤以遇難者之兒女，當知目前非安樂土，客地知苦辛，桃源縱暫居，亦非長久計。一方面抵受生活的熬煎，一方面尋求真正之出路，勿中赤魔毒計，允宜關心自由祖國，切勿逸豫求存，人生能得幾何歲月，且努力為國前驅，以解人民倒懸為己志，庶幾國家與個人均得

附注

① 「遣」字乃按原報殘畫作推測。
② 「暑」字乃按原報殘畫作推測。
③ 「壁」字疑為「甓」字。「甓」，磚也。

自由焉。

閒雲數片漾晴空，變幻原知態不窮。
出岫無心輕作雨，悠悠自覺弗隨風。

●日景象，天氣晶瑩，只見閒雲數片，飄蕩晴空。念身如野鶴閒雲，亦常覘天地變幻，象態不窮，或以為赤焰方張，未遑喘息，豈尚自甘投閒，清談世變。殊不知出岫無心，尚可輕微作雨，悠悠自覺，願隨風散聚，然閒雲若聚而成層雲，即可成大雨，故天文台報告，亦測將有大雨。吾人渴望雲霓，亦冀得逢甘雨，苦熱盼甘霖，等於今日處身大陸之同胞，無人不思漢室，處於魔掌下，用政治之壓力，使百姓懷苦莫訴，甘作勞役，而衣食難求豐足，動輒斥人民苟安，縱使勞瘁，亦不知心力已盡，弗得自由，其渴望反攻之情，非自今始，而世局變幻無窮，安知無回師之日。願其忍耐，秦政雖苛，必不能長此殘民以逞也。

《工商晚報》，一九六四年五月三十日

一〇四／腸斷汪洋千古浪　如今淘盡幾英雄

臨流欸乃櫓聲中，驚覺搖搖夕照紅。
腸斷汪洋千古浪，如今淘盡幾英雄。

前日至香港仔啖海鮮，乘小舟至太白畫舫，櫓聲欸乃，翻覺夕陽紅照，已近黃昏，日落波中，暮靄迷離，汪洋翻浪，不知淘盡幾許英雄，銷磨豪氣。念戰時多少將士，浴血疆場，「壯志飢餐胡虜肉，笑啖渴飲匈奴血」，咸俱岳武穆精忠報國之心，今則英雄老去，海角投閒，漫對浪淘沙，感覺壯懷銷盡，「自古美人與名將，不許人間見白頭」，①亦以英雄末路，令人悲愴。方今國家多事之秋，赤焰未息，不少英雄，有髀肉復生之感。一生戎馬，羞為市井之徒，然遯跡天南，生活殊不易過，有甘貧而不折腰，囊羞阮藉不屑求人者，②不知幾許耳。

何處幽花色最鮮，春歸猶復競爭妍。
艷名五月如冰雪，沁入心涼解暑炎。

日昨在園中，閒賞花卉，送春迎夏，尚有爭妍景象者，只有百合、茉莉、

附注

① 十三郎引用的是趙艷雪的〈和查為仁悼亡詩〉，但部分字詞與原作有出入，原作為：「逝水韶華去莫留，漫傷林下失風流。美人自古如名將，不許人間見白頭。」

② 「囊羞」即「阮郎羞澀」之意，典故中的阮郎應指阮孚，非阮藉。

素馨、薔薇，③●何處幽花，色最鮮艷，不暇殷辨，惟有一種洋花，仿似橙花，頭白如雪，④且清香沁鼻，可解暑炎。此花名五月花，為夏季名種，本港殊不多見。葉小花白，一樹如青衣披雪，流連園中，不忍離去，對此冰雪花姿，芬芳濃味，誠有「塵心滌盡迷花色，花苑芳華別有天」之慨。惜未能置酒，花前輕酌，而陶然自樂，香入心脾，幽香如梅，暑心盡解，所傷惟世變，遑忍說花開，執筆吟詠，以誌所懷。

《工商晚報》，一九六四年五月三十一日

③「馨」字乃按原報殘畫作推測。

④「頭」、「雪」二字乃按原報殘畫作推測。

一〇五／雄心忍任隨流水　玉碎奚甘共瓦全

未逐虎狼意惘然，祖鞭揮處勢誰先。
雄心忍任隨流水，玉碎奚甘共瓦全。

大地虎狼肆暴，鄉土狐鼠橫行，寇氛未逐，能不惘然？着鞭大地，勢將誰先，三戶亡秦，誠非易舉，挺刀起●，已非今時可為。一槍一彈，●亦為蛇鼠輩統制。●雖疾惡，亦莫可奈何。●此赤浪橫流，雄心未隨逝水，有志之士，欲拯溝壑之民，故有輕身入虎穴，投身成仁之壯舉。雖時機未至，大功未成，然敵後掙扎，寧為玉碎，不甘瓦全。昔年黃花先烈之舉，不難重見於今日，務使狐鼠輩為之膽喪，雖彼輩極力防範，利誘威迫，不使國魂復活，然為正義而爭取自由者，前仆後繼，相信防不勝防。近聞西南各省學生亦發生暴動，雖未能推倒暴政，然雄心具在，抑又壓力愈大，抵抗力亦愈大，倘乘時反攻，將民眾組織起來，給以槍械糧食援助，自可還我山河。目前不只一省一地之民眾，有抵抗精神，各地尚聞風而起，本寧為玉碎不作瓦全之決心，彼雖強暴，其奈我何耶！

痛飲壺觴亦快人，林泉吟哦見情真。
襟懷恬淡能諧俗，意態矜持靖節聞。

「悟已往之不諫，知來者之可追」，可見陶淵明之歸隱，猶未完全消極。不為五斗米折腰，引壺觴以自樂，具見快人快語。而林泉詩賦，具見清真，「問征夫以前路，恨晨光之熹微」，可見其有感才人老去，尚以前路為念。讀《漢書》「馮唐易老，李廣難封」，本足以令人傷感，而陶詩有「農事雖云苦，豐年樂飽溫」句，①

附注

① 「農事雖云苦，豐年樂飽溫」未詳出處，似非陶詩。

可見其恬淡生活與世俗無殊，第躬耕見志，意態自矜，毋怪靖節令名，聞諸後世也。然躬耕亦需有自由，始見真樂，若今日大地之百姓，豐年僅堪一飽，凶年不免於死亡，則耕亦何樂？毋怪許多耕者，棄農來港，寧為工役，或作小販，以求餬口。佃農尚且不能容於大陸，尚復能容許林泉隱樂耶？甚矣我國數千年來，以此時為巨劫也。

《工商晚報》，一九六四年六月一日

一〇六／牽惹離人鄉念切　夕陽雖好怕登樓

海濱四月白蘋愁，萬樹門前繞水溝。
牽惹離人鄉念切，夕陽雖好怕登樓。

暇至沙田訪友，縱步海濱，睹白蘋滋蔓，撩惹閒愁，而沿海一帶，影樹楊柳，圍繞水溝，一片清陰，適在友居門前，飛絮絲絲，撩起離人鄉思，如此景色，恰如故里。惟今日客居，友人亦達難天涯，同有「江山雖好非吾土」之感。鄉村雖逸靜，草木亦生愁，因與友人市酒共酌，藉澆塊壘，夕陽西墜，興盡而歸。因憶梁鼎芬在民國初年，張勳復辟，誘使先父赴京，欲以官位為餌，先父拒而不受，蓋心知只有民國，遜帝已不為世重，今人尤以宣統為號召者，實無恥之尤。並錄先父遺句，以表亮節高風，詩云：「林木自蒼閒着筆，夕陽雖好不登樓。天涯怨婦多於汝，莫向青春怨白頭」。況在今時欲藉廢帝以攏絡遺民，漢滿之血仇未泯，而引導日寇侵華之罪亦未忘，今之赤魔，唯知利用傀儡，何其不擇手段至於斯極也。

絮果蘭因憶少年，生涯如夢復如煙。
生成傲骨江湖氣，一任時光盡變遷。

荒閒十餘載，苦無適宜工作，欲重執教鞭，則年近退休之期，且失業教師，亦人浮於事。而藝術圈內，一般人以營利為現實，投機靠攏以圖存，甚少以藝術為事業，與余志趣迥殊，難與廝混，遂致投閒如故，費筆墨以遣無聊。友人謂余在藝術界尚有基礎，何以灰心若是，余告以絮果蘭因，回憶少年得意時，旨在提挈後輩，成名者輒不與合作，對電影如是，對粵劇如是，對話劇亦如是，生涯如煙如夢，光陰似水流年，昔年經余造就者，黃金時期已去，新一代產生，亦多只靠色相，徒博觀眾喝采，不求藝術造詣，而余生成傲骨，江湖浪跡，素不低頭，奚可俯求於無藝術修養之後輩。且今之觀眾，對藝術之認識，又不如前，只慕少艾，不論真技，能者亦無所用其長，時光變換，藝界前輩，亦多裹足不前，而桃李凋零，荒蕪藝苑，惟有吁嗟嘆息而已。

《工商晚報》，一九六四年六月二日

一〇七／如今羈旅愁無那　咫尺山河失國門

子規啼處客銷魂，一彎眉月又黃昏。
如今羈旅愁無那，咫尺山河失國門。

四月杜鵑未凋，處處子規，聲聲啼血，倍斷人魂。時逢上浣，眉月一彎，黃昏景色衰颯，似憐異鄉無家之人，清光朗照，指示人間尚有一線清輝。往日風月平章，如今羈旅愁絕，國門已失，無地可歸，咫尺山河，已成魔窟，此日百姓，不知幾許流離顛沛，蒙難毀家，山河何日重復？俾使月缺還圓。雖曰違難天南，尚得安居暫處，然地狹人稠，人浮於事，目前香港無業居民，數以萬計，雖我國人本互助精神，尚能維持生活，暫免飢餒之虞，然人口日增，生活日高，失業者無限痛苦，如今年會考，中學畢業生萬許人，得升學或到別處留學者，僅約十分之一，餘皆就業毫無把握，前途堪悲。此輩多以國門已失，不甘重返大陸，困苦生涯，不言可喻。每年畢業人數增加，而職業問題恐慌，少年易入歧途，有心人正為此懸惴不已，為青年着想，毋使有「畢業即失業」之感也。

蕭條夏曉幾疏星，寂寂樓前柳葉青。
景象依稀田里況，天涯作客困愁城。

夏曉晨曦，天仍着黑，而蕭條景色，只見疏星，因感處此末世，能存高節，不為利誘，不為勢屈者，寥若晨星，信非虛語。目睹樓前柳葉青青，有依依之態，迨春歸未久，柳仍惜春，景象依稀往日田園梓里狀況，每睹楊柳，遊子思歸，於今田園蕩然，親亡家散，對景生悲，天涯此日為孤客，故國山河有夢歸，夢中回憶少年時，醒覺低徊傷老大，余等在抗戰時期，已嘗飄零之苦，天日重光，始克骨肉團圓，今又違難海隅，嚴親去世，縱使他年大地光復，亦無骨肉聚首可期，空念遺語，默祝王師凱旋，家祭時稟告先人，想海角同胞，與余同況者不知凡幾，一旦未能安返大陸，一日仍在愁城也。

《工商晚報》，一九六四年六月三日

一〇八／美人守約如君子　開到繡球見麗貞

淡綠淺紅錦簇形，撩人心上別離情。
美人守約如君子，開到繡球見麗貞。

近日寫生，友人以繡球花一束囑繪。繡球花狀如一團錦繡，積疊成球，淡綠淺紅，姿色秀麗，每年清明後至夏初，花即開放，思婦樓頭，每睹繡球花，輒撩起別離情緒。繡球音諧「守舊」，以喻守節美人，留身以待君子，不只秀麗，且見堅貞，尤異者，花雖清香，不惹狂蜂浪蝶，以其花蕊隱藏，蜂蝶不易採蜜，而綠葉相襯，更覺雍容華貴。與繡球同時開放，則為野海棠與紫薇。野海棠與紫薇，均隨風開落，不能持久，惟繡球花則開放較久，由淡綠淺紅以至純紅時期，一團美艷，形如錦球，思婦睹此，常念君子遠行，對花凝念，因花填詞，或寄音書，蓋以甫別天涯，征途何處，借花自比，以待歸人，一歲一度相逢，又匆匆離去，深閨離夢，綵筆難賦，節婦大有「三更零雨長虛枕，十尺珠簾誓守樓」之慨也。

炎炎夏夜難成寐，寂對孤燈無限意。

歸去何曾入夢來，天涯只有山河淚。

連夕下雨不成，天氣炎熱，夏夜樓居，不能成寐，寂對孤燈憑欄眺望，窗外深宵弗靜，車如流水，盡是夜生活中人，此輩多從夜舞歸來，沉醉生涯，不知人間有憂患。念少年承平之世，亦曾紙醉金迷，虛度韶光，而回頭是岸，始覺浪跡無聊。且青春不再，歲月催人，尤覺無限感慨，而夜色深沉，未悉何時破曉。益念大陸同胞，長在黑暗之中，欲待曙色黎明，重睹天日，而離人歸恨，無夢可尋，不少故交，仍在水火之中，欲寄音書，亦無言可慰。天涯作客，觸目無歡，灑盡山河熱淚，一片去國精魂。別疑此身天外，畢竟籬下依人，「此日故園殊景色，江關暮齒尚吟哦」，堪為余詠矣。

《工商晚報》，一九六四年六月四日

一〇九／凌空我欲飛天際　俯瞰人生意若何

薰風拂面感清和，身如鷗鳥逐滄波。
凌空我欲飛天際，俯瞰人生意若何。

海角初夏，處處薰風，拂面清和，不覺炎暑，遠瞻天際，萬里無雲，乘輪渡海，則見滄波之上，鷗鳥飛翔，時來時往，惟不着岸，俯瞰海中，伸嘴覓食，藉小魚以果腹，啣蜆蟹以充飢。余睹海鷗，悠然生感，我亦欲凌空天際，俯瞰人生，雖非海●之覓食，亦欲一覘世態若何。芸芸眾生，光景自殊，意態亦異。有等久得安定居港，笑飄泊者之役役營營，既乏同情心，反有幸災樂禍之訕笑；有等因緣時會，亦自鳴得意，視謀生為異途，以失意者為可恥，殊不知失時屈蠖，得運可成龍，人豈無一技之長，第不知是否適合時用。昔日不少吳下阿蒙，如今出人頭地，香港畸形社會，非安份守命者得意之所。吾欲一翔天際，看敲詐取巧者之歸宿，冷眼以觀世態，淡泊以待未來，一身既無牽掛，歲月自覺優悠，孰謂余生涯渾噩，不知進退耶？

任笑文章與世違，此身只許合巖棲。
採薇保節奚羞赧，弗學夜郎自大迷。

有世好久居香港，對余生活，亦頗關懷，惟對余所寫文章，認為不知進退，過於剛直，目今香港，一切趨於現實，騷懷不足以濟世，無力以挽狂瀾，奚如順時勢所趨，毋以家國傷感吐露，不如屈躬向人，反得豐裕生活，弗至被人譏作癲狂。余惟一笑置之。蓋處此末世，已無追逐富貴之念，既與世違，但願巖棲終老，了然世態，厭絕囂塵，尚喜能保餐薇之節，不貽學者之羞，一身弗難自顧，奚必枉尺直尋，若迷於名利，則早年已與卑污者合流，近年亦可投機變節。念一已混跡江湖，性與眾殊，雖不敢夜郎自大，尚爭儒者之風，倘身為文人而學作市井，殊不取也。

《工商晚報》，一九六四年六月五日

一一〇　民望王師速弔伐　長歌復入見旌旗

渡江寧少好男兒，捲土重來事可知。
民望王師速弔伐，長歌復入見旌旗。

客問違難天南，歸期何日，余答以昔年抗戰，不少人均抱悲觀，余曾寫《趙子龍》電影劇本，借劉備以喻勝敗，仁者治世，自有義民相隨，故攜民渡江，以圖再起，仁政尚在，非如楚項之敗，不圖再舉。蓋「渡江寧少好男兒，捲土重來事未知」，暴力雖橫強，然大家皆離心離德，①苦役筋疲，流離遷徙，苦無可告，天心天理當呵佑仁者之師，忍見眾苦啼饑，久受壓迫。目今大陸同胞，多思起義，惟以赤手空拳，於事無濟，深望王師早發，弔民伐罪以解倒懸。雖赤焰披猖，壓力重重，然人心思漢，豈長甘作奴隸牛馬，此際正宜揮戈直入，重豎青天白日旌旗，以救人民出於水火，始不負民望也。

似曾相識似相逢，僕僕風塵露戚容。
多難復添兒女債，可憐弱質任飄蓬。

附注

①「家」字疑為「眾」字。

日昨渡海至荔枝角訪友，歸趁街車至佐頓道碼頭，車中與一婦人遇，與余似曾相識，偶爾相逢，點首招呼，婦人攜子女同行，風塵僕僕，面露戚容。余詢其姓氏，始知為廣東省立藝術院美術系學生梁惠薇。當時余授戲劇系戲劇概論、國劇研究，彼亦參加旁聽。蓋彼本軍隊政工人員，對戲劇原有興趣，而性尤近美術，戰後與青年團一周姓青年結婚。周為興寧富家子，大陸變色，家產盡被沒收，夫婦逃港，其丈夫在一百貨公司任推銷員，近染肺疾，在醫院留醫，梁婦則在鞋廠任職，月入甚微，兼在灣仔一美術廣告社繪廣告畫。夫病兒幼，賴彼維持生活，奔波於灣仔及九龍之間，住居徙置區屋宇，違難作客，飄泊生涯，而兒女均在小學肄業，又需供給教導，可憐弱質，已憔悴不堪矣。

《工商晚報》，一九六四年六月七日

【編者按】

《工商晚報》一九六四年六月六日版面略有改動，沒有《小蘭齋主隨筆》，六月七日始續刊。

一一一／田園若任豺狼佔　驅暴無期意也傷

風雨登樓憶故鄉，一番翹首一迴腸。
田園若任豺狼佔，驅暴無期意也傷。

昨夕晚風急，曉來微雨降。天文台高懸三號風球，颶風襲港西南，或掠過本港，而影樹黃槐，落花滿地，行人路上，為之鋪遍。風雨不宜外出，惟有登樓瞻眺，領賞迷濛景色，而雲山疊疊，牽惹思鄉之感，離家十有數載，鄉中尚有庶母寡嫂，均患病待醫，而大陸又缺乏藥物，彼等二人，雖得港中子女姑叔接濟，不至飢餒，而多病之軀，亦不過殘喘苟延。回首昔日家園，不覺腸迴百轉，十餘年來，父母兄弟，相繼病終，僅存者為此庶母與寡嫂，昔年尚可靠田舖收租，以度晚年，今則田園舖戶，盡為虎狼霸佔，康健之軀，尚可食力自存，人誰無衰老病痛，暴政竟無憫惻之心，若港中無接濟，生命早已難保，而驅暴無期，田園難復，行見老成凋謝，少壯離散，如此鄉土，能不意惹神傷，他鄉作客，惟興起「風雨離群傷老弱，故鄉事物已全非」之感矣。

畫舫樓船泊淺灣，開樽痛飲興闌珊。
熟紅嫩綠枝頭掛，美景良辰夢已殘。

友人邀飲於香港仔太白舫，並以荔枝饗客。主人情意甚殷，以畫舫樓船，恰如廣州荔灣，開樽痛飲，共啖佳荔，仿如昔日荔灣暢遊，興致甚豪。余以作客天南，逢此盛會，亦覺難得，惟昔年浪遊荔灣，目睹熟紅嫩綠，掛滿枝頭，一河兩岸，別饒景色，且當年承平之世，有美景良辰之樂，而每遊勝蹟，輒偕知友數人，或與家人同往，故得盡興而返。自大陸變色後，知交星散，縱有良辰美景，難再暢聚，好夢已殘，而家人亦已離散，父母兄弟云亡，子姪均遠離鄉土，有在美洲，亦有在台灣，而留港者寥寥無幾，若欲舉家同遊舊地，除非再造神州，子姪重聚。目前縱謂舊蹟猶存，而人事已非，不足以撩遊興。既無懷歸之念，尚有傷別之情，今與友人同飲，惟有「且喜樓船仍聚首，漫憐異地作客身」之感而已。①

《工商晚報》，一九六四年六月八日

附注

① 「客」字疑為「容」字。

一一二／市樓寂坐閒吟詠　欲借一觴浣滌煩

天雨霏霏行路難，未秋爽氣怯衣單。①
市樓寂坐閒吟詠，欲借一觴浣滌煩。

暴風過港，天雨霏霏，而海濱風烈，舟車停行，出門甚感不便，困處屋中，涼風襲襲，衣單怯寒。仲夏天氣，彷若涼秋，頓感風雨離群，隻身作客，天南遯跡，未曉何日賦歸。昔年浪跡江湖，十載言旋，尚敍天倫之樂，今之境況已殊，歲月催人老去，往日遊子，將成老叟，縱有少年豪氣，光景已遜從前。念此身久經風雨，幾度歷險如夷，回憶抗日戰爭，幾為日寇所俘，幸得鄉人援救，不為雪霜所欺，露宿風餐，爬山越嶺，尤勝困處一隅之苦悶。此日居港，若臨風雨，惟有在市樓枯坐，寂寂無歡。復念大陸赤焰方張，未遇一場風雨，民難得甦。余等在港，聞風喜雨，略解水荒，而大陸同胞，其苦有甚於水旱者，奚止百倍，誰解其厄？民生凋弊，其奈之何？雨中欲市酒，浣滌愁懷，而風雨中酒肆閉戶，難得一觴，昔年曾有「少小離鄉傷寂寞，最難風雨故人來」之句。如今風雨，懷念戰中舊友，大有今昔之感矣。

附注

① 「未」字乃按原報殘畫作推測。

憶昔蘿崗啖荔枝，攀登樹上樂怡怡。
故園此日無佳果，草木凋零感失時。

蘿崗蘭齋農場，植荔枝數百株，有糯米糍、妃子笑、桂味、尚書懷多種。兒時嘗到農場居住，每逢荔熟，即攀登樹上，自由採擷，日啖數百顆不厭，其樂怡怡。自經中日戰事，荔枝已不如前豐收，戰後方重整故園，施肥加土，希冀回復昔年暢盛，而大陸遽爾變色，農場不由自主，荔枝樹亦乏人料理。據耕工來港聲稱，農場自歸公社營種後，麵肥不足，難產佳果，即有收成，亦甚細顆。且有多株老樹，亦被掘去，改種禾田，樹木費時日栽培，如今竟遭丟棄，雖謂改種禾田，增加稻穀生產，而該地為山田，不宜如種稻，②人力強為，並無成績，而果木失收，已見事實，故蘿崗洞有名之桂味荔枝，已不如前之香甜。此日故園，難啖佳果，草木凋零，產量銳減，而嶺南名果之荔枝，亦有失時之嘆，故園非舊，是以不願便歸也。

《工商晚報》，一九六四年六月九日

② 「如」字疑衍。

一一三／一 自家園和淚別　幾番回首望山河

笙歌文字兩消磨，歲月如流感慨多。
一自家園和淚別，幾番回首望山河。

近來粵語舞台劇及電影陷於不景氣狀態。導演李鐵曾向余索舊作《趙飛燕》劇本，擬拍為電影，惜余無底稿存在，有負雅意。余在戰中，所寫之劇本，並無一本存稿，笙歌文字，飽經消磨。不彈此調，已二十年，回首前塵，誠有歲月如流之感。尤有憾者，當余違難來港，揮淚別家園，依依離父母，今則椿萱已謝，兄弟云亡，往日家園美夢，一概成空，倘非山河變色，奚至家散人亡？每番回首，益增斷腸。即今家人居港，亦散居香港、九龍、新界各地，數月始有機緣聚首一次，往日山河我家聚首自由，今則各顧生活，同是飄零作客，悵望山河，不勝浩歎，惟望神州再造，還我家園，俾兄弟子姪，再聚首一堂已也。

品茗烹茶興倍濃，誰憐採葉在山中。
攜筐躑躅蛾眉苦，猶唱山歌意態融。

閒中無聊，輒喜偕友品茗，愛啖清茶，共談風月，茶味香濃，一暢神思。然我國名茶，多產於崇山峻嶺，而採茶者，多為女兒，攜筐躑躅，遠入山中，不辭跋涉。回憶抗戰時期，余隨部隊入閩贛山區居住，偶逢墟期，輒越山至墟市品茗，途中見採茶女子，結隊而行，且歌且採，並無倦態，而山歌音調，又能引人入勝。時在戰中，粵東粵北，均為銷售茶葉之所，鄉人賴以為活，余尚憶有幾句山歌，撩人鄉感，因錄於下：「山花不是野花香，味純在葉上，纖手摘來沖飲，慰君寂處他鄉。」山歌不知是何人所作，然有思鄉者，煮茗烹茶，細嘗香味，知採自蛾眉之手，回念家中思婦，又是一番滋味在心頭也。

《工商晚報》，一九六四年六月十日

一一四／相逢異地猶嘉慰　珍重叮嚀約後期

勵勉關懷感友師，少年憧憬尚依稀。
相逢異地猶嘉慰，珍重叮嚀約後期。

偶往北角訪友，在電車中與胡鳳昌師相遇。胡為廣州河南南武中學教師，童年余肄業南武附小，即受其訓勉，師友之誼，至今不忘。尚憶少年時，余授課於廣東省立女子師範，在學校排練粵劇，胡師亦嘗賜助，胡擅音樂，當年神童紫羅蘭，亦由其造就。余少年憧憬改造粵劇，整肅舞台，作為一件有價值之文化事業，胡亦曾向余勵勉，謂成為一劇作家，仍不失為文人本色。戰時余在粵北致力於抗戰粵劇寫作，亦曾與胡遇，戰後睽違廿載，今同違難香江，異地重逢，欣悅可知。胡年將八十，視余為後輩，並謂閱余在報章寫作，覺余凜節可嘉，謂余年只五十許，尚屬後生，仍有作為，並告余以昔年我家專席之英文教師梁太素，亦自南洋回港，近年閒居，生活尚好，甚欲見余一面。車中與胡匆匆告別，感其叮嚀囑咐，珍重體軀，勿以時勢得失，損及精神健康，並以電話號碼見示，相約再敍後期。余以「深恩負盡師和友，故我依然髩有絲」，感而詠此。

高歌易水入秦關，壯士去兮不復還。
抽刃孰揕嬴政袖，狗屠遺恨在人間。

九龍百老滙大酒店開幕，余適赴會與陳錦棠、黃千歲遇。談及粵劇衰落原因。黃千歲謂目前無良好劇本適應時勢，號召觀眾，使粵劇有無可作為之嘆。因憶黃師廖俠懷，早歲對戲劇創作，亦有貢獻，尤以《火燒阿房宮》一劇，深受文化界讚譽。廖編該劇根據荊軻刺秦皇史蹟，其易水送別一場，有「風蕭蕭兮易水寒，壯士一去兮不復回」之悲壯寫出。①而殺妻表忠，狗屠報國，可見其仗義毀家，千秋景仰。惜至秦宮，僅斷秦皇之袖，行刺失敗，血濺金階，一段可歌可泣之事蹟，喚起民眾除暴爭取自由之精神。此劇不只吻合抗戰時期，亦對現在時勢適合演唱。當年「日月星劇團」，擁有龐大觀眾，亦以《火燒阿房宮》、《血戰榴花塔》二劇為號召。民氣仰賴於戲劇宣傳，況鼓勵狗屠仗義，拔刀而起，亦合現在時勢，惜現在粵劇人才缺乏，難望恢復當年盛況而已。

《工商晚報》，一九六四年六月十一日

附注

① 「壯士一去兮不復回」，《史記》作「壯士一去兮不復還」。又「寫」字疑為「演」字。

一一五　尚有黎民顛沛苦　從來世變見災深

旬來苦熱翳煩襟，好雨隨風化作金。
尚有黎民顛沛苦，從來世變見災深。

兼旬苦熱，酷暑初臨，襟懷煩翳，盼望甘霖，而好雨隨風，帶來十餘寸水，如雨化金，略甦民困。同時水禁又得以放寬，使居民便利，不至疫症叢生，市樓住客，無不額首稱慶。然尚有黎民，因風雨而毀去木屋，顛沛流離，亦有漁民因覆舟影響生活，且住宿無地，境況殊苦。至新界農作，亦有因風暴而影響稻穀及蔬菜收成，亦有影響，一場颶風，損失在百萬以上。在繁盛之都市，如許災情，尚未算巨大，而貧苦黎民，已覺災深。蓋風暴有如世變，不測之風雲，帶來難料之災禍。尚幸防禦得宜，未有人命損失。不過此少數之災黎，亦需善為安置。而未來風雨，尚未可測，將來如有更烈之風暴，則不能不早為之計，俾黎民得安，此則渴望有司，關心民瘼，而慈善機關，亦應為災黎着想也。

怕將禍福證諸神，善惡奚關富與貧。
無愧於心尤至樂，危言聳聽不堪聞。

舍姪女梅綺，近以傳道為生，而立論奇誕，令余不能緘默。其痛詆先父廣置姬妾，不信奉基督，故晚景蕭條，死後不能上天堂，此誠謬論。先父終於共黨暴政，與宗教何關？至於能否上天堂，此為吾輩信基督教語，先父信佛，以為超生西方極樂世界，吾等子孫，不應置詞。且禍福無常，非可預睹，信宗教者，勉人行善除惡，非僅為求富，苟能明道，雖貧亦至樂，無愧己心。更聞近來傳道，危言聳聽，謂世界將有大禍，香港亦不能免，應以月入十分一奉獻教堂，以示信主，一旦災禍來臨，即得上帝拯救，逃上太空，避卻世劫，此則只足以迷惑愚夫愚婦。禍福既不由人，災劫亦不可預測，凡信宗教者，能辨善惡，保存社會道德，奚需慮及將來遭劫？似此危言，徒令人產生反感而已。至十一之奉獻，甚於政府納稅，似此借傳道營利，真正基督教徒，多不取焉。

《工商晚報》，一九六四年六月十二日

一一六／弗是心腸如鐵硬　思援無計費吟哦

兄鄰舊友歷災磨，達難天南染病魔。
弗是心腸如鐵硬，思援無計費吟哦。

三年前余居梅綺家中，遇一中年女子蒙百勵，彼曾作電影臨時演員，昔曾與先兄謦題在廣州比鄰而居，大陸變色，飽受折磨，然後達難來港，得人介紹，始得在片場工作，與梅綺結識，呼余為十三叔。後聞人言，蒙不慣片場勞苦工作，過通宵夜生活，因而染肺疾，彼非電影重要演員，故染病亦無人照顧，且以在港又無親故，生活亦成問題，幸得肺病療養院馬利雅士頓醫生收留療治，痊癒出院，而生活拮据，身體瘦弱，雖有醫院證明痊癒介紹工作書函，以人老力衰，亦無人僱聘，曾賴聖馬利亞堂王牧師給與經濟援助，始免飢餒，昔常來向余求貸，並求余介紹工作，余惟盡一己之力，以為之助，然長貧難顧，且余亦無力介紹工作，睹此荏弱女子，並非心腸鐵硬，不加援手，其奈力所不逮，思援無計，因感而吟哦，願其友識，伸出同情之手，庶幾為善最樂焉。

蹉跎能度幾晨宵，多載投閒倍寂寥。
回首前塵惟竊笑，如斯人海見波潮。

十數年來，蹉跎歲月，未謀一業，依舊投閒，人生幾何，晨宵虛度，雖曾在電台任事，或撰作文章，亦不過一短時期，均受主事者白眼，謂余自視過高，且有政治病，須重到精神病醫院治療，余不願解釋。蓋士不可以奪志，縱投閒亦足自傲，更有令余竊笑者，有久居香港之友舊同學，謂余勿以違難義民自居，蓋余曾在港肄業七年，論理亦為「香港仔」。勿自視為難民，始可謀職業。然余性剛直，以余既非香港土生，自非英籍華人，且抗日戰時，曾返祖國工作，香港戰役，余亦不在港，戰後亦為友人婉勸，返廣州居住，勿以港人自居，否則廿年前，已在港找尋職業，何至今始為謀。更可笑者，有私立中學招請教員，主事者又謂余為香港大學學生，中學亦在香港畢業，應在港立學校任職，彼輩只招請國內大學畢業生，余不應奪人飯碗，余惟竊笑，以同是中國人，此際猶分香港與國內之比，互相歧視，互相詆毀，出生與受教育地方問題，亦興波瀾，寧不為外人訕笑耶？

《工商晚報》，一九六四年六月十三日

一一七／傲態依然違世立　看來如我更何人

硝煙回首厭囂塵，綠水青山影裏身。
傲態依然違世立，看來如我更何人。

友人邀余約談，謂屢欲助金作一事業，惟不諳余個性。戰時余曾在硝煙前線，雖非執槍抗敵，亦參與文化工作，對繁華之囂塵又素不歡喜，如今為時勢故，重履香江，綠水青山，身在影裏，當知香港社會，不論何工作崗位，亦以得志鳴於時，生活豐裕驕人，始為適應現實，若淡泊純樸，徒見一己無能，並謂香港人不重才幹，只靠手腕，低首求人，便可致富，某也月得一二萬元薪俸，某也出入私家汽車，居住十餘萬元樓宇，均為余斥為投機小子，似此傲態，違世而立，不堪設想。余答以於今狂士，如我者何人，個性不能更改也。

大地蒼生歷劫塵，飄零幾許亂離身。
天涯我亦艱難日，愧乏餘資●路人。

自昨道左遇一路人，據謂三十年前即與余認識，如今大陸遭劫，逃難來港，生活拮据，而母病在鄉，知余慷慨，故求余助。余以少日豪爽，且所入甚豐，樂於助人，今非昔比，飄零同感，只可助以數元，囑另求富者●助。念余作客天涯，彼此同抱離亂艱難之感，尚有不少親老在鄉，嗷嗷待哺，即余亦有母有嫂，患病於大陸，朝不保夕，尚需余等設法接濟，尚有何力以助別人，不知者以為余吝嗇，實則余亦艱難萬分。且十餘年居港，亦無善況可述，一病數年，今始痊癒，對別人雖有同情之心，而力有未逮，惟有嘆息而已。

連宵夜雨似秋霖，時序失常覺暑侵。
破曉落花鋪滿徑，沼荷香送解愁深。

一連三夕，深宵下雨，破曉即晴，頗似秋霖夜雨景象，惟日間仍覺炎暑，又似仲秋天氣，惟晚上清涼，宜尋好夢，夏有秋態，歲序失常，豈因山河劫運，故有如此景象。蒿目家園破碎，有夢也難懷歸，客夢頻驚飄泊，徒感歲月蹉跎。曉來縱步庭園，只見影樹成陰，落花滿徑，春歸固花落，而夏雨亦絮飛，少日韶光虛度，如今無語思尋，頗有時乎時乎不再來之嘆、鬢髩添霜之念。平生皎潔，慕君子之風，非謀名利，亦不爭顯達，戰時典售衣物，日夕宴客，仍不改豪氣，今睹沼荷香送，知君子之花，宜得智者欣賞，旅中窮愁，亦得慰解，惟潔身如荷，以謝友好耳。

《工商晚報》，一九六四年六月十四日

一一八 修身未遂齊家願 治國誰知治己先

彈指韶光數十年，最云潔守自稱賢。
修身未遂齊家願，治國誰知治己先。

韶光易過，彈指數十寒暑，童年讀父書，師長力訓潔守，期以成為聖賢。故余最初任教職於男女學校，道貌岸然，人皆稱余年少老成，及後厠身粵劇界，梨園子弟，生活多浪漫，而余不為所染，已故之名伶千里駒，曾尊余為「情聖」，亦稱余為「柳下惠」。粵劇界雖多桃色事件，余獨不染，及參與電影界，為採取實生活，①始常到舞場花榭流連。自是不能自保，然回頭是岸，余年二十九，即謝絕女色，了然色相，回首是岸。且以回國參加戰時戲劇工作，又兼為人師，生活嚴肅如故，迄今已廿七載，頓感修身、齊家、治國、平天下，謹重修身。惟大陸變色，家已不存，徒有齊家之願，而霸道治國者動輒謂家庭觀念深者為落伍，且不談治己，然後治人，動輒以世界社會為大題目，捨本求末，其何以平天下耶？一嘆。

附注

① 「實」字前疑奪「現」字。

依然落落一閒身，攀附鑽營不苟聞。
人海浮沉留潔譽，鴻儒故舊往來頻。

抗戰結束，余即賦閒，躬耕三載，復居塵市，只為報章寫小說散文，②得資自給，遊戲文章，亦吐腹中塊壘。近十數年，違難居港，經已輟筆多年，依然落落一閒身，歲月飄零，乏善可述。有宗弟語余，謂余半生失敗，在乎不善鑽營。相識不少豪富，倘肯低首求人，助己謀一業，未必無人援手。余以身為文人，恥於靦顏致富，至從事鑽營，孳孳為利，則流為市井，不敢與聞，故寧浮沉人海，聊保潔譽。日昨有友，妄聽人言，謂《龍虎渡姜公》之迷信劇及《白金龍》、《姑緣嫂劫》等俚俗劇，均為余編寫，此真不知余矣。余固不敢掠別人之美，然余所編劇本，均有意義，豈同普通編劇者可比擬。即輟筆停編戲劇，亦常與鴻儒故舊，來往頻頻，雅士高人，自留潔譽。而市上流言，謂余賴粵劇伶人照顧生活，此誠離奇無稽之謠。蓋余非八和粵劇子弟，何需伶人照顧，非志同道合之文人，余亦少與交遊，明哲保身，固樂於清貧也。

《工商晚報》，一九六四年六月十五日

②「為」字原稿作「謂」，訛誤，正文改訂。

一一九／風風雨雨興亡感　牽惹愁人益斷腸

心自閒時意自傷，清狂素譽十年長。
風風雨雨興亡感，牽惹愁人益斷腸。

有一友人業醫，謂閱余文章，滿腹牢騷，諸多感慨，恐余精神復發，余答以心裏清閒，亦莫解憂傷，十年來家破父亡，余深受刺激，為眾斥為狂人，況今風風雨雨，興亡有感，縱可投閒，亦有蒼茫之感。蓋一片熱腸，無由申訴，倘不以文章遣情，則更易拂鬱成病。正如精神病專家所言，昔者余在病中，並無搔擾社會秩序，及令人不安之處，不過本人精神分裂，而知覺頓失，此為易治之症，且經數度治療，已得痊癒，若必以閒遊為樂，則人閒心不閒，病發亦易，對余閒寫文章，甚表同情，●●以曾患此病，而社會多不明瞭，好事之徒，乃視余為狂人，資為談柄，余誠不解有何得罪於人。於今鄉亡家破，作客天涯，縱不求人同情，亦不欲人訕笑，遙望國土，虎狼竊據，我猶遑難多磨，益增腸斷，海角遺民，如我者幾許，豈能盡謂為狂人哉？

忍教壯志任銷磨，一事無成感慨多。
倔強生平誰笑我，嗟來弗受信非訛。

戰後，余即隱跡家園，壯志銷磨，大陸變色，始來港覓職，數年一事無成，感慨良多。然余性倔強，寧露宿於街頭，亦不求人助，故嘗在灣仔一友人之西服店梯口居住，斯時精神不健全，又聞先父死訊，終日無歡，然余未嘗告貸於人。友朋曾與余患難相交者，對余資助，余則受之，而某報將余刊出，譏余為斯文乞兒，路人以報章示余，余頷之，以後有惠余金者，乃拒而不受，尋且怒目相向。病中不知暑冷，不知饑餓，而屠沽輩如嘉龍果肆主人彭君，街市雞鴨店主陳太（其夫為抗戰軍人），足球員曾培福、曾境康，均與余有舊，時邀余往大澳、清記、新亞等酒家消夜晚膳，並謂余枵腹抵餓，不受不義之財，實為難得，且對余敬佩。蓋余性倔強，即寡嫂有屋接余往居，余亦避男女之嫌，家人亦莫能為余助，近嘗遇病中照顧之友人，因道謝其厚愛，用誌不忘。

《工商晚報》，一九六四年六月十六日

一二〇／夏來尚憶春光好　怨鳩枝頭卻有情

若似紫薇若紫荊，奇花異卉吐芳馨。
夏來尚憶春光好，怨鳩枝頭卻有情。

余在病院休養，每晨即散步庭園，近睹有山花二株，一類紫荊，一類紫薇，而葉似芒果玫瑰，此為山野之花，不見諸經傳，故不識花名，只以奇花異卉稱之，然花開甚盛，且吐芳馨，處此夏日，百花皆已凋，開到荼薇，花事已了，尚有山花點綴園中，令人神怡。且有「夏日猶見春光好，半百尚如少壯時」之感。蓋年華本已無復青春，不過在外國人慣語，夏日為長成之期，夏日多果實，大概春季雖宜於賞樂，夏猶是事業成就之期，世人謂「夏日炎炎正好眠」，這就虛負了時光，等到秋來悲老大，此僅足以令人頹廢。夏日較長，可喻來日方長，吾人未老，猶可振作。而枝頭怨鳩，不忍才人思婦送春傷情，花下長鳴，尚有好花尚在，時光未逝之意，所怪者為良辰虛負，美景空留，鳥尚惜時，多情如許，願人自愛，勿負韶光也。

簞瓢食飲羨顏回，至聖在陳志未灰。
未必得時方載譽，書癡狂士喜相偎。

嘗聞顏子一簞食一瓢飲，屈居陋巷，人不堪其憂，顏子不改其樂。至聖孔子，昔有在陳之歎，而壯志未灰，況余今日雖失時，尚不至在陳之苦。月前有一商人宴會，邀余參加，余以志趣不同，非戰時為日寇張目致富之商人，即今日投機靠攏之分子，恥與為伍，故婉謝之，誠恐一時脾氣頓發，出語罵人，則更使人視為狂且。且豪華之宴會，自少已煩厭，況不過藉余薄名而誇張，毫無禮賢下士之意，徒擁附庸風雅之名，余又何必貪此口腹，而受人利用。故寧使人笑為失時文人，亦保潔譽。有笑余為書癡，以狂士相稱者，余亦甚喜悅。並念先父遺句，「書癡直欲卑湯武，泉癖居然辨宋金」，余等遺民，附宋而不附金，何懼人譏笑哉。

《工商晚報》，一九六四年六月十七日

一二二／身葬湘江無貳志　汨羅憑弔大夫潭

詩人血淚泣青衫，讀到楚騷已自慚。
身葬湘江無貳志，汨羅憑弔大夫潭。

節近端陽，歲逢佳節，品茗茶樓，已有裹蒸蓮蓉角粽應市，因憶每年此日，定為詩人節，以記楚大夫屈原，青衫血淚，愍節可風。屈原為楚人，且屬王室帝裔，其復興楚室之志，為世所妒，既不見重於平王，復遭放逐，因作《離騷》以見志，後世盛誦弗衰。然屈原以楚人而忠於楚，並無貳志，與乞師之伍員，其節烈不可同日語。不少文人，景仰屈原，然不能捨一身以明志，且或作降臣賊子，尚何顏自稱詩人？其有愧於葬身湘江之屈大夫矣。昔年余曾遊汨羅江，尚有大夫潭，年年百姓，投角黍於潭中，藉飽魚腹，以存大夫之屍，而各地江濱，並有競渡之舉，競渡為昇平之樂，記大夫之節，保國運之隆。如今白鵝潭已無競渡之樂，惟在海角一趁熱鬧，以記屈原之節耳。

燦爛燈光不夜城，香爐峰人附承平。①
車如流水喧宵旦，絮亂心懷睡不寧。

附注

① 此句疑有誤字。

居近市廛，開窗眺望，覺星光萬點，燦爛海隅，城開不夜天，有如羊城昔日。惟爐峰今見承平，紅棉已化狐窟。少日好作夜遊，如今獨愛孤寂。「對酒看花非覺樂，赧顏鏡裏鬢毛衰」，友人謂時勢已殊，余之生活體驗，亦成過去，欲偕余往夜總會及舞苑觀光，一看青年人近來生活，以作寫作資料。余笑謂紙醉金迷，今昔同況，此點綴昇平之場所，無能動我遐思。昔日余為擲金者，易於探討此中人真相，今雖不至如窮措大，並不願虛耗，以遣無聊。此中人生活，猶如地獄尋生，吾不忍睹矣。然每夕街外車聲喧鬧，通宵達旦，足見尋夜生活之人尚眾，絮亂心懷，聞車聲而睡亦不寧，縱使車如流水，亦多因此而沉迷壯志，有心人對此，惟黯然神傷而已。

《工商晚報》，一九六四年六月十八日

一二二／美味甘香留齒頰　人間苦處已消無

持螯約友醉醇醪，相對吟哦興不孤。
美味甘香留齒頰，人間苦處已消無。

蟹為螯類，產於海濱，秋爽蟹肥，夏亦可口。兒時族人江華喜、江高，嘗至東莞搜羅黃油蟹，以贈我家。黃油蟹較普通者肥大，且脂膏純為黃白色，甘香特異，可比上海運來之洋澄湖蟹。自抗戰以來，不嘗黃油蟹及大閘蟹甚久，近年居港，只啖鹹水蟹，其味不及淡水蟹遠甚。惟澳門盛產蟹，來自前山淡水海濱者，頗肥美可口，港人遊澳，輒購蟹歸，以作手信。余友張君，世居澳門，月前來港，餽余膏蟹一笠，余以獨食無歡，持螯約友，相與尋醉。蟹本橫行，生時青色，熟即鮮紅，而膏亦紅赤，有如蛋黃，美味可口，蟹爪蟹鉗，均有鮮味，以之下酒，甚為適宜，酣醉吟哦，吾興不孤。而脂香留於齒頰，令人回味無窮。昔人繪蟹酒菊花為〈九秋圖〉，可見蟹為秋士所好，余今嘗蟹，頓有登高北望神州之感，違難天南，猶有辛酸苦味，蟹雖甘香，而人間苦處，欲問消無，因此而詠。

天涯違難換洋裝，回憶家居服漢裳。
一物未攜逃海角，孤身飄泊在他鄉。

戰後歸家，孑然一身，衣物盡罄。乃改穿唐裝，所有長衣棉袍，均從新縫置，家居便服，甚覺寫意，暑天外出，即穿對胸竹紗衫褲，甚為涼快。迨大陸變色，故家被匪封估，家中人不能攜物外出，一被一物，亦恐藏有珍品，盡量充公，其橫蠻若是，令人髮指。余逃脫較早，時為冬季，亦僅穿一件絨夏華夷襯衫及一條絨褲，抵港居友家，衣物亦從新購置，或友朋所贈，盡屬洋裝，不穿華服，亦以時地關係，安之若素。偶睹友人穿唐裝，則羨其瀟灑自如，不若穿洋衣之侷促。昔穿唐裝時與族中兄弟暢聚，亦屬一樂，今則孤身飄泊，難往與鄉曲往來，即鄉中人，違難來港，亦穿西服，甚少穿唐裝者，他鄉雖換着西服，仍不免有思鄉之感也。

《工商晚報》，一九六四年六月十九日

一二三 詩心付與壺中茗　夢覺何曾醉一甌

風送荷香入小樓，夏涼如水未成秋。
詩心付與壺中茗，夢覺何曾醉一甌。

園中植盆荷，花香送入小樓，連夕夜涼如水，尚未成秋，而枕畔微寒，窗外零雨，夏夜仍有晚春景色，撩惹孤客閒愁，不能成寐，起床瞻眺，玉宇瓊樓不覺寒，望海觀山消塊壘，海角一隅，飄零困處，芸芸眾生，幾多憂患？奈衣食勞形，消磨壯志，愁心拂鬱，何處尋歡？「生平不畏風塵苦，異地猶添遠客愁」，余與滬籍友人虞君相遇，彼亦在病院休養。懷念鄉土，午夜無眠，相逢同是他鄉客，共飲香茶洗濁情。虞君夫人董氏，亦為故交，大有「少日幻心今洗淨，故人相見眼分明」之慨。三人共罄壺中茗，良宵聚舊不思眠，轉覺少年不解愁滋味，老去才知負歲華。方余年少，不知幾許舊交，大都昇平尋樂，不解國恨家愁，如今甚少相遇，縱道左相逢，亦只點首為禮，且有以余為違難遺民，見而走避者，所謂相交，亦復如此，人情世態，悠然醒覺，欲醉一甌，以尋好夢，無奈夜難覓酒，雖欲入醉鄉，而一片詩心，猶未得稍吐也。

三春不發夏雷鳴，恰似賽龍擊鼓聲。
喜是端陽佳節雨，甘霖驟降見承平。

每年春季，即為驚蟄，春雷一響，萬物叢生。惟今歲三月，不聞雷響，節近端午，始聽雷鳴，有稱夏雨為「龍船雨」，夏雷為「龍船鼓」，縱不暇看賽龍奪錦，也如聞競渡鼓響。回憶童年，四鄉昇平，余隨家人乘畫舫至珠江琶洲一帶，同觀競渡，各地龍船數十艘，均由鄉人泛棹，快捷有如汽輪，且鄉人競渡，服裝整齊，咸穿白笠衫黑褲，或戴竹織銅鼓帽，扒扒之聲，不絕於耳，賽勝者即得錦旗，並以金豬燒酒犒賞，此等盛況，不睹已數十年。香島雖有承平景象，然鄉村不如內河，龍船眾多之數，亦不能相比，故不如從前之熱鬧，惟今歲甘霖驟降，可解水荒，佳節端陽，猶是一番承平景象，若欲睹賽龍盛況，惟望國土重光，始可再賞競渡於白鵝潭畔矣。

《工商晚報》，一九六四年六月二十日

一二四／萬里音書勞筆札　優悠不問問賢愚

蒲生佳兆譽獻珠，異國棲遲景已殊。
萬里音書勞筆札，優悠不問問賢愚。

舍姪女江獻珠，乳名蒲生，以其生於蒲節前二日，①生朝為龍母獻珠之期，戰中隨母在粵北，余亦在曲江，戰後歸林氏子為婦，大陸變色，其稚子死於難，僅得一女，愛若掌珠，數年前余病癒青山醫院，夫婦邀余晚膳，慶余新生。去年，舍姪女以赴美求深造，毅然離港，依其母於紐約，光景已殊，歲月亦異，想其生朝亦已遺忘也。嫂氏數月前亦染有精神病，經延醫調治，並經割腦將神經撥正，始獲恢復正常。②萬里音書，遠勞筆札，諒彼輩居美，亦非優悠歲月，到處楊梅一樣花，與居港亦無大異，所問者，彼已成年，猶向學問尋求，他年歸港，前途未可限量，余亦以為亂世賢愚，在於凜節，③不在乎優悠自在也。適逢其生朝，賦詩以勉，並促早歸。

孤帆掩映入波中，萬里無雲朗碧空。
海闊去來舟一葉，誕登彼岸也隨風。

附注

① 蒲節前二日，即五月初三，唯江獻珠自謂生於「龍母誕」，即五月初八。按農曆五月初一至初八都是龍母生辰誕期。

② 按江繩祖的自傳所記，江獻珠的母親於一九六四年一月二十日因中風入院，住院三十天，住院期間醫生為她在腦部開刀清除瘀血。

③ 「凜」字乃按原報殘畫作推測。

輕舟張帆，淩波遠駛，萬里無雲，碧空晴朗，舟影孤帆，映入綠波，但見水天一色，一望無涯，天空海闊，來去自如，然而小舟一葉，尚可誕登彼岸，飄零人海中，茫茫宇宙，此身飄泊無定，何處是岸，可作歸宿。然惠風和暢，則舟行無險，風去舟去，風回舟回，倘遇狂風，翻波作浪，則舟亦飄搖，只賴司舵鎮定，始可着岸。而人生有如大海中飄蓬，歷險不知凡幾，倘能素志不移一貫宗旨，縱有險阻，亦不畏懼。生平屢遇意外，而均歷險如夷，蓋遇暴風，則毋失方向，遇微風則知進退，身若孤帆，行舟謹慎，不思強進，守岸為安，萬里長征，非自今始，回頭是岸，不受風浪所欺，其我之謂歟？

《工商晚報》，一九六四年六月二十一日

一二五／叶羽探商成過去　低吟淺唱當狂歌

少年豪氣未銷磨，那管人生苦樂多。
叶羽探商成過去，低吟淺唱當狂歌。

友人陳君，邀余品茗，詢余近況，余以乏善可告，謝其關懷。陳君本粵劇迷，雅愛余所編之劇本。並謂自余輟編粵劇，彼亦盡滅周郎之癖，詢余可否閒裏執筆，寫成新作，俟覓得適當人才，然後售與演出，寂寞多年，東山復出，想必為觀眾歡迎。余笑答以余寫劇志趣，與人不同，從來不寫劇本求售於人，如需余寫作者，且須尊重余意，始許唱演。余既非編劇求啖飯，不過以人生苦樂，搬上舞台，如今已將浮生看透，實無興趣寫作，益以今之伶人，對藝術修養，實不足道。年前有人浼余編劇，亦以旨趣不同而罷，叶羽探商，已成過去，有何牢騷，亦可吟哦自遣，何須寫劇抒情？縱使人以余為清狂，余亦不改故態，低詠作狂歌，亦是自樂。眼看許多年老而有藝術之伶人，余深婉惜，遇有生活困難，余且量力資助，少年豪氣尚在，輟編不足以損余舊譽也。

江湖作客一閒身，懶把騷心問楚秦。
亂世文章難見志，達觀早了假和真。

余曾厠與藝海江湖，已往伶人，均尊余為座上客，以余傲骨與眾殊，事業心與賣技者有別也。戰時余在粵北，以粵劇界人數眾多，於宣傳國策，未嘗無影響，建議由政府組織指導，勿使誤入歧途。而當時文化運動負責人員，以為此責須交諸伶人自負，當時伶人關德興，欲在戰時省會重組八和會館，余非八和會員，只任顧問之責。粵北轉進，八和子弟又星散。戰後重組，又多意見，遂使投機分子，甘為赤匪所用，作反自由宣傳，殊深痛惜。余惟作亂世文章，以不屈見志。友人吳君康鑑，本有心人，念及將來復國，粵伶不能無人領導，浼余出而再造就有志伶人，俾將來可孚眾望。余以素來達觀。對伶人素志，惟名利是視，斷難使其忠於家國，心在藝術。所謂領導者，又未能孚眾望，以假混真，焉有成就。當年情勢，有力者尚不把握現實，利用此輩宣傳，今則梨園已凋零淨盡，夫復何言，一嘆。

《工商晚報》，一九六四年六月二十二日

一二六／市得海鮮同快嚼　嘉餚薄酒度端陽

灘頭潮湧水颺颺，入網鰣魚近尺長。
市得海鮮同快嚼，嘉餚薄酒度端陽。

端午節日，偕戚友至海濱，一賞賽龍盛況，並憑弔屈大夫。海灘潮湧甚急，風起水颺，因感「碧水無情沉節士，人間有恨弔滄桑」，以屈原之死，無動於楚懷王，既不能挽回國運，復齎恨以沉江，憤俗憂時，能不為絕代騷人一哭。時逢佳節，亦不見昇平之樂，獨見漁夫張網，捕得近尺長之鰣魚。鰣魚雖以長江出產為佳，惟是違難香港，已無緣嘗此佳品，縱有運來港出售，亦已失去鮮味，反不如土產之新鮮可口，因與友斥資，購得鰣魚歸同快嚼。一年一度之蒲節，又逢星期假日，不可有餚無酒，乃市得菩提露一樽，數人同醉，並啖角粽以慶佳節。大陸未變色前，每逢此日，家中即設盛筵，團聚共飲，今則家人星散，無能再備豐饌，只略傾薄酒、魚肉數事，草草慶端午節，徒嗟家毀人散，①不勝「天涯我亦採薇人」之感。

附注

① 「嗟」字乃按原報殘畫作推測。

避秦我亦折磨多，空對桃源喚奈何。
憂國豈惟卿相責，何年魑魅始誅鋤。

避秦十有餘載，一身飽受折磨。經書盡告焚燬，歲月任它蹉跎，海角天涯，棲遲籬下，為世所棄。獲譽清狂，誰謂樂土桃源，余獨寡歡落落，既無躬耕之地，又無安定家園，營營役役，但求衣食自給，不暇為日暮興悲。然憂國傷時，豈惟卿相之責，匹夫匹婦，亦關興亡，方今邪說暴行，流於市曲，無知者咸為赤寇宣傳所惑，且譽大陸昇平，彼輩不知自由剝奪，幾許身歷苦災，動輒得咎，徵逐流離，即有志青年，稍露不滿之詞，即屬違法下放，有如充軍，音訊亦無，其暴政有甚於亡秦，惟知排除異己。居港尚得自由，歸國如入陷阱。惜港中不少下層階級，猶以為國家非此不能強大，處身國外，不知肌膚之痛，在港尚可溫飽，在大陸難望優游，近來余以趨於魑魅宣傳，蒙蔽者眾，深嘆人心渾噩，能無興憂國之念，惟有力辟邪說，喚醒愚蒙，並望早日王師回國，誅鋤狐鼠，一正世人視聽也。

《工商晚報》，一九六四年六月二十三日

一二七／一博千金奚吝惜　鬥蟲小趣亦勞形

張牙噬齒各爭榮，敗者無聲勝者鳴。
一博千金奚吝惜，鬥蟲小趣亦勞形。

去歲余遇友人，善養蟋蟀，夏末秋初，即攜蟀赴澳比賽。蟀為小蟲類，然性好鬥，未戰時互相振翅長鳴，張牙噬齒，兩不相讓，及時，各憑齒力腿力，務使對方敗逃，勝者高鳴得意，而敗者噤若寒蟬，寂然無聲，一蹶不振，此後不能再鬥。而鬥蟀者賭賽，萬金一盤，亦無吝色。余友去歲曾輸逾萬，心有不甘，回港又再覓名蟀，赴澳再賽，以雪前恥。蟲固善鬥，人亦好勝，於今有閒階級，固不為衣食而生愁，無所是事，賭馬賭狗，猶未盡其興，益以鬥蟲，僕僕港澳，迨亦時局沉悶，無可發洩情感，乃出以小蟲為賭具，而於善舉，則一毛不拔，良堪嘆惜。

徹耳簫聲不忍聞，淒涼尚覺五音紛。
窮途怕問何身世，吳市於今有伍員。

昨宵夜歸，道過銅鑼灣天橋，睹一途人，吹簫求乞，其音淒婉，聲調動人，五音紛亂，不忍卒聽，唯此人身世奚若，余亦未問，只給以一元，聊表同情之心，豈吳市伍員，而落魄至此耶？更思今非昇平之世，非復「二十四橋明月夜，玉人何處教吹簫」，不過海角桃源，如無人事關係，縱有一技之長，亦難覓食。吹簫人衣裳頗整齊，並非襤褸乞丐，頓感余年前亦踽踽街頭，任人竊笑，雖未至求乞，亦有窮途之嘆。以余對香港，深有歷史人事，尚幾無以為生，吹簫人雖非素識，余亦有同情之感。有謂此輩無職業，流浪市區，有礙香港體面，此誠殘酷之語，久處香港，當不知陌生者覓食之苦，誰甘低首求人，其奈失時舛運何，為之不安者終夕，執筆詠此，我心有戚戚焉。

《工商晚報》，一九六四年六月二十四日

一二八／不解人間何憾恨　並頭花放並頭眠

輕紅淡白趁波妍，荷下雙鳧逐水天。
不解人間何憾恨，並頭花放並頭眠。

族弟江概，以營茶樓業興家，並承其父事業，初開福如茶樓於九龍城，近開敏如、巧如、龍如、鳳如等酒樓茶室，營業暢盛。而同宗弟兄，不少在其各店中謀生，眾望所歸，概弟被選為江姓同宗會監事。近以其封翁本月中花燭重逢，並設宴請宗枝戚友，同時為其子是日聯婚，三代同堂，鴛鴦榮壽，因以寶鴨穿蓮畫乙幅詠詩為族長賀。文人只有一紙人情，想不以為薄也。蓮花有君子之譽，輕紅淡白，掩映綠波，極為妍麗，而寶鴨雙棲，荷下為樂，寶鴨穿蓮之意，指蓮實多子，謹祝其麟趾呈祥，開枝散葉。徵逐水天，即鵜鴨亦不管春去，爭隨流水，颺逐落花，固不解人間憾恨，余唯願彼數代雙飛，福壽同堂。至於蓮花並蒂，成為美談，謹以「並頭放並頭眠」，①以伸祝賀之意。

榴花燦爛放東牆，節過端蒲意也傷。
縱有新知猶解慰，當年舊雨未能忘。

附注

① 「頭」「放」兩字間疑有奪字。

五月花事闌珊，惟餘榴花在東牆開放。俗語石榴多子，以喻子孫昌盛，往年端節，兄弟父母，共敍一堂，怡然自樂。近經世變，家中弟兄十人，只餘余及二兄仲雅在港，雁行星散，感慨良多，適逢佳節，寂寂度過，黯然神傷。先父以多子石榴自比，今則讓後輩享此美譽，蓋七子之三兄，年前亦終於台灣，惟姪輩均各有數子女，榴花燦爛，未可卜兒孫之多寡也。余以獨身漢居港，雖無牽慮，亦多感懷，雖有新知一二，對余一見如故，猶時向余解慰，然中心難忘者，為戰時舊雨，不易聚首。然港中仍不少舊交，昔年從港回國者，彼等雖被視為香港人，猶抱國家觀念，曾致力抗戰文化工作，戰後回港，猶能緊守崗位，矢志不渝，尤以新聞界居多。戰中舊雨，喜得常聚，頗引以為快。

《工商晚報》，一九六四年六月二十五日

一二九／文章濟世慚虛譽　風月清談也斷腸

便欲沉酣夢不長，半生飄泊在他鄉。
文章濟世慚虛譽，風月清談也斷腸。

夏日清涼，薰風入戶，吹人欲睡。余乃和衣假寐，欲尋酣夢，而車聲轆轆，又將余驚醒。日固如是，晚亦如此。好夢不長，身如籬下。念數十年來，江湖飄泊，遠別家園，他鄉作客，猶不以為苦。當年所寫戲劇，為生平寄託寫出。蓋祖國被寇，已無淨土可逃，尚有人心待喚醒，戲劇未必便是遊戲文章。良亦暮鼓晨鐘，足以覺人濟世，雖慚虛譽，亦未違於心。今者遯跡香江，過往在戲劇界基礎，似已無存，近人亦無重文人之意，俾作濟世文章，咸以為風月清談，寫作劇曲，亦有人賞識，比諸雄壯激烈之文，尤得人歡迎。余但一笑置之，風月平章，已成過去，行年逾五十，對風物人情，春花秋月，亦已參透，不願多言，以撩傷感，實則風月平章，亦斷腸之詞而已。

子姪睽違廿載長，人生離會最尋常。
艱難博得清狂譽，尚有黃花晚節香。

戰時余返國工作，子姪十餘人，均在內地，非朝夕見面，即書札頻通。戰後子姪輩，均已成家立室，且各為前程，或赴台灣或走美洲，廿載睽違，均未聚晤。喜聞姪輩各皆兒女盈門，各為一家之長，我雖無家，心亦常慰。且以人生聚散，本屬尋常，來日方長，何難一家敍首。故家喬木，今已何似？老成凋謝，悲不自勝。余忝為老輩，廿年來艱難生活，只贏得人間狂譽，尚有子姪姊妹居港，亦不過偶爾相見，慨談家園被毀，各覓枝棲，各求昔日故園團聚之親切，此時各皆寄人籬下，為衣食奔馳，難覓集會之所，大家庭亦七零八散，皆拜赤幫所賜。然使余較慰者，多不從賊匪，保守亮節，有若黃花，晚節高風，不辱先人，至尚有老弱不能逃脱鐵掌者，恐亦不久人世，惟待來生相見而已，一嘆。

《工商晚報》，一九六四年六月二十六日

一三〇／何處得來佳品售　思家惟盡酒千杯

黃梅初熟釀新醅，寂對樽前意未灰。
何處得來佳品售，思家惟盡酒千杯。

日過市廛，道旁有黃梅果擺售，果實碩大，類似蘿崗出品，因憶當年躬耕，梅子熟時，即醅新釀，生津止渴，沁人肺腑，獨坐樽前，引壺觴以自酌。今已作無地耕農，仍未灰心冷意，因詢售梅者，果自何來，據謂蘿崗近年，已無如此之碩大，即有運來，果實甚小，購者寥寥，惟此果則為新界產品，蓋新界近年來，亦有人植梅，且產佳果。思念故園，蘭齋農場昔年亦以產梅得名，今已為鼠狼佔有，心何能甘，惟願早復河山，得重賞梅於蘿峰寺下，夏日梅熟，又可煮酒痛飲，縱盡千杯，亦不覺醉。「思念故園花景好，眼前歲月轉徬徨」，能不魂銷耶？

喧擾樓居近市廛，天涯無地可容身。
桃源弗見躬耕樂，避世難為入世人。

余在銅鑼灣樓居，地近街車停站。晝夜喧擾，市廛熱鬧，不宜靜養。惟余以天涯飄泊，再無別處容身，姑且安之若素，然夜夢每為車聲驚醒，晨即破曉起來，感覺此地有桃源之稱，實無桃源之樂，以桃源相比，則雞犬相聞，躬耕優悠，香港究為繁盛之城市，非盡避秦之人，尚有不少人間是非，余等為避世之人，固不欲捲入漩渦，然過於清高，反為世所棄，並招凡俗之毀，縱有採薇之節，亦不見重於人，且有人罵為自視過高，輕狂自大，為求得人喜悅，只可勿拂人意，毋斤斤計較於曲直，量已失時，善於處世，聞逆世之論只有掩耳不聽，亦不爭論。效柳下惠之作風，雖袒裼裸裎，焉能辱我哉！甚矣入世人之不易為，余不欲言矣。

《工商晚報》，一九六四年六月二十八日

【編者按】

《工商晚報》一九六四年六月二十七日版面略有改動，沒有《小蘭齋主隨筆》，六月二十八日始續刊。

一三一／殘聲似覺時光逝　空令騷人意自傷

振翅哀鳴柳下揚，薰風吹過別枝翔。
殘聲似覺時光逝，空令騷人意自傷。

蟬本小蟲，時依柳下，振翅高鳴，如泣如訴，然蟬若墮地，即不復響。柳本脆弱，嫩枝時折，故蟬甚機警，一遇風起，即過別枝，依然高唱，既無巢以棲寄，長在枝下留連，時光易逝，婉轉殘聲，故有「蟬曳殘聲過別枝」之語，意指失去青春之女兒，猶作琵琶別抱，時光幾許，別枝亦難長寄。不只女兒若此，今之士子文人，幾許寄人籬下，為清客以度活，一旦失所憑藉，又顧而之他，亦有「蟬曳殘聲過別枝」之感，即今之士大夫，一旦失時，瞬亦變節，而不覺時光易逝，歲月不回，縱乏餐薇高節，寧無百世玷羞？而彼輩尚以為騷人節士，①僅食古不化之流，而不為時世所重，料將湮沒無聞。余聞此無恥之語，不禁自傷。蓋身為文人，縱無文章可驚末世，亦不如揚雄之附莽，作失節才人。《春秋》鐵筆，誅賊斥邪，此時尚有正氣存在，宜倡氣節運動也。

附注

① 「節」字乃按原報殘畫作推測。

花縱凋零木向榮，槐陰影下鳥長鳴。
夏晴幽徑煙迷路，歸聽禪鐘送一程。

春去夏來，凋零花事，而溫和天氣，萬木向榮，郊外槐影樹下，枝葉暢茂，山迴路轉，掩映成陰，而飛鳥來往，時作嚶鳴，春去不復回，鳥啼花事了。余與友數人，於星期日作夏日浪遊，尚幸天色陰晴，涼風遠送，涉水登山，尚饒樂趣，而峰巒疊障，景致宜人，我本閒人，不受時間拘束，玩賞山水，留連忘返，而雲捲天空，煙迷曲徑，又是一番勝景，久處市廛，至此一滌襟懷，並至禪苑，共進素食，非嗜齋酌，但求口腹潔清，故不樂葷湯肥膩，俗菜似非所宜，既不喝酒，只進清茗，興盡而返，幾忘歸路，遙聽禪鐘，似送余一程，不至途中寂寞，猶羨清僧生活，了卻煩塵，惟愧非出家人而已。

《工商晚報》，一九六四年六月二十九日

一三二／他鄉猶念田園樂　閉戶吟哦尚健懷

花竹庭前着意栽，林泉傲嘯即生涯。
他鄉猶念田園樂，閉户吟哦尚健懷。

戰後蘭齋農場，曾成一片荒蕪，余於抗戰勝利後還家，不思遠行，乃着意重整庭苑，栽培花竹，閒與農民子弟，共談桑麻，林泉傲嘯，雅趣生涯。數年間農場漸入好景，雖收成不如戰前之盛，亦足以自給有餘，自念劫後餘生，不求富貴，但得躬耕自樂，可慰生平，故不出世事者數年。不料赤焰披猖，大禍横來，有廣闊田園者，皆稱為大地主，資產階級，剝削農民，而不問躬耕之淡泊，刻苦之素志，一概入清算之列。余耕父業，本無觸犯國法之處，惟暴政之臨，不可理喻，故早即離家避港，寧作客他鄉，亦不願睹豺狼面目。如今天涯違難，多載賦閒，每憶田園往跡，不禁悵然興嗟。然此時此地，人皆為目前生活謀，多作愛國傷時語，即被視為狂態，豈乾坤永無回轉之日，遺民將終老異地耶？願王師早歸，弔民伐罪，我輩能重歸鄉土，還我田園而已。目前不事交遊，且知音人渺，惟閉戶吟哦，幸詩懷尚健，良堪自慰而已。

雨後煙嵐障遠山，溪邊小澗水聲潺。
野居可享天然景，訪友沙田醉一番。

余慣村居，以避市塵，惟違難來港，天涯僅覓容身處，那得幽居樂自然？然亦好作郊外之行，以得睹田野為快，雖連日忽雨忽晴，然郊遊雅興，依然不減。只見夏日層雲，隨風吹捲，而雨後煙嵐，障蔽遠山，行行復行行，流連山溪道左，靜聽小澗壑泉，水聲潺潺，雖不似臨崖飛瀑，萬馬奔騰，亦覺水流蜒蜿，引人入勝。而萬木暢榮，一片綠碧，如此景色，可見野居天然之樂。而小鳥枝頭，歌聲婉轉，郊遊聽此，頓覺怡神。余適至沙田訪友，彼在山麓建屋一椽，以畜養雞鴨為業，聞余遠至，備極款待，宰雞殺鴨，並備佳酒，相與共醉。友本曾與余同在粵北相稔，今則中年，未忘壯志，酒中謂余曰：「昔年與君在曲江時常共醉，而余等卒有勝利回鄉之日，今夕一醉，預祝早返家鄉，可也。」余聞語，酒興勃發，舉杯傾盡，幸未醉倒。無事訪舊，亦一樂也。

《工商晚報》，一九六四年六月三十日

小蘭齋雜記

浮生浪墨

南海十三郎 著
朱少璋 編訂

商務印書館

小蘭齋雜記

作　者　南海十三郎

編　訂　朱少璋

責任編輯　張宇程

封面設計　Kacey Wong

出　版　商務印書館（香港）有限公司
香港筲箕灣耀興道三號東滙廣場八樓
http://www.commercialpress.com.hk

發　行　香港聯合書刊物流有限公司
香港新界荃灣德士古道二二〇—二四八號荃灣工業中心十六樓

印　刷　中華商務彩色印刷有限公司
香港新界大埔汀麗路三十六號中華商務印刷大廈十四字樓

版　次　二〇二〇年十一月第一版第三次印刷

ISBN 978 962 07 5689 4

南海十三郎六十五歲時在大嶼山寶蓮寺任「知客」，過着清淡恬靜、與世無爭的生活。（載《星島日報》，一九七五年三月十九日）（圖片由《星島日報》授權轉載）

十三郎簽名。（圖片由朱少璋先生提供）

三十年代《伶星》題詞。（圖片由朱少璋先生提供）

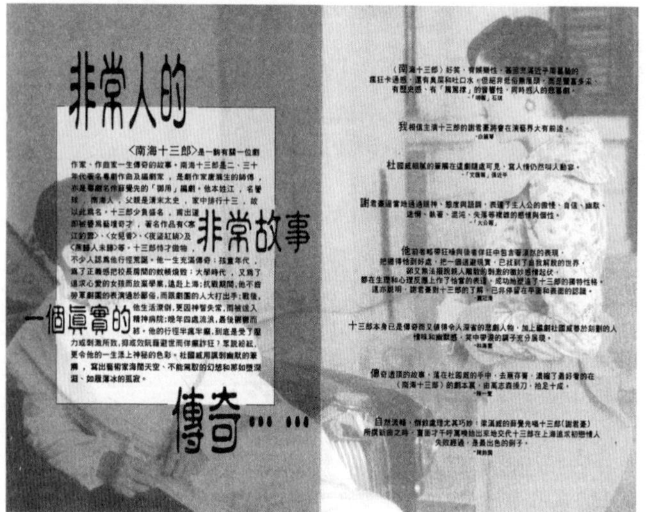

一九九三年編劇杜國威曾把南海十三郎的生平傳奇寫成劇本，搬上舞台，並於一九九七年拍成電影，由謝君豪飾演十三郎。圖為該電影宣傳單張。（圖片由吳貴龍先生提供）

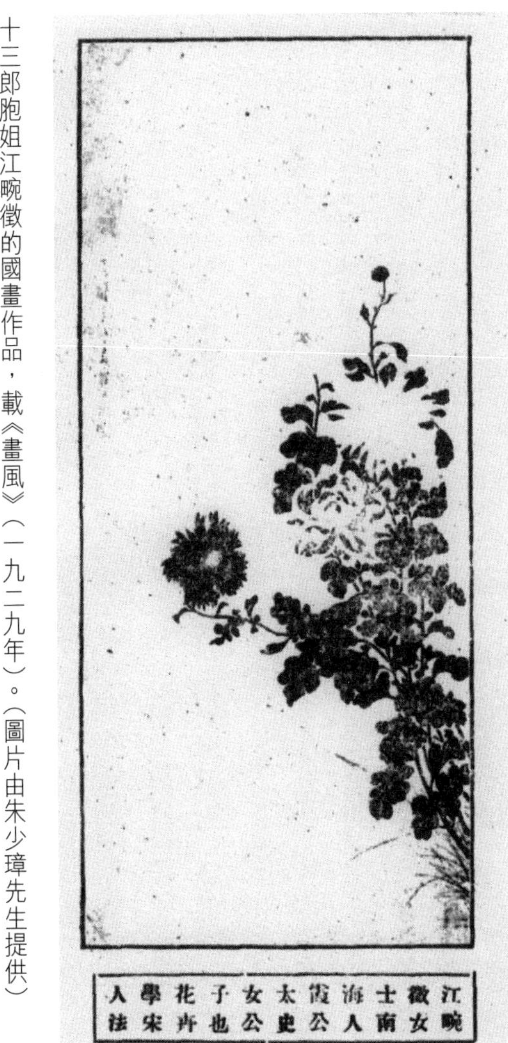

十三郎胞姐江畹徵的國畫作品，載《畫風》（一九二九年）。（圖片由朱少璋先生提供）

目錄

浮生浪墨

《浮生浪墨》

說明

《浮生浪墨》，署名「南海十三郎」，《工商晚報》自一九六四年十月十六日至一九六五年三月三十一日連載，凡一百六十四篇文章。原稿上每篇均以兩個七言句子作為題目，今按原稿樣式重刊。又部分作品有序號，即「一」至「一〇七」，其餘則無。考慮到原稿十四字標題頗長，不便引用，今按原稿保留並整理部分重複、跳排的序號，原稿上未有序號的由編者補上，各篇文章由「一」順排至「一六四」。

《浮生浪墨》報影

骨相有形明貴賤

林泉無意辨賢愚

浮生浪墨

南海十三郎

浮生若夢，世事雲煙，金谷繁華，曇花一現。然富貴窮通，原有註定，或論先人積德，或論生來相格，闡因繫果，不可不信也。先祖清泉公，以經商居滬，營茶葉莊，因而致富，然熱心公益，創廣肇會館，並資助同鄉旅費，凡粵人往滬經營，縱不得志，亦不至淪落異鄉。當年上海江裕昌茶莊，爲滬上最大字號，舉凡茶葉，尤多外國人交易，殊獲利甚豐，有江百萬之稱。然致富雖易，而子嗣堪憂，早年生一長子，不幸夭折，先父孔殷，初名少泉，行二，亦在滬生，先父爲先祖獨子，原爲庶出，幼年即隨先祖居滬，乳名浩，後專人賜以花號爲蝦，以其活潑好動也。先父七歲即孤，江裕昌茶莊，由一賈姓管家人主持，中飽私囊，純親遺孤，並爲茶莊字號，承頂於任裕泰。先父年稚，不知就裡，只好返粵居鄉，賴先祖餘蔭，有良田二三百畝，並有舖戶在佛山，藉租項養活，在鄉中苦讀，十七歲鄉試，即中秀才，然先祖母招氏，對功名與常淡薄，勉先父躬耕爲活，藉先人餘蔭，亦可安居樂業，宦海浮沉，而是非波濤，不若林泉之樂。先祖在鄉中建一小園，有楹聯一對，爲李文田所贈，句爲「林木四時獨暢盛，泉流此日見澄清」，以譽先祖之名，并表林泉之樂，蓋李文田當年赴試過滬，亦得先祖贈送川資，贈聯以誌德也。先祖生前助人赴試者甚衆，死後得代奏清廷，追封資政大夫，并建祠於鄉，藉祀德望。先父少年，以守業爲志，本無心功名，故對府試舉人，始終不願赴考，祇一縣試秀才，以爲可遂平生之願矣。但他聰慧過人，文章脫俗，族中父老，均以先父無心仕進爲可惜，而有一相士，爲先父論相，以先父兩臂特長，左臂可伸長，右臂可縮短，右臂如伸長，左臂亦可縮短，兩臂垂下，相差半尺，覺爲奇相，而又可伸臂環頸摩耳，兩手叉腰，手肘夾身，可夾一紙，口大又可容拳，若踞坐床上，即伸腰至直，而兩膝豎起，高可及眉，如此相格，不可多見，相爲通臂猿形格，主大貴，且發子孫衆多。然仕宦不久，即須引退，否則難免歷險惡波濤，先父誌之於心，年廿八，娶妻區氏，即生五子一女，先父深以相士所言，對子嗣甚爲靈驗，然仍未有出仕之意，閒即宰蛇宴客，初嘗作龍虎會，因貓子經與蛇合烹，更能滋陰補陽。又以龍虎會風雲已洩，蓋昔國齊曾贈先祖一聯，有「煙波遙歲月，奔走會風雲」句。先父出身爲一介文士，而早有習武之志，故以爲一旦仕進，亦願當武官，不爲一介儒也。（一）

一　骨相有形明貴賤　林泉無意辨賢愚

浮生若夢，世事雲煙，金谷繁華，曇花一現。然富貴窮通，原有註定，或論生來相格，蘭因絮果，不可不信也。先祖清泉公，以經商居滬，營茶葉莊，因而致富，然熱心公益，創廣華會館，並資助同鄉旅費，凡粵人往滬經營，縱不得志，亦不至淪落異鄉。當年上海江裕昌茶莊，為滬上最大字號，華茶事業，尤多外國人交易，致獲利甚豐，有「江百萬」之稱。然致富雖易，而子嗣堪憂，早年生一長子，不幸夭折，先父孔殷，初名少泉，行二，亦在滬生。先父為先祖獨子，原為庶出，幼年即隨先祖居滬，乳名霞，後粵人賜以花號為「蝦」，以其活潑好動也。先父七歲即孤，江裕昌茶莊由一黃姓管家人主持，中飽私囊，輕視遺孤，並為茶莊字號承頂於汪裕泰。先父年稚，不知就裏，只好返粵居鄉，賴先祖餘蔭，有良田二三百畝，並有舖戶在佛山，藉租項養活，在鄉中苦讀，十七歲鄉試，即中秀才，然先祖母招氏，對功名異常淡薄，勉先父躬耕為活，藉先人餘蔭，亦可安居樂業，宦海浮沉，而是非波濤，不若林泉之樂。先祖在鄉中建一小園，有楹聯一對，為李文田所贈，句為「林木四時猶暢盛，泉源此日見澄清」，以書先祖之名，並羨林泉之樂，蓋李文田當年赴試過滬，亦得先祖贈送川資，贈聯以誌德也。先祖生前助人赴試者甚眾，死後得代奏清廷，誥封資政大夫，並建祠於鄉，藉紀德望。先父少年，以守業為志，本無心功名，故對府試舉人，始終不願赴考，只一縣試秀才，以為可遂平生之願矣。但他聰慧過人，文章脫俗，族中父老，均以先父無心仕進為可惜，而有一相士，為先父論相，以先父兩臂特長，左臂可伸長，右臂可縮短，右臂如伸長，左臂亦可縮短，兩臂垂下，相差半尺，覺為奇相，而又可伸臂環頸摸耳，兩手叉腰手踭夾身，可夾一紙，口大又可容拳，若跕坐床上，即伸腰至直，而兩膝戚起，高可及眉，如此相格，不可多見，相為通臂猿形格，主大貴，且發子孫眾多。然仕宦不久，即須引退，否則難免歷險惡波濤，先父誌之於心。年廿八，髮妻區氏即生五子一女，①先父深以相士所言，間即宰蛇宴客，初喜作龍虎會，因果子貍與蛇合烹，更能滋陰補陽。又以龍虎會風雲己志，蓋曾國藩曾贈先祖一聯，有「煙波遙歲月，奔走會風雲」句，先父出身為一介文士，而早有習武之志，故以為一旦仕進，亦願當武官，不為一介儒也。

《工商晚報》，一九六四年十月十六日

附注

① 十三郎在《浮生浪墨》（一四〇）說嫡母生子五人，沒有提及生一女。上文誤記者疑為二母所生之女。

二 美女獻花慈母塚 白雲佳穴佑兒孫

先父以蛇羹宴客，尚未得志翰院，後以太史蛇羹見譽，亦因物以名傳而已。蛇羹製法有二種，一為燉蛇，即以蛇去骨，斬為數截，以火腿雞腿合置一盅內，慢火燉熟，只飲其湯，蛇肉及雞肉火腿，經已淡而無味，此種製法，以合於一二人自食，聊以補身。如饗宴貴賓，則需大盆窩，作「三蛇會」。三蛇為金腳帶、過樹榕、飯鏟頭三種。宰蛇順先取其膽，蛇即馴服，繼斷其頭，去其骨，置一大湯窩內熬煎。每一次蛇宴，需蛇十餘二十副，蛇湯熬至味濃。至「龍虎會」則另熬果子狸火腿雞湯，三殼蛇湯，混以一殼果子狸湯，蛇肉拆絲，混以蛋白豬膏，務便其甘滑，果子狸亦切絲。至雞則另宰嫩雞數隻，取其肉作雞絲，先走油炸過，然後會蛇。至於配菜，有以冬菇冬筍，亦切成絲，俾使蛇羹爽滑。「龍鳳會」則無果子狸，只以雞會，然味亦濃厚。食蛇羹亦有方法，需用邊爐窩，熱火烹食方始行氣，並用菊花、檸葉、薄脆加上蛇羹，更為可口。先父未達時，即以蛇羹宴翰院名仕，如太老師吳道鎔及劉學詢、朱世貴諸前輩太史，均為座上客。故早歲雖無「太史蛇羹」之稱，而江氏蛇宴，已馳名於社會。先父以納交翰院中人，故雖為秀才，即作槍手，在府試場中，專買闈勝，若買中何人中舉，可得獎數千両金。

當時文有劉學詢，武有朱世貴，均與先父交厚，故先父作槍手十年，每多得中。每年春秋二試，亦有三二萬両銀收入，故別人中舉，尤勝於己中。先父三十八始自己中舉，時岑春暄為兩廣總督，以先父屢作槍手，出榜緝捕，先父避匿鄉中年餘，並娶二人，鄉居自活，已有子女十人，漸有大家庭境況。乃售佛山舖戶，在廣州河南置一新居，為三便過古老屋，先父喪偶後，即偕兩妾居省，子女亦在廣州肄業。會張仁駿太史督粵，張曾受先祖惠，知先父將四十，仍為舉子，認為可惜，乃取消緝捕令，並保先父上京赴試，當時先祖母招氏，深為不悦，以漢人而為滿清仕宦為恥，且一經題名翰院，便入宦門徵逐，而滿清官場黑暗，互相傾覆，是非甚多，處境甚危也。無如先父以張仁駿力保，卒赴試，歲次甲辰，年四十，始中四十九名翰林，歸粵而先祖母招氏逝世，故有「徐庶歸家」之讖語。時堪輿家池玉臣為覓白雲山「美女獻花」墳地營葬，該地主發子孫丁財兩旺，「美女獻花」為廣東十大名山之一，先祖母下葬後清廷旨下，派先父赴東洋參考新政，先父帶服赴日，一年歸國，又奉派為兩洋勸業專使，奉旨赴東洋及南洋一帶，宣慰華僑，時先父已為一品大員矣。

《工商晚報》，一九六四年十月十七日

三 流水是車龍是馬　美人如玉劍如虹

當先父至東洋，曾與伍廷芳同行，先兄叔穎亦為伍隨員。蓋伍方出使美國也。在日本時，與國父孫中山先生遇，孫以粵人關係，亦與伍廷芳及先父交，並言提倡革命，志在必成，故組同盟會，先兄叔穎，早已加入，二兄仲雅，曾留東瀛，亦同時參加。先父雖為清朝官員，然對革命並不阻遏，後赴南洋，為清廷募捐，同盟會中人，亦籌資舉事。先父在星洲，且與胡漢民聯床話舊，不以其為革命中人而耿介生嫌。既為清廷募捐，不能不盡力，先父乃攜款歸國，上貢清廷，並在杭州開南洋勸業展覽會，返粵亦增設造船廠，並擴充士敏土廠，此皆華僑投資，其中華僑子弟，有父母捐助清廷，而子女參加革命者，兩代不同思想，先父以己兒子亦有民族自由革命思想，對此不以為怪。惟先父雖不敢言功，亦有微勞，旋清廷派為兩廣清鄉督辦，名為清鄉剿匪，實則暗防革命黨舉事，先父與革命黨人如黃興等，亦有來往，故先父在職，兩不相犯，先父亦從未捕過同盟會一人以邀功。時兩廣清鄉督辦署設在海珠，江防艦隊歸其節制，先父身當武官，而風流自賞，常至東堤喚紫洞艇，徵歌買醉，題東園對聯「流水是車龍是馬，美人如玉劍如虹」，即此時也。會同盟黨準備舉事，以集得僑胞資財，如不舉事，即令僑胞失望，而清廷防範甚嚴，軍械不能運入城裏。時兩廣總督張鳴岐在任，壓制革命思想甚劇，先父不以為然，惟不及其勢，無可如何也。會黃興、胡漢民輩決在廣州起義，向先父索取兩廣清鄉督辦封條，俾得運械入城，先父亦許諾，旋先父駐紮海珠，閒即在珠江設宴，不管城內何事發生，且職責在清剿四鄉土匪，省垣治安，非其範圍，故三月廿九之役，先父在海珠，即部屬亦未與黨人接觸。三月廿九事敗，胡漢民才抵廣州，先父囑潘達微告知胡事洩，着勿留省，返港再謀。黃花崗一地，亦為先父與潘達微親葬眾烈士，而事為清廷所聞，議論中處先父以通「盜」之罪，先父大駭，乃納亡母杜氏，即余之生母，清廷謂其通「盜」，先父為辯，並謂與妓杜氏通，故有此誤傳。而清廷已召先父入京查究，先母杜氏懷孕生余，產後不治，先父在京得訊，堅請回粵處理喪事，清廷卒令先父納五千兩作罰款，責其行為不檢，故有通「盜」之嫌，先父惟有遵辦。先母杜氏，年只十七即誕余而亡，並感娶她為妾即免通盜之罪，實深哀悼。而此後兩廣清鄉督辦，大權旁落，先父亦知宦海浮沉，不如潔身引退也。

《工商晚報》，一九六四年十月十八日

四 韻事依稀留海角　斷腸明日又天涯

先是先父未赴京之初，長兄譽漢，已加入革命黨，三月廿九之役失敗，先父被調赴京查詢，久未回粵。而道路謠傳，清廷有將先父革職查辦，並沒收資產。先兄譽漢，以身許國族，而牽累老父，且沒收家產，眾母及弟妹何以為活，故決一死，免至牽累家庭，乃服毒自裁。時二兄在日，三兄在美，雖加入同盟會，然以身在外，不至加罪，遂有「申生在內而亡，重耳在外而生」之喻。同時，七母曾氏，以先父在京久未返粵，憂勞成疾，旋亦病終，因三月廿九之役，先母杜氏曾氏、先兄譽漢，相繼去世，先父慟極，葬先母及先兄等於白雲先祖母「美女獻花」墳掛榜。①而先兄譽漢生前，先父為聘吳氏女為婦，且過文定，擇日迎娶，而先兄遽亡，吳氏女矢志守節，仍歸我家，終身獨守，有濟陽家婦之譽。蓋當時尚論貞節，既配亡夫，亦以名份既定，例應守孝盡節，始為婦女美德，固不論終身痛苦也。余在外誕生，早失所恃，與先父幼年境況相同，先父乃接余返家，由眾母撫養。而二兄仲雅，三兄叔穎，相繼自日美返國，革命思潮澎湃，廣東卒於辛亥年反正，先父由胡漢民以電船相送至港輪，攜眷避港，故民國元年舉家遷港，卜居堅道，而省中舊寓，由二兄仲雅夫婦守居。三兄叔穎為國會議員，當時國會北

附注

① 「白雲」，即白雲山。

遷，先兄亦隨國會遷寓故都。先父居港，無所經營，當時港地，米珠薪桂，先父早覺長安非久居之所，然以時勢迫使，而廣東政局未安，舊部鄧堯光率所屬降胡漢民，歸陳景華節制，調廣東警察廳任事，維持省垣治安。二兄仲雅，亦在警廳任職。先父既居港，亦隨遇而安，然個性風流，不甘在家中困守，乃常宴塘西，夜夜笙歌，偎紅倚翠，並作周郎，為梨園捧台。時有某女伶自南洋歸港演唱，先父與兩紳商，均徵逐裙下，咸欲納之為妾，而某女伶誠恐順此失彼，有傷感情，乃三人均不事，另嬪一南洋商人為妻，重返星洲。先父餘情未了，為賦一詩曰：「新聲初度按紅牙，客歲春城未落花。法曲飄零金縷盡，斷腸明日又天涯」。先父居港，風流韻事頗多，然皆花榭流連，浪飲為歡，且以身作遺民，寄居海角，無所事事，惟近女色，時塘西有校書二人，均為先父歡愛，一名柳絮，一名如冰，適有友人亦甚愛柳絮，懇先父相讓，先父亦以讓美為韻事，慨然允諾，而已則納如冰為八妾，即余之八母，原姓郭，故當年有郭冰隨護之語，旋先父即偕四八兩母北上，以覘政潮。

《工商晚報》，一九六四年十月十九日

五 林木自蒼間着筆 夕陽雖好不登樓

當時故都，盡為遜清大臣，即參加革命之伍廷芳、唐紹儀，亦在北方活動。伍廷芳曾為清季外交大臣，奉派使美，美國人以中國為弱國，對中國大員，不加注意，伍廷芳抵美，設宴招待各國使節，而報章亦不刊登，伍乃設法，務使美邦人知有中國大使，乃在華盛頓城內，乘腳踏單車，疾馳市上，時中國人有辮，伍之辮子，隨風吹直，美國人睹此怪狀，報章乃刊登中國大使伍廷芳乘單車吹直辮子，於是伍乃為人注意。後先父偕四八兩母北上，時伍廷芳返國又準備南返，告先父以袁世凱野心勃勃，民國恐再有政變。先父以決意不向政海活動，此行不過訪探故舊，並無出山之意相告，伍乃歸粵。而袁世凱以先父北來，殷勤招待，與先父同抽大煙，一燈相對，袁氏謂中國人未有民主思想，非帝制無以治中國，先父聞語大驚，竟張惶失措，將煙燈打爛。後出總統府，知故都不可久留，決偕三兄叔穎南返。時唐紹儀亦反對袁氏，為袁氏所忌，欲除之而後心甘，適唐紹儀與先父同時出京，至天津趁日輪新明丸南下，而袁世凱已派刺客追至，當先父等抵輪上時，突有刺客，拔槍指向唐紹儀，先兄叔穎以手按刺客之手，槍向船旁響彈，幸無傷人。先父大急，忙上岸走至法巡捕房，操不鹹不淡之英語向巡捕頭曰：「辣厘窿，砰、砰、砰、唐紹儀、新明麻撈、緝緝高威。」法巡捕會意，即拉大隊至碼頭擒刺客，無奈此船為日船，法巡捕不能越權捕人，刺客由日輪派人員看管，待輪抵滬然後發落。翌日，天津報紙，紛載江孔殷説英語新聞，友好皆以為奇。先父偕四八兩母歸港，益知宦途險惡，無意政海浮沉，並賦詩見志，有「林木自蒼閒着筆，夕陽雖好不登樓」句，然在港一無所謀，徒然坐食，終非久計，乃將港中屋宇，以五萬元售與人，舉家復返廣州並集資營磁礦業，着先兄率舊屬伍棉等至韶關開磁礦，磁泥本質甚佳，惟苦無銷路，適有日商擬在台灣設瓷窰，遣人邀先父合作，由先父之裕泰公司出磁泥，由日人製新式瓷器，運國內及海外發售，初時微有薄利，先父得資，購左鄰李氏屋宇，及拆舊寓重建，即今日之太史第。然日人心計甚工，後竟謂開支過鉅，因而虧折，先父血本無歸，省寓亦由台灣銀行抵押，得資結束礦業，而一家二十餘口，給養不易，而鄉中田舖，均由兼祧母冼氏管理，又不許變賣，先父靠收租項過活，拮据非常。

《工商晚報》，一九六四年十月二十日

六／千金贈劍豪猶惜　一鏡看花老覺羞

先父自經營礦業失敗，損失十餘萬元，經濟能力不支，無能興辦實業，然靠祖田屋舖，月有千餘元租項收入，本足以自給。惟先父流連宴客月非三數千元不敷所需，性亦豪放，故常宴請政要及舊屬，如程璧光、朱慶瀾、楊永泰等，均為我家貴賓，又以先兄叔穎曾任外交官員，結識各國領事，乃廣宴外賓，以示交廣豪綽，其詩句有「千金贈劍豪猶昔，一鏡看花老覺羞」語。但經濟益感拮据矣。時廣州禁賭，河南獨有山舖票廠，①先父豪於博，每會下注百餘元，且買通卷，幸而得中首獎，得數萬元，以供酬酢之用。先父喜中菜宴客，嘉饌如紅燒熊掌、清燉象拔、百花雞、夜香蝦等菜，均為太史名廚特製，別處不得一嘗。且為適應外賓習俗，講究衛生，特設公筋公筷，其後各家酒樓，亦仿效我家，設公筋公筷，然不知始自宴外賓也。先父舊屬眾多，遍佈兩廣，皆已解甲從商，時相聯繫，時適有英美煙公司購買煙葉專員史賓莎，得先父介紹，採購南雄鶴山煙葉，蓮滬製煙，因與廣州經理裴治商，以先父交遊素廣，正好作兩廣總代理，乃函呈上海英美煙公司總經理魏思佛庇利商，與先父訂合約，月佣百分之五，如銷貨月超五十萬元以上另給花紅，先父慨然允諾。即以各處舊屬為二代理，廣西南寧梧州，均

附注

① 「山舖票」，由士紳籌辦之彩票，以店舖、商號為發行單位。

設辦事處，廣東韶關南雄，亦有二代理。時某煙公司，方與日人合資經營，製煙工程師亦盡用日人，適日本向我國提廿一條件，國人公憤，抵製日貨，先父以此宣傳，英美煙公司貨品，乃極得暢銷，只兩廣銷貨，月在七八十萬元以上，給先父月佣三四萬元，先父經濟能力，因此復甦。乃設公益行於西堤二馬路，除為英美煙公司售煙外，並重公益事業，如公醫院、紅十字會、方便醫院、仁濟善院，先父均為董事。每年冬季，施贈棉衣與貧民外，復施粥施飯，廣施濟眾，時吳道鎔太史，贈先父句有「季世陶朱常樂善，林泉美譽重輿情」語。蓋先父以在野之身，而與政要來往，百姓輿情，亦由先父轉達，故先父已成名望最重之紳者。又復常在陳塘徵歌買醉，先父赴宴，每作嚮局，一夕千金，亦不吝惜。時納九妾、十妾、十一妾，均孕子女，而余兄弟姊妹已增至十七人。乃將太史第擴建，並以花園號「百二蘭齋」，以新寓定名為「霞樓」，太史第內，所有窗戶，盡用藥水玻璃，配製古代名畫，而所有燈飾，盡用玻璃製品，繞欄河盡掛宮燈數十，可稱為近代最豪華之居寓焉。

《工商晚報》，一九六四年十月二十一日

七 金谷繁華成過往　盈門車馬入堂來

先父息影林泉，日與遜清遺臣伍銓萃、張學華、黃鼎、梁鼎芬諸太史和唱，惟對兒子出仕民國，則極表同情故二兄為省會議員，三兄為國會議員，並辦《廣東週報》循社通訊社，為人民喉舌，備受民眾愛戴。先父對姬妾，亦不使閒居，聘李鳳公為師，授眾姬妾繪畫，宗宋元筆法，略有成就，時為孫中山先生以大總統名義，第一次北伐，粵人組軍人慰勞會，設美術展覽會，我家亦有畫十餘幅義賣，得資盡充慰勞之舉。時政要常至我家，先父夜夜設宴，而政要有喜歡啖蛇羹者，先父為設「龍虎會」，並製佳餚，以饗貴賓，而政要時亦向我家借廚製菜，廚師有盧瑞、梁森、李子華、李才等，均善烹調，盧瑞、梁森早已去世，李子華亦於年前病歿，今僅存李才一人，在恒生銀行供職，昔日名重一時之江廚，今已廣陵人散矣。民國十一年，先父為五九兩兄完娶，各界來賀者逾千人，設宴百餘席，在大新公司亞洲酒店製菜，炮仗由大新公司頂樓掛至地下，並有煙花，婚禮異常隆重。九兄譽題之婚，由伍廷芳為證婚人，時伍為廣東省省長，其證婚詞以先父號霞公為題目：「霞公即蝦公，老婆蝦老公，老公怕老婆，然後發達」，並勉九兄夫婦，婚後至美國留學，將來生得子女，一如彼邦之自由思想，並為後一代祝禱。婚禮以基督教儀式舉行，由謝恩祿牧師祈禱，先父本信佛，然尊重兒女信仰自由，正合孫總理宗教自由之理論。而孫總理亦以大總統孫文名義，餽送金陵織錦喜帳，並致賀詞，謂此日江氏迎娶，嘉賓滿堂，故以江寧織錦餽送，預祝北伐成功，民國再建都江寧。其後不久果驗此言，故都乃易名北平，國人再不稱為北京也。先兄譽題婚後，夫婦赴美留學二年，其後北伐，參與戎行，新任譚祖庵之第二軍參議，後仍留粵。又在十九路軍譚啟秀部任職，在美生一子繩祖，今在美任工廠工程師，嫂氏曾在兩廣外交特派員公署任職，今亦偕女渡美。至先兄於大陸淪共後逝世。其性亦如先父之率直，方共黨勸以出山為共黨寫文章時，先父謂只知有孫總理之國民革命，不知共黨為何物，且謂富貴豪華，早已經盡，人生又如一現曇花，斷不以生死為重，且我家為士大夫家庭，資產主義階級，早知不容於共黨也。共黨中人，亦以先父一生奢華，晚年雖自奉甚儉，而中年時期享受，亦遭清算，況先父事業全盛時期，為外商煙公司總代理，共黨認為洋奴走狗，土豪劣紳，故先父受盡共黨淩辱而死。

《工商晚報》，一九六四年十月二十二日

八　一生藏得宮中寶　曠世奇珍屬虎狼

當民初先父遊故都，雖無政治活動，亦有意外收穫而歸，蓋當時廢帝溥儀仍處宮中，宮中尚有宮監等出入，此輩以清朝既倒，無復領有優厚薪餉，乃將宮中古物運出宮外，四處兜賣。時先父同年甲辰榜眼朱汝珍，為溥儀師傅，授書法，出入宮中，對宮監偷售古物事，知悉甚詳，以為古物落在外人及市儈富豪手中，至為可惜，因告先父，可購數件珍品，作為家藏寶物，先父亦愛玩古董，因浼朱太史代為物色。朱太史告以宮監喬靈，運出古物甚多，可與接洽，先父與喬靈接頭，而喬靈果不負所托，以精品數件，售與先父。其一為五彩團龍宮鼎，高僅一尺，為五彩瓷器，內分兩層，而兩層均有塑通團龍欄河，至為纖巧，而鼎之頂蓋，亦為團龍雕塑，全屬五彩，望之即覺為一種帝室宮殿之華貴，而手工精細，非普通瓷品可及，鼎底有印，書「康熙御品」四字，證明為宮寶，非民間所有。先父得此，認為無憾。其第二件珍品，為四美十六子五彩花瓶，花瓶繪有古代四美人，不同姿勢，均象徵古代宮嬪，維肖維妙，而又圍繞以十六孩童，意指美人多子，而此十六子均穿有爵位之服裝，喻以身分高貴，此四美為貴人，十六子亦必貴，此瓶有仇十洲繪畫筆法，而以瓷器燒出，至為難得，瓶底亦塑「康熙年製」

四字，傳為貢品，珍貴可知。其三為五彩八駿圖花瓶，瓶中燒出駿馬八匹，不同姿態，狀如生龍活虎，寶馬名駒，此瓶亦為貢品，亦屬康熙年製。至第四件寶物為五彩團龍宮盒，此宮盒僅四五寸大，亦燒成五彩團龍，聞此宮盒為帝皇御用，盛載印色，其價值可知。其五為蟠桃壽酌杯一對，為帝皇賜給要臣，意為長命福壽，宮中所存無幾，且以當時人工巧妙，非後來新品可及。更有花瓶，均為宮中藏品，如非得宮中人助，即重資亦不可購得。先父並購得宮藏歷朝古錢數百枚，均為考古家所重之古物。該次留故都，亦花去三萬餘金，始得各物。南返後，在家中設古物室，招待名人逸士欣賞，並搜購法製之法郎宮瓶、紫鼎、醉紅樽等物，雖非得自宮中，然亦為珍品，價值連城。先父將各古物攝影成冊，有中英文註解，給與中外人士賞閱。時有美國富商至我家，擬出資美金五萬，盡購所有古物，先父以物價不論，寶藏難得，不肯售賣。日寇陷粵，被搜去數件，所餘古錢一副，及古董數件，乃在屋宇掘地收藏，以為安全，廣州陷共，竟遣人至我家，掘地搜掠珍寶而去，先父一生心血今已無存矣。

《工商晚報》，一九六四年十月二十三日

九　問菊當年誇第一　豪筵畫舫世無雙

先父以林泉為樂，故家中種菊百餘盆，亦效陶淵明，以隱逸為己志，其時每年歐戰和平紀念，各國皆在沙面慶祝，並開盛會，先父雖以一介平民，仍以英商英美煙公司兩廣總代理名義，參加慶祝歐戰勝利盛典，時沙面不許華人入內，獨先父例外。先父又將菊花名種，送會展覽，菊有多種，其著者為風前牡丹、九月紅、藍星瓣等種，以紅白藍三色，砌成國旗，俾外人知中國人亦有愛國心，而展覽會中人，亦以先父所栽之菊花為南中國之冠，贈以首獎，有「亮節高風」銀牌獎。而名種如金線西施、大宮粉、蟹爪等菊，亦得「籬下黃花」獎狀，問菊當年誇第一，先父引以為榮。至展覽會夜放煙花於沙面，華人只遠遠賞覽，先父乃以英美煙公司總代理公益行名義，送放煙花，煙花放出「中華民國萬歲」六字，以示慶祝意義，然沙面不許華人、閒人入內，先父可盡喚省河所有紫洞艇，泊近沙面，廣宴親友至交，共看煙花，一時白鵝潭畔，盛況空前，先父雖擲數千金，而與親友同賀世界大戰勝利典禮，且爭回國族面子，大快平生，而一時各界，亦以先父為豪舉，證以先父當時雖為外商代理，實未忘身為中國人也。其時，孫陳回粵執政，推倒桂系莫榮新，適英美煙公司出一煙「歡迎牌」，先父在西濠口高搭牌樓，上書「歡迎孫中山先生回粵」，一則表示擁護革命，二則表示中外人士皆歡迎中國賢明領袖主政，而歡迎香煙，亦得暢銷。先父以耆紳資格，對政治亦有所貢獻，時當局北伐，而綴於軍餉，①先父乃提議變賣公產，可得巨資，蓋當時各大寺觀，獲利甚豐，而公立學院，亦有餘資，若一律劃為公產，主事人雖出資承購產業，其數甚巨，時孫哲生亦採納先父所議，設公產整理委員會，以籌北伐軍餉，當時之公立醫院、博濟學院、韜美醫院及紅十字會、方便醫院、仁濟善院及華南各寺觀廟宇、道觀尼庵，一律需納資政府，不論其是否外國人主辦之醫院，及名僧道士主理之禪觀，一律不得概免，一時政府增加一筆巨大收入，餉械有着，得以出師順利，而又未嘗苛索民間。蓋公營事業，不屬於個人資產，固不容個人藉為謀利機構，公產變賣，實足以杜絕善棍，然亦得備資承頂，保存產業，並非苛政，亦不擾民生。即當時有一禮拜堂，藉外人勢力，自以為外產，初不肯繳款，後先父與主持人疏通，終能改變賣為自由獻捐，各教堂始允繳款，然亦不如寺觀得款之巨也。

《工商晚報》，一九六四年十月二十四日

附注

① 「綴」字疑為「輟」字。

一〇 怕上層樓高處望　夕陽西下水流東

民國十一年，兼祧先祖母冼氏太夫人之喪，各國領事，與及中西名流、政要紳商，均至弔唁，備極哀榮。而當時廢帝溥儀，聞先父方得意商場，名傳中外，亦派人來粵致祭先祖母，並親書福壽字牌額，仍書皇上御筆：「賜臣江孔殷母一品夫人冼氏太夫人」，並餽厚賻，以示籠絡。先父乘關伯珩太史北上之便，答回吉儀五千元，溥儀又託日商森清太郎到我家致慰。當時先父已知溥儀欲藉日人勢力以復位，然未見諸事實，不敢明言耳。及北伐軍興，先父為國府籌軍餉，由英美煙商墊交十年煙稅，並向英美友人宣傳國民革命必成功。當時先兄叔穎，辭北方豬仔議員不幹，①南返為宋子文幕客，策劃煙酒稅處，以增政府收入。溥儀又遣關伯珩太史告先父，謂革命北伐，雖得英美同情，然華北為清室舊地，潛勢尚在，且有國際勢力阻撓，北伐不易成功，意指革命軍一出長江以北，清遺臣即借外力阻撓，暗指日本將出面干涉。果爾，革命軍未出長江，與孫傳芳戰於廬山，日人亦派炮兵手助孫戰，革命軍付重大犧牲，始奪得廬山陣地。當時魏邦平亦在孫傳芳軍中看戰，歸粵告先父，盛讚革命軍之勇，當時參戰者為第一軍王柏齡師、第五軍練炳章師、獨立第七師鄭潤琦部及第二軍譚延闓部及薛岳之新編獨

附注

① 「豬仔議員」，泛指指收受賄賂、貪贓枉法、人格卑鄙、為國人所唾罵之民意代表。

立第一師，傷亡過半始定江西，雖與孫傳芳作戰，實際日人亦參戰，終不敵革命軍而已。先父知日人參預我國內戰，曾告諸軍政要人，力陳日人早欲染指中國，在長江以南，勢尚未盛，在華北則不可不防。及後，溥儀又遣張仁駿弟來粵，聲言將慫日本出兵中國，命遺臣簽名代請出師，以保遜帝，先父謂己為漢人，並非滿族，縱曾作清臣，而兒孫皆作民國官吏，為兒孫計，斷難署名聯請日人出師，甘作賣國之民，婉拒溥儀所請。先父又以溥儀將引日人侵華之説告諸軍政要人，惜當時在朝者以為先父危言聳聽，並未置信。無何，日商林清太郎又至我家，贈送士的劍一支與先父，謂士的劍為日人將官所用，今以此贈，以先父曾為遜清將官，將來遜帝復位，先父無需畏禍，日人將有治華之一日也。先父受其劍，後由余轉贈胡漢民姪胡弘成，告以日人陰謀。不久，九一八東北事件發生，日人始自東北，繼掠華北，軍政要人，始信先父語出有因，時余亦輟學從事戲劇宣傳國族抗戰主義，時隨先父至陳協之公館，睹先父吟詠，隱有憂國之懷，其五層樓懷古句，有「怕上層樓高處望，夕陽西下水流東」語，暗指日寇披猖也。

《工商晚報》，一九六四年十月二十五日

一一　碧玉連城酬故舊　雪中送炭感知交

先父為英美煙公司代理時，積資置業於香港九龍，建居於尖沙咀格蘭威魯道，並購地於旺角差館側，及在元朗購地乙幅，可作農場。及民國廿一年，先父解英美煙公司職閒居家中，而酬酢宴客，月用未減，並因他有以農業自遣，桑榆暮景意，在番禺蘿崗，闢設蜂場，●以一生積蓄，致力於養蜂及耕種事業，並植荔枝、香橙、欖梅、菠蘿、桃果、柑等果木，經營農場，費數十萬元，始有收成。而每年農場及蜂業，靠賣果實及蜜糖，僅得四五萬元一年，入不敷出，先父乃將港九尖沙咀產業變賣，以維家計，而家中藏有貴重飾品，一為先祖所戴之飛彩玉班指，此為三萬三玉，先父以之另行分車，成為四隻戒指面，一對耳環，根據珠寶玉石行家言，三萬三玉為全國獨一之彩玉，透水碧綠，其色彩無可倫比，若在今時出售，一隻戒指面可值廿萬元，其名貴可知。惟先父當年，需款使用，每隻戒指面僅售一萬八千元，耳環扣亦只售六千元也。先父不知節省，仍經年宴客，結交政要名流，雖稍告拮据，而豪情不改，及廣東還政中央，蔣委員長臨粵，召見先父，誡以節位，守新生活原則，並請其戒去煙癖。先父乃毅然從命，時年六十許，尚能戒除不良嗜好，當局慰勉有加並餽款獎勵。先父得款，盡用諸墾植農場用，而不幸農場豐收之年，日寇原犯粵垣，①先父率家人遠難居港，寓於羅便臣道，農場收入，竟不足開銷，而日人又將蜂群用槍驅散，摧殘實業，先父晚年心血，蕩然無存，而家計不能維持，故將港中旺角之地段及元朗地乙幅賣出，得資作家用，又將家存之玉牌數個，轉售於人，然無固定收入，而知交舊好，知先父無所經營於港，國難當頭，甚為困絀，亦有接濟，初時政府尚給以津貼，俾安居港中，其後以長久不能照顧，且省府在韶，而國幣又低跌，能給幾許？政府既無接濟，而先父又不求貸於人，家中妹姪輩均在學，一個大家庭，開銷不少，乃由故舊倡議，為先父出筆單，以鬻字為活。而當時潤例甚昂，時人咸欲得先父墨寶，不惜重金求書，故鬻字初年，生活可算過得去。時宗舅杜月笙，重義氣，知先父需款，亦餽贈巨金，先父以受人恩惠，當有以報，乃以昔日朝服衣帶之玉扣，奉送杜氏，該玉扣為古玉，內有關公像，價值連城，先父不輕與人觀，無如杜氏雪中送炭，大義凜然，縱使玉石連城，亦僅足以酬知己故舊，而一家大小，雖違難島隅，幸不至饔飧不繼。

《工商晚報》，一九六四年十月二十六日

附注

① 「原」字疑為衍文。

一二　家宅劫餘猶未毀　田園變後已荒蕪

廣州淪日時，先父違難來港，舉家同行，省寓歸老家人看守，而蘿崗洞蘭齋農場，亦只由管工料理。當時交通阻滯，地方不寧，即有收成，亦不易銷售，益以日寇拉壯丁，場中耕夫，紛紛逃避，農場以缺乏耕夫，因而廢耕，數百畝香橙，因無麩肥給養，又乏人料理，遂至萎謝。而欖樹青梅，收成亦鋭減，荔枝、芒果、甜柑，也告失收，百數十萬元經營之農場，因戰事影響而失敗。至所有蜂群，因日軍開槍掃射，將其驅散，價值二三十萬元之蜂業，亦喪失無存。家人來港告之先父，先父惟有痛恨日寇，然亦無可如何也。時日寇日漸披猖，早有南侵東南亞企圖，先父體察時世，知香港亦難久安居，惟以年老跛足，不良於行，斷難奔返祖國，乃遣子孫先返內地，參加抗戰。果不久，香港即戰事發生，舉家困守羅便臣道寓邸，不獲逃脱。時日督磯谷廉介治港，磯谷前在沙面，與先父認識，親至港寓見先父，着其出來安靖民心，先父力辭，並謂在港不過作客，對香港人士不稔識，故不能為出力。磯谷又着先父往澳遊説國父原配盧太夫人，請函邀其子返南京與偽政府汪精衛合作，先父未答應，卻被挾持赴澳，促轉中山縣謁盧太夫人。先父抵澳，即稱病不行，日人乃准其返港，監視甚嚴。先父以田園廬舍，俱在廣州，乃遺姬妾先返，己則留港數月，賴好友支持生活，並鬻書度日，時年已七十八，晚年遭世變，惟有刻苦自持，以待天日重光、抗戰勝利而已。時磯谷遣一日人肥田木俊隨先父，先父以在港無聊，且家人已盡返廣州，乃賦詩見志，詩曰：「歸來何處是仙鄉，籬下依人夢不長。畢竟故園風色好，眼前光景近斜陽」。有以詩告磯谷，磯谷乃使肥田木俊偕先父返廣州舊寓，家宅經變，雖未有毀，而古畫傢具，多被日偽人物搬去，重返故居，惟見一片蕭索而已。時隨侍先父者，除姬妾七人外，尚有二兄仲雅、先兄叔穎、譽題、超植等，余之幼弟譽裴則在游擊戰中殉國，余與眾姪輩亦均在內地任事，故日人對先父監視甚嚴，肥田木俊且偕其姊居我家，認先父為誼父，察先父何所圖謀。此時環境，即故舊亦無能接濟，租項無多，不足家用，遂將鄉中先祖祠資政第變賣，以維家計，幼妹等則在鄉中私塾任教師，眾兄等皆閒居無所事，賴族中兄弟躬耕之餘如有所得，即照顧衣食。處淪陷區之窘境，余雖非目睹，亦知其苦況也。後抗戰勝利，余與姪輩返家團聚，恍如隔世，而田園荒蕪，日敵雖敗，亦無賠償，戰後生活，益見艱苦矣。

《工商晚報》，一九六四年十月二十七日

一三　躬耕始悉佃農苦　未靖難圖暢盛園

經營農場，非一朝一夕可成功，如李福林在大塘鄉所建之厚德園，費數十年心血，而時勢之遷易，亦屢次受災，雖屢蹶屢起，已耗資甚巨。又如胡漢民之陵園，在龍眼洞一帶，為先父助胡木蘭覓地者，營葬既畢，即植樹陵園，及日寇至，伐樹毀屋，荒蕪一片，野草叢生。至李漢魂在龍眼洞所置之農場，亦在戰時被毀，果樹不生。可見戰爭對國內農業，有莫大影響。憶我蘭齋農場，荔枝樹逾百，香橙樹亦數百，其餘欖樹、青梅、夏茅、芒等樹，均因戰時無肥可落，數年不結果，有等且成為廢樹，而耕夫星散，僱請艱難，且地方不靖，不能安耕，遂使規模較大之農場，復成為一片荒地，且蘿崗洞一帶，民風甚悍，外來人至此營農場，需有實力保護，故江蘭齋農場之設，亦有槍枝數十，作為護場之用。惟日寇至時，防民反抗，盡將槍枝繳去，故戰後農場已無防衛力，於是只得將田園批與當地人耕種禾稻，每畝得回三四擔穀一年，亦勝於擺荒田地也。惟鄉人耕種，亦非年年豐收，如遇歉收，即無租穀編納，或要求減租，稍不順耕者之意，即易發生事故。戰時余在內地工作，且參與軍旅，戰後厭倦，而眾姪仍在軍旅服務，余則歸家，目睹田土荒廢，有重整田園之志，既有千餘畝耕地，年租不少，尚可以重植果樹，整農場，乃立意躬耕。先父亦任余隱居蘿崗洞中，畜豬養雞鴨，並整理果木，而劫後凋零，所得收成，不如戰前十份之一。而日與鄉民為伍，知耕者之苦，農民咸視余為可交遊之小地主，要求減租，或求概免，余亦每允所請，故余在蘿崗洞二年，甚得農民好感，而年中收田租，僅得千餘擔穀，除撥歸省寓家計所需，所存農場甚少，無能重植果木。而該地且隱藏共黨，時生事端，大地主被殺者數起，先父以余居農場為危險，命余復返省垣，場務交由場工總管葉順主理。余離農場後，葉順大反余所為，收足田租，不肯略減，全觸眾怒，先將所畜豬母擒去，又斬伐場內果木，一片不寧，余已憂之，而葉順以為農民雖悍，亦畏法令，料無異動，並呈請當局，重領槍枝數桿，作守衛農場之用，不料為該地匪徒所悉，立心謀奪槍枝，乃於一夜，衝入農場，將葉順擊斃，搶去槍枝。事發後，報諸當局緝兇，但該地多山洞，匪眾自可藏身，不易搜索，余向先父自告奮勇，擬重入農場料理一切，先父以君子不立乎危牆之下，不許，乃委諸該地農民代管農場，而田租亦銳減矣。

《工商晚報》，一九六四年十月二十八日

一四　無可奈何花落去　似曾相識燕歸來

余自罷耕後，即歸省寓侍父起居，先父鬻書為活，筆墨生涯，相當清苦，然尚足以給養姬妾，度此晚年。余聞先父言，豪華一生，不堪回首，並告誡余及眾兄弟，謂草草塵寰，數十寒暑，浮雲富貴，等若一現曇花，然守乎本旨，以經書處世，詩禮傳家，毋負宗祖，斯可無愧。先父舊遊甚廣，然自足跛以後，甚少外出訪探故舊，而故舊亦鮮來訪，間或有時人政要派人來慰候，亦由余兄弟接見，蓋先父年老，已懶於應酬。余既耕作無成，乃留省寓，藉寫稿為活，然亦多寫散文，紀述生平生活而已。然余憶童年舊事，亦頗有趣，蓋余年十四，在香港肄業，時隨先父出入，先父常宴於石塘咀，亦攜余偕往，夜夜飲宴流連，通宵達旦，余則倦極欲眠，先父遣余睡妓寨中，時有歡得妓館者，為余八庶母育娘經營，先父囑余稱之為外婆，每夕即在該館抖睡，妓寨中校書，余均稱為姨母，有某名校書為先父屬意，初欲納之為十三妾，余每夕即睡其房中，校書則隨先父招待賓友，或出局應酬，至四五時拂曉，然後散局，余亦睡醒，隨先父返家。校書約二十，長余六七年，余亦以姨母稱呼。有一次，校書問余，謂將埋街為先父妾，詢余意若何？余謂先父年已六十，尚娶二十餘歲之少妾，恐校書得不到終身的幸福。適某粵班演《梨花壓海棠》一劇，余購票贈校書，察其看後有何感，校書看罷，謂已息嫁余先父為妾之意，並謂「願作殘花枝上老，不隨黃葉舞秋風」，余乃言諸先父，先父亦不強，贈以資，使在嬰堂讀書，習音樂、練鋼琴，兩年後余至外婆家探訪，校書已擇人而事，且感先父之德。又數年，子女盈庭，為人賢妻良母矣。民卅年余在曲江授課，有蕭姓弟子稱余為表兄，余奇之，詢以故，則蕭為校書之子也，余乃以姨母近況相問，則謂隨夫營商，由興寧運布匹至曲江，頗易獲利，並以余為公務員，生活刻苦，問余有無經商意，余以淡泊自甘告。及曲江轉進，余在贛南粵東一帶，偶至和平鄉，遇蕭姓表弟，時日人無條件投降，蕭偕余見姨母，則囑余早歸家慰父，並告余以「浮雲遊子意，落日故人情」，亦感「雲無心以出岫，鳥倦飛而知還」也。姨母已將四十，而丰采依然。勝利後，余墮車重傷，腰骨折斷，留醫河南萬國紅十字會，蕭姓表弟適在廣州中山大學肄業，聞訊親至醫院訪候，姨母亦來見先父，謝以昔年供學之惠，先父晚年，猶復風流自愛，有「無可奈何花落去，似曾相識燕歸來」之感。而姨母語余，當年花國姊妹，俱已「綠葉成陰子滿枝」矣。①

《工商晚報》，一九六四年十月二十九日

附注

① 杜牧〈歎花〉：「自是尋春去較遲，不須惆悵怨芳時。狂風落盡深紅色，綠葉成陰子滿枝。」原稿作「綠葉成陰子枝滿」，諒誤，正文改訂。

一五　亂世英雄知報國　息兵解甲樂田園

先父以一介文人，清末厠身軍旅，名為清鄉，實則綏撫，如有地方英雄為民請命者，先父亦不剿伐，只重招安，編為官軍，以維地方安寧。其最著者為「福字營」與「綠字營」，「福字營」為李福林部，自河南大塘及五村鄉鎮壓地方，「祿字營」為梁祿田部，駐番禺洋塘鄉。「祿字營」已隨滿清消滅，惟「福字營」則因辛亥革命，李福林組民軍，因大塘五村一帶起義，開出河南，駐紥海幢寺，易徽號為「福軍」，以響應革命為號召，保持地方治安，故歷來廣東政變，「福軍」則獨立於河南，不參任何軍閥組織，貫徹革命主義，河南一帶，雞犬安寧，亦「福軍」之功績也。當年李福林對先父甚為尊敬，遇事輒與先父商，先父獻議，「福軍」擴編，如遇政變，各方軍隊，有不及撤退者，渡河投誠，即編為部曲，故「福軍」當時編為三隊，後改三師，聲勢浩大，而以到四鄉肅靜匪患為實，而不參內戰，只為桑梓造福，故軍譽甚佳。惟好事者以李福林為行伍出身，不敢與正規軍作戰，只常嚇走各賊匪，譏為天九牌之「三武鵝五」，無人打即大，遇人打即細；李福林恥之，常與先父言，欲洗脱此恥辱。先父謂李出身為民軍，為革命一分子，如思立功革命，必須追隨革命首腦，固守河南，雖可保存實力，然於國家實無建樹，李福林亦以先父之言為然，故當孫總理就大總統時即請纓北伐，乃與許崇智、黃大偉共同出兵粵北，轉贛南趨福建，李福林亦身先士卒，屢立戰功，會陳烱明叛變，炮轟大總統府，孫總理蒙難永豐艦，北伐軍乃改道入閩，李福林攻入福州城，與許崇智、黃大偉駐閩兩年，而「福軍」之後方部隊師長李群，亦不降陳烱明，退入大塘鄉獨立。及粵軍回粵，李福林率部重返河南，曾經在外省作戰勝利，已非吳下阿蒙矣。其時陳烱明煽動商團起事於廣州，李福林率軍渡河救亂，復奏凱還。及北伐軍興，李福林之福軍改編為第五軍，以兩師出兵北伐，一師留河南駐守，廬山會戰，第五軍亦立戰功，屢次報捷，洗脫人稱「三武鵝五」之辱。及廣州共變，第五軍亦渡河平共亂，於是人民以第五軍能打紅人，稱之為「三文地八」，威風十足，李福林亦以已實非軍長才，無心再擴大兵旅，只以留南部隊調往補充北伐兵源，已則退隱務農，在大塘建厚德園，以種蔗、荔枝、甜橙、黃皮、沙欖出品為大宗，收成足以自給，又在香港大埔闢地為康樂園，謀退休之計。李福林一生，有足道者，即樂善好施，嶺南大學李氏亦捐款甚巨，且捐建康樂醫院，造福鄉民，晚年仍為中央委員，抗戰時亦保節居內地，有足取焉。

《工商晚報》，一九六四年十月三十日

一六　有筆生花猶恨事　便為才女奈愁何

因李福林之厚德園，余因憶先姊畹徵，蓋昔年先父養蜂，曾假借厚德園採蜜，以其他多果木，採糖必多。李福林與我家有通家之好，以通家之誼，童年又對戶而居，彼此如屬一家親，故當蜂群搬往厚德園，先姊畹徵亦遷往居住，主辦蜂群採蜜記錄。余當時從事編寫粵劇，以先姊文學修養比余較佳，亦時到厚德園請先姊助撰一兩段曲詞，故後來或傳余早年寫作，多出先姊手筆，實則先姊不諳音樂，只善於推敲辭句，指點余一二而已。時余寫作，以國族為大前提，先姊亦深為讚許，且有自傷之感。當時國事蜩螗，才人多慮，先姊亦有「有筆生花猶恨事，便為才女奈愁何」之嘆。事為汪兆鏞年伯之子希文所悉，即向先姊追求，汪早年失婚，①有非才女不再娶之念，及遇先姊，愛慕才華，浼先兄作伐，卒諧鴛譜。不一年，先姊以患鼻癌致命，汪亦悼亡，余每當編劇，少去先姊指示，亦多傷感。又余父有外寵，亦生一女，不在排行之列，但其名與「畹徵」國語音相同，惟他學問幼稚，與先姊畹徵有天淵之別，後她竟嫁一江姓子為婦，彼本留日學生，故有親日思想，與余意見不洽，及後余在祖國作抗戰宣傳，廣州已陷日寇手中，偽政府亦乘時產生，即在偽政府工作，任教廳科長以奴化教育灌輸青年學

附注

① 「失婚」，此指汪希文喪偶。

子，余初以她不在兄弟姊妹排行之列，其婿為漢奸，亦不以為意。及後太平洋戰爭爆發，先父留港，迫得舉家復返廣州，他以余官於抗戰省府，竟向先父要挾，謂需將她排行十三，彼始為「南海十三郎」，否則舉報日軍，謂先父為抗戰政府特務。先父謂兒子前途，不能破壞，拒其所請，而竟以同是江姓同宗，冒認為「江十三郎」，事為李福林所悉，詢余始末，適當時亦有一與余同名者，在港地作文章謂抗日政府以卵擊石，終歸失敗，為我方特務人員所悉，誤以為余，余乃憤告李福林，並詠詩見志，詩曰：「萬里無雲任鳥飛，江山有界讓賢歸。文章海外徒增價，香火人間事每非。屈子滄浪驚水濁，離騷詠賦隱憂時。艱難我亦同懷抱。為作新詩效楚辭」。遂辭去粵省府參議職，至桂林參加劇展，復遇李福林，復贈一詩曰：「少小望門復過家，童年早覺夢豪華。亂離同是江南客，風雨感聞慰語加。寒食餐薇松柏節，飛花城畔怕看花。千金贈劍豪猶昔，一志前程萬里跨」。余當時有赴重慶意，卒不果，至桂林經平樂、八步、連縣轉向曲江，參加粵北之戰，直至勝利，余歸廣州，尚有人為流言所誤。知余者，以曾參殺人，流言可畏，囑余寫稿署名「南海江楓」，又署名「南海十三郎江譽鏐」，以示有別，不久而流言自滅矣。

《工商晚報》，一九六四年十月三十一日

一七／少日幻心今淨盡　故人相見眼分明

先父晚年，好種曇花，家中有曇花數十盆，曇花每放，一剎那即謝，先父以此紀念同年摯友譚故主席延闓，復以少年幻景，轉瞬即過，亦猶一現曇花而已，故知者咸謂先父看透世情，正如譚延闓贈聯句：「少日幻心今淨盡，故人相見眼分明」語。又先父祖母姓譚，故譚氏宗人，與我家有姻親之誼，自譚延闓逝世後，譚姓軍人，與我家來往至密者，為譚啟秀將軍。譚為羅定人，世業農，而好武，故從軍，啟秀雖僅受私塾訓練，亦略解文，故自北伐武漢建功，由營長而升充團長，後在隴海線作戰，屢立戰功，由團長而升充旅長，側室陳禮和，頗明大義，對丈夫事業，亦有挈助，陳認先母為誼，彼深敬先母治家之能，尤其是撫育兒女之賢淑。譚啟秀元配有二子，均為陳禮和撫育，視如己出，陳性剛直，譚啟秀花號「大口佬」，陳亦渾號「大口婆」，以其口大有權，善於處事也。一二八之役，譚啟秀以一旅人守吳淞炮台，與日軍作劇戰，吳淞炮台其炮雖陳舊，尚能擊中日艦，當時與日軍對壘月餘，堅持不下，滬上民眾，且派代表向之獻旗，而自淞滬一戰，譚啟秀亦有抗日名將之稱。及後升充軍長，任剿共之責，略奏膚功。時先兄譽題亦在譚部任職，後譚卸任，歸原籍羅定業農，經年積蓄，置良田百數十畝，亦足過活，並在廣州河南，置宅閒居，時來我家過從，先父即視如子姪。廣州淪陷期間，我家遷居香港羅便臣道，譚亦卜居跑馬地鳳輝台，遣其子兆拱在我家居住，以便就學。譚甚專敬先父為人，以先父少年亦治軍，解甲後業商復業農，不如一般少年迷戀勢位，有野心之圖，譚亦以為置身軍旅，不若林泉之樂，惟一片愛國心懷，未嘗泯滅。太平洋戰事發生，香港淪日寇手，譚以港地不可再居，偕夫人陳禮和返羅定，其子兆拱，則遣往粵北中山大學就讀。譚禮意隱居，①在鄉中躬耕，不問政府，一心信賴政府抗戰，安份守命，順時應天，亦是至樂。後軍事當局以譚為抗日舊將，不使賦閒，派為中將參議，在羅定一帶召集民眾，組挺進隊與敵週旋，盡忠厥職，羅定一帶，得保安寧。粵北疏散時，省立藝專、粵劇宣傳團，均得譚助，維持生活，其為人仗義疏財可知。戰後譚復解甲，為廣州糞溺捐乘商，以藉得微利，生活亦頗安定，後為其次子兆拱完娶，當時軍政要人，均到申賀，不料譚夫人陳禮和以肺病卒，譚因傷悼，復生癌疾，前後三月，夫婦相繼逝世，葬於沙河十九路軍墳場，其家宅良田，後為共黨沒收，二子均違難居港，長子經商，次子授課於長洲，同有亡鄉之痛焉。

《工商晚報》，一九六四年十一月一日

附注

① 「禮」字疑為「陳」字。

一八／小樓暮雨懷故舊　太史門庭車馬稀

抗戰八年，先父訓子孫，匈奴未滅，何以家為？故婚娶亦停止。回憶先父娶媳，有對聯誌慶，聯為「笑老夫半百有多，發財未必，至怕添丁，問幾時放下擔竿，即管見個故個；論朋友萬千以上，量力而為，不瞞知己，借此也擺餐謝酒，無非人云亦云」。聯掛大新公司亞洲酒店，筵開約千桌，賀客約萬人，飲宴分頭尾桌，至天明始席散，而英美煙公司賀贈炮仗，自大新天台掛至地下，燒點餘鐘，盛況空前。而筵請各國領事，則席設河南太史第家中，當年婚娶，一場名流紳商，中西政要，均來申賀，故先父謂「婚姻兒女債，還我學癡聾」，言不癡不聾，不作阿姑阿翁也。至先父在家中，設宴饗友朋者，前後亦萬人以上，惟晚年則友朋星散，及經變亂，不少老成凋謝，縱有存者，以先父已罷宴謝客，如非認真知己，甚少相訪，太史第之喧鬧狀況，不睹已多年矣。戰後眾姪婚娶，亦皆在外，先父以一代還一代，孫輩婚事，由眾兄主持，老人絕不干預，故長姪無忌，婚於肇慶，五姪無畏，婚於惠州，均由先兄叔穎主婚，宴請袍澤而已，對先代世好，亦解聞問，不如眾兄結婚時之熱鬧隆重也。至二兄仲雅為其子江曼婚於廣州，亦在外設宴，我家已無專廚，故不另在家中宴客，婚後眾姪及姪婦始歸家謁祖，謁祖慶典，先父亦不過邀請十數知己父老，在家觀禮，與為眾兄完婚之豪況，不可同日語也。而眾姪尚多在外完婚，未及歸家謁祖者，一以職守關係，不易請假，更以多在外省任事，無暇回粵，故眾姪及媳，余等未嘗見面者，六七以上，一個大家庭，經變亂後，亦不容易重聚一家。戰後數年，與父同居者，只先兄及余二人，眾兄均外居，時或返家慰候老人，故太史第除眾母居住外，僅余兄弟二人，宅大人少，頗形冷寂。余等獨居一小樓，小樓昔日，不少貴賓，到來雀戰作樂，今者「太史門庭車馬稀，小樓暮雨懷故舊」，蓋友鄰陳黃兩巨宅，經已易主，售給商人作織布工廠，余日夕處小樓中，但聞織機之聲，不見世交來訪，因感嘆先父曾謂「最難風雨故人來」，及先父已年老日暮，風雨亦不遇故人，誠多感嘆。余因寫一小說於《西南日報》，即以「小樓暮雨」為題材，大有「王謝堂前雙燕渺，十年人事幾番新」之感。先父晚年，亦鮮與政要來往，及譚啟秀為其子兆拱完婚，宴於南園，先父赴會，始與軍政要人遇，而先父亦非復昔年之豪放，亦老年人修養到處。及譚夫人陳禮和之喪，先父亦親臨點主，並致送陀羅經被，只別人婚喪二事，先父始見政要舊交，回憶當年車馬盈門，日夕歡宴，不禁有今昔之感焉。

《工商晚報》，一九六四年十一月二日

一九 遯跡天涯疏骨肉 棲遲海角悼嚴親

憶先父點中翰林後，始生余，故人皆以「小翰林」稱余。余生而先父適奉召入京，故謂疏生。余生而為先母忌辰，又為堂伯樾廷之喪，故穿疏服。先父當余命出生，即將余之年庚八字命人測算，算者謂命裏父子相尅，若疏開而不常在一起，則父子相得，惟余幼時，居家不外出，即就學亦未寄宿，日常父子相對，而先父亦受驚險數次。一為在東堤被人暗殺不成，一為墮河遇救，說者謂余居家不利於父，而先父則當余年幼，作旅遊，曾往台灣及遊平津滬杭，及余稍長，即遣余在外寄宿，時先兄譽題自嶺南大學轉赴美洲意利奈大學，余即入嶺南附中，與先兄妻舅同校，嶺南大學當時電船泊東堤，余歸家亦必經東堤，故先父為明瞭余之功課狀況，每夕即在東堤飲宴。不料中學一年級中文即不及格，先父以余曩日在家中，延聘專家教師授余中文，論理絕無不及格理由，乃命余轉入中德中學習德文，而聘請傅朝選為中文專席。余入中德中學，亦寄宿，校址在光孝街，後遷東堤廣西會館，因該校鬧風潮，更換校長，先父不願余在有風潮之學校肄業，乃遣余來港就學。時余二姊亦在港習英文，租寓上些利街，乃命余隨二姊居港，初入霍乃鏗之預科書院肄業，那時余只十四歲，在港無人管教，只慕奢侈，多造幾套西服，常看電影粵劇，時到大酒店飲茶，趨於時髦，學無所成。中文教授區大典年伯為先父宗舅，言於先父，戒余荒懶，先父乃復遣余返嶺南大學附中再讀兩年。而省港罷工風潮突起，先父乃再使余來港華仁書院就學，亦在校中寄宿。而余年較長，漸知勤學，而校中管理甚嚴，余惟一心向學，會考初級試且得全校首名之成績。翌年入學試會考，亦列前茅，入香港大學醫科二年，而九一八東北事變，余以一片愛國熱忱，棄學而作文化宣傳，先父亦不阻余自由，計三十餘年，余均在外多而居家少，疏居而先父康健，且起居安寧，頗驗算命者之言。時乃後余曾一度回家居住，適先父戒煙，幾至殞命，尚幸醫者拯救及時始告無恙。翌年先父在六榕寺拜佛，以稽首倒地折足，余亦家居，說者咸謂余家居與父相尅，余遂決在外居住，即常居酒店旅邸中，亦鮮還家，浮生浪跡，容後再記。又悔當日寇大轟炸廣州之際，①余亦不返，居惠愛東路友人家，而河南未嘗落彈，友家被毀於彈，余幸免於難，而先父居家無恙也。日寇陷省港，先父遭敵偽脅持，余亦不在家中，先父雖受苦驚，然亦得安全以待勝利來臨。共黨入粵，余以為趨吉避凶，亦首離先父來港，不意竟成永別，眾兄皆返鄉奔喪，在外疏居者只余一人而已，此則算命者之言不驗矣。

《工商晚報》，一九六四年十一月三日

附注

①「悔」字疑為「憶」字。

二〇　貌美如花居旅邸　銀燈蠟板貨腰娘

余自港輟學赴滬，初在一間畫報當職，後任專家補習教員，余自離家，即在旅邸作客寓，時上海北四川路有東南小旅舍，專為利便一般青年學生或單身漢寄宿，等如現在之公寓，當時租費甚廉，不過三四十元一月，余居於東南小旅舍數月，然旅舍不免男女混雜，間有桃色事件。余初閱世，凡事謹慎，會鄰房有一女學生，貌美多姿，而獨居小旅舍，時有友人自南京或杭州來訪，有友來輒外出至深夜始返，余認為彼姝殆亦交際花之流也。會余有友鍾君當職於南京，來滬訪余，彼姝知余等為初自學校出來之青年，對余等亦頗注意。一日，鍾君約余至新雅酒家晚膳，方整裝擬出門，彼姝突來敲余房門，余開門見彼，以原不相識，何故過房相訪，不禁愕然，詢以故，彼姝謂因彼此鄰居，故敢拍門，並謂在房隙將墨水筆跌入我房，故來索回。余視地上，果見有女裝墨水筆一枝，即拾回遞交，因詢彼姝名姓，據稱譚姓，為一半工讀之女學生，在某印務局當職，晚間只讀夜學一二小時，時余急於赴鍾君之約，告以異日再談，彼姝遂返己房，余亦扃門而去。至新雅酒家，則鍾君早已候余，余等正進膳，鄰房之譚女亦尾蹤而至，向余招呼，在另一張檯坐落，似是候人，鍾君問余如何識彼姝，余答以鄰房對。鍾君謂彼姝頗美，惟有冶容，須提防其為不正當女子，或為女馬扁拆白之流，①以余來滬未久，不知滬上社會複雜也。余頷其言，無何，一中年婦人至彼姝之桌，私語良久，彼姝面有淚容，匆匆離座，余好奇心動，欲知其底蘊，適偕鍾君同返東南小旅舍，又與彼姝遇，彼姝且偕一青年男子同行。該男子與鍾君認識，蓋亦為南京政客而姓趙者。趙君即與鍾君招呼，並介紹識余，知余為彼姝鄰房，約余與鍾君午茶。翌日，余等踐約，詢趙君約余等之意，據云欲託余一查譚女行動，謂彼與之有情，惟譚另有友人自杭州來，豪於資，亦鵠她，故成三角戀愛，趙君引以為憾，浼余代監視譚，余謂當盡力而為。後譚亦來我房閒談，余乃詢以與趙君關係，彼姝謂彼與素洽，擬訂婚好，無如其姑母不悅，欲彼嫁一杭州富商劉某為妾，劉豪於資，惟年齡長彼十餘年，故彼不悅，而姑母逼之甚，且因曾貸劉數百元，無力璧還。余知其底蘊，函告趙君，趙君乃自南京再來，約余及譚同敍，聲明為譚解決劉某債項，着彼早與之訂婚，譚謂婚姻則緩一步再談，債務先行解決，趙君不虞其詐，予以六百元，譚得資而行，越數日，遷出東南小旅舍，不知何去，及後趙君約余同至大滬舞廳，復遇譚，則已下海伴舞，睹趙君只赧然耳。

《工商晚報》，一九六四年十一月四日

附注

①「扁」字原稿作「騗」，諒誤，「馬扁」，隱指「騙子」的「騙」字。

二一　風流都已隨花落　弗抱琵琶説盛朝

當余居滬之際，先父函余介紹，趨謁滬上世交，多為遜清翰林，其著者為劉學詢太史，字芻初，彼本粵人，豪於資，在廣州西關近荔灣一帶有劉家巷，即其故居。劉家巷有數十宅，均劉姓住居，清季劉學詢積得腰纏百萬，因在蘇杭置業，並在上海租界營商，在蘇州有榴園一所，為劉氏別墅，杭州亦有劉家園一所，規模不及蘇州榴園之大，然亦景致幽美，時聚文人雅集，亦屬韻事。劉氏在滬，①建滄州飯店，滄州飯店為一流旅館，民初時人經滬北上，多寓於滄州飯店，一時成為政客活動之所。劉氏結交政要，亦常住滄州飯店，時見其坐過客廳，招待來往貴賓。然一般官僚，多屬清季遺臣，藉北洋軍閥以久延其政治生命者。自革命軍北伐，北洋軍閥雖倒台，然國府定都南京，上海地位，益形重要，西南政要，時到滬酬酢，以滄州飯店為聚集之所，故營業依然旺盛。滄州飯店又設桌球室、酒吧，故一般青年人，亦以該地為消遣之所。余至滬，得謁劉學詢世伯於滄州飯店，並得其介紹，結交晚清太史輩之子弟甚眾，然此輩對民國不懷好感，多念念不忘遜清，此或其家世關係，民國後在社會地位，不如曩昔，故咸思舊朝也。劉氏與余有姨表關係，在粵時余每歲亦必到劉家巷拜年，與表兄弟見

附注

①「滬」字原稿作「港」，諒誤，正文改訂。

面，此時表兄弟數人，亦均在滬，約余同往蘇州一遊榴園，余亦踐約同往，一覘勝地。蘇州地頗幽靜雅緻，而榴園更建築華貴，所有園中石路，盡鋪雲石，亭台樓閣，均古色古香。園中廣植丹桂，並在魚池石山，而迴欄曲折，兩旁盡種菊花，此蓋以劉氏晚年隱居，故愛菊以明志。余遊榴園，適為秋季，故得賞菊，然榴園亦植杏花，紀念劉氏為顯宦時，杏林春宴，到處飛花，惜春季余無暇再遊榴園，未得賞杏花春雨江南景色，實憾事也。一二八事發，日寇侵華之野心暴露，然亦有失意之遺老官僚子弟，望日寇打倒革命政府者，時聚宴如何媚日，及籌備宣統復闢。榴園主人劉學詢●義不參與，且以滄州飯店為南京要人出入之所，以遺老之無恥告某政要。及後八一三以及太平洋戰爭爆發，日寇霸佔租界，以滄州飯店為中國特務活動之地，對劉學詢不滿，劉學詢亦以年老多病，養鬱而終。日軍陷蘇州，又以劉氏之榴園為駐軍之所，劉氏後人，亦無法與抗，所有建築物多被拆毀，而榴園花木，亦多凋謝，劉氏後人亦不能保學詢之產業，滄州飯店，後亦易主，昔日盛況，亦不復睹，劉學詢詩有「風流都已隨花落，弗抱琵琶説盛朝」句，其抱負可知。

《工商晚報》，一九六四年十一月五日

二二／天涯何處無芳草　萍水相交亦可人

上海繁華為舉國之冠，當國難當頭，而燈紅酒綠，紙醉金迷者，尚不乏人。時余在滬，月入僅數十元，賴先父月滙二百元，始足酬酢之用，但余好跳舞，每當授課之餘，輒偕三數友人，至大滬或巴黎舞廳消遣，余等非豪客，只花三數元，購票而舞，一票一次，所花幾何，然余輩年青人，亦甚得舞姝喜悅，海上富商豪客，時喚舞女埋檯坐鐘，依鐘點計，每點鐘購票十元，而彼輩每示闊綽，每點鐘倍給舞票，且夾心現款百數十元不定，而喚數舞女埋檯，又開香酒，十餘元一支，每次開三數支，故彼輩每晚，擲金千數百元，絕無吝色。余輩用三數元而舞終夕，殊有愧色也。不過舞姝亦講交情，非盡拜金者，知余等非慘綠少年，雖有舞興，亦適可而止，有時舞姝迴避討厭之客人，余等不邀其舞，彼等亦邀余等舞，且不收余等舞票。其時，與青年學生最有舞緣者為大滬廳梁氏賽珠賽珊姊妹，梁氏姊妹年僅十六七，尚守身如玉，喜與學生舞，其姊賽珍，為明星影片公司紅星，亦常到舞場遣興，並介紹客人與其二妹，故梁氏姊妹，捧台者甚眾，雖年青學生，大都不能揮金如土，然亦有富家子弟，不計區區者，故梁氏二姝，收入大有可觀。余以電影界關係，與梁氏二姝講交情，故未浪費金錢，亦時常與之舞，不知者以為余艷福無邊，實則彼此同是粵人，相逢萍水，泛泛之交而已。然余在滬，事有可記者，即余素未到堂子宴會，對於堂子長衫，①絕不認識，有一次在馬路上遇一姝，似曾相識，彼姝坐長班車，頗有架子，見余，即下車與余招呼，稱余為「十三少」，蓋彼原為鄰宅蔡家之婢女麗虹，余問其近況，彼謂甚佳，邀余至彼處晚膳，余以盛情難卻，隨之行，則彼原來引余至彼所隸之館子，館子群雌粥粥，盡為長衫名妓，余此時方知麗虹已淪為妓女，然既來為客，姑覘其用意，而麗虹用意亦無他，故以余示同館姊妹，以余為世家子弟，亦彼之舊友，並語余謂彼向人認彼乃蔡某之義女，而不認為侍婢，藉高身價也，囑余隱其秘，余諾之。該夕在館子吃菜，麗虹盡喚同館姊妹為伴，男子只余一人，並得饗北方菜，余覺仿如霸王夜宴，不費一金，而得睹上海妓館內容。宴罷，余向麗虹道謝而行，後麗虹卒回粵，嬪世交某名流為妻，風塵相遇時，余覺其出身雖婢女，而實出大家名門，故舉止大方，知其終有良好歸宿，及其洗淨鉛華，歸為人婦，亦頗賢德，固知其不計出身風塵，而久閱世故，堪為名門婦也。「天涯何處無芳草」，堪為此詠也。

《工商晚報》，一九六四年十一月六日

附注

① 「堂子長衫」，上海一帶對歡場女子的別稱。

二三 浴室春光多韻趣 脂香粉膩惹人迷

三十餘年前之上海，荒淫生活，比諸現在香港，有過之無不及，而色情架步，處處皆是。虹口之仁智里，法租界之八仙橋，多設「鹹肉莊」，「鹹肉莊」即妓館，許多漁父問津者，趨之若鶩。然「鹹肉莊」實為色情秘窟，非盡屬妓女賣淫，且有人家婦女，出來覓副業而以賣肉為生，或有些人家棄妾，厠身其中，亦有些賤丈夫不務正業，任其妻操此賤業，即俗語所謂「食軟飯」者。「鹹肉莊」雖非正式妓寮，而玩弄女色者多到此遣興，莊內多設廳房，陳設整齊，玩客隨意呼喚賣俏女兒名字，如認為合意，即闢室密談，給以數元之夜度資，即可銷魂真個。一次有滬人好白相，①常至「鹹肉莊」消遣，有一次到莊裏叫喚名妹，不料出來應召者，即其妻室，相對愕然！余在滬時，曾隨電影片場職員至「鹹肉莊」一次，余本無意至此色情架步，不過為探取生活體驗而已。在莊裏隨意徵喚應召女郎，聞有女學生在亦此間伴客，乃呼召一見，則為一貧苦女兒，名戴珠妹，彼謂每星期只應召二次，得資作學費及生活使用，以身為女學生，故索資比其他貴一倍，余憐其境遇，給資使歸家，彼亦知余非慣於白相尋開心者，向余道謝，後余遇之於途，果作學生裝束，而竟在「鹹肉莊」應召，殊可憫也。有某女星以性感動人，

附注

① 「好白相」，上海方言，「好玩」、「貪玩」的意思。

亦出身在「鹹肉莊」，人皆稱之為「鹹肉明星」，顧名思義，可知其操業如何矣。滬上除「鹹肉莊」以外尚有等如今日香港之咖啡閣，而比較公開，有如酒吧，顧客喚酒徵女，如玩至高興，即就近覓室尋歡，而所索甚微，此等酒肆，不只中國女性服務，且有東洋婦女或白俄婦人，大城市覓生活不易，故各國籍婦女，亦出而賣淫，以此為活，不足怪也。滬上除此等酒寮妓館外，最流行者為浴室按摩院，浴室設土耳其浴及大浴池浴，光顧者多不在乎洗浴，而醉翁之意不在酒，蓋浴室有女招待員，顧客如喜悅，可喚呼為己洗浴，顧客脫至一絲不掛，而女招待員以柔荑之掌，為顧客搓胸擦背，洗潔身體任何部分，而每個浴室，僅容一男一女，盡情嬉戲，或且作戲水鴛鴦，顧客迷於脂香粉膩，媚態柔情，有或約女侍員至酒店開房尋樂，而此輩為掘金娘子，亦不惜犧牲色相也。至按摩女郎，則與浴室並設，有等浴罷，即喚人按摩，浴室另設密格，有簾遮住，然後使按摩女郎為顧客按摩，全身撫摩，以手術務令顧客魂銷，多加賞賜，此等按摩室，初只東洋浴室始有，一二八後，中國人多不喜顧東洋店，故本國人亦多設浴室按摩院，尤以虹口一帶為多，至浴室春光，固許多不足為外人道者，隱而不詳矣。

《工商晚報》，一九六四年十一月七日

二四／黃浦灘頭多嗜博　良駒獵犬奪標回

昔日之上海租界，可稱賭城，有「東方蒙地卡羅」之稱，其最著者為霞飛路之大賭館，陳設華麗，內設輪盤骰寶，不一而足，好賭博者廁身其間，大多豪客，下注巨萬，川流不息。余等青年，既不嗜賭，亦好奇心動，偕數友人至該賭館參觀，至則見招待員殷勤招待，引余等至賭場，館內備設西餐美酒、雪茄名煙，凡到該館者，皆得免費享受。余等數人，先嘗西餐，復取雪茄香煙，置諸囊中，至招呼員引余等下注，余等只賭一鋪，下注十元，雖即輸去，然在該館享受，已不只該數，賭罷余等即行，招待員有慍色，謂余等非賭客，特來胡鬧，謂下次再來，即不畀面，招待員亦租界有勢力分子，余等不敢開罪，唯唯而去。聞諸人言，賭客有在該館一夜輸數十萬，或更有傾家下注者，然賭業依然旺盛，蓋咸抱一博之心也。聞該賭館每月出入有二三千萬，開賭館者自是社會有勢力分子，家肥屋潤，自稱名流，亦靠賭興家而已。除此大賭館之外，法租界亦有逸園跑狗場，跑狗場任人進場，不收門券，每張彩券，不過二元，故小市民階級，亦有能力往賭。跑狗場每晚均賽狗，場內容客萬數千人，場畔設餐廳茶室，供人休憩，且有逸園舞廳在鄰，滬人看狗，雖云賭博，然亦有娛樂性，花十餘元一夕，即可看跑狗看誰奪標，然狗本畜類，時有打交怪現象，或中途撒尿不跑，令賭者失望，然勝者之雄姿，亦值得欣賞，若為消遣而花十餘元看狗，且得一博，亦無傷大雅，若擲巨注，則甚渺茫，輸者居多，贏者佔少。狗又無人駕馭，甚難猜度而操勝券也。除跑狗場之外，賭博之場所，尚有迴力球場，迴力球為西班牙人一種玩意，六人同玩，輪流出場，以得五分者為勝。上海迴力球場在阿爾培路，僅容座客三二千人，而每晚均滿座，亦不收入場券，如購彩券，分二元與十元兩種，連環彩亦售二元與十元，獨彩二元可中十元至二三十元不定，連環彩則連買兩場，如能買中，則二元可得百餘元至數百元不等，以迴力球為有體育性質，故許多人愛觀比賽，而下注者亦多。滬上跑狗場及迴力球場，均不收門券，任人自由參觀，故無外圍博彩者，非如今日港澳賭風之熾也。至英租界素無賭場，雖有跑馬廳，亦不過月賽季賽，一如香港今日情況，亦相當熱鬧，且有搖彩券分年季分售，當時中大馬票者亦可得數十萬元巨獎，至入場者看賽馬，則需購門券，故看跑馬者，比較多上層人，及有產階級。無外圍博彩，蓋觀賽性質比賭博性質實為重也。

《工商晚報》，一九六四年十一月八日

二五　如夢人生猶幻影　未許相思到白頭

友人盧君，曾與余同租一房居上海法租界辣斐德路，吾等均為王老五，日間盧君至一律師寫字樓工作，余則出外授課，晚膳亦在外搭食，所租房子，只為晚上一宿而已，余等既為獨身漢，又整天在外，房間自不免有零亂狀態，余等縱於暇日假期，將房中雜物執拾，而閒日固無暇整理也。同居亭於間有一女子，黃姓，湘人，在附近某大學就學，以同居關係，漸與余等稔熟，且常至余家中，為余等執理家當，殷勤盛意，因而結交。余友盧君，為北平燕京大學畢業生，國語流麗，而湘籍黃女，喜與交談，且以功課詢問盧君，藉以切磋，漸久，余等詢問黃女身世，據云彼父在湘省經商，母早亡，後母對彼殊不好感，其父不願彼與後母共處，故給資使來滬入大學讀書。並謂滬上單身女子甚多，滬地良莠不齊，結交男子，甚為謹慎，知余等為正當君子，故敢納交。後黃女以盧君年少英俊，有愛慕意，時而共往看電影，或到公園促膝談心，余亦以為彼等屬有情人，將成美滿姻緣也。一日盧君與余在外晚膳，余詢以與黃女感情進至若何程度，盧謂黃女只在大學一年級，距畢業期間甚遙，未可談情愛婚事。盧又謂為前途計，將往英國深造法科，亦以三數年為期始返國，恐別後與黃女一段感情亦隨時月而轉淡。

余力慰之，並謂有情自能相待，彼此均以學業前途為重，而暫時遠別，兩地共通音訊，尚可維繫感情。無何，盧君果赴英，黃女江干送別，依依不捨。盧君去後，余遷至青年宿舍居住，甚少見黃女，只接得盧君來函，間往舊居造訪，一探黃女近況，覆函相告盧君而已。而黃女性喜戲劇，課餘參加滬上某話劇團，演出且有良好成績，余以旨趣相同，亦時過訪，並以其成就函告盧君，得盧君覆函，極露不悅之詞，謂女子以人生作戲劇觀，終無善果，余雖不以為然，亦置之於心以覘其後。翌年余自滬南返，及後聞人言，黃女已廁身電影界，風頭頗勁，盧君自英返，重到申江，則黃女已成名，對之且有傲態，而盧君亦以萍水相交，淡然處之。越二年，抗戰開始，黃女致力宣傳，曾到海外宣揚抗戰，在港與余遇，則謂盧君與彼事業不同，感情漸薄，彼與某紅男星朝夕相對，感情極洽，行將結婚。余聞之，不置一詞，而黃女與某男星果賦同居，江湖歲月，作比翼鴛鴦，惟後來二人因戰中無電影可拍，生活發生問題，二人感情漸決裂，黃女得交某有勢者，又與同居，後且願送彼赴美國深造，而黃女遠渡美邦，後又嫁與華僑為婦，正如盧君言，彼之人生亦戲劇化而已。

《工商晚報》，一九六四年十一月九日

二六／野草閒花休眷戀　朝秦暮楚乏真情

滬上世交某君，豪於資，浪擲無度，有大闊之稱，然不務正業，靠先人積下產業，收厚租以供揮霍，並設一俱樂部，招呼一班慘綠少年，尋花問柳，同好者物以類聚，然大闊則以豪稱。每喚妓薦寢，例奉五百元，故一般妓女，看錢份上，不少出賣色相者，然群雌粥粥，多庸脂俗粉，大闊有如走馬看花，流水行雲，無一令其顛倒者。俱樂部畜養一群傍友，如遇有美色，輒向其介紹，藉以取悅而得其犒賞。時有傍友肥仔成者，歸自安南，本富家子，以遊手好閒，不務正業，家道中落，來港旅遊，①一概用度，仰給於大闊，蓋二人為少年同學，誼屬深交也。肥仔成閒常厠身舞場中，故與舞女稔熟。一次，大闊向肥仔成詢問，言北里校書，玩至生厭，欲移目標，趨向舞娘，而某固不嫻舞術，縱看到美色，不知如何使其應召。肥仔成謂到舞場不需跳舞，如看中舞女，可喚之埋檯，購票與之外出，如屬意者，亦可備款邀往旅邸，一夜銷魂，較為平日所花於妓女者且較廉，且願為嚮導，引某至舞廳一玩。某乃偕一群傍友同去，看舞娘當中，無當意者，適有舞姝名麗玲，美於色，楚楚動人，大闊一見傾心，着肥仔成為媒，約往旅邸幽會。肥仔成期以翌晚，先一晚喚麗玲到外間消夜，肥仔成鼓其如簧之舌，

附注

① 「港」字疑為「滬」字。

力言大闊豪於金而富於情，向麗玲示意，囑其善意逢迎，並約以翌晚大闊來，即同出外宵夜，然後至酒店尋歡，麗玲諾之。翌晚大闊至，喚麗玲埋檯，購票百元與之外出宵夜，旋往酒店，闢室歡聚。肥仔成及一群傍友均避開，讓大闊諧其好事。二人尋歡畢，大闊向麗玲擲以五百金，以為彼當滿意，惟麗玲不受，並謂大闊對彼如屬情深，可納之為妾。他無奈，唯唯以答。後告於肥仔成，己實無納妾意，思如何脫身，肥仔成謂彼已有計在心，囑其無慮。次夕，肥仔成約麗玲至租界一酒店，開一房間，聲明商談大闊納妾事，麗玲不知是計，貿然踐約，至則肥仔成饗以酒，麗玲已微醉，肥仔成乃謂酒有降頭，彼之降頭術學自安南者，麗玲如欲為大闊妾，志在其資，可先學降頭術，肥仔成可一心教導，將來得多資，勿忘師父。麗玲腦質單簡，信肥仔成之言，而肥仔成謂欲與麗玲作一夕歡，然後教以降頭術，麗玲不虞其奸，諾之，是夕遂諧好事，後麗玲再遇大闊，則大闊已盡知內容，斥責麗玲對己不忠實，與肥仔成歡聚，擲以五百金，作當夕夜度資，着其無望作妾想。麗玲以事洩，取款而行，深怨肥仔成，而自恨捉鹿不曉脫角，錯過機會矣。

《工商晚報》，一九六四年十一月十日

二七 數十孫曾留異地　滿園野獸惡欺人

先父生前，嘗願得睹四代堂前，天倫樂聚，然曾孫而得見曾祖父者，僅同慶及思齊二人，其餘眾姪孫皆在外生長，不獨先父不得一見，余亦多未獲見。今余姪孫已三十餘人，有在台灣、有在本港、有在美洲、有在大陸，本是同一家人，而分散各地，且有未嘗相見，他年相逢，亦不相識矣。余姪繩祖，能體會祖父意，彼本在美出生，在祖國長大，以先父建蘿崗洞蘭齋農場，築玉川吟屋，因思赴川一遊，果如素願，在重慶交通大學畢業，戰後赴美，彼為先兄譽題之獨生子，嫂氏吳綺媛，曾在兩廣外交特派員公署任事，以其子將完婚，離職赴美，今已十六年，祖姪亦已三子一女，①均在美洲生長，祖姪攻原子電學專科，在彼邦作工程師，生於斯地，已無歸國之念矣。五姪無畏，畢業陸大，曾在軍旅轉戰多年，婚後即奉派赴美深造，歸返台灣任職，亦有子女五人，年前再派赴美，舉家同往，以任職於美，故攜眷遠行，在彼邦與祖姪可相遇，殊不寂寞。其餘長姪無忌、六姪無咎，均在台灣，子女凡十餘人，至香港則曼姪與繩宙姪久居，共有子女十人，然不同居，各以職業關係，甚鮮見面，不如在廣州太史第之常聚也。余尚有姪三人在大陸，二在北方，均已完娶，子女七八人，惟余尚未得一見，繩

附注

① 應為「三女一子」。

武姪則在南方，娶華僑兒女崔氏為妻，亦生二子，使先父今尚在而又家國昇平，家人敍於一堂者，其慶奚若。惜共黨一來，家毀人散，四代同堂之美夢，亦已打破，更難堪者，先父久慣享受，而共黨一來，謂其出身於鄉曲，逐返鄉居，省寓為共黨霸佔，先父在鄉中，以八九十歲人，當不能勞力，況跛足難行，殊不方便，而生活無着，又不能鬻書為活，姬妾相繼亡者四人，眾兄弟亡者三人，老年人目睹如此遭遇，能不痛心？而共黨尚謂先父為士大夫階層出身，又作過洋商，晚年仍為大地主，資產階級，需任其清算。余在共黨佔粵之年，即逃難來港，未及睹家中慘況，先父在鄉中，不肯任共黨擺佈，故惟有族中子姪供養，饔飧不繼，飢瘦如柴，後以病又不獲醫治，倒病鄉中大祠堂中，為族叔江汝袞之子劍文扶臥榻中而斃。死後，只以祠堂大木門製棺木，葬於鄉中，景況蕭條，不意子孩曾百數十人之名門太史，其晚景如此。先父死後，眾母亦避居香港，各依其所生兒女過活，隔今已十年於茲，寒食清明，重陽佳節，亦無人掃墓，往日堂皇之太史第，今已改懸盲聾啞學校牌匾，家中一物不能攜去，衣服亦充公，可謂滿園野獸，殘暴之極矣。

《工商晚報》，一九六四年十一月十一日

二八／銷金窩內皆豪客　阮籍囊羞誤阿嬌

三十年前之石塘咀，花事尚盛，流連花國，飛觴醉月，不少富豪闊紳，而塘西校書，當時只領酒牌，准許為貴客侍酒，而枕席之私，非政府許人宿娼，故一般好色者，縱悅意名花，亦費手腕，始可引之到酒店尋歡。如手段闊綽，彼輩鶯燕，自易於就範，如吝惜金錢，則彼等虛與委蛇，恒至數年而不一親香澤者，花國為銷金窩之地，不足怪也。至酒局相知，亦互撐場面，例如每夕常喚侍酒之校書，亦歡迎人客至其香閨探訪，俗語所謂「打水圍」或「打茶圍」，人客約同朋友，至校書寓所閒坐，校書即囑咐寮口嫂或娘姨輩，準備茶、煙、糖果、水果奉客，而人客消遣後，亦打賞生果錢然後行，務不使校書吃虧，而所賺之生果茶錢，亦歸寮口嫂娘姨所有，當作下欄。每逢佳節，稔熟之人客，又需給與校書節金，豪綽者擲一二千金，視為尋常，而手段較低者，每逢節令，亦須惠贈一二百金，以酬相知。昔有崔某者，為廣州西關世家子，家道中落，來港覓事，倚友人黃某為生，黃為富家人，兼營商，善操按揭業及物產建設，時人稱之為「大班黃」，「大班黃」自開一寫字樓，延請多人任職，以崔為故舊，着在寫字樓工作，月中支回二三百元。「大班黃」好徵花買笑，在石塘咀設一俱樂部，為私家性質，到俱樂部遣興者盡屬「大班黃」手下人員。故無不以「大班黃」之馬首是瞻。崔亦其中一人，崔非多金，而相貌韶秀，舉止有世家子丰度，故在石塘咀中廝混，亦得名花青眼，時有校書妙君者，與崔有霧水姻緣，崔常偕同事至其香閨打茶圍，以艷福誇同事，然崔非囊有多金者，手段甚低，每次生果錢僅給五元或十元，娘姨阿方，看不在眼內，無奈妙君戀崔，不能不招呼也。會一次端節，妙君向崔索取節銀，崔因無金應付，赧顏商諸「大班黃」，欲貸五百元以應酬相好，「大班黃」聞妙君頗美，欲一探香巢，崔諾之，乃偕黃及其手下十餘人至妙君香巢打茶圍，阿方甚為怠慢，僅奉上生果香芒一個、朱古叻糖一筒、①金山橙兩個而已。「大班黃」一怒而返，崔急極，對妙君說「大班黃」為其東家，不可開罪，囑再備生果芒果三十個、朱古叻糖三十條、金山橙六十個，始足款客，「大班黃」手段闊綽，當不會難為阿方。妙君乃囑阿方照辦，再請「大班黃」一班人去食生果，「大班黃」餘怒未息，至妙君香巢，指阿方罵曰：「吾等畀面崔先生才來探妙君姑娘，汝為娘姨，竟不畀面吾等，一個芒果食十餘人，豈不是要吾等食芒果皮，今有生果錢一百元打賞，惟要汝阿方食芒果皮，以警慢客之罪！」阿方無奈，將芒果皮食了，「大班黃」才打賞百元，富人戲弄眼角高之娘姨，聞者大快。

《工商晚報》，一九六四年十一月十二日

附注

① 「朱古叻」，即「朱古力」、「巧克力」。

二九　方知紅顏原俠骨　傷心最是墜樓人

生平浪跡江湖，然與知音結交者不少，自抗戰以至大陸變色，歷遇故交，不少可歌可泣故事。余初以業餘編劇者之譽，得與粵劇界中人來往，時與余交者，有紅顏知己二人，一為女班艷旦青湘蓮、①一為其妹阿冰。青湘蓮本宦門女兒，其父為遜清秀才，以參加革命，故民國時在政海活動，曾任西江等縣縣長，以雅愛戲劇，即遣其女隨女班習藝，為其女命名為青湘，取出水青蓮，不為污泥所染意義。青湘蓮習藝數年，略有成就，當時與倩影儂齊名，為有前途之女旦。不幸其父逝世，其母乃命其女脫離戲班重入學校肄業，尋且考入廣東省立女子師範，時余在該校授課，因與結識，常往彼家探訪，知青湘蓮有異母兄三人，均在黃埔軍校畢業，當革命軍人，青湘蓮同母弟僅一人，及其幼妹，亦在女師小學肄業。時余以編劇不熟排場，與青湘蓮切磋，彼為諳熟「江湖十八本」之藝員，故對余不少臂助。後青湘蓮畢業於女師，至南洋北婆羅洲任教師，為當地一富豪所悅，欲以勢納之為妾，青湘蓮不允，浼其師崔某託美國領事拯之離境，得潔身返粵。後青湘蓮仍好學不倦，投考入中山醫科大學習醫，其妹阿冰亦考入中山大學文科，二人以父親遺傳性關係，均愛戲劇，其妹阿冰，擅演話劇，抗戰時頗多演出，青

附注

① 「青湘蓮」《小蘭齋主隨筆》（一〇〇）作「青淤蓮」，無法判斷孰是。

湘蓮之長兄為抗戰軍人，位至軍長，而其他二兄亦當戰時縣長，青湘蓮以宦門閨秀，得嫁一集團軍副司令為妻，而彼有自立性，以在中醫學院畢業，尚可自食其力，故在中大醫學校當職，行醫濟世，而對夫婿事業，時常關懷。會大陸變色，赤焰高張，青湘蓮夫婿為赤黨所俘，迫使歸降，青湘蓮在粵聞訊，以氣節為重，其婿縱為冒辟疆，彼當作柳如是，及聞其婿降共，憤極，自中山大學醫院三樓躍樓自殺，堪稱節烈。青湘蓮常厠身江湖，有巾幗鬚眉氣，「盡節紅顏傷薄命，傷心最是墜樓人」，余病中聞此訊，嘆息不已。又其妹阿冰，當時在中山大學風頭甚勁，旋嫁一上校軍人為妻，不幸早寡，其後母亡姊喪，其同母兄在台灣，生活僅足自持，不能接濟，阿冰乃流落香港，數年前在灣仔某酒吧當職，以嫻熟英語且出身為大學畢業生，故其地位亦勝人一籌。數年前余患精神病，流蕩於灣仔一帶，阿冰時相照料，惠余飲食，常以余凍寒為念，引動不少酒吧女郎，將余維護，餽食贈衣，余甚感之。今聞阿冰已嫁一異國人為婦，與夫婿居星洲，惟默祝其生活安暢，無使故人苦念而已。

《工商晚報》，一九六四年十一月十三日

【編者按】

十三郎在《小蘭齋主隨筆》（一〇〇）亦有提及這位女弟子的生平，內容大同小異，但證諸史實，十三郎提及的夏楚中於一九四九年隨國民黨到台灣，讀者閱讀時須加注意。此外，一九六二年作者接受潘思勉訪問時，也間接提及這位女弟子，但訪問中沒有標示姓名，只說她是一位「廣東小姐」，而且並非躍樓自盡；專訪文章上說：「後來廣東小姐竟嫁了湖南軍長夏楚中，不數年病逝。」

三〇 興亡幾歷紅顏老　貞烈長留萬古香

余少時，執教鞭於女子學校，故貌甚嚴肅，而行為自謹，課程以外，甚鮮與學生交談。及後余編撰粵劇，有學生數人，亦愛觀粵劇，且偕家長往觀，而彼等家長，因此亦與余結交，尋且時到其家，共談劇藝，數弟子亦參與意見。當時有梁芷蘭者，獨愛《琵琶記》，以傳奇贈余，余因之改編《無情了有情》一劇，意即余一生，人未嘗無情，一以事業關係，願無情以了有情。劇成，梁芷蘭亦對余言，彼亦以「無情了有情」為智者所為，彼與女同學梅冷香相交甚密，冷香北上，芷蘭在南方作幼稚園教師，念念不忘冷香，據謂將終身致力教育事業，他年冷香歸來，當樂見此海濱故人也。彼又以余之戲劇有社會教育性，非余所編之粵劇，彼亦不觀，彼雖余之學生，實亦知音人，可惜廣州陷日寇之年，彼偕母逃往梧州，不幸患惡性瘧疾而亡，余為之傷痛不已。而當時之女弟子，心慕戲劇者，尚有阮惜梨其人，阮為才女，其夫瓊崖開化猺民，故甚少還家，惜梨拜余為師，亦習編劇，曾在余編之《花落春歸去》助編一場，以其身世頗類朱淑真，故引用朱淑真詩句「街鼓鼕鼕響畫樓，倚床無寐數更籌。可憐今夜中庭月，一樣清光兩地愁。」①聚少離多，頗貼切其身分。後不幸其夫亦以癆疾而亡，惜梨寡守，從此

附注

① 十三郎引用的並非朱淑真的詩句，而是《明珠記》的部分曲詞，部分詞句與原曲詞略有出入，原曲詞為：「街鼓冬冬動戍樓，倚床無寐數更籌。可憐今夜中庭月，一樣清光兩地愁。」

彼即深居寡出，不看笙歌熱鬧之粵劇，余亦鮮與見面。戰後聞人言，惜梨返其夫原籍作鄉村小學教師，撫養孤兒，一心守節，殊為可嘉。近年聞彼已渡南洋，亦作教師，其子則在澳洲半工讀，聞將學成，想不負其母之苦心撫育也。至尚有一得意女弟子梅冷香，曾畢業於北平女子師範大學，南返為一小學校校長，亦愛看粵劇，彼為世家女兒，曾以家資助一刻苦子弟魏某留學外國，習陸軍，歸國又因冷香人事關係，得作團長，然魏本為薄倖男子，另戀軍長之女，置冷香於腦後，余因有感，為編《女兒香》一劇，寫魏刻苦克勤，純為因緣時會，以博地位，一旦得志，刻苦難移，並如陳世美之不認妻，棄梅冷香於不顧，幸天網恢恢，疏而不漏，子超終不得善終。當時劇中人，以梅冷香改名梅暗香，魏某改名魏昭仁。而劇中《女兒香》詞為「女兒香斷人腸，一自落紅成雨後，更無人問舊瀟湘，女兒香，惹思量，一任花傭培植苦，春來依舊過東牆」，而最後一段有「興亡幾歷紅顏老，貞烈長留萬古香」句。果爾，梅冷香後不字人，抗戰時為部隊中女政治工作人員，戰後復為某縣立中學校長，終身致力教育事業，大陸變色後，梅曾一度來港，聞有意赴美，不知其果如願否。梅已年將五十，而豪氣尚依年青時，②惜近不知其音訊，當年女知音，僅存一二而已。

《工商晚報》，一九六四年十一月十四日

② 「依」字疑為「似」字。

三一　怕睹紅燈傷老大　歌衫舞扇舊姻緣

當余與梨園子弟為伍，論者謂伶人素性風流浪漫，恐余與同流，然余為粵劇界編劇時，亦能守身自潔，當時有流鶯蕩婦，到班中覓伶人，輒為余斥逐，當時余有綽號名「趕雞棒」之稱。然余對伶人桃色事件，亦非盡干預者，時有某伶人，絕無惡嗜好，不吸鴉片，捲煙亦不吸，亦不嗜酒，當時尚未得志，然在戲班已漸露頭角，人均謂為將有前途。某伶未婚，亦未有擇偶對象，適有僑胞女兒，早配於人，不幸配夫早逝，說者譏為「打瀉茶」，不祥女兒，她與某伶居相近，每晚散場，某伶恒送至返家，漸生情感，有謂彼姝既亡配，當守生寡不嫁，惟余以為不然。某伶與之交，尋且論婚，家人初則反對，余亦為其疏通，卒正式結婚於香港，某伶後亦扶搖直上，享譽數十年，而夫婦恩愛逾恒，至今成為伶人伉儷偶像，可見伶人未必始亂終棄，亦未必不足為偶者。又有某小武未成名時，其父為娶一村女，惡而妒，且性極淫賤，背夫另戀他人，某小武以身為伶人，尚未顯著，地位低微，惟有忍氣而已。後某小武漸得觀眾好感，而與陳塘一名妓交，且有委以終身之意，但以小武早有髮妻，不敢奪人夫婦，故好事未諧，竟為其妻所悉，控某小武於有司，治以有妻另戀之罪，要求某小武一次過補回重金，彼此離婚。某小武以其妻素不守婦德，且有姘夫，惟望早日與之離，忍痛補回一筆款，彼此脫離關係，後某小武娶某名妓為妻，感情素篤，二十餘年如一日，守望相助，疾病相扶持，某小武復交紅運，對某名妓亦相當尊重，並無貳心，可見名伶名花，得諧美眷，亦屬好事。余在粵劇界，與女色無緣，故無羅曼史可記，惟民國廿二年，余在港拍電影，初拍《兒女債》一片，身兼編導，薪水三千五百元，時余無家庭負擔，得資盡花在舞場花樹中，亦所以採取生活體驗，而舞妹名妓，均有欲得現身鏡頭為榮，余為導演，自然艷福無邊，在舞樹中左擁右抱，倚翠偎紅，甚多風流艷事。而此輩亦不過求一現鏡頭為樂，後余拍十數片，因而與舞妹繾綣者亦多，常至一小舞場，目睹舞妹，盡屬舊相好，誠恐互相生妒，故一刻即去，淡然無味。至在石塘咀及澳門，席上徵花，凡十餘人，有如肉屏風，紅樓舞榭，數年即厭，不涉足者已廿餘年。偶在途中，與昔日一舞妹遇，彼則尚未厭倦風塵，而年華已去，已為半老徐娘，尚有育女數人同在舞廳貨腰為活，邀余一遊，余亦力卻，蓋有「怕睹紅燈傷老大，歌衫舞扇舊姻緣」之感也。

《工商晚報》，一九六四年十一月十五日

三二　莫道摧花人太忍　癡心贏得是淒涼

嘗以拍電影而缺乏女主角，因思及舞場中芸芸舞姝中，亦有可造就之才，因偕電影公司職員，到中華、國泰、大華三舞廳酒舞，舞姝見為電影公司人來，格外歡迎，余亦開香檳，喚埋檯坐鐘，講排場，舞後請眾舞女出外宵夜，擲數百金不吝也。時有舞姝名露露者，以余為導演，另眼相看，約余翌晚自來，由彼招呼，余踐約至，則彼姝已謝卻熟客，專為伴余舞，舞罷在外宵夜，並約余闢室談心，余與之至思豪開一房間，其所樂則媚態畫露，魯男子處此，能不魄蕩神迷。及欲與之為歡，則彼欲擒故縱，左推右擋，余不能耐，詢所需若干，彼則不索資財，惟以作電影片中主角為條件，余無奈一諾之。及遣之拍戲，露露亦頗聰明，表演亦不錯，惟薪水甚微，以其初上鏡頭，無藉藉名也。余以露露既罷舞拍戲，盡供所有使用，與之同居，儼然夫婦也。及後，余以編粵劇事需上廣州數天，及返，則露露房中有男子之聲，余大慍，即離其家，至酒店自闢一室而居，翌日查問其女工人，則昨夕在露露房間，為片中男主角，余亦不怒，玉成彼二人，遣再拍片，為男女主角，而露露對余不忘情，雖有男主角相伴，仍約余出外跳舞，及在酒店闢室續歡，余以綠楊難作兩家春，恐招物議，漸與之疏遠。後余為別公司聘請，露露又來要挾余請命公司聘彼及男主角拍戲，余不堪其擾，着公司聘之為配角，敷衍了事，而露露又與該公司之青年編劇者染，捨男主角而與該青年同居，且照常拍戲及伴舞，以所得供該青年月用，該青年編劇者亦頗有前途，迷於露露之色，旦旦而伐之，且染肺病，返原籍病終。而露露遂為人指責，斥為「劏豬櫈」，在舞場亦甚冷寂，非復最紅時代之風頭。余念舊情，雖彼一再移情另向，亦予以資助，而當時男主角對彼，則反面若不相識矣。露露有妹美美，亦舞娘，露露以余尚未娶，欲為余作媒，余卻之，以一之為甚，其可再乎？後露露歸為人婦，洗淨鉛華，已無昔日冶性，大概歷厭風塵，亦願覓一歸宿也。時余返祖國工作，離開香港，不知露露消息者數年。及勝利歸港，聞諸人言，香港陷日之時，露露憂鬱成疾，旋且病終，幾無以為殮。一代紅舞女，曾作電影明星，其收場若此，余聞之戚然。有謂余與露露本有一段情，戰時捨之而行，為德不卒，責余為使露露失意而終之罪人，余無以辯，蓋露露生性不羈，當有成就時，便視男性為玩物，及回頭覺悟，嬪為人婦，而人老色衰，體魄不支，好景不常，余亦難為之顧，況余以為「莫道摧花人太忍，癡心贏得是淒涼」，惟效太上忘情而已。

《工商晚報》，一九六四年十一月十六日

三三／水月鏡花餘幻影　人生如寄恨無常

憶昔石塘風月，走馬看花，然平康中有紅顏俠骨者，不可不記。緣當年廣州淪於日寇，有避難居港者，本富家子，而有報國之志，嘗徵歌買醉於石塘，與名校書花影恨遇，花影恨以彼為有志青年，不應沉迷花月，勉以歸國獻身抗戰，富家子從其言，歸國服務於軍旅，當軍衙之職，而以花影恨為念，致書於余，囑常訪探。時余亦流連花國，因識花影恨其人，花影恨原姓朱，乳名阿妹，本蘇州產，美而慧，有殊色，彼長於粵，故國粵語均精通，以離亂與母失散，至港樹艷幟於石塘，雖有義母攜帶，然猶無日不念慈親也。花影恨以身世飄零，多愁善感，而賦性豪爽，與凡花俗卉殊，時有花國姊妹陳慧蓮者，本已字人，其未婚夫為一窮措大，慧蓮賣唱平康，冀得資與夫婚團聚，奈生涯冷淡，不從心願，花影恨當時紅遍花國，知慧蓮隱，贈資俾與夫婿結婚，同返內地工作。其夫婿後為銀行小職員，夫婦不致分離，亦盛道花影恨俠骨柔腸。時石塘校書，倡義唱獻金抗戰，花影恨毅然參加，當時拜倒石榴裙下者，大不乏人，有滬上聞人王某，為花影恨捧場，義唱一曲，擲金數千，而本港某名紳，亦喚花影恨義唱，亦擲金二千元，至平日飲客，以花影恨捐輸為國，無不慷慨解囊，花影恨義唱一宵，得萬餘元，盡獻作抗戰救國之用，並被選為義唱冠軍，獲銀鼎銀盾等獎，一時艷名大噪。時與花影恨稔者，有報界名作家某，時方以小說飲譽，她極慕該作家之筆調，曾與該作家言，懇以小說書其身世，他亦唯唯許之，而未嘗一題花影恨於說部也。時又有足球名將，且儀態風流瀟瀟，花影恨頗愛之，而球員則無意於花影恨，且不以妓女為愛情對象，花影恨失意之餘，移愛於一名騎師。而名騎師早屬有婦使君，亦無娶花影恨為妻可能。獨有紅伶某，慕花影恨之名，愛花影恨之色，欲納之為妾，花影恨以作妾為恥辱，且對某紅伶不愜意。竟芸芸眾生中，花影恨難覓一人而事，花為人好勝，余與友人張君時至其香巢，張君亦未有婦，頗屬意於花影恨，惟花影恨則以張在社會上無藉藉名，不足為己配。會有一銀號小主人者，亦徵逐於花影恨裙下，曾散盡多金，惟花影恨則視作慘綠少年，無一所長，不堪為偶。余曾與花影恨言，名花一代，終須覓一歸宿，美人名將，白頭悲傷，勸其早擇人而事，花影恨與余言，彼願嫁一有名譽有地位之時人，而迄無對之當意者，引以為憾，囑余他日為彼編電影，記其人事蹟。果不久，花影恨以自殺聞，裏因疑是失戀，余因為其拍《一代名花》電影，某作家亦有輓聯曰：「落花原幻影，離恨即生天」。

《工商晚報》，一九六四年十一月十七日

三四／離亂滄桑曾歷盡　適從去就有由來

余少時，在家中攻讀，先父為延請中西文專席教師，先父點翰林時拜張仁駿為師，故亦聘一張姓舉人為余師。張師名劭聞，八旗人而久居粵，授余以《孟子》及《左傳》，意即不為至聖，亦當為亞聖。張年老，僅得一子，無女，故以舍姪女守真為誼，通家之好，非只西席。惜余中學猶未畢業，張師經已去世，其子後在中山大學畢業，亦執教鞭，二十餘年如一日，迨大陸變色，以張為右派教師，着令勞改，艱苦備嘗，幸張有叔父，為南洋華僑商人，略有積蓄，年前去世，張乃申請赴南洋領受遺產，得脱離虎口，今在南洋舌耕，有談及大陸生活，張仍談虎色變也。又余當年之英文專席教師梁先生，原為清華大學文科畢業生，對英文造詣甚深，執教鞭已將五十年，桃李盈門，均稱許梁師學問修養。梁師曾授課於廣州聖心、南武、育才各中學，所授課程，多為莎士比亞著作，莎翁所作，多為寫情描述，而青年學子，有歪曲作者真諦，而縱情於愛者。時聖心中學，有學生三人，棄學約女子私逃，而學校當局，竟謂梁師課程引導彼輩入歧途，與學生家長共控諸有司，梁師因涉訟而入獄，後余等及在社會有地位之同學極力營救，梁師始告無罪脱獄，自此梁即離廣州，至越南任嶺南分校高中教師。梁師有妻，留在廣州未與同行，而日寇陷粵，消息隔絕。及太平洋戰爭，越南亦為日寇所佔，梁師得廣州訊息，知髮妻已亡，梁為婉悼，鰥居越南數年。又以嶺南分校在淪陷時期停課，梁師亦賦閒，乃以生平對英國文學研究，彙編詞典，書未完成，而索稿閱者甚眾，咸認為不可多得之作，對英文詞語，譯為中國詩詞成語，非英文修養精深，及對國學有過人造詣，不克成此著作。時梁師有女弟子何某，慕梁師之才，願奉巾櫛，何為音樂專長導師，精於鋼琴，與梁師結褵後，生一女，名士風流，韻事如仙。十六年前，梁師偕妻女自越南歸國。未幾，大陸變色，梁師舉家未能逃脱，在共治下生活困難，適有一共幹為其舊學生，知梁師飽學，索取其著作而未完成之英國文藝詞典，經共黨教育機關察閱，亦認為造詣甚深，乃聘梁師為大學教授，專授英語，其妻何氏任音樂教師，在大陸掌教，猶須勞動服務及任由學生開會批評所授課程，梁師所教英文，多為文藝性質，學生指摘為不合時代性，及並非馬列主義之英文，後梁師以操作過勞，染心臟病，獲准辭職，偕妻女來香港就醫，一則擺脱惡劣環境，二則感覺有政治性之教授工作究於己不適宜，亦非所長，近在港任一二家專席補習英文教師，其妻何氏亦教授音樂度活，不敢重返大陸矣。

《工商晚報》，一九六四年十一月十八日

三五／一朝骨肉遭離散　此日誰憐破碎心

宗叔有僑港數十年，經營茶室因而致富者，近其子亦營茶室，業務發達。今年宗叔以八十壽辰，為其孫兒迎娶，彼亦花甲重逢，三代同堂，宴請宗親，以誌盛況。惟彼以家族祠堂尚在鄉中，思還鄉謁祖，一見族人，乃偕媳婦孫兒孫媳，回鄉一行。不料抵鄉未久，即為共幹注意，目為資產華僑，留居鄉中，不予放行返港，其後幾經疏通，先遣其媳婦孫兒孫媳返港，籌巨款匯返，宗叔然後重出大陸，中共實形同勒索也。而還鄉見眾父老，多已物化，其餘老年人仍需勞作，饔飧不繼，尚需子姪資助，得延殘喘，鄉中人男女均盡勞作，破曉即開門外出，黃昏始返，子女亦半學半農，甚少居家，家庭絕無溫暖可言。宗叔以為華僑歸國，得自由與宗親歡聚，不料大陸百姓，對海外華僑，不敢多言，只能對共黨作歌頌之詞，縱有不滿，亦不能溢於詞色，人民絕無自由，宗叔大有「垂老始返鄉，還鄉更斷腸」之感。返港後對人言，甚悔多此一行也。又余有友何君，為燕京大學文理科碩士，從事教育工作三十餘年，年前曾赴東南亞及歐美考察教育狀況，歸港仍從事教育。何君為先父拜門弟子，與余為兩代世交。惟自大陸變色，何只個人居港，隻影形單，殊覺寂寞，其妻子兒女均留大陸，屢次申請，亦不許來港，其子女亦從事教育事業，在石牌中山大學當教授，然以天倫不許暢聚，引以為憾。每逢假期，只許其子或女來港省親一次，並需擔保再返大陸，始得來港。然只限一人而已，其欲舉家歡聚，難於登天也。何君以已屆中年，寧隻身居島隅，亦無返大陸之念，而多年夫婦，各處一地，只有以物質接濟，聊盡寸心而已。所謂解放，實則拆散骨肉，供其勞役，人民精神上之苦況，不可以言喻也。余有一女弟子，昔曾作音樂教員，大陸淪共，遂失工作，其夫本為一民族觀念濃厚分子，故不願離開大陸，以為彼此同國同種，對己總比外國人為關切，不料共幹以其曾在稅局當小職員，視為特務分子，遣往勞改，又需寫自白書，勞改後，尚謂為右派分子，遣往粵北當礦工，她以夫遠離，已又無力照顧子女生活，乃隻身逃港，在一織造廠當職，其子女則由其母在鄉中照料，葉則按月寄款，近屢為其母及子女申請來港，均不獲准，初則勒索人民幣八百元，即准其子及外祖母來港與葉團聚，她乃辛苦張羅，匯款返鄉，其後又復不准，其對港僑勒索，復諸多留難，由此可知。目今尚一再申請，不知其子女能否再返慈母懷抱也。

《工商晚報》，一九六四年十一月十九日

三六／雨雪漫天跨峻嶺　風餐露宿歷征場

港戰之前，余歸祖國，太平洋戰事發生，港人咸遭兵燹之亂，其中不少歷艱險始得返祖國，有謂余長在祖國，在大後方，並不見得如何抗戰，且未見過日寇的兇暴，縱寫劇本或文章，也不過紙上談兵，更有笑余為怯者，港戰前即知日寇遲早必發生戰爭於太平洋各島嶼，故早即避返內地，並謂余真愛國而不畏死者，當親上前線，余誌之於心，及後余自粵北至桂林，遇桂柳大戰，而余等早已疏散至桂西八步，未克參與戰役，復有寇至即逃之譏。余處八步，閒居苦悶，時戰事自湘桂延自粵北，日寇以在太平洋作戰失利，作困獸之鬥，集中兵力，打通湘桂粵漢鐵路，以利退軍，粵北戰事，遲早難免。適有友人自桂返粵，道過八步，約余歸粵北，余乃倉卒成行，八步親友亦不知余遽然返粵也。及返粵北，投入一八七師五六一團部「捷聲粵劇社」服務，親上前線演劇，不久，粵北緊張，敵兵約二三萬人，自南北夾攻曲江，務要打通粵漢路，而一八七師負責堅守曲江大黃崗，余得隨部隊在前線，度戰鬥生活雖非親自作戰，然亦作政治工作，且在與日敵接觸之最前線。時敵方來犯者逾三萬人，我方僅得四五千人，敵眾我寡，曲江孤城，勢難久守，然負起抗戰任務，斷無不戰而退之理，故決與日寇作殊死戰。

敵方炮火槍械均比我方優良，是役也，五六一團副團長黃遠謀壯烈殉國，而伙伕輸送兵被炮火轟斃者無數，余等在前線，與敵相隔僅數百碼，敵人屢次衝鋒，均被擊退。在大黃崗苦戰三晝夜，我方三面受圍，敵兵越來越眾，乃決定突圍。時天降大雪，余等冒雪行車，跋涉崎嶇小道，歷一晝夜始達南雄。而敵軍大軍沿公道追至，我軍仍在最前線衝陷，知敵人目的在打通公路退兵華北，我軍迫得從南雄撤守江西邊境。風雪中渡南雄大嶺，嶺高逾二千尺，余等攀登山巔，復到山頂沖下，路鋪滑雪，顛播長途，而敵兵緊緊追迫，稍緩行落伍，即被俘虜，惟有從速走退，歷盡艱苦。傍晚抵一小村，村民聞敵至，早已疏散，留下空屋房宇，給部隊駐紮。而天寒大雪，余等枵腹行軍，而晚上睡息，以禾桿作墊褥，未曉即行軍，如是者數晝夜，露宿風餐，筋疲力倦，始抵江西三南邊境，仍在前線與敵軍對峙，幸而粵贛邊界山嶺重重，又逢大雪，敵人行軍亦受雪阻，而我軍撤守，均經小道，敵軍不易趕至。惜「捷聲劇社」隊員，亦有數人失路，為敵俘虜，劇社因少去數名演員，幾至不能在前線演出，時余乃就演員人數，趕編短劇，宣慰部隊，而此劇隊遂有「粵劇兵」之稱，而余身歷前線，可告無愧於文化抗戰戰士也。

《工商晚報》，一九六四年十一月二十日

三七　旅病窮愁為遠客　冷懷淡泊未還鄉

曲江撤守之年，余等駐軍於粵贛邊區，窮鄉僻壤，生活甚苦，食無肉，每餐只食鹹豆、芥菜或瓜粒作飯餸，如遇附近墟期，往趁墟始購得多少肉類，時值天氣嚴寒，更以食亦不飽，每日啖糙米鹹味，生活與當地村人同樣清苦。然已知日軍不久潰敗，故縱吃苦逾恒，亦待勝利早臨，而當時縱有錢亦買不到肉食。適該村有豬一頭，擬售諸人宰食，余等合資將豬購得，宰而烹之，不料該頭為豬乸，肉既堅韌，且粗而無味，只可煲湯，亦算有肉食到肚耳。而間日得食花生大豆，已覺難得，村人知余等窘於食，特製糖不甩及甜糯米糕向余等兜賣，旺市異常。居此三月，而日軍又再進兵，衝過龍南、虔南、定南，沿公路撤兵北上，與我軍發生遭遇戰，殲敵甚多，後駐兵至一處鄉村，民房甚少，余等搭棚居住，附近有道觀一座，僅得道士一人居住，鄉人對道士甚尊重，時餽酒食，道士則分惠余等，余等得嘗臘雞、臘鵝，均道士所賜。居該鄉一月，我軍收復龍南、虔南、定南，余等率劇社到各部隊作慰勞演出，軍民亦來觀劇，當時一群粵劇兵，演出《桃花扇底兵》、《孔雀東南飛》、《陸文龍歸宋》等劇，備受歡迎。而居民亦設宴款待，余等雖屬義演性質，然得一餐飯吃，願望已足。而余以居住山林瘴氣地區，染瘧疾，軍中又缺乏藥物，雖有建連丸多少，亦不足以根本癒疾，時發時止，患發冷疾者數月，以致身體孱弱，精神不繼。當時以為將遠死他鄉，無機會以待勝利來臨矣。後余得一軍醫診治，斷為惡性瘧疾，影響肝脾，為余打針調治，病乃漸止，而余以缺乏營養，未能復原，賴軍中戰友病中扶持，而心恨日寇，陷余於苦境，旅病窮愁，身為遠客。後隨劇社至後方演劇，稍得休養，當時余已覺精神微有失常，時聞炮火之聲於腦海，時覺有被敵窮追之窘狀。實則事過情遷，身已在安全地帶，不過神經衰弱，即聞演劇鑼鼓聲音，亦幻作大炮轟擊。然生活尚未失常，時屆炎夏，以時患發冷，頓增余雪地行軍之回憶，余知此時，無能寫作，惟有休息，望疾早瘳。不久，余至東江、和平、貝嶺等鄉鎮，得聞日寇無條件投降訊息，知還家之期漸近，數年離亂，可告一段落，而舍姪無畏，方領部隊受命接收惠州博羅一帶，軍經貝嶺，邀余同行。余又隨部隊行軍，軍次惠州，得悉匪軍阻撓我隊接收村鎮，發生遭遇戰，舍姪以余體弱多病，不宜隨軍，留余在惠州後方休息，余乃得一遊惠州西湖，憑今弔古，然戰後頹垣破壁，又有荒涼之狀，恨盛世無緣遨遊佳地，而亂後登臨，大有「荒涼往日平章地，劫後孑然剩一身」之感矣。

《工商晚報》，一九六四年十一月二十一日

三八／落花有意隨流水　流水無心颺落花

抗戰後，余已在政府解職，然以戰時曾在祖國服務，中心稍慰。余在惠州閒遊，得遇友人專船返廣州，邀余同返，余乃留書別舍姪，與友輩一同復員。及抵廣州，仍不返家，以一別數年，歸來賦閒，羞見老父也。余未返家，寓於《西南日報》籌備處，而與眾兄遇於途，均着余早歸見父，以慰老人渴望，職業待徐圖之。而余性剛直，若無事可做，決不還家。會友人在香港辦《中國日報》，邀余擔任撰述，余遂來港，並以詩函稟告老父。時余衣服無多，所有西裝大褸，早已售去，只穿着舍姪贈余之黃斜軍服一襲，來港亦無資購製新衣，然余不以為恥，蓋抗戰義民，而能清貧若此，可告無愧，既無發國難財，更不以曾參加抗戰而驕人。在《中國日報》曾撰述一文，①對淪陷區民眾表同情，中有「居者有居者之職，行者有行者之責」語，不少百姓，以不能離開田園墓廬，在淪陷區受苦者，余等不能以順民而鄙視之。余在《中國日報》僅一月，以業務不能開展，報社結束，而余瘧疾復發，眾友歸粵籌辦《西南日報》，余獨留港就醫。有一日，遇同街舊鄰一女子名蘇倩雲，睹余仍穿黃斜服，戰後仍似一窮措大，有憐才之意，邀余午膳，問余別況甚詳，謂余服裝陳舊，胡不覓資製新衣，並謂香港人先敬羅衣

附注

① 「國」字後疑奪「日」字，正文補上。

後敬人，若覓職業，尤須先顧衣着。余傲然謂余一介文人，不事修飾，只有衣服蔽體，即可覓工作，不在乎華裝麗服也。余乃詢倩雲以戰中所遇，據謂自廣州失陷，彼未離淪陷區，以居寓在省，亦隨遇而安，其表姊嫁一韓籍日軍，得庇護其家人，又以倩雲饒姿色，可為日軍餌，後遂介紹其結識一日軍官佐，且與同居，日官佐壓搾順民資所得資財，盡以餽贈，又助其兄走私，運煙仔紙至沙坪售賣，亦獲巨資，故彼在淪陷時期，別人雖苦，倩雲生活豐裕，然精神上痛苦，非所計也。日軍投降，官佐亦入集中營，倩雲則以身為中國人，不受牽累，然以曾作日官佐婦，已不齒於坊鄰，譏為軍妓，乃收拾細軟，並黃金數十兩，來港逃避，另作良圖。倩雲自比為日軍票，已失去價值，並羨余為直版貨幣，富有前途，有委身相事之意，余卻之，並謂余無心接收日軍之資財及家眷，亦無此資格，不欲污名，倩雲聞而愧，欲贈余港幣二百元，作製冬衣之用，余又卻之，蓋不義之財，余不受也。後倩雲嫁一黑社會中人，盡用其資，棄如敝屣。前年，余至尖沙咀某酒店，又與倩雲遇，滿面風塵，依稀可認，問其近況，知其傭工於酒店，當阿媽傭婦，月薪有限，然亦足以自顧，並以所遇告余。「落花有意隨流水，②流水無心颺落花」，可為倩雲詠矣。

《工商晚報》，一九六四年十一月二十二日

② 「意」字原稿作「詠」，今按本文標題改訂。

三九　舊雨不堪回首記　煙花豪宴弗成歡

年前在旺角與友人繆君遇於途，繆君為戰時舊雨，民廿七年余偕趙君赴桂公幹，觀摩桂省戲劇動態。時繆君在桂林業運輸，戰時運輸事業，至為蓬勃，如自有汽車一兩架，行走粵、湘、桂、滇、貴等省，運輸貨物，可獲巨利，而當時司機人才缺乏，且屬需要，故每一司機，其月薪駕乎廳長以上，抗戰時期，勞工代價，實優於公務人員，余等生活清苦，而業司機者終日豪筵，綽有餘裕。時與繆君共營運輸者，有麥君，昔為電影片場工人，民廿四年余拍《兒女債》一片，為黑房沖印部助手。麥善駕車，故戰時當運輸司機之職，所入甚豐。與余遇於桂林，力邀余赴彼等之宴會，余與趙如琳同赴會，以公務員赴宴，有失官箴，乃只穿恤衫西褲，扮作平民，然後踐約。而麥君在桂林特察里設宴款待余等，特察里為煙花之地，到者揮金如土，麥君為治數百圓一酌之酒席，豪闊異常，並為余等徵召名花，喚當時花國皇后名翠影者伴余飲宴。翠影衣服時髦，狀類香港女子，據云彼年中赴港添製新裝一二次，每次自桂赴港，必乘飛機，以一妓女而能空中來往，不只羨煞幾許人。翠影謂香港生活優悠，詢余何以捨香港而返內地，余只笑以婦孺之見。

余等宴至中宵，翠影欲余等留髡，余等以公務員之身，不應冶遊，卻之。中夜返旅邸，時余等居住巴黎酒店，翌晨破曉，即聞日機空襲警報，余等倉皇至七星巖防空洞躲避。●遇桂林大轟炸，無辜平民，不少死於彈下，目不忍睹。余有詩句「未睹燎原烽火劫，已聞天上翅機聲」，即詠當時空襲之緊張也。翌日，麥君再邀余等宴，余以麥君為余等破費過多，過意不去，且煙花之地，偶到探取生活則可，多往則不宜，故婉卻之，後麥君以一司機而致富，娶妻生子，生活安定，戰後仍業汽車，開一汽車店於廣州，自為老闆，其善於經營，余等愧弗如也。惟聞大陸變政後，共黨視麥君為小資產階級，而不審問其為工人出身，着令勞改，身充苦役，至今生死未知。其妻子亦不能兼顧，工人積蓄致富，亦無自由，暴政可知。繆挺芝君獨得脫魔掌，逃難來港，亦云幸矣。又余在曲江結交業餘音樂社之陸焯君，彼亦為汽車司機，自置一車，行走運貨於曲江興寧一帶，戰時亦獲有積蓄。而此次共變，陸君亦逃來港，仍當司機之職，雖靠一技之長，養妻活兒，然所入比諸昔日在祖國，有天淵之別。余未與陸君遇，聞諸友人言，陸君近來生活亦非豐裕，然尚勝於在共黨魔掌下求生存。不論工人階級，苟能致富者，亦在清算之列，惟貧苦無罪，不顧民生敝弊也。

《工商晚報》，一九六四年十一月二十三日

四〇／歲月豈真催老去　怕聞後輩喚兒郎

曩昔授課於廣東省立藝術院，余以無家室牽累，得專心於戲劇工作，時余年只三十，朝氣勃勃，與戲劇系弟子為伍，弟子輩多十餘廿許之青年，時為抗戰，生活嚴肅，不論男女，以戲劇為社會教育工作，且屬抗戰宣傳工具，咸負起神聖任務，視作專業，而余亦事業心重，與青年人同心理，皆有「匈奴未滅，何以家為」之念。故一心戲劇，而並無別事足以擾余工作。加以筆名為「十三郎」，眾皆以余為人子，縱作師表，亦視同儕。計余在曲江，曾導演話劇《陳子壯》及《野玫瑰》，一為兒童教養院職教員演出，一為「復興劇社」社員演出，俱有演出效果，而賣座成績，亦覺美滿。而廣州大學演出文藝劇作《閨怨》，余亦參與意見，故與該校學生，甚為接近。戰後復員，余歸家侍父，忝盡子職，於是「十三郎」之稱，不因余放棄戲劇工作而遺忘於人。惟當年弟子共事，亦已星散，只曾在廣州西園酒家藝專同學聚餐，而戰後各有職業，多已脫離戲劇崗位，轉瞬十七八年，以大陸變色，余復來港，曾一度過流浪生活，而路人皆指余相告，此即「南海十三郎」，或憐余而賜酒食，或邀與同餐，大有「相逢何必曾相識，同是天涯淪落人」之感。余自精神病癒數年，一切生活，趨於正常，不再徜徉道左，憤世嫉俗，多作不滿現實之詞，識者以余健康復痊，咸為余賀，或邀余餐宴或請余品茗。偶遇廣州大學畢業生梅景湛君，梅亦嗜戲劇，謂余近來沉寂，似已埋沒戲劇天才，對粵劇雖不感興趣，惟對話劇尚有可為，胡不重張旗鼓，余頷之。又一日，至北角訪友，歸途與藝院女弟子馮宛眉遇，因邀至其家，馮引其子女出見，喚余為「十三郎」，並謂彼已為六子之母，羨余無兒女牽累，終身為人兒子，不負「十三郎」之名，並謂聞余於戰後，侍奉老父，得盡子職，願其兒女將來，亦知父母之恩。馮宛眉更問余近將何為，余答以閒寫文章，以消塊壘，對戲劇雖未忘懷，但缺乏人才，昔年桃李，均已綠葉成陰子滿枝，誰復再有心戲劇？縱有此興趣，亦為事務所阻，不克作此活動矣。馮亦以為然。彼之丈夫在銀行工作，彼則處理家務，有六子二女，撫育有責，終日不閒，對戲劇亦已忘懷矣。又余遇「復興劇社」社員陳文芳，彼今作金馬車飯店職員，亦已娶妻生子，終日為生活營役，並謂年已四十許，①非復昔日年輕對戲劇有興趣，舊日戲劇界同事，或已物化，或已轉業，故重集舊時人才，亦殊不易也。至藝院舊同學張夫君，則在香港仔授課，亦已子女多人，更無暇戲劇。目今香港，不獨粵劇走下坡，話劇亦起沉寂，劇苑荒蕪，為之擲筆三嘆。

《工商晚報》，一九六四年十一月二十四日

附注

① 「四」字原稿作「日」，正文改訂。

四一　花事闌珊今海角　賣花人說賣花難

數月前適有友人之喪，余赴九龍殯儀館弔唁，先至附近生花店，購買花圈致祭，及抵殯儀館，則見所送花圈，並非生花構成，葉即樹葉，而插以紙花，余以為喪事多用紙花，不以為怪。及最近，有相識結婚，設宴於某酒家，門前紮花牌，余適赴會，見花牌除書宴客字樣用顏色寫外，其餘花朵，盡屬紙花，結婚花牌而用紙花，若舊式人物看見，則視為不利是。而近來生花店，多以紙花混作生花，花牌掛完，又收回改頭換面，售與別家，吉喪二事，均用紙花，惟喪事則用白紙花，喜事則用紅紙花，間亦插鮮花數朵，以目前鮮花矜貴，故營生花店者，多以紙花混用也。適又有一友人開設一食物店，余以其新張誌喜，亦送一生花籃致賀，至一花店訂購，聲明純用鮮花，不要紙花，生花店主，索價四十元，余照數給予，及余參加該店酒會，一看所送之花籃，則花籃柄上，只紮菊花十餘朵，而花籃則插薑花十餘枝，所謂鮮花，則已半殘，余心有不甘，再至生花店詢問，因何以殘花作鮮花，而索價又昂？賣花人說，今非春季，百花凋謝，目前售花，每枝亦價值一元餘，蓋非花季，物罕即昂，送一花籃而為全部生花，已屬難能可貴，區區數十元，不為昂也。余無奈悵然而返，因思童年時，香港為花埠，有

「賣花街」稱之雲咸街口，不少鮮花檔，所有奇花異卉，均在此售買，若為插瓶而用，只費一元數角，即可得鮮花一紮，若定製花圈花牌，亦不過三數元，而德忌笠街、蘭桂坊口，亦多擺花檔口，索價尤廉。後來有設花店於香港大酒店及告羅士打行者，盡售名貴鮮花，如購買花籃致送友人，賀慶或探病之用，所費亦不過三數元，而賣花生意，亦頗旺盛。花肆為上等仕女所設，精通中英文，為招徠中外上等人仕購買，故賣花生涯，亦頗高尚。最近少見此等花肆，偶過於仁行，則見仍有一上等花肆，惟目今物價，昂於從前，花客購買力薄弱，故該花肆亦生意甚淡。至纜車站旁，亦有生花檔口，似專為售與山頂居住之洋人，售價雖昂，而四時鮮花均有。余偶往山頂，搭乘纜車，經生花店前，詢以生意奚若，據謂成本甚貴，不過為週年應市，故僅索取微利，而生意亦僅過得去而已。「花事闌珊今海角，賣花人說賣花難」，因思余在醫院居住，見不少人探病，甚少購鮮花贈送病者，誠以購花不易，價亦奇昂，以購花之資，購買鮮果，病人尚得實惠，而醫院亦甚少鮮花陳設，在此秋冬之交，玫瑰劍蘭又非季節，只有菊花薑花，而價亦非廉，住家人若為裝飾，多購塑膠花，然缺乏香味，只為陳設美觀，實不如鮮花之可愛也。

《工商晚報》，一九六四年十一月二十五日

四二／少日幻心今淨盡　故人重見眼分明

余少時，肄業於香港，與同級同學梁君、方君交厚，誼同兄弟，余等三人，均幼失所恃，在家中為無母之兒，命運相同，故益形親密。而余等三人，均屬庶出，有謂甘蔗旁生，其後必繁，梁君、方君尚未卒業中學，即已早娶，未成家者，惟余而已。而余亦比較年輕，三人中余以弟郎自居，合拍一照，余坐於最少地位，留作紀念。時余在書院寄宿，方君居九龍，梁君寓書院附近，故散學輒同到梁君家，同修功課，余等三人行，同學咸笑余等為「三劍俠」，寓意拜把兄弟，患難之交也。余至梁家尤頻，蓋互相切磋，宛如一家人，而梁家人亦以余慣於過訪，不視作生客。余至梁家書室，必先按電鈴，而開門余入者，常為梁君之妹比愛德麗絲，彼妹天真可人，年齡與余相若，時余等兩小無猜，情同兄妹，有笑余為一雙有情男女者，余等亟辯白。比愛德麗絲有二姊，一嫁美國華僑，一留英學生，惟比愛德麗絲尚雲英未嫁。無何，余考入香港大學，梁君、方君均不及格入學試，方君負笈往滬入滬江大學，梁君則以鬱鬱不得志，因染肺病而終，余悼友亡，至為傷痛，比愛德麗絲反將余慰藉，囑余勿以兄亡而彼此疏遠。及其二姊偕夫婿歸寧，亦約余到彼家同敍，並開舞會，比愛德麗絲為余伴舞，時友人告余，梁家二婿，均已承繼父產，少年多資，故坦腹東床，余有父兄在堂，且為幼子，將來不如梁家二婿境況，故東床美夢，應及早醒，余亦以為然，不欲誤人誤己，決與比愛德麗絲疏遠。越數年，聞比愛德麗絲憑媒說合，嫁得張氏富家子，余心竊慰，當時余流浪江湖，亦無家室之念，且感事業無成，有負舊侶也。轉瞬韶光，歷十餘載，抗戰復員後，余在廣州西關寶華正中約，與一貴婦遇，貴婦偕子二人同行，余細視之，則比愛德麗絲也。時彼已為張夫人，余與之點頭招呼，然未敍舊，余即匆匆行，蓋羅敷有夫，余當避嫌，喜得重逢而已。及最近數年，余患精神病痊癒，余姪女梅綺為余印發單張感謝上帝基督救主之恩，並刊載余之居址，為比愛德麗絲所知，親至梅綺居寓訪余。時余病後失營養，體魄瘦弱，比愛德麗絲睹余，心甚不安，又知余僅睡於工人碌架床上，侷促不堪，因約余至彼家午膳，一敍別況，余踐約前往，至其家，不見其夫婿，據云經已離婚，及詢其二子，則謂在台灣就學，張君自大陸變色，家產蕩然，二子攻讀，均由比愛德麗絲設法供給。而梁家不幸，家中兄弟均早夭折，彼今在某英文女校任教師，生活亦清苦，並告余以方君亦終於大陸，往日三友，僅余尚存，彼已無兄弟，與余相遇，仿若兄妹重逢，「少日幻心今淨盡，故人相見眼分明」，堪為余等詠矣。

《工商晚報》，一九六四年十一月二十六日

四三／佳餚出自名廚手　食譜咸傳太史家

時已初冬，北風颯颯，食物店以補品為號召，製「三蛇會」招徠顧客，某茶室更以「太史食譜」為號召，年前曾請余至該店蛇宴，一評製法。余偕友同往，得嘗蛇羹及炒蛇絲，覺味頗可口。該號製蛇為已故家廚李子華傳授，李隨先父多年，對製作蛇羹，素有研究，惟該號所製蛇羹，純為「三蛇會」，配以花膠、雲耳，蛇味則濃，而甜味尚嫌未足。蓋饗蛇羹者，喜啖「龍虎會」、「龍鳳會」，「龍虎會」則以三蛇會果子貍，配菜為花膠、冬菇，煎湯則用雲南腿，味始濃厚，果貍與蛇，均能滋陰補腎，故視為無上補品。然果子貍非常有，故啖蛇羹者嗜「龍鳳會」，「龍鳳會」則以雞湯混蛇湯，會蛇羹則以北菇、冬筍及雞絲、蛇絲，味始爽口香濃。食蛇以熱食為佳，故用邊爐窩，慢火煎蛇羹，配以菊花、檸葉，食時加以薄脆，更為爽口。然啖蛇羹者，又需飲蛇膽酒，始能進補行氣，蛇膽酒之製，須用熱雙蒸或三蒸酒，混入蛇膽汁，入口清涼，而沁入肺腑，壯心行氣，補腎健脾。目前除該號以太史蛇宴饗客外，尚有乍畏街之蛇王林，均為三蛇會，主理廚師，為舊日家廚李才之弟李明，製法亦有心得，至對海通菜街悦興菜館，亦製蛇羹出售，由家兄仲雅指點廚師烹製，均以「太史蛇羹」為號召，惟各號製法雖相同而用料仍薄，既無果貍絲又無雞絲，只靠一啖蛇湯，實不如昔日太史蛇羹之風味，市上所售太史蛇羹，亦徒有其名而已。不過烹製一圍真正之「太史蛇羹」，非七八百金不可，目前各號之蛇桌，①不過百數十元，如此價廉，自難求精品也。至有以太史食譜為號召，太史食譜，不只蛇羹，如太史豆腐，一為一品豆腐，以北菇、蟹肉、雞粒、荀粒，配以上湯會製，混以水豆腐蛋白，蒸成一品窩，美味可口，且香滑溶化，非如市上所售太史豆腐，即以釀豆腐角售客者。能製太史豆腐者，尚有舊日家廚李才，今在恒生銀行當專廚。又先父亦喜嘗山斑豆腐，山斑魚肉爽甜，以魚茸配豆腐，和以上湯，鮮味無窮，惜山斑魚在本港不易得，故難嘗此佳品也。至昔日家廚，擅製小菜，一為蟹黃豆苗，豆苗以嫩莖軟為佳，以上湯會炒，更有甜味，而配以蟹黃，則鮮甜可口，作為小菜，亦頗雅緻。至夜香蝦丁，則以蝦仁走油，釀入夜香花裏，花既清香脆爽，蝦仁亦馥郁味濃，誠為佳品。而市上又有賣太史田雞者，以冬瓜煲田雞湯售客，余嘗之頗鮮甜，惟我家所製太史田雞，則為炆田雞而非田雞煲湯，製法則以冬瓜及田雞先行走油，煨以上湯，加草菇會合，慢火煎炆燉，熟冬瓜及田雞均炆至鬆，以之送飯，清甜滋補。至菊花鱸魚羹、杏汗燉白肺、紅炆文慶塱鯉魚，均列入太史食譜，盡皆佳餚精品也。

《工商晚報》，一九六四年十一月二十七日

附注

① 「桌」字疑為「宴」字。

四四 天下癡男多有恨　由來艷侶半無情

硯友唐君，原為中德中學同學，後入上海同濟大學習工科，學成在滬以建築工程為業，少年時浪漫風流，與一舞女名小燕者同居，誕生一子，小燕慣於豪華生活，揮霍成性，唐君所得，盡供浪用。八一三後，上海市面冷淡，唐君職業發生問題，乃舉家遷港，唐母亦自廣州來港就養。唐君來港後，人浮於事，是以賦閒，乃售去在澳門祖屋一間，得資在九龍設一士多，藉博蠅頭小利，維持家計。惟小燕慣性奢華，不甘食貧，且野性難馴，時與昔日伴舞熟客漫遊，不顧家姑幼子，唐君忍無可忍，出言規勸，而小燕反顏相向，謂以己姿色，應嬪一富家子，享清閒福，並譏唐君前途黯淡，與其彼此意見不合，蓋早脫離，免誤青春。唐君以小燕已為己生子，夫婦之間，情有不捨，懇其忍耐，以待雲開見月明，而小燕驕傲性成，視唐母如傭婦，呼喝使喚，姑媳之間，時常不睦，唐君以港地長安不可久居，並欲小燕脫離奢華引誘，乃謀歸祖國任事，適得友人之介，得於戰時省府建設廳任建築技正之職。唐君決奉母攜眷，返入內地，而小燕則不願離港，阻唐成行，並謂與其返內地作窮公務員，無寧在港找機會。唐君雖無辦法，彼當有舞場舊姊妹，可介紹彼再下海伴舞，且恃青春少艾，不愁無人捧台，故不肯隨唐君返內地捱苦。唐君以返祖國工作乃神聖任務，豈可因婦孺之見，誤己前途，而小燕執迷不悟，決與唐君離婚，唐君無奈，只得奉母攜子，投返祖國懷抱，而小燕則留港不行，伴舞於國泰舞廳，忘卻丈夫兒子，而長度貨腰生涯矣。唐君歸國二年，太平洋戰爭發生，香島淪陷，唐君仍眷念小燕，遣人間關來港，致函欲將彼接返祖國，重拾舊歡，惟小燕此時，已結識一密偵，並與同居，對夫兒經已遺忘，函覆唐君，謂英美且非日本之敵，何況中國，勝利將屬於日本，故決不返中國，舊情已了，且有新歡，決各奔前程可也。唐君以小燕不回頭，乃另娶一黃姓同事，撫子養姑，家庭安處。及抗戰勝利，唐君仍一貧如洗，而小燕則從密偵處獲得多金，逍遙自在，更小覷唐君。自大陸變色後，唐君偕妻子違難來港，其母則戰後逝世，唐君慘淡經營，與友人組一建築公司，業務頗發達，其子後亦在大學工科畢業，在一畫則師寫字樓工作，而小燕年老色衰，積蓄無幾，又因好賭博馬狗，盡輸去所有，靦顏再見唐君，乞引其與所生子重聚，唐君以其有污子名，不使再見，惟貸以資，小燕旋染惡疾，最近病終廣華醫院，亦由唐君治殮，一念之差，終身抱恨，可為虛榮女子誡。

《工商晚報》，一九六四年十一月二十八日

四五／亂離幾許他鄉客　猶願慈光照杏林

世交吳君，畢業於廣州嶺南大學醫學院，曾任內科助教，大陸變色，初未逃出，仍在廣州服務，以一醫生身分，在大陸兼任勞役，吳君以身無自由，屢欲他適，及後其姑母患心臟病，吳君認為非危，苟有藥物，即可救治，無奈大陸藥物缺乏，無從療救，卒至不治。吳君痛姑母之亡，復感在大陸無所展其醫術，乃於數年前來港，以非在英屬習醫，不能在港地懸壺濟世，乃屈就一藥房藥師。幸吳君有表兄楊君。在九龍設醫務所，以吳君嫻於醫術，延為助診，然臨症均由楊君主理，吳君只助其診斷或獻議用藥。而往日廣州來港戚友，如有疾病，每向吳君求醫，吳君俠義心腸，對戚友不索診費，且收最廉之藥費以利病者，故戚友咸德之。然吳君以寄人籬下，終非久計，近擬往英國深造，俾學成歸港，正式自己掛牌，彼往英國，為期只一年，相信可得英國學位，光照杏林，戚友為之馨香祝禱。又前廣州精神病院長吳某，自赤焰滿大陸，即來港逃避，後乃轉赴南洋，在北婆羅洲業商，間亦以醫術治人。吳君為德國醫學博士，飽學多才，近在北婆羅洲，甚受彼處人士歡迎，且榮任紳士，「亂難雖作他鄉客，猶願慈光照杏林」，可為吳君詠矣。至往日大陸醫生，以莫展所長，亦多來港，有一陳君者畢業於廣州光華醫學院，曾隨軍旅作軍醫，以在大陸，無法維持生計，來港又限於資歷，不能掛牌，近在某醫院充護士，亦足生活所需，而身心自由，猶勝於在共區受煎熬也。去年余在友家，又遇一女醫生黃君，黃為中山大學畢業生，畢業後被派往鄉村服務，既無需用藥物，又時受共幹檢討，目下中國大陸，多用國藥製為成藥，以代西藥，固不問其收效如何，治症實無把握，不少來港覓事，黃君亦其中之一，在一診療所服務，近以本港取締無牌醫生，所有在診療所服務醫士，需審查考驗資格，黃君不知能否及格，否則又有失業苦痛矣。惟本港對中醫，並無限制，友人卓君，昔為戰時公務員，近年違難居港，習岐黃術，如有延聘醫治病症者，每日至九龍城七喜茶樓相約，生意頗旺，又有友人何君，亦習中醫，昔曾在第七戰區當宣傳股長，今亦居港懸壺治人，然遇惡症，亦介紹往覓西醫。至友人伍冉明君，為伍少裘介弟，亦習跌打，頗奏奇效，不只中國人求其診治，外國人如遇刀傷跌打，或斷骨風濕等症，均往其醫館就醫。余偶至其旺角醫館，則見一西洋婦女，因手骨酸痛，歷久不治，因向中醫求治，數次診治，即告痊癒，跌打則中醫屢見奇效也。

《工商晚報》，一九六四年十一月二十九日

四六／縱作安貧賢內助　亦為犬馬效操勞

余生而亡母，適鄉中有堂細伯娘周氏，生一女而寡，無以為活，先父延至我家，作余乳娘，周氏乃將其所生一女，交其姐在西樵撫養，度農家生活，其女以乃母柏舟自矢，為人乳育兒女，一片貞堅，因名慕慈，以念其母。周氏在我家雖曰傭工，而究屬族人遺眷，故仿如一家人，每年必至西樵，視其生女，積得工資，遣其女入學塾肄業，故慕慈雖長在農家，亦通翰墨，而周氏亦茹苦含辛，冀其女長大成人，得為世家婦，以慰生平。轉瞬二十年，慕慈已及笄之年，憑媒説合，嫁與順德陳姓為婦，夫婿陳某，畢業於縣立中學，為人謹慎，繩守祖業，家計不愁，慕慈昔為農家女，素能刻苦克勤，而自奉檢樸，旋生子女數人，慕慈治家育子，克盡厥職，誠不愧一賢內助也。不幸日本侵華，陳氏家園被毀，不得不出來覓事，陳考入廣東省銀行為事務員，隨省府轉進廣寧，後轉遷曲江，別家眷而任職祖國。慕慈居鄉，饔飧不繼，攜子女四人，間關避居澳門，其母周氏，則隨我家違難居港。得聞其女避難居澳，夫婦接濟不及，着余以族姊弟之誼，親為照顧，而慕慈幼女，以在鄉中缺乏營養，得染重疾，病終於澳門鏡湖醫院。余時在澳門，資助其成殮，葬於前山，慕慈思念夫婿，不願長牽累於余，決往曲江依其夫，余惟牘以資俾作旅費，①慕慈遂別母尋夫，攜子女成行經沙頭角返內地，道路崎嶇，歷盡艱苦，始克與夫婿重聚。而乳娘周氏不久在港去世，余營葬後，旋又乘飛機返曲江，與慕慈再遇。則又知她多誕生一子，一家數口，賴夫婿薄薪維持，而慕慈安份守貧，生涯雖苦，並無怨語。及後曲江又為日寇所陷，慕慈隨夫疏散至興寧、梅縣，雪中負幼攜少，艱苦備嘗，以至戰後，陳積勞擢升為西關廣東省銀行主任，光景較佳，慕慈以為否極泰來，心中竊慰。不料三數年間，共軍陷粵，陳未及走避，而共黨不諒，着其寫自白書，後降為助理，且需勞動服務，體驗農工階層生活，慕慈以己為農家女出身，早有農民生活體驗，且抗戰數年，堅苦度活，並非畏苦，只以年事漸老，要求免役，而共幹不許，仍着其返農村勞作，至子女則漸長大，毋需其提攜撫育，認為大時代人類，不需家庭溫暖，慕慈無奈，重返農村勞作，而其子女畢業中學，亦需下放，家庭拆毀，夫妻子女分離，抗戰數年雖苦，其苦不及此時，且捱苦並無了期。今年有鄉中人來港，謂慕慈辛勞過步，得病逝世，年僅五十六，余以誼屬堂姊弟，執筆誌其一生遭遇之苦焉。

《工商晚報》，一九六四年十一月三十日

附注

①「牘」字疑為「贈」字。

四七／怨女曠夫同抱恨　依人小鳥作冰媒

友人盧君，為書院後期同學，戰前任職於本港一洋行，以諳熟英文，又為人誠謹，故為洋行之西人經理倚重。太平洋戰爭事發，本港陷日寇手，洋行營業結束，盧君因而失業，家中有母，復有妻兒，不得不尋生活，乃搭漁船攜眷返內地，經中山九區轉沙坪而轉粵北，盧君以人事不熟，且慣營商，不宜於作公務員，乃在曲江黃田壩設一車衣店，為家庭商店形式，藉以餬口。當時曲江，時有日機轟炸，黃田壩為旺地區，亦為日機目標，一次空襲，盧君率家人逃避至附近防空洞，而黃田壩被炸大火，盧店為火所毀，家人雖幸安全，而流離失所，居住無地，乃尋職於桂林，為盟軍通譯員，得資接濟家人，其後生活漸安定，乃接其老母妻兒赴桂林居住，其妻則在桂林兒童教養院當教員，夫婦均有職業，戰中不至飢餒之虞。如是兩年，而湘桂戰事遽發，日寇以大軍侵桂，桂林不守，盧君本人則隨軍撤退，家眷則隨友人疏散。敵機沿途轟炸疏散民眾，殘酷異常，盧君老母妻兒，逃避不及，一家死於難中。盧於退至貴州，得友人來訊，知家人死於戰中，悲痛萬分，念違難時有母妻兒，家庭尚有融和之樂，竟已孑然一身，獨居亂世，由是寂寞寡歡。又年餘，日軍無條件投降，盧君乃獨自返港，十餘年度獨身漢生活，益有「曾經滄海難為水，除卻巫山不是雲」之感。近年盧為售買汽車經紀，生活亦足解決，賃居一室，悽然獨處。同居有一女子，本為寡婦，其夫譚某，在大陸被驅勞改，在瓊崖逝世，她攜同女兒來港覓職，得在一建築地盤任職。她在港亦無親故，其女兒只六歲，日間返工，即託屋主代為看顧，亦傷心人別有懷抱也。其女兒聰慧解人意，盧君與之同居，亦憫其幼年無父，而幼孩若依人小鳥，恒呼盧君為盧伯伯，盧亦甚愛孩童，時與之果食或與之遊戲。因與其母亦稔熟，二人身世相似，一則受共黨虐政，少年寡居，二人惺惺相惜，因而訂交。無何，女孩染盲腸炎症，初不發覺，以尋常中藥與之服食，而病遂加劇，為盧君所悉，獻議送入醫院療治，她納其議，為延聘西醫診治，並經施用手術，始告痊癒，然已費用多金，盧君亦給與經濟援助，她甚感盧君仁慈，且以母女二人，在港無人衣靠，飄泊年年，終非長計，以盧君能愛其女，若以身相許，則女孩無父亦有父，盧君無兒亦有兒，人天無憾，經同居為媒，盧君遂與結婚，誠亂世男女一段良緣也。

《工商晚報》，一九六四年十二月一日

四八 孟嘗風度今安有　俯首求人誓不為

少時編劇，隨筆所之，月編數部，而又從事編導電影，月入甚豐，然余性不羈，視錢財如糞土，到手輒盡，故無積蓄，花國舞榭夜夜流連，雖非為色迷，不過行雲流水，而風塵女子，得余惠者，不知凡幾，今者大都已脫卻舞扇歌衫，為良家婦，途中相遇，只有點首招呼，不作一語，以余依然故我，無可告慰，以世亂之餘，尚在人間，認為欣幸而已。而余浪跡江湖，不堪回首，前塵歷歷，似在眼前，更憶余少年得意，長不居家，闢房長居酒店，隨余出入者十餘人，有學習編粵劇者、有電影導演明星、有新聞記者、有美術人員，當時余羡孟嘗豪俠，故養活多人，除留彼等在酒店住宿之外，復供給其閒日使用。有一粵劇編劇者，初婚未幾，生活無法維持，以年中僅編粵劇一二部，所得不足以養家，故為舅兄低視，因而依余。余以彼年少有為，不忍其因貧失志，助以資，復代筆為其編劇，俾介紹其為各班撰寫劇本，因而漸得戲班信仰，能立足於粵劇界。而其妻每年產一子，多兒多累，余亦供其家用，編劇者尊余為師。後與其妻離異而另娶，當其編劇最紅時，見余每有愧色，蓋一旦成名，便忘糟糠之妻，君子所不取也。然十餘年前余潦落不堪，編劇者對余未嘗反助，因思髮妻不顧者，每為忘本之人，今編劇者已逝，身後亦無餘資，蓋兒女眾多，撫養耗盡也。又有某導演，當年失意時來訪余，向余求貸，余未嘗拂其意，不過惺惺相惜，不忍藝人沒落而已，年前余病初癒，遇某導演於途，彼竟掉首不顧，並語人以余為狂人，不敢交接。又對人說余不識時務，狂傲自高，終有餓死市廛之日，該導演旋亦染病身亡，而余尚未流為餓殍，且往弔唁，證余未忘舊友也。又有另一導演，其叔父為余在南大同學，故尊余為十三叔，彼亦多年不得意，且有子女多人，時來酒店向余索取家用，家中無米，即向余索資，余亦樂助之，後余返內地，彼失一靠山，其妻竟下堂求去，另嫁洋人，彼亦在電影界沉浮多年，雖略有聲譽，而年中亦僅拍片三數部，得資僅足自用，而兒女亦已出身，惜未能盡反哺之職，彼嘗與余遇，輒邀余品茗，常謂人情冷暖，余往日小孟嘗之風，今無人能及，慫余再寫電影劇本，彼當設法為余推售，余卻之，以目下電影劇本不值錢，余又不低首求憐於人也。至舊日在酒店依余者，尚有某紅星及電影界得意人員，彼等往日，一衣一食，均余所惠，近年既紅運未衰，卻忘昔日之恩，且謂余與彼等早已脫節，彼等仍以事業為重，不重溫情主義，以余與彼等思想不同，故不交遊，道左相逢，亦避余若浼，余思末世，再無馮煖之流、孟嘗之風，徒增感慨耳。

《工商晚報》，一九六四年十二月二日

四九／昔作女傭蒙主眷　今為犬馬作農奴

戚某氏昔為酸枝傢俬店東主，雖非至富，亦有中人之資。原配趙氏，生子女二人，不幸早年去世，復娶陳氏為繼室，亦生一子，惟對前妻子女，未免歧視，每因小故而呵責，或且橫施夏楚，蘆花餘痛，戚知之，亦莫奈之何。趙氏遺下之子名柏，女名雲，陳氏之子名喧，兄弟之間，年亦相若，僱一女傭，料理子女，女傭名阿蝶，當趙氏生時，已在戚家傭工，故對阿柏阿雲備極愛護，而阿柏阿雲，亦感阿蝶對己關切，對阿蝶相當尊敬，而對陳氏則畏而避之。陳氏好交際，且常往相識家中打麻雀，對家務則置諸不理，賭贏歸家，則兒女有幸，不受譴責，偶然賭輸，則將阿柏阿雲出氣，詬罵鞭打，阿柏阿雲時常受屈，惟有飲泣，不敢告父，其能解慰二人者，惟阿蝶而已。會一次陳氏歸寧，攜阿喧同行，留阿柏阿雲由阿蝶看管，戚自舖返家，殊感寂寞，以阿蝶對己兒女克盡撫育之責，又以阿蝶為自梳女，惟對家庭事務，善於處理，若得為妾，則阿柏阿雲無母如有母，乃向阿蝶示意欲納為側室。而阿蝶與他相處多年，春花秋月，未免有情，益以陳氏歸寧，他亦由阿蝶服侍，阿蝶得主人寵眷，喜出望外，因乘陳氏不在家，與他成其好事。及陳氏歸，戚具陳始末，言陳氏常外出，①家中乏人主中饋，故對阿蝶垂青，今米已成炊，惟納之作妾。陳氏無奈，亦不拂其意，且以阿蝶原為己之女傭，自當唯陳氏之命是聽，②今納為妾，既慳回一筆傭資，且對家務當更用心料理，而自己又享其大婆福。阿蝶旋亦生一子，然傭妾之子，自然不如阿喧矜貴，阿蝶之子名阿騰，陳氏刻薄性成，對阿騰視如奴僕，阿騰八歲，亦助其母服侍戚及陳氏，而陳氏待阿騰，當作後生，時阿柏已漸長成，隨父返店學理店務，阿雲稍長，亦在家中勞作，洗衫炊飯，助阿蝶一臂之力。阿喧則子憑母貴，自然比兄姊弟弟較為嬌養，再後數年，阿喧則不知檢樸，揮霍成性，儼然一二世祖，惟阿騰已十餘歲，勤學不倦，在家中又作僕役工作，甚得父母歡。大陸變色後，戚被共黨視為小資產階級，其店亦已充公，乃偕陳氏阿柏阿雲阿喧赴海外，得阿柏之助，亦可維持家計，惟阿喧已無力揮霍，力改前非。至阿蝶母子留粵，則初被共黨視為工人階級及工人之子，略為優待，稍後即令阿蝶至農家勞作，並為勞家看管子女，稍不如意，即加檢討，竟成農奴。而阿騰亦學成下放四鄉，母子亦不相聚，與父更有生離之歎，已無家庭溫暖矣。

《工商晚報》，一九六四年十二月三日

附注

①② 「陳」字原稿作「黃」，諒誤，正文改訂。

五〇 人情冷暖尋常態 晚節黃花義士心

偶至東樂戲院後台探望「慶新聲劇團」演員，該日為壓軸戲，依然滿座，論者謂為粵劇尚有可為，余不置一詞，蓋自今年春初，粵劇一度蓬勃後，一連十月，均無粵劇演出，一般粵劇觀眾，日久渴戲，而最近「慶新聲」演出，因天時爽朗，又擇高陞、東樂戲院，原為演粵劇院址，故佔地利，而該班人才勻稱，林家聲、陳錦棠同是薛派小武，而陳好逑、任冰兒一雙花旦，均有朝氣，而武生王靚次伯亦參加演出，至朱秀英、許英秀、蕭仲坤唱做均佳，佔了天時地利人和，故收入頗有可觀。且演期不過二星期，觀眾不致久看生厭，倘長期演出，依然旺台，始見粵劇好景也。余在後台，適與一粵劇演員梁君遇，梁君昔日在粵北參加抗戰演出，亦曾參加曲江各劇團演出，其後余在粵贛邊境領導「捷聲劇社」，梁君亦來加入。抗戰勝利後，梁君即赴越南，轉瞬十餘年，余詢以近況，據云閒居，以越南不靖，因而歸港。回憶戰時在軍旅當粵劇兵生活，尚有興趣，今年事盡老，梁君今已四十以外，無復少年銳氣，尚幸在越南多年，稍有積蓄，歸港另謀職業。梁君尚有熱忱，繫念昔日抗戰上司，據稱往日同袍，多在港閒居，昔年為祖國出力，今則無人倚靠，即舉其一例，往日上司麥團長，今在新界養雞，且親自擕雞至市上求售，微中取利，聊以過活。又戰時某師蘇團長，驍勇善戰，曾參加淞滬之役，及後又在閩贛參加剿共，後在抗戰時隸第七戰區十二集團下，屢參加數次粵北會戰，在戰時為一良好軍人，大陸變色，蘇以曾經剿共，知不能在大陸立足，乃先行避地，來港已十餘年，近復患半身不遂症，蘇兩袖清風，過去生活已非裕，今更難堪，亦由舊日袍澤接濟耳。抗戰軍人，盡皆愛國之士，而三十餘載，艱苦備嘗，今天涯潦倒，昔年叱咤風雲之士，已不為人所記憶，堪發一嘆也。余亦憶太平洋戰爭爆發時期，香港淪日寇手中，往往不少間關逃返祖國，當時袁氏、屈氏任挺進隊正副司令之職，駐紮沙坪，凡港人逃返內地，經沙坪者，不論官商人民，無不盛意招待及妥為照應，且保護周全，袁屈雖非正規部隊，但所屬盡是地方英雄，義貫雲霄，軍紀井然，盡忠報國，不無微勞。戰事勝利後，袁屈均已解甲，大陸淪共，赤焰披猖，袁屈均違難海隅，屈已於今春去世，黃花晚節，尚留馨香，袁則境況甚窘，年已八十許，賃一小室，居於半島中，生活亦只靠舊屬間中維持，因憶昔日經沙坪者眾，今皆豐裕，已忘袁氏昔日之助，香港人情冷暖，亦尋常事耳。

《工商晚報》，一九六四年十二月四日

五一　十年一覺迷離夢　始信人間有熱情

偶至茶樓品茗，遇一女子名陳小姐，行至余前，向余詢問曰：「江先生精神已復正常乎？余深為君賀。」余細視之，似曾相識，而印象糢糊，陳小姐告余曰：「江先生十年前精神昏迷，舊事想已忘記矣，君尚憶弟子蕭邦否？」余因觸起蕭邦為廣東省立藝術院第一期畢業生，對戲劇頗有造詣，戰後在本港任職，十年前入大陸，訊音渺然，余因詢黛利以蕭之消息，①據謂蕭邦歸大陸，為視為托派分子，令在樂昌縣勞改，當礦工，經已多年近無音訊，生死不知矣，余聞之，太息不已。因憶起當蕭邦居灣仔告士打道，余方精神錯亂，流浪街頭，住宿無地，蕭邦念余為師長，不忍余露宿街頭，邀余至其家居住，蕭只賃一室，鄰室即為陳小姐所居，當時余精神迷惘，身體瘦弱，飢餓不知，寒冷不覺，在蕭家早出晚歸，如是者三月，因悉陳小姐為蕭邦表親，蕭邦賃居是處，亦由她介紹。時適有友人邀蕭邦同返大陸，蕭告她而不告余，即使當時余知之，而神志不清，亦不能阻止，引以為憾。一夕，余深夜歸蕭家，因其室已扃，不得其門而入，陳小姐自鄰室出而告余，謂蕭邦已推去房子，盡帶行李返大陸，臨行囑她告余，另覓住居之所，並需醫治身體，免成殘廢之人。余聞之，悵然如有所失，惘惘欲行，時

附注

① 「黛利」疑即「陳小姐」其人。

為冬夜，陳知余無地可容身，止余勿行。謂余曰：「江先生深夜何往，倉猝亦難覓友人，看君精神疲乏，非休息不可，倘不嫌侷促，可在我室一宵再算。」余謝其盛情，彼乃往廚房燒熱水，着余至廚房沐浴，浴罷余仍覺衣服不潔，有慚色，然她則以余有饑狀，取其購備之麵包及叉燒給余食。並謂室中只得一床，該夕讓余睡，彼將工作至天明。余問其職業，則謂無固定職業，或作保險公司經紀，或寫稿寄雜誌及報章，或為人家車衣服，尚足自給。詢余何故不重執業編劇，並謂目前電影粵劇，均無好劇本，且題材又不能適合社會問題需要，正需要良好劇本。余以體病及無編劇興趣告。是夕，余睡床中，她則整理衣車為人車衣裳，直至三時，余稍睡即醒，理智復強，以男女同處一室，究有不便，因復起床，穿衣告別。其後相隔十年，余病已癒，昨始與她遇於茶樓，回溯前塵，不覺感慨，而當年病中迷離狀態，得其招待，銘感於心，珍重道別。又余昨在灣仔，亦遇一女子，謂當年余流浪街頭，露宿騎樓底，彼曾贈一絨氈，彼聞人言，余曾受過高等教育，故為余惜，每日給余香煙一包，及餽余食物，當時余神志昏迷，一概不知。該女子住軒尼詩道，以地址出余，余亦感覺其惠，道謝而別。數載迷離，今復清醒，亦云幸矣。

《工商晚報》，一九六四年十二月五日

五二　衣服無虧願已足　淡泊自甘處世安

一日，余遇一基督教徒羅某於途中，羅即堅執余手，非常親切，並為余祈禱，願上帝佑余健康。後羅君謂余瘋狂十載，今得復癒，皆上帝之力，並謂余前居舍姪女梅綺家，本已將身奉獻上帝，證道歸真，緣何復出與社會溷跡，不避囂塵？余無言可說，惟余童年在嶺南大學附中肄業，即已受洗歸基督教，而自學校受洗至今，已四十年，余亦甚接近牧師及基督教家庭中人，余因精神病癒，深信科學功效，感上帝賜智慧能力給醫者將余治癒，癒余者為醫生，間接歸榮於上帝。至余四年前初癒，梅綺接余返其家，余與社會完全隔膜，與故舊完全脱節，一日兩餐以外，不事生計，天寒衣物不足，癒後營養失調，身體瘦弱，僅九十餘磅重，然余精神尚得健全正常，梅綺勸余奉獻歸主，看透繁榮塵世，此後以身證道，尤愈於復出社會任事。當時余亦厭囂煩，故納其請。然人生不離社會，況生活當自求解決，以不可長寄人籬下，且對信仰宗教，思想不能過於迂腐，惟宗教可作精神信仰學寄托，而不可作為養生職業。且余已五十許人，若希望從教會工作，藉以營生，則非出於誠心信奉上帝，而實為生活計而已。故昔日師友，均勸余勿過消極，而當時許多友好，亦以余狂病痊癒而作傳道者，視作新聞人物，梅綺不悅，謂余與友人交遊，心重虛名，謂余狂病將復發，並逼余往青山醫院調治。余在青山醫院二月，助理圖書館管理工作，一切正常。出院後，梅綺不許余居其家，着往一禮拜堂居住，為人看守禮拜堂，既需顧慮衣食，不能不謀職業，且精神雖已正常，仍怯於交，①故當時生活藉友好維持。後余任職於某電台，僅四月而外傳余舊病復發，再入青山醫院月餘。余出院後，某電台亦將余解職，余復失業。幸余飽閱人生歷程，一切看開，不至精神再受刺激。至住居禮拜堂，覺雖清靜，然無人料理，得友人之介，得住於聖保祿醫院，長期休養，賴在報章撰稿，始足維持生活。余自奉雖儉，惟不能不顧最氏限度支出，余在聖保祿醫院住居已兩年，精神愉快，人生但求衣食無虧，居住不至流離失所，於願已足。余答羅某語，歸真證道，談何容易，且余對宗教觀念，素主信仰自由，對家人信奉佛教，戚友信仰天主教，均不置議，亦不詆毀，與舍姪女梅綺觀點不同，至謂余非虔誠之基督徒，則余亦無詞以辯，余非靠人養活，不受拘束，惟淡泊自甘，亦無愧於處世也。

《工商晚報》，一九六四年十二月六日

附注

①「交」字下疑奪「際」字。

五三／道左相逢如隔世　關心最是舌耕人

友人陳君，為少年同學，且同在宿舍寄宿，有同房之誼，自離校後，轉瞬三十餘年，未嘗相遇，日昨道左相逢，不勝欣悦，邀共往蘭香室餐廳喝咖啡，共談別況。陳君謂余在戲劇文化界活躍多年，彼亦時有訊息，抗戰時期余返祖國任宣傳工作，彼亦在內地，惜不相遇，近年聞余患精神病，彼亦懸念舊友，今睹余病痊癒，復慶重逢，心為之慰。余因詢彼別況，據謂彼自離校即考入交通銀行，初任小職員，抗戰時期，曾調至湘桂工作，及太平洋戰事爆發後，國內多盟軍，而不諳中國語言，彼乃被調為通譯員，以與盟軍聯絡。抗戰勝利後，復調返交通銀行服務，以工作有成績，積功擢升上級職員，薪資足以養妻活兒，生活安定。及後以彼曾在香港肄業，稔悉香港狀況，乃調至交通銀行港行工作，不兩年而大陸變色，交通銀行移交共黨管理，彼則奉命調回大陸，又復降職，月薪僅數十元人民幣，不足以維持家計。韓戰時共美敵視，又以彼曾為美軍●譯，恐其思想親美，迫寫自白書，幸告無罪，然實難抵受生活煎熬，幾經辭職，始獲准許來港，而家人妻子，仍留大陸作質。陳君來港，覓職困難，後得友人之介紹，始得在某中學任教師，妻子在大陸，均為其接濟，彼亦以年將退休，深以為慮，余力慰之，誠在港舌耕，許多在退休年齡，仍得授課，此亦人事問題而已。誠以彼此同逢離亂，隔世重逢，份外關心，因告以余友高勉道君，年將六十，彼曾留學德國，歸國後在南京任警官學校教官，大陸變色後，亦來港覓職，在新界公立學校任教，以退休年齡，尚可舌耕餬口。又華仁書院同班●友謝鑄昌君，畢業後考入海關，服務多年，戰時與余遇於曲江，稅關任職，戰後復調返廣州稅關，謝以父母妻兒均在香港，辭職來港，在某英文書院任教師，瞬將二十年，且在退休之以年，仍掌教鞭，而兼任私人補習教師，其妻亦任幼稚園教師，夫婦舌耕，生活亦過得去；縱達退休年齡，而尚有教授能力，學校亦以駕輕就熟，不便易人，人老而思想不老，較諸任何職業為愉快也。余自念昔年亦度粉筆生涯，今來港以精神不繼，難再從事教育工作，且以一般舊同學多已退休，不易推薦。余姊畹貽年將六十，亦任教於大埔大光學校，該校為津貼學校，待遇甚優，令余羨慕不已。余因告陳君，以前所任職，已屬優缺，毋慮年齡，當盡心力，造福青年子弟，余等隔世重逢，惟願所遇得安，難得為人師表也。

《工商晚報》，一九六四年十二月七日

五四／旅病窮愁為遠客　難療心上舊傷痕

余童年，在廣州河南南武中學附小肄業，同班有陳讓者，年比余輕，而每試輒冠，余因與之交，藉以互相切磋。及論身世，則陳君為庶出，其母溺於水而斃，早年失恃，其父另娶一妾，居北平，余以彼此為無母之兒，身世相似，愈加接近。後余離南武轉入嶺南附中，陳君奉父命負笈北平，偕其姊馬利同行，余親往送船，依依不捨，別後雁札魚書，互通音問。其後余來港就學，考入香港大學醫科，得陳君病訊，初以為天相吉人早占勿藥。不料有一次假期，余返廣州，聞陳君之姊馬利自北平返粵，在光華醫學院習醫，寄寓其姑家中，陳姑為醫生，設一醫舍於河南，與余家甚近，余因往訪，並探問陳讓君病況。至則見馬利，淚盈於眶，以弟亡訊告，余痛失良友，猶力慰馬利，勿以亡弟過慟，馬利富於情感，對余甚摯，謂弟亡無弟，痛折連枝，得解慰者惟余一人，懇余時相過訪，使彼亡弟如有弟，並以余與其弟之友情，移及其姊，彼此同習醫科，性情較為接近也。余感其誠，且憐其寂寞寡歡，每藉假期過訪，或約其外去郊遊，彼此結伴，尋且涉及於愛，時余留港寄宿港大馬利遜宿舍，馬利每日必寄余一信，余亦每日覆函，互道渴念之忱，省港雖一水之隔，而在學期內，非假期不得相聚。嘗讀詞至鵲橋會，有「金風玉露一相逢，便勝卻人間無數」句，因感天上會雙星，人間期七夕，余等仿若牛郎織女也。馬利父為一學者，以余學未有成，且為世家子弟，不知稼穡艱難，與其女交，深為不悦，更以余二人癡戀，易於荒廢學業，乃命其女返北平，與余遠隔。馬利北返後，初仍與余通訊，其後寄余一函，謂在北平染肺病，且甚危重，不願誤余終身，願與余絕。余得函，即覆信馬利，擬假期往北平一視其病況，惟馬利再來一函，謂病至不像人形，瘦骨嶙峋，且精神憔悴，不願再見余，並謂留得好印象，比較見彼形容枯槁為愈，此後不再余函，余癡念不已。翌年，余自港赴滬，擬轉學北平協和大學醫學院，及抵滬而得馬利死訊，萬念俱灰，更不願赴北平傷心地，因為編《梨香院》一劇，以誌不忘。又余留滬一年餘，一無成就，且旅病窮愁，身為遠客，遇馬利女同學張慧梅君，張為粵籍滬商女兒，畢業於廣州光華醫學院，彼素知余與馬利一段情史，以余隻身居滬，消沉壯志，甚為余惜，時來慰余。並謂馬利生平，願得一癡心男子，為彼寫出一無母之女遭遇，不論戲劇或小説，亦足以記彼傷心痛史，而余編劇過活，亦文人本色，足以慰馬利於泉下，並不忘其姊之情。近年精神病癒，舊事湧上心頭，尚不勝惆悵也。

《工商晚報》，一九六四年十二月八日

五五／天涯違難懷知己　海角難忘故舊情

世好廖朗如十兄，先父於光緒末年賃居福安街廖宅，故廖氏昆仲咸呼先父為二叔，忝屬同居之誼，至今弗忘。余初年編粵劇，朗如十兄適為戲劇審查委員，遇有針諷時局過激者，恒向余啟示酌改，關心後輩文章，余深感銘。朗如十兄一生忠厚，自奉淡泊，不求顯達，安份守身，抗戰時期，為廣東省建設廳視察，時與余過從，蓋戰時省會曲江，一隅之地，不愁不相遇也。戰事勝利後，廖兄仍供職省府，居河南雙照坊，亦常與余遇，並關心余之健康。迨大陸變色，廖兄違難來港，在港閒居，飽閱滄桑，已無心與後輩爭名逐利。四年前余病初痊，得廖兄函，約同聚話舊，函裏有彼此年高，多見一面即一面，余擬踐約，而舍姪女梅綺，謂余未十分告痊，不許與友人見面，並將廖兄來函，擲諸爐中，致失其居址，無由訪謁，心常懸念，近常往龍門茶樓品茗，查詢廖兄住址，則已遷居，港島地面廣闊，遇人不易，想廖兄知我諒我，非忘故舊而不趨訪也。又中德中學同學鍾景援君，為余忘年交，三十年前余赴滬，寄居其家，自抗戰以來，消息隔絕，年前遇於道左，知鍾君在德輔道西大德行營出入口莊生意，余因擬訪候，遍覓德輔道西，難尋大德行字號，甚矣港島訪人之難也。回憶港戰前，中環大道中及德輔道中，為全港中心旺地點，每日正午及下午放工時間，即與友人遇於道中。其時香港大學、嶺南大學、華仁書院先後同學，工餘輒相聚，至告羅士打酒店及安樂園午茶，互談近況，香港不啻余之硯友集中地。自港戰發生，香港大學莫禮遜堂宿舍同事如劉賀堯、安德臣、施文、丁家理等均在戰役殉難，其餘同學，至今亦屆中年，非有要事，絕鮮在市廛露面，故不相遇。有一次在尖沙咀輪上與洪德昭遇，洪君近已赴英倫。港大舊友如陳占奎君，曾遇余於元朗，並邀余午膳，一片故舊之情，惜陳君今年，又已逝世，知己朋友，又弱一個。然知尚在香港者，有域陀傑定士大律師，然忙於法界，余未相遇，戰時余在桂柳，曾與傑定士父子相遇，今傑定士老伯，經已物化，而余先父，亦已逝世十年，余等後輩，亦漸衰老，非復戰前活躍矣。又港大、南大同學李伯耀君亦僅在皇后戲院前一遇，匆匆片語，此後亦無緣見面。至年前余居九龍，間亦與嶺南大學舊同學莫康時、何致仁等遇，又曾與伍樹榮、鄧啟瑞、魏賢祥等同至瓊華茶室品茗，均以戰後能得相見為歡。海角違難，友朋雖眾，而散處各區，時念故舊，有自感孤寂之嘆矣。

《工商晚報》，一九六四年十二月九日

五六／異國辛勞餘積蓄　故鄉枉購美田園

有美洲華僑余廣，南海人，少年即赴美洲三藩市，初為洗衣店工作，後積資自開一店，營業發達，積資成富，惟念落葉歸根，當還故土，乃於四十餘年前，返台山故里，購買田地，並在台城建舖戶，半耕半商，雖非至富，亦稱殷戶。余廣在鄉中娶一妻，生二子，長子曰田，次子曰農，均在廣州中山大學農學院畢業後，助父躬耕，克盡子職，余廣只自耕一部分田地，而有一部分田畝則租給人耕，除自耕收成之外，尚有田租舖租，收入豐裕，以為少年在外邦辛勞作工，晚年尚可在故鄉享福也。余廣後娶一妾，生二子，均習商科，助父營商，輸運中藥至美洲發售，亦有利可圖。太平洋戰後，余廣以淪陷期間受日寇壓迫，戰後擬重渡美洲，重做洗衣生意，再覓多資，為兒孫造福。惟其子以余廣漸老，不宜遠離祖國，在異邦作工，力阻不能成行。其三子因辦中國成藥及蠟丸出口，運往美洲，故在香港設行，余廣因生意計，將多年積蓄，在港購一店戶，以助兒子經商，而已則仍與長子及次子居鄉中，自有田園舖戶，生活固甚優悠也。會有美洲僑工謝某，在美洲作苦工多年，本有積蓄，惟因嗜賭，盡輸去所有，歸國並無事業可為，余廣眷念同鄉之誼，且以謝亦為華僑工友，招請在己之田園作耕夫，待遇頗優。惟自大陸陷共後，余廣即被視作資產華僑及農村地主看待，竟謂其壓迫農工，為己耕作，囑寫自白書，並清算歷年的所收田租舖租，初時留在鄉中，出入掛一牌於身上，上書「地主資產階級，剝削農民分子」。其子阿田、阿農，則以為農業專長人員，任由徵調到別鄉工作，而余廣在故鄉之田戶，則盡量獻出公有，余廣仍須落田間工作，以年事已老，仍無休息機會，幸得其妾及三四子自港匯款返鄉，將余廣贖回香港，而其髮妻及長次二子，仍在鄉中受共幹壓迫勞役，不能脫身。余廣依其三四二子居港，已將十年，且以年近七十，不堪受此打擊，一生勞作，希望在故鄉安度晚年，願望成空，雖在港仍有一店戶，靠其子經營生意，尚可維持家計，惟尚需供養其妾及兒媳幼孫，香港米珠薪桂，一家七八口，只僅足以過活。而三子所營之中藥運美洲生意，以中藥及臘丸來源俱在大陸，購買材料，多方限制，且價甚昂，成本又不化算，只得縮小生意範圍，營業狀況，一落千丈。最近經濟環境，亦不若從前。余廣眷念髮妻及長次二子，無力接濟援助，憂勞成疾，患哮喘症及嚴重心臟病，月前在醫院留醫，以病況日危，卒不治，臨終仍以鄉中妻兒為念，深恨共黨惡若虎狼壓迫僑胞也。

《工商晚報》，一九六四年十二月十日

五七　故鄉遙望傷心地　違難天南誤舊歡

友人阿華，父國元為泰國米商，母黃氏，阿華倚母撫養，國元以商業關係，久居泰國，廿載未還鄉，尋且入泰籍為泰籍華人，以居泰生活枯寂，再娶一泰女朱氏，無所出，故國元懷念鄉中妻子，惟匯款接濟，並着阿華長大，即來泰國隨父習商。阿華以生母居鄉，不欲遠離，且中學亦僅畢業，仍欲入大學攻讀，故不願遠離祖國。阿華有舅父黃某，時將阿華母子照料，黃以阿華既長成，黃氏僅得一子，與論婚，娶鄉中吳氏女為婦，吳亦賢淑女子，親操井臼，俸奉家姑，①旋且生一子。國元在泰，對兒子婚事，本不贊成，惟以其妻作主，亦無之何。會赤焰披猖，家鄉俱為共黨所陷，黃某深為共黨所恨。執之縶縲絏，並以治罪，阿華以時近舅父，亦被牽涉，共幹逼其寫自白書，仍居鄉中勞役，並時勒巨資，始免追究。阿華本有志青年，不甘屈處鄉中，又值年前大飢荒，乃賄共幹，乃得來港，而老母妻兒，均仍留鄉中。阿華抵港，寓其叔父家，然後設法申請赴泰護照，親往尋父。及抵泰國，其父以阿華隻身來依，父子得慶重圓，樂甚，但未忘其鄉中髮妻，而阿華亦苦念母妻，未脫虎窟，央父設法匯款接濟，國元許之。惟命阿華再娶其妻朱氏之姪女為婦，並申請入泰籍，俾父子在泰，開枝散葉，阿

附注

① 「俸」字疑為「侍」字。

華無奈，強從父命，另娶朱女，然對鄉中吳氏女不能忘懷也。會國元命阿華押運米糧來港發售，阿華乃得重返港地，寄寓叔父慶元家，即修家書，與吳氏聯絡，及得覆函，則其母黃氏已於月前逝世，現留家鄉者，僅吳氏母子，懇設法拯救來港重聚。阿華痛母亡故鄉，妻兒受困，無心返泰國，乃函其妻吳氏，着先往廣州依其戚居住，候機來港，幸在共區地方，利用資財可避人看管，吳氏得夫資，賄通共幹，乃經中山石岐逃往澳門，輾轉而獲夫妻父子團圓，恍如隔世重逢。而其子在大陸失調養，骨瘦如籐，又患病失醫，抵港後始延醫治療，幸天相吉人，卒告痊癒。阿華以既與吳氏團聚，不願再返泰國，函告乃父國元，請許其居香港，與叔慶元共營米糧生意。國元不諒，謂阿華已另娶泰女朱氏，不能只顧吳氏而不理後妻，若不返泰，則遣朱氏來港，不能分居。幸吳氏女甚賢淑，以阿華父命另娶，不加怪責，並歡迎朱氏來港同居。惟朱氏來港後，非常妒忌，幾不許阿華與吳氏交語，阿華目前尚賴父資營商，惟有遷就朱氏，而髮妻吳氏母子，處境甚苦，誠不知將來若何決此，拜中共暴政所賜也。

《工商晚報》，一九六四年十二月十一日

五八／煙霞沾染癮君子　毒癖戒除如再生

余居聖保祿醫院休養，時與病人接近，因而結交，年前認一病人名唐君，與余同房，詢其患何病，彼則諱莫如深。因詢諸醫院中人，謂唐已入醫院療治數次，疾仍未痊，實則唐並未嘗患病，只染煙霞癖，入院純為戒毒，惟彼積癮多年，屢戒屢吸，屢吸屢戒，尚未斷癮，故又進院。余因好奇心動，欲窮其始末，因向唐詢候病況，唐初隱而不言，余乃露表同情之心，唐因告余以吸毒經過。據云彼本為一正當商人，承父主理一金飾店，生意頗盛，營業時間，為每晨八時至夜間十二時，雖無辛勞工作，然悶守店中，生活枯燥，乃偷閒出外，結交浪友，或飲宴以實口腹，或聚賭以消磨時日，更與浪友交遊，帶往玩弄女色，以至虛耗精神，身體虛弱，而浪友輩謂提神醒腦，莫如吸鴉片，引至售煙暗窟，吸毒消遣。初時吸一小份量，精神略振，而色慾更強，及後則越吸越深，一無毒品，即精神萎靡，每日辰光，花一半時間吸毒，以致店務荒廢，生意趨淡，而對賭博女色，復漸躭迷。幸唐妻賢明，緊握財政，唐亦不能浪取浪用，其妻向其規勸，着先戒絕毒癮，然後重將店務交還唐主理。唐不得已納其妻勸陳，費三千餘元，始戒除煙癖。然自戒煙後，仍未與浪友斷絕，且與一相好女子在外另居，該女子本為撈女之流，薄有姿色，而工狐媚，對唐則不只俯順，因投其所好，唐每日自店中到彼香巢，彼即置煙局與唐吸毒，故又復染癖，致誤返店時間，深知非再戒不可，故再到留醫院戒除，亦花去二千餘元。而唐妻亦知唐另有女同居，亦不強諫，惟緊握經濟權，不使唐再花用。無如唐之浪友，借貸與唐，復偕往吸毒，尋且眾浪友群至其店中索債，唐妻無法，只得為之清還，而對浪友說以後再不負責。同居之女子，以唐錢財不到手，日久生厭，漸且另交男子，置唐於腦後，甚且引男子至所居，視唐若無物，唐因失意之餘，無以陶醉精神，又復偕浪友至煙窟吸毒，漸又成癮。又以煙窟被警搜捕，吸食不便，因而再進醫院留醫戒毒。其妻亦每日撥冗至醫院探視，善言相規，宜交益友，莫交浪徒，且吸毒有違法令，務須戒除，女色迷人，賭博無益，尤須自檢。自去年唐戒除毒癖後，一年未與之遇，日昨偶經其店，見其坐在櫃面，且覺體壯肥白，想必回頭是岸，痛改前非也。

《工商晚報》，一九六四年十二月十二日

五九　豢犬尚能為職業　世人犬馬作生涯

香港為廣大之城市，人口三百餘萬，失業者眾多，而如何維持生活，堪值得一述。余有戚郭君，失業已十餘年，賴租得一舊樓，樓有三房，轉租與人，郭君則作二房東，月得三數百元，足以維持家用，然無工作，日間無聊，郭君乃豢養白鴿、白燕，鳥雀亦頗易繁殖，畜得乳鴿及小白燕，售諸市廛，亦可增多收入，然獲利甚微，且非久計。郭君近又不豢養鳥雀，轉而豢養洋犬，覓得洋犬名種，在家畜養，養犬注意清潔及營養，勤為洗濯，並訓練各犬能解人語，喝睡即睡，喝坐即坐，狗懂人性，非只值得玩養，而郭君所養之名貴洋犬，且獲本港畜犬比賽冠軍，獎賞金牌，郭君更增興趣，至所養母犬，為之配種，產得小犬，又可售諸玩犬者，以其為名貴犬種，且來歷均有歷史，有出世紙，並不混種，至為矜貴。郭君所售之小犬，最平亦二三百元一頭，且求過於供，月售三數頭，即得千元。郭君近養犬多種，分欄豢養，不使混亂，郭君以養犬為業，販犬為活，經已數年，處此人浮於事，覓職艱難，以此為生，亦足過活，且得稱為養犬專家之美譽，雖無若何前途，亦算營生有術也。近自澳門舉辦狗賽，許多人亦藉犬為生者，惟此輩非畜犬，只帶外圍犬賭博，每期賽狗可得佣銀一二百元，每星期賽狗二次，即可得三四百元，每月可賺千數百元，此輩非正當職業，亦可求生活，目前賭風之盛，益為此輩覓食機會。目下白領階級，多數月薪只數百元，所入不如此輩遠甚，誠可嘆也。然帶外圍犬賭博，本為犯法，其不及養犬為活之高尚多矣。友人某以粵劇近年不景，絕無演出機會，拍電影又需後台老闆，且易虧本，乃向犬中尋食，日前余與之遇於茶室，以其長期失業，何故滿面春風，及詢問其近作何業，則謂犬馬為彼造福，以此為啖飯計也。伶人失業，因賭犬馬，固不足論，尚有本在商場獨當一面之某君，近卸職，閒亦聚精會神於賭狗，以大注求小利，俾足月用，於願已足，蓋作一商業機構之長，責任既重而薪俸亦不過一千幾百，賭外圍狗博回千餘元一月，則失業猶如得職，某賭狗至今，未嘗虧損，至如何贏錢，則余非此道中人，不甚了了也。又有友人為犬主，彼承購賽犬數頭，交澳門練狗師畜養，友人每星期至澳門一次，為逸園基本賭客，亦多贏少輸，至普通人博十一之利，以小注碼賭博者，不知凡幾，此輩多無固定職業，尚得過活自如，蓋善於賭者，鮮聞其鎩羽也。

《工商晚報》，一九六四年十二月十三日

六〇／聖節將臨思贈禮　冬來未負菊花期

本港羊毛織品、棉織品價廉物美，外國人亦多購買，惟影響外邦市場，故限制輸運美洲，以至華僑欲購華人織製之棉毛織品，亦不可得。然每年聖誕，如作禮品，則可免稅寄運。舍姪及舍姪女均在美邦，兩月前即函港親屬，囑寄羊毛運動衣、飛機褸、免漿恤衫等物赴美應用。計羊毛衫一件，價只港紙約四五十元，而在美邦購買，非二三十元美金不可，飛機褸約值港幣三十餘元，而在美邦購買亦需二十元美金，可見彼邦物價之昂，因而想到生活程度之高。上月嫂氏與余同寄衣物赴美，作為一年一度聖誕禮物，然非禮誕，則不能寄運。購衣物用去數百元，即郵費亦將達百元，而仍比在美邦購買較為化算也。日昨至九龍，遇外姪孫女等，一見余即詢聖誕有何禮物相贈。余童年時聖誕，兄嫂及教友所贈聖誕禮物，多為玩品，惟今兒童，首重日用實物，有索皮鞋一對，有索外套一件，亦費數十元，余不忍拂兒童之意，允為購買，至余居醫院休養，亦需備款送禮主事護士長及打賞工人傭婦等，余積得餘資三數百元，僅足聖誕送禮之用，而今年未製冬衣，所有西裝亦為年前縫購，今年尚未有新衣可穿。然一介文士，無須衣飾驕人，去年舊衣，今年穿着，亦不會貽笑大雅也。獨惜身體逐漸肥胖，去年所穿之西褲又需放闊始可合穿，西衣則略嫌過窄，然亦得過且過，不願張羅購衣之資也。回憶學生時期，不知父母之恩、稼穡艱難，每星期穿着西裝七套，按日更換，潔裝麗裳，自以為豪，動輒笑人寒酸。及自立年齡，則知節省，一衣一食，亦知來處不易矣。年來則自笑寒酸，友人則謂我有如東籬之菊，孤芳自賞，昨日亦有人如此謂我，則又不禁浮起菊花之雅興。只所居之醫院花榭，亦種有盆菊多種，其蟹爪棗白，則較為普通，尚有金絲繡球，黃花獨秀，重苔宮粉，淡紅冷艷，兒時在家中賞菊，以先父逸士高風，故名貴菊種尤多，其中最著者為風前牡丹，開花較遲，而白瓣巨型，大如牡丹，意指人生富貴，有如風前一剎那，究不如隱士風雅。至藍色捲瓣則有碧玉帶菊，星瓣菊又有九月紅，均為兩湖名種，在湖南、湖北則九月開放，廣東較暖，十月或十一月始開花，合此紅白藍三色，恰以中英美國旗，故昔年我家種菊，為外邦人士賞覽。惜自戰亂以來，菊種漸失，風前牡丹已不重睹，港地土瘦泥黃，近年難得塘泥運港，故不宜植菊，然「東籬尚有隱君子，海角依然賞菊花」，處此末世，忠貞凜節之士，不少寄居島隅，雖無盛大之菊花展覽會，而孤芳矜節，不負菊花期也。

《工商晚報》，一九六四年十二月十四日

六一／水銀燈下談今昔　南北影壇話盛衰

粵語電影近走下坡，許多人以為原因是賭風大盛，花一二元可賭外圍狗，且可博彩，故逢星期六星期日旺日，映粵語片之電影院仍一片淡風。有些人以為粵語片觀眾減少，停止製作，縱有些仍經營粵語片業，也多虧折。然而國語片市場，依然旺盛，最近如《王昭君》、《董小宛》等片，都十分賣座，論者謂最近本港，外省人多，故國語片賣座紀錄，高駕乎粵語片之上，此則為片面觀法。以目前香港粵人，總比外省人為多，不過粵省人亦不少愛觀國語片，此無他，國語片之製作，無論如何，比粵語片認真得多，且成本較重，在質的方面，比較優於粵片耳。回憶港戰前，滬粵淪陷之際，香港已成孤島，當時電影事業，較現在蓬勃。粵語片暢銷南洋星越泰緬菲五屬，美洲尚出高價採購粵語名片，市場廣闊。而本港一流電影院中央戲院及利舞台，均映頭手粵片，而二三手影院，亦有十餘間之多，故收入頗有可觀。惟粵語片初時粗製濫造，亦一度崩潰，滬製國片，如《明末遺恨》、《秦良玉》、《木蘭從軍》、《費貞娥刺虎》等片，為顧蘭君、陳雲裳主演，得賣座甚盛。中央、利舞台兩院，也停映粵語片而多映國語片。至啟明片場，為當時技術最好之攝影場，也停拍粵語片而改拍《孤島天堂》、《一代尤物》等國語片，啟明公司主事人陳某，以粵語片遽走下坡，至為可惜，乃集資組中泰公司，以拍攝粵語片大片為原則，認真製作，不計成本。當時以粵劇尚能賣座，首拍薛覺先之舞台劇《姑緣嫂劫》，然並非像今日之舞台紀錄片原劇搬上銀幕，只不過加插一段舞台劇於片中。而該片為一大笑劇，由莫康時、李應源聯合編導，薛覺先、李綺年、林坤山、鄭孟霞、吳楚帆聯合主演，陣容甚盛，該劇每一鏡頭，均有笑料，噱頭十足，因得觀眾愛閱。其後製《銀燈照玉人》、《風流皇后》、《大地回春》、《孤島情俠》等片，均甚賣座，足與國片抗衡，每片只在香港及售與美洲，即收回成本，南洋五屬收入，純為溢利。其時南洋公司、大觀公司等拍片均花成本，製作認真，故能賣座。而當時胡蝶、王引拍攝國語片《絕代佳人》，取材陳圓圓故事，而余拍《一代名花》粵語片亦同一題材，收入不相上下，故粵語片與國語片，市場實同樣廣闊。不過今之粵語片多製舞台紀錄片，照舞台劇搬上銀幕，缺乏真實感，而拍製時裝電影，多拍鬧劇，票價低廉，收入亦低，有時且因陋就簡，粗製濫造，且成本過少，拍製亦不及國語片認真，故每況愈下，若仍欲與國語片爭市場，非一番振作不可也。

《工商晚報》，一九六四年十二月十五日

六二／叶羽探商揚節義　亂離兒女亦冰清

女弟子李某，為人勤慎好學，冰清玉潔，戰時曾傾倒不少男兒，而她迄無當意者，余與之不見多年，今夏余至一餐室晚餐，始與之遇，她為該餐室收賬員，顏容憔悴，余因詢其所苦，得聞一段傷心事。緣她畢業中大後，與一滬籍男子禤某遇，二人一見傾心，禤某為富家子弟，且為獨子，惟無紈袴氣習，且胸懷大志，願作一學者，為人師表，盡彼亦有過人之學問也。然她為一貧家女，不為禤某父母所喜，而二人一向情深，不顧家庭阻撓，在港結婚。不幸大陸變色，禤某父母均在滬上，而所有資產，盡在共黨手中，禤某在港，昔日尚有父母接濟，此時則斷絕供給，雖在校當教員，而月入甚微，且有一子一女，家庭負擔至重矣。八年前禤某接其父母函，囑其回滬，冀可保產，禤某一時受愚，棄家獨返上海，得其女友介紹，入機關服務，其女友本為共黨黨員，雖無力為禤氏保存家產，亦能保禤父母安全，禤某旋且在上海一中學任教師，又與其女友結婚，置她於腦後，她在港撫育兒女，典當殆盡，復得女友介紹，作餐室收賬員，子女託同居料理；則由每晨九時工作至中夜十二時，月得五六百元，僅敷家計。最近禤某來函，着她攜子女歸大陸團聚，她以禤失節事共，且已另娶，恩情已斷，決拒所請，任何艱苦亦在港撫育兒女。余聞所言身世，深嘆禤某不智，有負其愛妻矣。今秋嶺南大學同學陳某，至法國醫院向余索曲，贈與歌伶李慧主唱，余因感她有若明末之李香君，因撰《桃花扇》之《李香君守樓》一曲應命，《桃花扇》為詞人孔尚任著之傳奇，記明末弘光帝時公子侯朝宗（方域）與名妓李香君事蹟，香君許侯方域，權臣田仰謀奪之，香君堅拒，在小樓以首觸柱，血濺扇面，畫人楊文聰取血點畫成桃花，襯以枝葉，故書名「桃花扇」，並以扇寄侯方域，勉其盡忠明室，香君則守樓保節。後侯方域欲保田園，出仕清室，有負香君，而香君後即棲真，不再許人，亦與侯方域絕。其咯血痛泣時，大呼：「國在哪裏？家在哪裏？還看不斷花月情緣！」①侯方域聞之大慚，後之騷人，多以詩詞表其哀艷事蹟。茲錄時人詠《桃花扇》曲詩句如下，許菊初詠：「桃花扇血足千秋，況得名歌詠守樓。楚舞美人知有恥，吾於身世幾離憂。」閩漳紅葉客陳劫餘詠：「顧曲周郎老更狂，偶然風調入篇章。不哀明末紅顏劫，只笑朝宗誤李娘。」常政詠：「今宵樂府按紅牙，唱到香君事可嗟。幸有江郎才未盡，還將心血付桃花。」李慧歌《桃花扇》一曲，亦潸然淚下，座中不少受其感動也。

《工商晚報》，一九六四年十二月十六日

附注

① 十三郎引用的是孔尚任《桃花扇》《入道》一折的曲文，原曲文為：「呵呸！兩個癡蟲，你看國在哪裏？家在哪裏？君在哪裏？父在哪裏？偏是這點花月情根，割他不斷麼！」這原是劇中張瑤星的唱詞，並非李香君的唱詞。

六三／卅年奮鬥成功者　仍在銀壇較短長

電影演員，每經奮鬥而成功，若恃年少貌美，而不求演技深造，縱使僥倖成名，亦不能長久。武俠名星曹達華，是紅極一時之主角，然曹從事電影，已有多年歷史。遠在戰前，其姊曹綺文方在電影界露頭角時，曹達華即廁身電影界，在大觀公司充當配角，演粗線條戲，略有成就。當時啟明片場拍攝《岳飛》及《趙子龍》兩片，片中之牛皋及張飛兩角，覓不得適當人選，按演舞台劇，牛皋及張飛均為二花面表演，電影界演員，能覓體魄雄偉，脾性剛直者固屬難能，而電影演技，無所遮掩，非如舞台劇，畫花口面，亦有剛直典型，故《岳飛》及《趙子龍》兩片，此角費索思量。後主事人以曹達華善演粗線條戲，以之飾演二花面戲，諒可勝任得宜，而曹亦無與任何公司訂長期合同，自易聘請，卒由《岳飛》導演嚴夢首聘曹達華飾牛皋。當時所拍之歷史戰爭片，非如今日舞台紀錄片之兒嬉，戰爭場面，由演員親在馬上持刀槍戰鬥，飾演古時將佐，須嫻熟馬術，曹達華乃潛心苦練，作馬上牛皋，表出一片愚忠，驍勇善戰，為《岳飛》一片生色不少。及余編導《趙子龍》一片，亦以張飛一角與曹達華飾演，當時飾演趙子龍者為白玉堂，飾糜夫人者為鄭孟霞，佔戲較多，百萬軍中藏阿斗、攜民渡江數幕戲，張飛亦佔重要場面。尤以張飛喝斷長板橋一幕，曹達華演來有聲有色，勒馬持矛，在橋頭怒喝，邀曹軍決一死戰，曹操聞語，為之喪膽，達華威風十足，一個張飛活現銀幕，而義勇動人，令觀眾心弦震動。在《趙子龍》一片，曹達華搶盡鏡頭，自演花面戲牛皋與張飛後，影界賜他花名「大牛順」。其後拍演古裝武俠片，曹達華亦多充配角，斯時演戲雖多，然猶未十分得志也。戰後本港影壇復興，曹達華一心研究表演技術，除舞台紀錄片外，則以武俠片為賣坐。曹達華專演武俠片，初時與關德興之演黃飛鴻演對手戲，而曹又能獨當一面。演武俠戲，女主角首推于素秋，男主角則首推曹達華，當其最盛時期，一月間曾拍武俠片四五部。除拍武俠片外，又拍偵探片，偵探之造型，亦以曹達華為特長，故為觀眾所喜悅。曹以多拍片故，得資積蓄，並兼營戲院事業，然曹之地位，為三十年來奮鬥所得，非一朝一夕致成功。現在人雖已屆中年，但演武俠片主角，仍能與年青後輩爭一日長短，依然站穩粵片武俠明星之首座，傲視影壇也。

《工商晚報》，一九六四年十二月十七日

六四／嶺南最是多佳麗　藝海影壇負盛名

我國電影界歷史，不過四十餘年，而一向號召，多重女明星，而享譽女明星當中，以粵籍人居多。如演風騷戲得名之楊耐梅，為廣東南海人，曾受中學教育，其父楊奕初，為有名滬商，設廣發源牛皮莊於滬，生意甚盛。耐梅十九歲即婚某氏子，以脾性不合，又與翁姑不和，因而離婚，投身電影界，入明星公司，以刁蠻潑辣、風騷妖媚戲見長，在默片時代，走紅一時，尤以演《空谷蘭》時期，與張織雲同為一雙主角。張織雲亦廣東人，原籍中山，初為上海商務印書局女職工，後以愛好電影，入明星公司，以演閨秀戲見長。織雲姿色美艷，且善演苦情戲，有主角丰度，故當時亦走紅銀幔。其後聲片時代，楊耐梅與張織雲俱脫離影界，民廿年間常見張織雲於空軍俱樂部，時已三十餘人，尚覺嬌艷，且善交際，盛譽弗衰。轉瞬二三十年，經過戰禍，二人均飽歷滄桑，紅絕一時之艷星，寂寂而終，殊堪惋歎。至當年比楊張更紅之女星阮玲玉，亦粵中山人，初隸明星公司，後入聯華公司，聲譽鵲噪，其主演名片，有《故都春夢》、《新女性》、《玉堂春》、《神女》、《野草閒花》、《人生》、《桃花泣血記》、《三個摩登女性》等片，為最受歡迎之女角，惜以桃色事件而自殺，死時舉國影迷哀悼。至影后胡蝶，亦廣東人，亦曾在中學畢業，初隸天一公司演《梁祝痛史》成名。後轉明星公司，聲譽益隆，其主演名片如《啼笑因緣》、《姊妹花》、《夜來香》等片，均大受歡迎，近已年將六十，然猶駐顏有術，間中仍上銀幕拍片，觀眾亦未忘影后之名，故尚頗能賣座。至陳雲裳則初拍粵語片成名，彼亦粵人，通國語，初在廣州拍《吳越春秋》一片，以各方條件未具備，故成績平平。後來港後，入全球、大觀等公司拍片，甚有成績，一度被稱為華南首席女星，後為上海藝華公司聘去，拍攝國語片，成績優異，其成功作品有《木蘭從軍》、《秦良玉》、《費貞娥刺虎》等片，其所拍粵語片，以《風流皇后》為代表作，均得賣座最盛。至李綺年亦廣東人，十九路軍淞滬之戰時，義唱勞軍，得獲冠軍，後為大觀公司趙樹燊賞識，聘其拍演《生命線》一片，因而成名，後在大觀公司三年，轉入南洋公司，後亦赴滬拍國語片，戰後已過芳菲年齡，在南洋潦倒以終，聞者惜之。此外廣東籍而馳譽國語片壇者近年亦不少，限於篇幅，不能一一列舉矣。

《工商晚報》，一九六四年十二月十八日

六五／開到荼薇花事了　紅氍冷淡又銀壇

粵語片始自香港，最初為廖夢覺主演之《傻仔洞房》，當時攝影技術幼稚，收音聲線糢糊，而該劇劇情胡鬧，惟得風氣之先，故賺大錢。其後粵伶薛覺先，見獵心喜，在廣州香港各電影戲院預收一大批定金，赴滬攝製《白金龍》，《白金龍》前身為西片《郡主與侍者》，薛覺先浼粵劇編者梁金堂改編為粵劇，以時裝戲而穿插粵曲，且劇情曲折，故得賣座。然以之搬上銀幕，不能視作舞台紀錄片，只可視作西片改拍粵語片，加插唱曲而已。薛覺先拍《白金龍》，初擬搭美商強生公司代拍，畫頭已由強生公司拍就，錄音與攝影俱佳，故收宣傳之效，後以成本過高，資金不足，乃與邵氏兄弟之天一公司合作，取分賬制度。果爾《白金龍》一片面世，收入破空前紀錄，薛覺先與天一公司各得溢利十餘萬元。繼續拍攝《歌台艷史》，而是片收入平平，薛覺先夫婦僅得回二三萬元工薪而已。此時白玉堂在香港亦拍攝《良心》一片，為麥嘯霞導演，雖成績平常，亦獲巨利，天一公司以粵語歌唱片有利可圖，因而遷廠至香港製片，薛覺先為拍《毒玫瑰》一劇，因版權問題，不能公映，乃改拍《生活》一片，以薛演諧劇，並不見長，故該片雖不至虧折，亦無利潤，反而林坤山主演之《鄉下佬遊埠》，獲利甚鉅。天一公司復以舞台劇《火燒阿房宮》改為古裝戲拍攝，由黎笑珊主演荊軻，雖無鑼鼓，亦稱舞台紀錄片，攝影與收入成績尚佳。其後演古裝舞台劇成功者，則為李應源導演、桂名揚主演之《今古西廂》，攝影技巧及舞台劇穿插得宜，故獲巨利。其後李應源與莫康時合作拍攝薛覺先之《姑緣嫂劫》，亦加插一段舞台劇以迎合觀眾口味，至余所拍之《一代名花》亦穿插一段舞台劇吳三桂與陳圓圓故事，由麥炳榮、徐人心、劉伯樂主演，亦得賣座。近十餘年來，影壇每將舞台名劇拍攝紀錄片，粵語片出品，舞台紀錄片一度幾佔百分之七十，初時收入尚有可觀，惟近年舞台紀錄片已走下坡，原因為劇本陳陳相因，只迎合婦人孺子口胃，而穿插歌曲，又無新穎撰作，套套舊調，觀者聽到生膩。更因製作馬虎，而銀幕上穿插鑼鼓，缺乏真實感，觀眾寧看有現實性之時裝粵語片，取材現實，針諷社會，較有教育意義也。且舞台紀錄片，究不如舞台劇演來之真正技藝，雖電影票價低廉，而觀眾樂於觀看真人演劇，故近來舞台劇又比紀錄片較為賣座，然均不注重劇本，故恐亦難持久。「開到荼薇花事了，紅氍冷淡又銀壇」，可為今日嘆矣。

《工商晚報》，一九六四年十二月十九日

【編者按】是日專欄編號誤作「六四」，今按順序重排，下同，不另作説明。

六六／縱有天才能發掘　亦難一躍登龍門

民國廿三年，余初度導演電影片《兒女債》，當時由陸君投資，不計成本，只求藝術超卓，余乃搜羅電影界技術優秀人才，以華南首席攝影師李文光擔任攝影，並由美國愛司亞錄音機錄音，採用米曹攝影機，器械精良，製作慎重，演員延聘林坤山、林妹妹、黃曼梨、吳楚帆、大口何、巢非非外，並起用悲劇天才新星林雪蝶為主角。《兒女債》一片，為粵劇《零落花無語》改編，在舞台上由千里駒、靚少鳳、葉弗弱、李艷秋主演，在舞台演出，已有優良成績，幾經斧削，乃改編電影，拍製兩月餘，耗資幾達三萬元，成本之重，為當時粵語片最高紀錄，果爾該片公映，備受觀眾歡迎。誠以演員陣容不弱，而攝影優美，可稱一時粵語片霸，故成本雖昂，而收入相抵有利。以後粵語片即改善錄音，注重攝影，亦因受《兒女債》優越成績影響也。其後余拍攝《萬惡之夫》，起用新人梁添添、謝天，配以黃曼梨、伊秋水、朱普泉等角，成本較輕，僅萬餘元即完成該片，而成績賣座亦不劣。當時粵語片成本，僅數千元一套，然製作技術自然低劣，故《萬惡之夫》，在技術上仍佔優勢。其後余伯《女兒香》、《一代名花》、《花街神女》、《趙子龍》等片，技術上經已改善，而成本亦較輕，故在營業方面不至失敗。戰後余與戲劇電影界脱節，不彈此調久矣。會有一位小妹妹，為友人黎君介紹於余，備有戲劇天才，徵聘余編一劇本，給與攝影，時小妹妹為某國語片公司客串，飾演童角，邀余往觀，以壯聲威。黎君約余同往，聲明十一時化裝，正午開鏡，余為內行人，明知必不依時，姑照時間前往，免使小妹妹失望，正午抵達片場，則主角仍未化裝，迨二時仍未開鏡，余不及待，匆匆離片場，後聞小妹妹之父親説導演採用跳鏡頭方法拍攝，演員表情，均由導演指導，應哭即哭，應喜即喜，而對劇情內容，演員未嘗詳盡了。及該片公映，余亦往觀，覺小妹妹雖有演技天才，鏡頭雖能接上，而表情未能連貫，成績平平。小妹妹之父親仍央余為其編寫一粵語電影劇本，聲明認真製作，不負余心血，惟黎君向余言，只集資數萬元，並向各戲院貸資三數萬元，亦足製片之用，余知目前十萬元成本以下之粵語片，其成績一定馬虎，且余與較有修養之導演莫康時及胡鵬君談及目前製作問題，均謂攝製為片場期限拘束，欲精心撚鏡頭，已無可能，目前製片家均志在營利而非重藝術，①花數十萬資金拍一鉅製，實不可得。余聞之，興致淡然，輟筆不談拍攝電影事矣。

《工商晚報》，一九六四年十二月二十日

附注

① 「而」字按原報殘畫推測。

六七／水銀燈下忙不了　當年舊事說從頭

香港電影公司，初期設有製片廠者為大公司，當時五大公司為南洋公司（即天一邵氏公司）、大觀公司、啟明公司、全球公司、南粵公司，各公司均有實力製作，特殊銷場。就南洋公司而言，原為邵氏兄弟創辦，邵氏由邵仁枚至星馬一帶廣辦遊樂場及電影戲院，放映電影場所，凡數十處，故在製片方面，有自己戲院開演，不愁積壓不放映，已佔優勢，故出品甚多，而導演及演員陣容，亦自不弱，其長期演員先後有薛覺先、唐雪卿、林坤山、譚玉蘭、梁雪霏、羅品超、張活游、張月兒、梅綺、李綺年等角，並聘請桂名揚、伊秋水、吳楚帆、胡蝶影、露明等主演一二部片。天一南洋最初以粵語片為本位，當時多聘請粵劇界人才，誠以有廣州及四鄉電影院放映，而本港亦多粵語片觀眾，南洋五屬以及美洲，市場廣闊，粵語當時比國語片更為吃香，且成本縱然較重，亦不愁虧折。邵氏兄弟除南洋公司自製影片外，並購買各公司南洋影權，亦獲利不少。大觀公司則為美僑趙樹燊主辦，除製片外，並購片赴美洲放映，基本演員有李綺年、吳楚帆、鄺山笑、林妹妹、黃曼梨、馮峰等，製作亦頗認真。至啟明公司則因有本港中央利舞台地盤，故收入較有把握。白燕、周巨華、梁添添、謝天、楊依華、盧敦等均在啟明出身，並因李應源兼買美洲映權，故啟明公司之市場，亦相當廣闊。至全球公司則為廣州金聲戲院朱箕汝創辦，彼亦美洲華僑，製片亦有相當成績。而南粵公司為名技術人才竺清賢所主辦，亦出品頗多。戰後各公司均已結束，惟邵氏兄弟公司及其片場依然存在，惟已改拍國語片。至電懋公司亦自有片場，即租用永華製片廠拍攝，規模較大只此二公司，而其餘各公司，均無自設片場，皆向各片場搭拍，故製片廠生意亦不俗，惟多限期七日至十日完成一片，製作急促，成績自然不及理想。至演員拍戲，在粵語片昔日全盛時期，一向卜夜不卜晝，原因是日間汽車及行人聲嘈雜，收音不便，而當年明星，大多粵劇演員，許多演完粵劇，始到片場拍片，故每晚開鏡，恒延至晚上一二時。近年粵劇甚少演出，而粵語片多拍舞台紀錄片，演員亦多在下午至深夜拍片。記得舞台紀錄片全盛時期，演員一天走兩三個廠拍片，最紅者每日拍三組戲，日片間下午三時至六七時拍一組，晚上拍兩組拍至天光，身體勞乏，至一日拍三組劇，劇中人個性，由編劇者遷就其個人身分，並無須創造個性，尤其是舞台紀錄劇，套套如是，只重歌唱，調子新穎，即能賣座，最近亦不如前之盛況矣。

《工商晚報》，一九六四年十二月二十一日

六八　曠世才華詞藻麗　知音渺渺寂無聞

粵劇為舞台歌劇，故重歌詞，許多名劇，以一二段名曲，詞藻幽雅動聽，即能號召觀眾，當時稱劇迷為「顧曲周郎」，看粵劇者其欣賞詞曲程度可知。童年愛觀粵劇，因而結識撰曲人。時有東莞盧傑庵者，為不第秀才，以撰曲為遊戲文章，遂為粵劇界所敬重，其時「寰球樂劇團」以朱次伯能唱《夜弔白芙蓉》及《藏經閣憶美》二曲旺台。朱次伯死後，以靚少鳳補其缺，仍以《夜弔白芙蓉》一劇叫座，班主何浩泉，知詞曲為歌劇之靈魂，乃聘盧傑庵專為「寰球樂」撰曲，其點演新劇《珠崖劍影》、《苦姻緣》、《假神仙》、《顛倒君王》等劇，各曲皆出自盧傑庵手筆。盧不懂粵劇場口，也非八和會館出身之開戲師爺，所有新戲，均由新丁香耀度橋，盧只任撰曲，每劇賺回三數百元。其所撰中板，以《假神仙》一劇為最可取，茲錄其兩段於下，榮歸一段：「更何勞望夫石上卿你秋水為穿，又何勞簾捲西風人比黃花腸斷，又何勞，卿你燈花夜卜喜鵲辰占，從今後，鄉住溫柔，奚用分飛勞燕，從今後，卿你梳頭我就偷看水晶簾。」其描述多情才子，刻劃入微，及聞玉人殞命，憑弔一段中板，亦哀而不傷，茲錄之如下：「枕畔輕寒窗外雨，傷心多少夢中時，無奈中宵扶病起，燈前細誦定情詩，聽寒蟲，啼不住垂悲淚，黯神馳，我本是無緣卿命鄙，莫説道西紗窗畔公子情癡。①」《假神仙》一劇為托爾斯泰名著《復活》改編，其後粵劇界再度編演，一為馬師曾之《原來我誤卿》，一為唐滌生編劇，陳錦棠、關影憐合演之《沖破奈何天》，然詞藻均比盧傑庵遜色。盧又曾為靚少華之「梨園樂」班撰曲，當時主角為靚少鳳、陳非儂、靚少華、廖俠懷，其所演名劇《漢光武走南陽》、《牧羊郡主》、《三家緣》等劇，詞曲均出自盧傑庵手筆。然盧性素高傲，對粵劇界一般無文學修養之開戲師爺，恥與交遊，故為編劇界所排擠，卒不能立足於粵班。後為四牌樓東莞會館一小學當教員，清淡過日，間中為靚少鳳撰一二段曲，只為業餘寫作，而靚少鳳亦送回厚酬。盧染肺病，卒於廣州淪陷時期，境況蕭條，聞者惜之。又素重詞藻之編劇家馮志芬，其境遇亦與盧傑庵相似，馮初為廖俠懷所器重，「日月星」班名劇《火燒阿房宮》、《血戰榴花塔》、《冰山火線》等劇，曲詞多出自馮志芬手，後為薛覺先編撰「四大美人」，尤以所編之《胡不歸》一劇，其曲詞自今為人傳誦。馮性耿直，以己具有撰曲天才，與時下虛譽者有上下床之別，又不加入八和會館，故為粵劇界所不悦，港戰後，馮即寂然無聞，馮卒於大陸淪共後，死後棺槨亦無，痛哉！

《工商晚報》，一九六四年十二月二十二日

附注

① 「西紗窗」，疑為「茜紗窗」。

六九／銀幔舞台猶涉訟　輕財息事我非狂

數年前余精神尚未回復正常，且被送入西營盤精神病醫院留醫，許多戲劇界朋友，咸憂慮余不能痊癒，陳錦棠、陸淑卿夫婦且親到醫院將余探候，而當時電影界，咸欲得余舞台舊作，拍為紀錄片，惜余一無存稿，無以應命。適有人與關德興商，將余在曲江所編之《關雲長月下釋貂蟬》、《千里送嫂》搬上銀幕，拍為彩色片，由關與周坤玲主演，該劇存稿，在關德興處，故一商即合，迅速拍製完成，並聲明為南海十三郎原著。時有舍戚及舍姪女到醫院看余，當時余住居醫院三等房，月費不過二十餘元，由梅綺負責給與，舍戚即提出某人及關德興未得余同意，將余原著拍為電影，可根據法律手續，討回版權費，乃與余商，擬委託友好律師代辦，着余簽名，即行控訴。時余理智清醒，認為不可，蓋該劇為余在曲江時編贈關德興義演者，今雖非義演，亦一貫初衷，表揚節義，余何必因財失義，破除情面？為德不卒，君子不為。舍戚謂余思想迂腐，雖貧仍講道義，毋怪人謂我為狂人，余惟一笑置之。無何，某生旦合資拍片，亦取余之著作粵劇《女兒香》劇本攝製，亦聲明為「南海十三郎原著」，舍姪女梅綺以彼等未得余同意，擅用余之名字及劇本，亦當索回版權費，商於余，余謂「居家戒爭訟，訟則終凶」，余不欲在戲劇界留不美之名，區區金錢，非余所重。《女兒香》一劇為闡揚民族正義寫作，既拍為電影，與原旨無更易，則不必追討版權費，以示大方。然電影界每因版權問題而鬧爭訟者，近如數年前之《萬世留芳張玉喬》一片，因版權問題，胎死腹中。該片為粵劇改編，但片方只向編劇人購版權，不理原著人，原著人除請律師追討原著版權費外，並對更改劇情提出異議，該片因而拍攝中輟，不能公映，此為近年事。而遠在三十年前，亦有因版權問題而不能放映之影片，此為舞台劇改拍電影之《毒玫瑰》，薛覺先、唐雪卿主演，片成而興訟，卒控至倫敦，主控人為利東公司，利為「大江東劇團」班主，《毒玫瑰》一劇為「大江東劇團」最賣座之劇本，為「最懶人」歐漢扶所編，薛覺先拍製該片時，既未徵求原著人歐漢扶同意，故由利東公司以數百元給與歐漢扶買取電影劇版權，而並以舞台劇版權人提出控訴，卒之利東公司得直，《毒玫瑰》一片不能在英屬領土放映，片公司損失攝製費萬餘元，而薛覺先、唐雪卿亦空拍該片，不得利潤，可見拍片者吝惜區區之版權費，而損失浩大，戲劇界如我之息事寧人者，亦不多睹也。

《工商晚報》，一九六四年十二月二十三日

七〇 火樹銀花佳節夜　良辰美景奈何天

中國電影劇本缺乏，有以外國劇本改編者，然均選名片，故拍製每多成功，如薛覺先之《白金龍》、《俏郎君》均為外片改編。馬師曾、譚蘭卿之《野花香》，亦為德國名星奄美恩寧氏之《藍天使》改編。余於廿餘年前，亦曾改編一部外國片為粵語片，該片原名為《凡夫行徑》，亦奄美恩寧氏主演，富有警世意義。劇情敍述一大公司職員，素得總經理信任，職員已有妻室子女，其子已十五六歲，其女亦十歲以外，家庭中常敍天倫之樂，而職員亦愛子女逾恒，有一次，職員奉總經理命，往鄰近城市收一筆巨賬，臨行與妻子兒女別，依依不捨，然職員平素不近女色，又閱世甚淺，此行竟為女色所迷，貽誤終身，緣職員收得巨大之賬款後，乘車返公司之際，篋中載有巨金，為一女馬扁所覺，女馬扁為蕩女本色，對職員灌以迷湯，入以游詞，以色為餌，職員竟為所迷，車行至中站，女馬扁誘職員中途下車，至附近一酒店歡聚，職員被惑，竟隨之行，而火車中途失事，誤傳職員撞車身亡，家人妻子，無限悲痛，而職員方與蕩女為歡，將家庭置諸腦後，及閱報章傳己已死，公司厚為撫卹其妻兒，職員此時，迷於蕩女之色，又以家庭既得卹金，本人不返，亦無牽顧，乃吞沒所收巨賬，與蕩女同居於別處城市雙宿雙棲，樂不思蜀。轉瞬數年，巨款花耗殆盡，而蕩女則以職員囊資已罄，又生貳心，且有姘夫，對職員態度冷淡，職員以一己幸福，為蕩女所誤，今更見異思遷，另姘漢子，憤怒之餘，將蕩女及姘夫刺殺，逃返故鄉。時為聖誕夕，歸至己家，從窗外偷窺，見火樹銀花，美景良辰，又偷聽其妻子交談，知公司經理，誤以為彼已殉職，決造就其子，在公司服務，無限前途，心為之慰。而自念虧空公款，無面目見人，且為殺人兇手，緝羅罪犯，不願使人知其尚生人世，貽累其子名譽，乃雪中別家，流浪天涯，行乞度日。時職員已白髮蒼蒼，于思滿面，不復為人認識，從此飄泊風塵，不知所終。是劇情節動人，惟屬默片，當年有「琳瑯幻境」舊演員黃合和自資拍片，黃在「琳瑯幻境」與林坤山齊名，老興不淺，親上銀幕，浼余將《凡夫行徑》，改編為粵語聲片，余將該片劇情略為更改，以聖誕團聚為外國風俗，中國人團年，應在除夕，亦為「火樹銀花佳節夜，良辰美景奈何天」，更加一段歌唱，由黃合和乞食時自唱，有「除夕幾曾見有月，月如掩面怕相看」句，片名《天涯慈父》，由石友于導演，片成而余已返祖國工作，聞在港澳南洋，亦甚賣座。

《工商晚報》，一九六四年十二月二十四日

七一　銀壇枉作明星夢　不若身留清白名

電影界羅曼斯，①不少人傳述，然電影工作者，亦多潔身自守，並非如外界所傳之甚也。但其中亦不少貽人口實者，從前有某名妓，投身電影界，以身事某導演，某導演已有妻，只視為外婦，惟對某名妓之電影事業，則極力造就，某名妓因得某導演之栽培，竟成為一時最紅之明星，而某名妓成名後，時向某導演要挾，如薪值提高至某導演之上而排名又要每片均列頭名，不論對手男角之聲譽比己較高，彼亦要將其壓在己下，如此諸般題，某導演難於應付，卒與某名妓脱離關係。某名妓亦略有手腕，故與某導演脱離之後，依然走紅，竟視某導演為仇人，不念昔日提挈之恩，然藝術自有真評，某名妓卒不難保持盛名，②僅數年即沉寂，後亦潦倒而終，無人過問。又有某女星出身原為一小學生，修養幼稚，惟甚聰明，且具天才，為某導演看中，與之同居，每拍片必使之當主角，某女星果得成名，聲譽且在某導演之上，惟有製片家製片，欲聘某女星為主角，某女星必提出條件，須兼聘某導演方允簽合同，而某導演竟因某女星關係，拍片甚多，其後某女星接上海國語電影公司之聘，以某導演不擅國語，不能受聘，而某女星尚關懷某導演，時給予經濟援助，俾其仍在華南電影界活動，並每年南返香港，

附注

① 「羅曼斯」即「romance」，浪漫愛情。

② 「不」字疑衍。

由某導演主拍，攝粵語片一套以保全某導演之名。後某導演病亡，某女星為其厚殮，並脫離電影界，以誌哀悼，如某女星者，亦算不忘本矣。憶余拍《兒女債》一片，須覓女主角，要有演悲劇天才之女星，而時下有名之女星均與別公司有合約，因思造就新人，乃聘一離婚婦人而身世淒涼者為主角，利用其有生活體驗，表演逼真也。時余主持電影公司業務，對該女星頗為優待，如製衣服及疾病醫藥費，均由公司負責，外間以余對該女星另眼相看，遂疑余與彼有羅曼史，然余尊重一離婚女子，拍完《兒女債》一片後，即無與之來往，以示清白，並息謠傳。又後來余導演數片，因識一話劇女演員，該演員略有演劇天才，惟面貌輪廓，不甚上鏡，余因使之當配角，而另聘主角，該演員竟誤會於余，有一次竟向余詢問，謂女演員得為主角明星，是否先要與導演發生關係為條件，果已成例，則彼亦不惜犧牲色相，余亟辯白，謂不論男女，均講真藝術，絕不能因特殊關係即能成功為女明星，導演更不應以主角地位餌人而玩弄女色，惜一般人誤會而已。至今電影界不少出身舞女或更卑微職業者，尚以為以色相餌人，可為主角，而依舊浮沉藝海，可見非有藝術造詣者，不易成名也。

《工商晚報》，一九六四年十二月二十五日

七二／開落夭桃今有主　何勞惆悵怨東風

當全女班最盛時期，李雪芳、蘇州妹兩女旦為一時瑜亮，兩人均有綽號，李雪芳被稱為「雪艷親王」，蘇州妹名林綺梅，梅花冷艷，故有稱為「冷艷親王」。全盛時期，即歸為人婦。二人於青春時期，急流勇退，即拋棄粉墨生涯，擇人而事，一般戲迷，仍以雪艷、冷艷稱其高潔。李雪芳之舞台首本為《仕林祭塔》，蘇州妹之首本為《夜弔秋喜》，兩人既不重着歌衫，此二劇已成絕響，後人縱有仿演該兩劇者，皆有小巫見大巫之嘆。獨有某女旦，亦演《仕林祭塔》，捧台者稱之為「美艷親王」，「美艷親王」非因其美，而因其成名於美洲，故有是稱。從前港粵尚未開男女班之禁，惟美洲人仕，較為開通，亦有男女班同演，「美艷親王」生就一副響亮歌喉，甚為美僑擁護，在美洲亦演《仕林祭塔》，而飾演仕林者，盡皆男伶，以「美艷親王」為擂台躉，走遍美洲各埠，均甚旺台。「美艷親王」亦有「生藕皇后」之稱，彼對梨園子弟，或顧曲周郎，均似頗有熱情，而莫得一親香澤者，故人皆謂其拋生藕，而「美艷親王」之交際圓滑手腕，亦為其走紅之原因。美艷親王初未息影梨園，自美洲歸國，即嫁一華僑子弟，夫婿為一飛將軍，風流俊秀，當時省港男女班開禁，「美艷親王」為各班之理想正印女花旦，班運走紅，應酬自多，時產一子，由其母撫養，「美艷親王」則一心戲劇，無暇兼顧家務，漸為飛將軍不滿，然「美艷親」王尚能潔身自守，即其拍電影公司之總經理及導演等，將其追逐，「美艷親王」亦拒之，蓋為人家婦，固知自愛也。飛將軍月入無幾，而揮霍應酬，仰給於美艷親王，尋且在外另有新歡，二人因而反目，尋且離婚，「美艷親王」受此打擊，變態心理，一改前態，而其演劇藝術，在舞台及銀幕上，均有造詣，故極走紅，在舞台上曾拍薛覺先、桂名揚、白駒榮、廖俠懷、新馬師曾、靚少鳳等，為一時最吃香之女旦，拍電影又曾拍薛覺先、林坤山等角，亦甚出色，尋且自資拍片，亦有收穫，然「美艷親王」以遊戲人間，終無歸宿，不若趁演劇最紅時收山，覓一如意郎君，可作終身伴侶。會有殷商某氏子者，見之一見傾心，某氏子為港澳巨富，而風流倜儻，時為戰時，廣州在大轟炸中，「美艷親王」仍然演劇，某氏子親隨左右作護花者，並勸「美艷親王」息影紅氍，共度優悠歲月，「美艷親王」希其誠，因而結婚，今已廿餘載，子女盈庭，粵劇界咸羡其名花有主焉。

《工商晚報》，一九六四年十二月二十六日

七三╱苦練琢磨成大器　童年早已盛名傳

童角成名，中外影壇皆有，然童角只限於童年演技，天真爛漫，敏感靈活，故得人愛，而一到成年，其演技便不適合，故童角鮮有成人猶保存盛譽者。證以美國好萊塢，默片時代，差利卓別靈發掘積克高根一童角，使之拍《小孩子》一片，果爾一舉成名，其後積克高根拍童角片甚多，均受觀眾歡迎，惟高根成年，只充配角，且無特殊成績，於是聲譽遂沉。又如童角沙梨譚寶，在聲片時代能演女童戲，且善歌唱，故走紅一時，惟一經長大，仍有稚氣，故不能演少女戲而脫離銀幕。我國童角，遭遇亦同，上海明星公司鄭正秋之子鄭小秋，以拍《孤兒救祖記》一片成名，其後拍童角戲亦屢成功。然鄭小秋成年後，因其父關係，在明星公司有優越地位，主事人遣之飾成年主角，且有影后胡蝶拍演，而鄭小秋以演技呆滯，不受歡迎，後亦沉寂無聞。而昔年演《古井重波記》童角之但二春，父為導演但杜宇，一心造就，本可有為，無奈但二春成年後，亦不善演劇，只在製片技術略有成就，助人導演或作製片，無復童年盛況。聯華公司之童角葛佐治亦然，只在《迷途的羔羊》一片拍童角戲成功，其後成年拍戲，部部失敗，故在影壇上，童角成功成年失敗，數見不鮮。惟舞台上之演員則不然，北劇名角如譚小培、譚富英、李美春等，童角即在科班出身，而享譽數十年，粵東童子班采南歌出身之小武靚元亨，初當童班武生，後入大班充小武，以在童班時即有武技工架基礎，故成年後藝術益臻美善，為當時典型小武，不特在省港澳得盛，即在南洋、星洲一帶，亦為首席紅伶，晚年棄小武而轉充武生，以演技超卓，仍保持盛譽。近如慈善伶王新馬師曾，亦童角出身，七八歲即落班演劇，由其師細杞訓練武工，並演童角戲，亦以演《孫兒救祖》、《乖孫》等劇成名，而童年即學打大翻，故武技亦有根柢，當其十四五歲時，即演成年戲，在大集會上演唱《打洞結拜》，已有成年人規模，後來歷任名班丑角正印，至十七八歲，接大新天台聘，始演小武、小生正印戲，後拍譚玉蘭、廖俠懷、薛覺先等，聲譽鵲起，復一心學習唱工，又曾兼習北劇，長靠短打，均有成就，故造詣日深，自童角以至成年，演戲已將四十年，尚能保持盛譽。至近年得志之小武林家聲，亦為童角出身，後從師薛覺先學習，技藝大進，為目前後起之秀，不特在舞台成名，拍電影時裝古裝片亦頗吃香。至神童羽佳，童年時即紅遍梨園，且曾走埠演劇，到處受歡迎，近亦仍在舞台上有地位，此輩童角時即苦練琢磨，故成年仍保盛譽也。

《工商晚報》，一九六四年十二月二十七日

七四 怕向人前傷老大　星光燦爛憶當年

電影圈內，不少明星，早年早已成名，惟好景不常，十數年光陰，即已聲名沉寂，不復在電影圈內活動，至其生活，如何度過，昔日影迷，亦為之關心也。有一名諧角，早歲在默片時代，在上海影壇已有地位，且為一二名片主角，然諧角面孔，雖然突梯滑稽，惟操台山口音，不善廣州話，故在默片時代，尚可遮掩，而自粵語聲片集中香港製作，諧角之鄉土語言，無所遁飾，故曾拍一二片充當配角，以不受觀眾歡迎而輟拍。幸諧角多才多藝，對美術設計，頗有造詣，益以在片場多年，對電影佈景技巧，亦能諳熟，既拍片不行於時，轉為佈景師。得某大公司主事人信任，而諧角由演員而轉為片場職員，生活亦過得去。然自港戰以後，某大公司片場亦結束，而佈景人才，不少新進，諧角藝漸退化，更以人事問題，在電影圈裏失所活動，乃轉充電影明星私人美術顧問，得往日熟識明星支持經濟，然生活已非易過。年前某女星延聘之為其女兒學習繪畫，又為某男星家中美術裝置設計，不久，某女星脱離影壇，其女兒對美術不感興趣，故不需諧角指導，某男星對家庭裝置，日久即厭，諧角亦無工作，近來只見其僕僕於途，奔走於圈內朋友以所繪之畫求售，取價低廉，十元至二三十元一幅，即已心足，藉此為活，不知能否為長久計也。又有某明星昔為粵劇演員，以面目俊秀，喜與公子哥兒、紈袴子弟戲，故投身電影界，即為各大公司器重，某公司拍片，亦盡以有名之女星與之拍演，一時走紅，後與某女伶同居，同享盛譽多年。然某明星虛有其表，不善演劇，而公子哥兒一派戲，亦不為時尚，戰後某明星即已銷聲匿跡，某女伶亦與之分居，自謀發展，且在美洲華僑藝壇，爭取地位，置某明星於腦後。月前在一僑眷家中，余與之遇，則某明星已轉業卜相，能鼓如簧之舌，為人卜休咎，並捉摸婦女心理，卜算其夫何日來港團聚，或有靈驗，僑婦即將之置信，惠以多金，某明星藉此為活，亦有不少人邀其卜相，生活亦憑此過度。並有某女星昔年在滬，即已成名，後南來香港，亦為粵語片主角，近年紅顏老去，脫離影壇，幸某女星原在本港英文中學畢業，故仍可任小學教師，捨卻社會教育事業之電影，仍在教育界服務，且為正當職業，教育兒童，雖過清苦生活，亦得心靈暢快。又有某亦伶亦星者，近年亦拍製數片，連拍皆虧本，近已對電影看淡，與友朋合資經營汽車零件行，亦可謀一飽，勝乎潦倒影壇多矣。

《工商晚報》，一九六四年十二月二十八日

七五／徒負虛名懷舊侶　成功藝苑感才難

近有友人，介紹一青年李君與余結識，李君愛好戲劇，況余指導其學習編劇，並謂余舞台初部作品，為《心聲淚影》，即有成就，而電影第一部片《兒女債》，亦編導成就，詢余師專誰人？有何秘訣？余以其誠，且告余編劇經過。余未編粵劇之前，即已醉心戲劇，功課之餘，閱讀咸美路頓之《戲劇概論》，及梅紐之《歌戲概論》，間中並閱雨果之名著譯本，故對戲劇原理，早有認識。然余醉心舞台劇，獨不識排場，好音樂而不擅工尺譜，論條件本無編撰粵劇成功理由，然余交遊皆是音樂界前輩，友人林英字健生，為蘇州妹胞弟，與余曾在中德中學同學，後曾工作於美洲粵劇舞台，故不獨音樂嫻熟，且排場精通，余初編《心聲淚影》，即由其指示門徑。當時同遊者，有鳳簫詞客鄧公遠，音樂名家胡鳳昌師等方指點天才女童紫羅蘭演唱《霍小玉》獨幕劇，唱新腔戀彈二流一段，余因往觀，覺其悠揚動聽，排場新穎，因套其編排方面，編撰《心聲影淚》之《瓊蕭怨》樓頭相會一幕，以薛覺先之造工唱工，演出自見精彩，加以歌曲得鄧公遠之助，故寫得詞藻華麗，纏綿悱惻。時胡鳳昌師，亦指導話劇界黃蕙芬小姐唱解心二流《瀟湘琴怨》一曲，余譜其腔調，撰《寒江釣雪》一曲，解心腔搬上舞台，當時為第一次，果爾《心聲淚影》一經演出以劇情曲折，詞曲幽雅，排場新穎，備受觀眾讚許。余亦奠定編撰舞台劇之基礎，然非個人之力也。今林君健生、鄧君公遠均先後逝世，胡師鳳昌，雖尚健存，惟以舞台劇藝術日形退化，故對編劇亦不感興趣矣。然粵劇改進，有賴乎業餘音樂撰曲家，若以班中人才而論，則修養有限，若求其得一佳作，殊不容易也。至余學習編導電影，則始自當年赴滬，時大長城影片公司方以攝製技術為全國冠，攝影師為李文光及程沛霖程澤林兄弟，技術超卓，當時莫康時、李應源均在大長城公司學習編導，余非大長城職員，然與莫李等過從甚密，且以對電影製作亦發生興趣，故隨同學習者年餘，對製作技術，亦多了解。然當時只為默片時代，及余初度編導聲片，採用美國愛司亞錄音機，收音清晰，至攝影部門，由名攝影師李文光主持，對鏡頭運用，研究精密，只拍桃花開花以至結子一鏡頭，已耗半日時間，製作嚴肅認真，《兒女債》一片完成，而余之導演技術亦得觀眾欣賞，認為成功。拍製電影成功要素，雖有好導演，仍需靠優越技術人才、善於表演之演員，而製片、場記、劇務等職員，亦甚重要，編導成功，殊非偶然也。

《工商晚報》，一九六四年十二月二十九日

七六／藝壇餘暇為商賈　季世陶朱屬戲人

時下伶星，多兼業商，蓋為伶為星，無非受僱，縱有巨利，不過為人作嫁，若然無損，則影響前途，故彼輩退一步想，不若營商，以謀自主，季世陶朱，亦得美譽。如新馬師曾，雖有慈善伶王之譽，曾一度疏於拍片，亦鮮登台，故營唱片公司，親力親為，僅求微利，更投資業建築，縱不拍片演劇，亦不愁無所進益，如新馬師者，亦善自為計也。又如老牌小生白玉堂，所拍電影甚少，只拍過《良心》、《趙子龍》、《魚腸劍》等片，近年電影界側重拍舞台紀錄片，白玉堂年事較高，亦不為製片家聘用，故無活動。然白玉堂享有盛名，在舞台上仍有號召力，且多年演劇，亦不至毫無積蓄，為進益計，營一公寓，生意頗盛，客似雲來，白玉堂靠此養老，亦屬上計。而彼戲癮甚重，一有機會，即登台演唱，年前且曾走埠及在台灣作勞軍演出，亦得名利兼收，故雖改業從商，亦未忘紅氍生活也。至任劍輝、白雪仙二人，興趣所至，亦效人為商，營一珠寶首飾店於尖沙咀，營業狀況亦不劣，亦得多財善賈之譽。而影人曹達華，以武俠明星偵探名角譽於時，亦善賈，自營一戲院，親為經理，蓋作製片家，長贏未可料，惟作院商，則經常有收入，目前香港大小戲院，無不獲利，曹亦眼光獨到也。而女星林鳳，在粵語片中，正交紅運，彼亦聰明人，兼營商業，自設一服裝設計公司，只做影星生意，即已夠皮，況影迷甚多，慕其名而光顧者亦不少，故其服裝公司，大展鴻圖，其門如市。可見目下影星，除一心藝術之外，亦求商業發展，又如伶影雙棲鄭碧影，月前與其兄合資營一百貨公司，並請紅伶紅星剪綵開張，盛況空前。為伶為星，兼營商業，雖非孜孜為利，亦狡兔三窟，為將來計也。至早已脫離藝術界之紫羅蘭，彼本非戲劇圈裏人，純為業餘藝術工作者，早年有「女神童」之稱，樂於義演籌款，其成名演出有《霍小玉》、《樓東怨》、《黛玉葬花》等劇，而反串演出《半邊雞》，亦甚精彩。紫羅蘭從未參加職業戲劇界工作，亦享盛名多年，只曾參加聯華公司，拍攝《銀漢雙星》一片，在電影界不算成功，然亦非失敗。抗戰時期彼曾返祖國，戰後即鮮現身交際場中，其子女亦已長成，數年前遇之於尖沙咀輪中，知其近年已與藝術界無緣，自營一兒童服裝店，生意亦過得去。紫羅蘭之譽，雖已沉寂，而其徒某，亦曾紅遍銀幕，戰後為某名醫婦，師徒均息影藝圈，師作服裝商，徒作良家婦，亦得好歸宿也。

《工商晚報》，一九六四年十二月三十日

七七／浮沉藝海紅顏老　贏得銀壇浪漫名

電影女演員，比男演員成名較易，蓋投身電影之女演員，以具有姿色為先決條件，至能否演戲，亦由導演訓練及個人努力始有成就，而個中情形，成功內幕，亦值得一述。三十年前國內有某女星，本風塵女子出身，投身電影，希冀得高尚職業，地位亦較高，無如當時拍片，配角只數十元一套片，即初為主角，亦不過百餘二百元，所得有限，而服裝交際，在在需款，某女星經濟能力有限，而求上進心切，乃獻身於某公司高級職員，結為夫婦，一則在公司有人替己講説話，二則需耗亦有人負擔。不久，某女星產下子女，已為人母，而在電影圈裏，仍屈居配角，誠以女星雖具姿色，然不擅正派戲路，以其生活體驗，只合於演浪漫角色，而其丈夫在電影界浮沉，亦僅有甚微之地位，家庭負擔，撫育子女，開銷甚大，夫婦所得，仍不足支付。且在電影圈內，應酬甚多，故某女星有捉襟見肘之況。會某公司老細，為好色之徒，一見某女星，即欲得為外寵，蓋垂涎美色，即以財餌，對彼夫婦時給經濟援助，先從借貸入手，討好某女星，某職員漸而負債頗重，無力償還，而東主則故示大方，不討債款，令女星夫婦二人，感其德惠，而思圖報於萬一，東主則暗示馬仔，與某職員商，謂東主看中某女星，欲使之為主角，惟某女星需以色餌，倘不嫌綠楊移作兩家春，則某女星自可成為主角，而某職員亦可得增薪俸，不至終日拮据。某職員商諸某女星，某女星本風塵中人，閱人已多，縱交一東主，亦視作等閒，遂勸其夫裝聾扮啞，讓妻與東主交好，一則看錢份上，二則顧慮前途，其夫順從妻意，而某東主與與女星好事遂諧。東主既立心捧某女星。便與導演商，遣為主角，導演以某女星僅善於淫蕩戲，乃搜羅一劇本，以肉感色情為主，遷就某女星，果然該片一出，居然賣座，而某女星遂得償主角夢。然只此一片得成功。繼續拍攝同類影片，千篇一律，觀眾認為平平無奇，而東主玩弄某女星，日久生厭，置諸腦後，尋且復降為配角，漸且為觀眾遺忘，數年後某職員積勞病●，某女星益無倚仗，惟恃尚有幾分姿色，結交一般影迷，遂有「風流寡婦」之譽。十年後，某女星年老色衰，已無人過問，惟其子已長大出身，其女則作貨腰娘子，後亦嫁人，某女星靠子女供養，雖可度日，然已嘆銀海浮沉，明星不易為矣。亦有人以色相取悅片商，得為主角，有等只被視為玩品，終不能達其明星好夢，只充配角，星海浮沉，徒博來浪漫之名，可哀也。

《工商晚報》，一九六四年十二月三十一日

七八 綵綾結錦狂歡宴 老去情懷悟夙因

家父夙因在中年，不過晚年始皈依受戒，參透色空而已。先父中年，嘗於盂蘭節大放水陸三寶，至紫洞艇誦經開壇，年年燒幽，惟先父及家人，均以此為遣趣，在紫洞艇雀戰作樂，通宵達旦，完壇始歸，時約戚友共同遣興，喚紫洞艇四五隻，水山環迴，引以為樂，並謂此即與佛有緣，佛本慈懷，當能超度眾生。先父當年迷於花月，其時陳塘花事，盛極一時，先父夜夜笙歌，偎紅倚翠，備極豪放不羈。方其事業全盛時期，夜夜作東道主，宴請名流政要，聞人紳商。其可紀者為先父納十二妾之時，大開全廳，所有陳塘妓女，盡包起呼來伴客，寨裏張燈結彩，盡用綾羅綢緞，凡數十匹，宴後盡贈妓女製衣，花三數千元不吝。又每個客人來宴，奉送三炮台香煙一筒，或如力煙十罐，①而所飲洋酒，盡為拿破崙拔蘭地，備極奢華。而為其十二妾謝客時，又在京華酒家，打通數層樓擺宴，計納一妾，花去三四萬元，在當時則十分豪綽，蓋他素重面子，浪費金錢，非所計也。先父晚年思之，亦認為過於虛耗也。當民廿五廣東還政中央之後，曾有西藏活佛來粵，先父往見，戒以看透情緣，誠心信佛，以補少年罪過。時先父年已行將七十，既有信佛夙因，因而灌頂受戒，受戒之法，以紅棗擦頭頂，以艾草心香

附注

① 「如」字乃按原報殘畫作推測。

燒去頭髮，並以香火刺肉，炙成數孔，永遠脫髮，故受戒者，其頭上有數孔，即為香火炙過記認也。先父受戒，先兄叔穎亦受戒，當時廣州老人如謝嬰白、陳寶尊等亦相偕受戒。受戒後即虔心信佛，並倡戒殺，故自先父皈依後，首戒宰殺牲口，故停止蛇宴及宴客，每晨起即誦經，其所誦經文，為西藏密宗，與時下僧尼所誦不同，且更嚴肅。活佛離粵之前，且贈先父以珍貴之陀羅經被數張，並囑先父慎藏，先父一一遵守，並以己既不殺牲宴客，即遣散廚師。廚師李才即來港為一富室聘任專廚，後又歸一家俱樂部聘用，近今為一家銀行專廚，然食在廣州，且菜料不如先父當年之豐厚名貴，故當年曾啖江廚製菜者，認為無上嘉饌，如今已無緣再嘗矣。太平洋戰後，先父偕眾姬妾返廣州居住，日人監視甚嚴，無如先父已一心向佛，無可執罪，眾母亦皆皈依，日夕但聞誦經聲，對過往豪華，已不再提，日人對佛教徒亦相當尊重，故未與先父以難堪。而三兄叔穎子女在祖國抗戰，當軍人職，本亦為日方不容，幸彼早亦受戒，故日人不加注意，得在淪陷區作遺民，然生活已甚困苦，先父尚可鬻書為活，先兄只靠借貸為生，蓋日偽時期，有志者無可為也。

《工商晚報》，一九六五年一月二日

【編者按】

《工商晚報》一九六五年一月一日假期停刊，沒有《浮生浪墨》，一九六五年一月二日始續刊。

七九／當年載譽紅氍上　首本成名尚可稽

談到昔年載譽的男花旦，現在只有新丁香耀和陳非儂兩人了。新丁香耀現在已七十許，比陳非儂成名早七八年，最初他和新麗湘是一對艷旦，以演《雙孝女萬里尋親》得名，後來新丁香耀獨當一面，自掌正印，拍小生福，以演《嫦娥奔月》一劇為觀眾讚譽。《嫦娥奔月》一劇，當時貴妃文亦演，貴妃文的唱工做工，除了肖麗湘、千里駒外，沒人比得他上，他既演《嫦娥奔月》在先，新丁香耀也演，論理聲線新丁香耀不及貴妃文，不容易受觀眾歡迎，惟是新丁香耀卻給人說他演得出色，而且比貴妃文旺台，原因有二，一為對手小生福，以小生而演小武戲，演后羿與嫦娥的癡情，恰到好處，又能夠以小生唱撇喉，一新觀眾耳目。二為新丁香耀演盜丹一場，能演得驚惶狀態，至奔月一場，又表演驚人做工，他能夠扻腰至頭殼着地，反身復立，腰肢柔軟，而且扮相比貴妃文美艷，故當時觀眾，均以新丁香耀之《嫦娥奔月》較富吸引力。新丁香耀成名後，又以拍得朱次伯演《芙蓉恨》獲譽，更演《玉梅花》、《五寶珠》、《夜明星》、《畫中緣》、《三巧蛾眉》、《西施沼吳》等劇，齣齣皆旺台，朱次伯當年盛極一時，亦自拍新丁香耀始。朱次伯死後，新丁香耀仍富有叫座力，拍靚少鳳時，以演《珠崖劍影》一劇，飾演女元帥黎紫霞，有女丈夫氣概，拍靚少鳳兩年，聲譽未嘗低落，只以聲線略緊，不宜於唱子喉，便想轉生角，究竟他是花旦人才，轉生角便失敗了。失敗後復演旦角，而年事漸老，又無獨當一面機會，晚年且充「覺先聲」貼旦，一時稱為「古裝艷旦」，但已無復當年氣概矣。陳非儂比新丁香耀年青六七年，他從南洋回來即當「梨園樂」正印，他亦以演古裝得名，他的第一套首本是《雙縺緣》，①他飾一個修女誦經和耍帶，當時廣東班花旦沒一個能耍帶，陳非儂算是第一人。當時薛覺先藝術尚未成熟，得到旺台，陳非儂有很大力量。第二年「梨園樂」拍靚少鳳，除了《卅年苦命女郎》、《牧羊郡主》兩劇外，在《漢光武走南陽》一劇，他也表演北劇的擔水桶的藝術，博得觀眾讚許。其後演《天女散花》，演得效法梅蘭芳，益負盛譽。至在「大羅天」班演《轟天雷》，繪觀音像一場，又效北劇的「趙五娘繪像」排場，俾廣人得睹北劇的精彩。他後來自組「鈞天樂」、「新春秋」、「孔雀屏」劇團，均以花旦擔綱主角地位，他主演的《文太后》、《危城鶼鰈》、《玉蟾蜍》均甚賣座，他又演程艷秋的首本北劇《玉堂春》、《孔雀開屏》，對手為靚少鳳、白玉堂，演出亦成功，自各班轉用女花旦後，男花旦仍保持盛名者，僅陳非儂一人。近年已六十許，絕鮮登台演唱，授徒為活，晚景尚佳，其徒吳君麗，最近自南洋歸來，亦以耍帶獲譽，想得乃師真傳也，桑榆晚景甚佳也。

《工商晚報》，一九六五年一月三日

附注

① 「雙縺緣」原稿作「雙緣」，諒誤，正文改訂。

八〇 掌握影權稱俊傑　尚留霸譽在銀壇

經影影業，有製片、院商之分，若二而合一，則製片成功，兼有放影地盤，始易獲利。目前邵氏、電懋兩大公司，均有自建戲院，然後投資拍片。邵氏公司前身為天一南洋公司，當年在上海拍片，以受制於院商，未獲大利，及拍聲片《雨過天青》，南洋及華南各埠，分賬得巨注，又與薛覺先合作拍粵語聲片《白金龍》，在省港澳及南洋各埠分賬得四十萬元餘，因知華南及南洋影場，可發大展，於是遷廠來香港，並由邵仁枚過南洋，經營院業。邵氏初在南洋方面，只經營小戲院及娛樂場所，以院場眾多，市場較闊，故除自己拍片外，並搜購港製影片，因每片購價低廉，故有大利可圖。戰後各製片公司均已結束，如大觀、啟明、南粵等公司，均無復廠冀圖，邵氏兄弟公司，因獨有南洋市場，反而極力擴充，戰後初以舊片放映，維持各院各場，及後有贏餘，始製新片，並建戲院，不獨在南洋擁有影場及大量戲院，在本港亦自建戲院數間，以粵語片靠粵語影院放映，而收入未見好景，乃多拍國語片，而南洋各小戲院放映粵語片，則在港購買，價錢亦比國語片較低，尚有利可圖，故目下電影專業，仍以邵氏為最發達也。至電懋公司，則原為南洋陸氏院商組織，陸氏在南洋之戲院，較為高貴，初只外國片，近十餘年來，以製片有利可圖，始自製片，亦以國語片為大宗，粵語片近年已少製，在港亦有基本戲院，在電影界仍佔重要地位也。至香港院商，亦自資拍片，如國民、金華戲院之大成公司，即其一例，蓋有影院然後製片，不愁無放映地盤也。因憶三四十年前，中國影業，亦推操院商，其時華南電影院商，以盧根為最有聲望，盧根初時在香港域多利戲院，後營新比照、新世界及香港戲院，九龍方面則有景星、廣智、九龍各戲院，當時盧根與外人露厘合作，專影外國片，在廣州方面則有明珠、南國、一新等戲院，在上海則有卡爾登、上海、奄巴西等院，而北至青島，西至漢口，所有影院事業，均操諸盧氏手中。其時美國各大影片公司，亦需看盧氏顏色，方有放影地盤。盧氏以放映分賬條件，與聯美派拉蒙公司意見不合，只放映美高梅霍氏及環球公司映片，尋且在上海增建國泰、融光等戲院，在香港亦建平安戲院，且與皇后戲院合作，極一時之盛。一九三一年世界不景，各院均虧折，而香港有娛樂、中央戲院崛起，上海亦有大光明、南京戲院對峙，乃將其轄下之明達公司結束，只剩廣州明珠戲院一間在其手中，其資助製片者有長城公司、大聯公司。盧根與華北院商聯華影業公司經理羅某則稱為影壇怪傑，盧根已逝世多年，而羅某近年亦放棄電影事業而為傳教士，然中國電影人才，由二人手中造就者尚不少也。

《工商晚報》，一九六五年一月四日

八一 法曲飄零金縷盡 淡風吹遍入梨園

戰時港九，粵劇旺盛，長期班有「覺先聲」、「太平」、「錦添花」、「興中華」四大劇團。而港九戲院，演粵劇有六間，計為高陞、太平、利舞台、普慶、東樂、北河各院。而粵劇團間或往澳門演出，故院多班少，求過於供，故太平、普慶、利舞台、東樂、北河，時亦放映電影，然粵劇當時旺台，故各院仍以演粵劇為主也。戰後粵劇零落，無長期班組織，即最旺，最多亦不過演期一月，且收入方面，院方所佔分份，演粵劇低於電影，故各戲院紛紛改映影片，根本即演粵劇，亦無長期班可言，為營業長久計，不若放映電影片為愈也。然粵劇伶人，仍在港覓食者頗眾。為爭取演劇地盤，不得不到外圍鄉村去，然鄉村非神誕絕少演劇，故台腳甚少，且多演中下班，只演一短時期，於是粵劇事業，日益衰落。而在質方面，粵班近年亦藝術退化，目前粵班所演劇本，只側重歌唱，對昔日原有排場，亦已忽視，演員演技，不若從前，至武場方面，不論南北派，打殺場面，亦不如從前熱鬧。回憶戰前，伶人趨重武工，伶人薛覺先、新馬師曾、陳錦棠等，均請北派龍虎武師拍演，長靠短打，備極精彩，北方人來香港居住，亦愛觀粵劇，以其唱做認真，文武兼備也。惟近二十年，粵劇不能吸引龐大觀眾，原因有三，一、表演藝術退化。二、無規定長期組織，演出馬虎。三、演員薪金增高，因而票價過昂，觀眾不輕易負擔。有此三原因，業務一落千丈，戲院方面，粵劇如旺台，當樂於撥出院期，如收入無把握，則對粵班演出，不感興趣。故近來組織短期班者，即欲排期在戲院演出，亦甚困難。據傳某著名伶人，擬於春初演出，亦度不到院期，故作罷論。鳳凰女、麥炳榮之「鳳求凰劇團」，前身為「大龍鳳劇團」，不在戲院演出者已將一年。南紅、羽佳之「慶紅佳劇團」，只在春節演出，間日亦難覓場所。林家聲、陳好逑之「慶新聲戲團」，去年亦只兩度演出。新馬師曾、鄧碧雲各欲組班於新春演出，而場所問題，亦費斟酌。日前提倡八和粵劇救亡運動之八和副主席陳錦棠，近乘啟德劇場邀約，擬於新春組班，陳錦棠不組班已多年，惟對戲癮甚大，且對後輩，盡力協助，年前其徒蘇少棠組班，陳錦棠亦只接小生聘，以增加蘇少棠聲勢。上月林家聲、陳好逑之「慶新聲」演出於高陞、東樂，陳錦棠亦參加演唱，賣座頗盛。此次如啟德劇場組班成功，當用回「錦添花」班牌，取錦上添花之義。憶從前陳錦棠自作班主，組織「錦添花」，聘關影憐為主角，「憐」與「蓮」同音，錦上蓮花，有蓮蓬多子之意義，語貴吉祥，故能叫座。又香港淪陷時期，陳錦棠、譚蘭卿、李海泉，亦曾合組「錦添花」於澳門，錦上蘭花，有王者香之妙諦，聞將組「錦添花」而屬意於李寶瑩則錦上李花，亦成韻趣也。

《工商晚報》，一九六五年一月五日

八二／申江舊侶銀壇伴　藝海依然負盛名

憶昔從影十餘年，覺為導演成功因素，由於演職員及技術人員合作，無技術人員及職演員作幹部，不如放下導演筒。所以戰後人才星散，舊伴亦多轉業，余亦與電影界脱節，不再為馮婦矣。猶記三十六年前，余居滬濱，其時交遊者，多電影中人，硯友莫康時，時在長城公司當學習編導，余亦常至長城片場，藉增技術見識。今日之導演馮志剛，亦在長城公司習場記，而李應源為該場董事李其道之子，故較易於發展。後長城公司改為大長城公司，由影壇怪傑盧根出資攝製偵探名片《黑影》，當時由李應源任導演，莫康時助導，攝影師李文光因接溫拿公司之聘，為美商拍《象》一片於暹羅，大長城乃起用名攝影師程澤林充缺，而後來之攝影師黃傑、白英才等均隨同學習，演員用王元龍、王次龍、張美玉、胡萍、李穆龍等主演，雖屬默片，亦有成績。其後大長城公司改為大聯公司，由明達影業公司管理，遷港製片。莫康時、李穆龍及余合編《寂寞的犧牲》（原名《日落》），由高占非、梁賽珍、李穆龍主演，李應源、莫康時聯合導演，余留滬未南返，故未參加攝製。余當時在滬，時與胡鵬遊，胡鵬為北京戲院宣傳主任，亦志在為導演，當時某名導演謂胡鵬不善騎馬游泳，不能習導演，而胡未心灰也。其後余為薛覺先編《夢斷秦淮月》一劇，因而南返，則大聯公司已將結束，《寂寞的犧牲》雖已完成，而莫康時又重返上海，暫離電影界而為《良友畫刊》編輯。當時余在粵劇界已有薄名，會李應源為美商鳳凰公司導演《標準老婆》一片，盡用大長城公司人才，而余籌拍《兒女債》一片，亦租用鳳凰公司製片場，攝影為李文光、程澤霖、黃傑，收音為羅富文、李倫華，場記為馮志剛，而演員陣容則有林坤山、吳楚帆、黃曼梨、林雪蝶、林妹妹、大口何、巢非非輩，故號召力強。而余編導，亦在早期成功。後余編導《萬惡之夫》、《百戰餘生》、《公子哥兒》等片，並參加聯合導演《最後關頭》，莫康時自滬來港，編導《一代尤物》、《姑緣嫂劫》、《銀燈照玉人》、《春色滿園》、《大地回春》、《孤島情俠》，比較上喜劇較為成功。而胡鵬亦來港將余粵劇舊作《半生脂粉奴》改編為《大地晨鐘》，①為其處女作品，而製片技術人才，均為同一集團，故在技術上成功。而余續編導《女兒香》、《花街神女》、《天涯慈父》、《一代名花》、《趙子龍》、《夜盜紅綃》等片，直至余返祖國致力於戲劇工作，始與電影界脫節。而資格較老之導演，今尚吃香者，當首推莫康時。惜舊日技術人才，如李文光、程澤霖、黃傑、白英才、李倫華、黃亨利等均已脫離影界。莫君拍片，亦不如昔日之認真在鏡頭顯功夫，然導演手法，依然老練，且以善處理喜劇，故仍在影圈內立足穩固。

《工商晚報》，一九六五年一月六日

附注

① 《大地晨鐘》由胡鵬執導，改編者應是唐滌生；互參《後台好戲》（三三）。

八三 集腋成裘精製作 藝人聯合挽頹風

近年粵語影壇，提倡聯合製片，以大堆頭政策博賣座紀錄，十兄弟導演公司倡之於前，影商聯合公司繼之於後，均有收穫，於是華南電影演員又組公司，拍攝《滿堂吉慶》一片，所有粵語演員，均參加演出，而且二三十名導演聯合編導，陣容之盛，為各片冠，而大堆頭多噱頭為號召，賣座當然旺盛，觀眾為看影壇熱鬧，亦多購票一觀，然此等聯合製片性質，劇本不免散漫，劇情分片段連接，縱有連貫性，卻無全體演員在同一場面上銀幔，未免美中不足。回憶抗戰初期，全港電影從業員曾聯合拍攝《最後關頭》一片，由本港南洋、啟明、大觀、南粵、全球各製片廠義務攝製，而所有菲林亦由電影從業員捐出，所有演員參加演出，均不支車馬費，出財出力，當時編導為關文清、嚴夢、陳皮、麥嘯霞、洪濟、高梨痕、汪福慶、湯曉丹、蘇怡、竺清賢及余等，劇情側重總動員學農工商，捐輸為國，慷慨從軍，全體動員，合力抗戰。開場由敵機殘暴轟炸學校造成慘劇，有志青年策動農工商各界同赴國難，劇中雖分段攝製，而劇情一氣呵成。劇中特點，有當時紅星多人，同場演出，而尾場上戰場一幕，則華南全體男演員參加。而女救護隊則由全體女星飾演，滬上南來之梁賽珍、梁賽珠亦參加拍演，星光燦爛，浩氣如虹，余導演舞場生活一段，由影星李綺年、陳雲裳、白燕、梅綺、梁添添、林妹妹、黃曼梨、鄭寶燕參加表演。最難得者港中名流亦親上鏡頭，現身說法，勸舞場惨綠少年當知國難已至最後關頭，留有用之身報國，勿在燈紅酒綠中消磨歲月，他除親上鏡頭外，並捐獻一萬元勞軍，出財出力，捐輸為國，一片熱誠。《最後關頭》一片，收入五萬餘元，盡捐前線勞軍之用，而劇情全國總動員，萬眾一心，慷慨激昂，為抗戰片聯合獨一製作，非徒博噱頭之鬧劇，亦可見當年港中電影界之愛國情緒。又該名流不獨對電影界一片熱忱，而對粵劇界尤極力栽培，當年廣州淪陷，八和粵劇協進會因而解散停頓，粵劇失業演員，無地集合，無從救濟，粵伶巨頭，乃商諸他，籌設八和粵劇協進會香港分會，隸屬國民黨港澳總支部，由他出面擔保，粵劇界為正當職業分子，工會組織，不抵觸香港社團組織法例，並力倡義演集會，捐輸為國。後八和會曾一度停頓，劇人張惶，後由新馬師曾向各方有名人士呼籲，要求復會，並經社團登記官批准八和會館成立，新馬師曾任第一屆主席，其後由關德興接任第二屆主席，芳艷芬捐獻會所，何非凡任第三屆主席，全體義演籌款，會務稍為發展，飲水思源，八和中人，當不忘昔年扶持者之鼎力，前輩之苦心，當思團結也。

《工商晚報》，一九六五年一月七日

八四／得志銀壇殊弗易　成名導演歷艱辛

適有友人垂詢，粵劇古裝舞台劇，搬上銀幕，以何片為首，此則余印象模糊。惟尚記憶卅年前薛覺先與天一公司合作，曾拍《歌台艷史》一片，片中加插舞台劇一段，當時導演似為湯曉丹，因缺乏舞台劇經驗，不易處理，而該片劇情，亦不夠緊張，故雖有薛覺先、唐雪卿、鄭孟霞為主角號召，賣座紀錄亦平平，故製片家亦不樂於拍電影加插舞台劇。直至啟明影片公司成立，李應源拍《今古西廂》，聘桂名揚、胡蝶影、倩影儂為主角。劇本為以前長城公司之謝新漢草擬，粵曲一段，由粵劇編劇人劉髯公主撰。該劇注重電影技術，有幻想桌上男女照片中人，出而歌舞，又拍舞台戲西廂待月一段，以《西廂記》為婦孺皆知之傳奇名劇，故以《今古西廂》為片名，其間有時裝表演，並有著名舞蹈家聶克與艷星蘇州萍跳泰戈爾舞表演，劇情仿《西廂記》本事編為現代劇，以攝製及導演處理成功，《今古西廂》一片，獲利甚豐。於是製片家又注重以舞台劇一段插入銀幕，余拍《一代名花》一片，亦有戲中戲舞台劇陳圓圓，由麥炳榮、徐人心、劉伯樂主演舞台劇一段，至時裝劇一段，則由白燕、張瑛、俞亮、劉桂康主演。劇中亦重鏡頭藝術技巧，如在一相簿內，相片中人每個人都有個性刻劃，並有對白，又如拍流水行雲，落花如夢等鏡頭，均拍得有藝術性，給予觀眾欣賞，故余編導《一代名花》一片，舞台歌唱劇及時裝表演均有成績，亦甚賣座。戰前拍攝電影而加插舞台劇者，除此三部外，尚有李應源、莫康時聯合編導之巨片《姑緣嫂劫》大喜劇，演員陣容為薛覺先、李綺年、吳楚帆、鄭孟霞、林坤山等，卡士已夠號召力，故賣座為各片之冠。而莫康時又善於處理喜劇，每個鏡頭，均能令觀眾發笑，噱頭十足，此為其初年成功作品。友人又詢余如何始可作電影導演，此則余為一一詳述。電影導演，需有影場經驗，曾在影場工作數年，熟識攝製各部門工作，而更需有戲劇修養，始可為導演，目下導演如莫康時、馮志剛等均曾在長城公司當小職員數年，學習製片工作，馮志剛且曾作場記數年，始充任導演，李鐵則為聯華學生，在片場工作多年，在大觀影片公司拍攝小説家張望雲原著之《人海淚痕》，導演技術始告成功。至曾以拍舞台紀錄片成功之珠璣，原名朱日川，為業餘戲劇家朱晦隱之子，初當演員，在南洋公司拍《梁山伯與祝英台》一片飾演士九，後改入南粵公司充場記，其作場記時已能記錄細緻，薛覺先所拍之《胡不歸》、《花花公子》及余所拍之《女兒香》、《一代名花》等片，均由珠璣任場記，對導演有莫大助力，積十數年之經驗，始敢充當導演，非朝夕即可成功也。

《工商晚報》，一九六五年一月八日

八五／島隅難得蠅頭利　海外邀遊演唱頻

八和會館主席何非凡，最近赴美洲演劇。何非凡為陳醒章徒弟，而被選為八和主事，原因為何非凡有辦事精神。八和復會，始於新馬師曾，當時並無會址，華光師父神位亦借普慶戲院供奉，其後普慶戲院改建拆卸，華光神位遷出，擺在街邊，梨園子弟深為不滿。第一任主席新馬師曾，乃退位讓賢，眾選關德興繼任。關曾墊款購買公所，後由芳艷芬出資承購，並捐出為八和會館會址。關德興任內，雖曾提議建八和活動舞台，辦八和子弟學校及戲劇養成所，然亦不過成為議案，未見實現，數年前關德興倦勤，①乃選何非凡為主席。而關德興卸任即赴美洲，雖在美洲甚少演劇，然以賣書畫及賣跌打藥品，在彼邦亦足以立足，曾登台為香港八和會館籌款，得資托祁筱英帶回香港，關雖離職，尚不忘八和兄弟也。何非凡接任初年，即決籌款辦八和義學，然興辦義學，非百數十萬元不行，故召集演員開一次遊藝會及合演一次大集會，籌得二十餘萬元，然距辦學所需尚遠，乃先將會址擴充，遷至亞皆老街新會址，而舊會址撥作年老會員宿舍，亦算一福利事業。何非凡對會務本有振作精神，其初任主席第一年，即以粵劇演出收票過昂，以至戲迷因購票無力，賣座低劣，乃與吳君麗合演於紅磡，以低廉之票

附注

① 「倦勤」，居高位者引退離職之意。

價號召，最高票價僅收七元餘，故該台演出，成績可觀。後乃移師普慶戲院，戲院租值過重，票價不能低減，該台收十二元大堂前座，而觀者以在紅磡方收七元餘，突加四元餘，咸裹足不前，故收入銳減，虧折甚鉅，得不償失。自此何非凡即鮮登台演劇，直至前年籌備演歷史劇《鄭成功》，以陣容有梁醒波、陳錦棠、靚次伯、李寶瑩等拍演，在東樂戲院開演，收入僅差強人意。何非凡經此，即未在香港再登台與觀眾見面，只拍羅艷卿拍過一部電影而已。何非凡乃決到各埠發展，曾返祖國赴台灣演出，頗獲好評，繼往菲律賓及南洋各埠演出，亦有聲譽，雖無巨利可圖，仍不至虧本，故僕僕風塵，甚少返港，以至今年八和全體集會，亦不能演出。今何非凡復赴美洲，八和會務，自不能兼理，然何雄心萬丈，思向外活動，亦意中事。不過美洲梨園，亦非好景，且鮮演出，何非凡亦甚少首本足以吸引彼邦華僑，只靠其成名之《情僧偷祭瀟湘館》、②《風雪訪情僧》及其餘數部之情僧戲，相信不能持久演出。惟彼初到美洲，復以八和主席聲譽號召，或可博一時旺台，且視乎其拍演之花旦能否賣座。目前美洲有陳艷儂、秦小梨、何芙蓮、衛明珠、衛明心、區楚翹、譚秀珍等花旦，然均各有工作，甚少演出，到處楊梅一樣花，粵劇已有開到荼薇境況，何非凡赴美，且看其有無扭轉形勢之魄力耳。

《工商晚報》，一九六五年一月九日

②《情僧偷祭瀟湘館》，即《情僧偷到瀟湘館》。

八六／故苑釵鬟稱淑慧　名門婢子譽群芳

從前有刊登《春深太史第》小説，閱者問是否我家事實，余以小説所載，絕無與我家相似之處，一笑置之。而電影又拍《金屋十二釵》，先父姬妾十二人，似覺附會，而劇中所載為十二美人同戀一青年富家子，似與太史第無關，余亦不過問。最近有上映之粵語片，亦聲明為太史第舊宅事蹟，劇中説太史第已易主，與我家無關。我家在共黨未佔據廣州之前，太史第依然舊觀，門庭雖無往日之盛，而園林幽靜，並未易主，共黨霸佔後，改為盲聾啞學校，更無風流事蹟也。然太史第中，十二釵皆有女鬟，若以歷年來説，則可説數十釵鬟，不啻大觀園之盛。余生也晚，眾婢鬟之長者，早已嫁人，然尚可記者為二母之近身婢名采玲者，以婢鬟身分，時下廚煮食，因得近廚子梁森，梁乃授以烹調妙法，後采玲與梁森發生情愫，二母以梁森有妻而無子女，方有納妾之心，乃以采玲相贈。後果生子女七八人，後梁森辭去我家廚師不幹，在佛山自設柱侯食店，采玲亦助廚中工作，夫婦合力經營，竟成小康之家。後梁森病亡，采玲撫子成人，或從政，或從商，或業農。①采玲雖婢鬟出身，亦有大家丰範，蓋出自名門世家之婢女，能耐苦治家，且識禮節，故賢淑且過於小家碧玉也。又余寡嫂昔有婢名鳳簫，已及笄之

附注

① 「業農」兩字乃按原報殘畫作推測。

年，寡婦任其自主擇夫，鳳簫隨先兄姊輩出入於書房學習文字，時有專席教師區奉生，本為一窮秀才，年將三十，尚未娶妻，睹鳳簫掃理書房，且勤習文，因生傾慕之心，請於先父，欲得為髮妻。先父與寡嫂詢諸鳳簫，鳳簫亦有憐才之念，先父遂玉成好事，撮合二人姻緣，且厚置妝奩，然後遣嫁，鳳簫歸區奉生後，返原籍新會，躬耕以外，並隨夫學習經史，夫婦均為儒者，後區奉生為區氏宗祠專任塾師，年俸頗優，足以養活妻兒，每年鳳簫必攜子女出城，至我家謁舊主人，並餽贈土鯪魚乾、煙肉等物，不忘舊主，數十年如一日。夫婦終於日寇陷新會時，其子女長成，均任政府機關職。又家姊有婢小玉，亦頗具姿色，嫁歸族叔江泰來，生一子而寡，子亦夭亡，小玉遂返我家作傭婦，侍奉主人，大陸變政後，不知生活如何矣。至梧州有巨商韓氏，曾娶四母近身婢新妹為妾，蓋其妻無子，故納妾續嗣，惟無所出，新妹則謂主人多子女，因經常食蛇羹補身，勸其夫進補，其夫不聽，卒無子而終。新妹寡守無子，歸我家侍奉四母，日寇陷廣州時，我舉家遷港，新妹亦同行，卒染肺病，終於東華醫院。至其餘眾婢，有嫁中醫為妻、有嫁無線電管理員、有嫁軍人、有嫁銀舖店東，皆子女盈門，時返我家，視作歸寧，彼等子女均已長大，惜大陸赤化，彼等生活不知奚若耳。

《工商晚報》，一九六五年一月十日

八七 鋒芒畢露稱新秀　本是梨園可造材

昔年粵劇鼎盛，青年投身粵劇者眾，初則從師學習，遇其師有事不能登台，即由徒弟瓜代，仿其師演技，如能演出精彩，則班中主事人給以表演機會，多給戲場擔綱，如編新劇，亦給一二重要場口，若能勝任，則擢正印。例如小武靚就，平素靚元亨日戲不出場，每由靚就登台瓜代，後「祝華年」班編演《虎口情鴛》一劇，連集演出，以靚就飾洪秀全，洪秀全為該劇戲膽，靚就演來十分精彩，觀眾謂其有半個靚元亨演技，備受歡迎，因而翌年即在「周康年」班掌正印小武。及後靚元亨赴南洋，靚就重返「祝華年」承靚元亨之缺，享盛名而終。又如白玉堂為小生聰徒弟，初時代小生聰演蕩舟，與新蘇仔合拍，唱做關目，緊躡鑼鼓，饒有戲味，即為班主看重，編一齣《空中樓閣》，為白玉堂、新蘇仔合演，甚有台緣，後入「周豐年」代白駒榮掌正印，以演《可憐女》一劇，其表演紗帽戲，大審一場，火氣十足，表演細膩，奠定其正印基礎。後受「新中華」班聘為正印小生，拍金喉歌旦肖麗章，允文允武，合作七八年，主演名劇多齣，甚得觀眾賞識。白玉堂當正印迄今，已四十餘年，近年戲癮猶在，間中登台，而演出認真，為後輩模範，目前本港紅伶，以彼為最老資格叔父。又如陳錦棠，本在「覺先聲」當薛覺先副車，平素只重武場，擔綱戲場甚少，後因「覺先聲」花旦謝醒儂、丑生葉弗弱花門，薛覺先反串花旦，拔陳錦棠為主角，其演《紅粉金戈》、《翡翠鴛鴦》等劇，表演出色，武工特長，遂奠定其正印小武地位，且有「武狀元」之稱。故伶人有專長而遇機緣，即能紮起，近年粵劇界缺乏長期班組織，後起之秀，無機會出頭，故不少有前途之後輩，仍浮沉舞台，難有出頭露角機會。多年來紮起之林家聲，亦因其能演一兩齣薛覺先首本戲，林既師承薛覺先演技，摹仿得六七成，故昔日薛迷，多往捧台，林以年少俊美為號召，且無欺台習染，認真肯做，故得觀眾好感，然亦僅能立足，地位仍未算穩固也。環顧目前，粵劇界後起之秀，當推關海山、文千歲、吳千峰三人，關海山在粵劇界亦已掙扎多年，惟始終為副角，前年余觀麥炳榮、鳳凰女演出《嫦娥奔月》，關海山為配角，飾演逢蒙，威風十足，且有搶主之勢，惜該劇只演兩台而已，關海山除為各大劇團配角外，尚走外圍落鄉班充正主，然缺乏人事栽培，粵劇不景，仍要有待機緣。次為文千歲，能唱能做，演於娛樂場所及小劇場，亦能吸引觀眾，所演劇本，為名班舊戲，如《帝女花》、《六月雪》、《柳毅傳書》之類，尚無自己成名之首本也。再其次為陳非儂弟子吳千峰，能演薛覺先首本《嫣然一笑》，演技薛形，惟演出機會甚少，雖有前途，仍待機會始能展所長也。

《工商晚報》，一九六五年一月十一日

八八　太史家風傳食譜　緬懷世故弔滄桑

家姊江沂，患黃疸病半年，延中醫診治，幸告痊癒，已占勿藥。上月設宴於九龍城某酒家，戚友往賀病體安全，余亦赴宴，見某酒家以太史蛇羹宣傳，至製蛇能否入味，余未一嘗，不作評判。近在銅鑼灣某酒家晚膳，見亦以「太史蛇羹」號召，余詢其何人傳授製蛇，則謂製蛇方法，固以太史名廚為著，然市中皆仿之，目下本港以「太史蛇羹」為宣傳者，不下十家，然皆非太史名廚傳授，惟以啖蛇出名者為太史，故蛇羹冠以太史之名，蓋太史兒女眾多，世傳為蛇宴補身之效，是耶非耶，不必稽考，但以「太史蛇羹」製售，光顧者不少，不問是否太史家廚所製也。余聞之，良有感慨，憶先父生前，設廚製蛇，每屆冬季，軍政要人，輒來借廚設蛇宴，蓋先父晚年，已疏於宴客，而客曾嘗蛇羹者，輒欲再試，故家廚被借者，且無虛席，而廚子得名流貴賓打賞者，月入甚豐。惟自家廚離我家後，雖以太史舊廚為號召，然眾皆以非如在我家製蛇之用足材料，鮮有昔日借太史廚之興致，而豪客亦非昔年之多，故舊廚雖在，月中亦僅得數百元薪俸而已。廚以人名，先父逝世後，廚師景況亦不如前。然余尚可記憶者，先父生前，每晨必啖及第粥，以示三元及第，碩果僅存，時先父在淪陷區，余等在戰時省會曲江，該地有金石齋、陶陶居、金鐘閣等食店亦以「太史及第粥」饗客。用蝦子煎粥底，美味甘香，余偕姪輩常至各店食粥，以別家多年，頗有秋風鱸鱠之感也。時廣州陶陶居主人陳伯綺，與先父交厚，先父為題匾額，有「鳳城食譜」之譽，陳伯綺為舊家人，嘗以舊家風語人，陶陶居製菜，亦有鳳城舊家風味，時邀先父宴會，而陶陶居昔日為梨園子弟溷集所，傳在曲江梨園，而曲江陶陶居主人梁致和等，亦浼余書一對聯，謂陶陶居食譜新穎，欲余品題，余乃書「滿座暢談新食譜，過門猶憶舊家風」，誠以過家門而大嚼，當時余過肆門而思親，有所感觸而作，當年亂離滋味，至今尚有一番回憶也。又當年在曲江，世交董君，設一太史第食堂，陳設華麗，高掛宮燈，而設有紅欄河、宮座椅，仿如太史第一閣，置身其間，仿如歸家謁父，余詠詩有「太史門庭今冷寂，書生飄泊感離家」句，然當年離家數載，尚有重歸謁父之日，今者大陸變色，狐鼠逼人，太史門庭，已被霸佔，先父亦被徙還鄉，終於鄉祠，晚況蕭條，兒孫遠隔，今之啖「太史蛇羹」者，有無以太史不幸遭遇為警否？余違難離家已十五年，今已無舊居重聚天倫之望，子姪亦各散他方，惟有「飄泊天南懷舊館，客鄉腸斷弔滄桑」之感而已。日者與世好董君遇，彼亦旅港為房屋經紀，彼正忙於衣食奔馳，無復昔日設太史第食堂之逸致，前塵回首，今已霜鬢滿頭也。

《工商晚報》，一九六五年一月十二日

八九 盛世登臨花事了 驛梅零落話蘿崗

每年大雪後，梅花即盛開，冬寒百花凋謝，惟有梅花賽雪欺霜，不獨凌風屹立，且香氣清淡，故騷人韻士，每多賞梅雅興。本港植梅甚少，縱欲賞梅，亦不知何地為梅林。然據所知，沙田某農場植有梅樹百數十株，大埔康樂園亦值有梅樹多株，每當盛開，清香撲鼻。惜南方無雪，故不能睹梅雪爭艷景色，而香港亦植梅無多，不成梅林，只作點綴而已。百粵以梅花盛景傳諸世者，首推蘿崗洞，蘿崗洞屬番禺縣，位於羅安市北，該地有蘿峰寺，為高僧修道勝地，蘿峰寺靠山近水，旁有小澗，小澗兩旁有老梅林，所植梅花，為百數十年古梅，老勁高聳，每株古梅，有丈餘二丈高，花開盛節，一片白色，雖無霜雪，亦覺如雪花遍林中。老梅林有曲橋跨澗，並沿途不少石山，文人雅集，輒假該地，採摘梅花，用滾水開茶，和以白糖，香甜可口，與菊花茶同風趣。而梅花茶需鮮梅花，殊為難得。又蘿崗洞老梅林有石檯石櫈，不獨可供遊客休憩，且可設宴賞梅，飲青梅酒，可以禦寒，又以解渴。至下酒可啖花生雞，蘿崗鄉人，以花生飼雞，雞肉肥美，雞骨亦香脆。至蘿崗洞有小瀑布，山泉鮮潔，可用以製豆腐，鮮滑可口。而該地多山斑魚，以山斑魚釀豆腐，或甜腐竹炆山斑魚，均屬送酒佳餚。戰前適逢盛世，蘿崗墟異常旺盛，賞梅之人亦眾，且曾有一年，梅開二度，有一年之兆，鄉人雀躍歡騰，演劇酬神賀慶，適聘演「冠南華」名班，台柱為桂名揚、李艷秋、李海泉、靚次伯、沖天鳳、盧海天等，梨園子弟，亦得賞梅花佳節。時桂名揚之伯父桂玷太史，亦到蘿崗趁熱鬧，桂太史與先父為同年，故有世交之誼，而蘭齋農場，適在蘿崗鄉屬之黃崗坑及蓮潭墟，先父命余往接桂年伯至農場遊玩，其姪桂名揚亦同遊，此為伶人遊我家農場第一人。余因導往附近火村拉山各鄉欣賞梅花，各鄉梅花雖無老梅林百數十年之古勁老樹，然亦有三二十年栽植之梅花，亦有一二百株之梅林。蘿崗以產梅著名，有青梅、黃梅、杏梅等，除浸酒外，尚可製陳皮梅、話梅等，非只在冬季供人賞花也。又當年某名人偕某校書至蘿崗洞賞梅花，歸途遇兇匪狙擊，某校書中槍斃命，某名人葬之於廣州市郊，植梅花兩株於墓旁，時各處鄉人，皆不允將梅樹割讓移植，某名人乃求諸蘭齋農場，始得兩株，名花美人，供人憑弔，亦韻事也。戰後蘿峰寺古梅多已無存，非亂世中任人戕伐，即失理凋謝，戰後余躬耕於蘿崗，冬季亦曾到老梅林觀梅，則只見三數十株舊樹，餘均為栽植數年之新梅，劫後梅花，已不如當年古勁，昇平盛世，不再見於人間，而所產梅果，亦比戰前為少，老梅林只徒有其名，驛梅零落話蘿崗，憑弔盛年百感哀而已。

《工商晚報》，一九六五年一月十三日

九〇 歲晚梨園絃管寂 一年之計在於春

娛樂事業，每年以新曆年關為旺月，①戰前粵劇全盛時期，新春院期，早定名班開演，如太平戲院演「太平劇團」基本班，高陞戲院則演「覺先聲劇團」對峙，利舞台則演「錦添花劇團」，普慶戲院則演「興中華劇團」，四大戲院四大劇團，無不滿座，此為戰前景況。惟近年粵班已無長期劇團組織，各院亦轉映電影，故春節粵班，台腳亦費斟酌。甲辰年春，林家聲、陳好逑之「慶新聲」只演於灣仔修頓球場，②羽佳、南紅、梁醒波之「慶紅佳劇團」則演於旺角伊莉莎白體育館，鳳凰女、麥炳榮之「鳳求凰劇團」則演於大會堂，新馬師曾、吳君麗之「新馬劇團」則演於外圍街坊福利會，然均不過演十天八天或一二台，收入亦僅敷皮費，略有盈餘，非絕對佳景，此中因素，自然甚多，而場地非旺地頭之戲院，亦是因素之一，營業狀況自不如理想之佳也。加以各電影戲院，亦有演粵語舞台紀錄片，粵劇票價，較電影價昂三數倍，故粵劇觀眾，易為電影搶去，有此情況，新春粵班，只望博一穩字，不敢希冀圖大利也。惟來春境況，則略有不同，近來粵劇舞台紀錄片，未見佳況，片商多拍粵語喜劇，而不走歌唱電影途徑，愛聽粵曲者，惟有看粵劇，證以上月「慶新聲劇團」在高陞、東樂兩院演出，頗覺熱鬧，便知歌

附注

① 「曆」字乃按原報殘畫作推測。

② 「修頓」原稿作「佐頓」，諒誤，正文改訂。

唱劇之戲迷仍多，粵劇似尚有可為。乙巳年春節粵劇動態，頗不沉寂，宣傳最久者，為「女兒香劇團」，「女兒香劇團」顧名思義，即知其為全女班，由鄧碧雲發起組織，緣鄧碧雲南遊時，曾與張月兒同行，在南洋各埠登台，大有收穫，鄧碧雲不只擅長旦角，且擅生角，在南洋登台時，亦曾反串生角，大受歡迎。而鬼馬歌王張月兒演舞台劇，亦甚嫻熟，故挾南洋歸來之聲威，組班演出，當有號召力。鄧碧雲既演生角，則旦角人選，亦甚重要，聞已商妥吳君麗參加，吳君麗亦曾南遊，載譽歸來後，未嘗登台，今與鄧碧雲聯合演出，聲威甚壯，③加以梁素琴等加入，均為優秀人才。鄧碧雲揸大旗，聞已接春節台腳兩處，倘演出成績不錯，將繼續演出云。春節班除「女兒香劇團」外，「慶紅佳劇團」亦已由何少保組成，人選為南紅、羽佳、梁醒波、關海山、少新權等，聞已落大定。何少保對組班素有把握，「慶紅佳劇團」外，仍欲組「慶新聲劇團」，以應春節演出，人選為林家聲、陳好逑、靚次伯、任冰兒、朱秀英等，惟尚欠一生角，因陳錦棠另有動態，故「慶新聲」能否完整組織，尚未可知。至麥炳榮、鳳凰女仍欲組班演出，而蘇少棠又組織「堂皇劇團」，擬演於大會堂，力邀乃師陳錦棠相助，而陳錦棠又擬自起「錦添花劇團」演於啟德劇場，新春掘金機會，陳錦棠當不放過，自組劇團抑參加別劇團演，不久自當揭曉也。

《工商晚報》，一九六五年一月十四日

③「壯」字乃按原報殘畫作推測。

九一 眼底呻吟生活苦 院中同病亦相憐

余休養醫院中，經已兩年，然余本已病癒，數年前精神失常，時有狂態，故癒後親友均不願與余接近，惟有擇醫院而居，友人仍恐余精神仍不正常，着余每日仍返西營盤精神病診療所晝日療養所休養，故日中生活，均在醫院中，日夕與病人為伍，余雖覺苦寂，而環境清靜，亦安之若素。余居醫院兩年，漸與社會隔膜，友朋亦漸疏遠，故與院中病人，因久處而結交，至院中病友遭遇，余亦深表同情。目下香港生活艱難，除免費醫院外，住居醫院，亦不容易，每天房租十餘元，醫生診費十餘元，藥費又需十餘元，住醫院一日，即需三四十元開支，月薪千餘元者，已屬中上階級，尚需負擔家庭，故有病入院留醫，以費用浩大也。病友丁君，前為曲江時間接相交，戰後曾任縣府科秘，及遠難來港，初業畜牧，後業塑膠製品，在工廠任管工，①月薪不過八九百元，而不幸積勞染肺疾，又復痔瘡發作，因而入院施手術，臥院月餘，傷口仍未復原，然以手術費數百元，住院留醫費千餘元，其數甚巨，迫得出院。醫者謂其肺疾尚需每日打針治療，每日仍耗二三十元，丁君因經濟問題，煩惱不已，而痔瘡口又復發作，再施手術，又耗千餘元，近雖告痊，而肺病仍需料理，醫藥費亦需籌措，處於香港市廛，患病

附注

① 「後業塑膠製品，在工廠任管工」原稿作「後業塑膠製，在工品廠任管工」，誤，正文改訂，移「品」字於「製」字之下。

求醫，在在金錢，丁君亦可憐人也。又某機構職員梁君，因爆血管，半身不遂，其右手左足，不能活動，由公司負擔醫藥費，送入醫院醫治，此等症狀，非一二月可癒，梁君曾醫半年，左足始復能行動，而右手尚不能伸縮自如，而公司規定，只負擔醫藥費，半年之後，即五折支薪，梁君以家庭負擔均由一人，不能不出院返工，右手不能靈活，只有以左手學習繕寫文字。出院已半年有多，而右手仍未復原，余曾至其家探候數次，知其仍帶病返公司工作，香港人為生活奔馳，病仍無暇休養復痊，誠可憫也。又上一月余同房病友黎君，為元朗漁民，以出海捕魚為業，彼與家人同伴，出海一次，二三日始返，駕摩打漁船至網魚，每次可獲魚千數百斤不等，但有時遇風暴，則不能放船捕魚，故需常有積蓄，以備不時之需，黎君突患胃病，痛至不能進食，乃進院延醫診治，入院半月，病乃告痊，亦用去醫藥費千餘元，黎君以手停口停，不能久留醫院休養，病既痊癒，又再出海捕魚，其生活雖苦，而月入倍於白領階級，故辛勞亦有代價也。目下歲晚，醫院病人甚少，蓋病者多返家度歲，只有長期住院之病人，或久病未癒者，醫院生活，益形冷靜，病友亦鮮投契者，殊為苦悶也。

《工商晚報》，一九六五年一月十五日

九二／僕僕舟車逢小竊　空空妙手慎提防

日昨訪一女友林小姐，彼居灣仔，每日必到中環返工，慣搭電車，一向無事，據謂前兩天由中環返灣仔，循例搭電車，購票時候，打開手袋，在一小銀包內取款購票，然後將小皮包放回手袋，時搭客甚眾，林小姐不虞有小竊窺伺，及抵灣仔下車，人甚擠迫，林小姐一下車即見手袋打開，即看袋內小銀包，已不翼而飛，小銀包內有百餘元，故為小竊注意，然在萬目睽睽，竟能開人手袋，竊去款項，可算空空妙手。而余亦曾有此遭遇，聖誕前夕，余在灣仔龍門茶樓品茗畢，乘搭電車返銅鑼灣法國醫院，其時電車亦擠擁非常，幾至無地企立，然不過數站車，即企立擠擁，亦不過數分鐘時間，不虞有他。時余西裝內袋，有款六十五元，並一封華仁書院前校長林海瀾證明余在華仁書院考入香港大學之文件，又一封是港大副監督賴廉士證明余在港大肄業兩年餘之書函，在車上不知何時，盡被扒手竊去，以人多擠擁，余下車後始發覺，惟有怪自己不慎而已。回憶余學生時代，亦常搭電車，當時電車乘客，不至如今日之眾，而車上標語尚有「提防扒手」，今之電車，已將該標語廢除，而擠迫狀況正是扒手機會。據聞人言，扒手並非一人偷竊，時而集夥二三人，在車上迫來迫去，遇有機會即下手，且手段敏捷，不易捉獲。月來聞友人言，相識在電車遇扒手光顧者，已有數起，寄語搭電車者不可不小心提防，更以時近歲晚，扒手尤為活動也。又三年前，余居住九龍何文田區，每日必過香港一次，搭九龍三號巴士至佐頓道趁油蔴地輪船渡海，巴士及渡海輪均甚擠擁，當時余之款項，盡置西褲後袋，不知是在巴士抑在渡輪，①被竊匪光顧，褲袋鈕已解開，而余未發覺，失去百餘元，後余到友人處借款，始能渡海返回九龍，以後余不將款項置後袋，蓋扒手手輕靈活，防不勝防也。又遇陌生之人，財亦不可露眼，數月前，法國醫院有一病人李某，患尿毒入心症入院留醫，李君多月積蓄，有千餘元，縫一布袋載款，綁在褲帶，彼亦小心以防遺失矣。惟病至昏沉，其戚請一老婦至醫院看夜，每晚八時看守至天明始返家，該老婦為何等人，則不知詳細，院中工役，以由病者之戚僱請人看夜，亦不之防。有一夕，李君沐浴既畢，水濕褲帶，在袋露出百元銀紙一束，為老婦所見，取而帶返家中，及李戚發覺，追問李君，知袋中有一千六百元，②乃詢諸老婦，該銀袋何往，老婦謂為水所濕，故帶返家中曬乾，內裏只有四百元，李戚不服，以李君謂袋中有千六百元，今覺不符，乃報差館，時李君病已危殆，不能言語，警員以無證據，不能加老婦以罪，李君旋亦病歿，此事不了了之耳。

《工商晚報》，一九六五年一月十六日

附注

① 「盡置西褲後袋，不知是在巴士抑在渡輪」原稿作「盡置西褲後，不知是在巴士抑在渡輪袋」，諒誤，正文改訂，移「袋」字於「後」字之下。

② 「追問李君，知袋中有一千六百元」原稿作「追君，問李知袋中有一千六百元」，諒誤，正文改訂，移「問李」二字於「追」字之下。

九三／問字敲詞填樂譜　尋聲覓句索枯腸

粵劇為舞台歌詞，故重詞曲，雖有動人故事，寫實題材，若無詞曲表達，則不能編為成功粵劇。而詞曲又為聲韻限制，詞藻抒情，故編粵劇者，覓句尋聲，枯腸索譜，又需嫻熟排場，了解鑼鼓。故余曩昔編劇，以成一劇本，比諭婦人產子，早定提綱內容，場口穿插，焦點顯露，氣氛緊張，其初擬腹稿，有若婦人懷胎，及每場撰寫，結構完成，脫稿寫出，有如瓜熟落蒂，呱呱墜地。故編撰一劇，費時不過一星期至二星期，而腹稿揣度，則早有成竹在胸，不能苟且。與余同時編劇，●文學修養，而詞藻秀麗，字句動人者，首推馮志芬馮鐵翁兄弟，彼兄弟輩均熟讀詩詞，飽識舊學，對填詞撰曲，稔熟聲韻甚廣，自無辭不達意之弊，而引經據典，尤為適宜，務令顧曲周郎，逸人韻士，盡情欣賞。惜馮鐵翁不壽，而馮地芬亦於數年前逝世，實為梨園編劇界之損失。至徐若呆君編劇，則只重劇情曲折動人，排場稔熟，對詞藻則似覺遜色，然詞曲通俗，又不鄙俚，故彼所編劇之本，其能迎合中下級觀眾，亦成為舞台名編劇家。馮志芬之遺作《胡不歸》、《王昭君》、《前程萬里》，今尚為觀眾所樂道，而徐若呆遺作，如《海角紅樓》等劇，亦為觀者傳誦。余輟編粵劇已二十年，目睹後起編劇界，尚無傑出人才，弟子某雖有一短時期得意，然缺乏歷史根柢，稗史附會作風甚重，例如《帝女花》、《漢武帝夢會衛夫人》均違反史實，至根據元曲改編之《荊釵記》、①《拜月亭》、《劉智遠白兔記》等，均抄襲元人撰作，固不能謂為個人創作。而他亦享譽不久而病歿，後起者更少人才。目前編粵劇者有徐子郎、潘一帆、葉紹德、盧山、潘焯、蔡滌凡等，產品以徐子郎較多，然多為林家聲、陳好逑及南紅、羽佳所演，編撰方法，大排大路，亦無精緻場口，惟詞曲尚雅潔，雖無過人精彩，亦無鄙俚不通之句，故其所編各劇，由《雷鳴金鼓戰笳聲》以至《無情寶劍有情天》各劇，尚可差強人意。徐君今尚年青，當有前途也。潘一帆亦已編劇多年，初為某助手，某所編各劇詞曲，每出潘一帆手筆，故在撰曲方面，略有造詣，惟對戲劇研究未深，故所編各劇，尚嫌戲味未深。余只能看其為鳳凰女、麥炳榮所編之《花落江南廿四橋》及《嫦娥奔月》二劇，尚過得去。至葉紹德則善於撰曲，為青年撰曲家，對樂譜頗有研究，《白蛇傳》為潘一帆與彼合撰，惜嫌小曲過多，至《鄭成功》一劇，則由葉紹德主編，所撰黃梅調粵曲，頗覺新穎。葉亦目下編劇界之編劇人才，②至盧山則只曾為石燕子編撰數●，未有若何代表作，潘焯亦只編《近水樓台先得月》一劇，排場未熟，蔡滌凡則對音樂較有研究，其編《蘇小小》、《西施》、《李香君》各劇，均頗精緻，最近為蘇少棠、羅艷卿之「堂皇劇團」編劇，想或有佳作推出也。

《工商晚報》，一九六五年一月十七日

附注

① 《荊釵記》疑為《琵琶記》。

② 「編」字原稿作「可」，諒誤，正文改訂。

九四／縱有雄心揚劇藝　若無際遇亦徒然

晚近梨園，老成凋榭，而後起未能繼先輩衣鉢，故伶人縱欲退休，仍不忘演劇，證以歸道退隱之白玉堂，間亦登台演唱，觀眾以其技藝老●，亦多捧台，然白玉堂以年事關係，甚少演出，如有知音人士，聘定台腳，間中走外圍線演唱，惟已爐火純青，不爭在戲院或劇場與後輩競短長矣。白玉堂以外，尚有武狀元陳錦棠，其兩年亦一度傳其退隱，惟陳錦棠身為八和會副主席，對班事自不能放棄，除參加「新馬劇團」及其他名伶義演外，尚扶助後輩，仍登台作次要角色演出。按陳錦棠為薛覺先派最老資格演員，曾在「覺先聲」多年，後始自組「錦添花劇團」，今之宗薛派名伶如林家聲輩，咸尊陳錦棠為叔父，陳亦盡提挈後進之心。憶數年前林家聲為紀念其師薛覺先，特演出《漢武帝夢會衛夫人》，陳錦棠亦參加飾演其原身之衛青，甘為後輩副角，而無老叔父之架子脾氣，至為難得。月前林家聲之「慶新聲劇團」，缺乏生角，主事人何少保走商陳錦棠，陳錦棠以若能造就後輩，絕不推辭，慨然允諾，在東樂、高陞演出兩台，俱甚滿座，陳錦棠不●●力焉。又陳錦棠領導「錦添花劇團」，亦盡心提攜弟子後輩，其徒陳惠瑜、蘇少棠、蕭仲坤，均得乃師之力，始能立足於戲劇界，十餘年前，陳惠瑜即升正印與馮峰至星馬登台，陳惠瑜且大受各地歡迎，惜近年以體弱多病，故無登台，即拍舞台紀錄粵語影片，亦屈為副角而已。至蘇少棠與蕭仲坤，為陳錦棠一雙愛徒，蘇少棠出身，為某鄉一商店少東，受過相當教育，因看陳錦棠演劇，神注色往，動其從事戲劇之心，浼人向陳錦棠説項，收為弟子，陳錦棠謂學習粵劇，需下苦功，而生活亦甚苦，若不畏艱難，當可收錄為徒，蘇少棠一志戲劇，本其堅苦精神，從師學習，其武功因日子關係，不及蕭仲坤之熟練，然蘇少棠儀表不凡，演文靜戲駕乎蕭仲坤之上，加以當年為安南某名流聘請，到該處走埠演劇，甚得該地觀眾歡迎，一躍而為主角，蘇少棠仍不自滿，認為牡丹雖好，仍需綠葉扶持，如無名角提挈，不易成功，兩年前得本港何某資助，初組「堂皇劇團」，有鳳凰女、陳錦棠、靚次伯、梁醒波參加，陣容甚盛，惜時乎不利，略有虧折，從此養晦韜光，靜待機緣。去年復接安南之聘，與鍾麗蓉聯袂登台，大有斬穫，且得盛譽而歸，因動其重組「堂皇劇團」之念，惟其師陳錦棠，另有所圖，不克參加，鍾麗蓉亦因在星馬登台，不能抽身來港，而各重要台柱，均為各班早定，只有羅艷卿、文千歲、雪艷梅、白龍珠可參加演出，丑角擬覓一年青有朝氣者，否則尚有羅家權未有班落，劇務起用音樂界之編劇家蔡滌凡，擬演出於大會堂度元旦，以朝氣勃勃之陣容，或可一揚劇藝，然地點適否？能否旺台？亦視蘇少棠之際遇而已。

《工商晚報》，一九六五年一月十八日

九五／藝壇十步有芳草　出於污泥尚潔身

昔日紅船，為伶人住居之所，泛宅浮家，到處鄉村演劇，而男女班興，紅船艷史亦多，然亦有黑暗故事。當年全女班時，女班紅船，亦混有男性，憶沈小佩、李醒南組班時，男音樂員亦在女班當棚面，日夕厮混，即生情感，女伶與棚面師父結婚多起。余有表親陳恭鸞，本為業餘樂家，因喜觀李小姐演詼諧戲，認為女班丑角之表表者，乃浼棚面音樂員介紹，客串為李小姐拍和，後李小姐感其誠，二人相交漸密，終乃結合，且誕一男，時紅船中咸道陳恭鸞之艷福。又如桂名揚領導「冠南華」男女班時，其徒梁蔭棠與女花旦紫蘭女演男女調情戲於舞台，下台即同住於戲船，由假而真，發生情愫，卒而結婚，夫婦二人仍演劇，而產下子女數人，堪稱藝術結晶品。至紅船中亦有黑暗者，三十年前，有花旦顏某，本為貧家女，因慕女伶演劇可成名，乃投身女班，隨名旦習藝，顏某貌甚美，而非常端莊，不苟言笑，然在班中只充第四五幫花旦，每晚齣頭，只擔任梅香角色，日場正本頭場，則瓜代乃師演劇，以潛心學習，觀眾咸謂為有前途之演員。然顏某甚貧，無資購置私伙衣服，而薪金亦微薄，故所穿戲服，均為乃師着舊不要，給與她者，顏貧窘境況，即天冷亦無大被，只靠一張薄秋被禦寒，住居紅船，時有海風，十分寒凍，冬天閃閃縮縮，冷中偷睡，其狀甚窘。時該女班坐艙某氏，年已四十許，為人好色，女班中人與之曖昧者，不知幾許，他睹顏之姿色，早已有意，一夕，顏演天光戲畢返紅船，時天氣甚冷，一張秋被，不足以抵冷，顏牙關打震，在舖位上不能入睡，某起床，過其舖位，睹顏冷狀，乃夥之言談，謂其境遇如此，殊堪可憐。顏以坐艙為全班頭人，即如劇團經理，亦與之相談，並道己苦，某以時機已至，謂顏如欲出頭，升為二幫以至正印，當向之討好，今如此寒冷，勢不能睡，乃將大被攜來顏睡舖，欲大被同眠「結為鴛鴦」，並允為顏資助，多置私伙衣服，俾有出頭日子，甜言蜜語，以為顏定然上釣，不料顏意志堅定，守身如玉，拒他相助，不為所惑。某老羞成怒，借故謂顏演戲不認真，失觀眾歡，將其燒炮。①顏被辭退後，以未嘗受辱，引以為榮，時年只十六七歲，尚有可為，投身織造廠，以織布為業，以工作勤懇，品行端正，為廠主倚重，後廣州淪陷時期，隨大隊撤退，由廣寧轉進曲江，為婦女生產工作團團員，余與之遇，詢其尚有無演戲劇興趣，彼以無戲服為辭，並謂往事歷歷目在，彼已談虎色變矣，言已又談起當年之實際情形，真有千鈞一髮之危險情況也。今顏經已嫁人，生子女，為良家婦焉。

《工商晚報》，一九六五年一月十九日

附注

①「燒炮」，戲班隱語，即「開除」的意思。

九六／涉足藝壇如一夢　歸真證道寄餘生

電影界信仰基督教者，有珠璣、馮峰、黎灼灼、紫羅蓮、梅綺等眾，宗教導人為善，從影而信奉基督，對藝術修養，社教宗旨，趨於純正，不無裨益。黎灼灼原名黎杏球，為本港名媛，學生時代，早已信奉基督教，後赴滬從堂叔黎民偉投身電影，早歲即已成名，其拍《人道》一片，雖演反派，惟感人甚深，該片為金焰、林楚楚合拍，劇旨以孝敬父母勿趨虛榮告誡社會青年，誠為一部有意義影片。黎灼灼拍片無多，其拍有聲電影以粵語片《大地晨鐘》始，劇情敍一難婦，為軍人妻室，住居難民營，以賣唱養活家姑，及為反間諜，同仇敵愾，忠節雙全，該片為胡鵬導演處女作，甚得知識界好評，該劇為拙作粵劇《半生脂粉奴》改編，劇旨純正，感人甚深。黎灼灼所拍各片，均無黃色毒素，可告無罪於觀眾，近自影壇退休，從事教育，其操行不愧為一好基督徒。基督徒虔誠信道，然並非捨棄電影事業，不過退出中聯，研討《聖經》真諦，提倡新道德運動，拒拍無意識之劇本，仍為一忠於基督教之電影從業員。至珠璣、馮峰則受洗於九龍中華基督教會合一堂，時見其往合一堂聽道守禮拜，二人私德均以不違教義為本，縱為生活關係不能擺脫電影生活，然樂道真誠，仍不失為一忠實信徒。至摒棄電影事業，積極於傳教者，只梅綺一人，至其因何感觸，觀其奉獻自白書，當知了了。梅綺亦曾加入中聯，後兼在各公司拍片，其賣座影片為《紅娘》、《神燈》、《花染狀元紅》等劇，然梅綺以為各片皆缺乏教育意義，後拍一片，描述一少女不滿家庭與現實，墮入沒落途徑，虛榮是戀，卒至為社會所棄，無自新途徑，因而蹈海自殺，梅綺拍該片後，即有所感觸，從紫羅蓮勸，虔心信教，脫離中聯。後因拍片過勞，染胃瘍潰症，病甚危殆，幸得名醫診治，始獲告痊，其病重時期，得牧師、教友代為祈禱上帝，俾聰明智慧與醫者，將其救活。梅綺病癒後，一切歸榮上帝，以身奉獻，以下半生作傳教士，並謂彼經歷半生，過舞榭藝壇生活，盡屬罪惡，如今悔覺前非，拋棄名利，證道歸真，譬如今日再生，庶幾他年，得上天堂。自書自白書後，不塗脂粉，不着麗裝，自奉儉樸，不尚豪華，並與電影界友好絕緣。又謂其父皈依佛教，不能得救，需證為基督徒，並謂余染精神病，亦為其祈禱治癒，不以為醫生醫術及科學功能為功效。至余姊及余表姊為余誦經念佛，求佛庇佑，彼又譏為無聊，盡她對宗教自由之説，又加反對。然彼尚能宗旨貫徹，餘生守道，亦勝乎戀藝壇之虛名，而博得精神上愉快也。

《工商晚報》，一九六五年一月二十日

九七／妙韻清歌能悅眾　灌成唱片可留聲

留聲機器在我國，已有五六十年歷史，早年有留聲機器者，只屬富有家庭，故唱片推銷不廣，灌片之名伶亦甚少。稚年在家中，常聽留聲機唱，當時有勝利公司（即狗仔嘜）及百代公司（即雄雞嘜）唱片，勝利公司為鋼針嘴，百代公司為石針嘴，如有兩公司之唱片，則留聲機器需配有兩種唱嘴。當時粵曲唱片無多，勝利公司之唱片有周瑜利之《山東響馬》、《周瑜歸天》，肖麗湘靚●合唱之《平貴別窰》、《醉打金枝》，金山炳獨唱之《唐明皇長恨》及與紅●兒（即美中輝）合唱之《夜祭貴妃》。百代公司則有東坡安之《六郎罪子》、東生之《五郎救弟》及《羅成寫書》，蛇仔利肖芙蓉合唱之《賣花得美》、蛇仔利鄭拂臣合唱之《怕老婆》，只此十餘套，並無新灌唱片。而當時伶人，多不肯灌，原因是倘有唱片，顧曲周郎可在家中欣賞歌曲，不到戲院，其次為伶人當時甚迷信，認為一經灌片，經過機器收去聲浪，影響歌喉，因而失聲，此不合科學常識存於伶人腦中。多時未能打破，故十多年都唱舊片，並無新碟。且當時灌片代價甚低，灌唱一套唱碟，亦不過數十元，伶人不為所動，惟唱片銷路甚廣，尤以美洲及南洋華僑，多聞紅伶之名，未得聆其歌藝，若有唱片，爭相購買，而未經走埠之紅伶其唱片更為搶手，故唱片事業，本有可為。例如朱次伯全盛時期，其肉喉轟傳省港，勝利、百代兩公司，均爭聘其灌片，後因講價未成，而朱次伯已被刺，顧曲周郎，咸以不得聽朱次伯之留聲唱片為憾。憶周瑜利夭折，尚有唱片留存，論者咸謂伶人不肯灌片為不智。其後唱片公司，咸聘唱家入片，如桂妹師娘之《情天血淚》，女伶燕燕之《斷腸碑》，均甚好市。而音樂家呂文成所唱之《燕子樓》、《瀟湘琴怨》、《小青弔影》等，均為聽眾所樂購。而當時灌片價值較●，伶人亦樂於接受灌唱條件，後靚榮所唱之《夜困曹府》，白駒榮所唱之《泣荊花》，竟能轟動一時，家家搶購，而當時又有●●公司，延聘擅唱人才，另撰新曲，由名伶灌唱，然均不及勝利公司生意。蓋有資本雄厚，廣聘紅伶歌伶，計有薛覺先之《姑緣嫂劫》、《心聲淚影》之《瓊蕭怨》、《寒江釣雪》、《夜盜美人歸》、《幽香冷處濃》等片，白駒榮之《琵琶動漢皇》、《高君保私探營房》，張月兒之《鶯鶯酬柬》，徐柳仙之《夢覺紅樓》、《再折長亭柳》，小星明之《多情燕子歸》等片，均甚售得，唱片事業，曾經一時甚盛。然自無線電收音機發明，唱片即已滯銷，聽眾聽收音機，即可聽名伶名曲，故唱片事業，不如以前黃金時代之好景，然尚可為者，仍為海外華僑，仍樂於購買，故目前唱片，推銷外埠生意亦不俗，只要所灌為名曲，而由名唱家灌唱，即可傾銷也。

《工商晚報》，一九六五年一月二十一日

九八／梨園自有真途徑　暗啞絃歌孰挽亡

粵劇在港九，近年已淪到無演出地盤，有名聲戲人，多側重於拍粵語舞台紀錄片，以為是粵伶唯一出路，惟時至今日，粵語舞台紀錄片，亦走下坡，甚少片商拍製，粵劇伶人，幾至出路斷絕，無不張惶，八和會館亦提出粵劇救亡運動口號，然尚無事實表現，港九戲人，仍未有生機也。粵劇在港九，何以衰落至如此地步？筆者不得不言其概況。當粵劇舞台紀錄片初興時候，港九觀眾以娛樂時間與金錢都節省，又以為可看粵劇精華，趨之若騖，於是造成粵語舞台紀錄片全盛時期。然環顧所拍各片，徒有舞台紀錄片之名，而無真正舞台藝術表演，既無古本表揚忠考節義之劇本搬上銀幕，又無嶄新姿態反映現實之歷史名著攝製，只側重於神怪無聊製作，只足以欺騙愚夫愚婦於一時，而不是真正藝術途徑，更而舞台紀錄片不見得有千錘百煉的藝術，而只是歌唱紀錄片，既無武工表演，又無排場劇藝，失去粵劇豐富傳統本質，造成簡單寡陋之新派戲，縱然悅觀眾於一時，實難被吸引於永遠。記得戰前，觀眾亦不愛觀粵語歌唱電影，而好觀舞台粵劇，認為看電影不過在陰沉中看偶像，娛樂氣氛不夠熱鬧，不如看真人演舞台劇，有血有肉，表演逼真。加之以近年粵語舞台紀錄片都是支離片段，缺乏精彩，其藝術總比不上多采多姿之舞台整體藝術，是以近年來收價低廉之娛樂場所或小劇場演粵劇，也有相當觀眾。然不過票價經濟，可以吸引中下等階層觀眾，而演出成績，只見大紅大紫，大花大朵，一片熱鬧，都未見有粵劇傳統之真正藝術，不獨小型劇團如此，最近在大戲院之演出，粵劇團亦如此，只側重三幾個主角表演，既無曲折入勝之劇情，又無多種性格造型之表現，弄至武生、小武、小生、丑生、花旦等也唱同類歌曲，劃不出個性與年齡，而演員只靠私伙衣服吸引觀眾，及能唱幾句便號稱老倌。正如陳非儂對余說，目前看粵劇，只有聲色之娛，而無演藝之實，聲色藝缺去藝字，何以令觀眾滿足？又有些伶人，多不諳前後「江湖十八本」排場，動輒以時髦藝術自驕，實則好比花拳繡腿，不可以打擂台。不熟古老排場，如作文而不讀古文學，缺乏古典文學根柢，所寫文章，不足以登大雅之堂。益以戲劇為人生意義之表現，借古代歷史教訓，表現人生矛盾點，反映現實，指示人生途徑，闡揚忠孝節義，挽末世頹風，或寓意於諷刺社會，而導人為善，目下研究劇藝，不知有無此一概念？且習粵劇者，尤重生活體驗、文學修養，戲劇為社會教育工作，而非徒藉以賣技，混跡江湖，取悅觀眾一時為得計也。

《工商晚報》，一九六五年一月二十二日

九九／歲序失常寒暑異　臘冬猶暖似春來

時逢臘月，已過尾禡，昨遇大寒，即已嚴冬，而歲序失常，溫暖有如春日，豈天意憐貧，使無冬衣之窮民不受寒侵耶？然一年之末，已近歲除，家家戶戶，均準備度歲忙。兒時居家，尾禡前即已大掃除，除掃淨屋宇外，所有燈飾傢具，均全部整潔，以待新春，而家人一過尾禡，即忙於製作春初食品如油器、糕粉之類，製油炸品則動員全家上下，一同製作，造油角、製煎堆、炸芋蝦，開大油鑊，費時一日，始製作完畢，所有油炸品，均儲於缸瓦器內，以備春節賀年饗客之用。至蒸製糕品，亦費時一兩日，所製鹹糕，有蘿蔔糕、芋頭糕、盤粉等，甜糕則有年糕、九層糕、馬蹄糕、鬆糕等。兒時一到臘月，得食油炸品及糕品，喜極忘形，而不知家家戶戶，正忙於籌措結賬過年也。每年尾禡開始，各商店則開派賬單，開始收數，一歲生意結束，贏虧則在此時結算，舊社會每向商店開部取貨，並非月結，而在蒲節、中秋節及春節結賬，各節令只循例結算，惟在春節則例行清算，兒時見家中結賬，年結數萬元，結數後然後謝灶，商店亦認為好交易。而有些人家拖欠賬款，有至除夕，尚點燈籠追款者，惟一經燒炮仗團年，則前數歸入下年結算，故有等商店住戶，均謝灶兼團年，謝灶後即休業放假，不能追討舊債矣。歲末商店，多支雙薪，故每年春初，多有餘資看戲遊樂，而娛樂事業，咸注重春節營利，戰前余從事電影、粵劇，每年十一二月，即拍就一片以應春節，年年如是，而粵劇則因春初演新劇，各劇團均需要劇本，故十二月初即特約編撰，而春節每編三四套劇本，先收一半酬金度歲，故無需張羅度歲之資，而當時粵劇鼎盛，編劇界生活亦好過也。余不編劇已二十年，對目前編劇界痛苦，仍然了了，蓋今時戲班，已無長期組織，只春節演一兩台，只演一部新劇，連台演出，而目前編劇者，亦年僅編一兩部劇本，且酬金甚廉，不如戰前之看重劇本，如今時在春節能推銷兩部劇本者，即算萬幸，非如從前一台也演三四本新劇，春初需演七八本新劇，只憂編劇者編不及，不愁各劇團不接納也。然昇平盛世，或生意旺盛，娛樂事業始有可為，目下香港，新春時節，亦僅旺三四天，人日以後，復趨冷淡，電影如是，粵劇如是，此則港九人士，已受生活煎熬，無餘資以趁熱鬧也。余自違難居港，隻身獨處，住於病院中，無所謂度歲，冬節聖誕已過，瞬將舊曆新年，惟籌措賞賜工役及送年用款外，無需結賬過年，亦不準備紅包利是一切，更不準備如何度歲，過年如過日，不過歲月催人老，不久又長一年，依然故我，乏善可述，臘鼓聲中，惟問當年豪氣，於今安在而已。

《工商晚報》，一九六五年一月二十三日

一〇〇／高樓層閣荒郊外　狹宅危樓出售難

偶遇友人區君，詢余近況，余告以生活清淡，仍感拮据。區君為房屋經紀，語余：「作房屋經紀，雖無固定收入，惟揖成一單生意，即足兩三月皮費，如有友人欲買房屋，由彼介紹，可得回佣五厘，每間房屋，最平亦十萬八萬，總四五千元，可過肥年也。」余聞之意動，然不熟不做，仍需區君指點，據謂有一座房屋，在新界元朗左右，地方清靜，建設華貴，如有買客，可作介紹。余誌之。適病中有一新交盧君，豐於資，有意購買房屋，余乃以區君所言之新樓告，盧君謂果合意者，即將購買，余乃約區君及盧君，一同至新界察看該屋。初時擬搭巴士前往，乃盧君謂自有私家車，且可多約一二友人，同往察視，歸途至容龍別墅晚膳，然後返市。余與區君，均無異議，乃渡海搭盧君之私家車，經青山過元朗，直至目的地，盧君之汽車為舊車，途中機件失靈者兩次，略加修理，又照常行駛，惟到元朗，已費時兩點鐘。區君即導至新樓房，共同觀看。該座樓房，建築堅固，似合乎作別墅之用，然左右無隣舍，地太僻靜，隔元朗墟市亦有十里八里路，即購買餸菜亦感不便。盧君看罷，對房屋地點似不甚滿意，雖屋價僅八萬餘元，有花園及兩層樓，廣闊廳房亦有十餘個，實屬價廉之至。盧君謂購置房屋如非自居，即租賃與人，該屋地址僻靜，自居不便，即租賃與人，亦不易覓租客，蓋非有私家車及有閒階級，斷不會住居郊外也。言訖即示意購屋之議作罷，並邀區君與余同往晚膳，時已下午六時，驅車至容龍別墅，正合晚膳時間，乃一同上車，經原路而返。車行二三十分鐘，即又生毛病死火，不能行動，余等乃下車待其修理，不料一修已費時點餘鐘，汽車然後可行，若仍在容龍別墅晚膳，則非至九點鐘不能起程返市，且恐汽車中途再壞，余與區君均提議先返香港，然後進膳。盧君乃緩緩驅車返九龍，時已九時許，余與區君先與盧君告別，渡海返灣仔，至附近餐室共進晚餐。余謂區君雖有心欲使余賺回多少佣銀，然房舍在郊外，不易得人購買，余又不善詞令，說服買主，有負區君殷勤盛意。區君則謂凡業經紀者，不可估計其生意必成，縱白走一遭，亦不過花一日時間，不必心灰，並謂市上仍有樓房三數座，待價而沽，着余代覓買主。余問其樓房狀態，則有兩座近危樓之側，猶恐波及，故急於出手，其餘三數座，則因地點狹窄，重建亦不能築至六七層樓，故業主欲將其賣去，如鄰近屋宇欲買相連地者，則可合建多層新樓。余以不熟房屋情形，而購買樓房收租者，對舊樓或危樓，均認為條件不合，不欲花費唇舌，且余識人無多，大都無力購樓宇者，乃婉辭區君，蓋此五厘佣銀，實不易賺也。

《工商晚報》，一九六五年一月二十四日

一〇一／豪氣當年成夢幻　飄零何日買歸舟

近年余既輟編粵劇，即甚少撰寫粵曲，兩年前在電台工作，余費三月精神，編撰一播音粵語歌劇《吳三桂》，然以物色歌唱名家困難，而不久余亦離開電台，該劇遂未播出，余為惋惜。余姊在佛教大光學校授課，每逢校中慶典，學生即演唱粵劇，惟取義佛教真諦，浼余撰作一二齣短劇以應演出，余對佛教經義，本門外漢，惟照家姊所述意思撰作，務求適合佛教戒殺為善之教育意義，故余雖非佛教徒，亦可寫佛教劇本，只寫出不違佛教道理，固不論其佛偈是否精深也。而近來相識佛教名家居士，紛約余聚談，並賜余以佛學書籍，着余為編一長劇，余因己非佛教徒，誠恐所撰詞曲，與佛理有出入，更因邇來為生活奔馳，哪有閒情寫劇？若寫而不精，有負所託，不如不寫，故婉卻焉。又嶺南大學前輩同學陳劫餘，固逸人雅士，而性好盤桓於歌壇，向余索一首粵曲，以贈歌者李慧，余乃以拙作《桃花扇》之《李香君守樓》一曲應命，李慧歌此，聲淚俱下，甚能感人，原曲甚長，不便書錄，茲錄出其尾一段，俾知音者鑒閱如下：（《楊翠喜》小曲）「眼底舊院洞中天，桃樹掩映台榭尚似從前艷，盛似從前艷，漢山川，擾攘頻年幾經滄桑變，猶是半壁破缺玉碎不瓦全，天際天際空眷念，千里離人尚苦戰，（重句）

君心堅。眾心比君更貞堅寫下兩行離鸞券，證心堅（中板）相見爭如不相見，南天烽火已經年，割斷塵緣憑慧劍，憑將慧劍到陣前，不作禍水紅顏，任教英雄氣短（滾花）國破家何在，情愛復奚存」。①陳劫餘君，又以余原曲，刊印數千，派送聽者，因而友人誤以為余復出撰曲，有唱片公司亦欲余為編撰灌片歌曲，然余以撰曲只可遣興，不可作為職業，故辭不就。惟有友人飛鴻君，本播音界中人，常唱余所撰之《花落春歸去》及《心聲淚影》之《寒江釣雪》二曲，近●浼余為撰一曲，聲明為一征人廿載從征，未遇風雲際遇，有感而作，曲題為《英雄何日會風雲》，余因草一曲以贈，曲詞錄下：（《踏月行》）「怕回頭，也回頭，回頭翻使眉鎖皺，悠悠歲月愧我未封侯，月如晝，照住征人心倍憂，惆悵家園別後，何日買歸舟，又是飄零依舊，豪氣話當年，試問於今何有，馮唐易老贏得霜鬢滿頭，（中板）極目山河殘破後，更無燕市狗屠儔，引刃孰●秦政袖，忍看狐鼠佔神州，英雄何日會風雲愁絲萬縷，惟有枕戈待旦熱淚交流。」此曲為急就章，與陳君品茗於茶樓，即席撰寫，雖寥寥十餘句，而意盡於此，離鄉多載之征人，幾許兩鬢添霜，而苦未遇風雲，難遂百戰還鄉之願，聽者當有同感。抗戰時期，余多撰雄壯歌曲，然今豪氣不復存，惟嘆飄零海角，家園已失，更難買歸舟，感慨之餘，聊書數語，一洩滿腹牢騷，非敢以詞章傲眾也。

《工商晚報》，一九六五年一月二十五日

附注

① 此節歌詞原報多有殘字、缺字，今據原作者在本輯第一一六篇引錄的歌詞補訂。

一〇二／逝者如斯誰惋悼　不堪回首話前塵

近悉七十餘歲之老伶工新丁香耀逝世，梨園前輩，又弱一人，然新丁香耀之遭遇，有值得敍述者。新丁香耀原名陳少麟，初期與李自立（新麗湘）在「普長春」班不分正副，二人均以艷旦稱，而當時之成名首本為《雙孝女萬里尋親記》，劇首述一革命老人，遭奸所害，羈絆獄中，而一雙孝女，不惜艱辛，與奸黨週旋，卒憑其智，勇救父脱獄，萬里還鄉天倫重敍。此劇原為時裝戲，新丁香耀與新麗湘飾一雙孝女，持駁殼槍與奸人打鬥，場面驚險，情節動人。自演該劇後，新丁香耀即獨當一面，為班主何浩泉器重，資助其往滬學習北劇。得睹梅蘭芳演唱《嫦娥奔月》及《黛玉葬花》，歸粵後即與小生福合演《嫦娥奔月》，其奔月一場，摹仿京劇，有反身拗腰兀單邊走上月宮等絕技，備受觀眾讚許，稱為「古裝艷旦」，名重一時。後與何浩泉之女結婚，以班主愛婿關係，參與班政，組織「寰球樂」班，武生為靚東全、小武為新周瑜林朱次伯，花旦新丁香耀黃小紅小香丁、小生鄭錦濤、男女丑文明瑞靚蛇仔子喉七，陣容甚盛。而初時只演《嫦娥奔月》、《五寶珠》等劇，後以朱次伯為觀眾看重，且擅唱平喉，乃以《芙蓉恨》一劇為號召，新丁香耀飾演白芙蓉，其演賣酒一場仿京戲《梅龍鎮》，與朱次伯演對手戲甚為出色。而

「寰球樂」班為當年最賣座之戲班，新丁香耀年薪最高，達萬餘元。翌年去新周瑜林、鄭錦濤，而以朱次伯掌正印、小武新細倫當小生，班政操乎新丁香耀手中，注重新戲，計有《畫中緣》、《夜明星》、《玉梅花》、《三巧蛾眉》、《西施沼吳》等劇，每本戲都注重花旦，而又收旺台之效，新丁香耀於是與千里駒齊名，為其最得意時期。朱次伯被刺後，「寰球樂」失一重要台柱，而新丁香耀見機，聘得靚少鳳承朱次伯之缺，依舊旺台。由於新丁香耀度戲之功，所編新戲有《珠崖劍影》、《苦姻緣》、《恩仇血》、《顛倒君王》、《憐香客》等齣，均甚賣座。而新丁香耀一則以子喉聲線太緊，二則不甘雌伏，睹先父贈梅蘭芳聯有「身是前生為好女，不堪回首作伶官」句，乃毅然有感而轉男腳色，以演《臨去秋波》一劇博觀眾好評。後「寰球樂」解體，新丁香耀過「大堯天」為嫦娥英副車，拍薛覺先，然亦不得意。乃與新靚就組「共和樂」，當丑生，易名陳少麟，亦不見好景。乃自組「高陞樂」，為其岳父作班主，仍當正印丑生，惟虧折過鉅，何浩泉因而破產。此後新丁香耀即失去後台，其妻旋亦病亡。新丁香耀雖有演劇藝術，然男花旦不為時尚，後竟淪為「覺先聲」貼旦。戰後新丁香耀更潦倒，幸賴其堂妻舅何少保維持其生活，余時遇之於途或新新茶座，以一時紅伶，淪落至此，亦生同情之念，或惠以金，而彼亦卒不久於人世，老戲人收場，竟然如此，誠可慨也。

《工商晚報》，一九六五年一月二十六日

一〇三／窮途莫問身何寄　破廟深宵載寶歸

時逢歲末，臘鼓頻吹，今年市面奇淡，臘味市滯，而年宵各貨，亦未見好景。論者謂香港繁盛，虛有其表，大抵人口眾多，職業又不穩定，市民平日也為生活張羅，哪有餘資賀歲？即屆謝灶之辰市民猶為錢奔走，而近年又多行新曆年，對舊歲一切送禮，可慳則慳，只不過舊式舖戶，仍行舊歲，一年生意，藉此結束而休息數天而已。有友人在紡織工廠及塑膠廠任職，均謂今年生意不景，資方亦不發雙薪，彼等均準備過一窮年，而兒女度歲，添置新鞋新襪，利是紅包，又不能免俗，惟有減少應酬，以度春節而已。余以隻身居港，無憂無慮，亦知彼輩有負擔者，為新年而憂也。兒時家居，聘專席教師授課，每在謝灶前，即行解館，家嚴為送禮於師長，致送臘鴨生鴨，年果衣料，籍表敬意，童年不知稼穡艱難，只愛放假嬉戲，謝灶後即購鞭炮，到處燃燒，藉賀歲除。而每年謝灶，除在家中樂敍外，家人輒偕余至不憂廟參神。不憂廟在廣州河南環珠橋，有廟祝主持，香火甚盛。據先師張劭聞告余，士子當到不憂廟酬神，蓋百餘年前，該廟為一破廟，無人管理香火，適有一梁秀才，饔飧不繼，而當時太平天國，兵荒馬亂，梁秀才生不逢時，貧至不能立足，夫婦終日楚囚相對，牛衣對泣，四處借貸，藉以維活，然借債過多，無能償還，等如絕路。有一年，夫婦二人目睹歲除家家謝灶，戶戶酬神，而己米缸已罄，無力舉炊，復以債主催債，無處可避，梁秀才乃偕其妻，至破廟債避，身上尚有幾分銀，乃備購香燭，求神庇佑。時破廟無人，僅彼夫婦，腹如雷鳴，不知所措，而天氣嚴寒，相擁顫震，廟後有一天階，階旁有一古井，夫婦二人，以身逢絕境，了無生趣，遂動聯同自殺之念，求在生願為比翼鳥，在地願為連理枝，遂共投下古井。但古井已廢，積水僅數寸，不能將二人淹歿，二人求死不能，求生無樂，異常悲愴，忽而井旁有穴，紅火閃閃，①夫婦大異，梁秀才乃探首穴中，觀其究竟，忽睹穴中，金寶纍纍，狀如七星伴月，乃合力將金寶取出，扛返家中，既感天無絕人之路，復謝神恩浩蕩，從此一窮措大，變為富人。後梁秀才經商，成一地巨富，回思神靈庇佑，乃斥資重設破廟，改名不憂廟，並延人司理香火，一時傳至遠近，均謂不憂廟庇佑士子貧人，均來進香，故香火甚盛。尤以歲除，不少誠心男女，到來酬神許願，但求一歲無憂，即見神力。張師語此，雖跡近迷信，然數十年來，學者士人，每逢蹇運，即到該廟參神許願，戶限為穿。近二三十年，屢經世亂，不憂廟已無昔日之盛，而廟旁廣地，戰後當地神心人士，募款建築義學，以不憂廟而辦學，亦為提倡公益，固不問其是否迷信也。

《工商晚報》，一九六五年一月二十七日

附注

① 「火」字疑為「光」字。

一〇四／合時美果迎春節　爭購鮮花慶歲除

臘月下浣，例為花市之期，戰前年宵花果，多來自廣州花埭，①當時港市及新界，甚少農場，故鮮花奇缺，由輪運鮮花來港，廣州花埭，甚多花園，栽植鮮花果木，以應每年春節所需，廣州花市設舊豆欄、十八甫一帶，以地近十三行，當年銀業生意甚盛，銀舖店東，歲以高價爭購鮮花，本港蘇杭街花市，亦同樣熱鬧，蓋除銀舖店戶外，尚有南北行及金山莊，均為巨舖，咸為花市顧主也。至購買折枝花樹，恒出價數百元一枝，如購梅花、桃花、硃砂桃、硃砂梅、蠟梅花、西府海棠、吊鐘花等，均為搶手貨，而歲末由湖南運來牡丹，以春節應花開富貴之兆，亦其旺市，牡丹一朵，值價二三元，每盆花有五六朵牡丹者，售至十餘元，店戶購二三盆牡丹者，在在皆是。除牡丹外，尚有購買盆頭杏花，杏花本生江南，南廣則甚少種植，以杏林春宴之兆，杏花更為矜貴。至水仙則分企頭及蟹爪兩種，企頭則三兩元一盆，蟹爪則五六元一盤，寓意眾仙賀年，昇平佳兆。戰後本港與廣州無輪船交通，故年宵花果，不易從花埭運來，而本港新界農場，亦植花果應市，近年來如大埔康樂園之桃花，沙田九記農場之梅花，均為購客所樂道，去年一株桃花標價三千元，一株梅花亦標價二千五百元，且早即為人購

附注

① 「花埭」，亦作「花地」，廣州西南，花埭今僅指芳村區花地鄉一帶，而清代人則慣以今之芳村區、芳村街一帶稱為花埭。

去，富人賀歲，固不吝數千元。即如遍野皆生之吊鐘花，亦售至百數十元一枝。近年花市，以交通關係，而集中購花地點，設在銅鑼灣維多利亞公園，惟在除夕前三兩天，始見旺盛，不若當年早即熱鬧景象。至水仙花則仍有得賣，而牡丹花則來源困難，幾不見售，即偶有數盆，亦售至千數百元一盆，似非尋常人家所購得起，亦以物罕為貴也。至時花則有折枝菊花，冬菊及春菊均有棗紅色、黃色多種，適合為插瓶之用，而近年本港多種劍蘭花，顏色多種，雖屬洋化，而舊曆歲除，亦多購買，且售至三數元一枝，亦甚旺市。至盆頭佳果，則有四季桔、金橘、硃砂桔、硃砂柑等類。本港新界，亦多種植，惟遇颱風時年，則花被打落，結果甚少，而內地仍有各種橘類果類盆頭運港推銷。至年宵佳果，不限於盆頭，亦多應市，以橘類居多，最合擺碟者，以大個之潮州柑為宜，蓋潮州柑之鬆皮大個者四個即足擺一大碟，置諸神檯，歷久不變，至從前最多人擺碟之爐橘，今已不多見。爐橘為柚橘類混種，皮紅果大，狀如橙果，惟比柚子略細，聞為柚樹縛種橙果，皮厚肉苦，非作食品，只適宜於擺桌及擺碟之用，本港甚少見此類果實。至橙果亦為年宵佳果，新會甜橙、香水甜橙，均見旺銷，餘如四會柑、硃砂柑、硃砂桔等，均為年果，合紅包利是，分贈兒童，既得紅包，復有口腹之惠，亦兒童一樂也。

《工商晚報》，一九六五年一月二十八日

一〇五／萬家燈火撩傷感　火樹銀花燦異鄉

我國以農立國，故行農曆，農民根據農曆，樹植禾稻，永無失時，只憑一部通書，農戶即能依時耕作。由春分以至秋收，均為農忙時間，秋收後即樹種雜糧，或種蔬菜，並不偷閒，惟每年冬季以至春初，天氣嚴寒，不宜耕作，故度冬節以至新年，為農民休息時候，故雖力倡陽曆，農民為耕作便利，仍然守舊，以農曆年為新年，家家戶戶，懸紅貼紙，預祝豐歲，倍形熱鬧。而愛國思想，早即濃厚，如揮春所書：「國恩家慶，人壽年豐」、「三春富貴，五穀豐登」，可見我國仕宦大夫，亦皆務農。而古人不少出身農牧，如「牧牛勤苦讀，馬上錦衣回」，及躬耕不忘祖澤，久仕告老歸田，中國士大夫階層，俱不忘本，出身為農，歸隱亦農，本為立國賢達，亦知務農安居，如諸葛亮未得志時，躬耕南陽之野，陶淵明歸隱，亦有「歸去來兮，田園將蕪胡不歸」之語。可嘆近人，不問其躬耕力學，動輒謂不知下層生活，而不知出身農民，辛苦致富，修身齊家，治國平天下。余先祖清泉公，本亦貧農，二十始作茶童衣，①傭工於上海，後為茶商，因而致富，然經營茶葉，非從國人取利，乃與歐美人士交易，藉獲厚利。又先祖倡上海廣東會館，積德行善，晚年不忘業農本色，在鄉中購田二三百畝，以娛晚景。其為宗

附注

① 此句疑有誤字。

祠書一春聯，有「勤攻讀，力耕耘，子孫勿忘宗澤；敬忠賢，常祭祀，萬世猶念國恩」句，可見先祖置田，為兒孫及鄉中子姪計，俾耕者有其田，非作大地主剝削貧農也。乃近年大陸實施暴政，謂鄉人慶賀農曆，實為封建思想，並指摘先祖為農民而變資產階級，不可為法。至先父孔殷，亦以耕讀出身，本亦農民，雖少年仕進，為翰林院編修，然自民國後，即安份為商，為英美公司兩廣總代理，得資亦力倡公益，可告無罪於社會。後以晚年經營蘿崗洞蘭齋農場，盡羅致鄉中子弟耕作，並以養蜂為樂，論自由國家，本容許人民為農，而不問其是否士大夫階層也。乃共黨苛政，竟不容先父，謂為外商走狗，帝清封建殘餘，土豪地主階級，一切清算，並將田產充公，以年已九十老翁，逐返鄉中度活，謂其出身為農家子弟，晚年亦當不忘本色，十年前春節，在鄉中捱饑餓，因以病亡。憶昔農曆新年，先父與子孫團聚，其樂融融，如今春節，則家已毀蕩，兄弟星散，老人已不存，縱遇新歲，無家可以團年，違難香港，與余同感者不知多少人。眼看萬家燈火，火樹銀花，亦覺徒添愁惱，年年飄泊，不知何歲為止。回憶當年度歲，尚可拜祭祖先，如今祖先靈位，亦無地安擺，何況遙遠祖宗，何能祀奉？徒對歲除，深愧子孫無能而已，一嘆。

《工商晚報》，一九六五年一月二十九日

一〇六 清泉畜養池中物　春色宜人樂賞魚

廣東水鄉，地多池塘，故南番順及新會一帶，居民多養魚為業，所畜之魚，以大魚、鯇魚、土鯪、鯿魚為大宗，每年歲末，即為乾塘之期，而鮮魚上市，亦以冬季為大宗。而塘魚肥美，鮮甜可口，大魚、鯇魚，為日常餸菜所需，而鯪魚亦為家中美餚，冬季有以之製蔗渣魚，食味可比北方之薰魚。至鯿魚較多骨，然亦肉滑，味雖不如鯪魚，亦多人喜食。塘中產魚間亦有鯉魚、生魚，鯉魚本產於大河中，廣東以肇慶之文慶塱產鯉魚出名，塘鯉則不及河鯉之肥美，然亦可口。生魚則產於近山村落，亦甚大宗，肉爽甜滑，以之煲粥或煲湯，至為普遍。而炒生魚片、清蒸生魚，亦為上菜。廣東人嗜食海鮮，故咸喜食魚，有以魚比婦女，食魚而比家中主饋，如食鯉魚則比諸少奶奶，為人髮妻，家庭主婦，蓋鯉魚正氣，以之宴客，名貴大方，而家常便飯，以腐竹或豆腐炆鯉魚，老少咸宜，肉淨味樸，誠如樸實之主家婦。至鯿魚則比諸姨太太，蓋鯿魚音諧側，側室為妾侍之稱，鯿魚不如鯉魚之正氣，然多人嗜食，以其肉嫩，亦有人稱鯿魚為姨太太。鯿魚音叶「偏」，有偏房之意，鯿魚亦為海鮮，且樣子較美，為時菜之一，以之比嬌姿美妾，意亦吻合。至土鯪魚則比諸女傭婦，以其味治多骨，需細嘗始知其真味，女傭婦多來自鄉中，有鄉村婦女風韻，而又好潔，故稱之為土鯪魚，有與女傭婦結緣者，俗謂為清蒸土鯪魚，別饒風味，語頗幽默。至鹹水魚之黃花魚，亦有人比諸黃花少女，嬌嫩可口。魚為養生美餚，故多比喻，然尤有畜魚為樂，非為口腹之惠者，則時人好畜金魚，熱帶魚，飼養金魚、熱帶魚，需有辦法，金魚在我國，較為普遍，而種類之多，誠為人見人愛之小動物。計有珠鱗、朝天眼、芙蓉尾、金鯽魚之分，而顏色之多，更屬多姿多采，有紅色、有金黃色、有銀白色、有黑紅斑色、有黃紅斑色，養諸水缸中，與翠綠水草掩映，更為美觀。選擇金魚畜養，需擇其色澤鮮艷，充富活力，目光閃鋭，游行矯捷，耐於畜養。而飼養則靠沙蟲及紅蟲，惟不可使其太飽，蓋金魚時有飽死者。養金魚又需清潔，勤於換水，以山水畜養金魚，尤為適宜。養金魚之缸或玻璃箱，不宜狹窄，務求寬大，俾金魚有充分之新鮮空氣，又不宜置水草太多，使魚游泳無轉身地方。香港天氣溫暖，是較宜於畜養金魚，至熱帶魚種類比金魚更繁多，一下管理不善，即易冷死，故需有電暖喉之設，而更有專飼之食糧。時將春節，養魚者以金魚或熱帶魚陳置廳中，襯以時花古樹盆景，或名貴古玩瓷器，平添雅緻，至為幽美，然此等魚類雖美，可觀而不可玩，只可欣賞而已。

《工商晚報》，一九六五年一月三十日

一〇七　雙槲荊館今安在　花事闌珊話故園

生平未見洋紫荊，而洋紫荊花今已為香港市花，余因四處尋覓，務求一睹此洋紫荊。乃昨有友人至法國醫院探病，手執洋紫荊花一枝，余問其得自何來，據云在半山區一教堂側，今歲冬末仍吹東風，洋紫荊因而早開，折得一枝，作病榻前插瓶用。問余可愛此花，余因看此稱為市花之洋紫荊，覺與紫荊花相類，惟花朵較小，葉則較我國之紫荊葉略粗，惟開於冬末，不受霜欺，而瓣小嬌妍，似甚可愛，惜香味不清，美中不足耳。因洋紫荊而憶及我國紫荊，比洋紫荊尤為普遍，紫荊生於山野，十分粗生，春夏之間，紫荊盛放，其美不讓杜鵑，古人植紫荊於園中，取其意頭，蓋「荊」與「京」同音，「紫」與「子」同音，古人有子當京官者，稱為「紫荊」。昔人繪漢畫，時有繪荊子者，亦取「京子」之義，及後如作京官，所生之子，亦大為京子，此士大夫之取義，而花亦以名見貴。余家中有雙槲荊館，記兩兄民初作京官，先父乃植桄槲二株及紫荊二株於書齋前，以記世代為京宦之意，●先父晚清作京官時，亦生二子，即先兄譽題與余，故以「雙槲荊館」叶「雙郎京館」音，①至紫荊生在野，亦表示不少在野之士大夫兒女，猶有京宦丰度，故紫荊花雖粗生而不賤，入乎我國名貴花之類。而洋紫荊則來自法國一

附注

①②「叶」字原稿作「叫」，諒誤，正文改訂。

教士手植，而「洋荊」叶音「洋京」，②凡我國人，留學倫敦、華盛頓、巴黎者，均可比諸洋紫荊，以其遨遊於外國京城也。洋花而取中國花朵之名，尚取中國花朵吉兆，洋紫荊最宜植於外交官員之門庭，蓋大使當曾履遊各國首都也。時屆殘年，瞬近花市，因憶我國名花，亦與外國花草齊名者，即為玉蘭花與玫瑰花，兩種花在冬季春初即已開放，玉蘭花與玫瑰花均奇香，且甚為矜貴，③春初插諸瓶中，以玉蘭花蕊金黃色，而花瓣如白玉之潔，故插年花者，取「金玉滿堂」之義，語亦吉祥。至玫瑰花則多種盆頭，取意年生貴子。然玉蘭花甚少葉，玫瑰亦多刺，故不易於採摘，④只以剪剪之插瓶，一室皆香，非獨愛其吉兆，亦善其瑰麗也。至洋玉蘭則比玉蘭花較細朵，而葉較國產之玉蘭花較多，芬芳濃郁，清香撲鼻，人皆樂種之園中，不以其為洋花異卉而生別感焉。至玫瑰亦有洋玫瑰，且較玫瑰為大朵，花姿嬌麗，有紅色、白色及肉色多種，洋玫瑰不及國產玫瑰之香，然亦甚美，好園藝者多植之園中，余昔家中，亦植有洋玉蘭、洋玫瑰多株，家居閒遊園中，賞覽名花，心曠神怡，至雙榔荊館，亦植山茶兩株，山茶雖為山花，而生成粉紅色，且有淡香，為春節年花之一，而有勁氣，不與牡丹爭富貴，獨以清艷傲群芳，年來共黨佔我故園，所有名花均移植或戕伐，花榭荒涼，不堪回首，舊日門庭花事了，無限傷心憶故園矣。

《工商晚報》，一九六五年一月三十一日

③④「為」、「於」二字原稿誤排，正文改訂

一〇八 除夕家家團聚樂　年年守歲佑雙親

除夕，家家忙於度歲，慶賀新春來臨，因有團年之舉，團年方式，家家不同，然意義如一，蓋一歲中遊子遠行，歲除始歸家團聚，共慶一年平安，事業如意，祭拜祖先，慎宗追遠，及與家人團拜互賀，藉表親切。除夕令人遐思者，即仕宦之家，年掛字畫，多為先人遺下，如壽屏壽聯，紀念先人福壽綿長，而又出自名人手筆，勉世代保持家聲，力圖上進。余家中懸李文田書元之太祖祝壽書屏及居廉所繪之畫屏，書法及丹青妙手，均為一時無兩，況文章錦繡，值得閱誦，而畫屏則語貴吉祥，如杏林春宴、富貴開屏、鴛鴦福祿、一路英雄、耄耋有餘等佳句題於畫中，用賀先人壽誕，均懸諸神廳及大廳中，至客廳書房，亦掛滿名人字畫，如載熙載鴻慈之山水、八大山人之名作、惲南田之屏幅、曾國藩林則徐之書聯、岳武穆所書之奏表四屏、何紹基之小楷橫額、徐崇嗣之〈百花圖〉、徐熙之〈滿堂春色〉中堂等等，琳瑯滿目，而近人所書者則為譚延闓、吳道鎔、夏同龢、陸潤庠、朱汝珍等手筆，均屬珍品，誠守「經書處世，詩禮傳家」之義。而各廳中檯椅，盡套入紅緞繡花套，襯以名畫、盆景、石山、古玩，大有一家皆春之慨。而尤為樂趣者，除夕每多嚴寒，舉家圍爐取暖，各道起居，倍形親切，而團年除殺雞置餚，舉杯同慶外，猶守俗例，以邊爐窩炒黃沙大蜆，俗稱「發財大蜆」，家人共同舉箸，其樂融融。至除夕消遣，家人均喜賭博，麻雀、天九，均設數檯，而余等則戲擲陞官圖、狀元籌等有意義之賭博，各以仕進之階互相取樂，雖謂封建遊戲，然亦有興趣，只不過消遣除夕時光，並不以勝負而介意，亦非如今人賭狗賭馬，以博贏巨注，始視為發新年財也。至家中老人，每於除夕，焚香拜佛，為子孫覘牙牌卦，其意甚誠，如覘得佳卦，則老人之心懷曠暢，欣然告諸子孫，如覘得下卦，則喚子孫訓示，凡事小心，逢凶化吉，並在神佛前許願祈福，求神靈庇佑兒孫。至稚子兒童，除夕亦不只嬉戲，回憶童年，食過團年飯後，待至入黑黃昏，即隨長輩持燈籠遊於市上，高呼「賣懶」，口唸：「賣懶賣懶，賣到年三十晚，人地懶我唔懶」，頗有意義，蓋勤為立身之本，一歲之計在於春，一生之計在於勤，「賣懶」雖屬童輩除夕遊戲，然亦教育彼等力學守勤，凡事不宜懈怠。至除夕每年均有接財神之舉，每年有一定時刻，財神降臨，而市中花仔頭即以紅紙書「財神」二字，到各家索取利是，各家各戶，最重意頭，無不與者，而彼輩亦得發新年財也。至除夕守歲，自童年以至長大，均視為積習，聞諸人言，除夕不睡至通宵，守歲不只為自己祈福，且可保雙親長壽，故為人子女者，除夕則終宵守候，藉表孝忱，不可視為迷信也。

《工商晚報》，一九六五年二月一日

一〇九／夢熊有兆迎春貴　弄瓦無緣仕聖朝

中國人歲數計算，以出生日即為一歲，而度過新年，又增一歲，故臘月春生，僅二月即稱兩歲，有至三歲然後牙牙學者，據算命者言，兩歲應能言，三歲即能行走，如三歲始學語者，應在其命苦，實則算足兩歲，多已能言，算足三歲，多能行走，若論新曆計算歲數，則無苦命兒童也。然兒童生日，亦有註定大貴者，甲辰狀元夏同龢，生於除夕十二時，時已子時，論作年初一，故計足一年一歲，出生之時，即由長輩給與利是紅包，當時算命者謂同龢應名春生，生而萬家道賀，應為大貴吉兆，故其父母，愛之逾寶。同龢聰慧過人，七歲即能作對聯，十四歲即入學，二十三歲中舉人，彼原籍江蘇，有「江南才子」之稱，至其考中狀元，年僅二十八，當時算命者已預言彼當魁甲天下，然其得中狀元，亦屬萬幸，蓋當年同科赴試者有朱汝珍、譚延闓、商衍鎏等，論才華眾皆推許朱汝珍，咸以為是科狀元，非朱汝珍莫屬，而探花則眾皆料為譚延闓，榜眼始為商衍鎏，夏同龢固未有入圍三甲之希望也。會是科殿試，光緒皇親自欽點，夏同龢適列前席，書就卷章，擬戴回卜帽出殿，而卜帽為太監所踢中，跌在光緒皇足旁，夏同龢乃伏跪於光緒皇足旁，取回卜帽，遂為光緒皇注意，詢其名姓籍貫，乃以江蘇夏同龢對，光緒皇乃抽取其卷親閱，覺其立論正確，謂我國地大物博，人口眾多，且為數千年文化之邦，若能勵精圖治，當能德服夷蠻，威震四海，固無所懼於異邦也。時光緒心在新政，以夏同龢言論適合聖懷，乃留其卷，時主考以朱汝珍、商衍鎏、譚延闓卷進，光緒皇乃以夏同龢卷疊在上面，欽點為狀元，朱汝珍只得榜眼，商衍鎏為探花，譚延闓為傳臚，即冠亞季殿軍，先父孔殷，亦於是科中翰林院庶吉士，授編修，故知夏同龢中狀元始末。論者謂朱汝珍非才不及夏同龢，惟命不如夏，故屈居榜眼，而算命者咸謂夏同龢生於春節，世所罕有，命中注定大魁天下也。然夏同龢不壽，光緒駕崩之年，夏同龢即逝世，年只三十許，有謂其命雖，①註定命殉天子之喪，以酬知遇，然耶否耶？不敢明證。又先姊畹徵，②亦生於元旦中宵，時為開年，丑時降生，是年為甲辰，即先父點中翰林之年，故先父愛之逾恒，常謂女子無緣仕進，若論命貴，當作貴人妻，而先姊素有才華，而擇婿甚嚴，余昔曾編《燕歸人未歸》一劇，先姊亦口授余佳句，語為「清明節鶯聲切往事已隨雲去遠，幾多情無處説落花如夢似水流年」，其傷春之意，見諸詞章，然亦不壽，年僅廿六，歸汪兆鏞年伯第五子汪希文為繼室，翌年即患癌症病亡，豈歲逢令節生辰，亦皆不壽耶？先姊逝世後，先父悼念甚深，並虔誠信佛，為其超度，可見慈父愛兒女，其心甚殷切也。

《工商晚報》，一九六五年二月四日

附注

① 「雖」字下疑有奪文。

② 「畹徵」原稿作「畹薇」，因下文提及汪希文繼室，當為「畹徵」，正文改訂。

【編者按】

《工商晚報》一九六五年二月二日、三日假期停刊，沒有《浮生浪墨》，一九六五年二月四日始續刊。

二一〇／優孟衣冠齊賀歲　絃歌佳兆愛新春

新春佳節，各界仕女，每借娛樂為消遣，故每屆新年，娛樂場所倍形熱鬧，如映西片之電影院紛紛推出以大片，以廣招徠，國粵語電影院，亦推出新片賀歲，近年電影，極受觀眾歡迎，因時間金錢均可節省，且有高度娛樂性，然新春粵劇，亦擁有龐大觀眾，春節假期閒暇，觀眾多好看大紅大綠，大花大朵之粵劇，雖所費較昂，時間較長，然在放假休息時間，花一二晚看戲，亦不覺疲倦。近年粵劇，因戲院已為電影霸佔，失去演出地盤，而春節仍有多班開演，如灣仔之修頓球場、油蔴地之佐治公園、旺角之伊莉莎白體育館，均臨時蓋搭戲棚，短期開演粵劇，然每劇團只演六七日一台，演一兩台即散班，而所演劇目，只演一套，觀眾看過一次，即不再看，故欲全台滿座，實為困難，昔年粵劇全盛時期，新年演劇，對點演劇目，非常注重，每晚點演名劇一套，俾觀眾撞戲卦者，知所選擇。正月初一，除演《天姬送子》、《八仙賀壽》外，並點演劇目吉祥之正本齣頭，觀劇者亦喜歡得佳兆之娛樂，故年恒演《五子登科》、《郭子儀祝壽》、《十三歲童子封王》等劇，每劇均有好意頭，觀眾樂於接受。後來各班，又以班牌套入劇目，亦取佳兆，如「新景象劇團」則演《太平新景象》，以萬象維新之意慶祝新年。「鈞天樂劇團」則演《樂奏鈞天》，取義娛樂昇平。「大羅天劇團」則演《眾仙同詠大羅天》，取意時逢歲首，仙凡同樂。凡此種種，雖思想近於迷信或封建，然投觀眾所喜，輒得旺台。後來劇團編新劇，亦以好意頭賀年，如「新春秋」之《衣錦還鄉》、「覺先聲」之《火樹銀花》等劇，亦只演一二次，以應春節，均為大喜劇，新年觀眾，純為娛樂而來，惟博一笑，非為教育意義也。故初一、初二均演好意頭之劇本，藉以吸引觀眾，惟正月初三，俗謂「拆口」，戲班規例，點演最不好兆頭之劇本，而觀眾亦不責罵，所演名劇，雖無大團圓之佳兆，然亦有教忠教孝之意義，如《七虎渡金灘》，則述楊繼業率七子護駕金沙灘大會，楊繼業保主殉國，撞死李陵碑，楊大郎、二郎、三郎、七郎均戰死，楊四郎為番邦招婿，楊五郎出家，僅得楊六郎回朝，有「七子去六郎歸」之讖兆。又如演《十二寡婦征西》，則描述楊家將之忠烈，無一生存，而十二寡婦，尚忠於社稷，新年而演寡婦戲，本不吉利，惟觀眾以其忠烈，亦不怪責也。至演《薛剛打爛太廟》，則描述薛家將本有功於國，竟為佞臣所妒，薛剛小不忍則亂大謀，弄至薛氏全門抄斬，僅一薛蛟為徐策所救，後長大亦忠於國家，為太子討武則天立功，保存薛家將聲譽。至《羅成寫書》則演羅成殉國之壯烈，後始有羅通掃北，世代英雄。故各劇雖非大團圓，亦有代代英雄佳兆。至正月一連演至人日及新十五，均重意頭，全台滿座，粵劇盛況，今已不復見矣，一嘆。

《工商晚報》，一九六五年二月五日

一一一　萬丈雄心回劇運　天空海闊鳳凰翔

香港粵劇，窘於無院可演，較大規模之劇團，一年僅演一二次，故粵劇衰落，於今已極。惟泰越星馬一帶，院多班少，且缺乏有名氣之伶人，故咸望本港伶人走埠，而本港伶人，亦以鬱處無聊，不若向外發展。年前新馬師曾曾組織劇團至星馬演出，原為新馬師曾包賬性質，一切角色，均受僱聘，在星馬亦甚旺台，新馬師曾大有所獲，惟所聘角色以待遇較低，中途退出返港，以致新馬師曾獨力難持，除在當地覓花旦搭檔，完成義演，即行返港，演出收入成績，雖有可觀，惟與初願距離太遠。繼後則有鄧碧雲率領張月兒等，到星馬隨片登台，在各劇場戲院輪流演出，採分賬性質，鄧碧雲得張月兒助力不少，演出短劇，當代紅花旦拍鬼馬歌王，博得觀眾良好印象，在星馬演出數月，猶再續約，鄧碧雲滿載而歸。繼其後者，則有吳君麗亦走星馬一線，隨片登台，吳君麗能歌善舞，其羽扇舞及帶舞，有獨到功夫，加以初到星馬，該地人士得睹新鮮老倌演出，咸表歡迎，故演出數月，座無虛席，哄動一時，遲遲歸港，名利雙收。而男角如何非凡亦以不得志於香港，到泰越菲律賓星馬登台，雖無大利可圖，亦不至虧折，且博得美譽。至蘇少棠亦曾偕鍾麗容至越南演唱，舊地重遊，復得當地人士支持，雖在時局動盪中，觀眾仍甚熱鬧，得意而歸。可見近年南洋一帶，為粵劇唯一出路。最近花旦鳳凰女，雄心萬丈，亦擬到泰越星馬登台，鳳凰女近來甚少片拍，而粵劇演出，復厄於院期，彼為八和會館重要職員，對粵劇救亡運動，亦有一分責任，初擬組兄弟班在大會堂開演，後以與八和會意見有出入，卒不果。最近新春，仍與「大龍鳳」及「鳳求凰」劇團老搭檔麥炳榮、黃千歲、譚蘭卿等演出於油蔴地佐治公園，然僅演出一台，即告結束。會泰國曼谷戲院邀請鳳凰女領班前往登台，慶賀新春，鳳凰女乃約同黃千歲前往，並僱聘一班有朝氣之小老倌同行，麥炳榮、譚蘭卿則不參加。到曼谷演出，鳳凰女自作班主，一俟曼谷演完即拉箱往越南堤岸，在越南堤岸演畢，即擬赴星馬各埠演唱，改組為兄弟班，撥收入一半作人頭稅均分，所有演員，均認為條件優厚，且整個劇團走埠，組織自然健全，更有《花落江南廿四橋》、《百戰榮歸迎彩鳳》、《女帝貞魂壯士歌》、《嫦娥奔月》等廿餘部劇本，均為鳳凰女演熟之首本，當能在各地賣座也。黃千歲亦曾走南洋，頗有聲譽，牡丹綠葉，相得益彰。鳳凰女未得志時，抗戰時期在沙坪、梧州、西江一帶演劇，備嘗艱辛，戰後又為銀劍影副車，在越南演出，深知走埠受聘環境，此次以主角姿態出現，士別三日，刮目相看，加以為兄弟班謀幸福，挽回粵劇厄運，此行有厚望焉。

《工商晚報》，一九六五年二月六日

一一二／衣鉢師承傳舊稿　春風桃李唱新詞

今歲新春，天氣溫和，春風拂面，行樂及時，各劇場賀歲，均人頭湧湧，春光如錦，觀眾如雲，洵一時盛況。余居香港，以舟車擠迫，未往九龍觀各劇團狀況，只曾到修頓球場及大會堂參觀，「慶新聲」與「堂皇劇團」，收入均見好景，尤以修頓場體育館之「慶新聲劇團」，演員人腳較盛，故賣座力較強，該劇團擁有武生王靚次伯、新進文武生林家聲、艷旦陳好逑任冰兒、武狀元陳錦棠、女丑生朱秀英，尚有小生蕭仲坤等，人才濟濟，為今歲之冠，余以其人才勻稱，且朝氣勃勃，因往觀焉，始知該劇團之賀歲新劇《龍飛鳳舞喜迎春》為余三十二年前舊作《誰是負心人》改編，原劇由薛覺先、陳錦棠、嫦娥英、小珊珊、葉弗弱等主演，當年甚為賣座，劇情述薛覺先飾一青年張雲龍，因其父張益（葉弗弱飾）被困胡邊，亟思圖救，遇義俠龐一虎（陳錦棠飾），允拯其父，惟一虎本草莽之夫，心慕玉鳳宮主之色，欲作入幕之賓，會玉鳳宮主（小珊珊飾）彩樓拋繡球選婿，一虎約雲龍同往應贅，雲龍承母（嫦娥英飾）訓，心切救父，無心富貴姻緣，然以一虎所約，不得不同行，而玉鳳宮主，一見雲龍，覺其溫文俊秀，即已屬意，將繡球拋向雲龍，雲龍無心雀屏中目，得繡球亦不上殿求贅，及知一虎心在玉鳳宮主，即以繡球轉贈一虎，惟成全別人姻緣，亦有條件，蓋一虎須先救雲龍父張益，始可成親，一虎乃率俠盜夜踐胡邊，救張益出險，父子同往金鑾面聖，一虎亦持繡球上殿，欲娶玉鳳宮主，惟玉鳳宮主認得接繡球者為雲龍而非一虎，責其李代桃僵，且兒戲宮主婚姻，卒由聖帝下詔，以張益入獄中作質，逼其子雲龍與玉鳳宮主成婚，雲龍本無心玉鳳宮主，且許諾恩公一虎於先，自不能作負心人而與玉鳳宮主成親，惟以其父在縲絏之中，又不能不曲順聖帝之詔，洞房之夕，虛與玉鳳宮主委蛇，而為一虎誤會，冒險入宮幃，大鬧洞房，責雲龍負心，忘救父之恩，美色是戀，雲龍百辭莫辯，而一虎與御林軍及將軍戰，寡不敵眾，傷重彌留，猶悻悻責雲龍負心，雲龍卒不娶玉鳳宮主，以報一虎之義，而皇上亦感其孝義，釋放張益，父子團聚結局。今「慶新聲」重編是劇，改為喜劇，並加一段匈奴瓊花宮主招婿，亦屬意雲龍，因而入貢，瓊花宮主與玉鳳宮主金殿爭婿，及尾場改為《醉打金枝》排場，玉鳳宮主得配雲龍，瓊花宮主招贅一虎，而一虎亦不再為俠盜，棄暗投明，皇上封為大將軍，全劇喜劇結局，故名「龍飛鳳舞喜迎春」。林家聲師承薛覺先衣鉢，飾演孝子張雲龍，恰到好處，陳好逑飾玉鳳宮主，刁蠻活潑，亦有演技造詣，陳錦棠飾其原身之俠盜龐一虎，自能駕輕就熟，惜刪去武功排場，不復見其武狀元威風，而靚次伯之張益，亦演出節義老臣本色，該劇亦頗可觀。

《工商晚報》，一九六五年二月七日

一一三／天下皆春同慶壽　宏開駿業展鴻圖

農曆正月初七，俗稱人日，新春除團年開年，以人日為最大日子，原因是相傳人日，老少同壽，稱為大家生日，互相賀慶，迷信人家，每逢正月初一至正月初七在天神檯前，點起七星燈，為閤家老少祈壽。七星燈之來源，言人人殊，有謂始自三國諸葛孔明，六出祁山時染病，點起七星燈，祈求延續壽命，不料為魏延踢熄壽燈，孔明因此而終，後人祈壽，年年燃着七星燈，只在天神面前祈拜，由得燈芯點着至油盡熄滅，也並不以熄滅為不祥之兆。又傳聞乾隆皇下江南，正月初七，道過一家，見門前高掛「天下第一家」牌匾，乾隆皇暗笑，天子也不曾自稱天下第一家，此家何故敢妄稱，乃入其府第，見一白髮夫婦，出來迎迓，乾隆皇即問以天下第一家之意，白髮夫婦說不知，可再入一進深，問其父母，乾降皇入內，見一雙較老夫婦，道白來意，詢問天下第一家來源，該雙老夫婦，又請其再進內堂問其父母，如此相推，乾隆皇入至五進深，得睹其太祖已達一百八十餘齡，五代同堂，乾隆皇乃以御筆賜福壽字，有「天下第一家，五代同堂白髮齊」語，並賜正月初七日為五代同堂壽誕，故後人爭相摹仿，以正月初七為人日，老少同壽，數代同堂，至該日則咸食蠔豉長壽粥，或食八寶長壽麵誌慶，並劏雞殺鴨為膳，酬神許願祈福。至商場慣例，只在廿六做禡，始劏雞作宴，惟人日一日，亦如年節置酒餚慶賀，並製蕉葉糯米糰及鴻圖壽麵作午膳，取義有如春聯「宏開駿業，大展鴻圖」，蓋新春語貴吉祥也。至蠔豉粥則暗示「好事」，八寶長壽麵即保得舉家長壽之意義，至亦有食生菜粥者，即於求長壽生財，衣食豐足，皆取吉利兆頭。而兒童輩亦擇人日開筆，以「開筆大吉，萬事勝意」為詞。憶昔年在私塾就讀，每年尾禡即解館，至正月十五後始開館，惟人日則需回私塾開筆，拜聖人，並與塾師賀歲，與同學團拜，後入學校肄業，此例已破除，惟仍於人日拜聖人，願孔聖保佑聰明向學，而鄉間祠堂所辦小學，仍有人日團拜之風，且設茶會招待學童，共食年糕、油器、芋蝦等物，果腹而歸。又每逢人日，鄉祠即開始報丁，蓋上元開燈，需早籌備，一年增加幾許人丁，亦於初七吉日開始報喜，添丁愈多，則更加高興，人口眾多之鄉村，其事業更盛，故舊日鄉村，亦獎勵生產也。尤有一事為兒童所喜悦者，即新年利是，到人日始准拆封。歲初拜年，兒童所得利是不少，人日拆利是，有得百數十元，有得二三十元不等，而皆足以購買遊戲物品，如炮竹煙花等，又有等兒童，將利是儲諸「撲滿」，一年四季佳節，所得利是，年晚置新衣之用，而新年人日後至上元，仍有人給利是，非止於人日也，然過人日後，則人忙於事，已不如過年時之高興矣。

《工商晚報》，一九六五年二月八日

一一四／仙鳳雛鳴絃管寂　優悠虛度好春光

今歲新年，粵劇界頗活躍，大小劇團演劇度歲者，組成十餘班，小老倌亦慶幸有班落，不需坐年，①惟除大會堂外，各班均有戲棚或臨時劇場開演，無一戲院演粵劇，可見粵劇仍未見好景，只新春較旺台而已。然今年坐歲者非小老倌而為大老倌，第一個是新馬師曾，新馬師曾每年新春，必組「新馬劇團」，不求在戲院開演，但博外圍台腳，今歲以吳君麗為鄧碧雲拉出組「新女兒香劇團」，新馬師曾找尋不着一個拍檔花旦，而其他腳式，亦早為各劇團聘去，「新馬劇團」遂組不成，只有年尾在外圍演一台，新春期內，新馬師曾實行休息，而去年所拍之影片《濟公活佛》，不久推出公映，愛觀新馬師曾者，不看粵劇亦可看電影也。至其餘坐歲者為任劍輝、白雪仙，任白不演粵劇，已有三年，今年本擬於歲初演出，惟任白所組之「仙鳳鳴劇團」，陣容強盛，除二人外，尚多名角，故皮費甚重，非在多量座位之戲院演出，收入不能維持支出，故初時擬度戲院演出「仙鳳鳴」歷屆賣座之劇本，並聯合「雛鳳鳴」演出，惟幾經磋商，各戲院因新春與電影片有合約，不能度出演期，故「仙鳳鳴」演出之計劃，遂成畫餅，而「雛鳳鳴」一群新秀，亦寂寞中度過新歲，無期響鑼。至任劍輝則尚拍就幾套舞台紀錄片未放映，一般任

附注

①「坐年」，即戲班在新年期間沒有演出，又稱「坐歲」。

迷，不愁無機會欣賞任劍輝之藝術也。惟有白雪仙，則只與任劍輝合拍一部歷史彩色片《李後主》，尚未完成，亦是數年來白雪仙僅拍之一部片，聞成本數十萬元，相信演出，相當賣座，至白雪仙之藝術如何，觀眾有目共睹，當年白雪仙曾隨冼幹持學習唱工，及後隨薛覺先學習演劇，薛擅反串，故對花旦演技，亦有修養，薛又因與白駒榮有交情，故用心教誨其女，白雪仙因此機會，幸得良師，傳授藝術，故初上舞，即為觀眾稱許，其後加入「新聲劇團」，為陳艷儂副車，亦拍任劍輝，有二幫王之譽，尤以演《紅樓夢》之薛寶釵，後來演此角者，無居其上。「新聲劇團」其後解體，陳艷儂赴美演出，任劍輝缺去拍檔之正印花旦，乃拔起白雪仙，共組「仙鳳鳴劇團」，並有靚次伯、梁醒波參加，人才濟濟，白雪仙資望雖輕，惟演劇認真，並非苟且，其個人演技，可稱嚴肅，故受觀眾喜悅，而適演元曲選之《荊釵記》、②《拜月亭》、《六月雪》及野史劇之《帝女花》與《再世紅梅記》，均甚旺台，蓋當時編各劇之唐滌生，對詞曲編撰，尚費功夫，不至流於鄙俚，故上流觀眾，多喜看任白演劇，而白雪仙亦因以成名。唐滌生死後，「仙鳳鳴」僅演出新劇一次，即演《白蛇傳》，③該劇以民間流傳神話故事，博得一時哄動，然編排亦不見成功，輿論未見佳評，白雪仙更對演出，慎重從事，故擬選演成名首本，惜無院期，仍然坐歲，惟祝其所拍之《李後主》成功，勿負觀眾厚望焉。

《工商晚報》，一九六五年二月九日

② 《荊釵記》疑為《琵琶記》。

③ 《白蛇傳》即《白蛇新傳》。

一一五／龍年蛇歲多雲雨　農事豐收可預期

龍年已過，今歲蛇年，論者謂龍蛇本同類，不過有大小之分，然龍翔鳳舞，稱為盛年，故去歲可謂蛟龍得雲雨，歲遇豐年，故初春雖旱，旱造歉收，惟一入初夏，即雨水充足，秋收豐盛，農民喜悅。又去年為盲年，因在前年立春，今歲初三始立春，前年為雙春歲，去年為盲年本不宜於婚娶，惟屬龍年則屬龍鳳呈祥吉兆，故婚姻註冊處之鴛鴦譜，人數不減前年，且以前年為旱年，去年龍年雖風雨頻頻，亦屬風調雨順，解決本港水荒之憂，萬民喜悅，不需大旱望雲霓。今歲為蛇年，論者以蛇為蛇蝎，又稱蛇蟒，蛇蝎在任何宗教，視為魔妖，蛇蟒則俗稱「掘尾龍」，不祥之物，故有等迷信人家，咸祈神許願，求蛇年無災無害，平安度過。然蛇亦有人稱為龍，蛇羹亦稱龍鳳會、龍虎會，且蛇易生長，蛇之繁殖為蟲類冠，時遇蛇年，暗指螽斯衍慶，麟趾呈祥，預祝今年家家添丁，戶戶發財，週年順遂，四季平安。且以歲首論，今歲春色宜人，天氣和暖，雖歲首略有微雨，然亦不覺春寒，而嚴冬已過，草木逢春，春風拂面，萬物皆呈蓬勃景象，前日余至姨母家賀年，則見佛前擺貢蛇果，①蛇果為美洲蘋果，用以貢佛，默祝盛世昇平，民安物阜，故不以蛇年為不祥之兆。根據佛教說法，凡屬動物，均有佛緣，

附注

① 「蛇果」之「蛇」為「地厘蛇」(delicious)的音譯簡稱，實與蛇無關。

蛇亦可成佛，以其生於草野，無心傷害人類，人不犯蛇，蛇亦不犯人，佛教主張放生，故蛇類亦為放生之物。或以人心不足蛇吞象，比喻蛇雖小動物，而貪念甚大，此為戒貪之訓，非真有蛇吞象之事。姨母又語余，余生於元月廿二巳時，巳時屬蛇，今年乙巳為蛇年，余又巳時生長，流年有利，且以余雖生而屬蛇，②一生致力於社會教育，導人為善，蛇雖不一定為人中之龍，亦可為人中之傑，願毋自餒，努力向前。余以虛度年華，已五十六載，徒負虛名，不足稱人中之傑，惟蛇亦有善類，即水蛇、草蛇，均除孑孓害蟲，不使成為毒蚊，傷害人類。稱人之矯捷者，稱為水蛇，蓋以其不易為人所捉也。至草蛇所經之草地，即有蹤跡可循，有來龍去脈，凡作文者，對起承收頓，均如草蛇灰線法，喻以文章起伏，均如蛇行，而結論則視乎文章題材，均以導善為主，文章雄邁，運氣如龍，證以龍蛇同類，惟視乎其行徑而已。史載漢高祖斬白蛇起義，後人謂其屠龍宇宙，可定天下，亦以蛇喻龍也。至人類對蛇，每有畏懼之心，如杯弓蛇影，驚至生疾，後得解釋明白，證以弓影如蛇，不足為害，疾始霍然，證以人類多疑，以為蛇可為害。實則蛇素畏人，捕蛇者語人，若以手塗硫磺，蛇嗅其味，即俯伏畏懼，蛇亦為人所捕，如逢端午節，飲硫磺酒，③亦可避蛇毒，然服蛇又可驅風去濕，滋補體力，可見蛇亦有益於人類也。

《工商晚報》，一九六五年二月十日

② 十三郎生於一九一〇年，生肖屬狗，上文說「余雖生而屬蛇」，是指出生時辰為巳時，巳屬蛇。

③ 習俗相傳，端午節飲的是「雄黃酒」。「雄黃」與「硫磺」都含有「硫」，可驅蛇蟲，原作者謂端午節飲硫磺酒，或為誤記。

一一六／寂寞歲初添百感　天涯舊雨異邦人

違難香江，春節在寂寞中度過，身世孤零，百感憂傷，余居醫院中，早出晚歸，故甚少朋儕來訪，新春假期數日，益覺無聊，間或至花園遊行，一吸新鮮空氣，園中桃花初放，燦爛奪目，大概今春天氣溫和，春花早發，但願人亦如花，早呈蓬勃景象。回憶歲末，有一難友蒙君來訪，蒙為肺病所纏，經年始癒，而患失業痛苦，比疾病尤甚，典當殆盡，即度歲亦無衣着，余雖憐其遇，然自顧不暇，無能為助。蒙君昔曾作電影從業員，作臨時演員，然自病後，不能夜睡勞苦，更以電影近年狀況較淡，臨時演員無計覓工作，故彼即欲冒病作工，亦無人僱用，目前生活，只賴一教會醫生間或接濟，彼又無親屬摯交，年前曾得梅綺救援，彼則衣食無着，亦無人援助，生活何以解決，旅病窮愁，孤若無依，終日四處求人貸借。余與彼不過一面之交，亦不忍睹其饑饉，惟余力有限，只給與有限度之援助，今歲春初，彼又來訪余求貸，余給以數元，今歲余亦未遇人來賀歲，只得蒙君一人來，彼亦病者，惟互祝身體健康而已。在法國醫院中，得遇二十餘年未遇之誼表弟黃君，彼亦因肺病在醫院留醫，據云大陸易手後，彼則偕子赴南洋，然在星馬一帶，覓事亦非容易，且以該地人事不熟，故無若何發展，五年前自南洋回本港，從事教育事業，積年勞瘁，致染肺疾，且早有糖尿症，久醫不癒，故趁春節假日，入醫院數星期休息，庶幾病況減輕。病中無聊，忽憶余在病中曾編守樓一幕獨幕劇，頗受歡迎。茲錄原曲如下：（長句滾花）「桃花扇桃花血，桃花血濺桃花扇，桃花血污桃花面，一點桃花愁萬點，奈何天，奈何緣，奈何人隔奈何天，奈何人對奈何月，奈何人語寄不到客邊。（二王）桃葉渡前，孫楚樓邊風送，桃花飛片片秦淮冷落，月如弦，桃花扇掩桃花面，草芊芊人懨懨，問何年，還君願，洗淨腥膻不負如花眷，萬里兩相牽，靈犀惟一點，珠簾半掩小樓前，懶照菱花鬢亂，羞説六朝雙飛燕，隋仇陳劫記不盡南國烽煙，莫念前世冤，莫戀今世緣，莫怨歡娛短，爭看滿城火焰，城郭盡燎原，萬家幾能免，哀鴻四遍誰尚擁萬腰錢，千金華筵，笙歌撩亂，儘着狂歡儘着顛，獨樂豈忘眾生怨，忌抱繡衾獨眠，長●閒鶯浪燕。意難傳恨怎遣，滿城霜雪（梆子）愁聽泣血杜鵑，李香瘦損，撥斷冰絃，卻受重奩只為生逢世亂，抱殘紈扇，羞戴花鈿花嬌枝嫩易惹人憐，（楊翠喜）眼底舊院洞中天，桃樹掩映，台榭尚似從前艷，盛似從前艷，漢山川，擾攘頻年，幾經滄桑變，猶是半壁破缺，玉碎不瓦全，天際天際空遠念，千里離人尚苦戰，君心堅，妾心比君更貞堅，寫下兩行離鸞券證心堅（中板）相見爭如不相見，南天烽火已經年，割斷塵緣憑慧劍，憑將慧劍上陣前，不作禍水紅顏任教英雄氣短，國破家何在情復奚存。」

《工商晚報》，一九六五年二月十一日

一一七／賀歲春聯多妙趣　慶年句語貴徵祥

世俗人對於新歲，咸抱一番願望，除舊更新，迎春接福，比諸舊歲有何不如意事，一切均已逝去，而迎接新年，又是一番新景象，故俗例各家各戶迎接新歲，多貼揮春於門前，藉作新年佳兆。揮春之普遍者，如「國恩家慶，人壽年豐」、「三陽啟泰，萬象維新」、「宏開駿業，大展鴻圖」、「花開富貴，竹報平安」等，此等揮春，亦即春聯，不獨住戶懸貼，商店亦有貼揮春之舉。更如七字春聯，則有「天增歲月人增壽，春滿乾坤福滿門」，以一年度過，壽增一歲，並不以老去一年為悲，而以增壽為樂，至春回大地，乾坤同慶，迎春接福，滿門老少，均佑新歲康寧，凡事如意，故此聯為家庭中最普遍者。又如「爆竹一聲除舊歲，桃符萬戶慶新春」，此聯則家庭與商店皆並用，誠以一年經營，一歲結束，不論成敗，均隨爆竹一聲，除去舊歲，而萬戶桃符，預卜佳景，否極泰來，慶賀新春，商戶則望生意興隆，家庭則望財丁兩旺，人口平安，故一年更始，萬戶均抱新年萬福之願，其貼春聯，亦由是意。然寫春聯者，即今之揮春賣書者，亦需書法敦厚，筆勁如神，始多人光顧，若書法過弱，則世人視為不祥。從前有一學者，以書法名於時，而此位學者，又不是鬻書求活，故不易得其墨寶，惟有每年除夕，必自書春聯，貼於門口，至為愛其書法者注意，每當其貼春聯，漿糊未乾，即為別家撕去，貼諸己之門口，學者每年書多對春聯，均屬吉祥之語，甫一貼起，即為人撕去，每年貼春聯亦麻煩十分，其後此位學者，乃想出一法，令愛其墨寶者，不敢掀去其春聯貼諸己家，乃在除夕團年之前，貼一未完春聯，聯為「福無重至……禍不單行……」，閱者以某語言不祥，咸不掀其春聯，及至將交子時，學者揮筆每句加三字，即「福無重至今朝至，禍不單行昨歲行」，寫出禍去福來，新年吉兆。又清季有數代捐官為稅吏者，自詡富貴，實為學者不齒，其歲求一秀才代書一春聯，秀才乃書「春去春來春春富貴，代前代後代代平安」，譏其為官貪婪，原屬蠢子，語叶相關，亦謔而虐矣。至從前有一銀舖，年年營業旺盛，利源廣闊，乃在其門前貼一春聯，聯為「門迎春夏秋冬利，戶納東西南北財」，言其一年四季皆獲利，而東西南北，四方人士，皆與之交易，招財進寶，語貴吉祥，後來有一酒店，亦用其聯改二字，書一春聯於店門，聯為「門迎春夏秋冬客，戶納東西南北人」，其意酒店營業，不論何時，春夏秋冬，客似雲來，始見盛況，而所納貴賓又不拘來自何地，即世界人亦可以酒店為居停，東西南北各方人亦來光顧也。對聯乃我國獨有文藝，①歐西人士，無法倣効。其妙處亦非歐西人士所能領略。

《工商晚報》，一九六五年二月十二日

附注

① 原稿由此句開始另起新段，今依原作者行文習慣，與前段合併。

一一八 新聲初度紅牙響 金縷絃歌尚未殘

今歲春初，氣候溫和，天氣乾爽，正宜於一般市民，及時行樂，故今屆春節粵劇團，頭台演出，均甚旺盛，計在港九及外國戲班，有十五個之多，班班均有龐大觀眾，劇團也遂掘金願望。根據劇團主事人説，在頭台當中，不少觀眾，隔兩天即預先定票，尤以初七日人日，更形客滿，初七日為頭台最後一天，仍見踴躍狀況，一般劇團搞手，無不額首稱慶，互賀新年發財，茲就各劇團演出情況，略為報道。九龍油蔴地佐治公園，演出「鳳求凰劇團」，該團台柱為鳳凰女、麥炳榮、黃千歲、譚蘭卿、白龍珠等，人腳勻稱，加以該團自去年春初演出，即未在港九公演，而愛觀該團者，觀眾亦不少，故今春頭台演出，夜夜滿座，人山人海，日戲亦頗旺台。而深水埗劇場，演出全女班「新女兒香劇團」，由鄧碧雲、吳君麗、梁素琴、許卿卿、譚倩紅等聯合主演，以近年無全女班開演，「新女兒香」別開生面，以全女兒為號召，觀眾為好奇關係，亦多往觀，該劇團原定鬼馬歌王張月兒為丑角，後張月兒以事不克參加，只得以許卿卿承其缺，然許亦演出過得去，得觀眾嘉許，該劇團以鄧碧雲、梁素琴反串男角，亦有造詣，故觀眾紛來賞識，加以深水埗劇場，座位最多，七晚滿座，成績甚有可觀，該台戲為深水埗街坊福利會主持，故得街坊擁護，易於滿座，而鄧碧雲、吳君麗亦躊躇滿志矣。灣仔修頓體育館亦由灣仔街坊會主持，演出林家聲、陳好逑、陳錦棠、靚次伯、朱秀英、任冰兒等合演之「慶新聲劇團」，亦一連七夕滿座，街坊笑逐顏開。至旺角之意莉莎白體育館，則頭台演出梁醒波、羽佳、南紅、關海山之「慶紅佳劇團」，該團成績亦頗佳，因梁醒波之號召力極大也。至香港大會堂演出之「堂皇劇團」，因演出地址不近住宅區，又因大會堂禁止觀眾吸煙，一般看粵劇觀眾，多認為不方便，加以「堂皇劇團」人腳只蘇少棠、鄭碧影、羅家權、文千歲等，吸引較少，故該台演出收入平平而已。然而「千寶劇團」，及啟德遊樂場、荔園遊樂場等處演出，以收價低廉，均告滿座。加以今年各電影院並無舞台紀錄片放映，粵劇尤為旺盛。至二台則「鳳求凰」入駐深水埗劇場，「新女兒香」轉移油蔴地佐治公園演出，「慶新聲」則拉箱過旺角伊莉莎白體育館，「慶紅佳」則移師灣仔修頓體育館，各演七天，天公做美，既不下雨，亦不寒凍，故二台雖不如頭台之踴躍，亦相當多觀眾。連日因銀行擠提，影響不少，故各團均未滿座，至「堂皇劇團」則移師元朗演出，「千寶劇團」在筲箕灣開演，觀眾尚多，故今年粵劇，雖非最盛時期，搞手人亦有利可圖，加以各處街坊會之協助，雖演期短少，僅十四天，而各劇團皆大有所獲，新春掘金，皆大歡喜，然此僅為春節盛況，粵劇能否挽回厄運，還須拭目以睹之。

《工商晚報》，一九六五年二月十三日

一一九／道左相逢談別況　赧顏隨俗賀新年

新年在無聊中度過，孤零寂寞，平添百感。念已達中年，青春消逝，少日幻想，今已淨盡，念童年時與家人度歲，兄弟姊妹及年齡相近之姪輩，同嬉戲，對春日之來臨，饒有樂趣，一年中以新春時節，得與親朋長輩賀歲，紅包利是，積疊甚多，可購玩物，可作零用，兒時一切仰給父母，固不知世界有何艱難，只以度歲為樂。更睹街頭巷尾，群童舞龍舞獅，慶賀盛平，預祝豐歲，此種新年熱鬧景象，今已消逝。回憶自成年以來，到處為家，已慣飄零生活，惟少日友朋眾多，聯群作樂，或以工作關係，或因窗硯之情，彼此均甚密切，當年雖無室家，而有同年齡之青年同聚，節屆新春，怡然共樂。及抗戰期間，不論在工作上或事業上，均有團體維繫，如劇團則集體生活，學校則桃李盈門，縱一身孤零，殊不寂寞，益以戰時生活嚴肅，集團共處，自有興趣，只以工作相同，固不問年歲相差幾許，親切有如一家人，雖彼此同是遊子，離家別井，每有思家之念，彼此互相慰藉，抗戰八年中，亦不覺難過。戰後余即家居，在農村躬耕自活，然農村人家，對新年尤為高興，例如每月燒放爆竹、鞭炮、金錢炮等，或作小賭博遊戲，一歲在農忙中度過，惟有新春閒暇，藉佳節以怡情，解一歲耕耘之苦，農村兒童，平日即能養雞畜鴨，新年宰食，極口腹之娛，而農村中人，到社廟酬神，或演劇慶祝，新春佳節，無不盡情歡樂。曾幾何時，余等已作違難之人，十餘載亡家之痛，更喪失田園，又以往日同集團之前輩後輩，均已星散，身如失群之鳥，惘惘何之，雖屆新年，別人歡樂，於我何與。更憶家居奉父，每年子姪輩咸歸為老人賀年，余等不須出門一步，即得與家人團聚，今者一家人已無聚面之祖屋，家有庶母二人，一在同宗兄弟處寄居，一則倚女兒為活，余愧無能奉養，尚牽慈母之念，又兄弟十人，僅餘一兄在港，年已八十許，與其次子共居於九龍橫頭磡，交通不便，舟車擠迫，新年亦往賀歲。至姊妹輩或居九龍新界，或居本港半山區，今年只在元旦到佛教女居士林拜祭祖先時一敍，互祝健康而已。至姪輩多人，均以事忙，未遑來訪，往日家庭尚可團聚，今則各顧生活，無暇敍面，一年如是，新歲如是，而余亦少往友家拜年，誠愧無善況可述也。日昨道左逢一電影導演，昔年舉家靠余接濟，始得度活，子女狀況奚若，則余亦不知，偶然相遇，即以余近況垂詢，並慚無能助余，致使余前數年流落街頭，無家可歸，今雖病況痊癒，仍朝夕為生活憂慮，此導演近不算得志，然所遇比余稍佳，新年見故舊，赧顏相向，隨俗共道賀歲吉祥之詞，實則各有懷抱，欲言不語，無限感慨也。

《工商晚報》，一九六五年二月十四日

一二〇 法曲飄零金縷盡　老成凋謝話梨園

去歲春初，半日安病逝，今年人日，李海泉亦以病終聞。戰前四大丑生廖俠懷、李海泉、葉弗弱四人，①廖俠懷最早病亡，半日安，李海泉亦先後逝世，只餘葉弗弱一人，傳聞仍在大陸，然未嘗登台演劇，故四大丑生之藝術，戲迷已再無眼福欣賞矣。李海泉為佛山人，初在該地一品陞茶居當職，閒即學習粵曲，素慕名丑蛇仔禮藝術，同事以其雅好粵劇，咸勸之登台獻技。有一次，某名班到佛山演劇，正印丑角因病不能登台，適觀眾點演《打劫陰司路》，班中無人敢演，李海泉自告奮勇，客串登台，果受觀眾歡迎，然李海泉當時不過業餘演劇，固未落班也。其後，李海泉來港仍在茶樓當戰，閒即研究劇藝，會罷工時期，香港無粵班演出，薛覺先自滬返港，在九如坊新戲院登台，因無丑角，有人提議聘請李海泉客串，戲院主事人走商於李海泉，李海泉毅然允諾，客串演《梅知府》，大鬧梅知府一場，演得十分出色，梅知府一角，原為靚少華所飾，以小武而演丑生戲，亦受歡迎，及由李海泉飾演，詼諧莊重，又在日戲《西廂記》反串老夫人，拷打紅娘，演出認真，時適「新中華」班主大姑看劇，一看李海泉，即覺富有前途，待演完該台之後，正式聘請李海泉，加入「新中華」班為黃種美副車。其時「新中華」

附注

① 四大丑生尚有半日安。

班之後起名角為馮顯榮、李瑞清、李海泉三人，後均為名班正印。李海泉初當正印一年，在「永壽年」班拍花旦王千里駒及小生白玉堂，演《千里攜嬋》之員外及《血染芭蕉》之相國公子，以不同性格演出，演老角與少角，均有造詣。當年「永壽年」至上海演出，載譽而歸，李海泉亦有微力焉。「永壽年」解體，李海泉隸「國豐年」當正印，浮沉四鄉，認為失意。及後陳錦棠組「新生活劇團」，邀李海泉、靚次伯、李翠芳等合作，演《飛渡玉門關》之忠僕，李海泉甚為出色，「新生活」後，曾與桂名揚、李艷秋、靚次伯入「冠南華劇團」，亦甚得意。及後陳錦棠初組「錦添花劇團」，聘李海泉、關影憐為三大台柱，其演《銅網陣》之翻江鼠蔣平，以丑生而演武俠戲，別開生面，在「錦添花」多年，均享盛譽，其演《伏姜維》之孔明，且以丑生而演正派戲，能演善唱，空城計一幕，備受觀眾嘉譽，至其自編之《打劫陰司路》一劇，②更為其成名首本，後與陳錦棠合作最久，近年已息影家園，優悠過活，生平素守伶德，品行高潔，不近女色，娶妻何氏，賢而慧，能助李海泉事業成就。近年粵劇走下坡，李海泉已無興趣登台，數月前余嘗與之同在彌敦酒店品茗，李海泉謂目前粵劇，演劇者只重一兩支小曲，便以為可以吸引觀眾，而演劇又無戲癮，不知劇假情真之諦，何能令觀眾滿意，談及粵劇衰落，唏噓太息不已。曾幾何時，老成凋謝，雖子女亦成年出身，而李海泉亦遺下資財，身後無慮。

《工商晚報》，一九六五年二月十五日

② 「自編」疑為「自演」。

一二二／棠棣飄零偏有恨　落花無語怨東風

大約三十餘年前，粵劇曾經一度改變作風，趨向時裝劇，當時最受歡迎之時裝劇為「大江東劇團」之《毒玫瑰》，「大江東劇團」為利×公司老闆主持，①主角為薛覺先、嫦娥英、林坤山等，《毒玫瑰》為「最懶人」歐漢扶及黃不廢合編，②有偵探意味，有法庭公審，一切吻合現代社會，該劇雖編至三本，惟以第一本最受歡迎，其後某電影公司斥資拍為電影，以該劇版權問題涉訟，卒判利×公司得直，《毒玫瑰》雖拍竣，惟不得在英屬各埠公映，可見當時該劇著作權之重要。又利×公司以時裝劇得賣座，因編上海時事之《黃慧如與陸根榮》一劇，該劇提倡婚姻自由，主僕戀愛，然以薛覺先飾演陸根榮，不合觀眾心理，故該劇在省港演出，不大賣座，然提倡主僕戀愛劇本者，後有戰前「錦添花」之《雷雨》，《雷雨》為名作家曹禺巨著，馮志芬以之改編粵劇，給陳錦棠、上海妹、半日安、盧海天、譚秀珍、少新權合演。《雷雨》為一本倫理劇，主僕原屬兄妹，互相戀愛，有亂倫常，而出於互不知底蘊，造成誤會，以上海妹飾婢女四鳳，甚合身分，而雷雨一場，尤為動人，至今陳錦棠在各電台播音，尚每唱《雷雨》，蓋認為成功首本也。《雷雨》事雖杜撰，然合情合理，為曹禺得意之作，然其事實相類者，余亦曾

附注

① 原稿以「×」諱隱公司名稱，下同。查「利×公司」即指「利東公司」。

② 歐漢扶別號「最懶人」，原稿缺「最」字，正文補訂。

編一劇名《零落花無語》，劇情敍一府台，好作狎邪遊，私一妓，有孕，而府台懼內，不敢納為妾，十八年後，該妓之女長成，本為府台骨肉，亦淪為雛妓，府台之子，不知雛妓即為其妹，甚愛之，雛妓亦有終身相許之意，會府台之子上京赴試，相國之子亦愛該妓，逼之成婚，雛妓懷刃相向，刺死相國之子，因陷囹圄，由其父主審，老妓往見府台，道出雛妓即其愛女，府台以殺人罪大，無能為力，其子高中回來，與父爭辯，而雛妓力保其父名譽，寧死不欲道出身世，府台之子尚不知愛人即愛妹，行刑時哭祭，其妹勸以另覓愛人，天下多美女子，勿以己為念，含笑保父譽而終。此劇由千里駒、靚少鳳、葉弗弱、李艷秋主演，亦為當年賣座名劇之一。近有友人告余，真事亦有相類者，前廣州富翁某，妻妾盈庭，然尚好色，與閽人之妻通，懷孕，而不能公開，閽人妻產子，本為富翁骨肉，而富翁礙於名譽，給資閽人，囑其勿洩秘密，認為閽人之子，知其事者頗眾，第不言矣，閽人得資，營商致富，仍與富翁來往，其子後亦長成，在某大學肄業，每試輒冠其曹，而富翁有女，亦與之同學，因羨其才，與之相交，尋且論及婚姻，二人不知原為兄妹也，及後二人成婚，富翁心知有乖倫常，然亦無奈之何，有某學儒知其事，作一打油詩以譏之，詩云：「喜事重重重又重，千金出閣子成龍。權將愛子為佳婿，強把嚴親作岳翁」，居然兄妹一家親，知者咸傳為笑柄焉。

《工商晚報》，一九六五年二月十六日

一二三／艷曲春燈勞夢想　上元佳節憶承平

新春人日既過，轉瞬又是元宵，元宵又名元夜，即為上元，古人對上元佳節，十分熱鬧，證以古人詞句：「去年元夜時，花市燈如晝，月上柳梢頭，人約黃昏後。今年元夜時，月與花依舊，不見去年人，淚濕青衫袖」，①這一首詞，證明元宵不只家家春燈報喜，還有花市可趁，不像今日，花市只限於除夕，上元佳節，已無花市熱鬧。原因作詞者為北方人，北方除夕與新年，尚為嚴寒時候，且或降雪，故春花未能盛開，只有梅花雪中開放，惟屆上元，則天氣稍已溫暖，桃李杏花，都已含苞待放，而牡丹亦需氣候稍暖，始見開放。桃李則我國南北，皆有種植，南方近熱帶，故桃李早發，惟北方天寒，趕不及新春應節。至杏花則生於江南，有「杏花春雨江南」之句，證明冬天雪季已過，且為春雨時節，杏花始放，杏花甚盛，上元時節，時見滿樹芳菲，江南有杏春園，春季多遊人，咸作春遊，並取佳兆，有杏林春宴之俗例，喻以春宴杏林，即士子得志，金榜題名，今則已廢科，故杏林春宴，亦不如昔之熱鬧，只騷人雅士，藉杏花時節，作盛會雅集而已。廣東無杏花，故賞杏花者，只江浙人士居多，然廣東人亦有植盆栽杏花者，只作盆景而已。至牡丹亦於上元佳節盛放，牡丹為富貴之花，自李唐來，世

附注

① 十三郎引用的是歐陽修的《生查子》，但部分詞句與原詞有出入，原詞為：「去年元夜時，花市燈如晝，月上柳梢頭，人約黃昏後。今年元夜時，月與燈依舊，不見去年人，淚濕(春)衫袖。」

人均愛牡丹，牡丹生於北方，以河南洛陽產品最多，古人謂「人到洛陽花似錦，我到洛陽不遇春」，即以此喻牡丹花開似錦，春來煥發，人到洛陽，乘春季則可賞牡丹，若不遇春，則無緣賞此富貴之花，喻以才人得志時，則風雲際遇，富貴驕人，若不遇時，則與富貴無緣矣。然牡丹在北方天寒地帶，每於二月始開放，正月只見含蕾。相傳武則天朝代，武后為使上元佳節得見牡丹盛開，頓見盛平時世，乃喻群臣焚香拜牡丹，牡丹得暖氣，果然上元即開放。牡丹種類最多，有大紅、大紫、粉紅、淡黃、碧綠、彩藍、雪白多種，在廣東所見，只粉紅色花，亦經栽培，折枝插泥，加以氣候關係，故能早開，至其餘各種，殊不易見。至牡丹近百年來，已由洛陽移植山東，以山東種多，廣州六榕寺，從前亦由山東運來綠牡丹一株，年年春初開放，作歲朝點綴，增加遊人不少，惟自頻年戰亂，該株牡丹已失栽培，戰後已成無花之樹，誠可惜也。香港上元雖無花市，然花販尚沿門售花，劍蘭、洋芍藥、菊花折枝，僅售一元或數角一枝，取價甚廉，蓋過上元後，花市益為冷淡也。至插瓶用之桃花，除夕索價百數十元一株者，上元亦僅售五元至十元一枝，因已過春節，非當時應節之昂也。上元艷曲春燈，火樹銀花，為農村盛景，鄉人報丁掛燈，一樹皆春，如此盛景，已不可見。香港人日後，商店已多開市，故上元無暇慶祝，住戶亦不過燒炮仗拜天神而已，昔年之熱鬧，只餘夢想焉。

《工商晚報》，一九六五年二月十七日

一二三／飛觴醉月談春茗　似水流年盛況殊

一歲之計在於春，百業均以春季為開始，我國商場俗例每年開年，辭去不盡職之職員，而另聘新職員，早則人日可定人事，遲亦不過上元，人事既定，即在春初，聚餐聯歡，名為春茗，一店之主，向所屬致詞，示以一年大計，互相勉勵，際此春光明媚，醉月飛觴，極人生樂事，故每年新十五後，即見各商店設春茗宴客。憶昔南北行最盛時期，每設春茗於塘西，大商店者，即打通廳宴客，預祝其營業暢盛，而徵歌買醉，店伴無不盡歡。自塘西花事闌珊，酒樓亦漸冷淡，近年生意亦不如前，往日塘西熱鬧，已不復睹。春茗近多移至各區大酒家，而舉行儀式，有異從前。①商店設春茗，為招徠顧客，慶舊歲營業旺盛，賀新歲大展鴻圖，故與商店有交易往來之客人，咸在被邀請之列，有等商店，設春茗於店中，不假酒樓設宴，只與店中人團拜，共祝前程似錦，業務輝煌，然香港近日，尺金寸土，地方經濟，能設春宴之店戶，殊不多見，故多仍設宴於酒樓，當此春茗，盡情歡暢，雀局作樂，絃歌助興，或抽獎助興，備極盛況。然春茗不限於店戶，即如同鄉會、宗親會、街坊福利會，各行商會，皆有春茗慶會，彼此聯歡，慶賀春風得意，百事如意，週年順遂，事業興隆，然商業冷淡，則各酒樓春茗生

附注

① 「異」字原報作「益」，諒誤，正文改訂。

意，亦不見好景，今已過上元，尚少見春茗，可見本港繁盛，虛有其表。去年商務，百業未見好景，銀根短絀，年關已不易渡過，凡經商者，必先鞏固其經濟基礎，對此例行酬酢之春茗，多不打緊。有等聯誼會，去週因友誼關係，設宴於各大酒樓，商討營業聯繫辦法，互相聯歡，其餘各業，春茗之舉稍稀。根據酒樓主事人稱，每年春茗，為酒樓營業一大宗生意，今年盛況較淡，酒樓亦不見好景。有等商店，可慳則慳，在店內殺雞宰鴨，與眾伴共饗一餐，即當為春茗。又如電影公司，每年春節放映名片，收入每有可觀，春茗與慶功宴同時舉行，惟今年各電影院所映各片，收入尚屬不俗。故設慶功宴及春茗，則亦不甚隆重。至八和粵劇協進會，以今年班事較旺，亦在會所團拜，並無春茗儀式舉行，各班亦非見特別佳景，只睇得住皮費而已。回憶粵劇全盛時期，春節三十六班，均有台腳，應接不暇，除八和會設春茗誌慶外，各班班主，亦在紅船之側，叫喚紫洞艇，設宴以饗藝員，今者與昔日境況不同，新春能有班做，藝員解決生活問題，已屬萬幸，而所謂班主搞手，亦不過微中取利，則已心滿意足，固無餘資與藝員設宴聯歡矣。又春茗之設，一般人以為似水流年，實則世情如煙如夢，歷盡滄桑，青春易逝，雖有白頭富貴，春色無邊之意，然得平安如意，於願已足矣。

《工商晚報》，一九六五年二月十八日

一二四／贏得人間狂士譽　生成傲骨不求憐

道上遇朋友，輒以居址見詢，余以在法國醫院居住休養告，友朋輩多驚訝，蓋余非有積蓄，而長住私家醫院，所費不菲，如何負擔？而友朋輩多自作聰明，謂余住醫院休養，綽有餘裕，並謂余為戲劇界名宿，戲劇界多對余尊敬，醫院房租，自有人負擔，並問余是否某某等紅伶負擔余使用，又謂彼輩當常將余孝敬，生活不愁也。余辯以無人孝敬，醫院房租，亦自己張羅，伶人對余雖尊為名宿，然無若何相助也。友人不信，余亦惟一笑置之。昨突有一位稱為已故編劇家麥嘯霞之表弟訪余，向余告貸數百元，余念余自顧不暇，焉有數百金貸人，而來者絮絮不休，謂聞人言余甚多資，並謂伶人對余，按月餽贈，務使余生活舒適，胡為一己自顧享受，對亡友之表弟，不肯賜助，並謂曾閱報章，年前登載余與某紅伶同拍照之影片多幀，又前年在電台工作，亦與某紅伶等拍多照，刊諸娛樂畫報，想非知交，不會共拍照片，只要余開聲，眾伶人定當餽款，彼知余近來生活安定，故來求借。余惟啞然失笑，告以彼誠誤會，實則十餘年來，余處境甚窘，嘗無家可歸，露宿街頭，然余重氣骨，縱餓死街頭，亦不低首邀人憫，何求於當今伶人哉？年前余尚在精神病中，一度稍癒，寄居羅便臣道妹夫家中，報界友人，以余為新聞人物，邀余與某紅伶遊，擬請余復出編劇，時彼等方籌備編演《白蛇傳》，①浼余參訂意見，曾宴余於容龍別墅、沙田酒店及麗都餐室，娛樂記者認為新聞，為余與彼等拍照，藉作宣傳。實則當時余病尚未癒，何能執筆工作？且余對編演《白蛇傳》，不感興趣，亦無參加意見，有負彼輩期望。誠以編劇，需擇有益世之題材，何擇於民間神話《白蛇傳》？志趣不同，編劇之議作罷。後余入精神病院治療兩次，均屬留醫，亦未與彼等再遊，至前兩年在電台工作，因邀名伶播音，以為號召，故與各伶人拍照，余離電台之職已兩年，亦甚少與各伶人見面，只交際應酬中，或相遇見，亦不多語，固未嘗求助於人。外傳伶人助余經濟，純屬一片流言，麥君之表弟竟向余索借，殊屬可笑。至余少時得意，素不吝惜，千金假貸於人，視為尋常，惟今已非昔比，即最少之數，亦力有不逮，遑論數百元，麥君之表弟，悵悵而去。又余憶病中，陳錦棠夫人陸淑卿女士，為余世交，常顧慮於余，余每日在龍泉茶室及陸羽茶室午膳，均由彼到來結賬，不至飢餒，故人情重，不可不記。余今痊癒，親朋亦恐余舊病復發，不敢與余同居，故寄居於法國醫院休養，而親朋亦以為余多伶人接濟，殊非知我個性。余素有狂士之譽，惟重勁骨，豈肯向人求憐，只有自食其力，庶幾無愧於世耳。人言殊殊，②時而魯魚亥豕之誤，真使余啼笑皆非也。

《工商晚報》，一九六五年二月十九日

附注

①《白蛇傳》即《白蛇新傳》。

②「人言殊殊」疑為「言人人殊」。

一二五／生育頻繁應節制　多兒養活亦艱難

香港一個小埠，人口已增加至差不多四百萬，然而人口仍不斷增加，雖然本港入境限制甚嚴，但屈蛇偷入口者，①防不勝防，故本港人口，有增無已，除屈蛇入口者不計外，從大陸來港者亦甚多，去年有一位友人自大陸向中共申請來港，一家八口，安然入境，今歲又有友人，一家六口，亦由大陸來港，至入境後，本港即准予居留，領取身分證，可見本港入境雖嚴，而居留則易，只要抵達本港，即為本港居民。至大陸近來何以對居民出境例放寬，則聞諸人言，廣州亦有人擠景象，共黨對原屬僑胞而在廣州生活成問題者，准予來港營生，最近有自港返鄉度歲者言，共黨近鼓勵人民作僑胞，吸收外匯，而自港返鄉，過廣州而覓住居地方，亦成問題，如非有親屬在廣州，則過境亦不可停留，蓋旅舍亦有人滿之患，且留廣州，即受多般盤問，稍有應對不慎，即生麻煩，而廣州茶室酒樓，有專造僑胞生意者，物價甚昂，可見中共吸收僑資，無所不及，而回鄉度歲者，多為有父母或家人在鄉村，藉新年假期，一家樂敍天倫，且家人生活，也仰給於港僑，若遷來港，則旅費搬家及在港覓地居處，亦非經濟所容許，故仍以鄉居較易，且多年老之人，來港亦不能找工作，故迫而居鄉，殘生喘度而已。至年青

附注

① 負責安排偷渡的主事人為「蛇頭」，偷渡者稱為「人蛇」。大量偷渡者屈集在細小的船艙或車廂中偷渡，稱為「屈蛇」。

者仍不少申請來港，蓋香港有自由空氣，比居大陸為安全也，然本港人口日增，人浮於事，表面是海外桃源，實際亦非安樂窩，加以生活程度日高，居民負擔痛苦，惟捨本港已無別地可營生，故迫而居此，環顧友朋當中，受生活煎熬者不少。蓋白領階級，薪俸低微，而家庭負擔甚重，雖勉強支持，亦甚吃力，此輩友朋，多屬余後一輩，戰後始結婚者，今則子女六七人，在在皆是，對兒女教育問題，費煞躊躇。子女讀書，擇校已成問題，而學費及日常費用，負擔非輕，受薪百元一月者，不足以應付，而子女有增無減，或尚有父母賴己供給者，其生活拮据可知。雖曰不孝有三，無後為大，而子女眾多，亦一苦事。余少時，不少姪輩賴余提攜，今則各皆長大，亦已婚嫁，有一姪五子一女，賴在電影界當製片，給養家庭，而其父八十許，亦需要給養，養兒活女之苦，至今始有「養子方知父母恩」之感。又余有一姪女，子女九人，被等嘗向余訴苦，並羨余無子女牽顧，雖隻身孤寂，尤勝彼等憂兒憂女狀況，似此歡之。香港人但知生育，而不顧慮及生活程度，殊非善計。益以本港人口過多，將來更不知幾多人失業，故早為計者，應當節育。世界各國早已推行節育制度，限制青年人早婚，節育首先節慾，及早為計，勿使人口激增，失業日眾，影響社會安寧也。以余家庭為例，人丁眾多，而有為者少，倘及早節制，尚較多為宜也。文明國家均主張節育，斯可見矣。

《工商晚報》，一九六五年二月二十日

一二六／萬方多難為孤客　一片詩心付與誰

邇來春夜失眠，日間懨懨欲睡，雖無病狀，仍有倦態，執筆為文，而文思不暢，蓋日處病院，只與病者為伍，舉目言笑，孰與為歡？閒得獨自品茗，略盡清茶，以醒腦根，惟酒樓茶室，座中盡談犬馬，忘卻人間有何事物，縱賭豪博，余亦無資，且無此興趣。念港人為犬馬所迷，沉埋壯志者，不知凡幾，余雖無聊，仍生百感。念歲月不我與，轉瞬五十餘，俗謂人到中年百事憂，憂傷之餘，或且萬念俱灰，然余志未灰，而時乎不利。昔者少年，性好流浪，或而之滬，或浪跡於鄉曲，從事戲劇工作，每有撰寫，輒吐盡胸中塊壘，誠以戲劇為描寫現實之文藝，對現實有何不滿，欲指示光明途徑，即可形諸筆墨，演諸舞台，而深入各階層社會，探生活體驗，覺世上可記之事物甚多，幾不能盡書，故余一心戲劇，遊戲人間，從不想到飄零之苦。及後余之父母兄長，以姪輩隨余左右，余亦負長者提攜之責，戰時余返祖國，亦只得姪輩追隨維護，事業上助余不少，既而授課於廣東省立藝術院，滿園桃李，盡皆抱藝術人生觀，余處此集團環境，怡然自得，以為戲劇界擇取自由職業，誠智者所為。然事有出人意料者，余之寫作，過於暴露，雖得一部分人同情，而為環境所不容許，因而被排擠，所領導之劇團，亦遭改組，或而解散。然余素抱大志，雖一已飽暖，心猶未足，每念及戰時民間痛苦，同事者之抑鬱，及淪陷區父老之待救孔殷，因以詩文見志，詩曰：「萬里無雲任鳥飛，江山有界讓賢歸。文章海外徒增價，香火人間事盡非。屈子滄浪驚水濁，離騷詠賦隱憂時。艱難我亦同懷抱，為作新詩效楚辭」，誠以不得志於時，而國難方殷，民無所適從，危機早見也。余又作一詩曰：「寂寞銅韶又一年，故家雲樹好山川。板橋夜渡蒼茫感，為作新詩喚客船」，當年蒼茫百感，與今日同況，今之境況，比諸從前更惡劣，別方面姑不言，只談戲劇界，今在大陸者，其痛苦比前尤甚，名作家凜不敢言，故近十餘年來，從未見彼輩有何作品問世，可見禁格之下，難於執筆。即前之中和派如洪深、歐陽予倩，亦不得志而終，處於政治範圍下，文化低落，戲劇作者永無抬頭之日，在大陸被活養，等如廢人而已，可嘆。余以病後，避免一切刺激，又不能探索生活體驗，近亦有執筆空虛之感，然此時此地，眾皆苟安，或更醉生夢死，不以來日苦難為慮，余復何言。願有責者「悟以往之不諫，知來者之可追」，勿以一己自由為幸，應念大陸苦難同胞，其處境有如昔年淪陷於日寇時，其精神上之痛苦，或且過之，余讀蘇曼殊「江山大好非吾土，書劍無端屬故人」句，①因感而詠：「兩鬢添霜歲月催，憂時熱淚枕邊垂。萬方多難為孤客，一片詩心付與誰。」

《工商晚報》，一九六五年二月二十一日

附注

① 「江山大好非吾土，書劍無端屬故人」並非蘇曼殊詩句，詩屬何人待考。

一二七／桑間濮上違詩禮　宜室宜家守舊風

春光明媚，風和日麗，春草綠如茵，花木競向榮，際此美景良辰，正宜郊遊遣興，惜本港郊區亦囂繁如市，故無動旅遊之心。回憶戰後鄉居，每在春初，即與鄉中後輩聚樂，鄉中青年多出外營生，只在新年假期回鄉省父母，或藉此春初良辰，擇吉婚娶，彼輩結婚，雖非盲婚啞嫁，經達親自相睇，①然後稟命高堂，憑媒説合，先過文定，後過大禮，異常隆重，然後迎娶。春正迎娶，謂之正常，婚後夫婦，亦常離別，妻守鄉園，夫出營生，每年只春初及清明夫婦始得相聚，故聚少離多，夫婦倍形恩愛，雖比牛郎織女，而兩情長久，不在朝朝暮暮。每年春季，鄉中喜事重重，婚後夫婦拜祠堂、宴父老，非常熱鬧，婚後產子，又在祠堂報丁，春燈設宴，一族皆歡。然春正結婚，非只農村為然，詩禮傳家，亦多擇春季婚嫁，余家中各嫂，均春季于歸，故春娶之慶，逾於平常，即後一輩亦擇春初結婚。余有姪在軍旅，已定婚婭，戰時未婚相守，直自戰後擇春初吉夕，婚於惠州，余兄嫂親往主持婚禮，婚後夫婦謁祖，而舍姪婚後，被派至美國西點深造，夫婦遠離，有若鄉中夫婦，兩地相守，其後自美返國，夫婦同聚，且已生子女五人，近又再派赴美，而夫婦遠離不便，舉家同赴美邦矣。又有姪女一人，

附注

① 「達」字疑為「過」字。

自戰時自曲江疏散，隨母避自廣東南路，得世好林氏子招待，余嫂感其盛情，以女相配，亦於戰後春季，舉行婚禮，婚後只生一子一女，共黨霸佔廣州，夫婦率子女逃避，其子病逝難中，夫婦無限哀痛，前年舍姪女以嫂在美洲，擬到彼邦省母，因申請赴美攻讀，已赴紐約年餘，林氏子及其女則在港，夫婦母女分散年餘，而美邦規例，凡華僑居留若干年，即可獲得長期居留證，舍姪女故留美待取得居留證後始歸港，他日來往港美，毋須申請取護照矣。彼輩均守禮夫婦，先配後娶，保持舊家風範，而眾姪婚娶，亦皆如是，並無苟且結合，婚娶正常，正如最近遇一位世好顧小姐，彼為家姊同學，年已六十，昔為拔萃女書院學生，彼在學時即與余結識，旋奉父母之命，歸顏氏為婦，彼亦告人，遇十三郎即論婚娶，然皆遵父母之命，媒妁之言，守聖賢之禮，然後結合，非如今日男女，「有女懷春，吉士誘之」，或且有孕，非結婚不可，然後註冊結婚，苟且從事，故近年婚姻問題，多因男女衝動，非如昔日之慎重，易合易離，良堪慨嘆。顧小姐已有子女多人，均嚴為約束，不為末世惡風所染，謹守舊家規禮，今春將為其第四子完婚，雖非行舊婚禮，仍守舊式儀節，經過文定大禮，然後成婚，世人或以為守舊，然慎重而非迂腐，余亦樂於此時一睹如家族所行之婚娶，並祝其新婚夫婦，慎始存終焉。

《工商晚報》，一九六五年二月二十二日

一二八　鬢邊白髮添多少　少日雄心尚有無

日昨友人靳夢萍君來訪，以舊作《心聲淚影》及《花落春歸去》劇情垂詢，擬編為播音劇電台廣播，余為道始末。因感當年編撰《心聲淚影》，余年只廿一，①編《花落春歸去》時年廿五，而兩劇皆使余成名，少日寫作，無所拘束，故易成功，距今卅餘年，覺兩劇均甚簡單，只憑詞曲見勝，博知音者嘉賓，兩劇曲選，均灌入唱片，劇以曲傳而已。惟余編劇初期，早料有退休之日，當時編劇餘暇，即到農村畜養雞鴨，樹植果木，以為將可歸農，當時農村子弟，年約十歲左右，均樂於接近余，或浼余說故事、講戲文，彼此甚為融洽，而此輩兒童，又為余捉田螺蟚蜞飼鴨，相處甚歡。及後余離農村，轉瞬抗戰八年，戰後重訪舊地，則此輩兒童，多已長成，各為耕戶，或批耕余農場之田地，余與彼等感情尚在，故減收田租，俾耕者負擔輕，收成足，生活裕如，衣食無慮，樂歲衣食足，凶年亦免於飢寒。彼輩以余重義，均樂為余謀，故余躬耕三載，一般耕戶，均力助余，此則彼輩兒童時，即對余有好印象故也。誠以余素了解佃農痛苦，不作壓迫耕戶之地主，此則農民至今樂道，彼輩今日之耕作，無昔日耕余田畝之樂及收成之豐。且蘿崗洞民風素悍，余之管工葉某，以得罪於農民，竟被殺害，而余處農場數

附注

① 十三郎自謂生於一九一〇年，而證諸事實，「覺先聲」第一屆班搬演《心聲淚影》時為一九三〇年，十三郎當時應是二十歲，原作者的憶述內容與事實有差距，讀者閱讀時須注意客觀時序。

年，安然無事，且為農民所喜，此輩竟成為一小集團，一切以余馬首是瞻。無如大陸變政後，農場充公已作失地之農夫，更離去多年共甘苦之耕戶，憶初變政，余以大亂還鄉，歸南海原籍，亦與族中後輩交遊，以耕作經驗研討，族中後輩，邀余共耕，而不堪匪黨壓迫，卒棄耕逃港違難，到今已十五年餘，離開農村生活，復混跡於市廛，益以余初年共事之戲劇界中人，如廖俠懷、李海泉、曾三多等輩，對編劇有興趣及有鑒定資格者，先後已物化，而對余深有淵源之陳錦棠、白玉堂等，亦掛靴輟演，且以年事關係，不與後輩爭一日長短，而粵劇界藝術日低，故走下坡，余亦無意再為馮婦。少日雄心，欲藉戲劇創一番事業，今以幹部消失，無基本長期之團體，足以發揚藝術，惟有任其每況愈下，不願厠身其中，急流勇退，保回少日盛名而已。然余捨戲劇外，即以業農為志，今既無廣大之農場，由己耕耘，縱有陶潛之志，亦為時勢不容，縱睹松菊猶存，而身難作隱士，益以頻年多病，已漸衰老。回憶戰後尚有回鄉之日，老少欣迎，兒童相見，依稀認識，今則十餘年來，未遂還鄉之願，而鄉土等若淪亡，老少亦多不在，其健存者，亦終日營營役役，僅得一飽。去月族弟江俊還鄉，鄉中人仍有余近況見詢，及知余在港無恙，則浼俊弟向余致候，鄉土之情，於今猶在。惟近年自顧，「鬢邊白髮添多少，少日雄心問有無」，此則無善況以慰鄉中族人矣。

《工商晚報》，一九六五年二月二十三日

一二九／灼灼其華遲早放　桃花依舊笑春風

日昨在醫院客廳中，睹插屏桃花一株，花已放盡，且已凋殘，不勝感慨。蓋春正佳日，不過十餘廿天，而夭桃開落，如此迅速，花謝奚能復艷，花落猶對春光，豈桃花薄命，故盛放不久，其好景不長，恰似人多憾耶？然此株桃花，乃人工溫焙，故開花較早，可應春節佳辰，而花開不久，可見不得自然生長，花壽不長。適在園中，睹一株桃花，今尚含蕾初放，可見桃花開訊，原在二月初及正月底，園中之桃花，余已賞覽兩年，均開二三月間，且結子年年，花非虛放。余睹桃花，不禁有感。蓋早放早謝，又不結子，而遲放遲謝，且有果實，比諸少年人得志，每每因緣時會，究竟修養未足，有如早開之桃花，華而不實，惟大器晚成，即比遲放之桃花，縱花落尚能結子，比諸久經折磨之才人，其晚年成就，即能立功立德立言，傳諸後世。故凡人不須斤斤於其早年成就，只問其後來事業如何，晚年成功，始見真果。早歲成名，每皆虛名徒負，如江淹之早年得志，後傳其為仙人取回生花筆，因而才盡，人生固無如是之簡單，一枝生花筆繫乎一生寫作，然江淹早年文通，而文采流麗，觀其〈別賦〉，已寫盡人生聚散之情，純為少年情感發洩，及後覺人生聚散亦尋常，愈多經離別者，愈覺人海萍蹤，無離合悲歡之傷感，故老年人看〈別賦〉，亦覺江淹所寫，只為少年傷別之情，而非兩地靈犀互通之況，千里共嬋娟，固足以慰況，而他鄉遇故知，更寫聚之樂而不提別之悲，則深交違惜別，天涯兩相知，始見一片真情，江淹之〈別賦〉，只不過其少年之兒女態，只博得青春惜別者同情，亦表現其文章早熟而已。反觀乎左丘失目，尚著《春秋》，而《左傳》永留於後世，千秋傳誦，以其立言嚴正，口誅筆伐，使天下亂臣賊子懼，至司馬遷以殘廢之身，尚作《史記》，其所盡之世家贊，只論生平之功績，而不論成敗，亦勉後人之著作，否則世人以孔孟尚不得志，更何心而效聖賢？《史記》則尊賢重道，筆重褒揚，左丘與太史公之著作亦為晚年成就，而文章精華，足為後世軌範。余以一介微儒，深羡古人之成就，而愧無著作，供後世閱覽，即就戲劇一途，余本根據中西戲劇理論而寫作，研究戲劇理論者多年，與一般不學無術亦得負虛名者比，固志不同而道不合。前者羅澧銘君謂有友人欲從事編粵劇，欲余傳授秘訣一二，余以為無秘訣可言，書籍可購諸坊間，第心急於成名者，不肯讀書而已。至論及粵劇之排場，亦不過多觀古劇，始能了解，編粵劇者而未曾看過粵劇舊本之精華，尤如作文章而未讀過古文，無所引據也。至近編劇者已不重排場，已失去粵劇傳統之精粹矣，焉能談藝術？余待稍暇，聊以寫作戲劇方法作一小冊，聊作編劇數十年來之經驗談，非敢以文章傳後世也。

《工商晚報》，一九六五年二月二十四日

一三〇／東風吹送傳音訊　何處桃花世外源

生平酷愛桃花，願效武陵漁父，泛棹於桃花林下，一賞芳草千里，落英繽紛，大自然之景色，而暢遊桃源，與避秦人語，知亂世之中，尚有桃源，雞犬相聞，怡然自樂，不知有漢，奚論魏晉，由此觀之，桃源勝地，乃數世人躬耕之所，既避秦而違難，亦不聞盛世承平，此輩世外人，固與世無爭，與俗無爭，而自得生存，洵樂土也。香港為東方之珠，在昔中國內亂，筆者亦以港為桃源樂土，當時香港無今日之繁盛，比較現在幽靜，今則市郊亦有人滿之患，到處囂塵，而範圍廣闊，已無雞犬相聞之況。憶自太平洋戰後，香港雖復舊觀，然大部分人已不視為避世安樂窩，蓋處現代生存，不特視無戰事之地區為樂土，且視乎生活能否易尋，營生是否容易。反觀香港，目前生活程度日高，市民喘息成煎熬中，即以住居論，香港非無新樓廣廈，而市民住不起，寧搭木屋以藏身，不計水火之險，省去月租負擔，而不少新樓，空無人租，以至建築業視為好景已過，市民漸貧，一般人咸爭住廉價屋宇，如無機會住廉價屋宇，則仍安居木屋，守候徙置。而近之危樓日多，被迫遷者住居亦成問題，孰謂樂土桃源，居處易覓？今在香港，住已成大問題，非無可居之新樓，而市民無負擔之力。故目前首要，在安定市民生活，平抑物價高漲，而不在多建新樓，徒增繁盛之外觀也。余有姪女年前與美洲華僑張氏子婚，張氏子為高級文員，而月入不過數百元，負擔夫婦子女生活，復負擔房租，生活僅過得去，而張父母不欲其子留港，終日為生活奔馳，促返美洲，前年夫婦攜同子女，同渡美洲，在羅省安居，彼等覺以香港為桃源，無寧以美洲為樂土，蓋彼等在美洲已有營生基礎，較在港為舒適，且離開東南亞，覺得可避赤焰，香港只圖苟安，而自由空氣，究不如在美洲也。余一笑，覺余為未老劉郎，已覺桃源不可覓，到處楊梅一樣花，在美洲與香港，無甚可別，雖兩次大戰均未臨美洲本土，一般人以為美洲可避秦亂，然處此核子時代，美洲安全，反不如香港，蓋香港只為一工商業埠，而無軍事必爭重要，縱有戰事，亦不過在政治解決，美洲亦為越洲飛彈可到範圍，何見比香港安全？余非以不能到美洲而作此危語，蓋無第三次世界大戰產生，則各地均覺安全，若大戰產生，則何處樂土？則蘇聯亦不能安居。故核子時代，已無洲界可避，異邦作客，何事惹夢牽，處於香島，已無居大陸受政治壓迫之苦，何必更有張惶？因感庸人自擾，有感而詠，詩曰：「何處桃花世外源，東風吹透訊音傳。劉郎未老尋芳倦，漁父無心惹夢牽。」余但求能吸一啖自由空氣，而無夢覓桃源避世也。余非作苟安之想，現實如此，但願世界和平，齊慶天年。

《工商晚報》，一九六五年二月二十五日

一三一　離人異地談鄉思　歸燕呢喃問不明

春來楊柳發幾枝，繫得離人鄉思切，荒涼台榭，舊居不堪回首，寂寞鄉園，更撩余傷感。余雖無還鄉之夢，猶念故鄉之人。鄉有庶母，年已七十，無所倚靠，賴家姊及余在港接濟，然彼又不願來港，為守先人窀穸，寧以多病之軀，終老於鄉梓，而鄉中尚有出嗣之兄名超植，彼本農科畢業生，亦年將七十，共黨不許技術人員離境，故留鄉作稻田工作，派遣至鄉中附近張槎，力耕為活，而生活之窘，不言可喻。超植兄有子名繩武，早歲在港隨余工作，戰前余歸國服務，不暇將之攜帶，戰後繩武在鄉中當小學教員，在官山沙頭任職，共黨主政後，屢經思想改造，而又屢次着令下放，謂其思想仍腐化，常犯共黨綱紀，至下放何處，則不得而知。繩武年已四十餘，婚華僑女崔秀英，有僑產在鄉，本可躬耕自活，惟大陸變政後，夫婦同受清算，認為資產華僑而又屬地主階級，十餘年來，備受磨折，父子不相聚，夫婦亦遠離，數年前曾得其一函，備訴苦況，今則消息全無，不知近況奚若。上月族姪以在港新婚，回鄉度歲，省視其父江德，近已回港，余因詢鄉中所見，則謂新年亦甚冷落，絕無春節氣象，鄉祠已不為父老管理，由共幹接管，改為公社，族兄江德，原日設一腐乳店，專造美洲及外埠生意，今則無生意可做，只有棄商復業農，而經年積蓄自置之田畝，亦已充公，變作無產階級，與眾同耕作，而收成又須撥回一部分給公社，彼雖力耕，亦僅得一飽而已。今睹其子自港回，相逢之下，宛如隔世，其子並購港製之衣物孝敬其父，大陸雖有產品，尋常人不易購買，且多運出口以爭取外匯也。余詢族姪以鄉中同輩近況，據謂返鄉，只盡子責省親，攜婦見翁姑而已，對鄉中父老狀況，不敢過問，而鄉中家家戶戶，亦各人自掃門前雪，勿理他人瓦上霜，庶幾不致招禍上身，宗族已無昔日之團結，即彼新婚，亦僅邀族中叔伯飲宴，惟未拜祠堂，族人來寓相見者，亦不過寒喧數句，並以勉勵之詞相慰而已。族姪離鄉十年，今還故里，兒童相見不相識，老者又多已物化，歸港謂余若返鄉，相識者僅二三十人而已。余詢以家母近況，則謂年老多病，餘則不知，並謂余先祖之別墅，已被共幹佔居，鄉中與族姪同輩者，亦多星散地方，陌生人則頗多。余再詢以舍姪繩武訊息，族姪謂此等下放分子，今在何處，問亦不敢問，免受嫌疑，自港返鄉，不過十天，除與其父江德共談家況外，別事不敢過問，尤恐惹間諜分子之罪名，故今日還鄉，絕對不覺自由。族姪夫婦二人，還鄉一短期間，亦用去二千元港紙，只此已見大陸極力吸收港幣也。族姪又謂未老莫還鄉，還鄉枉斷腸，並謂余縱歸鄉，亦無所睹，無復昔日族親之密切矣。

《工商晚報》，一九六五年二月二十六日

一三二／不愁春冷羅衾薄　翻怨東風暗惹塵

今歲立春較早，天氣溫暖，近數天春寒料峭，仍見春色撩人，鳥語花明，活現初春景象，愛惜春光，毋負青春時節，余雖未老，而青春已成過去，少年活力，今已不存，然心猶未老，睹此春光如錦，似人生尚有一片生機，萬物向榮，余仍躍躍欲動，然睹香港社會，眾皆迷於聲色犬馬，沉醉不醒，欲向正途發展，苦無門徑。余訪一世長，彼為商界聞人，欲求一安定之職，懇為介紹，乃甫啟齒，即被拒絕，據謂余性耿直，不宜從商，且香港社會，只需善於投機鑽營之人，處世圓滑，不談氣節，不講道義，更需對現實並無不滿，惟能趨炎附勢，始得進身之階，如我自鳴清高，不與世俗同污，雖曰潔身自愛，事實啖飯艱難，並謂余少年時，不少機會，均已錯過，既不能枉尺直尋，又不能卑躬俯伏，負虛名而志不屈，違時世而圖傲立，不知現實社會，無非假仁假義，惟利是視，余既無利於人，當不為世重，今之富者，不為左右袒，但以切身利益是圖，能違心而問世，始容立足。當今違難居港，焦頭爛額，饔飧不繼者幾多人，但得衣食無虧，叨賴健康，已屬萬幸，若圖安適生活，此非其時矣。世長復謂，彼常閱余在報章刊出之文章，認為尚帶硬性，香港人喜歡柔和之論調，不喜孤僻之言詞，不需誨盜誨淫，導人非份，惟投眾所好，當寫如何使人發達，如何找尋娛樂，此類文章，更為眾所喜悅。斯真令余不敏，如使人發達之文章，則余不善寫，即今之寫犬馬貼士者，亦無把握，如果能令人一博致富，則作者可自求富，何需執筆而營營役役？至關於本港尋樂，則除夜總會、跳舞廳外，無可描寫，夜總會與跳舞廳，近年余未嘗涉足，實無此生活體驗，縱欲談風月，而風月已殊往昔，往日春風桃李爭開放，留得芬芳雨露沾，而此時新月如弦春夜永，東風無力送愁懷，往者桃李盈門，殊不寂寞，今者旅鬢添霜，飄搖誰慰？風月已殊歸夢遠，春花凋謝景何堪，縱有燕趙佳人，嫻歌善舞，益感帳下悲歌徒惹恨，人生何處不斷腸，更不愁春冷羅衾薄，翻怨東風暗惹塵，而風流都已隨風逝，最愁對月影長單，風月如此，情何以堪？倦眼看花，消磨豪氣，去國精魂玉枕，毀家暮齒還吟，臨水登山，亦無逸興，無聊舉酒，醉夢難尋，青梅點點似天星，嵌入離人心上情，燈畔簾前閒獨坐，南音遠處帶愁聽，無語掩重門，懶管得綠楊飛絮，惆悵天涯流轉，風拖香夢影迴，怕上層樓，輕舒病眼，探花少年舊夢，當年張緒誰儔？任教花落花開，月圓月晦，柔腸百轉，幾度腸迴，如今羈旅仍愁絕，咫尺江山失國門，便欲遣愁，而遣愁無計，天涯無岸，人比天涯更遠，知音多少睽離，剩我孤零海角，有情天亦老，仰望天南，山河色變，回首大陸，鄉井悽然，天涯淪落，無語獨傷春而已。

《工商晚報》，一九六五年二月二十七日

一三三　天涯弗許同相聚　骨肉人間嘆亂離

春意慵懶，惹人遐思，念草木暢榮，人生及時行樂，然歲月無情，青春易逝，中年人每睹春光，惟嘆似水流年，時不我與，猶對鳥語花香，徒生綺念，古人詩句：「紅豆生南國，春來發幾枝。願君多採擷，此物最相思」，物既惹人相思，人何異於草木？闌珊春意，景物撩人，園中有石燕一對，清晨高唱，似為春來歡樂，小鳥雙飛，我獨孤零寂寞，對此春光，悠然生感。念少日風流，早償雙棲之願，惟際於國家多事之秋，遂抱「匈奴未滅，何以家為」之念，捨棄所歡，毅然赴難，當時有女如花，尚在襁褓，瞬息風雲萬變，太平洋戰事發生，離婦弱女，訊息渺然，每當月夕花辰，難免相思之感。惟以人生有如戲劇，離合悲歡，自有蘭因絮果，合既不足為歡，離亦胡為無樂，亂離數載，隻身飄蓬，幸尚為事業心所維繫，以浪跡江湖為快，正如招子庸所作《客途秋恨》語：「但得平康願，任教天邊人月向住別人圓」，①早在戰後還港，聞悉離婦早已擇人另事，而稚女則已給人作育女，蓋難中不及攜帶，以女與人，亦無可奈何也，轉瞬韶光，今已廿七載，離婦多恨，竟以不壽聞，而弱女寄人籬下，以聰慧解人意，得養父視為己出，大陸變政前，曾偕養父訪余於廣州，養父姓黃，因隨養父姓，名為黃菊

附注

①《客途秋恨》的作者是誰至今尚未有定論，一說是繆蓮仙，一說是葉瑞伯。又十三郎引用的曲詞與原曲詞有出入，原曲詞（連襯字）為：「嬌呀但得你平安願，我任得你天邊明月照向別人圓。」

霜，余以其名雅逸，亦甚喜悅，菊霜亦知余為生父，初見即有親切之情，大概以性格傳統關係，菊霜性近藝術，雅愛音樂圖畫，余亦介紹一胡姓及一吳姓友人，為之指導，而菊霜命生不辰，大陸變政後，其養父產業蕩然一空，鬱鬱病終於原籍英德，菊霜則依胡師、吳師為活，備受折磨，數年前已完成圖工音體之學業，惟在大陸，仍以勞作為本，被派至西樵作教員，生活枯燥，渺無前途，三年前聞余病癒，託一李姓友人向余致候，並欲申請來港，而事與願違，屢次申請，均不獲准。菊霜本在港誕生，有出生證，來港本不成問題，惟大陸對青年出境，嚴為限制，故不如願。菊霜今年已二十有七，亦已長成，惟鑒生活環境，尚無選擇對象之心，而對藝術之愛好，又無能再求深造，深以為惜。上星期又函李姓友人轉余，向余賀歲，並謂在西樵授課，僅起以維持個人生活，月薪微薄，工作辛勞，與農民子弟為伍，課餘仍需操作，幸彼工作尚有成績，故不受挑剔指摘，生活亦較別人自由，然為前途着想，仍欲來港，懇余向胡師、吳師求助，再代為申請。余以骨肉情深，愛莫能助，且縱使菊霜來港，覓職亦非容易，至友人胡吳二君，亦無能為彼申請，縱欲骨肉團聚，而勢所不許，徒費苦心而已。料峭春宵，夜難成寐，念母死女離，飄泊無依，父女均隻身過活，「天涯弗許同相聚，骨肉人間嘆亂離」而已。常嘆人生聚散苦匆匆，②事皆前定乎！

《工商晚報》，一九六五年二月二十八日

② 原稿由此句開始另起新段，今依原作者行文習慣，與前段合併。

一三四／祝融下降罹災劫　號哭震天不忍聞

香港居民，住在崇樓大廈者固多，而貧無所立足，或受經濟能力所限，住居木屋區者亦不少。木屋搭建，因陋就簡，殊不堅固，如遇風雨，則在飄搖中住宿，已屬難堪，尤苦者木屋容易惹火災，殊不安全，而此等貧苦居民，無日不岌岌自危也。香港近雖有徙置區之設，然不易申請，更且地區偏僻，交通不便，故為就近工作或營生者，寧住木屋，以取便利。銅鑼灣山區，木屋擠迫，居者甚眾，居民多勞苦階級，小販工人，及受薪低微者，大部分月入僅一二百元，而負擔一家數口，焉有能力住居洋房？即搭一木屋居住，最少亦費二三百元，然可省去長期租金，亦為上算，此輩居民，早出晚歸，營營役役，僅得餬口，生活之苦，不可言喻，而天公不做美，前年銅鑼灣山區，曾發生大火，時因朔風淩厲，火勢蔓延，蓋以山上取水不易，難於灌救，焚屋百餘，而居民流離失所當街露宿者，千數百人，慘不忍睹。然事過情遷，貧苦居民，為環境所迫，又搭回木屋山居，惟小心防火，以免災禍降臨而已。不料最近，銅鑼灣芽菜坑區木屋，復以大火聞，由黃昏七時許，燒至十時左右，焚屋過百，間接受影響者又有數十間屋，當時由滅火局派車灌救，開僻火路，以免蔓延，無奈適吹東北風，風勢頗烈，火勢甚強，不易遏止，遂成巨災，災民數百，流離失所，雖由街坊會出頭將難民登記收容，或安置於難民營，然無家之苦，向誰申訴？此次火災，有居民一家為菜蔬小販，兼以養豬為活，數日前母豬方產子十頭，小販以為可獲微利，而在火災中，所養之豬，母子盡被燒去，一場歡喜一場空，益以衣物傢具，盡被焚燬，徒呼不幸。又有一家為一家餐室工役所居，月入僅二百元，家中有老母一人，妻子四人，均賴其給養，昨日起火時，該餐室工役尚在工作中，聞訊趕回家察視，將其妻母子女救出，雖家被焚燬，而人口無恙，亦云萬幸矣。又有一家劉姓住客，以販報為業，其子則作汽車司機，其妻則作生果小販，其女及孫兒均在學，火燒時僅其女及孫兒在家中，幸走避得及，而家中衣物細軟，亦及時搬出，不至受大損失。而有一家木屋，雖未被燒去，惟以地近火場，居者狼狽逃生，未及搶救行李衣物，至熄火回來，屋雖無恙，而家裏貴重衣物及棉胎等，遭人竊去，在此災場中，竟有不法之徒，趁火偷掠財物，殊令人髮指。此次火災，該段木屋區盡成廢墟，幸傷亡不重，僅三人失蹤、九男女受傷，亦均甚輕微。事後檢討，木屋搭得太密，一遇火警，即易蔓延，而住居者亦因環境經濟關係，並無防火設備，殊不安全，然安得大廈廣居，盡庇天下貧人，免受風火之險，而遇此火災，難民號哭震天，殊不忍聞也。

《工商晚報》，一九六五年三月一日

一三五　浮雲世事何須問　冷暖人情曷足奇

數星期前品茗，偶遇先兄友人譚君，絮絮與余談，盡詢余家況，並及世交，首即謂余之世好，某也今為香港聞人，某也名商富豪，問余有無交遊，余答以甚少應酬，且以近無善述，不敢討擾世交長輩，縱或相遇，亦不過寒暄數句而已。譚君似為余惜，謂彼若為余，當有所圖。余詢其何所見而云然？譚君謂先父生前，深得世好敬重，今其子寂處香江，若顧念先父交情，當顧其兒子，且目前香港，幾多事不可謀，即如先父之江蘭齋，昔日以養蜂著名，年採蜜糖過千擔，久已名馳市面，譚君為余計，可向世好集資，重設江蘭齋蜂場，不需自己蜂群採蜜，只以資金收購大陸蜜糖，仍以「江蘭齋出品」號召，定然易於推銷。大陸蜜糖不過港紙數元一斤，在港推銷，售價十餘元一斤，如此厚利，胡不經營。余聞譚君言，不禁啞然無語。蓋先父昔年經營養蜂業，聘請專家十餘人為養蜜師，又得政府利便車運，運蜂至產果各鄉採糖，始有美滿成績，而所售蜜糖，純為淨花蜜，而所養蜜蜂，為意大利種，採糖量比本地蜂為高。且養蜜又需科學方法，製巢礎、練蜂蜜，均需儀器，耗資不菲。戰時江蘭齋之蜂群，已為日寇驅散，戰後亦無力重作養蜂業，蓋人事與物質均缺乏，不能再辦蜂場。余既非養蜂專家，何敢作此經營？且以養蜂為名，不務實際，本港果樹甚少，難採大量蜜糖，若購買大陸之土蜜糖，濫竽充數，糖質既不潔淨，花味亦不夠香濃，以之推銷市面，有損江蘭齋蜂場昔年之聲譽，雖可圖利，實不敢為，免貽不肖兒孫之譽。至向世好集資經營事業，更不敢提，世好長輩，其交情只在先父，先父晚年鬻書過活，①亦不求友好資助以重建農場與蜂場，蓋時乎不利，事業失敗，豈可拖累友好，寧刻苦過活，守份安命，若今時猶以事業最盛時為懷，不知進退，徒貽憂戚而已。譚君謂余無大志，余亦一笑置之，譚君問余居處，余以病後尚需休養，故在法國醫院居住，住居院費，亦費張羅，今之不至潦倒街頭，亦友人所照顧，雖未嘗假貸於人，而靠一枝筆啖飯，但求不至飢餒，不敢奢求也。譚君噓唏太息，謂余少年時，一帆風順，而中年境遇如此，不勝浩嘆。余答以浮雲世事，何須追問，余居病院，孤寂過活，即親朋故舊，亦少過問，冷暖人情，曷足為怪，昔日病倒街頭，故舊亦多視若無睹，反視作新聞談柄，及病癒後，故舊只視為訝異，計萬千精神病人，得痊癒而工作者，寥寥無幾，余誠萬幸，不至變為廢人，然飽受刺激之餘，對世事惟有達觀，即遇任何不如意之事，亦視為意料中遭逢，往事回憶，徒增懊惱，藥爐過活，經書幾毀，百事無成，惟喚奈何，「春光不為人留駐，草木逢春尚向榮」，蹉跎歲月，惟寄情於草木而已。

《工商晚報》，一九六五年三月二日

附注

① 「鬻書」原稿作「書鬻」，諒誤，正文改訂。

一三六／多難餘生懷母難　孤零身世嘆飄零

今日為余生日，亦為母難日，生日而逢生母死忌，終身不安，故無可慶，且常抱憾。憶兒時聞長輩言，婦人產子而致死者，世俗謂為「月難鬼」，死後被浸於血污池，故先母之神主靈位，不設諸家中，而安於河南溪峽竹絲庵內，根據輪迴之說，長得尼姑誦經超度，希望早脱血污池，往生西方極樂世界。又有一說，產子而死者，尚有希望可脱血污池，蓋日其子進仕，為官為吏，其母即能超生，否則永留血污池。余童年即聞此迷信之語，亦相信之，故每逢生日，即齋戒以佑亡母，年年到尼庵祭拜，不勝傷感。且先母孕余，適逢黃花崗七十二烈士之役，①先父時為仁濟善堂董事，葬烈士於黃花崗，孕余而獲罪於清廷，重罰始免。余行十三，世人謂為不祥，故尅生母，然皆世俗人勢利之詞，不足信也。余初習醫，而家中長輩，多反對余，謂習醫則無為官機會，先母將長在血污池中，不得超脱。時余亦感於長輩之言，年廿一，輟學赴滬，任職於煙酒統税署為小職員，亦算當一微官，家人始將先母神主牌迎返家中，時余在滬聞訊，以能脱母難，心中稍慰。而不久一二八戰事發生，余僅以身免，税署亦被毀於戰火，余旋亦去職，時戰中適為余之生日，雖云母難已脱，而余難未已，是時國難方殷，念余一介文

附注

① 十三郎生於一九一〇年，廣州起義黃花崗七十二烈士之役則在一九一一年，讀者閱讀時須注意客觀時序。

士，不能執戈為國，尚能執筆作戲劇，喚醒民眾，抵抗侵略，故一方面在滬作教員，一方面編愛國劇本，給粵伶演出，後得千里駒、薛覺先、靚少鳳、廖俠懷等演出余之劇本，始得觀眾認識，咸謂余所作，有若暮鼓晨鐘，鐵板銅琵。念余生於母難，踏入社會，即遇國難，命生不辰，夫復何言？惟望以筆桿作槍桿，以劇場作戰場，挽狂瀾而警眾生，志抱凌雲而任飄泊，經年流浪，名重江湖，然猶以南城蕭鼓，北城戎馬，處居大後方，徒仰臂狂呼，愧對征人。況處繁盛之香島，生活奢華，無以對戰地民眾，萬方多難，我寧獨安。時余在港，編一部電影或粵劇，即有數百元之酬金，月編數劇，生活綽有餘裕，然志不在金錢，以同赴國難為念，會戰時粵省府主席李漢魂，浼余返祖國整理粵劇，余乃毅然允諾，時為民國廿九年，自港返曲江，受參議之職，領三百餘國幣薪俸，僅值港幣數十元，刻苦過活，四年餘在國難中工作，未嘗稍卸仔肩，在戰事末期中，親上前線者年餘，備極艱苦，勝利後不求顯達於世，但求無愧於心，而戰後數年，大陸變政，舉家罹難，往日父母七八人，兄弟姊妹十餘人，至今僅眾母二人生存，兄弟二人在港，同在難中，年年生日，即有余生亦逢母難，余一生亦多難，故不覺生日為可慶之辰，反覺渺茫之感。家已全毀，先母靈位，供奉於佛教居士林，年年祭祀，惟有「多難餘生懷母難，孤零身世嘆飄零」之感矣。

《工商晚報》，一九六五年三月三日

一三七　崇蘭修竹為知己　流水清風亦可人

春日慵倦，文思不暢，適有友人楊君，邀余作郊外春遊，乃撥冗偕友人三二，清晨即渡海，至則楊君已駕車候余等，相約作林泉之遊。蓋楊君在新界賃一農場，作養熱帶魚之所，余等隨其所之，覺孤村生曉煙，遠岫碧翠環繞，道過沙田，車行緩緩，流覽附近樓閣，遠眺西林寺，此為禪林勝地，年前余偕新生互助會會員暢遊，流覽淨境，共進素餐，一洗塵囂，心曠神怡。回憶姊丈汪希文，①自覘卦命，認為不應再處人世，自仰輕生，遺言彼已歸佛，故借佛土圓寂。念人生誰不惡死貪生，而汪竟一愚至此，若謂為生活所迫，奚為出此下策，至其衷懷隱緒，遽然厭世，則非余所知。楊君以此詢余，余亦無以為答，乃再言其他，只談笑樂，不談人生。沿路看隔水有山，巍峨入勝，據謂渡海即為烏溪沙，有孤兒樂園，為教會所設，收容孤苦無依兒童，授以工作，俾長大為社會服務，而此輩兒童之聰慧者，亦有被無子女之富人領去撫養，視作螟蛉子②，年前有美洲歸僑，曾領去孤兒到美洲，「海闊從魚躍，天空任鳥飛」，此輩所遇，亦有幸者，他年在外邦學成，若不忘本，當思同是苦命之舊侶，能無舊時同是啣泥燕飛上枝頭變鳳凰之感耶？過沙田轉大埔墟與大埔，此地多友人居住，惜以郊遊時間所限，

附注

① 汪希文為江畹徵的丈夫。

② 「螟蛉子」即養子。

未遑下車訪謁。大埔墟有大光學校，為佛教人士所辦，頗有成績，家姊畹貽亦在該校任教師，該處並有大光園一所，種植果木，並養蜂蓄蜜，所有收入盡撥該校作經費，該校校長，為一尼姑，宅善好施，導人為善，梵經貝葉，矢志清修，復卻以教育青年為己志，誠出世而尚入世，殊足景仰。大埔墟附近，有蓄牧場一所，為友人陳滌淇主持，陳君與新生互助會會員李小姐兩年前結婚，已誕一女，牙牙學語，李君精神病癒後，曾在澳門幼稚師範畢業，名列冠軍，今在一幼稚園當教師，精神病癒，一切正常，且為人師，誠天賜新生也。過大埔，經康樂園，舊地曾遊，此為李福林將軍隱居之所，林泉甚樂，今則由其後人主理，戰時同袍之家屬，亦有居於是園，遍種桃花，其以此地為避泰之桃花源耶？車行點餘鐘，繞道至錦田附近楊君養魚之農場，地處雙嶺之下，有清溪園石，陣陣清風，余等目的地既達，下車暢遊，農場附近，盡屬古木蒼松，引人入勝，更喜有小瀑，泉鳴涓涓，以此清泉，作畜養熱帶魚之用，泉壑鳴淙淙，巖花垂纍纍，初春景色，倍覺撩人，而農場復植蘭花，至為幽潔，而台榭修竹，交相參差，誠君子所居勝地，寓此可忘憂也。主人情意殷殷，置酒殺雞，余等既飽且醉，樂以忘形。憶先母生前，在錦田亦有一幅地，戰前已贈與友人，否則余亦有闢農場之所也。陶潛躬耕之樂，「崇蘭修竹為知己，流水清風亦可人」，心竊慕焉。

《工商晚報》，一九六五年三月四日

一三八／今歲影壇尤不景　戲人出路費躊躇

星期六日，一群影星至跑馬場，余以為影人遣興，觀賽馬而戲博，一解水銀燈下苦悶也，乃詢諸舍姪江曼，始知該日張英才、胡楓等，為拍攝去年一部未完成之影片，乃至跑馬場補拍外景，工作之餘，因觀賽馬。惜是日陰晴，而場地猶濕，彼等又非賭馬內行人，故無收穫也。余因詢近來影壇狀況，則彼惟有搖首太息，據謂目前影片市場，只本港及南洋，年來成本較重，而收入銳減，從前拍粵語舞台紀錄片，只本港亦有七八萬元收入，南洋方面，亦可售四五萬元，近年粵語舞台紀錄片收入，一落千丈，在本港僅收得四萬元左右，而南洋又無市價，而片商要求拍七彩片，成本在十萬元以上，而南洋亦僅售得四萬元，故拍粵語舞台紀錄片者，咸裹足不前。舞台紀錄片既淡，趨勢多拍時裝片，大部分以喜劇為題材，只拍黑白片，成本七八萬元，即可完成，本港有四五萬元收入，南洋亦可售四五萬元，尚屬化算。惟近來南洋方面，任何種片亦不購買，今年南洋片商，未購過一片，原因大馬一部分地方，近在宵禁戒嚴時期，娛樂事業，受影響而冷淡，故片商為慎重計，暫不購片往映，免受損失，此則令一般製片家暗暗叫苦。蓋拍成一片，單靠本港收入，僅得回成本一半左右，若南洋一路行不通，則有虧本之虞，故今年影壇，在正月旺月時候反而寂寞，今年開拍之片甚少，舞台紀錄片與時裝片，同樣冷淡，銀壇不景，藉此為業者，不少焦頭爛額，不知所措。至拍片較多之梁醒波，近亦無片拍，故與鳳凰女、黃千歲一同到泰國走埠演劇，暫定在曼谷演出一月，期滿再算，本擬順道往星馬演出，今以宵禁關係，計劃又成畫餅，至越南堤岸，雖有意邀請彼等往登台，惟越南亦時局不靖，人心動盪，焉有閒情逸致看戲？本港粵劇電影均不景，而走埠亦成問題，戲人出路，大費躊躇。目前閒坐之劇星，新馬師曾、任劍輝、麥炳榮、余麗珍等均休息，打算自資拍片之鄧碧雲，亦只得籌備二字，遲遲未見開鏡。益以在本港所拍之片，其取景限於本港郊外，觀眾已看至生膩，若拍攝外景名勝，非到別處不可，目前名勝最多之地方，以台灣為首，國語片商，已在台拍片，一則爭取多一地市場，二則取景較為便利，而台灣方面，亦有電影公司，且以成本論，在台灣拍片，皮費較輕，故尚有可為也。年前白玉堂、何非凡、梁醒波，均到過台灣，然均演粵劇，並非拍片，今者劇影兩棲之艷旦吳君麗，亦有意往台灣一行。吳君麗在南洋登台，順道拍片，已獲成功，近擬往台灣，目的在拍片，如情勢許可，順便登台，吳君麗以善舞帶及羽扇舞得南洋人士歡迎，其赴台灣，當以其藝術一饗祖國觀眾，①謹祝其早日成行，「沉寂影壇無出路，國門咫尺好風光」。

《工商晚報》，一九六五年三月五日

附注

①「饗」字原稿作「餉」，諒誤，正文改訂。

一三九／蒐集良才成學府　樹人樹木費經營

余每日返高街精神書日休養院，與中文大學聯合書院為鄰，①因感香港大學及中文大學，而每年會考學生逾二萬人，中學畢業，以兩大學學額關係，升學至成問題。而本港從前，只有一間香港大學，為本港最高學府，且為南太平洋島嶼唯一大學，其創辦之始，從我國庚子賠款撥出一部分基金，為建校經費，規模樹立，井井有條，內設醫科、文科、工科三科。醫科前身為那打素醫學院，故有悠久歷史，即國父孫中山總理亦為那打素醫學院畢業。港大醫科，蜚聲海內外，初期醫科，五年畢業，內分一年預科、四年本科，其後改六年制度，一年預科、五年本科。醫學預科，只習生物學、化學、物理三科，近年復改五年本科制度，醫學預科，撥歸各中學自辦，會考時期，如生物學、化學、物理三科及格，即可入大學本科學習。初入大學兩年，只習解剖學、生理學、病理學、藥物學，俟入三年班，始到醫院實習。從前實習醫院，為第二街之國家醫院，後興建瑪麗醫院於薄扶林道，學生始在該處實習。而三年班課程，即為內科、外科、婦兒科、產科、病理學、藥物學等，因醫學關係療治生命，故對功課十分認真，從前每屆畢業，僅十餘人，至及學額擴充，故畢業人數較多，然本港居民數百萬，在港大畢

附注

① 當時中文大學聯合書院校址在高街精神病院側，尚未遷入沙田。

業之醫生，出來為社會服務，仍有求過於供之勢，益以一部分為南洋學生，畢業後或返星馬懸壺，而本港醫生，更形缺乏，故目前本港醫生，除港大畢業者外，尚賴英、澳及加拿大留學畢業者濟世，然為數亦無幾也。港大除醫科外，尚有文科、工科，文科包括文理系、政治經濟系、商業系、教育系，所出人才，較宜於在本港服務，目前本港商界教育界及政府機關，均以港大文科畢業生佔多數，故在港大文科畢業，不愁無出處也。至港大工科，則只注重土木工程及機械工程，年出人才亦不少，本港工務及建築事業，均賴此輩畢業生工作，在工科畢業者，亦富有前途。至三科以外，從前港大設有漢文大學，設科專收容研究國粹者，從前由賴際熙、區大典、溫肅太史主理，自太平洋戰後，三太史亦已謝世，而漢文大學，亦因提倡新文學關係，復歸入文科。至中文大學，則近年始告成立，以備一般以中文為基礎之學生求深造，其範圍較漢文大學為廣闊也。香港大學設在般含道半山，地方幽雅，校園遍種杜鵑及紫荊，每年春季，蘼蕪一片，萬紫千紅，莘莘學子，亦欣賞此春花怒放，草木向榮，活現蓬勃，青年求學亦為人生之過程，萬花似錦，前途無量也。余從前肄業港大，居住半山之麓倫敦會宿舍馬禮遜堂，隔今三十餘年，同學多已為本港聞人，而余則勞碌半世，愧無善述，②回思母校，樹人樹木之光榮，而中心猶竊慰也。

《工商晚報》，一九六五年三月六日

②「述」字原稿作「術」，諒誤，正文改訂。

一四〇／十二名花經化錦　已隨佛國證禪因

上星期遇友人朱少範，邀往其家晚膳，席中設翡翠玉蘭雞一味，鮮滑可口，製法以上湯灌子雞肉，然後混以蟹黃，再炒鮮芥蘭，青黃影趣，不只美味，且甚美觀。余詢以何處烹調，有此佳饌，朱君謂此味翡翠玉蘭雞，自我家學製，廿餘年前隨其父朱子範至我家赴宴，得嘗此饌，詢諸廚子，知其烹調方法，歸家效製，今先父與朱子範世伯俱已物化，而少範君以嘉饌饗余，不勝感慨。朱君又謂當年太史第，亦稱「蘭齋」，隨父過訪，得賞幽蘭盛開。聞諸先父言，一家姬妾，均以「蘭」為字，蘭為王者香，而有清高凜節，比諸世之士君子，故家譽「百二蘭齋」：先嫡母畹蘭，生子五人，均為民國仕；二母蕙蘭，生一女，歸國會參議員徐傅霖；①三母蕊蘭，生三子三女，二子一女均不養，而獨子為九兄譽題，亦久隨軍旅，先後在第五軍第四軍第二軍當職，其女即為余之十一姊畹徵，②歸財政部秘書汪希文為繼室，惜早年不壽，十二姊畹貽，曾在鐵路部粵漢路局及民政廳當職，近在佛教大光學校任教師，今尚健存；至四母則名素蘭，亦名素紈，以素心蘭自比；五母玉蘭，與四母均無所出；六母為秀蘭，只生余一人而早夭；七母紫蘭，亦生一女；八母湘蘭，無子女；九母佩蘭，生一子一女，即余十五弟

附注

① 江家女歸徐傅霖之說似不符事實，待考。

② 「姊」字原稿作「妹」，諒誤，正文改訂。查《浮生浪墨》（一〇九）云：「又先姊畹徵，亦生於元旦中宵，時為開年，丑時降生，是年為甲辰，即先父點中翰林之年，故先父愛之逾恒」，文句中稱畹徵為「姊」。按畹徵生於甲辰年，「甲辰」即一九〇四年，畹徵為十三郎之十一姊。

譽裴，抗日殉國；十母楚蘭，生十六女，歸郭氏為婦；十一母綺蘭，生十七女畹英，曾在台灣省政府當職，近已回港入護士；十二母錦蘭，亦無所出。十二美人，以喻名花，昔年家中，有十二欄杆，朱欄輝映，先父以三河徙殖，九畹移根，雖平民亦有王者之樂，而芝蘭暢盛，大有開花建始之殿，落實睢陽之原境況。先父中年，蘭齋有不夜天之稱，每晚名流仕宦，均臨我家，先父慨言民瘼，終宵不倦，以在野之身，而預國政，即今之蔣總統，亦曾邀先父謁見於黃埔，備陳民隱。先父遵守新生活訓示，戒除鴉片，幾致不起，蔣總統曾命副總統陳誠親至我家，備極慰勉，當年太史第，車馬盈門，而李福林將軍，且與先父有通家之誼，或處理大事，均與先父商，北伐初期，曾力邀先父參政，先父謂宦海沉浮，無心進仕，而一生風流，坐擁十二美人，而「談笑有鴻儒，往來無白丁」，亦足至樂。至十二名花，後隨先父歸禪，盡改佛號，其名為本覺、本真、本智、本善、本慧、本寬、本修、本慈等，蓋十二母僅餘八人，而先父晚年，曾作一詩見志，詩云：「了然色相絕纖塵，白水黑山鏡裏身。隻手排雲天外立，看來如我更誰人」，早歲風流，晚年歸佛，可見夙因素悟，可成正果。余雖非佛教徒，亦領略佛教妙諦，朱少範以「玉蘭雞」命題，③因吟一絕如下：「鳳城嘉饌齒留芬，翡翠芝蘭美味陳。十二名花經化錦，已隨佛國證禪因。」嘗此玉蘭雞，因憶蘭齋盛年，金谷繁華，堪為此嘆也。

《工商晚報》，一九六五年三月七日

③「朱」字原稿作「崔」，諒誤，正文改訂。

一四一　艷麗群芳皆遜色　春花玫玉有真香

信步公園，見杜鵑已開，杜鵑原開於三月，今年春暖，故杜鵑早放，然杜鵑只得其色，不見芬芳，故雖嬌艷，不足與群芳並美，而二月春花，最得人愛者，厥為玫瑰。懷余年三歲，性愛花，家人每晨為余購玫瑰一朵，給余戲玩，然稚年無知，輒將花瓣撕碎，花碎心碎，即又痛哭，後家人為余插玫瑰以瓶，只許目觀而不許褻玩，而撲鼻清香，心曠神怡，故愛花者多愛玫瑰，以其雅而不俗，嬌艷香濃也。我國玫瑰，亦有多種，南方天氣溫和，所產玫瑰，花朵較小，而色澤有大紅、粉紅、朱黃、雪白數色。從前廣州花埭有玫瑰園，專植玫瑰，各種各色俱備，每年春季，為賞玫瑰而遊花埭者，大不乏人。花埭玫瑰園，不只植廣東種玫瑰，且植山東玫瑰及洋玫瑰。山東玫瑰花大葉粗，不如南方種之矜貴，而馨香亦較遜色，惟大花幾如牡丹，且樹身較高，植諸園中，至為壯觀，尤以大紅色花較多。至洋玫瑰亦頗大朵，惜花不吐香味，只得其色而已。從前名人梁鼎芬太史詩話，有「南園賞玫瑰，花埭樂飛觴」句，蓋以玫瑰花浸酒，即所謂玫瑰露，香入心脾，略一沾唇，亦嘗花味。而玫瑰花又為百花之最香者，百花蜜糖，為蜜蜂採玫瑰花蕊為主，故又名玫瑰蜜。至玫瑰花曬乾，以之薰糖，則糖亦有花味，俗稱玫瑰糖，以之製食品，別饒風趣，如製玫瑰雲片糕、玫瑰湯圓等，均為無上佳品。而玫瑰花乾，以之薰茶葉，即覺茶香可口，今市上茶莊，尚有玫瑰紅茶發售。玫瑰花乾，亦可以薰煙絲，戰時捲煙缺乏，多吸土製煙絲，余處粵北曲江，亦吸玫瑰煙絲，煙香有花味，亦佳品也。玫瑰香味，中外皆好，外國人製花露水，亦有玫瑰香水，髮油亦有玫瑰髮油，以其香味能引人入勝。而外國人對玫瑰之種類，用以喻婦女，大紅色者喻為莊重，粉紅色者為冶艷、硃黃色者喻為善妒、雪白色喻者為聖潔，以花喻人，亦有意義。而外國人對玫瑰，以其花枝有刺，喻人以拈花惹草，須防為花刺傷，故有「玫瑰有刺」之諺語，此諺語不只始自外人，我國亦有提及，相傳太平天國起義時，石達開與起義者常在深夜聚集，商議舉事，天明始歸家，石母不知其底蘊，以為達開冶遊，因乘其返家之際，命其在園中摘玫瑰花一枝，達開摘花，手為花刺所傷，石母誡之曰：「汝深夜不歸，想必尋花問柳，今命汝拈花，作為良訓，讀聖賢書，當知愛惜身體，若採花而為花刺傷，殊覺不值」，達開乃向母稟白，夜夜不歸，非拈花惹草，而與有志者密謀大事，拯百姓於水火之中，懇石母毋誤會而阻止其遠謀。後達開為太平天國翼王，太平天國之敗，始終不降清，其節可嘉也。至玫瑰有刺，凡人皆知，而採玫瑰者以剪刀剪取，不為刺傷，亦可見玫瑰雖美，不為世人褻玩也。

《工商晚報》，一九六五年三月八日

一四二／賞心樂事誰家苑　一鏡看花老覺羞

春燈甫過，轉瞬仲春，東風楊柳，春草如茵，碧綠成叢，撩人春意，柳昏花暝，徒惹閒愁別恨，細雨王孫路，斜陽帝子宮，古人幾多傷春之感。因憶吾師李鳳公，曾繪一〈美人春意圖〉，圖為柳蔭花下，美人徙倚，繪得一幅惜春景象，美人未遲暮，待嫁惜娉婷，而柳眼迎人笑，蛾眉粉黛宮，以美人姿色，喻曠世才人，幾許愛惜春光，而時兮不遇，青春易過，似水流年，大有「良辰美景奈何天，賞心樂事誰家苑」之感。因思古之美人，或入侯門，或選帝宮，致有後宮琵琶，王嬙傷怨，又如文姬異域，去國傷懷，及其歸也，作《胡笳十八拍》，傷薄命之美人，與出塞之琵琶，同樣淒絕。而古代才女，如李清照、朱淑真，均為傷春而作斷腸詞句，不與牡丹爭富貴，獨憐薄命似桃花，美人薄命，今古惋惜，而才人潦倒，同樣可悲，絕世傾城之姿，尚可邀人憐惜，文章倚馬之才，幾許終身埋沒，李杜之詩，亦多抑鬱之辭，故古人咸謂文窮然後工，落拓益見豪放，如李白之「今朝有酒今朝盡，①千金散盡還復來」，誠抱樂觀之詩人，只問今日之歡，不為明日憂愁，撫今追昔，余亦有此沾染。昔年廣泛交友，視金錢如流水，得來容易，從不珍惜，故有「千金贈劍豪猶昔，一志前程萬里跨」之句，然當年離亂，當可到

附注

① 「今朝有酒今朝盡」語本羅隱〈自遣〉，並非李白的詩句，又羅隱詩原為「今朝有酒今朝醉」。

處遨遊，浪跡江湖，何地不可棲身？惟今則寂處天南，身如屈蠖，念當日萍蹤無定，樂山水之天然，時而嶺北南嶽，時而桂柳韶連，雖處亂世，而心情曠達，到處為家，更感天涯何處無知己，香火人間浪結緣，如今回首，仿如一夢。昔年知己，其處境殊，同是天涯作客，而朝不保夕者，不知凡許，皆念自顧不暇，更何心與舊好酬酢，道上相逢，偶談所遇，皆以為故人無志，違難重逢，即已萬幸。更感飄蓬始覺流離苦，一鏡看花老覺羞，春尚未去，而觸景傷春，誠有「王粲登樓添百感，馮唐易老髮毛參」之慨。②昔曾得友人廖朗如一函，約余相見，函內有「一年比一年老，多見一次多一次」之語，余隔別友人，不知幾許有如是想。昔日聚處一地，朝夕相見，今則散處各隅，不易相遇，但得訊音常聞，心為稍慰而已。且各以事忙，不暇過訪，偶遇勝相約，舉盞可為歡，憶數星期者在龍門茶樓相遇十餘人，即席科資，作春茗之敍，痛飲玫瑰露，薄宴賞春辰，曾幾何時，而盛會不再，春光如舊，觸景懷人，又覺「春來翻覺銷魂苦，怎得相看似舊時」，每念少年遊，如今匆老去，或為生活奔馳，或為家室牽掛，無暇朝夕相見，共談心曲。日昨有友自九龍來，以數月不曾相見，無限苦念，然相見又無語，只有低徊起居，共惜春光，惟無善述，對此花鳥爭妍，翻使愁人多感，念與世已無所爭，不如花鳥，能無惜春傷老大，無成奈若何之嘆耶？

《工商晚報》，一九六五年三月九日

②「王粲登樓添百感，馮唐易老髮毛參」原稿作「王桀登樓添百感，馮唐異老髮毛參」，「桀」字、「異」字誤，正文改訂。

一四三／孤高縱有餐薇節　難效夷齊隱首陽

相識某君，在旺角設糧食店，其門如市，生意旺盛，余過其店，詢以何計使營業發，①據謂無他，識時務而已。其店所售之米，比別店價較昂，而顧客比別店為多，原因彼店所售之米，盡鬻本港出產元朗米，方今留港難民，許多不食周粟，寧高價以購元朗米，亦不購大陸運來之糧食，而該店之計售矣。元朗出米有限，即供元朗區之居民，亦幾售罄，奚足以供給港九市面所求，如其人性狡，僅購少數之元朗米，而混以大陸產品，售價既可提高，又可得一般義民光顧，一舉兩得，誠為經商良策。余責某君不義，欺騙顧客，有負義民，某君謂為商不奸，奚能獲利，且謂義不食周粟，夷齊高節，然此地非首陽山，何處餐薇，即論酒樓茶室而言，所售肉食，亦多來自大陸，雞鴨魚蝦，亦以大陸銷港為大宗，本港出產，供不應求，而酒樓茶室利之所在，無所謂義。且義之範圍，只見諸忠貞之士，而難求諸市井商人，即就某大公司凍房而言，雖售美國凍肉及雞類，同時亦售大陸之豬，只求利便購者，固不必問貨之來源。且售大陸產品，亦非不法，香港為自由商港，何處貨不可售，若必購港產貨物，則惟有掩耳盜鈴，購外來貨作港貨而已。余聞某君語，為之啞然。某君復謂，如效夷齊清高，則勿居香港，香

附注

① 「發」字下疑有奪文。

港所用之水最近亦來自大陸，若效夷齊不食周粟，曷不義不用大陸水，今大陸供水本港，已成公開之事實，縱為忠貞之士，亦難作一詞。大陸供水香港，非為港民便利，實則吸取港民之資，其數亦不少也，至香港商場，推銷大陸貨品者，在在皆是，即以日用品論，磁器碗碟杯壺，幾多非大陸產品？若必購舶來品，則價昂貨少，不易購買，在經濟環境下，當不計其為大陸貨也。至日常所用之茶葉，非大陸出產，何處得來巖茶？甚至竹蔗、肉蔗及桃、梅、柑、橙，均以大陸出產為大宗，亦能暢銷於市上，而其他用品，來自大陸者不可勝數。吾人為中國人，大陸本亦吾人所有，斷不能以用大陸為不義也。某君復謂，彼嘗返廣州數次，覺大陸物質奇缺，即布匹及羊毛織品，亦不易購買，惟運諸香港及外埠，則棉織品、絲織品及羊毛織品，均可購諸各國貨商店，證以大陸正吸取僑匯，無所不及。即就雨傘而言，大陸出品，五元至十元一把，其價甚廉，而為日用所需，而本港出產之雨傘，物質雖美，而價昂兩三倍。最近且製皮鞋，由大陸運港推售，為本港鞋廠之勁敵，吾人在港，血汗之資，亦為大陸吸取，如能忍受物價高昂之壓迫，而不貪大陸之廉貨者，甚為難得，此非商紂之時，吾人實難義不帝周，只問在香港能否得自由，不能斤斤計較於小節也。余因有感，誠有「孤高縱有餐微節，難效夷齊隱首陽」之嘆也。

《工商晚報》，一九六五年三月十日

一四四／倚玉偎香忘學業　荒淫每誤少年人

清晨六時，至銅鑼灣一茶室早茗，路上見三雙青年男女自一公寓出來，亦至該茶室品茗，且坐在余隔鄰之卡位，因窺得此三雙男女之真相。青年男子三人，均年在二十左右，梳鵝髻髮裝，穿花間絨西衣，一望即認出為飛型男子。女子三人，服裝妖冶，似非正當女性。彼等坐在茶室，談話即開始。有一男子謂夜來之派對，非常愉快，但願盛會能常，盡情歡暢，一女子謂，如此小派對，可一不可再，並謂彼等均青年學子，誠恐有誤學業，如屬星期日或假期，則不妨彼此同樂，週末一次派對，亦不妨礙彼等上課，且通宵達旦，有損精神，日間上課，又無時間休息，能不疲乎？另一男子謂上課不上課，絕對自由，人不風流枉少年，何必作書獃子，昨夕狂歡，今日即不返校，固不愁疲倦而無休息也。言畢並詢各女是夕幾點鐘返工，彼等當再來護送，候至放工，再作一晚之歡會，其餘二男子亦無異議。余察其狀，各女子似為舞女，各男子似為學生，彼輩貪歡忘學業，殊為可惜。早茗既畢，由一女子付賬，各女乘電車向北角去，而三男子亦分頭散去。余因思此三學生，竟徹夜不歸家，與舞女尋歡，其家人父母，又不管教，任其縱慾，此輩容易淪落，變為飛仔之流。本來少年人之裝束，不能斷定其為飛型，惟好玩女色，或將膽量縱大，偷呃拐騙，無所不為，更集成群，則「開片」闖禍，①易觸法網。飛仔之造成，由於教育問題，讀書時期，當訓練其為將來事業着想。昔年在戰中之青年男女，多數離開家庭，尚能生活嚴肅，一致向學，咸抱留身為國用之志，而不作非非之想。今者青年男女，對國家對事業均存苦悶之心情，遂縱情歡樂，更或藉此而視為生活出路，如食軟飯、收規之行為，②而女子以色笑迷人，亦因苦悶而另尋所愛，以玩弄男子為慣技，此輩男女，易合易離，亦易發生悲劇或社會不法事情，為家長者對子弟不能不防範。雖目前求學，學成未必得志，然循乎正道，在社會可作一完人，故讀書雖苦，仍有所寄託，不管「書中自有黃金屋，書中自有顏如玉」是否古人騙今人語，然而讀書足以怡養性情，造成高尚之人格，固不論其出路如何也。目前不少飽學之士，依然失業，形成一般阿飛以為藉口，認為讀書無用，因此放蕩行為，不知自檢，影響社會秩序，為徹底計，應盡力減少學成者失業，俾知一經學成，生活自有保障，減少遊手好閒之流，飛型男子，自然減少，此則社會問題，而不只教育問題也。古之士子，有「十年窗下無人問，一舉成名天下知」之概念，故無不苦讀，今則畢業即失業之開始，誰更以讀書為可貴？阿飛之產生，或亦因此。雖設法懲教，不如勉其向學，令學成者無凍餒之虞，而有飽暖之樂，誰復荒廢學業以為阿飛哉？

《工商晚報》，一九六五年三月十一日

附注

① 「開片」，即聚眾廝殺群毆。

② 「食軟飯」，即男人靠女人養活；「收規」，即收取賄款。

一四五／姻緣石下群參拜　願祝人間永合歡

姻緣石，位於姻緣道上，石以道名，抑道以石名，兩相關也。港九姻緣道有四處，香港有三處，即山頂、寶雲道、及灣仔街市對面之二馬路，九龍則為荔枝角道，各道均有奇石屹立，最幽雅為山頂，有一石類似愛神，故青年男女，日間多往遊覽，睹山石而誓水盟心，締結良緣，而山頂幽靜，即日間亦行人不多，有情人在此談情説愛，亦無人干擾，更對愛神石而動春思，故稱之為姻緣石。寶雲道亦稱姻緣道，且得名最早，以該道較靜，每當月上柳梢頭，恒見人約黃昏後，男女細語喁喁，大有「在天願為比翼鳥，在地願為連理枝」之慨，而該處生長有山花，亦有百合花，百合花亦稱「麗麗」或「莉莉花」，花開惹蝶，亦甚雅致，寶雲道亦有山石一幢，作男女相偎狀，有情人睹此，復看百合花，喻以兩情永固，相戀合歡，故寶雲道之山石，亦稱姻緣石。至灣仔二馬路則為一斜路，直上半山，山上有石，作男女交歡狀，而情人多至該處，石下談心，該處地近市區，甚多工人及勞苦階級之青年男女到此遊玩，當夜靜之時，一雙雙一對對，猶徘徊道上，不忍虛負良宵，而春光綺旎，男女益眾，或且終宵留連，天明始別。本港之姻緣道，近以灣仔二馬路為較多遊人，而山石亦稱姻緣石，而灣仔居民，頗多迷信，時見以寶燭在石下參拜，默禱良緣美滿，終身不離，或良緣未就，望神庇佑成全。姻緣石本為頑石，是否有神靈在，信之者則信，不信之者不信，然有言之鑿鑿，謂有一雙男女，兩情相繫，男子因職業卑微，為女子家人反對，因而在姻緣石許願，求神玉成其婚事，其後該男子投身為航海員，到海外各埠，因有所獲，歸與該女子成婚，婚後夫婦同至姻緣石下酬神，故今之工人或勞苦階級，有情男女，因經濟問題而不能成婚者，恒至姻緣石參拜，求神庇佑，且多靈驗，此亦男女心堅，百折不撓，終使有情人得成眷屬也。九龍荔枝角道亦有姻緣石一幢，狀類一健男子呵護一弱質女子之態，故有情男女，每至該處遊覽，該石左右又有粉紅山茶花一株，當春天時候，茶花燦爛開放，與姻緣石相映成趣，而有情人或折花枝，插在襟頭留念，荔枝角道因有巴士行走，行人較盛，而有情男女，因姻緣石關係，亦稱該處為姻緣道。因思石形而為世人所樂道者，不只姻緣石，沙田有望夫石，相傳有一貞婦，因其夫遠出不返，負其幼子，日夕至山上遠眺，望夫歸還，而其夫始終不返，貞婦乃留為化石，故仍作一婦人孭一小孩狀，該山以望夫石關係，亦有人稱為望夫山，時有人至山上遊覽，視為風景，而俗語謂「廣西有個留人洞，廣東有個望夫山」，亦指該處而言，而婦女丈夫遠行，歷久不返者，恒至望夫石參拜，求佑其夫早返，而頑石有靈，亦不令人失望也。

《工商晚報》，一九六五年三月十二日

一四六／幾許青年迷賭博　沉埋壯志誤春光

因事往訪表弟，及抵其家，則見其子女七人，最長者不過廿三歲，余因詢其在何學校肄業，表姪向余言，彼已中學畢業，惟無力升入大學讀書，故只有找事做，一來減少父親負擔，二來在工作上學習，目前在一家修理汽車廠作練習員，月薪僅一百二十元，僅敷個人用度，至學習機械修理，雖非一件難事，但學成亦不見好前途，最多亦不過二三百元薪俸，故彼仍想繼續讀書，至能否如願，則看工作有無阻礙，以不影響職業為原則，擬半工半讀，作苦學生。余聞之，嘉其志，因思十餘年來，違難來港之親友，多數生活不好過，而子女眾多者，生活與出書處更成一問題，①余有友人陳君，僅一子，生於抗戰末年，今已中學畢業，幸考入台灣師範大學，始免失學之苦。又有友人胡君，戰後始結婚，今亦有子女六人，常以子女教育問題為憂慮，目前各中學，只有普通課程，畢業後欲在社會任事，則並無專長，目前香港人浮於事，中學畢業生眾多，而找得職業者，實為少數，況香港為畸形社會，對青年工作問題，尚視為次要，因此青年人之苦悶，不言可喻。余所知者，有一青年，本有志向學，而其父母無固定職業，以販毒為主，近復逼其子輟學，助其私販毒品，該青年乃逃出家庭，輾轉得友人介紹，

附注

① 此句疑有錯誤。

在九龍太子道一餐室當侍役，每日工作十二時以上，僅得百餘元月薪，亦勝於違法販毒，然歲月消磨，亦難得良好前途也。余有姪女居九龍馬頭圍道，彼亦有子女五人，除上課外，歸家助母工作，其父母為避免子女與不良好青年友人厮混，故以工作縛束兒女，課餘即在家穿珠花、車鞋面等工作，得資且可作零用，尚可訓練彼輩抵受刻苦生活。故余謂生於斯世之青年男女，最為不幸，在香港青年之人生觀，咸以生活解決為最現實問題，對世界局勢及國家問題，已不暇想及。有等更抱幻想，如何致富，如何發達，而不求高深學識；有等青年，日常沉迷於賭博，無日不心在狗經，希望以三數元可博千百元之數，而使日常所慳之資，盡付賭博；有等淪為小竊，亦因賭博之累，而在學青年，亦不少捨功課而閱狗經，以為致富之道，以賭博為捷途；更有一群青年，平素並無職業，只研究狗經、狗纜、以多博少，偶一失手，即焦頭爛額，不知所措，究竟以賭為活，實不可靠。不過一般無職業者，以為賭狗為唯一出路，遂至壯志消沉，不至凡幾，②故目前青年男女，不存奢想，不嫌職業低微，而求自食其力，守份安命，淡泊自甘，猶勝乎以賭為生，自趨沒落也。中國人性好賭博，而且有賭博的天才。例如發明番攤、牌九、麻雀、白鴿票、字花，使青年人沉迷。固然，狗馬乃舶來品，本地再加舶來，博彩方法之多，確為世界各地之冠，可哀之極矣！

《工商晚報》，一九六五年三月十三日

② 「至」字疑為「知」字。

一四七／不與牡丹爭富貴　木棉底事早開花

薑花洞位於香港仔山腳，①從前遍種薑花，別饒景色，近年已無薑花種植，只有溪澗泉流，奇巖怪石。去年余隨友人，登鴨巴甸山頂，橫過山腰，始到薑花洞，閒遊遣興，一抒襟懷。昨日病院中人，亦有聯袂遊薑花洞之舉，且作野火會，因與眾乘纜車登山頂，至山頂亭，縱目全港，覺巍廈參差，樓閣環立，繁盛與二十年殊，而海上艟艨，備見東方之珠，仍為險要之軍港，春色淡明中，一窺港九面目。遊覽山頂既畢，偕眾環山頂小路而行，目睹紅紫繁英，燦爛迎眼，未及花朝之期，而杜鵑、紫荊，經已開遍，豈因春暖而花開特早耶？沿山有一小徑，可通香港仔，既無汽車馳駛，又不見遊人步蹤，山徑幽雅，蜿蜒十里，山色明朗，綠草萋萋，沿途春風拂面，亦不覺寒，而目光處處，盡是艷陽景色，聯袂賞春芳，島畔煙霞勝，望海觀山，可消塊壘，而青山綠水，正宜遊目騁懷，山麓緩步，不染纖塵，而山中雜樹，輝映成叢，燕語鶯聲，啾啾樂唱，離囂塵之大城市，一賞大自然之氣象，登臨遣興，可慰倦心。余等足力素強，步行約二小時始抵薑花洞，各人席地休息，或作紙牌之戲，或而下棋作樂，直至中午，始舉行野火會。同遊皆精神病痊者，遵醫者之誡，不得攜酒與共，故余無酒，不動詩興，

附注

① 「洞」字疑為「澗」字。

只各人共圍坐野火畔，煨烤雞鴨，以作午餐，並煮清茶，聊以當酒，綠茵草上，各人圍坐而食，皆慶幸病之得痊，彷如再生，而同遊共敍，亦如一團體。余病痊已久，早無煩雜之慮思，然睹新病癒者仍有精神恍惚之狀，不禁耿介於懷。同遊有男有女，多在三十歲以下，然胡為染精神病，且彼等亦不了然，經醫者治療，其病若失，惟尚靠藥物之支持，精神之解慰，始免舊病復發。此輩尚賴工作治療部導以工作方法，女者授以刺繡織造技能，俾日間以工作消耗精神，不耗遐思，如獲得工作以作職業，即與完人無異，男者每日以織藤及作木器為工作，鍛練體魄，復有戶外運動，室內跳舞，務使精神愉快，百病不生。而旅行則每月一次，上月旅行荃灣城門水塘，今月又遊薑花澗，所有費用，由工作治療部康樂組負責。除工作治療部康樂組外，尚有新生互助會，為病癒者組織，而皆為病癒復有職業者為會員，亦時有郊外旅遊之舉，亦歸精神病專家指導。香港政府對精神病者已設法治療及減少，對病者之復發防禦，已不遺餘力矣。余參加旅行既畢，經香港仔趁七號巴士回市，途中有木棉花一株，未屆三月，即已着花，俗謂木棉花放，則天氣轉暖，入初夏景象，而今春放花特早，有感而詠：「非關春晚早開花，不與群芳競歲華。勁木參天惟獨立，英雄本色不須誇」，睹木棉雄立之姿，而無英雄遲暮之感，願人亦如花，老當益壯。

《工商晚報》，一九六五年三月十四日

一四八／榮辱無門惟自擇　幾曾鐵筆惜賢才

榮辱無門，惟人自擇，然如何為榮，如何為辱，固無界限，有以為榮而反被視為辱，人以為辱而已亦視以為榮者，此則觀點不同而已。偶遇一未離香港半步之友人倫君，彼亦曾知余亦為老香港者，惟自抗戰時余返祖國，戰後又一度住居廣州，故與香港人脱節，即事業上之故舊，亦多疏遠，倫君謂余為大陸人，謂非違難，不居香港，並謂余畏懼兵燹，港戰時已避返內地，美其名為抗戰，實亦逃難，一動不如一靜，為事業基礎，在社會地位，反不如一般真正香港人，生於斯，老於斯，任何變亂，亦不離港，不作難民，不愁生活，並笑余為好高騖遠，一無成就，始重返香港，而時代遷變，人事已非從前可比，而余做人方法，繩守不變，方今之世，不好奉承，又不鑽營取巧，何能立足？今之得意發達者，不在乎才幹，不在乎人格，窮則變，變則通，如我不知變，尤如二三十年前之思想，只有為人所棄，並謂不少戲劇界音樂界，近亦趨乎時勢，能討好於某方，在大陸又曾遨遊，歸來亦得有財有勢者之支持，保持其藝術地位，此無他，善變而已。若余今日，既無藝術之幹部，又不肯俯首就範，往日聲名漸趨沉寂，行將遺忘於社會，視為沒落之藝人，屬在舊交，為余前途慮。余聆其語，無詞以對，惟思倫君謂余不善變，其廹以余不肯變節，故有遊説之語，且笑余生平多難，抗戰時赴難，近今亦違難，視余為末路之難民，在別人以為辱，而余反以為榮。為香港人，未嘗離港，眼光自然不夠廣闊，惟求隨遇而安，香港為英國屬土，彼則甘作殖民，日本佔領香港，彼亦甘作日治下之順民，至以本身而論，中華民國主治中國，彼則作中華民國人，中共強佔大陸，彼又自視為中共國民，經營商業，惟勢是倚，惟利是圖，無所謂宗旨，無所謂正義，更不明世界大勢，自由主義與共產主義始終對立，若以隨勢所之，但圖苟安，適足自取其辱。香港人受英國之保護，而處於特殊環境，知明哲保身之道，當不變節以圖存，若論榮辱，則時乎不利，惟忍辱以待時。韓信昔受胯下之辱，而不以為恥，大志者固能忍，如張良見辱於黃石公，屺橋進履，務將其挫折，卒授以書，誨以小不忍則亂大謀，能屈辱始得光榮。在當時之韓信、張良，亦何嘗不被人視為末路？然終亦有得志之日，至若甘為奴為馬，始為真辱。張良之博浪擊秦，早有與暴力不兩存之志，雖誤中副車，亦足為榮，而卒能佐漢以亡秦。今者赤焰以霸道治中國，民不堪其苦，其暴有甚於秦。余等以不變節為榮，不受時勢金錢支配，窮困不足視為辱，才若揚雄，終以事王莽而墜樓，畢生之辱，斯真辱矣。看到《春秋》，益知自勵，董狐鐵筆，亦將邪奸斥誅，固不論其才也。

《工商晚報》，一九六五年三月十五日

一四九／煢獨未忘親痛恨　猶知祭祀信非狂

先父忌辰，家姊以電話叮囑，着余至居士林祭祀，余因遵命前往，至則表姊周塵覺居士已入壇誦經，為先父超度，余參拜既畢，不禁生感。先父生前，兒孫繞膝，以故園隱居，引而為樂，今則死後孤寂，即忌辰亦僅得余祭拜，家母一居渣甸山，一居九龍，以路途過遠，不便來往，只在家中誦經誌念。而二兄亦已年登八十，患心臟病，故亦不能來拜忌。家姊則在大埔授課，不能告假。眾姪輩均以事忙，未遑祭祖。若余不在港，則無人拜忌矣。先父卒於鄉中，臨終猶以在外兒孫為念，時先兄叔穎隨侍在側，以先父受盡共黨凌辱，詆為人中渣滓、洋奴走狗、土豪劣紳、富農地主，以九十歲人，尚罰跪祠堂，因受壓迫而病終。先兄逃港轉台灣，曾發訃文，以共黨為血海深仇，誓勉兒孫不忘親祖受辱之恨，不幸三兄亦在台身亡，雖兒子在台當軍役，然王師尚未凱旋，余祭祀亦無以告乃翁。益以余為一介文人，不能執槍赴義，心殊愧歉，縱欲以筆槍作刀槍，猶恨才力未逮，而親辱至止，切齒恨痛。雖先父並非社會了不起人物，然一生熱心公益，造福桑梓，不遺餘力，可告無罪於眾，而共黨強加之罪，謂為獵名，誠因先父耿直，不滿共黨施政，令民無所喘息，對暴政又不肯為文歌功頌德，不作昧良心之言，致觸怒虎倀，諸般清算。家已全毀，兒孫星散，而余兄弟老者亦已不存，以余為最少，亦達中年，睹此家庭慘變，徒自憂戚，幾成狂人，近雖告痊，仍抱與共偕亡之志，而無能雪親之恨，苟生人世，悲悸自慚，間與姪輩相聚，而彼等各為家庭重擔，而終日為生活奔馳，縱勉以勿忘共黨之仇，終有吐氣揚眉之日，而姪輩違難居港，亦受盡磨折，所望者台灣及美洲眾姪，重振家聲而已。人到中年，一切寄望於兒子，余無子，惟有寄望於姪輩，方今一家之長，僅二兄及余，二兄年老，一切皆已灰心，然余盛氣，仍如往昔，目睹違難義民，竟不能痛定思痛，其稍得意者，即生活頹靡，不知振作，至有等人偶聞余對共黨抨擊，即避與余遊，並誡余毋惹是非，而不知香港為自由之港，只求不違法令，當可言論自由，至謂共黨勢力膨脹，統戰到處皆是，此則何惶恐之甚，余等切身關係，已不能與共黨共存，縱知余等剛直不屈，共黨亦無可奈何，若存畏懼之心，則得寸進尺，務使余等不能立足於社會而後已。有一人嘗謂余為腐化分子，共黨認為當在淘汰之列，並謂余出身於士大夫家庭，思想根本要不得，徒以個人利害為取捨，不了解世界大勢，應隨社會主義而抬頭，毋復作狂人之論。余答以修身、齊家、治國、平天下為聖賢立論，而共黨竟視為狂，豈天下只有社會，而不重個人生存?忘家國者始狂，余信為狂士，然未嘗以聖賢語為狂也。

《工商晚報》，一九六五年三月十六日

一五〇／為誰彈出傷心調　夜靜低徊聽遠琴

春夜苦不成眠，忽聽遠處琴音，如泣如訴，如怨如慕，百感悠然生。是夕之琴聲，非為古琴，而為揚琴之調，童年常聽揚琴，多操自師娘俗稱盲妹之手，師娘賣唱，自打揚琴，不需音樂拍和，而琴音清越，令人快感。當時娘所歌班本，有《西廂待月》、《寶玉怨婚》、《寶玉哭靈》、《延師診脈》、《桃花送藥》等曲，師娘唱工美妙，悠然動聽，故嗜音樂者輒僱師娘度曲，俗稱「唱盲妹」，而後期師娘且唱新曲，如桂妹師娘之《情天血淚》，且灌為唱片，家傳戶誦，稱為「曲王」，後之唱腳，即所謂女伶，亦效師娘之唱工，惟喜歡用大鑼大鼓，已不如揚琴之清雅。更以師娘瞽目，不具姿色，惟憑唱技以娛眾，而女伶則艷粉濃脂，裝模作態，以博人憐，故聽者不只樂於唱技，亦重姿色。然女伶純靠唱工見勝者，亦未嘗不可，如女伶燕燕，則以平喉見勝，其唱《斷腸碑》上下卷，且以梵音混合，亦不以揚琴拍和，而趨重於大鑼大鼓，恰如舞台色彩，故為一般戲迷歌迷所悅。而《斷腸碑》唱片，其推銷之廣，不下於《情天血淚》。自有女伶度曲後，師娘已漸不為聽眾欣悅，「唱盲妹」之風，已不如從前之盛，而揚琴拍和，亦已漸寡，有之，則為音樂名家呂文成，以善唱子喉，如唱《燕子樓》、《瀟湘琴怨》、《禪房夜怨》、《寶釵悼玉》等曲，均自打揚琴，亦灌入唱片，銷量甚廣，聽曲者不只愛其歌喉婉轉，且樂其揚琴之清雅動聽，有絲竹之琴音，而無鑼鼓之喧鬧。惜近年呂文成年事漸老，對子喉已無從前之聲韻，亦不見其自打揚琴，高歌一調矣。至打揚琴度曲者，尚有老伶朱頂鶴，朱頂鶴善唱南音，師宗盲公，亦稱「地水」，當年「唱盲公」之風，不弱於「唱師娘」，以南音為地方歌曲，每以民間故事編為歌曲，童時聽盲公，其唱《背解紅羅》，即《三氣齊宣王》，一連唱十餘夕，始完一故事，而盲公歌唱，亦不靠鑼鼓絃索，只自彈古箏，別饒風趣，且南音以古箏和，尤為悅耳，近年尚有盲公唱南音，然已不如昔年之盛，不過聽南音者，仍以盲公為正宗。至朱頂鶴之唱南音，則不彈古箏，自打揚琴，其手法亦可取，余嘗聽其唱《客途秋恨》上下集，均覺其深得盲公唱法造詣，且以《客途秋恨》為招子庸作，①為廣東名曲，詞藻幽雅，纏綿悱惻，有「南音王」之稱，朱頂鶴昔年亦曾將之灌碟，打揚琴獨唱，聽之若有回味，其歌法不弱於南音專家盲笙、盲德等輩。朱頂鶴今已年老，然尚聞其於月前在某娛樂場唱曲，亦點唱《客途秋恨》，惜余無暇往聽，錯過一時矣。午夜聽琴音，不知出自何方怨女之手，且唱一曲，遠聞不辨其詞句，而多怨懟之音，飄零法曲，絃管喑啞，春宵孤寂，聞此迴腸，因感而詠：「夜靜低徊聽遠琴，絲桐管竹訴哀音。為誰彈出傷心調，花下風前作雅吟。」

《工商晚報》，一九六五年三月十七日

附注

①《客途秋恨》的作者是誰至今尚未有定論，一說是繆蓮仙，一說是葉瑞伯。

一五一　三春花事終難負　二月風光半已過

春城無處不飛花，而花開歲序，亦繫乎令節，未屆花朝，不見紫紅開遍。花朝之期，始自唐代，舊曆二月十五，亦即上元，①古人定為花朝，又名百花生日、花節、百花娘子誕，從花朝起，百花次第盛放，誠以北方較冷，非至二月中旬，未見春暖，即洛陽牡丹，二月始見開花，而二三月間，始有春雨，而杏花春雨江南，亦指花朝以後景象。誠以花朝之期，東風習習，黃鳥關關，紅紫滿園，芳菲極目，古人度此佳節，緩步花間，或邀遊郊外，作探花之舉，而席地山酌，視為樂事，花朝之慶，只韻人雅士之舉。蓋世俗恒云，花朝月夕，以二八兩月，為春秋之中，以二月半為花朝，八月半為月夕，而有春花秋月之意。益以二月十五為花朝，浙湖風俗言，春序正中，百花競發，誠遊賞之時，而宋條制土官亦於是出郊勸農，②古人詩句有「三春花事終難負，二月風光半已過」語，③可見花朝節，昔人已定於仲春。昔人又有於花朝節作撲蝶會，相當熱鬧，而蜀人亦於是日，鬻蠶於市，因作樂縱觀，謂之蠶市。又仲春尚未到春雨之期，百花生日，俗稱花朝，閨中少女，剪五色綵繩黏於花枝上，謂之賞紅。蘇州虎丘，且有花神廟，士子繫牲獻樂，以祝仙誕。花神廟位於滸墅關附近，矗立着五層高之虎丘

附注

① 「上元」應是元月十五。

② 「浙湖風俗言，春序正中，百花競發，誠遊賞之時，而宋條制土官亦於是出郊勸農」，語本《風土記》，讀者互參《風土記》原文：「浙江風俗言，春序正中，百花競放。乃游賞之時，花朝月夕，世所常言。宋條制守土官於花朝日，出郊勸農。」

③ 十三郎引用的是吳稼竳〈花朝〉，但部分字詞句與原詩有出入，原句為：「三春花事終難負，二月風光半未過」。

塔，塔之附近有廟曰花神，每年熱鬧慶祝百花娘子生日。又百花生日，宋代改為二月十二，尚未上元，視為百花避封姨之辰，故剪綵條繫花縷為旛，詩人有「怕看落紅鋪滿地，護花旛動弗花魂」，具見古人惜花與護花之意。實則花朝僅為百花初放之辰，尚無落紅之景象，不過詩人太息花開終落，而春風春雨，早作護花之願而已。二月初開之花，有芍藥、玫瑰、麗春花、杏花、百合、牽牛、西府海松、杜鵑、紫荊、紫薇、春蘭、櫻桃、李花、梨花，而南方果樹之荔枝花、橙花、枇杷花、柚花、龍眼花，亦於百花生日競放，如非春雨連綿，百花成果，收成暢茂，故農家亦於花朝敬神，求庇花果。至後人亦有以二月二日為花朝者，稱為挑菜節，帝宮中排辦挑菜御宴，先是預備朱綠花斛，下以羅帛作小卷，書品目於上，繫以紅，上殖生菜薺花絲諸品，俟宴酬樂中，自中殿以次，各以金篦挑之，后妃、皇子、宮主、婕妤及都知等，皆有賞罰，賞則成號真珠、玉杯、北球、篦環、珠翠、領抹，罰則舞唱、吟詩、念佛、吃生薑之類，用此以資戲笑，以賞花辰。至閩中以二月二日為花朝，亦稱為踏青節，蜀中以為踏草節，樊樊山詩「晚霞幽草皆顏色，天意分明莫浪猜」句，至後人亦有祝花朝詞，默祝花同壽，百花迎人媚。於今天南已非花國，看不到花飛景象，有感而詠：「春光過半又花朝，情緒繁花卻寂寥。花信春鶯腸欲斷，故園殘破景蕭條。」

《工商晚報》，一九六五年三月十八日

一五二／破浪乘風頻下網　漁家自有樂生涯

香港為一海島，環海各處，產漁素豐，故本港漁民，多藉捕魚為生，從前本港居民僅二三十萬，漁民以舊式方法捕魚，所得已足魚市之需求，而本港素以海鮮著名，啖海鮮者可到香港仔青山即漁民聚集之所，可得新鮮之魚類。各地亦有海鮮店售賣新鮮。自海上網來之海鮮，如七日鮮、龍脷、龍躉、石斑之類，至為普遍。近年香港居民增多，而魚類需大量供應，故漁民捕魚，比從前需更多數量。從前漁民捕魚，多採用舊式方法，憑經驗而斷定何處為魚類聚集之所，下網取魚，或駕小艇，或用帆船，出海網魚，亦頗賣力。自魚之需求增加後，漁民並不見若何增加，惟取魚之量需大增，始足供求，目前漁民，收入頗豐，誠以魚價雖非昂，而取魚量多，市上暢銷，漁民收入漸廣，因思善法，以網取多魚。從前捕魚，多靠岸近沙灘，即灣仔、筲箕灣及九龍城，前亦為漁民捕魚之所，然得魚無多，而本港近有數百萬居民，嗜魚者甚多，漁民以利之所在，出海網魚，或到較遠之海灣，非復如前之僅在一灘一崗網取，即夠供應。今之捕魚，多用機帆，摩打漁船，以機械撒網，機械收網，作較大規模之捕魚，甚少人仍駕小舟，一二人捕魚。而漁民多全家出動，或且僱有助手，每一艘漁船，十人八人不等，分工合作，乘風破浪，直出洋海，探得何處多魚，始用摩打下網，收網之時，則需用人力，①網大魚多，每一網得一擔半擔亦不定，而每一艘漁船，每次出海，每每捕魚十擔八擔，一二日即開出一次，得魚交魚市或魚欄轉售上市，漁民有自設魚欄者，尤易售魚。彼輩為尋得生活，出海無間，雖天寒風烈，亦往捕魚，除颶風影響，漁民甚少休息。今之漁民，非盡屬蛋家，且多置業於岸上，多年積蓄，建屋而居，間亦有租屋居住，然多在郊外海濱，以便下船出海。方今漁業發達，漁民生活亦甚優遊，如遇時令神誕，各處演粵劇酬神，漁民幾為基本觀眾，而近漁民居處之電影戲院，亦以漁民為觀眾一大部分，工作辛勞，亦找尋娛樂也。至本港漁民，多為世代相傳，以漁為業，其捕魚方法，均從先代父母經驗得來，以漁業易於覓食，漁民子弟，甚少轉業者。科學昌明，政府為獎勵漁業，有漁民學校之設，漁民子弟，多入漁民學校學習捕魚，而所授課程，均重實用，如航海技術、機械常識、海洋測探與及普通之天文常識，均為漁民學校必修課程。從前漁民捕魚，只靠運氣，如得在多魚聚處下網，即有巨大收穫，一切均盲闖，而無準繩，今之捕魚，側重探海，知何處水流為魚聚處，駕船往捕，而水之深淺，亦有根據而下深網，比以前科學化得多，本港魚業前途，未可限量也。

《工商晚報》，一九六五年三月十九日

附注

① 「需」字模糊，按字影及句意推測。

一五三／厚古薄今何所指　梨園藝術缺精華

病院近來一病人鄭君，彼為自大陸來港者，余詢其職業，則在大陸演粵劇，彼為名伶白駒耀之徒孫、玉清奇之徒弟，抗戰時在梧州演劇，戰後始露頭角，惟在大陸方面，對抗戰時落鄉班之演員，十分低視，縱使未曾在淪陷區演劇者，亦不得嘉勉，而彼等演劇，生活甚苦，月得百數十元而已，至所演劇本，原●粵劇，以古裝歷史劇為主，近來已改演時裝劇，以現代共黨把持下之社會狀況為背景，宣揚彼所謂馬列主義，對古裝歷史劇，認為不合現實，續漸淘汰，把粵劇之傳統藝術，歸於消滅。粵劇演員有以為舊劇應演舊歷史劇本，縱反映現實，①亦不能忽略歷史價值，而主持戲劇運動者，認為歷史劇不適宜演出，於現代觀眾無補益，且謂歷史已成為古代陳跡，在新文學無地位，提倡演歷史劇而不喜演現代劇者，謂之厚古薄今，意識須矯正。故目前大陸之粵劇，已無大花大朵大紅之演出，而側重爛衫爛褲之農民階層生活，對娛樂性減少，只重口號宣傳，內容簡單，觀眾對粵劇之興趣，現已減低。鄭君來港，已棄粵劇生活，在某置業公司工作，其妻李小姐，亦為粵劇花旦，名伶李瑞清之妹，近亦卸卻歌衫，不再演劇。蓋一則來港，無私伙衣服，二則香港粵劇，亦非好景，不足以為生。至談對粵劇

附注

① 「縱反映現實」一句疑為「縱不能反映現實」。

觀感，彼夫婦均謂粵劇原有精彩，在古本排場，縱編新劇，亦需仿照排場，始能保存粵劇原有藝術，如昔日之「江湖十八本」，每套均有精彩之排場，演員有表演技術之機會，即舊劇如《別窰》、《回窰》、《四郎探母》、《五郎救弟》、《三氣周瑜》、《武松殺嫂》、《出昭關》、《打洞結拜》、《山東響馬》，與及採自京劇排場之《獨木關》、《烏龍院》、《宇宙鋒》、《虹霓關》、《病挑安殿保》等齣頭，及南北均有演出之《三娘教子》、《六月飛霜》、《玉堂春》等劇，其藝術永傳不朽。而大陸方面，斥為厚古薄今，似將古代藝術估計過低，如以為厚古薄今，則舊形式之詩詞歌賦，何嘗無價值，若以古文學為不合現實，則今人何嘗不仿照古形式詠詩填詞，可見偏激之論。而香港與大陸之粵劇，同樣藝術低落，目前粵劇之趨勢，頗近文明劇演出，而加以幾支新曲，便作粵劇看，鑼鼓亦不善用，演劇不照排場，只求新穎，有何藝術可言？無怪粵劇，日漸冷落也。鄭君雖非名重一時之演員，亦有廿餘年之演劇經驗，其見解不為無理。至大陸對舊有之劇本，動輒抨擊，如提倡民族思想之舊劇，如《岳飛》、《花木蘭》等，即謂為過於側重胡漢之爭，挑撥民族感情；如《文天祥》等劇，提倡氣節者，彼輩亦認為迂腐。余之舊作《南宋忠烈傳》、《女兒香》等劇，因得觀眾歡迎，亦被抨擊為有毒素戲劇，近亦禁演，可見大陸戲劇界度量之狹隘，而新編之劇本，亦無藝術之精華也。

《工商晚報》，一九六五年三月二十日

一五四／雀局酒筵今冷淡　閤家茶茗亦稀疏

香港一向為繁盛之商港，近年工業發達，人口增多，益形繁盛，然從前香港，所有商人，多屬有閒階級，不如今日之勞碌為活者之繁忙。目下香港，勞力為生者居多，除在工廠作工者，尚有建造工人、搭棚工人等，彼輩工資，且高於白領階級，即以工廠人員而論，管工薪值亦在七八百至千元以上，工廠工人，普通月得四五百元以上，尤以塑膠業、織造內衣業職薪較為優厚，而工業生產愈多，此輩職工薪值亦愈高，在三年前工業最盛時，香港工廠工人逾六七十萬，每人負擔一家數口，故工業養活之人數，約在一二百萬。至香港大廈建築，年前甚盛，建築工人搭棚工人，薪值亦日漸提高，彼等生活寬裕，純靠勞力得來，故香港近年，已成為工人世界，小市民多屬勞工，在此輩生活較為安定時期，消費亦相當浩大，其消費地方，娛樂方面，多在戲院、娛樂場及舞院，在粵語片全盛時期，工廠工人咸看粵語片，故製片商人，投其所好，多拍喜劇，如《工廠皇后》一片甚為賣座，而影片涉及工廠生活者，無不受歡迎，故戲院曾一度獲利不菲。① 至娛樂場如荔園，則地近工廠區，亦多工人遊樂，票價既廉，為工餘消遣之所。至舞院則不少王老五之工人，一夕花十元八塊，即盡興而返。常見有建造工人，

附注

①「利」字原稿作「力」，諒誤，正文改訂。

工餘即西裝挺然，到舞場尋樂，此等消費場所，靠工人及小市民而維持生意。至飲食方面，則酒樓茶室，時見座無虛設，恒見工人輩喚酒叫餚，其自奉之豐，②比白領階級過無不及，而在週末或假期，彼等時在酒樓設雀局消遣，故酒樓筵席生意，大有可觀。而茶樓方面，每逢星期日，即見彼輩扶老攜幼，聯同茶茗，狼吞虎咽，賬付甚高，故飲食行生意，非常發達。惟年來香港工業比較冷淡，昨年年底工廠停閉多間，即照常開工者，生產亦減低，而建築大廈，黃金時代已過，且在中途停建者，故此輩工人，生活已不如前，消費方面，自然減縮，戲院舞場，已吹一片淡風，而飲食業亦比較營業冷淡，在波斯富街一家新開酒樓，日間茶市尚有可做，而晚上筵席雀局，寥寥可數，在灣仔修頓球場對面新樓一座，早已宣傳開設茶樓，近亦中止，改作百貨公司，③可見酒樓茶肆，營業縮減。至市民消費力日低，雖曰不景使然，然究其原因，因市民另趨方向，如酒樓昔日之雀局顧客，近多賭狗，假期在家中聽收音機即知勝負，而消費亦較到酒樓經濟。益以近來物價高漲，雀局筵席起價，故多裹足不前，且既耗資於賭狗，已無餘資作飲食消費。今之茶室，亦甚鮮見攜家茶茗者，蓋彼輩亦省回茶資，作博狗之用，酒樓茶室業，黃金時期，亦已過去。香港消費力，大部分因賭而減縮，影響百業，以娛樂及飲食業影響至大焉。

《工商晚報》，一九六五年三月二十一日

② 「豐」字按原報字影作推測。

③ 「百貨公司」原稿作「百室貨公司」，諒誤，正文改訂。

一五五／凝碧芳茵如鋪錦　故鄉景色夢魂中

「芳茵凝碧遠連天，綠草春風份外妍。景色故鄉如在目，一番回首一淒酸。」

此為余近遊郊外草原所詠，春草鋪茵，無限秀色，因憶故鄉，村前草野，近水接天，別饒景色，鄉人畜牧牛羊，豢飼鵝鴨，均在村前草地，而該處為入村必經之地，遊上歸蹤，草碧留痕，年年春初，還村者眾，祠中相聚，倍形親切。余自少在城市，及長又浪蹤江湖，甚少鄉居，不知還鄉之樂，直至一九四九年國軍退出廣東，局勢紛亂，然以為大亂還鄉，可避滋擾，因返南海塱邊鄉，家母林氏、歐陽氏長處鄉中，料理鄉中屋宇、田舖租項，故與鄉中族親，時相往來，知余還鄉，代向族中父老求先容，①俾得在鄉中避亂。鄉中族人，有為南洋歸僑，以久年在星馬一帶作工，薄有積蓄，還鄉置田業，自耕為活者；又有數世業農，慣於耕作，不羨城市生活者；又有經營商業，日間往佛山墟市，晚上返村休息者。村人均以勤儉自持，絕無投閒置散者。余為避亂而歸，故對余十分關顧。時為歲末，余為鄉人書春聯，鄉人即餽余酒食，以為酬報，族兄江誌德，在佛山設奇香腐乳店，專辦外埠生意，營業甚佳，余每日出佛山，一方面打探廣州消息，一方面訪候戚友，故在奇香出入，後探得族姪女江培荃為前東江縱隊隊員，已婚一共

附注

① 「先容」，即引介、推薦。

軍團長曾某，擬返鄉謁祠，余以避無可避，姑候至見面，善為應付，②曾某既抵村，即巡視各祠堂，見祠堂有一聯，為余所書，聯為「勤苦讀，力耕耘，子孫勿忘宗祖澤；敬先賢，常祭祀，世代恒念國邦恩」，曾某以余之聯語勸鄉人業農，及有國邦思想，約余見面，對生活垂詢甚詳，知余在鄉中賦閒，自炊自食，所有衣物，均自己浣洗，謂余無富家子氣習，又知余為文化人，抗戰時已度刻苦生活，曾某即謂余不必鄉居，可復出城市活動，余唯唯以對。曾某到村後數天，即有共幹來到，調查村人，對地主及富農多端盤問，並有不滿之詞。族叔江俊，以收田租、魚塘租及畜養雞豕致富，首受其挑剔，其餘主持祠堂之父老，均被稱為刮削自肥，諸般追究。余有族弟江青，以牧羊為活，有羊百數十頭，亦被視為小資產階級，經共幹到村調查，時來滋擾，竟無寧日，往日餽余魚肉之村人，至是不暇自顧。不久，曾某復亦命人送余一張戲票，着余看所謂解放粵劇《白毛女》演出，並勸余復出編劇。余以無心受其利用，即借機於一九五〇年逃港違難，而回首鄉村，已多變故，村中族人，受清算者不知凡幾，其較富者，身亦不免，受地主土豪之稱，今鄉中族親，相識者幾已無存。而家母林氏，亦在鄉中飢饉而斃，鄉人今一族皆貧，始告無罪，回首當年樂聚於鄉祠，今已成過往，只剩得傷心觸目而已。

《工商晚報》，一九六五年三月二十二日

② 「應付」二字模糊，按字影及句意推測。

偶至新新酒店茶茗，遇粵劇中人，相談粵劇救亡運動事，據云今歲粵劇演出，最失敗為劇本，誠以目前已無編劇人才，多由普通撰曲者編寫，所編劇本，劇旨不明，劇情不緊張，觀眾慨慨欲睡，焉能持久演出？並謂目前編粵劇，每本三千元，只萬餘字一本，比較寫稿優厚，一年可寫四五個劇本，不愁銷路。余聞言，不禁嘆息，而最重要還是演員排練嚴肅，始有可為。因憶戰時省會曲江，粵劇界亦一度厄運，當時日機時來轟炸，市民每晨即往郊外避警報，故每晚上早睡，不暇往看演至夜之粵劇，而當局禁令，每星期限演粵劇兩夕，粵劇演員，一月只得八日演出，所得工資，不足以維持生活。時余在廣東省立藝術院任職，亦關懷粵劇，當時曲江，話劇演出收入比粵劇為高，余乃告諸粵劇界，果欲復興粵劇，當如話劇一樣精心排演，切勿敷衍演出，令觀眾失望。至每星期只演兩夕，純因演出劇本無補益於社會，不合抗戰需求，純粹鬧劇，當局固加取締，而觀眾程度近年已提高，對舊粵劇已不愛好，故劇本亦成問題，余乃以《南宋忠烈傳》一劇，給與練醒民、花旗妹、何慧貞、李玉顏、少玉棠、詩百篇、李華亨、吳少華等排演，每日餘暇，均研討劇本，熟誦曲詞，排演經月，始行演出，①一切

附注

①「演」字原稿作「賽」，諒誤，正文改訂。

認真，表演嚴肅，故演員雖屬平凡人物，而演出比諸大老倌，更見精彩，而當局亦解禁令為每星期演四夕，每晚均告滿座，演員生活，遂見好景。而余續以舊作《紫塞梅花》、《雪擁藍關》、《孔雀東南飛》、《趙飛燕》、《五代殘唐》等劇，給與各演員排演，每劇均演一月以上，備受觀眾歡迎，蓋演出認真，並無兒戲故也。戰後人事滄桑，當局對粵劇又不看重，不加指導，任由演員苟且上演，故昔日之嚴肅，已不復見，而粵劇藝術，日益衰落。近年粵伶屈處香港，演出時間甚少，每年僅演數台，又無長期組織。閒時精心排練，始能令觀眾滿意，而香港粵班，盡為臨時班，將近開演，始召集演員，分派劇本，曲詞未熟，表演未臻至善，即行演出，焉能吸引觀眾？故無好劇本固為粵班衰落一原因，而不認真排演尤為失觀眾信仰之因素。余非薄三千元一本劇而不編撰，惟以縱有良好劇本而不經排練即演出，亦無能給與觀眾交代，事無可為，惟有輟筆。誠以粵劇演員，不由知識界領導，任其各自演出，前途甚為悲觀，故雖粵劇界有八和會之設，徒呼救亡運動，縱增多一兩個台腳演出，亦未見好景。生存競頹爭，優勝劣敗，粵劇界不欲生存則已，如欲生存，非從事優美之藝術，不足以挽頹風。目前粵劇界，老一輩已多退隱，後一輩又不能崛起，藝術退化，將歸淘汰，愛護粵劇界者，誠有今昔不同之嘆矣。

《工商晚報》，一九六五年三月二十三日

一五七 新樓大廈徒增建　尺土寸金住亦難

香港十年來，新樓大廈在不斷建築中，而買樓收租之風甚盛。在十年前，地價仍未十分增昂，樓市價格，亦不致十分昂貴，最平者萬元左右，即可購一疊，故當時薄有積蓄者，即買樓收息，樓價萬元左右，即可收月租二百元，月租在一分半以上，利息優厚，故購樓者不少。如辛苦積款之傭婦，積得萬餘元，即以之購樓，既可收高息，而地價又漲，樓值又隨之而漲，誠一舉兩得也。至較為高價之樓宇，多為華僑戚眷所購，華僑在海外，勤儉積蓄，匯返戚眷，作為置業之用，大陸未變政以前，華僑剩資，多在故鄉購置田地，作晚年歸隱、收租養老之用，惟自大陸變政，清算地主資產階級，即華僑資產，亦被沒收，故其後華僑剩有餘資，不再能在鄉中購置田地，而僑眷亦多避居香港者，得其親屬自海外匯回資財，甚多購置樓宇，如購三萬餘元一層者，月租在五六百元左右，利息不為不高，樓價又隨時高漲，甚為得計。而香港住戶增加，當時樓宇供不應求，故不愁有樓租不去。至香港亦有不少置業公司，自建樓宇，一方面賣樓營利，如賣不去，亦不愁無人租樓，收回利息。至電影戲劇名伶明星，亦多購樓收息者，有一退休女明星，購置廿餘層樓宇，月租收入，亦在萬元以上，又如已故之名伶李海泉，積資盡購樓宇舖店，月中收息數萬元，早已息影家園，生活裕如矣。至置有樓宇產業最多者，尚有梁醒波、任劍輝、曹達華等，彼等即不靠拍戲演劇，收租亦足過活。更有足道者，十年八年前值三四萬元之樓宇，現在每疊起價至六七萬元以上，又如八年前有一層樓值七萬元者，每月租出千二百元，惟現在該層樓價，已高漲至十四萬元，月租亦增至千四百元，租價雖不如樓價高漲，然仍可保持月息一分；投資其他行業，不易有此利潤也。又有相識友人，違難香港，經營士多雜貨店，數年利潤，亦購樓宇三四層。又有人自揸白牌車者，數年辛苦所得，足購樓宇兩層，以之收租，已不愁生活矣。惟時至今日，境況已殊，新樓不斷增建，而地價增高，樓價亦漲，以至滯購。目前香港新廈空樓，有數百座無人租購者，誠以樓價過高，租價又不能隨上昇漲，收租息口若微，即無人購樓。更因近年租戶亦見減少，如有能力租住數百元一座樓者，多已租定屋宇，而目下租戶，多住平樓，政府之廉價屋及徙置區，則有住滿景象，而租不到廉價屋者，亦多存觀望態度，而新樓愈建愈多，亦有有價無市狀況。根據有相識者在北角建一廿層大廈，近將建竣，而售出樓宇，僅及半數，而北角樓宇，又有將五百餘元租金減至四百八十元者，仍無人租住，銅鑼灣及尖沙咀新樓宇，亦減低租值，以利住客者。要之新樓租項，雖然貶值，而租住仍感不易也。

《工商晚報》，一九六五年三月二十四日

一五八 女士此日薪昂貴　窈窕當爐太不經

余識一女護士黃女士，已婚，夫為津貼學校教員，夫婦月薪千餘元以外，家有子女各一，而夫婦皆忙於工作，家中乏人主持，乃不得已僱一女傭，料理家務，浣洗煮炊，打理兒女，而女傭近已抬頭，工資甚昂，月薪二百五十元，並需在每星期日休息一天，又准許其接外間衣服浣洗，得資當為外塊。黃女士以彼此同為女子，對女傭之傭工，目的在賺錢，深表同情，故女傭有所要求，並無異議，時亦中飽，即俗語所謂「打斧頭」，黃女士亦忍之，而女傭以為黃女士與丈夫皆在外工作，家中無彼不得，竟提出加薪，需月薪三百元始允繼續工作，黃女士以一時不易覓人代替，不得不允所求，而該女傭以為得計，除黃女士負責彼膳宿外，女傭有弟，亦時來相訪，女傭且留其弟膳宿於黃家，女傭儼然喧賓奪主，黃女士不能忍，乃將女傭告誡，女傭即以辭工為要脅，並謂目前女傭工薪日高，三百元一月之工職，不愁覓不到，若不許其弟來膳宿，不啻斷絕六親，雖更多工資，亦不願做。黃女士無奈，忍痛將之辭退，而自理家務，因工作關係，諸多不便，對余訴出女傭之難靠，己之月入有限，不能任其無厭之求，寧自己辛苦，亦不願靠人，可見目前請女傭誠不易也。至女傭身價日高，亦有原故，本港紡織及車內衣業招傭女工，其工作能力高者，日薪在十五元以上，故許多女傭，轉業為工廠女工，即塑膠業、織藤業、穿珠各工廠之女工，月薪亦恒在三百元以上，而目前女傭，最低亦工薪在二百元至二百五十元以上。且作女傭，又需日夜工作，不如工廠工作，每日僅八小時至十小時，自由得多，故覓年少有氣力而工作能力高之女傭，殊不容易。目前女子職業抬頭，女傭聲價亦提高矣。女子職業較男子為易得，即如酒樓茶室，僱請點心妹，年齡在十六歲以上，均可受僱，除供兩餐膳食，月薪約有一百八十元至二百元左右，而酒樓茶室，且登報僱聘，而受僱者亦甚少，有數家茶樓，僱不到點心妹，即改傭年已四十許之點心婦，至氣力不如年少之點心妹，而且有謾客之弊，固計不到矣。由此可知，女性職業，比諸男性易尋。至賣點心之少女，因何難聘，亦有原因，年輕之少女，一旦出來工作，充點心妹，易受外物引誘，某酒樓前曾僱聘有姿色之少女作點心妹，以廣招徠，而稍有姿色者，以所作工作，薪水低微，另尋別業，顧而之他，有等轉業為舞女，收入較多，而少女之家長，多亦恐其女兒為點心妹易於墮落，多不肯任其女兒充此職業，故近來點心妹之僱請，較前艱難，而酒樓茶室，需要點心妹者甚多，大有求過於供之勢。此低微之工作，男童亦可為，而重女不重男，斯誠不解者也。

《工商晚報》，一九六五年三月二十五日

一五九／迷濛煙雨爐峰隱　霧裏青春夢已醒

曉來煙霧迷濛，春雲深鎖爐峰，只見樓台隱約，顯出繁盛島隅，然而許多人還是春眠未醒，辜負寶貴晨光，不過清晨所遇，盡是勞苦大眾，不怪人說香港有一百五十萬人是工人階級，日出而起，日入而息，生活艱苦備嘗，求衣食豐足安慰，悠悠歲月，前途渺茫。余每晨六時即早起，憑欄觀眺，見街上不少婦女，推垃圾車、賣麵包，其中有一群婦人，似是泥工，又有一群建造工人，清早即趕緊開工，彼輩返工道路甚遠，多搭白牌車或的士，每人四五毫子車費，然彼輩日得若干，每日車資亦需一元或八角，可見工人消費，比白領階級不見減輕，而返工放工，亦坐汽車，則因時間寶貴，道路遙長，不能省此消耗也。白牌車清晨送人返工，凡開出十餘次，而每次車上，均坐滿工人，不怪白車牌生意，不靠斯文人，亦可維持皮費。早上工人之眾，比任何業為多，而彼等以勞作為生，朝朝暮暮，營營役役，過悠長歲月，慘淡人生，對世界大勢，社會現象，彼輩如在五里霧中，但求有工作，解決生活，渾渾噩噩，雖無限辛苦，亦不計矣。余亦飽嘗人生滋味，恨不得與勞苦大眾同一行列，參加自由生活，一片真摯誠懇生涯。彼輩對人生並無奢望，還不求若何侈奢，深以為但憑體力健壯，工作即無憂無慮。

而余自愧久病之身，比此輩勞工不如，香港現已成為食力社會，搭棚工人數十元工資一天，幾多文人，無限羨慕。然工人亦有困苦者，即道上之清潔伕、送牛奶工人，絕早即需工作，而所得甚微，高薪者二百餘元，低薪者僅百餘元一月，如有家人妻子負擔，則生活甚為困苦矣。曉來除目睹工人外，即見每晨上課之學生，彼輩從小學以至大學，均充滿人生的活力，人生最純潔還是學生時代，一心學業，未受社會沾染，無奸詐虛偽之思想，更重美德，如一般學生，十分節儉，晨早在士多購買一二毫麵包，即作早膳充飢，而不少學生，枵腹以待午膳，可見香港人亦非盡富裕者。雖然有一部分學生，有私家車接送往返學校，然亦不過少數，多數步行返校，至路遠者，則搭電車、巴士，多有學生月票，比較經濟。不少家庭，節衣縮食，始能供兒女入學，而苦學者亦甚多。有一家報販，其子女上課，則由父母看報攤，子女放學，則負責派報或看檔，而知稼穡艱難之學生，即孜孜向學，此輩青年，即來日社會之主人翁，其前途未可限量也。霧裏春天，看此一群青春男女，雖然余之青春已逝，然回首青年，仍感春風雖猶在，可惜已無青年之活力而已。曉來霧雨絲絲，雲開雨止，轉瞬雨過天晴，香港霧景，又復消逝，只見明朗山巔，四處樓閣，人在忙碌着奔波矣。余每日安步以當車，未若各工友之匆忙，需趕白牌。每有約會，余提前以赴，步行亦一樂事也。

《工商晚報》，一九六五年三月二十六日

一六〇　去國精魂餘熱淚　天涯異域苦懷人

春夜寂寥，翻憶既往，前塵若夢，逝者如斯，尚記當年山河破碎，敵焰披猖，余決離開久居之第二故鄉香港，回到祖國懷抱，當向着先父告別，我凝眸相看，老父囑余事業為重，不必留戀家庭，並謂香港燈紅酒綠生涯，終非青年人幸福，總是以身獻國為高。余聞老父言，不知是喜抑悲，為着國家多難，遊子便要遠離父母，然而默念着山河終不會永遠破碎，總會有日天日重光，天倫樂聚，於是相別四年餘，四年時間過得容易，香港經過失陷，家人返廣州故居，眾兄弟除我一人外，其餘皆隨侍老父，艱苦過活。尚憶廣州、香港相繼淪陷，家人消息斷絕，中心懸念，當時藝術院院長趙如琳嘗對余言，彼亦有父母同居曲江，趙亦得克盡子職，朝夕奉養，惟自趙勸余歸國任事，父母遠離，難盡子職，為余不安。余以兄弟眾多，家中少余一人，父母尚有眾兄侍奉，為國忘家，余亦心為稍慰，時與趙君杯酒言歡，共訴懷抱。趙君亦一生致力於戲劇，與余同志趣，常勸余勿棄仔肩，在戲劇上幹一番事業，余亦不負趙望，把戰時粵劇整理起來，春秋徂往，風雨交替，未嘗稍息。然而聚散靡常，曲江疏散，趙率藝院員生遷避廣東南路，而余則隨粵劇團隊，輾轉演出於江西及廣東東江一帶，直至勝利，余孑然歸省垣，與省藝專同人聚宴於西園酒家，桃李盈庭，備極歡樂，趙又語余，謂國土帶着啼痕與血淚，終得無恙，從此吾等職責已完，當盡子職。不久，趙父病亡，趙有「樹欲靜而風不息，子欲養而親不在」之痛，繼而赴法國居留，研討歐西戲劇，至今未返。而余則戰後寂居，光復後復烽煙四起，舉國赤焰，余未克隨侍先父至終，違難香港。苟生人世，在公則一無建樹，在私則難盡子職，中心愧疚。近接趙君來訊，謂白髮滿頭，青春已逝，事業無成，亦有同感，異國為客，總覺籬下依人，料將老死他邦，無歸里之日。余得訊亦心中慘怛，天涯懷友，惆悵寡歡，春夜清寒，星光黯淡，身居海角，與異國同樣淒傷，而歲月如流，時不我與，念蘇曼殊詩「江山大好非吾土，書劍無端屬故人」句，①能無憂鬱於心。趙君十八年來去國情懷，與余十五年離鄉別井，同抱客愁感喟，咫尺國門，與萬里去國，境況何殊？遙望廣州，一片白雲在青天，青天內外有白雲，而青天白日之旗幟，不知何年重現，俾吾等重得自由返故鄉。「珠江之水碧沉沉，未抵傷情一半深。少日春江花月夜，一番回首一沉吟」，久別祖國，冀重返於何時？觸目魑魅之故鄉，徒使離人下淚。黑夜如此悠長，光明還未在望，去國精魂抒不盡胸中塊壘，清夜孤獨自思，身如孤舟在海上飄流，在茫茫人海裏，故舊幾重逢？徒懷知音於異域而已。

《工商晚報》，一九六五年三月二十七日

附注

① 「江山大好非吾土，書劍無端屬故人」並非蘇曼殊詩。

一六一／東籬獨見一枝秀　畫竹畫蘭自有真

繪畫所以陶冶性情，一抒懷抱，故余雖非長於丹青，惟雅好繪畫。戰時余居廣東省立藝術院，曾與美術系導師吳琬君研討繪畫旨素，吳君善繪洋畫，而對國畫亦有研究，詢余用筆所喜，余答以隨師李鳳公僅三年，多畫花鳥，而山水則自臨畫帖，無人指導，繪不甚工，然繪花卉鳥雀，亦有真性。余閒暇時輒喜繪蘭竹，以蘭竹均有超俗之品格、君子之作風，余詠詩有「不繪牡丹描富貴，畫蘭畫竹見高風」句，畫蘭竹有超俗感覺，能道出真性。處於末世，不與凡夫俗子同流合污，潔身自愛，引以為勵。更好繪菊梅松，菊為靖節處士之形像，籬下黃花，高風凜節，至繪菊花，有飄然欲仙之感，對菊舉盞，為余所樂，故醉時繪菊，份外寫出幽情，余詩句有「東籬獨見一枝秀，醉看黃花賞晚香」語，菊花雖艷，而籬下傲眾，不向春花低頭、西風落葉，菊始放花，如士人之違世而獨立，奚用傷時而自悲？故愛菊者，經已看透世情，無悲秋之感，陶淵明所謂三徑就芳，描寫菊之高潔也。至冬季畫梅，寫梅吐冷香，傲雪欺霜，玉作肌姿雪為神，一般冷艷狀態，不怪世人稱為歲寒三友，而梅不只放於冬季，春寒猶得睹芳姿，雪非梅無色，梅非雪無香，古人踏雪尋梅，良有以也。而松柏均為余所愛繪，松柏歲寒後凋，可見勁風，余詠詩有「寒食餐薇松柏節，飛花城畔怕看花」句，以松柏之節，喻人貞堅，群花凋零，松柏歲寒而益茂耶。至繪花鳥，余喜繪紫藤燕子，燕子棲於紫藤，紫藤又多生於奇巖峭壁，大有洗盡囂塵之感，余寫詩有「繞牆扶壁壓囂塵，只合巖棲老此身。王謝堂前春不管，羽衣風翦去來頻」，燕雀烏衣，不爭艷麗，燕語不喧，令人悦感，而王謝堂前，任其巢居，而燕獨喜在巖中結巢，亦有厭煩俗之感，而乳燕雙飛，不知羨煞多少有情兒女，至燕侶分飛，則大煞風景矣。至余繪花鳥，喜繪奇巖大石襯托，誠以巖石有自然之風勁、宇宙之偉觀、天然之景色。如繪春光圖，則繪巖下杜鵑花，巖畔流水，寫春光之易逝，而巖下山雉翔飛，寫山野之鳥，在宇宙之大，何處不可翱翔，而山水花鳥，亦足引人入勝。至余繪芙蓉蘆雁，則感雁行孤另，回首當年，身如離陣孤雁，惶覓歸途，曾詠「露宿風餐到九秋，芙蓉水冷曲江頭。臨江獨覺孤零苦，一路歸程認得不」句，昔者雁陣重聚，而今已雁行折翼，斯真孤零矣。余興奮時，亦繪山水，如繪桂林之山水、陽朔之夕照、粵北丹霞仁化之秋景、連縣傜山之險要，昔年傲遊名勝，依稀在目，祖國景物，如在夢中。蒼松與疏竹交織於山林，鳥徑蠶溪繞轉於瑤洞，昔年避秦舊地，今不復重臨，只有在畫中與夢中重見而已。板橋愛畫竹，①而有「畫竹多於買竹錢」之雅號。余對竹亦頗喜，但不及板橋也。

《工商晚報》，一九六五年三月二十八日

附注

① 原稿由此句開始另起新段，今依原作者行文習慣，與前段合併。

一六二 昔曾患病居魔窟　今慶更生復自由

世好陳君，其先祖為遜清太史，世居香港，有學者之譽，其父執輩均為本港名流，陳君亦好學之士，畢業北平協和醫科大學，會大陸為共黨所據，陳君及其堂兄弟，均以為變政後，留在大陸工作，富有前途，其堂兄且在美洲留學，得化學碩士銜，一腔熱血，回大陸服務，兄弟姊妹，十數年前返大陸，以華僑子弟身分，申請工作，惟共黨對華僑子弟仍然歧視，且以陳等為遜清遺老後代，且屬知識分子，士大夫階層，須寫自白書，始給與工作。陳君兄弟姊妹，均須各道志趣，以為自白，乃陳書極言世家之非，舊社會之腐敗，力言先祖之過，思想不適於現代時代，又謂其父母在港，不知世界主義之真諦，長作外邦殖民，實無前途，力言父祖之非，而自白思想前進，乃得共黨信任。陳兄為工程師，然尚須受政治薰陶，薪俸低微，而化學工業，規模未備，又不能展其所長，然一經投身共黨工作，不易脫身，縱無成就，亦惟有屈蠖圖存，不敢露怨語。陳之姊妹，自歸大陸後，即受共黨包圍，且為本身前途，需嫁與共幹為妻，而共幹本有妻子，共另娶存有政治作用，以婚維繫華僑女兒，不使反悔。而僑胞女兒返大陸者，多墮其彀中，實則精神與物質方面，均不能滿足，且工作亦不如意。而階層壓迫，非農工階級，備受磨折，勞動下放，身心痛苦。據謂大陸之大學，亦非論才選擇學生，如屬無產階級，農工子弟，則易入學，知識階層分子之子弟，中學後即不易升大學，且須下放勞作，而人民對此虐政，敢怒而不敢言，處於淫威之下，亦不能反抗。目下青年，不滿大陸措施者，不知凡許，此為陳君所言。陳君夫婦，同為醫士，初在大陸醫院服務，克盡厥職，行醫時間，並無限制，每日工作逾十二小時，而時常尚有勞動服務、政治會議，不管如何疲勞，亦不能缺席。陳君在大陸數年，艱苦備嘗，而工作亦得共黨滿意，至薪俸微薄，營養不足，生活困苦，不敢置詞，惟以工作至上，始可無罪。年前陳君染病，經大陸醫學專家診斷，認為腎病，不治之症，陳君大為失望，然猶幸平素工作有成績，尚可申請告辭，來港就醫，夫婦得許回港重見父母，恍如隔世，而陳君之疾，亦得港中名醫施手術治理，得以復痊，康健如恒。經此病後，陳君已無意重返大陸，乃以同等學歷考為港府正式醫師，近且在政府作醫師，夫婦二人，均在香港某醫院受職，薪資優厚，其與在大陸相比，有天堂與地獄之別。據陳君與人言，大陸誑騙僑胞，聲明前途如何有希望，精神如何痛快，然一經身歷其境，始知受愚，許多現在大陸者，脫身無計，備受痛苦，彼能重返香港工作，誠屬萬幸，至說及在大陸經過，至今猶談虎色變也。

《工商晚報》，一九六五年三月二十九日

一六三／春來益覺流離苦　默祝王師早日旋

霧雨霏霏，煙鎖清晨，香島歲月，飄泊人生，禁不住一聲嘆息，似自憐生命在煩惱煙圈裏。曉來縱步海濱，一吸新鮮空氣，覺海嘯似在嗚咽，而給我再生之潮訊。回憶古人，朝淚鏡潮，夕淚鏡汐，我獨對鏡看花，傷流光之易逝，感孤寂而興悲。目睹年老之船夫船娘，猶趁着春晨而泛棹，一聲欸乃，水波不興，念人生安得如海平無浪，無滄海桑田之回憶，然自念海雖惹人迷戀，究不若少年時原野步縱，自由奔放，浪跡天涯，無愁飄泊。因感少年願望，今成過往，昔日之大家庭生活，不能滿足余事業心，以為四海之大，何處非家，何地不可容身，胡為寂處家園，不求聞達於世，於是抱有願望，希冀作一文人，筆鋒寫盡天下眾生憂患，作暮鼓晨鐘，給醉生夢死者作當頭棒，給勢利為懷者作警世鏡，乃寄情於戲劇，借重絲竹之音，啟示人生光明途徑。尤以山河破碎，舉國飄搖，決志喚醒人心，睜開明亮眼睛，抵抗侵略與黑暗暴力，趁年少血氣方剛者一番熱情，勵勉為國忘家，以拯救同群為懷，不以亂世飄蓬為苦。一家子弟十餘人，經余之棒喝，或投筆而從戎，或奔投苦難同列，生逢多難，不求享受，但求寸心之安，骨肉離散，誰怨誰尤？念抗戰期中，咸抱捨身報國之願望，而一場世界大戰，犧牲者僅胞弟一人，其餘子姪，百戰餘生，而余在戰中，為後輩模範，刻苦從公，同心協力，以完成抗戰勝利之任務，且不少青年學子，受感動而甘受折磨，以為人生光明真理之光輝。戰後余嘗對弟子勵勉，論戰中之光榮，非任何報酬可比，憑余等報國之職責，勝利後告一段落，由余率領之子姪，亦紛紛歸家謁父祖，骨肉重聚後，各赴前途。而余則淡泊名利，作隱士躬耕，撫心無愧，可對後一輩子姪、可對難中久隨之弟子。曾幾何時，大陸劇變，昔日之子姪輩，多已成家立室，違難四方，而更後一輩亦長成，彼輩均為人生苦痛而憂鬱，隨父母而飄流遠方，未嘗享受家園之樂，更以我一輩之兄弟經已老去，或竟凋謝，如年前余狂病於香港，語多激昂之詞，先兄叔穎，謂余病已不能與後一輩同掙扎，彼當勵勉子孫，隨王師凱旋，如昔年之戰勝，相率歸里，以顯門閭，乃事半願違，先兄以年老酒患，抵台灣不久，即以病終聞。余以王師未勝，即雁行折翼，心甚悲愴，而九兄譽題，有子遠在美洲，婚後未嘗謁父，而九兄亦病亡於大陸，現僅存者，僅二兄倚其子女居港，當年國土重光之憧憬，依稀尚在眼前。而今者國土家園，已為虎狼所佔，盡屬所謂無產階級極權統治下，一個報國之家庭，經已拆散，然余仍抱願望，非徒苟安於島隅，猶望後一輩子姪，能率領兒女，獻身報國，來日方長。余等且待王師東返，山河重復，自由再見，人不可無願望，亦非幻夢，事在人為而已。

《工商晚報》，一九六五年三月三十日

一六四　獨善己身毋負世　時窮見節羡忠賢

窮則獨善己身，達則兼善天下，兼善天下固難，而獨善己身亦不易。顏子一簞食、一瓢飲，人不減其憂，而顏子不改其樂，憂樂固由己而不必尤人，君子不怨天不尤人，凡事達觀，時窮亦樂。然先天下之憂而憂，後天下之樂而樂，則窮不只獨善己身，尚思兼善天下，不過不達無以善天下，窮因先善己身也，君子固窮，小人窮斯濫矣。尤以君子之風，非小人可及，君子不強求達，時窮節乃見，世亂顯忠賢，君子之節，即獨善己身，以身作則，縱不達於世，亦無損於人，先正己然後正人，故曰獨善己身，即修身之道。處於現代社會，多求聞達而不能獨善己身，更何能兼善天下？君子之窮，未必至貧無立足之地，惟其志不行，縱樂善而不能善天下，故明哲保身而終，淡泊以明志，寧靜以致遠，斯即獨善己身。方今之世，其能守身安份，窮而不濫者，實為難得。小人窮則濫，濫即違背良心，正義不存，但求己達，而不問其志是否得達，稍達即以驕人或傲視同群，作奸犯科，無所不為。今之學者，其未得志之時，尚有善天下之志，其稍一得志，即縱一己之欲，忘眾生之苦，焉能善天下？焉能善己身？此無他，今之達者，惟利是視，固非志在善天下也。今之達者，非真聞於世，但求達其素願，投機逢迎，無所不為。其不得志也，不問乎己何以不達於世，先察己之所短，然後明白時窮之故。今之鑽營於社會者，卑污手段，無所不為，一生固未善己身，固無所謂節，朝秦暮楚，竟以為榮，復藉時勢機緣，抑壓別人以求己達，更而幸災樂禍，泯絕天良，友朋相交，純視乎利害，於己有利者，即引以為友，於己無利者，即無交情，固無所謂正義，無所謂道德也。憶二次世界大戰結束之時，光明人物與黑暗人物，一視其所作所為，便不問而知。光明人物固不驕，亦對黑暗人物不加壓迫，冀其良心自責，復趨光明之道，而事過情遷，時勢轉易，黑暗人物反而抬頭，光明人物反在抑壓中，尤以文人無恥，於今為甚，昔年出賣國家，出賣民眾者，乘時勢之轉易，各方爭取群眾，彼輩又形活躍，動輒稱有氣節者為死硬派，動輒譏有良心者為腐儒，而彼輩朋比為奸，充斥社會，對於時窮節乃見，世亂顯忠賢，固漠然不問，且謾視中傷。然主持正義者，尚不乏人，仗義每多屠狗輩，余過於市，每遇一面緣者，垂詢近況，余以乏善可告為愧，而此輩多為違難義民，戰時同在艱苦行列者，竟能互相解慰。憶余神志失常，流浪街頭之際，時作激昂之語，而此輩聞之，不以余為狂，且表同情之心，餽余食物，不使飢餒，今余神志復清，此輩仍時以余為念，深以余之氣節為可嘉慰。余自愧徒負虛名，無所建樹以酬友好，惟思窮則獨善己身而已。

《工商晚報》，一九六五年三月三十一日

附錄一　今昔雜談（三則）

附錄一／今昔雜談（三則）

俗字文考

南海十三郎作

粵語土白，多用俗寫，如「冇嘢唧」、「乜人唧」、「當抵呀」、「牙擦擦」，等口頭語，四句皆出自《詩經》。詩不云乎「母也天只，不諒人只。」又不云乎「棠棣之華，灼灼其華」，《詩經》與粵語土白，風馬牛不相及也，有何關係而謂粵語土白出乎《詩經》耶？詩推敲之，①兩句每句減一字即為「母也只，不人只」，「母也只」叶音「冇嘢唧」與原句缺一「天」字，譏人不看天做人也。「不人只」叶音「乜人唧」，與原句缺一「諒」字，「諒」亦叶「良」，譏人「無良」或「不仁」也。下兩句首句無「之」字即為「棠棣華」叶音「當抵呀」，下半句倒讀減一「其」字，為「華灼灼」叶音「牙擦擦」，兩句雖為討便宜語，內含「到期無支」意思。從《詩經》語，乃悟昔人亦有迫遷加租之舉，昔之屋客不願訴法律乃以《詩經》語儆之，謂迫遷加租者不看天做人，不仁無良，到期不收租，有意作惡，今人曰：「冇嘢唧」、「乜人唧」、

附注

① 「詩」字疑為「試」字。

「當抵呀」、「牙擦擦」猶昔人之誦詩經者曰「母也只，不人只，棠棣華，華灼灼」，讀斯文者，加租迫遷之舉，其稍減乎？

國際風度

昔德國在第一次世界大戰敗於聯軍，求榮譽和平於法國，興登堡將軍率代表謁法帥福煦於凡爾塞車廂中，懇訂和約，法帥福煦斥之曰：「余不知何謂榮譽和平，不能戰，即降可也。」德人遂降。今次世界大戰，德軍雖入巴黎，法帥貝當亦向希特勒求榮譽和平，亦遇於凡爾塞車廂中，希特勒以昔日福煦語興登堡語覆貝當，法遂降。論者謂為今昔遙遙相照，或謂德人氣量狹隘，不似大國風度，預測必敗，然法對德之氣量又如何，何以上次大載德降法後不能再戰，而此次法降德後，雖敗猶戰，以完成復國任務，此則勝敗與國家風度無關也。又邱吉爾有大國首相風度，以每戰必敗每辯必勝為國人譏誚，然卒亦戰勝德國，然則勝敗勿論，非最後之戰，未可知也。然世界無寧日，戰爭可暫息而不可永止，昔日勝者焉知非今日之敗者，今之敗者，焉知非將來之勝者哉。勝敗輪迴，惟取大國容人風度，而不取小國狹隘氣量也。

生死交情

格蘭將軍未為總統之前，曾使華，有助於我國經濟政治也。抵北京，李鴻章迎之，派十六名長伕轎，抬之往東交民巷，外國差使來華，乘座十六名長伕轎者，此為僅見，北京民眾，以格蘭將軍為美邦特使，多夾路圍看，路為之塞，盛況空前罕有，後李鴻章報聘於美，適格蘭總統逝世，美邦人以總統御車迎李鴻章，美人夾道圍看，與格蘭來華不異，李鴻章懷念外國摯友，親往致祭，痛哭流涕，弔者咸謂難得生死交情，尤以中外之交，無可或比，然美助華不自今始，此次大戰，故美總統羅斯福，倡助華政策，認為奠定舉世和平基礎，美必助華，及其逝世也，中國全國民眾皆哀之，除派專使親往弔祭外，我國府且電唁羅夫人，中美生死交情，今昔不替。近自馬帥使華後，魏德邁又來報聘，中國經濟危機潛伏，魏使其勿讓格蘭、羅斯福兩總統專美於前，將有以助中國乎？國人拭目以待之。

《開平華僑月刊》（第五期）一九四七年

附錄二　重見南海十三郎

附錄二／重見南海十三郎

朱少璋

敍論

南海十三郎，一九一〇年三月三日（庚戌年一月二十日）巳時生於廣州黃沙的叢桂西街，一九八四年五月六日（甲子年四月六日）卒於香港瑪嘉烈醫院，終年七十四歲。十三郎親生女兒約於一九三八年生於香港，後為英德鎮黃家收養，乃依養父姓，取名菊霜。又晚年有一義孫女，名劉瑞蘭。又平生弟子二人，即袁準與唐滌生。十三郎又與馮志芬為好友，馮氏名劇《胡不歸》、《含笑飲砒霜》乃改編自十三郎的《梳洗望黃河》。

分論一　南海十三郎生卒時地

無論在網上或書籍上搜尋南海十三郎的生卒時地，所得結果都很一致，即一九〇九年生於廣東南海、一九八四年卒於香港青山醫院，終年七十五歲；生卒資料一般都沒有交代月份和日子。

說十三郎生於一九〇九年未知由誰人最先提出，目下卻成為主流的看法。筆者在整理十三郎的專欄文章時，①發現十三郎自報的出生日期卻並非一九〇九年，而是一九一〇年。十三郎在《小蘭齋主隨筆》（七）明確地說：

> 余誕於一九一〇年三月三日，即庚戌年元月廿二日，生於巳時，巳時屬蛇。故以蛇宴客，均邀余侍側。

筆者翻查過新曆、舊曆及歲次干支，均對應無誤，而且這日期由十三郎本人提供，極為可信，目下坊間流傳的說法，是不夠準確的。中國人對年歲的觀念也許模糊，比如說年齡上是多一歲還是少一歲，有時並不一定說得準、說得科學。有些人會以生日為起點，度過一整個週年便算一歲，有些人卻以新年為增加歲數的界線，凡過新年便算一歲，十三郎在《浮生浪墨》（一〇九）中也談到這方面的事，他說：

> 中國人歲數計算，以出生日即為一歲，而度過新年，又增一歲，故臘月春生，僅二月即稱兩歲。

但無論如何，對自己的出生年月日，很少有記錯的，但十三郎在《小蘭齋主隨筆》

（一二）中卻又說「孫伯謂七十二烈士無後嗣，先父謂曷不以犬子譽鏐為嗣。蓋余生於葬烈士之翌年也。」那就奇怪了，按七十二烈士就義、下葬，當在一九一一年四月二十七日廣州起義之後，十三郎倘「生於葬烈士之翌年」，順延年庚歲次，則其生年應是一九一二年，則往後的生平事蹟與年代背景多有不合。更何況，江孔殷提出以十三郎為七十二烈士的後嗣，後嗣應在眾烈士成仁之前出生，方合常理。因此，筆者傾向把「蓋余生於葬烈士之翌年也」一句理解為「蓋余生，翌年葬烈士」的筆誤，似較合理。據此，由十三郎提出的「余誕於一九一〇年三月三日」，應可以視為客觀事實。至於十三郎出生於「廣東南海」的說法，大概只算是籍貫上的追溯或描述，未夠準確。查十三郎在《小蘭齋主隨筆》（四）說自己出生於「黃沙叢桂西街」，叢桂西街就在廣州荔灣區的黃沙，當時十三郎的生母還是江孔殷的外室，尚未正式入江家，十三郎在《浮生浪墨》（四）說「余在外誕生，早失所恃，與先父幼年境況相同，先父乃接余返家，由眾母撫養」，可見十三郎並非在原籍南海出生，也不是在廣州的江家出生。

至於十三郎的逝世日期，目下能找到的資料，大都只提供年份，卻未詳何月何日，而逝世地點亦多說是青山醫院。江獻珠在《蘭齋舊事與南海十三郎》中說「我在德接家書知十三叔在青山精神病院病逝」、「從此他留在青山直至一九八四年秋，在醫院病逝，時年七十五歲。」②「一九八四年秋」算是較詳細的說法，由於江獻珠是十三郎的親姪，我一度相信十三郎在秋季逝世的說法，加上一九八四年八月四日的《華僑日報》上有一輯由署名為「翼」的作者所寫的〈詩輓南海十三郎〉，當中有「不見年餘，昨聆噩耗」之語，那麼，十三郎逝世很可能就在是年的七至八月之間，江獻珠說是秋季，也合常理。而十三郎晚年入住青山醫院，在那裏壽終也是順理成章的。但筆者卻始終無法在該時段的舊報上找到十三郎逝世的相關報道，是以對他逝世的時地，始終存疑。筆者乃轉為嘗試在青山醫院方面着手，看能否找到一些線索。在文獻材料上，有一部名為《開門見山》的書，二〇一一年由香港中華書局出版，這書大部分內容由青山醫院的員工執筆撰寫，他們透過文字為讀者介紹醫院的運作情況、歷史變遷和醫院的種種特色，當中有一篇由當時的部門運作主管吳偉強撰寫的文章，③題為〈南海十三郎與「青山」〉，④吳氏八〇年代在青山醫院工作時曾經見過晚年的十三郎，這篇回憶文章不但描下了十三郎晚年在青山醫院的身影，文末還提供了一條非常重要的材料，吳氏說十三郎「最後於一九八四年五月六日在醫院病逝，享年七十四歲」。⑤筆者設法聯絡上吳氏，終於確認十三郎五月六日逝世日期，是據青山醫院病人病歷記錄所得，這日期是可以確定的了。此外，吳氏又鄭重地補充了一條重要的信息：十三郎當時因患普通科病，由青山醫院轉送往瑪嘉烈醫院，最後不治，在瑪嘉烈醫院病逝。

分論二　南海十三郎的女兒和義孫女

南海十三郎有一位女兒、一位義孫女；女兒姓黃，義孫女姓劉。《小蘭齋主隨筆》（一）在正文開始之前，有一段介紹十三郎的文字，對十三郎的婚姻狀況和子女狀況，有以下的介紹：

> 又十三郎現年逾五十，尚未正式結婚，雖曾與女子同居三次，均不為終身伴侶。蓋未經謁祖，又無登記在案，均作外室論，其子女在外，均不以為江姓兒女，誠一奇事。

「其子女在外，均不以為江姓兒女」也確實是奇事，為何所生子女不從父姓呢？我們在《浮生浪墨》（一三三）可以找到有關十三郎一位黃姓女兒的記載。十三郎在文章中，先回憶與戀人的悲歡離合：

> 念少日風流，早償雙棲之願，惟際於國家多事之秋，遂抱「匈奴未滅，何以家為」之念，捨棄所歡，毅然赴難。

這是二次大戰（約一九三八年）前後的事，十三郎在香港與一女子同居，自組家庭，江獻珠在《蘭齋舊事與南海十三郎》中說那時候十三郎有個小家庭，與一女人同居，還說這女人很神秘，除了乳娘四婆外，沒有人見過她，香港淪陷後，十三郎和該女子即不知所終。⑥事實上，二戰初啓，十三郎即放棄在香港的「小家庭」，赴粵北演劇勞軍，自此家庭離散，十三郎說：

> 當時有女如花，尚在襁褓，瞬息風雲萬變，太平洋戰事發生，離婦弱女，訊息渺然。

當時十三郎有女初生，也未暇照顧，自己親上前線，剩下母女在香港，相依為命，在戰事中不通音問者多年。及至日本投降，二戰結束，十三郎復員，曾隨友人到香港辦報，他在此時終於打探得母女的下落：

> 早在戰後還港，聞悉離婦早已擇人另事，而稚女則已給人作育女，蓋難中不及攜帶，以女與人，亦無可奈何也，轉瞬韶光，今已廿七載，離婦多恨，竟以不壽聞，而弱女寄人籬下，以聰慧解人意，得養父視為己出。

原來女方早已改嫁，而當時已經逝世，十三郎的女兒卻給黃家收養，視如親生。

十三郎父女在一九四九年前後，曾在廣州見過面：

曾偕養父訪余於廣州，養父姓黃，因隨養父姓，名為黃菊霜，余以其名雅逸，亦甚喜悅，菊霜亦知余為生父，初見即有親切之情……

十三郎的女兒隨養父姓黃，名字是「菊霜」，十三郎說「菊霜性近藝術，雅愛音樂圖畫」，似乎甚得乃父之遺傳。十三郎約在一九五〇年來港，而菊霜仍留國內，養父不久病逝，霜菊則在完成學業後，奉派到西樵當教員，父女雖分隔兩地，但仍通音問，菊霜雖曾多次申請來港定居，與父團聚，均未成功。十三郎對女兒申請來港一事，甚表消極，他說：

余以骨肉情深，愛莫能助，且縱使菊霜來港，覓職亦非容易，至友人胡吳二君，亦無能為彼申請，縱欲骨肉團聚，而勢所不許，徒費苦心而已。

父女就這樣異地分隔，令人感嘆。十三郎在一九六五年寫的《浮生浪墨》（一三三）中說菊霜時年「二十有七」，那是說，如果菊霜尚健在，今年（二〇一六年）應該七十八歲了。

此外，十三郎還有一位姓劉的義孫女，義孫女名叫「瑞蘭」，晚年的十三郎曾提及過她，看來瑞蘭與十三郎關係也算得上密切的。六十五歲的十三郎在大嶼山寶蓮寺接受《星島日報》記者苗人奇的訪問時，就提到這位義孫女的名字：

今天，雖然身處在深山之中，我的義孫女劉瑞蘭等，還常常來探望我，買來東西給我。⑦

看來劉瑞蘭應該是一名細心親切、尊敬長輩的女子，她不辭途長跋涉，常常到寶蓮寺探望年邁的十三郎，這份關愛、這份恩義，跨越了同姓異姓的界限，令人肅然起敬之餘，亦使人感到人間有情、無限溫暖。

分論三　南海十三郎的弟子唐滌生

南海十三郎與唐滌生的師徒關係，過去主流的看法，幾乎是一面倒的否定。如江河在〈十三郎其人其事〉中就明言「唐滌生不是南海十三郎徒弟」，⑧他提出「有事實證明」的「事實」，是唐滌生對十三郎的稱呼：

二次大戰前，人人叫十三郎做十三哥！唐君也這樣的稱呼他，

> 和平後，十三郎回港，唐滌生也叫他十三哥，及至唐氏稍為知名時，改口叫十三。如果是師徒，決不會這樣。⑨

他在〈南海十三郎面面體〉中也重申這個說法：

> 十三郎叫他「阿唐」，而唐則叫他「十三」，叫得親切，是朋友，不是師生。⑩

筆者非常重視江河的回憶片段，因為他當年曾替十三郎「抄曲」，他的回憶也就特別真實、可信和珍貴。他在文中回憶江、唐二人對對方的稱呼，信為事實，但若按稱呼親切而直接推論二人沒有師徒關係，卻未確當。此外，余慕雲和黎鍵也認為江、唐並非師徒。黎鍵在〈粵劇一代巨匠探討〉中就曾引用余氏的說法，強調江、唐二人並無師徒關係：

> 關於唐滌生的生平及藝術生涯，談得最多的是傳說唐滌生有師傅是南海十三郎云，這是莫名其妙的無中生有。如最近電影資料館負責整理唐滌生生平的余慕雲便在該館一篇七千字的場刊文章中鄭重提出：並無證據證明南海十三郎是唐的師傅。查實南海十三郎本人的劇本甚少，佳作更少，唐滌生也許在「覺先聲」（原

> 注：薛覺先的著名劇團）任職「劇務」期間曾「抄」過南海十三郎的一些散篇舊曲，但這並不等於南海十三郎就是他的師傅……。⑪

先不論「十三郎本人的劇本甚少，佳作更少」是未必符合客觀事實的說法，單論「並無證據證明」這一點，就是把「還沒有找到證據」等同了「根本沒有證據」，把「未肯定」等同了「肯定」；論證如此，不免疏漏。至如陳守仁在〈開戲師爺的浮沉〉中說唐氏是馮志芬、麥嘯霞的學徒：

> 有以為傳奇級的唐滌生一定是傳奇級師爺南海十三郎的徒弟；實際上，唐氏自一九三八年廣州淪陷前到達香港投靠堂姐唐雪卿（原注：約一九〇八至一九五五）及姐丈薛覺先後，便在「覺先聲男女劇團」任抄曲，等於當上了當時享譽劇壇的馮志芬（原注：約一九〇七至一九六一或一九六二）及麥嘯霞的學徒。⑫

可是，即使唐氏以馮、麥為師，卻並不代表不可以同時以十三郎為師。筆者試以《工商晚報》上的材料為主要論據，結合一些當事人、同代人的回憶片段，嘗試讓「客觀材料」講話，重新整理出江、唐二人的薪火因緣，為十三郎以至唐滌生的相關研究，提供多一點客觀的事實。

十三郎在《後台好戲》（三九）中說唐滌生自上海來港，薛覺先把唐氏介紹給他，讓唐氏跟他學習編劇。關於這一點，同代人及後人都大致認同的，那麼，江、唐二人又是否師徒呢？我們看《小蘭齋主隨筆》（二三、三〇），十三郎提及唐滌生時，均以「弟子」稱之：

> 戰後弟子唐滌生，曾以陳子壯故事求教於簡又文兄。
>
> 今者劇壇已寂，故友馮筱庭、馮志芬，先後病亡，而弟子袁準、唐滌生，均夭折。

又如《後台好戲》（三三、四一、四三）專欄中，十三郎亦曾多次稱呼唐氏為「弟子」：

> 《半生脂粉奴》……又為弟子唐滌生改為電影《大地晨鐘》，由吳楚帆主演。
>
> 余並使弟子唐滌生自編《楊宗保》一劇，此為唐滌生學習編劇寫作。
>
> 而弟子唐滌生，亦將《復活》一劇改編為《沖破奈何天》給陳錦棠、關影憐主演……。

上述材料為當事人十三郎親筆所述，當可以有力地證明，十三郎與唐滌生確是師徒，⑬最起碼，十三郎是非常肯定二人的師徒關係。曾在酒店內替十三郎「抄曲」的江河，說唐滌生初到香港時，當時的妻子是薛覺先的十妹，十妹因患肺病，薛覺先安置她在澳門的一間小洋房中養病，有一次十三郎與江河在中環散步，卻忽然「心血來潮」要見十妹，坐言起行，即渡海到澳門探望。據江河憶述：「十妹還口口聲聲請十三郎照顧唐滌生」。⑭這件事可以反映出十三郎對十妹的關懷，而愛屋及烏，合理的推測是在戲劇事業上對唐氏多加關照，這是當時已成名的十三郎對尚未成名的唐滌生所能提供的最合理「照顧」，據十三郎在《後台好戲》（三九）中的回憶可以進一步證明這點：

> 當時唐滌生自滬來港，由薛覺先介紹，隨余學習編劇，其第一部寫作為《江城解語花》，亦給譚玉蘭、廖俠懷、黃千歲主演，以一諧劇作風，亦得觀眾好感。滌生初未諳撰曲，劇中曲詞，多出自余手筆，故重幽雅，而並不庸俗，雖其最初作品，未算成功，然亦多造就一編劇人才也。

可見十三郎的確在編劇上指導過、誘掖過唐氏，而且更有「多造就一編劇人才」的想法，這就更能有力地反映十三郎確實以唐滌生為弟子。當然，儘管如此，事實卻證明，江、唐二人的編劇風格以至劇藝成就都不盡相同，起碼在風格上，師徒二人走的是兩個很不同的方向。江河回憶大道中蓮香茶樓上十三郎、馮志芬、唐滌生談論戲劇的往事，他說十三郎愛以夾雜英語的話教訓唐氏，又拿莎士比亞劇本做例子，而唐氏則認為粵劇應向京劇或元曲學習。⑮江河的回憶可以證明，江、唐的藝術路向和創作取態是大不相同的。我們不妨看看十三郎對唐氏劇作的一些評價：

評價一、（《半生脂粉奴》）又為弟子唐滌生改為電影《大地晨鐘》，由吳楚帆主演，堪稱為悲劇成功之作。——《後台好戲》（三三）

評價二、而弟子唐滌生，亦將《復活》一劇改編為《沖破奈何天》給陳錦棠、關影憐主演，以取材於名劇，故內容亦充實，余為代筆撰曲多闋，故該劇演出，亦受觀眾歡迎，此為唐滌生初期寫作最成功一套，對編劇技術，亦漸有進步⋯⋯——《後台好戲》（四三）

評價三、弟子唐滌生為投觀眾所好，為「勝利年」編一劇，劇名《丹鳳落誰家》，……是劇新馬師曾、陳錦棠演雙小武戲，亦能賣座，為唐滌生初期成功之寫作……——《後台好戲》（四八）

評價四、近曲亦有「落花滿天閉月光」，落花只有滿地，何以滿天閉月光，曲近欠解，若改為「飛花滿天」又不合工尺，「絮花滿天」字義較好，然皆撰曲者一時錯誤，與歌唱者無關也。——《梨園趣談》（三五）

評價五、弟子某，雖有一段時期得意，然缺乏歷史根柢，稗史附會作風甚重，例如《帝女花》、《漢武帝夢會衛夫人》，均違反史實。至根據元曲改編之《荊釵記》、⑯《拜月亭》、《劉智遠白兔記》等，均抄襲元人撰作，固不能謂為個人創作，而他亦享譽不久而病歿，後起者更少人才。——《浮生浪墨》（九三）

十三郎對弟子唐滌生的評價，有正面有負面，個人意見也許未必都對，但這些評語卻可以更有力地反映二人的一份「特殊」師徒關係——既有相惜之情復有杆格之忤——只緣師徒二人都非常堅持個人的劇作風格和創作路向，在藝術上、創作上，一點都不妥協、不讓步。這也許正是讓人誤以為他們並非師徒的主要原因。

十三郎與唐滌生的藝術面目可說是各具特色，後人基本上無法看到二人在劇藝傳承上的薪火痕跡，但江河和王粵生的回憶，卻提供了曲折而有趣的角度，讓我們可以藉此角度看到二人間的微妙關係。江河約在一九三六年前後認識十三郎，他曾到南屏酒店替十三郎「抄曲」，據他的回憶，十三郎「度曲」的習慣是這樣的：

十三郎似乎劇本早在心中，他一邊唱（原注：有時還有做手），一邊走來走去……他要寫曲詞時，不是唸出來，而是唱，就像演員在台上演唱一樣。這樣，一個晚上把整個劇本完成。⑰

這種甚具個人風格的「度曲」方式，卻與唐滌生的「度曲」方式如出一轍，王粵生在接受「唐滌生藝術迴響」的訪問時，談到唐氏的「度曲」往事，他說唐氏「度曲」是先安排抄曲人（名字是「容點」）做好抄寫曲文的預備，一切就緒唐氏就把想到的台詞、曲詞直接説出來，抄曲人就動筆把唐氏所説的內容快筆記下，王粵生説唐氏文思敏捷，講出來的曲詞不需要修改的。⑱我們對比江、唐二人的「度曲」風格、方式和習慣，頗能看到十三郎對唐滌生在「度曲」習慣上的具體影響。無獨有偶，陳守仁在〈開戲師爺的浮沉〉中轉述容寶鈿的回憶，麥嘯霞的「度曲」方式居然也是一樣：

> 據麥嘯霞的入室弟子容寶鈿（原注：筆名「容易」；一九一〇至一九九七）對我憶述，師傅在構思新劇時，一邊在辦公室裏繞着書桌踱步，一邊叫她筆錄。他不時停下來說白、唱曲、唸着鑼鼓點的口訣來襯托自己的台步、身段及做手，並且扮演不同人物，仿如演獨腳戲。⑲

陳守仁結合王粵生、葉紹德的說法，作出推論：

> 有趣的是，據粵劇名宿王粵生（原注：一九一九至一九八九）及當代開戲師爺葉紹德（原注：一九三〇至二〇〇九）對我說，「獨腳戲」也是唐滌生的開戲模式，相信大概是承襲自麥嘯霞。⑳

以此推論，唐滌生的開戲模式、度曲習慣也極有可能承襲自十三郎。至於江、麥二人的關係，十三郎在《梨園趣談》（三五）中有「亡友麥嘯霞君」之語，互參陳守仁〈麥嘯霞年表〉，㉑知麥氏於一九三〇年擔任「覺先聲劇團」的宣傳主任，而是年「覺先聲」正是搬演十三郎的名劇《心聲淚影》，估計江、麥二人或於此時訂交，至於二人的開戲模式、度曲習慣那麼相似，究竟是誰影響了誰？暫時限於材料不足，未能遽下定論。

當然，上述的論證和分析縱然客觀、周詳，但再進取也只能證明「十三郎承認唐滌生為弟子」，至於唐滌生又是否相應地以十三郎為師，則恐怕要在唐氏一方面着手找尋客觀理據，這則有待研究唐滌生的專家經仔細分析，才可以下定論。但我們在下定論前，必須放下一些成見，才有可能見到真相。比如，可能有人提出十三郎的劇藝成就比不上唐氏因此他不可能是十三郎的師傅，但卻似乎忘了「青出於藍」的前提所強調的正是師徒關係。此外，即使唐滌生真的師事十三郎，也不代表他不可以同時師事其他人，所謂轉益多師，也是很常見的。又或者說他倆是朋友而不是師徒，但卻忘了人與人的交往，大有「亦師亦友」的可能。十三郎和唐滌生都是上世紀粵劇界的重要人物，都是我們應該珍惜的編劇人才，二人究竟有沒有師徒關係乃建基於事實本身或合理的推論，而並非出於估計或假設。

附帶一提，十三郎另一位弟子袁準，與唐滌生一樣，同樣是十三郎的「早逝弟子」。《梨園趣談》（四七）說袁準編過《皓月泣殘紅》、《落花時節》、《甜姐兒》、《金盆洗祿兒》等劇，但袁氏對演戲的興趣更大，一有機會即爭取上台，十三郎說「可是他醉心於演劇，他寧願演反派丑角，也得在舞台與觀眾見面」，可見他「戲癮」確實不小。他曾任「大英風劇團」的丑生，又曾在《桃花扇》中飾演阮大鋮一角，有時在劇中演太監或書僮，也演得頗為投入、稱職。十三郎與袁準的師徒關係較為「明確」，同代人都知道袁氏是十三郎的弟子。如一九八四年八月四日的《華僑日報》上一輯由署名為「翼」的作者所寫的〈詩輓南海十三郎〉，當中就有「得意門生一袁準」之句，原詩附注云：

其得意門生袁準，時年廿許，隨師編劇數年，正喜登堂，垂將入室，詎意天妒英才，英年早喪，使十三郎頓失助手，哀傷數月。

寫這輯悼詩的「翼」卻沒有提及十三郎的另一位弟子唐滌生。又如「金蝴蝶」憶述當年眾人勸十三郎收唐滌生為弟子的往事時，也提及袁準：

唐滌生當年曾懇求薛覺先夫婦，向南海十三郎致意，願拜為師。南海十三郎「要手擰頭」，幾次均拒絕。南海十三郎曰：「我從不收編劇徒兒！」有人責問南海十三郎，曰：「替靚少鳳編劇的袁某，不是你徒兒耶？」（原注：袁某即袁準）。㉒

可見江、袁的師徒關係跟江、唐的師徒關係很不同，江、袁的師徒關係在當時是很公開而且廣為人知的。

分論四　南海十三郎與《胡不歸》

有關馮志芬名劇《胡不歸》的創作根據，歷來有不同説法。早在一九九六年，香港粵劇研究者鄧兆華已在其碩士論文〈粵劇《胡不歸》研究〉中嘗試為有關的幾種説法作綜合整理。㉓鄧氏在其論文中歸納出有關《胡不歸》創作根據的三個主流説法，㉔即(1)「根據戲迷投稿」、(2)「根據《不如歸》」、㉕(3)「根據親友敍述的故事」，鄧氏在假設「提出以上三種説法的學者都沒有歪曲事實」的大前提下，嘗試折衝三種説法：

> 愛好文藝的望江南女士，受日本小説或春柳社演出的戲劇《不如歸》的感染，執筆寫成《胡不歸》的故事梗概，投寄給覺先聲劇團。薛覺先覺得這故事情節感人，便囑咐馮志芬編寫劇本。馮志芬編寫劇本之前，必定參考其他經驗。如果以前聽親友説過的婆媳故事，這些故事情節亦會放進劇本內容之中；他也有可能參考中國古代的婆媳故事，如與《胡不歸》有類似題材的《孔雀東南飛》等，以豐富他的寫作。㉖

鄧氏在九〇年代做出的整理結果，卻未能為相關問題定音定調，如童仁在二〇一三年就曾於《澳門日報》刊文重翻這宗「馮劇公案」，他在〈馮志芬與《胡不歸》〉中否定《胡不歸》受《不如歸》影響的說法，並強調此劇是馮氏受一樁「惡家姑脅逼離婚」的真實個案啟發而創作的，即鄧氏提出的說法(3)，童仁說：

此女傭向他借了一筆不少的錢，用來接濟受惡家姑脅逼離婚的親戚，箇中細節豐富、有戲，促成他構思成傑作《胡不歸》，與日本戲全無關係。㉗

童仁又在翌年發表〈《胡不歸》絕非日本貨〉，卻又轉為支持「根據戲迷投稿」的說法，即鄧氏提出的說法(1)，童仁說：

有署名「江南女士」者寄來了題為《顰娘恨史》的戲劇分場故事。薛的私伙編劇馮志芬看後，認為故事平直，不會有好的劇場效果，擱置不用。後來薛覺先為防遺珠，逐一檢閱將退之稿，發現《恨史》，也覺平直，但婆媳關係乃當時社會的一大熱點，容易引起觀眾（尤其是女性）的共鳴，乃拍板採用，着馮打曲成戲。㉘

這幾個關於《胡不歸》創作根據的說法，實在不容易綜合處理。單從作品的文本互涉角度出發，《不如歸》和《胡不歸》的情節實在非常相似，當然，我們退一百步說這只是一場「巧合」，也未嘗沒有可能，反正因婆媳糾紛最終演成夫妻離異悲劇的情節也算不上是很獨特或別具個人風格的情節。至於其餘兩個說法，在沒有有力的反證下，不能說不可信，但兩個說法的性質都屬於第三者間接複述，又如果「戲迷投稿」一說可信，則「馮志芬原創」一說就較難立足；反之亦然。筆者在整理南海十三郎的專欄文章時，發現《胡不歸》創作根據又多一個說法，這說法由十三郎親身、直接提供，值得研究者重視。

十三郎在《小蘭齋主隨筆》（一二）中提及他在三〇年代自上海回廣州後，曾編過一齣名為《梳洗望黃河》的新劇，十三郎說：

> 此劇未演出而余已離女師，原稿存亡友馮志芬處。然原曲經先父察閱，認為有待修改者甚多，故余更不以之給粵班演出。

十三郎這齣「原稿存亡友馮志芬處」的劇本，後來卻遇上了曲折而有趣的改編「遭遇」。十三郎把劇本《梳洗望黃河》交給馮志芬，還曾建議馮氏轉給薛覺先反串演出，十三郎對此事有很具體而詳細的回憶，他在《後台好戲》（四〇）說：

> 此劇（按即《梳洗望黃河》）原擬給譚玉蘭、新馬師曾主演，劇

> 成而廣州失陷，譚玉蘭因心灰而放棄歌衫，新馬師曾亦為薛覺先聘去任「覺先聲」小武，余以《梳洗望黃河》一劇示馮志芬，囑給與薛覺先反串演出，時「覺先聲」人選為武生新周瑜林、小武薛覺先新馬師曾、花旦上海妹小真真、小生麥炳榮陸飛鴻、丑生半日安、北派龍虎武師鮑世英袁小田，馮志芬主理劇務……。

可是薛覺先最終還是沒有演出這齣劇，而這齣劇卻又給改編成《胡不歸》，十三郎說：

> 馮志芬對《梳洗望黃河》一劇，認為文藝性甚高，抗戰意識濃厚，且若以薛覺先反串而造就新馬師曾為男主角，則埋沒上海妹演技，因取余劇本，改編二劇，一為《胡不歸》，一為《含笑飲砒霜》……。——《後台好戲》（四〇）

那是說，馮氏的《胡不歸》和《含笑飲砒霜》，乃是取材、改編自十三郎的《梳洗望黃河》，那麼，《梳洗望黃河》演的是怎樣的故事呢？十三郎在《小蘭齋主隨筆》（一一二）曾提及此劇本事：

> 描寫在北方有一孀婦，二子從軍，在黃河以北服役，經年不

歸，乃梳洗祭亡夫，佑二子同歸，得以團聚。果然二子戰勝，解甲歸農，奉母餘年。

這劇本後來經過修改，進一步保留、發揮了龔自珍「捲簾梳洗望黃河」詩句中亦剛亦柔的意象，㉙並大刀闊斧改動了若干劇情，《後台好戲》（四〇）有很詳細的說明：

當廣州淪陷之前，余根據古詩〈孔雀東南飛〉，編就一本抗戰劇《梳洗望黃河》，劇情述焦仲卿為縣令，有妻劉蘭芝，賢而慧，焦母甚頑惡，蘭芝晝夜拈針早下廚，為覓封侯夫遠去，不為惡姑所諒，迫令大歸，仲卿歸慰賢妻，蘭芝以國家多難，敵寇壓境，夫為縣吏，先公後私，勿以己為念，勉夫禦寇，縣陷，漢奸以蘭芝具姿色，且為棄婦，迫令事敵，蘭芝梳洗望黃河，誓守貞潔，以報夫子，懷砒霜以見敵帥，下毒於酒，敵帥中毒，而仲卿率軍反攻，克復縣城，誤聞蘭芝殉節，慟極憑弔，蘭芝出與夫聚，並喜為夫立功，且保存貞節。

細看這個劇情簡介，《梳洗望黃河》的前半段故事與後段「誤聞蘭芝殉節，慟極憑弔」等情節，與《胡不歸》的情節確很相似，若說《胡不歸》取材、改編自《梳洗望黃河》，並非完全沒有理由。

十三郎與馮志芬關係十分密切，據江河在〈南海十三郎多面體〉中憶述，在香港的時候（戰前），如果十三郎到大道中的蓮香茶樓，一定與馮志芬約會的，唐滌生在場的話，馮氏則會教唐氏撰曲及安排場口，十三郎則偶然會加點意見。㉚十三郎在他的專欄中，也多次提及馮志芬，除上面引述的材料外，茲臚列其餘有關二人交往的材料如下：

初名《血債血償》，給「義擎天」演出，惜不賣座，乃另改名為《飛渡玉門開》給陳錦棠演唱，因以成名。改戲匭後，友人馮志芬曾增減之曲詞……——《小蘭齋主隨筆》（五）

原稿存亡友馮志芬處。——《小蘭齋主隨筆》（一一）

余忙於應付，乃聘助手馮志芬助撰間場，曾連編《女兒香》、《半生脂粉奴》、《花市》、《誰是負心人》四劇與一星期。——《小蘭齋主隨筆》（二八）

今者劇壇已寂，故友馮筱庭、馮志芬，先後病亡。——《小蘭齋主隨筆》（三〇）

薛仍懇余合作，並囑馮志芬為余助。——《後台好戲》（三五）

是年余因辦《持平日報》，商請廖俠懷、白玉堂義演籌款，演新劇二晚，一為馮志芬所編之《千里共嬋娟》，一為余編之《香化復仇灰》。白玉堂久未登台於廣州，與廖俠懷又一別七年未合作，故此次合演，叫座力甚強，兩晚新劇演出，籌得辦報資金四千餘元。余與馮筱庭、馮志芬等皆致力於報業，數月不問戲劇。——《後台好戲》（三六）

從十三郎的憶述看來，馮志芬曾任十三郎的編劇助手，二人志趣相投又惺惺相惜，結為好友，並曾合作籌辦《持平日報》，二人各編一劇為辦報籌款，可謂合作無間、如魚得水。二人關係密切，劇作上或互涉、或改編、或取材，都是極有可能的。更何況馮氏為其生平好友，而十三郎為人個性耿介，強調原則，諒不至掠美自歸。六十五歲的十三郎在大嶼山寶蓮寺接受《星島日報》記者苗人奇和黃鷹的訪問，專

訪文章也提到「與馮志芬一同寫了那本家喻戶曉歷演不衰的《胡不歸》」。㉛

筆者在九〇年代曾撰文討論過《胡不歸》與《不如歸》的改編關係，由於當年還沒有讀到十三郎的專欄材料，限於材料不足，當時只能從《胡不歸》及《不如歸》兩個文本的互文、互涉的客觀現象入手，論證其間的改編關係。㉜現在發現了十三郎的專欄文章，由十三郎親自為《胡不歸》提供的另一個鮮為人知、合情合理而又直接具體的改編線索，這相信對《胡不歸》的研究會有更大、更直接的幫助。

餘論

南海十三郎，一位上世紀的名編劇，八〇年代去世，認識他、與他接觸過的同代親友，為數不少，但好些未經證實、未經確認的主觀想法或錯誤訊息，多年來卻在文章與文章之間、書籍與書籍之間、網絡與網絡之間一再傳抄一再轉載，終至以訛傳訛，積非成是，最終是積重難返。

感謝多年來為十三郎認真下筆的每一位作者，感謝你們一筆一筆細心地為十三郎描下那迫近真實的深刻輪廓——知之為知之，不知為不知——對一位我們都尊重的前輩，最大的遺憾不是「遺忘」，而是「誤解」。

附注

① 即指香港《工商晚報》上十三郎撰寫的四個專欄，包括：《小蘭齋主隨筆》、《後台好戲》、《梨園趣談》和《浮生浪墨》。下文凡引用這批材料的引文，均直接在正文交代材料出處，不另作注。

② 江獻珠：《蘭齋舊事與南海十三郎》（香港：萬里書店，二〇〇四），頁一四、三七。

③ 吳偉強，護理學碩士。曾任青山醫院精神科護理學校代理校長、青山醫院部門運作經理、屯門醫院普通科護士學校校長、公開大學護理及健康部課程顧問。筆者曾於二〇一六年四月七日與吳氏聯絡，蒙吳氏提供並確認十三郎逝世的日期與地點等重要資料，謹此鳴謝。

④ 吳文載青山醫院精神健康學院《開門見山》編輯委員會：《開門見山》（香港：中華書局，二〇一一）頁一五四至一五五。

⑤ 吳文說十三郎終年七十四歲是對的，坊間誤傳他終年七十五歲，是因為誤傳他生於一九〇九年，但十三郎實於一九一〇年出生，終年應是「七十四歲」。

⑥ 江獻珠：《蘭齋舊事與南海十三郎》，頁二三。

⑦ 《星島日報》，一九七五年三月十九日。又據盧敦的回憶，說十三郎曾收養過一名孤女，並節衣縮食供這名養女到台灣唸大學，養女學成回港欲奉養十三郎，但十三郎恐外人誤會有私情，人言可畏，乃堅決要養女返回台灣。盧氏回憶中的這名養女未知是否就是劉瑞蘭，待考。盧氏回憶材料見盧敦：《瘋子生涯半世紀》（香港：香江出版社，一九九二年），頁二五九。

⑧ 金刀：〈十三郎其人其事〉，《星島週刊》（一九九七年八月九日）。按，「金刀」即「江河」，此信息以及週刊的掃描本均蒙劉乃濟先生提供，謹此鳴謝。

⑨ 同上注。

⑩ 江河：〈南海十三郎多面體〉，《鑪峰文藝》創刊號（二〇〇〇年三月）。

⑪ 黎鍵：〈粵劇一代巨匠探討〉，《文匯報》一九九九年九月二十日。

⑫ 陳守仁：〈開戲師爺的浮沉〉，紙本材料未見，筆者引用乃根據網上資料，網址為：http://www.hkrep.com/articles/20160308/（二〇一六年四月四日登入）。陳氏另有一文〈粵劇開戲師爺速寫〉，內容是〈開戲師爺的浮沉〉的簡節版本，見話劇《一頁飛鴻》場刊（二〇一六年四月第十屆華文戲劇節場刊）頁八至十。〈開戲爺的浮沉〉部分主要觀點經整理後，收入陳守仁：《唐滌生創作傳奇》（香港：匯智出版社，二〇一六年七月）。

⑬ 查十三郎在文章中提及「弟子」或「女弟子」，其意或指「學生」，如《浮生浪墨》（三〇）：「余少時，執教鞭於女子學校，故貌甚嚴肅，而行為自謹，課程以外，甚鮮與學生交談。及後余編撰粵劇，有學生數人，亦愛觀粵劇，且偕家長往觀，而彼等家長，因此亦與余結交，尋且時到其家，共談劇藝，數弟子亦參與意見。」又如《浮生浪墨》（四〇）：「歸途與藝院女弟子馮宛眉遇。」復如《浮生浪墨》（一六三）：「且不少青年學子，受感動而甘受折磨，以為人生光明真理之光輝。戰後余嘗對弟子勵勉，論戰中之光榮……」。上述各條均用「弟子」表示在學校任教時認識的「學生」。而十三郎稱唐滌生、袁準二人為「弟子」，卻非「任教時認識的學生」的意思。

⑭ 金刀：〈十三郎其人其事〉。

⑮ 江河：〈南海十三郎多面體〉。

⑯ 《荊釵記》疑為《琵琶記》之誤。

⑰ 江河：〈南海十三郎多面體〉。

⑱ 「唐滌生藝術迴響」，一九八九年香港電台為紀念唐滌生逝世三十週年而製作的節目，筆者引用乃根據網上 YouTube 錄音記錄，網址為：https://www.youtube.com/watch?v=PjCl3J2gQnY（二〇一六年三月二十三日登入）。

⑲ 陳守仁：〈開戲師爺的浮沉〉。

⑳ 同上。

㉑ 陳守仁：〈麥嘯霞年表〉，載《香港戲曲通訊》第三十七、三十八期合刊（二〇一二年十二月十七日）。

㉒ 金蝴蝶：〈唐滌生寄居覺廬人稱落難姑爺，再世紅梅記首演夜暈倒利舞台〉，《頭條週刊》第六十九期（一九八九年十月二十六日）。「金蝴蝶」未詳何人，看他在文中詳述唐滌生猝死前的情況與細節，估計他是與唐滌生熟稔的戲行中人或採訪記者：「當晚唐滌生發生事故，金蝴蝶正在場中，《再》劇上演第一場，唐滌生是企在大堂入門座位後的行人通道看戲，不久，便過了舞台隔鄰的『加拿大餐廳』與班中人説笑，金蝴蝶也在場。至第三場，唐滌生又返戲院看戲（是站在座位後的行人通道，不是坐在座位上），金蝴蝶還與他説笑。第三場將落幕，金蝴蝶已返回『加拿大餐廳』與利舞台經理袁先生、林家聲父親林向榮、女班政家成多娜女士談笑中……」，金蝴蝶在文中提出「唐滌生當年曾懇求薛覺先夫婦，向南海十三郎致意，願拜為師」的説法，是目下能見到唯一一條以同代人身分肯定江唐師徒關係的材料，金蝴蝶在文中還詳述唐氏向十三郎「拜師」的過程，杜國威曾改編這過程並寫進劇本中，成為舞台劇《南海十三郎》的亮點之一：「拜師儀式，由五嫂唐雪卿主持，當日指定拜師時間，良久才見南海十三郎鼻架金絲眼鏡施施然而來。唐雪卿急急舉行一切儀式，最後由唐滌生跪拜完畢，手捧香茶向師尊敬禮。南海十三郎接過香茶，一笑而飲，人皆以為『禮成』了。怎知南海十三郎還高聲問曰：『你要拜我為師乎？』唐答曰：『然。』十三郎曰：『拜我為師，

即願意拾我牙慧，對乎？』唐又曰：『然！』於是南海十三郎拿起茶盅，突然向茶盅『克圖』吐了一口大痰涎曰：『子飲之！』唐呆然。接不敢，不接又不敢！雙手捧茶盅，面紅耳赤，唐雪卿恐防觸怒了十三，只好臨場『扮丑生』響應十三郎的意思。唐滌生竟然毫不猶豫，『骨碌』一聲，將痰涎吞下。當時班中人議論紛紛，後來有人謂唐雪卿暗中替唐滌生過了骨，接來接去把茶盅作吞狀算了。這天恰巧另一編劇家盧山與白玉堂、衛少芳合組的『興中華粵劇團』拉箱過來『北河』準備上演。今日九十有一的長壽紅伶白玉堂當時也在場。」筆者尚無法確定這段「拜師」往事是真是假，為立論穩妥起見，在上文論證江唐師徒關係的段落中，沒有引用這條材料為論據。

㉓ 鄧氏在一九九六年完成碩士論文，並於二〇〇四年把論文修訂為書稿出版，改題為《粵劇與香港普及文化的變遷《胡不歸》的蛻變》。本文為顯示有關馮劇的研究早在九〇年代開始，故文中引用均引自鄧氏的碩士論文。

㉔ 有關各說法的根據和詳細論證，讀者詳參鄧兆華：〈粵劇《胡不歸》研究〉，香港中文大學音樂系碩士論文（一九九六），頁六至九。

㉕ 筆者曾撰文論證《胡不歸》與《不如歸》的改編關係，詳參朱少璋：〈淺論《胡不歸》的文本及其他〉，《粵劇曲藝月刊》三月號（一九九三）。

㉖ 鄧兆華：〈粵劇《胡不歸》研究〉，頁一三。

㉗ 童仁：〈馮志芬與《胡不歸》〉，《澳門日報》，二〇一三年十二月二十六日。

㉘ 童仁：〈《胡不歸》絕非日本貨〉，《澳門日報》，二〇一四年九月二十三日。

㉙ 「梳洗望黃河」，語出龔自珍〈己亥雜詩〉之二五二：「風雲才略已消磨，甘隸妝台伺眼波。為恐劉郎英氣盡，捲簾梳洗望黃河。」

㉚ 江河：〈南海十三郎多面體〉。

㉛《星島日報》，一九七五年三月十九日。

㉜ 當時筆者認為：馮志芬在改編《不如歸》為《胡不歸》時，「改」的地方很少，但他獨具隻眼，把日本的故事搬演在中國粵劇舞台之上，成功地借他人杯酒澆一己胸中塊壘，而無斧鑿之痕，亦不曾賣弄東洋氣氛，自然地貼合了中國觀眾的感情口徑。詳參朱少璋：〈淺論《胡不歸》的文本及其他〉，《粵劇曲藝月刊》三月號（一九九三）。

後記

後記

十三郎畢業於香港華仁書院，又曾就讀於香港大學，並在香港度過餘生，按道理應該算得上是地地道道的「香港人」，但他來港十多年後，在文章中卻依然強調「然自念己為外來人，本非此地生長，縱久居此，身猶是客」，「身猶是客」一語，真是沉痛之極。為此，我在編訂本書的時候，時刻提醒自己要尊重十三郎的意願，起碼在意識上不要把這個出版計劃列入「香港」專題之內。當然，這項「自我提醒」實在有點自欺欺人，因為無論這個出版計劃是否算在「香港」專題之內，編校出版的工作以至作品的價值，基本上是沒有改變的，也許只是純粹出於對前輩的一份尊重。我固執，就為自己訂下了這條可有可無的「原則」。

編校的工作進行得如火如荼，出版社的張宇程先生傳來一頁由鄭明仁先生提供的舊報掃描，是一九七五年三月十九日《星島日報》上的一篇專訪，當時六十五歲的十三郎在寶蓮寺接受記者訪問時說：「我已決定在香港終老，不作他想。」我頓時如釋重負，感謝十三郎這份「客久他鄉是故鄉」的豁達，我可以暫時放下那項「自我提醒」，更親切地把十三郎的作品重置在「香港」這個專題框架內，當然，編校出版的工作以至作品的價值，基本上是沒有改變的，但心情卻輕鬆多了。

莫說做研究，就是要好好地了解一個人，同樣是既要講興趣，也要講緣份。我對十三郎當然很感興趣，難得的是杜國威先生把十三郎的生平搬上舞台和銀幕，十三郎的「藝術形象」令我更加神往。至於那一天我在翻舊報時偶然翻出了十三郎的四百多篇專欄文章則肯定是緣份一場：數十年來誰都有機會看到卻又誰都看不到，睫在眉間長不見，驀然回首，卻在燈火闌珊處。既然遇上了，就應該好好珍惜，而一介書生對「珍惜」的回應，老是傾向把所珍惜的都變成「書」，因為書可以流傳、可以供人細味——既然決定了，就埋首努力完成，縱然這想法也許有點不合時宜，但抱持相同想法的人卻似乎為數不少。

讀二〇〇二年四月二十日《文匯報》的〈逸人逸事〉，文章談到當年十三郎常常進出灣仔菲林明道太平館餐廳，並出一上聯「曾經紙毀苦經營」要各人對下聯，當時太平館內沒有人對得出。該聯難點在於句子中有德文用語，「紙毀」是德文「zweite」的音譯，是「二次」的意思，該聯是指經歷兩次大戰之意。我看句末「營」字是平聲，十三郎當年出的應是下聯，名劇《花染狀元紅》四姐所擬的「迎新送舊火坑何處有青蓮」也是下聯，茹鳳聲對的才是上聯。對上聯因違反聲義的思維習慣，已較為困難，還要兼顧在句中鑲嵌外語，份外刁鑽。我想了幾個晚上，勉強以「莫笑蜜撕甘笑罵」對「曾經紙毀苦經營」，「蜜撕」是英語「miss」的音譯，借指「相思」。外語字面上以「蜜撕」對「紙毀」，詞意和詞性上則間接以「相思」對「二戰」，

「蜜」字倘能換個平聲字就好了，一時間卻又想不出，只好草草對應，未知十三哥以為如何？

二〇一六年四月

朱少璋補記於香港浸會大學東樓

再版感言

《小蘭齋雜記》可以在短期內再版，令人鼓舞。

感謝出版社容許我在初印的基礎上作些必要的修訂，還騰出寶貴的篇幅加入一篇萬餘字的〈共話十三郎〉作為《梨園好戲》的附錄。〈共話十三郎〉是我和阮兆輝先生在二〇一六年七月二十五日香港書展「南海十三郎的傳奇人生」講座上的對談記錄，相信當中好些信息對了解十三郎有幫助。

《小蘭齋雜記》雖說銷情不俗，但一定夠不上「暢銷」二字，大部頭硬材料不易啃也不易消化，可幸總有長情的讀者願意支持十三叔的作品。前人說「文章有價」大抵未必與銷路直接掛鈎，「有價」的意思是「得到賞識」。十三叔一生狂狷又自視甚高，對讀者的賞識和支持也許都一概以白眼視之，但愛護一代才人，長情的讀者都一定不會計較。

上世紀六〇年代刊登的報章專欄在千禧年代結集成書，這半世紀的文字因緣實在值得重視，而事實證明，十三叔的作品在任何年代都有愛護它的讀者。

二〇一七年二月

朱少璋再記於香港浸會大學東樓

作者簡介

南海十三郎（一九一〇至一九八四年），原名江譽鏐，別字江楓，廣東南海下塱人，上世紀三〇年代著名編劇家。他是太史江孔殷第六夫人杜氏之子，排行十三，故取藝名為「南海十三郎」。

南海十三郎於二十世紀二〇年代末考入香港大學醫科，後來正式投身梨園，效力「覺先聲劇團」，為薛覺先編寫劇本。抗戰期間在粵北亦編過不少抗敵劇本，用以宣揚愛國精神、激勵抗日士氣。五〇年代流寓香港，後因神志失常，四處流浪，曾入青山醫院治療，七十四歲病逝於瑪嘉烈醫院。一生編劇過百部，包括《心聲淚影》、《梨香院》、《七十二銅城》、《女兒香》、《五代殘唐》、《燕歸人未歸》及《桃花扇》等。

編訂者簡介

朱少璋，香港作家，香港浸會大學語文中心高級講師。香港新亞研究所文學碩士、香港大學哲學碩士、香港浸會大學榮譽學士及哲學博士。國際南社學會、廣東南社學會、香港作家協會會員。工餘熱衷參與文化藝術活動，多年來從事文學研究、文學創作及中文教學，近年尤專注於廣東戲曲的研究。

陳列類別：香港專題 HK$380.00

ISBN 978 962 07 5689 4

9 789620 756894

PUBLISHED AND PRINTED IN HONG KONG